Die Rechtsprechung
der
Oberlandesgerichte
auf dem Gebiete des Zivilrechts.

Herausgegeben von

B. Mugdan,
Kammergerichtsrat a. D.

und

† R. Falkmann,
Senatspräsident am Kammergericht.

Vierzigster Band.

Berlin und Leipzig 1920
Vereinigung wissenschaftlicher Verleger
Walter de Gruyter & Co.
vormals G. J. Göschen'sche Verlagshandlung :: J. Guttentag, Verlagsbuchhandlung :: Georg Reimer :: Karl J. Trübner :: Veit & Comp.

Druck von Metzger & Wittig in Leipzig.

Gesetzesverzeichnis.

1. Bürgerliches Gesetzbuch.

9. Zwangsversteigerungsgesetz.

10. Gerichtsverfassungsgesetz.

9. Zwangsversteigerungsgesetz.

10. Gerichtsverfassungsgesetz.

1. Freiwillige Gerichtsbarkeit.

a) Rechtshilfe: α) in Grundbuchsachen.

OLG. München, FerienZS. Beschluß v. 22. August 1919.

Das Grundbuchamt München hat das Ersuchen des Grundbuchamts Chemnitz um Einvernahme eines Hypothekgläubigers abgelehnt. Letzteres sucht die Entscheidung des OLG. München gemäß § 2 FrGG. nach. Danach besteht aber die Rechtshilfepflicht nur in den durch § 1 FrGG. gezogenen Grenzen, d. i. in den Angelegenheiten der freiwilligen Gerichtsbarkeit, die durch Reichsgesetz den Gerichten übertragen sind. Dazu gehören die Grundbuchsachen nicht, weil sie reichsrechtlich nicht den Gerichten, sondern den Grundbuchämtern übertragen sind. Ausgenommen sind nur die Beschwerden in Grundbuchsachen nach § 72 GrBO. Das OLGericht ist daher nicht zuständig. Es ist auf die Dienstaufsichtsbeschwerde zu verweisen. H. n.

β) um Vernehmung des Mündels über die Entlastung des bisherigen Vormunds.

Kammergericht, 1. ZS. Beschluß v. 28. Februar 1918.

Die Ablehnung des Rechtshilfeersuchens, den bisherigen Mündel über die Entlastung des Vormunds zu hören, ist nicht zu beanstanden. Zum Begriffe der Rechtshilfe gehört, daß das ersuchte Gericht eine Amtshandlung vornehmen soll, die an sich dem ersuchenden Gericht obliegt und von diesem nur wegen der örtlichen Abgrenzung seines Bezirks nicht oder nur unter wesentlicher Erschwerung vorgenommen werden kann. Nach § 1892 BGB. gehört zu den Amtsgeschäften des VormGerichts die Vermittlung der Abnahme der Schlußrechnung (§ 1890). Die Übertragung dieser Amtshandlung auf das ersuchte Gericht steht nicht in Frage, weil eine Schlußrechnung überhaupt nicht gelegt ist. Ob die Annahme des VormGerichts zutrifft, daß es der Rechnungslegung hier nicht bedarf, ist gegenwärtig nicht nachzuprüfen. Gegenstand des Ersuchens ist die Herbeiführung der Entlastung. Ob diese zu den Aufgaben des VormGerichts gehört, ist nicht unzweifelhaft. Der Senat hat die Frage im Beschlusse v. 11. Juni 1914 verneint und zur Begründung ausgeführt: „Das BGB. hat eine solche Vorschrift [pr. VormO. § 69²] nicht aufgenommen u. z. absichtlich nicht, weil sie angesichts der Möglichkeit einer Feststellungsklage als entbehrlich, anderseits aber für die Mündel als gefährlich angesehen wurde.“ Die Motive (4 S. 1188) erklären es für bedenklich, den eben volljährig gewordenen Mündel zu zwingen, im Wege des Rechtsgeschäfts sich einer ihm günstigen Rechtsposition zu begeben, ohne daß er vielleicht zurzeit über alle Punkte der Verwaltung des Vormunds genügend unterrichtet sei (vgl. hierzu RG. 38 S. 335, § 397² BGB.: negativer Anerkennungsvertrag). Demgemäß wird fast einstimmig anerkannt, daß ein materieller Anspruch des Vormunds gegen das bisherige Mündel auf Entlastung nicht besteht. Eine Anzahl von Schriftstellern und auch verschiedene OLG. (Cassel Rsp. 9 S. 145; Kiel SchlHA. 1906 S. 348) haben daraus den Schluß gezogen, daß die Herbeiführung der Entlastung durch das VormGericht unzulässig sei oder doch nicht zu dessen gesetzlichen Verrichtungen gehöre, daß deswegen auch Rechtshilfe nicht beansprucht werden könne. Einen abweichenden Standpunkt vertritt, soweit ersichtlich, nur das OLG. Darmstadt (Rsp. 21 S. 191)... Das KG. trägt kein Bedenken, sich der herrschenden Ansicht anzuschließen. Wenn es auch zu weit gehen mag, die Vermittlung der Entlastung als eine verbotene Handlung des § 159² GVG. zu bezeichnen, so gehört sie doch, wie die absichtliche Nichtaufnahme einer einschlägigen Vorschrift ergibt, nicht „zu den gesetzlichen Amtsobliegenheiten des VormGerichts." An dieser Rechtsauffassung ist festzuhalten. KGJ.

γ) **zur Herbeiführung einer Handelsregistereintragung.**

OLG. Karlsruhe, 1. ZS. Beschluß v. 5. Juni 1919.

Der Gesellschafter A. in Burg meldete in notariell beglaubigter Erklärung zum Handelsregister des Amtsgerichts Bamberg an, daß die dort unter der Firma A. & Cie. betriebene offene Handelsgesellschaft aufgelöst und das Handelsgeschäft mit Aktiven und Passiven auf den dortigen Kaufmann Adam übergegangen sei. Nachdem A. über den Tag des Beschlusses der Gesellschafter und über den Tag der Auflösung der Gesellschaft vernommen worden war, ersuchte das Amtsgericht Bamberg als Registergericht das Amtsgericht Mannheim, den Gesellschafter Johann O. daselbst im Sinne der Erklärungen des Gesellschafters A. zu vernehmen. Das Ersuchen wurde unter Bezugnahme auf RG. 58 S. 94 abgelehnt. Die hierauf beantragte Entscheidung des OLG. ist nach § 2 FrGG. und §§ 158ff. GVG. zulässig und auch begründet.

Die Führung des Handelsregisters ist ein Verfahren der freiwilligen Gerichtsbarkeit, das durch die Reichsgesetzgebung (§ 8 HGB., § 125 FrGG.) den Amtsgerichten übertragen ist. Das Registergericht hatte, nachdem durch die Anmeldung des A. zu seiner Kenntnis gekommen war, daß das Handelsregister sich nicht in Übereinstimmung befindet mit dem wirklichen Rechtszustand, gemäß §§ 14, 29, 31, 143 HGB., 12, 132ff. FrGG. auf die Berichtigung des Handelsregisters hinzuwirken. Es hätte sich darauf beschränken können, den Gesellschafter O. nach §§ 14 HGB., 132ff. FrGG. zur Vornahme der Anmeldung aufzufordern und die Erfüllung dieser Verpflichtung durch Ordnungsstrafen zu erzwingen. Es stand ihm aber auch frei, den Anmeldepflichtigen zur Herbeiführung der Anmeldung zu vernehmen oder das Amtsgericht seines Aufenthaltsorts um dessen Vernehmung zu ersuchen. Bei diesem Ersuchen handelt es sich nicht um die selbständige Beurkundung eines Rechtsgeschäfts, sondern um eine Vernehmung und Beurkundung in einer bei dem ersuchenden Gericht anhängigen Handelsregistersache. Die Vernehmung des O. fällt hiernach in den dem Registergericht durch § 8 HGB. und § 125 FrGG. übertragenen Geschäftsbereich, und das auf ihre Vornahme gerichtete Ersuchen ist ein Ersuchen um Rechtshilfe im Sinne des § 2 FrGG. und der §§ 158ff. GVG. Allerdings hat der 4. ZS. (RG. 58 S. 94) ausgeführt, daß die gerichtliche Beurkundung eines der freiwilligen Gerichtsbarkeit angehörigen Rechtsgeschäfts, besonders eine Anmeldung aus § 12 HGB. nicht als eine durch Reichsgesetz den Gerichten übertragene Angelegenheit anzusehen sei. In späteren Entscheidungen hat aber das RG. den Kreis der in den Geschäftsbereich des § 1 FrGG. fallenden Amtshandlungen des ersuchenden Gerichts nicht in solcher Weise eingeschränkt. An demselben Tag, an dem die Entscheidung (58 S. 94) erlassen wurde, hat derselbe ZS. mit einer im wesentlichen auf den gleichen Erwägungen beruhenden Begründung ausgeführt, daß der § 2 FrGG. auch auf das Ersuchen eines VormGerichts um die Aufnahme einer vollstreckbaren Urkunde über die vom Erzeuger seinem unehelichen Kinde gegenüber übernommenen Verpflichtungen nicht anwendbar sei (RG. 57 S. 396). In 67 S. 416 dagegen hat derselbe ZS. unter ausdrücklicher Aufgabe des in Bd. 57 S. 396 eingenommenen Standpunktes ausgesprochen, daß das VormGericht die Rechtshilfe in Anspruch nehmen dürfe, um den außerehelichen Erzeuger eines bevormundeten Kindes über die Anerkennung der Vaterschaft zu vernehmen, weil die Vormundschaftssache, in der ein solches Ersuchen ergehe, zu den durch Reichsgesetz den Gerichten übertragenen Angelegenheiten der freiwilligen Gerichtsbarkeit gehöre. Die gleiche Erwägung trifft aber auch für den vorliegenden Fall zu; auch die Handelsregistersache ist eine durch Reichsgesetz den Gerichten übertragene Angelegenheit der freiwilligen Gerichtsbarkeit. Unter Bezugnahme auf RG. 67 S. 416 haben denn auch in der Folgezeit mehrere OLG. die Frage, ob das Registergericht ein auswärtiges Amtsgericht im Wege der Rechtshilfe um die Beurkundung einer Anmeldung zum Handelsregister ersuchen darf, bejaht (vgl. Rsp. 25 S. 272; KGJ. 45 S. 164; BayZ. 1918 S. 158). Sch.

δ) **Bezieht sich Art. 40² PrFrG. auf Rechtshilfeersuchen?**

OLG. Kiel, 1. ZS. Beschluß v. 28. November 1918.

Das Amtsgericht A. hatte ersucht, den B. darüber zu vernehmen, ob er das Amt als Vollstrecker des Testaments seines Vaters annehme. Das ersuchte Amtsgericht R. hat abgelehnt, weil ein gültiges, die Einsetzung von Vollstreckern enthaltendes Testament nicht vorliege. Diese Ablehnung war jedoch nur dann zulässig, wenn die vorzunehmende Handlung nach dem Rechte des ersuchten Gerichts verboten war (§ 159² GVG.). Die Aufnahme sachlich unbegründeter Anträge und Erklärungen ist aber dem Richter der freiwilligen Gerichtsbarkeit in Preußen nicht schlechthin verboten. Allerdings enthält Art. 40² PrFrG. die Ordnungsvorschrift, daß der Richter die Beurkundung eines „offenbar ungültigen" Geschäfts „ablehnen" soll. Aber auch wenn diese Vorschrift auf Erklärungen, wie die Annahme eines Vollstreckeramts, unmittelbar oder entsprechend (vgl. Schlegelberger, Art. 40¹⁰ S. 879) anzuwenden ist, so sieht sie doch eine Ablehnung ersichtlich nur gegenüber Anträgen der Beteiligten vor. Die Frage dagegen, unter welchen Voraussetzungen das Rechtshilfeersuchen abgelehnt werden kann, ist im § 159 GVG. maßgeblich und erschöpfend geregelt, und wenn auf diesem Gebiete das zuständige Nachlaßgericht und das ersuchte Gericht verschiedene Rechtsauffassungen haben, so liegt es nicht im Sinne des § 159, daß das ersuchte Gericht seine Rechtsauffassung über die materielle Ungültigkeit der aufzunehmenden Erklärung durch Ablehnung des Ersuchens zur Geltung bringt, während die Entscheidung über die sachliche Berechtigung des Antrags beim Nachlaßgericht liegt. Für solche Fälle ist das Ablehnungsrecht aus Art. 40 nicht gegeben, und die Handlung, um die ersucht ist, wird dadurch noch nicht zu einer verbotenen im Sinne des § 159 GVG.

Überdies bezieht sich der Art. 40 nur auf Fälle, wo das Geschäft „offenbar" ungültig ist, wo also irgendein berechtigter Zweifel an der Ungültigkeit nicht bestehen kann. Hier bestehen keine solchen Zweifel, vielmehr erscheint die Rechtsauffassung des Nachlaßgerichts als zutreffend. Der Testamentsnachtrag vom 2. Januar 1916, gegen dessen formelle Gültigkeit als eigenhändiges Testament Bedenken nicht bestehen, enthält die Ernennung von Vollstreckern sowie die Anordnung von Vermächtnissen und Bestimmungen über die Nachlaßteilung und Anrechnungen. Offenbar ist der Erblasser bei Erlaß dieses Nachtrags davon ausgegangen, daß sein früheres mit seiner inzwischen verstorbenen Frau errichtetes gemeinschaftliches Testament vom 9. Mai 1907 gültig sei und im übrigen maßgebend bleibe, während dieses tatsächlich, wie auch das Nachlaßgericht annimmt, ungültig ist. Aber nach § 2085 BGB. hat sogar die Unwirksamkeit einer von mehreren in einem Testament enthaltenen Verfügungen die Unwirksamkeit der übrigen Verfügungen nur zur Folge, wenn anzunehmen ist, daß der Erblasser diese ohne die unwirksame Verfügung nicht getroffen hätte. Auch wenn man aus der Bezeichnung des letzten Testaments als Testamentsnachtrag entnehmen will, daß im Sinne des Erblassers ein einheitliches Testament vorliegen sollte, so entsteht also die Frage, ob bestimmt anzunehmen ist, daß der Erblasser die Vollstrecker nicht eingesetzt hätte, wenn er nicht das gemeinschaftliche Testament als wirksam angesehen hätte. Diese Frage wird aber nicht mit irgendwelcher Sicherheit bejaht werden können, da schon die Auskehrung der zahlreichen Vermächtnisse und die Befolgung der Verteilungsanordnungen, sowie die Auseinandersetzung der Erben (vgl. § 2204 BGB.) ein Tätigwerden von Vollstreckern als erwünscht und sachgemäß erscheinen lassen konnten. . . . SchlHA.

b) Form für die Niederschriften des Gerichtsschreibers.

OLG. Jena, 2. ZS. Beschluß v. 14. November 1919.

Die beiden Gesellschafter einer GmbH. hatten bei der durch Niederschrift des Registergerichtsschreibers beantragten Eintragung der Liquidationsauflösung gebeten, mit dem Eintrag noch zu warten, bis sie weitere Nachricht geben würden, da einer der Gesellschafter die Firma eventuell allein übernehmen wolle. Diese Bemerkung befindet sich in einem nur vom Gerichtsschreiber und nicht auch von den Antragstellern unterschriebenen Nachtrag zur Niederschrift. Nach 2 Wochen trug das Registergericht die Liquidationsauflösung in das Handelsregister ein. Auf die Beschwerde des einen Gesellschafters wurde dagegen dieser Beschluß aufgehoben und die Eintragung abgelehnt, weil der Nachtrag fraglos einen Bestandteil der Niederschrift bilde, ein endgültiger unbedingter Antrag der beiden Gesellschafter in diesem Augenblick also noch nicht vorgelegen habe; die Niederschrift selbst enthalte somit keine völlig richtige Wiedergabe der von den Parteien abgegebenen Willenserklärungen und werde durch den Nachtrag von der aufnehmenden Urkundsperson selbst richtiggestellt; der Richter hätte mithin nur die durch den Nachtrag richtiggestellten Erklärungen berücksichtigen dürfen und die Eintragung ablehnen müssen, falls nicht beide Gesellschafter noch übereinstimmend erklärten, sie könne nunmehr vor sich gehen. Die weitere Beschwerde des andern Gesellschafters ist unbegründet.

Für die Form, in der der Gerichtsschreiber des Registergerichts die nach § 12 HGB. persönlich bewirkten Anmeldungen zum Handelsregister aufzunehmen hat, gibt das Gesetz keine besonderen Vorschriften (§§ 128, 11 FrGG.). Aus der Niederschrift muß nur ersichtlich sein, daß der Gerichtsschreiber sie in amtlicher Form aufgenommen hat (Schlegelberger FrGG. § 11[19]). Diesem Erfordernis ist hier genügt. Inhaltlich reicht für die Niederschriften des Gerichtsschreibers die Wiedergabe der Erklärungen in beliebiger Form aus (aO. N. 17). Es bedarf weder der Verlesung noch Genehmigung der Niederschrift noch ihre Unterzeichnung durch die Erklärenden (aO. N. 19). Die Frage, ob die Erklärung der Beteiligten in dem von ihnen nicht unterschriebenen Nachtrag des Gerichtsschreibers zu dem von ihnen unterzeichneten Protokoll inhaltlich zu der in letzterem aufgenommenen Erklärung gehört oder nicht, ist mithin rein tatsächlicher Art. Eine Rechtsverletzung kann in ihrer Bejahung ebensowenig liegen, wie sie in ihrer Verneinung gefunden werden könnte. Nur eine Verletzung des Gesetzes kann aber die weitere Beschwerde begründen. Konnte aber das LG. aus ihren zweifelsfrei erscheinenden, hier nicht mehr nachzuprüfenden tatsächlichen Erwägungen zu einer Auslegung der Niederschrift gelangen, so hatte es keinen Anlaß, darüber noch nach § 11 FrGG. von Amtswegen Ermittelungen anzustellen. Auch diese Bestimmung ist mithin nicht verletzt. Ob es zulässig ist, daß das Registergericht aus Entgegenkommen einige Tage mit der Eintragung eines unbefristet gestellten Antrags wartet, kann dahingestellt bleiben. Denn nach der bindenden Feststellung des LG. lag ein solcher Antrag nicht vor. Auf Grund des befristet gestellten Antrags konnte aber eine Eintragung keinesfalls ohne die Zustimmung des anderen Gesellschafters erfolgen. M. l.

c) **Umfang der Feststellungspflicht nach § 12 FrGG.**

Bayer. Oberstes Landesgericht, 1. ZS. Beschluß v. 30. Mai 1919.

Allerdings sind die Gerichte nach § 12 nicht zur Erhebung aller überhaupt möglichen Beweise verpflichtet. Sie bestimmen vielmehr den Umfang der Beweiserhebungen nach freiem Ermessen und können unter Umständen jede Beweiserhebung unterlassen, wenn sie den Sachverhalt so vollständig aufgeklärt erachten, daß von einer Beweiserhebung kein ihre Entscheidung beeinflussendes Ergebnis zu erwarten ist. Allein dieses freie Ermessen der Tatsachengerichte findet seine Begrenzung in ihrer Verpflichtung, das vorliegende Tatsachenmaterial in seinem vollen Umfang zu würdigen, was wiederum voraussetzt, daß die für die Entscheidung wichtigen Tatsachen ihrem vollen Umfange nach erhoben und festgestellt sind. Dieser Verpflichtung sind die Vorinstanzen nicht ausreichend nachgekommen. Allerdings haben sowohl der Waisenrat als auch der Gegenvormund die gegen die Vormünderin erhobenen Vorwürfe im wesentlichen als unbegründet bezeichnet, allein durch ihre Angaben sind die im Antrage und in der Beschwerdeschrift aufgestellten Behauptungen nicht erschöpfend widerlegt. In der Beschwerdeschrift ist behauptet, daß die Vormünderin seit längerer Zeit leidend und meistens bettlägerig ist und dies wird vom Gegenvormund wenigstens zum Teil durch die Angabe bestätigt, daß ihre Gesundheit geschwächt sei. Unter diesen Umständen wäre Veranlassung gegeben gewesen, durch Vernehmung von Zeugen und Sachverständigen klarzustellen, ob die Vormünderin denn den Aufgaben der Vormundschaft und der Erziehung der Kinder körperlich noch gewachsen ist. Noch erheblicher aber sind die Bedenken, die sich hinsichtlich ihrer geistigen Eignung zur Führung der Vormundschaft ergeben.[1] Kn.

d) **Zwangsweise Unterbringung eines Beteiligten in eine Heilanstalt. Beschwerde gegen solche Anordnung.**

Kammergericht, ZS. 1a. Beschluß v. 12. Juli 1918.

Das VormGericht hat den Antrag des Oberpostdirektors, dem Postsekretär B. auf Grund des § 62 RBeamtenG. einen Pfleger zu bestellen, zurückgewiesen. Das LG. hat dagegen, nachdem der um ein Obergutachten ersuchte Direktor der Provinzial-Heilanstalt die persönliche Untersuchung und Beobachtung des B. für notwendig erklärt hatte, angeordnet, daß B. zur Feststellung über das geistige Gebrechen auf die Dauer von 6 Wochen in jene Anstalt zu bringen sei. Die Beschwerde des B. hierüber ist zulässig. Allerdings findet gegen die Veranstaltung von Ermittelungen gemäß § 12 als solche keine Beschwerde statt. Allein auch die vor der Endentscheidung getroffenen Anordnungen, die sie vorzubereiten bestimmt sind, können, falls sie ein Recht des § 20 verletzen, den Gegenstand einer Beschwerde bilden, indem unter „Verfügung" der allgemeine Begriff der gerichtlichen Anordnung zu verstehen ist. Demgemäß hat der Beschluß (KGJ. 44 S. 1) grundsätzlich ausgesprochen, daß die Beschwerde gegen Zwischenverfügungen zulässig ist, die dem Beschwerdeführer eine Auflage machen. Das Beschwerderecht des B.

[1] Rechtlich zu beanstanden ist nicht die Anhörung des VormRichters durch das LG., da dieses grundsätzlich bei der Auswahl seiner Erkenntnisquellen durch keine gesetzlichen Regeln gebunden ist (KG., ZS. 1a. Beschluß v. 23. Mai 1919 x 250).

folgt nach § 20 aus seinem Recht auf richtige Besorgung seiner Angelegenheiten. Nach 19 findet die Beschwerde gegen die Verfügungen des Gerichts erster Instanz statt, während hier das LG. mit der Angelegenheit als Beschwerdegericht befaßt ist; doch sind auch von ihm getroffene Verfügungen, die nicht Entscheidungen über Beschwerden sind, nach § 19 anfechtbar. Da hierüber unmittelbare Vorschriften fehlen, so müssen die Vorschriften des FrGG. über Beschwerden gegen sonstige Beschlüsse, die das LG. in erster Instanz erläßt, entsprechende Anwendung finden; solche sind in § 64, 143[2] enthalten. Weiter ergibt sich aus § 199[2] FrGG. mit Art. 7 Pr. FrG., daß auch hier über die Beschwerde das KG. zu entscheiden hat (KGJ. 34 S. 3). Allerdings hat RG. (RJA. 14 S. 85) die Zulässigkeit der **weiteren** Beschwerde gegen Zwischenverfügungen des Beschwerdegerichts verneint. Allein vorliegend handelt es sich um eine erste Beschwerde und zu diesem Falle hat das RG. keine Stellung genommen.

Das Rechtsmittel ist auch begründet ... Allerdings würde es im Hinblick auf den Grundsatz des § 12 dem Geiste des Gesetzes nicht entsprechen, wenn die an sich mögliche und gesetzlich zulässige Durchführung eines zur einwandfreien Aufklärung des Sachverhalts erforderlichen Beweisverfahrens an dem unberechtigten Widerspruch eines Beteiligten scheiterte. Allein die fr. Maßnahme ist nicht gesetzlich zulässig. Allerdings haben sich Perels-Spilling (RBG. 194) im Anschluß an Peters (Goltd. 44 S. 209) für die Zulässigkeit einer zur Durchführung des Disziplinarverfahrens erforderlichen Unterbringung des Angeschuldigten in eine Heilanstalt unter entsprechender Anwendung des § 81 StrPO. ausgesprochen. Dieser Auffassung hat sich der Große DiszSenat (JW. 1918 S. 59) angeschlossen. Allein in den Angelegenheiten der freiwilligen Gerichtsbarkeit — um eine solche handelt es sich hier — sind nach § 15 die §§ 402 ff. ZPO. entsprechend anzuwenden. Diese enthalten aber keine dem § 81 StrPO. entsprechende Bestimmung, kennen also keinen Zwang zur Duldung einer Untersuchung. Das gleiche gilt von der Einnahme des Augenscheins (ZPO. § 371). Demgemäß hat das RG. anerkannt, daß keine Prozeßpartei gezwungen werden kann, ihre Person selbst als Gegenstand einer Beweisaufnahme zur Verfügung zu stellen, sich einer körperlichen Besichtigung auch nicht durch Ärzte zu unterwerfen; deshalb kann die Vorführung einer Partei zur Untersuchung ihres Geisteszustandes durch einen Sachverständigen, um dessen Gutachten vorzubereiten, nicht angeordnet werden (Seuff. 53 S. 223; Warn. 11 S. 153). Allerdings kennt das Verfahren der freiwilligen Gerichtsbarkeit, dem der Grundsatz des Parteibetriebs fremd ist, das vielmehr von dem Grundsatze des Amtsbetriebs und der Amtsprüfung beherrscht wird, keine eigentlichen sich gegenüberstehenden Parteien (RG. 63 S. 276). Allein die Beteiligten dürfen jedenfalls in der hier erörterten Richtung nicht schlechter gestellt werden als die Parteien des Zivilprozesses. Der § 656 ZPO. ist eine für die Entmündigung gegebene Sondervorschrift. Die Unterbringung des zu Entmündigenden in eine

Heilanstalt konnte vor der Novelle von 1898 gegen seinen Willen nicht erzwungen werden. In der Begründung zur Novelle wird bemerkt, daß dies von verschiedenen Seiten als ein Mangel des geltenden Rechts bezeichnet worden ist (Hahn 8 S. 129). Dementsprechend ist der § 656 in seiner Anwendung auf das Entmündigungsverfahren beschränkt und keiner entsprechenden Anwendung zugänglich. Aus § 656 kann so wenig wie aus § 81 StrPO. der allgemeine Gedanke entnommen werden, daß einer Beschränkung der persönlichen Freiheit und der Entschließung sich der einzelne in allen den gerichtlichen Verfahren unterwerfen müsse, in denen seine Persönlichkeit den Mittelpunkt bildet. Beschränkungen der durch Art. 5 preuß. Verf. gewährleisteten persönlichen Freiheit sind ohne ausdrückliche gesetzliche Ermächtigung unzulässig. KGJ.

e) **Beschwerde: α) des Vormundes wegen angedrohter Entlassung.**
Kammergericht, ZS. 1a. Beschluß v. 26. April 1918.

... Das VormGericht hat zunächst dem Vormund eröffnet, daß und aus welchen Rechtsgründen er sein Amt nicht weiterführen dürfe und daher seine Entlassung beabsichtigt werde. Im Anschlusse hieran wurde ihm anheimgestellt, die Entscheidung des LG. anzurufen, um dessen Stellungnahme zur Beschleunigung der Angelegenheit kennen zu lernen. Auch eine solche Verfügung stellt sich nicht bloß als eine unverbindliche Äußerung der Absicht, demnächst den Vormund zu entlassen, dar, sondern enthält auch ihrerseits bereits insofern eine Anordnung, als mit der Mitteilung der Absicht zugleich das Anheimstellen der Beschwerdeeinlegung verknüpft ist, womit gesagt sein soll, daß, wenn der Vormund nicht innerhalb angemessener Frist eine die Ansicht des VormGerichts widerlegende Entscheidung erwirkt haben sollte, die Absicht seiner Entlassung verwirklicht werden würde. Hiernach werden dem Vormunde gewisse Schritte, um seiner Entlassung zu begegnen, an die Hand gegeben; auch hierin ist bereits eine Anordungn und damit eine beschwerdefähige Entscheidung i. S. des § 19 enthalten. An dem Beschlusse (KGJ. 44 S. 34) kann bei wiederholter Prüfung nicht festgehalten werden. ...

Das LG. hat aber die Beschwerde zurückgewiesen, weil die Rechtsstellung des Vormunds durch die Verfügung keinen unmittelbaren Eingriff erleide. Indes handelt es sich hier nicht um eine bloße Androhung, so daß dahingestellt bleiben kann, ob nicht auch schon eine Drohung als ausreichend angesehen werden müßte, die Annahme einer Beeinträchtigung des Rechts auf Führung der Vormundschaft zu begründen, sondern es sind dem Vormunde zugleich mit der Drohung bestimmte Handlungen aufgegeben, von deren Vornahme die Nichtausführung der Absicht abhängig gemacht ist. Eine solche Auflage ist aber, wenn sie nicht für gerechtfertigt erachtet wird, sehr wohl geeignet, das Recht der selbständigen Weiterführung der Vormundschaft zu beeinträchtigen.

Wegen Verletzung des § 20 ist hiernach der Beschluß des LG. aufzuheben. Dieses wird insbesondere zu erörtern haben, ob die Verfügung, die

die Einlegung der Beschwerde anheimstellt, noch in den Rahmen einer Weisung nach § 1837 BGB. fällt, oder ob sie nicht vielmehr, da ein solches Anheimstellen im Gesetze keine Grundlage findet (der § 142² FrGG. beschränkt sich auf die beabsichtigte Löschung einer Registereintragung und betrifft nicht den Fall einer Beschwerde, sondern den eines besonders und anders geregelten Widerspruchs), schon aus diesem Grund aufzuheben ist. Wenn in KGJ. 49 S. 146 gegen eine die Beschwerde anheimstellende Verfügung des Grundbuchamts die Beschwerde zugelassen worden ist, so hatte damals das Grundbuchamt bereits eine Löschung angeordnet, aber vor deren Ausführung den Beteiligten anheimgegeben, die ihnen mitgeteilte Ansicht anzufechten. Damals lag hiernach vor der Mitteilung bereits eine unwiderrufliche Anordnung des Gerichts vor, während hier das VormGericht nicht etwa bereits die Entlassung verfügt, sondern nur eine dahingehende Absicht ausgesprochen hat, also noch jederzeit seine Ansicht ändern und demgemäß verfahren konnte. In solchem Falle sind allerdings gegen die Zulässigkeit des eingeschlagenen Weges gerechtfertigte Bedenken zu erheben. Diese liegen aber nicht auf prozessualem Gebiete (§§ 19, 20 FrGG.); denn die Möglichkeit einer wiederholten Beschwerdeentscheidung über denselben Tatbestand, zB. wenn der Vormund zunächst über eine ihm erteilte Weisung und dann gegen seine auf Nichtbefolgung der Weisung gegründete Entlassung Beschwerde erhebt, ist nicht ausgeschlossen. Das grundsätzliche Bedenken gegen das vom VormGericht eingeschlagene Verfahren besteht darin, daß es im Gesetze keine Stütze findet, anderseits aber dem Grundsatze widerstreitet, daß eine gerichtliche Maßnahme, die für erforderlich erachtet wird, auch sofort auszuführen ist. Es wird zu erörtern sein, ob in Fällen der vorliegenden Art, in denen der Richter sich durch eine Verfügung überhaupt noch nicht gebunden hatte und daher eine Beschwerdeentscheidung ihn nicht von der Verantwortung befreien, sondern höchstens seine Belehrung oder seine Entschließung beeinflussen könnte, das hier eingeschlagene Verfahren überhaupt oder wenigstens im gegebenen Fall aus besonderen näher darzulegenden Gründen gangbar erscheint. Sch.

β) **wegen Beanstandung einer in Aussicht gestellten Firmenänderung.**

Kammergericht, 1. FerienZS. Beschluß v. 13. August 1919.

Eine „Verfügung" im Sinne des § 19 liegt nicht vor, wenn das Gericht zur Unterrichtung des bei einer bestimmten Angelegenheit Beteiligten lediglich seine Rechtsauffassung äußert, sie ist dagegen dann gegeben, wenn mit der Mitteilung der Rechtsansicht die Eröffnung verbunden wird, daß ein auf einer abweichenden Ansicht beruhender, bereits angekündigter Antrag abgelehnt werde (vgl. Schlegelberger § 19⁵). Vorliegend hatte die Beschwerdeführerin bereits Anfang 1919 die Änderung ihrer Firma in „Centrale für Auslandsverkehr GmbH." zum Handelsregister angemeldet, und das Amtsgericht hatte durch Verfügung vom 1. Februar 1919 in dieser Firma das Wort Centrale beanstandet. Wenn es dann auf die weitere Anfrage der Beschwerdeführerin am 3. Mai 1919, ob ein Bedenken gegen die Firmenänderung „Auslandsverkehr GmbH." bestehe, geantwortet hat: Auch diese Firma wird als zu allgemein und bei dem geringen Stammkapital als zur Täuschung über den Geschäftsumfang im Sinne des § 18 HGB. geeignet beanstandet, so bedeutet dies nichts anderes als die Kundgebung der Entschließung, auch der von der Beschwerdeführerin in Aussicht gestellten Anmeldung zur Eintragung dieser neuen Firma in das Handelsregister aus den von ihm ausgeführten Gründen ebenfalls nicht stattgeben zu wollen. Deshalb stellt sich die Antwort, die das Amtsgericht der Beschwerdeführerin auf die vorerwähnte Anfrage erteilt hat, als eine Verfügung im Sinne des § 19 FrGG. dar, es ist die Beschwerde gegen diese Verfügung zulässig. Indem die Zulässigkeit dieser Beschwerde in dem angefochtenen Beschlusse verneint worden ist, beruht dieser auf einer Verletzung des § 19 FrGG. R.

γ) wegen Nichtgebrauchs des Firmen-Unds im Handelsregister.

OLG. Stuttgart, 1. ZS. Beschluß v. 4. Juli 1919.

Der Firmeninhaber hat die Firma „Zoll & Schur" (mit dem Firmen-Und) zum Handelsregister angemeldet. Der Registerrichter hat die Eintragung der Firma „Zoll u. Schur" beschlossen und mit dieser Schreibweise vornehmen lassen. Das LG. hat die Sachbeschwerde hierüber als unzulässiig zurückgewiesen; es hat weiter verneint, daß die Voraussetzungen des § 142 f. vorliegen, und hat auch ein sonstiges Einschreiten von Amtswegen abgelehnt, da das Handelsregister unter Verwendung der amtlichen Buchstabenschrift geführt werde und das im Handelsverkehr übliche & ohne Eintragung im Handelsregister statt des Buchstabenworts „und" oder seiner Abkürzung „u." gebraucht werden könne. Die weitere Beschwerde ist zulässig, aber unbegründet.

Der Eintragungsbeschluß des Registerrichters ist als innerdienstliche Anweisung an den Gerichtsschreiber, die den Beteiligten nicht bekannt gemacht wird, nicht mit Beschwerde im Sinne von § 19 FrGG. anfechtbar; durch den Beschluß als solchen werden keine Rechte begründet, verändert oder aufgehoben; folglich wird durch ihn auch niemand in seinem Rechte beeinträchtigt. Die vollzogene Eintragung als solche unterliegt gleichfalls nicht der Beschwerde nach dem FrGG. Es kann dahingestellt bleiben, ob der Eintragungsbeschluß in Verbindung mit der geschehenen Ausführung eine gerichtliche Verfügung im Sinne von § 19 darstellt oder ob dieser Annahme die Erwägung entgegensteht, daß eben die registergerichtliche Beurkundung keine gerichtliche Verfügung ist. Maßgebend ist, daß in § 142 f. erschöpfende Vorschriften darüber getroffen sind, in welcher Weise unrichtige Eintragungen zu beseitigen sind. Die „Beschwerde" gegen eine Eintragung im Handelsregister und gegen den ihr zugrunde liegenden Eintragungsbeschluß ist sachlich eine Anregung, von Amtswegen die Eintragung zu löschen und gegebenenfalls eine Neueintragung vorzunehmen. Das als Beschwerdegericht angerufene Landgericht kann in solchen Fällen nach § 143 das Erforderliche anordnen. Hier wurde die Beschwerde erst erhoben, nachdem das Amtsgericht das Verlangen, die Eintragung des Und-Zeichens zu ändern, abgelehnt hatte. Mit Recht hat das LG. ein Einschreiten gemäß § 142 für unzulässig erklärt. Seine Entscheidung verletzt nicht das Gesetz. Es fehlt an keiner wesentlichen Eintragungsvoraussetzung, deren Mangel die Eintragung unzulässig machen würde. Die Eintragung entspricht sachlich der Anmeldung. Allerdings kann der Firmeninhaber ein Interesse daran haben, daß das von ihm abgekürzt gebrauchte Wort „und“ nicht mit der Abkürzung „u.“, sondern mit „&“ eingetragen wird, weil er auch im Handelsverkehr die Abkürzung „&“ gebrauchen will. Aber mit einer Sachbeschwerde kann dieses Interesse nach den bestehenden Gesetzen nicht verfolgt werden. Immerhin erfüllt der Registerrichter eine Amtspflicht, wenn er, soweit dies mit den sonstigen Rücksichten der Registerführung vereinbar ist, bei der Art der Eintragung den besonderen Wünschen und Interessen der Beteiligten entgegenkommt. Legt ein Beteiligter mit Grund besonderen Wert auf die Abkürzung des Wortes „und“ durch das im Handelsverkehr vielfach übliche Wortzeichen &, so steht gerade bei der Handelsregisterführung nichts im Wege, einem solchen Wunsche Rechnung zu tragen. Die nachträgliche Verwendung des Zeichens & statt „u.“ kann in entsprechender Anwendung von § 11² der HandelsregVerf. vom 9. Nov. 1899 geschehen, da diese Vorschrift nur eine besondere Anwendung des allgemeinen Grundsatzes darstellt, daß Änderungen bloß der Schreibweise der Registereintragungen nicht den für sachliche Änderungen gesetzlich gezogenen Schranken unterliegen. S.

δ) **über den Kostenpunkt bei späterer Erledigung der Hauptsache.**
Kammergericht, 3S. 1a. Beschluß v. 3. Oktober 1919.

Das Amtsgericht hat den Antrag des Beschwerdeführers auf Erteilung eines Erbscheines beanstandet. Das LG. hat die Beschwerde „kostenpflichtig zurückgewiesen“, wodurch 48 Mark Gerichtskosten entstanden. Die weitere Beschwerde beschränkt sich ausdrücklich auf die Kostenlast, da der Beschwerdegegenstand in der Hauptsache erledigt sei. Gleichzeitig wurde eine neue Notariatsurkunde eingereicht, in der das aufgestellte Bedenken behoben wurde; daraufhin wurde nach 4 Tagen der Erbschein antragsgemäß erteilt.

Der Beschwerdeführer macht nicht geltend, daß für die zweite Instanz zu Unrecht Gerichtskosten angesetzt seien, sondern daß das LG. in der Hauptsache unrichtig entschieden habe. Das Rechtsmittel ist jedoch unzulässig.

Der Senat hat in grundsätzlicher Entscheidung (KGJ. 47 S. 275) ausgesprochen, daß in der freiwilligen Gerichtsbarkeit der mit der Sachentscheidung verbundene Ausspruch, daß diese kostenfrei sei, oder daß die Kosten der Beschwerde dem Beschwerdeführer zur Last fallen — von gewissen, hier nicht in Betracht kommenden Ausnahmen abgesehen —, nur die Bedeutung einer Anweisung an den Gerichtsschreiber hinsichtlich des Kostenansatzes habe, da es eines ausdrücklichen Kostenanspruches nicht bedürfe und die Kostenfolge lediglich auf dem Gesetze beruhe. In dieser Entscheidung ist ferner ausgesprochen, daß, wenn eine sachliche Beschwerde mit der gesetzlichen — oder ausdrücklich ausgesprochenen — Kostenfolge, wie hier, zurückgewiesen ist, der Beschwerdeführer nicht derart vorgehen kann, daß er — etwa zur Kostenersparung für den Fall der Zurückweisung auch in 3. Instanz — die Sachentscheidung unangefochten läßt und lediglich die Kostenentscheidung (falls eine solche überhaupt der Form nach zum Ausdruck gekommen ist, die aber eben keine „Entscheidung" ist) mit der weiteren Beschwerde mit der Begründung angreift, daß die Sachentscheidung des Beschwerdegerichts unrichtig sei. In dem auf KGJ. 47 S. 275 aufgebauten Beschlusse des 1. ZS. vom 20. März 1919 ist ferner ausgeführt: Solange die Sachentscheidung zu Recht besteht und nicht angefochten ist, kann der Kostenpunkt nicht selbständiger Anfechtung fähig sein, da er seine Kraft lediglich aus der Sachentscheidung zieht, mit ihr steht und fällt. Nur da, wo die Sache selbst erledigt ist, also nicht mehr angefochten werden kann, ist die Kostenfolge der Anfechtung durch die sachliche Beschwerde und weitere Beschwerde fähig, und zwar mit der Behauptung, daß die Kostenlast die Folge unrichtiger Sachentscheidung sei. Dies beruht nicht darauf, daß eine „Entscheidung" im Kostenpunkt ergangen wäre, sondern darauf, daß die sachliche Rechtslage eine gesetzliche Erweiterung im Kostenpunkt erfahren hat, die, nach Erledigung der Sache selbst, als Überbleibsel der Sache bestehen geblieben ist, das deren rechtliches Schicksal teilt und daher nur mit den gegen die Sachentscheidung selbst zulässigen Rechtsmitteln angefochten werden kann (vgl. auch KGJ. 22 S. 3; RG. 62 S. 142; 71 S. 313). Hier war bei Einlegung der weiteren Beschwerde die Sache selbst durch die weitere Beschwerde weiter zu verfolgen. Der Fall, daß die Sache durch Erledigung der Hauptsache auf den Kostenpunkt zusammengeschrumpft wäre, so daß gegen dieses Überbleibsel die sachliche weitere Beschwerde gegeben wäre, lag nicht vor. Die Sache selbst war nicht erledigt, und da sie mit der sachlichen weiteren Beschwerde verfolgt werden **konnte**, so war die Kostenlastfolge der selbständigen Anfechtung entzogen. Der Umstand, daß **nachher** die Hauptsache sich erledigt hat, indem der Beschwerdeführer den Anforderungen der Vorinstanzen nachkam und nunmehr die Erteilung des Erbscheins erwirkte, ist bedeutungslos. Denn der Beschwerdeführer kann nicht so vorgehen, daß er die Sachentscheidung, die er anfechten **kann**, bestehen läßt und die Kostenfolge wie eine selbständig beschwerdefähige Entscheidung angreift. H.g.

f) **Beschwerderecht:**[1] *α*) **aus §§ 20, 57. Abweisung als „unbegründet" statt „unzulässig".**

[1] Dem Vater kann deshalb allein, daß ihm nach § 1635 S. 1 BGB. die Personensorge nicht zusteht, das Beschwerderecht aus § 57 Nr. 9 nicht abgesprochen werden, vielmehr kommt es darauf an, ob er es im Interesse des Kindes ausübt; dies ist anzunehmen, wenn es rügt, daß bei der Auswahl des Pflegers Verwandte oder Verschwägerte des Kindes nicht berücksichtigt worden und daß von Verwandten ganz anders wie von Fremden eine familiäre Fürsorge für das Kind zu erwarten sei (KG., ZS. 1a. Beschluß v. 24. Mai 1918 x 326). — Ebenso haben die Eheleute A. durch langjährige Pflege des Mündels ein berechtigtes Interesse daran erlangt, die Frage, ob ein Wechsel der Pflegstelle, in der er nach ihrer Meinung gut untergebracht ist, seinem persönlichen Wohle zuträglich sei, gemäß § 57 Nr. 9 der Entscheidung des LG. zu unterbreiten (Beschluß desselben ZS. v. 19. April 1918 x 249).

Bayer. Oberstes Landesgericht, 1. ZS. Beschluß v. 16. Mäi 1919.

Nach dem Tode des A. hat sich seine Witwe wieder verheiratet, worauf X. zum Vormunde der in der A.schen Ehe geborenen Kinder bestellt wurde. Da er den Pflichtteil einforderte und mit Klage drohte, beantragten die Mutter und ihr jetziger Mann S., daß 1. von der Entrichtung des Pflichtteils abzusehen und daß 2. der Vormund X. seines Amtes zu entheben und durch die Mutter zu ersetzen sei. Das Amtsgericht hat abgelehnt. Die Beschwerde blieb erfolglos. Für die weitere Beschwerde sind die beiden Anträge zu scheiden.

1. Für den ersten Antrag besteht ein Beschwerderecht weder der Frau S. noch ihres jetzigen Mannes. Die Frau S. kommt hier lediglich als Verpflichtete in Betracht, als diejenige, gegen die sich das Pflichtteilsrecht der Kinder wendet. Als Gegenpartei des Vormunds, der gegen sie klagen will, steht ihr gegen die Erklärung des VormGerichts, den Vormund nicht hindern zu können, keinerlei Beschwerde zu. Wenn das Verlangen des Vormunds unberechtigt ist, wird ihr vom Streitrichter ihr Recht werden. Wie im übrigen dem Dritten, der gegen den Mündel einen Anspruch erhebt, gegen die Entscheidung des ablehnenden Vormunds und ihre Billigung durch das Gericht kein Beschwerderecht, nur Klage zusteht (Samml. 18 S. 14, 17 S. 172; Richterzeitung 1915 S. 690), so kann auch der Dritte, gegen den sich die Forderung des Mündels richtet, keine Entscheidung des VormGerichts zu seinen Gunsten verlangen. Dieses hat die Genehmigung oder Nichtgenehmigung nur dem Vormund gegenüber nach § 1828 BGB. zu erklären, Rechtsbeziehungen Dritter zum VormGericht sind ausgeschlossen und Dritte haben daher gegen dessen Akt kein Beschwerderecht, auch wenn er ihnen nachteilig ist. Der Vormund bedarf aber auch zur Erhebung des Rechtsstreits keiner Genehmigung (RGKomm. BGB. § 1821[3]), noch weniger aber kann der Dritte beanspruchen, daß der Richter dem Vormund in den Arm fällt. Nachdem das Gericht den Antrag, dies zu tun, mit der Begründung zurückgewiesen hat, daß ein Fall des § 1837 BGB. nicht vorliege, fehlt es an einem Beschwerderecht der Eheleute S. Wenn das LG. diesen Teil ihrer Beschwerde als unbegründet abwies, so sind sie keineswegs dadurch benachteiligt; zudem besteht über die Wahl der Bezeichnung „unbegründet" und „unzulässig" nicht durchweg Übereinstimmung; während letztere Bezeichnung von der einen Seite nur gebraucht wird, wenn die Beschwerde an sich nicht statthaft ist oder nicht form- und fristgemäß eingelegt wurde (RG. Rsp. 30 S. 93), werden auch von vornherein gegenstandslose Beschwerden im Gebiete des FrGG. als unzulässig zurückgewiesen (Samml. 17 S. 194).

Ein Beschwerderecht nach § 57 Nr. 9 FrGG. könnte dann geltend gemacht werden, wenn etwa die Beschwerdeführer behaupten, daß durch den nach ihrer Ansicht aussichtslosen Rechtsstreit das Vermögen der Kinder gefährdet würde. Zweifellos kann § 57 Nr. 9 auch da in Frage kommen, wo das Vermögen der Mündel gefährdet wird, aber stets muß dann auch das

Personensorgerecht gefährdet sein (Samml. 18 S. 41), was nicht der Fall ist, wenn nur ein einzelner geringer vermögensrechtlicher Schaden eintreten würde. . . .

2. Bezüglich des zweiten Antrags hat das LG. verneint, daß ein Recht nach § 20 FrGG. verletzt sei, da eine Berechtigung zur Vormundschaftsführung nach § 1776 BGB. nicht in Frage komme. Wenn nicht § 1779² übertreten ist, wäre dieser Standpunkt berechtigt, soweit es sich um die Interessen der Mutter allein handelt (RG. 64 S. 288). Hier aber wird unter Berufung auf § 57 Nr. 9 FrGG. ausdrücklich geltend gemacht, daß die Kinder auf den Fehltritt der Eltern (Ehebruch während der ersten Ehe) aufmerksam gemacht und dadurch geschädigt würden. Hier kommt daher neben dem Rechte der Mutter die Personensorge für die Kinder zweifellos in Frage. Deshalb ist die Beschwerde der Mutter zulässig. Auch die Entlassung des Vormunds konnte die Mutter mit dieser Begründung beantragen. Für ihren Mann läßt sich der gleiche Standpunkt rechtfertigen. Wenn auch die Schwägerschaft, auf die er sich beruft, wohl zu Nr. 1, 3, 4, 5 und 8, nicht aber zu Nr. 9 des § 57 eine Rolle spielt, und wenn auch „berechtigtes Interesse" bei dem eingreifenden „jedermann" vorhanden sein muß und eine ungemessene Ausdehnung zu verhüten ist, so wird man dem Mann der Mutter neben ihr selbst das „berechtigte Interesse" an der Sorge für die Person der Kinder nicht absprechen können (Samml. 13 S. 271). Wäre hiernach die Entscheidung insoweit aufzuheben, so stellt sie sich doch aus den Gründen des Amtsgerichts schon jetzt als berechtigt dar. Man könnte freilich geltend machen, daß nach § 1779² S. 3 BGB. die Mutter vor dem fremden Vormund zu berücksichtigen ist und daß ihr für Angelegenheiten, an deren Besorgung sie verhindert ist, nach § 1909 ein Pfleger zu bestellen ist. Aber ganz abgesehen davon, daß im Falle des § 1697 die Aufstellung der Mutter als Vormund keineswegs selbstverständlich ist, kommen die von der Aufstellung eines Fremden befürchteten schlimmen Folgen doch erst später in Betracht, wenn die Kinder verständiger werden. Jetzt aber den X. zu entlassen, gegen den nichts Begründetes vorzubringen war, die Mutter als Vormund zu berufen und ihr sofort einen Pfleger zu bestellen, dem sie nach §§ 1681, 1686 den Pflichtteil herauszugeben und Rechenschaft zu leisten hätte, der also genau wieder das zu tun hätte, was X. zu tun hatte, dieses Verlangen hat das Amtsgericht mit Recht zurückgewiesen. **Kn.**

β) **der Regierungspräsidenten in Einbürgerungssachen?**

Kammergericht, 3S. 1a. Beschluß v. 4. Oktober 1918.

Der 1900 in Salvador geborene A. hat die Einbürgerung bei dem Regierungspräsidenten. Dieser hat, da die erforderliche Zustimmung des Vaters A. nicht eingeholt werden kann, die Ersetzung dieser Zustimmung nach § 1665 BGB. erfolglos beantragt. Seine weitere Beschwerde ist nach § 20 nicht zulässig. . . . Allerdings braucht das Recht, dessen Beeinträchtigung das Beschwerderecht verleiht, nicht notwendig ein privates zu sein, indem es auch durch öffentlich-rechtliche Bestimmungen begründet sein kann (KGJ. 21 S. 181). Allein das Reichs- und StaatsangehG. geht offenbar von der Auffassung aus, daß, wenn auf seinem Gebiete überhaupt öffentlich-rechtliche Interessen geltend zu machen sind, diese Aufgabe dem zuständigen Staatsanwalt zufällt. Dies ergibt sich zweifelsfrei aus § 19 (vgl. AVf. vom 1. Okt. 1917, pr. JMBl. 325). Nach den Verhandlungen des Reichstags (Begr. S. 26, KommBer. S. 49) ist die Mitwirkung der Staatsanwaltschaft durch die Gewährung des Beschwerderechts gerade zu dem Zweck eingeführt, um eine Geltendmachung der staatlichen Interessen, besonders an der Erhaltung der Wehrkraft zu sichern. Das jetzt geltende Recht nimmt also ein Beschwerderecht der Verwaltungsbehörden nicht an (Keller-Trautmann S. 254 IV, Junck S. 151[3], Cahn S. 118).

Auch aus § 57 Nr. 9 ist ein Beschwerderecht des Beschwerdeführers nicht herzuleiten. Diese Bestimmung gewährt es nur demjenigen, der ein berechtigtes Interesse hat, gerade die vorliegende Angelegenheit im Interesse des Kindes aus besonderen, die Sorge für dessen Person betreffenden Gründen wahrzunehmen (KGJ. 36 S. 32, 47 S. 25). Die Regierungspräsidenten stehen jedoch zu den in ihren Bezirken wohnhaften Kindern als solchen in keinen so nahen persönlichen Beziehungen, daß ihnen ein berechtigtes Interesse zugesprochen werden kann, eine die Sorge für deren Person betreffende Angelegenheit für sie wahrzunehmen, also für ihr persönliches Wohl einzutreten. Ihnen gebührt auch jenen Kindern gegenüber nur die Wahrnehmung allgemein staatlicher, nicht anderen Behörden zugewiesenen Interessen. M.

γ) **Des bisherigen Pflegers über Aufhebung der Pflegschaft.**[1]

OLG. Hamburg, 6. ZS. Beschluß v. 24. Juni 1919.

Die VormBehörde hat die Pflegschaft aufgehoben, die für die Beamten der Gummiwaren-Compagnie zur Wahrnehmung ihrer Interessen an dem Nachlasse des X. angeordnet war. Die Beschwerde des ehemaligen Pflegers ist als unzulässig verworfen. Auch seine weitere Beschwerde ist unzulässig. Mit Recht hat das LG. ihm, welcher Pfleger zur Wahrnehmung von vermögensrechtlichen Interessen seiner Pfleglinge an dem Nachlasse des X. war, das Beschwerderecht aus §§ 20, 57 abgesprochen. Weder wird ein ihm zustehendes eigenes Recht durch die angefochtene Verfügung beeinträchtigt, noch hat er ein rechtliches Interesse an der Änderung der Verfügung. Insbesondere können seine Stellung als Vorsitzender des Aufsichtsrats der Gummiwaren-Compagnie und seine sonstigen Beziehungen zu dieser Gesell-

[1] Die bloße Möglichkeit, wegen noch nicht fälliger Kosten einer Deszendenzpflegschaft in Anspruch genommen zu werden, begründet für einen Dritten noch nicht ohne weiteres das Recht, die Aufhebung der Pflegschaft mit der Beschwerde zu verfolgen. Auch wenn er nachträglich wegen der Kosten beansprucht wird, hat er die Beschwerdebefugnis nicht, weil er nach § 10 Pr. GKG. die Niederschlagung der Kosten fordern kann, wenn dargetan wird, daß die Pflegschaft ohne die gesetzlichen Voraussetzungen eingeleitet und fortgeführt worden ist (KG., ZS. 1a. Beschluß v. 15. Febr. 1918; KGJ. 51 S. 50).

schaft nicht seine Berechtigung zur Beschwerde begründen. Die Interessen der Gesellschaft fallen keineswegs mit den Vermögensinteressen der Beamten zusammen, zu deren Wahrung die Pflegschaft eingerichtet ist. Danach gibt die Stellung des Beschwerdeführers zur Gesellschaft selbst dem Beschwerdeführer kein eigenes Recht zur Beschwerde. Im einzelnen wird wegen der fehlenden Beschwerdeberechtigung des Pflegers verwiesen auf Schlegelberger (§§ 20[13], 57[9]), Wellstein (§§ 20, 57) und auf KGJ. 40 Nr. 8. M. M.

δ) **Dritter über die Genehmigung des VormGerichts.**

OLG. Rostock, 1. ZS. Beschluß v. 15. April 1919.

In einem von den Eheleuten A. 1908 eigenhändig errichteten gemeinschaftlichen Testamente sind dem R. 3000 Mark zugewendet. Nach dem Tode seiner Frau hat A. das gemeinschaftliche Testament geändert und 1915 durch eigenhändiges Testament die Zuwendung an R. widerrufen. Der diesem bestellte Abwesenheitspfleger hat 1918 dem Testamentsvollstrecker eine Erklärung übersandt, in der er namens seines Pfleglings anerkennt, daß das gemeinschaftliche Testament der Eheleute A. — abgesehen von der Erbeinsetzung des Mannes — ungültig, die abändernden Testamente des A. dagegen gültig seien. Der Vollstrecker hat beantragt, diese Erklärung zu genehmigen. Das Amtsgericht hat jedoch abgelehnt, weil keine Veranlassung vorliege, die Erklärung des Pflegers, die einen Verzicht auf Vermögen seines Pflegebefohlenen enthalte, zu genehmigen. Die Beschwerde wurde als unbegründet zurückgewiesen. Allein der Gesetzgeber erachtet die Erteilung oder Verweigerung der Genehmigung als eine lediglich innere Angelegenheit, als ein Verfahren zwischen Vormund (Pfleger) und VormGericht, das ausschließlich dem Interesse des Mündels dient. Wird die Genehmigung ohne Grund verweigert, so wird dadurch das durch den Vormund auszuübende Recht des Mündels auf ordnungsmäßige Führung der Obervormundschaft beeinträchtigt (§ 20[1] FrGG.). Die Beschwerde kann demnach nur der Vormund (Pfleger) für den Mündel, nicht aber ein *Dritter* erheben. Die Frage des Beschwerderechts gehört zu der von Amtswegen vorzunehmenden Prüfung der *Zulässigkeit* der Beschwerde. Hier hat nun die erste Beschwerde der Vollstrecker, also ein Dritter erhoben. Er kann nicht etwa als Vertreter des Pflegebefohlenen angesehen werden, weil er nach der herrschenden Ansicht nicht Vertreter irgendeiner Person ist. Allerdings kann er bei der Verwaltung des Nachlasses (vgl. hierüber Staudinger BGB. § 2205[3]) Rechte des Erben ausüben, aber es handelt sich bei der Erhebung der ersten Beschwerde nicht um einen Akt der Verwaltung des Nachlasses. Dazu kommt noch, daß das Rechtsgeschäft, zu dem die Genehmigung erbeten ist, sich als eine *Vereinbarung* zwischen Pfleger und Vollstrecker darstellt; dieser ist demnach Vertragsgegner, also Dritter. Der Umstand, daß mithin die erste Beschwerde, die das LG. materiell geprüft hat, unzulässig war, macht nicht auch die weitere Beschwerde unzulässig. Es war vielmehr die Entscheidung, die das LG. hätte erlassen sollen, nunmehr zu erlassen und demnach der Beschluß das LG. dahin abzuändern, daß die Beschwerde als unzulässig verworfen wird. Bei der weiteren Behandlung ist übrigens zu beachten, daß der Beschluß des VormGerichts, gleichgültig ob er auf Erteilung oder Versagung der Genehmigung lautet, dem Pfleger bekannt zu machen ist (§ 1828 BGB., § 16 FrGG., RG. 56 S. 126). J. n.

ε) **gegen einstweilige Anordnung aus § 24³ FrGG.**

OLG Karlsruhe, 1. ZS. Beschluß v. 18. Juni 1919.

Das VormGericht hat den Verkehr des geschiedenen Ehegatten mit dem Kinde gemäß § 1636 BGB. näher geregelt. Nach Einlegung der Beschwerde durch den anderen Ehegatten hat das LG. den Vollzug des angefochtenen Beschlusses ausgesetzt und den Beschwerdeführer zur Beibringung angekündigter Beweisschriftstücke eine Frist gesetzt. Diese Verfügung stellt eine sachliche Entscheidung auf die Beschwerde nicht dar, sondern bezweckt die Vorbereitung und Sicherung der künftigen Beschwerdeentscheidung (§ 24³). Gegen solche Anordnungen, die im Ermessen des Beschwerdegerichts stehen und besonders auch eine bereits wirksam gewordene Verfügung des Untergerichts vorläufig außer Wirksamkeit setzen können, ist aber eine Beschwerde nicht statthaft. Der § 24 ist dem § 572 ZPO. nachgebildet, und auch hier ist keine Beschwerde zugelassen (RG. 35 S. 341), die hier, wie dort, einen Eingriff in die freie sachliche Entschließung des Beschwerdegerichts bedeuten würde.[1] Sch.

g) **Strafandrohung für jeden Tag der Zuwiderhandlung?**

Kammergericht, ZS. 1a. Beschluß v. 19. April 1918.

Das LG. hat den Verkehr der Mutter mit dem Kinde für 1918 dahin geregelt, daß es die Besuchszeit zu den Herbstferien auf eine Woche festsetzte und dem Vater eine Strafe von 100 Mark für jeden Tag androhte, um die er die Besuchszeit verkürzen würde. Hinsichtlich der Strafandrohung rügt der Beschwerdeführer, daß ihm eine Strafe angedroht sei, obwohl ihm die Befolgung der Anordnung nicht möglich sei, da er für das in der Schweiz untergebrachte Kind keine Reiseerlaubnis erhalte. Allein es liegt im Wesen der Strafandrohung, daß sie nur für den Fall schuldhafter Zuwiderhandlung gilt. Der Nachweis, daß diese nicht auf einem Verschulden beruht, ist im Festsetzungsverfahren noch nach geschehener Festsetzung im Verfahren der gegen diese gerichteten Beschwerde zu erbringen.... Dagegen ist das Rechtsmittel so weit begründet, als es sich gegen die Art der Strafandrohung richtet. Nach ihr hätte der Beschwerdeführer, wenn er den Besuch in den Herbstferien ganz vereitelte, eine Geldstrafe von 700 Mark verwirkt, obwohl nach § 33 FrGG.,

[1] Nach der von § 233 ZPO. bewußt abweichenden Regelung des § 22 FrGG. genügt zur Wiedereinsetzung der Mangel eines Verschuldens, daß also der Beschwerdeführer trotz Anwendung der verkehrserforderlichen Sorgfalt an der Einhaltung der Notfrist verhindert war; demnach wäre hier die Wiedereinsetzung gerechtfertigt, wenn er damit rechnen konnte, daß die Beschwerdeschrift, am vorletzten Tage der Frist nachm. 4 Uhr bei der Post in L. eingeliefert, bis zum Ablaufe des nächsten Tages bei dem Amtsgericht Z eingehen würde; dabei müßte er jedoch auch solche Hindernisse bei der Beförderung des Briefes berücksichtigen, die erfahrungsmäßig häufig eintreten (KG., ZS. 1a. Beschluß v. 29. Nov. 1918; KGJ. 51 S. 15).

Art. 1, 15 Pr. FrG. die einzelne Strafe 300 Mark nicht übersteigen durfte. „Einzelne Strafe" ist die Strafe für eine einzelne Zuwiderhandlung. Kürzt der Vater die Besuchszeit um mehrere Tage, so liegt darin keine mehrfache Zuwiderhandlung. Von solcher könnte vielleicht die Rede sein, wenn der Vater an mehreren Tagen einer reinen Unterlassungs- oder Duldungspflicht zuwiderhandelte. Hier hat aber der Vater zunächst überhaupt erst dafür zu sorgen, daß das Kind zu den Besuchszeiten nach G. kommt. Tut er dies nicht, so handelt er der Anordnung zuwider und kann dafür, auch wenn der Besuch innerhalb der ganzen Besuchszeit überhaupt nicht zustande kommt, nur mit einer Strafe von höchstens 300 Mark belegt werden. Soll die Strafe nach der Dauer der Verkürzung abgestuft werden, so muß sie für jeden Tag so bemessen werden, daß sie im Fall einer Gesamtverhinderung für die ganze Besuchszeit die Höchstgrenze nicht überschreitet. M.

h) **Einsehen der VormAkten durch die Mündel.**[1]

OLG. Dresden, 6. ZS. Beschluß v. 7. Juni 1919.

Nicht berechtigt wäre die Ansicht, als ob die Akten des VormGerichts dem an ihren Inhalte nächstbeteiligten Mündel während der Dauer der Vormundschaft schlechthin unzugänglich wären. Allein es ist auf den einzelnen Fall abzustellen und an der Hand der vom Mündel geltend gemachten Gründe zu prüfen, ob er zu selbständigem Eingreifen, etwa zum Vorgehen wider den Vormund selbst berechtigt erscheine. Verleiht ihm der § 59 (63) FrGG. in gewissen, besonders in den die Person betreffenden Angelegenheiten ein eignes Beschwerderecht, so ist er in diesem Wirkungskreise als befähigt anzuerkennen, selbst oder durch einen frei gewählten Bevollmächtigten beim VormGerichte vorstellig zu werden, Anträge anzubringen und zu solchen Zwecken die VormAkten oder bestimmte Aktenstellen sich vorlegen zu lassen. Die Voraussetzung bildet aber, daß er einen Sachverhalt darlegt und gemäß § 34 glaubhaft macht, aus dem das Vorliegen einer Angelegenheit erhellt, die er selbst zu betreiben in der Lage ist. Ann.

i) **Abwesenheitspflegschaft über Ausgewanderte, von denen nicht ermittelt werden kann, ob sie noch Deutsche sind.**

Bayer. Oberstes Landesgericht, 2. ZS. Beschluß v. 3. Juni 1919.

Das Amtsgericht N. lehnt seine Zuständigkeit deshalb ab, weil der Miterbe R. die Reichsangehörigkeit verloren habe. Wäre dies zutreffend, so wäre allerdings das Amtsgericht N. nicht zuständig, denn nach § 39 FrGG. finden, wenn der Abwesende im Inlande keinen Wohnsitz hat, die §§ 36^2, 37^2 Anwendung. Es ist also zwischen Inländern und Ausländern zu unterscheiden. Für einen Deutschen ist das Gericht seines letzten inländischen Wohnsitzes, für einen Ausländer das Gericht zuständig, in dessen Bezirke das Bedürfnis der Fürsorge hervortritt. Im Hinblick auf die lange Dauer

[1] Eine Abschrift des vom Vormund erstatteten Berichts, der nicht für die Öffentlichkeit, sondern nur für die VormAkten bestimmt war, kann abgelehnt werden, auch wenn die Verwertung der Urkunde dem Mündel nicht nachteilig wäre (KG. 7. Febr. 1919, 1 a x 59). Vgl. Rsp. 25 S. 370.

der Abwesenheit und andere aus den Akten sich ergebende Umstände bestehen nun wohl Anhaltspunkte, daß R. die inländische Staatsangehörigkeit verloren haben kann, aber ein Beweis dafür liegt nicht vor. Die bloße Möglichkeit, daß er nicht mehr Deutscher ist, genügt jedoch nicht, um ihm die Fürsorge des deutschen Rechts zu versagen. Dies trifft besonders unter den gegenwärtigen Zeitverhältnissen zu, die wegen der Absperrung Deutschlands jeden Verkehr mit dem Ausland und damit alle Ermittelungen zur Feststellung der Staatsangehörigkeit ausschließen. Wie der Senat (Samml. 4 S. 80) schon früher ausgesprochen hat und wie auch von anderen OLG. (vgl. Rsp. 18 S. 306) und im Schrifttum (Beßler ZBl.FG. 12 S. 179; Schlegelberger FrGG. § 39) angenommen wird, muß ein Inländer, von dem beim Fehlen aller Nachrichten nicht ermittelt werden kann, ob er noch ein Deutscher ist, bei der Anordnung einer Abwesenheitspflegschaft ebenso als Deutscher behandelt werden, wie der Verschollene nach Art. 9[1] EG. als Deutscher für tot erklärt werden kann, wenn er nur bei Beginn der Verschollenzeit ein Deutscher war. Kn.

k) **Abgabe der Vormundschaft: *α*) wenn der Mündel ohne Vormund ist.**

OLG. Darmstadt, 1. ZS. Beschluß v. 10. Januar 1919.

Das KG. (KGJ. 38 S. 78) legt den § 46[1] FrGG. dahin aus, daß die Worte „nach der Bestellung" den Verfahrensabschnitt bestimmen, von dem an der Vormund um seine Zustimmung befragt werden müsse, und will aus der pr. VormO., die als Vorbild diente, ableiten, daß die Vorschrift nicht nur das Interesse des Vormundes, sondern auch des Mündels wahren wollte; es verlangt deshalb in derartigen Fällen die Bestellung und Befragung eines neuen Vormundes. Dieser Ansicht kann nicht beigetreten werden. Falls ein Vormund noch nicht bestellt ist, kann die Vormundschaft abgegeben werden, wenn das andere Gericht zur Übernahme bereit ist. Daß nach Bestellung des Vormundes zur Abgabe seine Zustimmung erfordert wird, hat seinen Grund darin, daß durch die Abgabe sein Interesse berührt werden kann. Nach der pr. VormO. konnte ohne seine Zustimmung die Vormundschaft überhaupt nicht abgegeben werden. Wenn nun das FrGG. bei dem Widerspruch des Vormundes die Abgabe nicht scheitern läßt, sondern die Entscheidung des höheren Gerichts verordnet, so kann hieraus keineswegs geschlossen werden, daß die Zustimmung des Vormundes nicht in seinem Interesse, sondern wesentlich auch in dem des Mündels erfordert werde. Ist ein Vormund nicht vorhanden, so ist die Rechtslage die gleiche als wenn noch keiner bestellt gewesen wäre. Auch die Wortfassung spricht nicht dafür, daß man mit ihr den Verfahrensabschnitt habe bezeichnen wollen, von dem an man die Zustimmung des Vormundes für nötig hielt. Es bedarf darum nicht der Bestellung eines neuen Vormundes (Bayer. ObLG. 10 S. 366; Wellstein FrGG. § 46 N. 3c; Ebert N. 2c; Schlegelberger N. 6; Josef N. 3; Jastrow N. 3b). W.r.

β) **Wichtiger Grund in der Person nur eines der Mündel.**

Bayer. Oberstes Landgericht, 2. ZS. Beschluß v. 14. Mai 1919.

Ein wichtiger Grund ist gegeben, wenn der persönliche Verkehr des Vormunds mit dem VormGericht im Interesse des Mündels[1] erforderlich ist und dem Vormund durch die Abgabe der Vormundschaft an sein Wohnsitzgericht erleichtert oder ermöglicht wird. Hier kann ihm eine öftere Reise von N. nach M. wegen seiner persönlichen Verhältnisse nicht zugemutet werden und muß auch im Interesse der Mündel, deren Vermögen dadurch zu sehr belastet würde, vermieden werden. Zwar wird jener persönliche Verkehr in erster Linie durch die Sorge für die Person des Mündels Anna erfordert; es entspricht aber auch dem Interesse der übrigen Mündel, wenn der Vormund seine Anträge und Erklärungen persönlich beim Gerichte vorbringen kann. Der Umstand, daß sich die anderen Mündel auswärts aufhalten, steht nicht entgegen. Die Sorge für ihre Person erfordert zurzeit kein Eingreifen des Vormunds; denn Johann ist im Waisenhause R. gut untergebracht und Joseph steht in einem Alter, in welchem naturgemäß jene Sorge zurücktritt. Die Verwaltung des Vermögens aber wird durch die Abgabe eher gefördert als erschwert. Kn.

l) **Beschränkung des § 55 auf die Außengenehmigung des Vorm.-Gerichts. Bedeutung der Innengenehmigung.**

Kammergericht, ZS. 1a. Beschluß v. 24. Oktober 1919.

A. hat seinem Schwiegervater Möbel zum Gesamtpreise von 2500 Mark verkauft und unter der Vereinbarung, daß A. bis auf weiteres im Besitze der Möbel bleiben solle, zu Eigentum übertragen. 1913 hat der damals den minderjährigen Kindern des A. bestellte Pfleger dem VormGericht angezeigt, daß der Käufer die Möbel zu versteigern beabsichtige, aber bereit sei, den Erlös auf den Namen der Mündel mündelsicher anzulegen, und hat darauf von dem VormGericht die Genehmigung zur Versteigerung erhalten. Entsprechend ist verfahren worden. Nach Aufhebung der Pflegschaft hat A. bei dem VormGericht beantragt, die Verfügung, durch die die Ermächtigung zur

[1] Dieses Interesse entscheidet in erster Reihe; dann ist, was für sich allein nicht ausreichte, die Bequemlichkeit des persönlichen Verkehrs in Betracht zu ziehen (Beschluß desselben ZS. v. 24. März 1919; Samml. 19 S 227). Die Abgabe ist namentlich geboten, wenn die uneheliche Mutter Vormund ist und die Ansprüche gegen den Schwängerer noch nicht geregelt sind (Beschluß v. 25. Nov. 1918; aO. 121). Maßgebend sind die Verhältnisse im Zeitpunkte der Entscheidung; jede spätere Änderung bildet Anlaß zu weiterer Abgabe (7. Okt. 1918; aO. 95).

Keine Abgabe, wenn eine Personensorge überhaupt nicht erforderlich ist (22. Mai 1918; aO. 22); wenn ein persönlicher Verkehr nicht geboten ist und der Vormund nach seinem Bildungsgrade die Jahresrechnung schriftlich einreichen kann (24. März 1919; aO. 225); wenn sich nur die Umstände ändern, unter denen sich das Gericht mit der Sache befaßt hat (30. Dez. 1918; aO. 142) oder lediglich eine in anderem Gerichtsbezirke wohnende Person als Pfleger aufzustellen ist (3. Juni 1918; aO. 47). — Beschwerde des Gerichts gegen die Ablehnung der Übernahme ist nicht zulässig, aber an das zuständige OLG. abzugeben, weil dieses auch von Amtswegen den Streit entscheiden kann (11. Mai 1918; aO. 15).

Versteigerung erteilt worden ist, aufzuheben, ist aber abgewiesen worden, weil die Verfügung bereits ausgeführt sei. Das LG. hat seine Beschwerde als unzulässig verworfen. Die weitere Beschwerde ist unbegründet.

Allerdings ist es rechtlich zu beanstanden, wenn das LG. unter Hinweis auf §§ 55, 62 die Beschwerde deshalb als unzulässig verworfen hat, weil die Genehmigung durch Mitteilung an den Erwerber der Möbel diesem gegenüber wirksam geworden sei, und daher auch von dem Beschwerdegericht nicht mehr geändert werden könne. Der § 55 setzt voraus, daß sich die Genehmigung auf ein Rechtsgeschäft bezieht, zu dessen Wirksamkeit sie gehört, also der Ergänzung der insoweit beschränkten Verfügungsmacht des Vormunds dienen soll (vgl. Schlegelberger § 55[3]). Daß es sich um eine solche sog. Außengenehmigung gehandelt habe, ist nicht ersichtlich. Das VormGericht hat seine Genehmigung zur Versteigerung der angeblich dem Großvater der Mündel gehörigen Sachen und zur mündelsicheren Anlegung des Erlöses zugunsten der Mündel erteilt. Zur Wirksamkeit dieser Abmachung hat es, soweit ersichtlich, der Genehmigung nicht bedurft, da einer der Fälle, in denen nach § 1821 f. oder sonstigen gesetzlichen Vorschriften eine solche Genehmigung erfordert wird, nicht vorgelegen hat. Wenn sie daher gleichwohl nachgesucht und erteilt worden ist, so kann es sich nur um einen Fall der sog. Innengenehmigung (Schlegelberger § 55[1]) gehandelt haben, dh. das VormGericht hat durch seine Genehmigung zum Ausdruck gebracht, daß es von Aufsichtswegen (§ 1837 BGB.) gegen die beabsichtigte Versteigerung und Vereinnahmung des den Mündeln zugedachten Versteigerungserlöses nichts einzuwenden habe. So verstanden, hat aber die Genehmigung ein Recht des Beschwerdeführers nicht beeinträchtigt, denn das Rechtsgeschäft war von ihr nicht abhängig. Tatsächlich leitet auch der Beschwerdeführer die Beeinträchtigung seines Rechtes nicht aus der Tatsache der Genehmigung, sondern aus der Tatsache der Versteigerung her; soweit hiernach etwa Schadensersatzansprüche verfolgt werden sollen, ist für deren Geltendmachung jedenfalls der hier eingeschlagene Beschwerdeweg nicht der zutreffende Rechtsbehelf. Das LG. hätte hiernach die Beschwerde wegen Nichtbeeinträchtigung eines Rechtes des Beschwerdeführers zurückweisen sollen (RJA. 5 S. 9), im Ergebnis trifft aber die Entscheidung des LG. dahin zu, daß auf die Beschwerde die Verfügung des VormGerichts nicht geändert werden kann, wobei es dahingestellt bleiben mag, ob nach Aufhebung der Pflegschaft überhaupt noch eine während der Pflegschaft ergangene Verfügung des vorliegenden Inhalts mit der Beschwerde angefochten werden kann. B.

m) **Personenstand.**[1] **Eintragung der Vornamen des Kindes.**

---

[1] a) Ist ein Kind im Ehebruch erzeugt, der Mann der Frau aber gestorben, ohne die Ehelichkeit rechtskräftig angefochten oder das Anfechtungsrecht verloren zu haben, so kann — abgesehen von dem besonderen Fall der BRV. v. 18. Januar 1917 (RGBl. 57) — die Unehelichkeit des Kindes oder, wenn sich die Ehebrecher nachträglich geheiratet haben, die Legitimation des Kindes nicht als Randvermerk im Geburtsregister eingetragen werden; denn

Kammergericht, ZS. 1a. Beschluß v. 20. Juni 1919.

Allerdings hat die Eintragung der Vornamen nur deklaratorische Bedeutung, **beurkundet** also nur die durch vorangegangene Willenskundgebung bewirkte Erteilung der Vornamen, so daß an sich der Beweis darüber zulässig ist, daß die eingetragenen Vornamen nicht in Wahrheit erteilt sind. Gleichwohl ist davon auszugehen, daß der dem Standesbeamten angezeigte und von ihm beurkundete Vornamen derjenige ist, zu dessen Erteilung der dazu berechtigte Vater im **letzten** entscheidenden Zeitpunkte sich entschlossen hat, selbst wenn er **zuvor** zB. im Familienkreise, die Absicht ausgesprochen hätte, dem Kinde einen anderen Vornamen zu erteilen. Denn bis zur Eintragung konnte er immer noch seinen Willen ändern und daher ist anzunehmen, daß, selbst wenn er sich vorher in anderem Sinn ausgesprochen hat, er schließlich doch diejenigen Vornamen gewählt hat, die auf seine Anzeige im Standesregister beurkundet worden. Hier hat der Vater angezeigt, daß seine Tochter die Vornamen Anna Marie erhalten habe. Diese ihm vorgelesene Verhandlung hat er genehmigt und unterschrieben, sie beweist also die Erteilung der Vornamen, wie sie im Geburtsregister niedergeschrieben sind. Daß hierbei ein Versehen vorgefallen sei, ist nicht behauptet. M.

n) **Auseinandersetzung unter Miterben:** *α*) **Voraussetzung.**

Kammergericht, 1. FerienZS. Beschluß v. 5. September 1918.

Nach dem Tode des A. hat dessen Sohn Wilhelm mit der Behauptung, daß er und die 3 Beschwerdeführer die gesetzlichen Erben geworden seien, die Vermittlung der Auseinandersetzung unter den Erben hinsichtlich des zum Nachlaß gehörigen Rentengutes beantragt. Im Termin, zu dem nur Wilhelm erschienen war, hat dieser einen bestimmten Teilungsvorschlag gemacht. Die Beschwerdeführer haben die Aussetzung des Verfahrens beantragt, weil der Erblasser in einem nachträglich aufgefundenen privatschriftlichen Testament seine Frau als alleinige Erbin eingesetzt habe. Das Amtsgericht hat trotzdem den Teilungsvorschlag des Wilhelm bestätigt. Das LG. hat die Beschwerde zurückgewiesen, denn die Beschwerdeführer könnten gemäß § 96 S. 2 nicht mit dem von ihnen geltend gemachten Beschwerdegrunde gehört werden, weil er nicht die Verletzung von Verfahrensvorschriften zum Gegenstande habe.

---

das Kind gilt nach § 1591 als das eheliche des Verstorbenen. Sollte aber der Sonderfall des § 1593 gegeben sein, so fehlt doch der durch § 26 PersStG. vorgeschriebene urkundliche Nachweis durch Vorlegung öffentlicher Urkunden, der nicht geführt werden kann, weil eine dazu berufene Amtsstelle nicht besteht (Beschluß desselben ZS. v. 31. Januar 1919; KGJ. 51 S. 70).

b) Zur Festsetzung des Zeitpunktes der Geburt eines Findlings ist weder das Vorm.-Gericht noch derjenige befugt, dem gegenüber das Kind nach § 1757 die Stellung eines ehelichen Kindes erlangt hat (KG., ZS. 1a. Beschluß v. 22. Nov. 1918; aO. S. 67).

c) Der Aufsichtsbehörde des Standesbeamten steht gegen die gerichtliche Anweisung an den Standesbeamten auch dann, wenn diese eine Eintragung ins Geburtsregister zum Gegenstande hat, kein Beschwerderecht zu, sofern sich das Gericht dabei in den Grenzen seiner Befugnisse gehalten hat; der Aufsichtsbehörde bleibt unbenommen, die Berichtigung der nach ihrer Ansicht unrichtigen Eintragung gemäß §§ 65, 66 PersStG. herbeizuführen (KG., ZS. 1a Beschluß v. 4. Okt. 1918; aO. S. 64).

Diese Auffassung ist jedoch rechtsirrtümlich. Nach § 86 ist das Nachlaßgericht zur Vermittlung der Erbauseinandersetzung nur berufen, wenn ein Erblasser **mehrere** Erben hinterläßt. Es würde also an einer notwendigen Voraussetzung fehlen, wenn die Frau des Erblassers durch Testament zu dessen alleiniger Erbin eingesetzt worden ist. Der Berücksichtigung dieses Mangels steht nicht entgegen, daß er sich erst nachträglich herausgestellt hat (Schlegelberger § 86[17] FrGG.). Opp.

β) **Erfordern von Urkunden gemäß § 87² FrGG. Bedeutung des Art. 22 Pr. FrG.**

Kammergericht, 1. ZS. Beschluß v. 12. Dezember 1918.

Ein Gläubiger des Otto R. hatte sich dessen Miterbenanteil verpfänden und sich demnächst durch Gerichtsbeschluß zur Einziehung überweisen lassen. In dem auf seinen Antrag eingeleiteten Auseinandersetzungsverfahren hat sich die Überweisung an den Notar J. (Pr. FrG. Art. 21) durch Nichtzahlung des von diesem erforderten Vorschusses erledigt. Das Verfahren wäre darauf an sich vom Nachlaßgerichte fortzusetzen gewesen. Das ist nicht geschehen, offenbar, weil das Gericht den Antrag für zurückgenommen erachtete, eine Annahme, die bei dem Verhalten des Antragstellers, der jenes Verfahren in keiner Weise mehr betrieb, nicht zu beanstanden ist. Der jetzt gestellte neue Antrag bezweckt wiederum die Überweisung der Vermittlung an den Notar J. und ist an sich zulässig, wie es auch die Fortführung des früheren Verfahrens trotz Erledigung der Überweisung (Pr. FrG. Art. 22²) gewesen wäre. Die Überweisung an einen andern Notar könnte freilich im gegenwärtigen Verfahren ebensowenig für zulässig erachtet werden, wie sie es im früheren war, da dies auf eine Umgehung des Art. 22² hinausliefe. Auch die erneute Überweisung an denselben Notar kann nach dieser Vorschrift im allgemeinen nicht für zulässig erachtet werden; ob sie ausnahmsweise dann möglich ist, wenn der Notar sich mit ihr einverstanden erklärt, wird das Nachlaßgericht demnächst zu prüfen haben.

Die Verpfändung des Erbteils berechtigt den Antragsteller jedenfalls hier, wo seine Verkaufsberechtigung eingetreten ist, zu dem Antrag auf Vermittlung der Auseinandersetzung; ob er sich auch auf den Überweisungsbeschluß zu stützen berechtigt ist, bedarf deshalb keiner Erörterung. Nach § 87² S. 2 FrGG. darf das Nachlaßgericht Unterlagen dh. urkundliche Beweismittel verlangen; auch neu zu beschaffende Urkunden kann es fordern. Es muß nicht solche Unterlagen verlangen, es kann den Sachverhalt insoweit erforderlichenfalls auch von Amtswegen aufklären. Rein willkürlich darf sein Verlangen freilich nicht sein; verlangt können nur solche Unterlagen werden, die die Angaben, die der Antragsteller zur Begründung seines Antrags machen muß, zu beweisen geeignet sind. Zur Klärung der erbrechtlichen Verhältnisse und zum Nachweise, wer als Erbe beteiligt ist, wird, falls eine in öffentlicher Urkunde enthaltene Verfügung nebst Eröffnungsprotokoll nicht vorgelegt werden kann oder die Erbfolge nicht nachweist, ein Erbschein gefordert werden dürfen, falls sich der Nachlaßrichter nicht nach Lage des Falles mit den im Erbausweisverfahren abzugebenden Erklärungen begnügen zu können glaubt. Der Nachweis, wer die gesetzlichen Erben sein würden, wird schon angesichts der Möglichkeit, daß Verfügungen von Todeswegen errichtet sind, in der Regel nicht ausreichen. Auch hier ist der Sachlage nichts zu entnehmen, was gegen das Verlangen des Gerichts Rechtsbedenken begründen könnte. ... Zur Beibringung von Testamenten und einem Erbscheine nach dem Erblasser ist der Antragsteller auch in der Lage; aus dem Verpfändungsvertrage folgt die Verpflichtung des Verpfänders, ihm die zur Verwirklichung des Pfandrechts erforderlichen Urkunden zu verschaffen; hier steht weiter der § 792 ZPO. ihm zur Seite.

Ursprünglich hatte das Nachlaßgericht auch solche Ausweise nach denjenigen Erben, die nach Angabe des Antragstellers verstorben sind, verlangt, dieses Verlangen jedoch mit Recht nicht aufrecht erhalten. In der Tat würde auch ein den Erbeserben ausweisender, erst zu erwirkender Erbschein nur in Ausnahmefällen gefordert werden dürfen; denn der Miterbe und die, die von ihm ihre Rechte ableiten, wären, soweit sie nicht selbst etwa zu den Erben des verstorbenen Miterben gehören, rechtlich nicht in der Lage, einem solchen Verlangen nachzukommen. Am Nachlaß eines Miterben sind nämlich die übrigen Miterben als solche nicht beteiligt und deshalb auch nicht berechtigt, einen Erbschein zu beantragen. Sie sind auch nicht imstande, die Erben ihres Miterben zur Beschaffung eines Erbscheins nach deren Erblasser zu zwingen. Insbesondere begründet der § 2042 BGB. nur den Anspruch darauf, daß die Teilung selbst nach den gesetzlichen Vorschriften stattfinde. Das Nachlaßgericht muß sich daher mit andren Urkunden begnügen, die der Antragsteller zum Nachweise, daß die von ihm Bezeichneten Erben eines Miterben sind, zu beschaffen rechtlich in der Lage ist und es wird in dieser Beziehung nicht allzu strenge Anforderungen stellen dürfen, um den Antragsteller nicht unbillig zu beschweren. KGJ.

γ) **Beschaffenheit des Teilungsplans nach § 93.**

OLG. Dresden, 6. ZS. Beschluß v. 25. Januar 1919.

Im Verhandlungstermine vom 1. Oktober hat die darin allein vertretene Witwe K. einen Auseinandersetzungsvorschlag dahin gemacht, daß sie die Erbanteile der drei Schwestern des Erblassers übernehmen und diese mit je 50 Mark abfinden wolle. Die Vorinstanzen lehnen die Bestätigung dieses Vorschlags ab. Der landgerichtlichen Auffassung, daß es an den allgemeinen Voraussetzungen dafür fehle, ist beizupflichten, obwohl die Schwestern auch nicht in dem auf das Schreiben der einen anberaumten anderweiten Verhandlungstermin vom 22. November erschienen sind. Ihr Ausbleiben und ihr Schweigen waren wegen der Verfahrensmängel nicht geeignet, die Annahme ihres Einverständnisses zu begründen.

Da sich der § 91 auf die die Auseinandersetzung erst vorbereitenden Maßregeln (zB. auf die Art der Teilung), hingegen der § 93 auf die Auseinandersetzung selbst bezieht, kann dann, wenn nach § 91 verfahren wird, bloß die Ergänzung des Beitritts zu Maßregeln, die die Teilung vorbereiten sollen, aber nicht die des Beitritts zur Auseinandersetzung selbst, in Frage kommen. Folgeweise kann die Einwilligung Beteiligter, die zu einer endgültigen Teilung, wie sie der Vorschlag der Witwe einschließt, noch erforderlich ist, nicht mit Hilfe eines Versäumnisverfahrens aus § 91 ersetzt werden (vgl. Beschluß vom 28. Mai 1915, D. JZ. 1916 Sp. 999). Ebensowenig wie auf § 91 läßt sich das Bestätigungsverlangen der Witwe auf § 93 stützen. Das Nachlaßgericht hat keinen Auseinandersetzungsplan angefertigt oder übernommen oder, wie dem gleichstehen würde, den Abfindungsvorschlag der Witwe zu dem seinigen gemacht „(ihn sich angeeignet", Keidel, Schneider, FrGG. § 93²). Um nach § 93 vorgehen zu können, muß sich das Nachlaßgericht in die Lage versetzt sehen, einen Plan aufzustellen, also nicht bloß über die Erbbeteiligten und deren Berechtigung, sondern auch über die Teilungsmasse planmäßige Anordnungen zu treffen und muß die Abkommen zwischen den Erschienenen, oder das Anbringen des allein vertretenen Beteiligten, auch über den Bestand des Nachlasses und die Ausgleichung der Schulden, seinerseits im Plane zusammenfassen und abschließen. Erst wenn sie einen gerichtlichen Plan oder einen ihm gleichstehenden gerichtlichen Vorschlag bekannt gemacht erhalten, können sich die Säumigen der Unterstellung ihres Einverständnisses mit dem Inhalte des Planes oder Vorschlags (rechtsähnlich wie zB. in ZPO. §§ 874, 877; ZVG. § 113) versehen. So schreibt der § 93 FrGG. die Anfertigung des Plans durch das Gericht vor, „sobald nach Lage der Sache die Auseinandersetzung stattfinden kann". Das Nachlaßgericht ist es hiernach, das nach dem Stande der Erörterungen, die auch über den Umfang der Teilungsmasse ergehen können, bestimmt, ob die Verhandlungen reif sind, den ausgebliebenen Beteiligten unter Androhung der weitgreifenden Versäumungsfolgen mitgeteilt zu werden. Es kann an die Fertigung des eigenen Planes, die Übernahme des Planes Beteiligter oder die Annahme des Abfindungsvorschlags des allein vertretenen Miterben, wie ein solcher hier vorliegt, erst herantreten, wenn über den Umfang der Teilungsmasse und insbesondere über die gegenseitigen Verpflichtungen der Erben Aufschluß (FrGG. § 87) gegeben ist. Erst dann ist die Durchführung des Verfahrens tunlich, hat das Mitwirken des Gerichts seinen Zweck und läßt sich sagen, daß nach Lage der Sache die Auseinandersetzung stattfinden könne (§ 93), wie denn erst dann Anhalt dafür besteht, daß die säumigen Beteiligten mit dem Inhalte des Planes oder Vorschlags einverstanden sein werden. In gleichem Sinne führt schon die Denkschrift aus: Die erschienenen Beteiligten können schon im ersten Termine mit einer Vereinbarung über die Art der Teilung die endgültige Auseinandersetzung verbinden — sofern der Stand der Teilung es zuläßt (Hahn Mat. S. 61; ferner Planck N. 2¹ vor BGB. §§ 2042 ff.). Der Beschluß des KG. vom 4. Juli 1907 (ZBlFG. 8 S. 335) steht nicht entgegen, weil er nur über die

Wirkungen des rechtskräftig bestätigten Abfindungsvorschlags entschieden hat; schon deshalb besteht kein Anlaß zur Vorlegung an das RG. Ann.

δ) **Wie lange sind Beteiligte an ihre Zustimmung gebunden?**

Kammergericht, 1. ZS. Beschluß v. 14. November 1918.

Darüber, wie lange die Beteiligten, die gemäß §§ 91, 93 der Vereinbarung zustimmten oder als zustimmend gelten, an die Zustimmung gebunden bleiben, fehlt eine ausdrückliche Bestimmung. In dem grundlegenden Beschlusse (KGJ. 32 S. 110; vgl. auch 46 S. 151, 49 S. 80) ist aber dargelegt, daß die Bindung gemäß dem Zwecke des Verfahrens jedenfalls so lange fortdauert, als dessen gesetzmäßige Durchführung es erfordert, und hieraus gefolgert, daß sie so lange besteht, als gegen einen andren Beteiligten ein Versäumnisverfahren besteht. Aus dem gleichen Grunde muß sie auch so lange bestehen, als noch ein solches Verfahren gegen einen Nichterschienenen eingeleitet werden und eine Zustimmung gemäß § 91^2 S. 2, 93 erfolgen kann. Durch bloßen Zeitablauf wie bei Vertragsanträgen erlischt die Gebundenheit nicht, sie erlischt aber auch nicht dadurch, daß ein Nichterschienener seine Zustimmung zu gerichtlichem Protokoll oder in öffentlich beglaubigter Urkunde verweigert. Erklärt ein im Termine nicht erschienener Beteiligter in solcher Urkunde seine Zustimmung, so hat das freilich nach §§ 91^2 S. 2, 93 dieselbe Wirkung, als ob er sie im Termin abgegeben hätte. Der Verweigerung der Zustimmung in solcher Urkunde hat dagegen das Gesetz nicht die Wirkung einer im Termin erklärten Versagung der Zustimmung beigelegt. Sie hindert das Gericht nicht, das in §§ 91^3, 93^2 vorgeschriebene Verfahren einzuleiten und das Gericht muß dies zur Durchführung der ihm gestellten Aufgabe tun. Es erscheint zwar nicht unzulässig, wenn das Gericht zunächst die Zustimmung der Nichterschienenen in der dafür vorgesehenen Form der §§ 91^2 S. 2, 93^2 zu erlangen sucht; gelingt ihm dies aber nicht, so muß das im Gesetz vorgeschriebene Verfahren eingeleitet werden. Es war daher verfahrenswidrig, daß das Nachlaßgericht den Beteiligten nach den Ablehnungserklärungen der beiden nichterschienenen Miterben A. und B. eröffnete, gütliche Auseinandersetzung sei ausgeschlossen, und sie auf den Prozeßweg verwies. Diese Eröffnung hatte aber nicht die Bedeutung einer Versagung der Bestätigung und deshalb kann dahingestellt bleiben, inwieweit durch eine Versagung die Gebundenheit erloschen wäre; sie bedeutete nur eine Aussetzung des Verfahrens (§ 96), das noch jederzeit fortgesetzt werden konnte. Die vorläufige Gebundenheit der im Termin v. 19. Juni 1913 erschienenen Beteiligten bestand deshalb weiter fort und die Nichterschienenen konnten deshalb nachträglich (1917) in gesetzmäßiger Weise zustimmen. Die vorläufig Gebundenen konnten das nicht dadurch verhindern, daß sie sich an die Vereinbarung nicht mehr gebunden erklärten. Sie hätten gegen die Aussetzung, für die kein Grund vorlag (§ 95), Beschwerde führen und so darauf hinwirken können, daß ihre Gebundenheit nicht länger dauerte, als die Durchführung des Verfahrens es erforderlich machte.[1] M.

[1] Das Vermächtnis des Nießbrauchs an einer Erbschaft bildet als bloßes Forderungs-

c) Verfahren bei Nach- oder Übernahmegründungen.[1]

OLG. Dresden, 6. ZS. Beschluß v. 28. September 1918.

Im April 1915 wurde die Brauerei-Aktiengesellschaft Sch. in M. errichtet und in das Handelsregister eingetragen. Von den 5 Gründern wurden drei zu Mitgliedern des Aufsichtsrats gewählt und ein vierter zum Vorstande bestellt. Gegenstand des Unternehmens ist a) der Betrieb des Brauerei- und Mälzereigewerbes; b) zu diesem Zwecke die Übernahme und Fortführung der von der „M.er Genossenschaft" betriebenen Brauerei. Diese wurde der Gesellschaft unmittelbar nach ihrer Errichtung zum Kaufe angeboten und von ihr nach Erfüllung der nach § 207 HGB. für eine Nachgründung bestehenden Verpflichtungen alsbald erworben.

In Verfolg einer Anregung der Handelskammer gab das Amtsgericht nach § 195² Nr. 5 HGB. der Gesellschaft auf, den Prüfungsbericht der gemäß § 193² bestellten Revisoren einzureichen. Da der Bericht ergab, daß die erworbene Brauerei bereits in die Eröffnungsbilanz der Gesellschaft eingestellt worden war, erließ das Amtsgericht auf Grund der Annahme, daß es sich nicht um eine bloße Nachgründung, sondern um die in Verbindung mit der Errichtung der Gesellschaft stehende Übernahme von Vermögensgegenständen handle, an die Gesellschaft die Verfügung vom 26. Januar 1918, mit der die Aufnahme der den Erwerb der Brauerei betreffenden Bestimmungen in den Gesellschaftsvertrag (§ 186²), der Gründerbericht nach § 191 und der Prüfungsbericht gemäß §§ 192, 193¹ HGB. verlangt wurde. Als die Gesellschaft der Aufforderung nicht nachkam, bestimmte es ihr mit Verfügung vom 30. März 1918 zur Erfüllung der Verpflichtungen unter Androhung einer Ordnungsstrafe von 50 Mark eine einmonatige Frist. Hiergegen machte die Gesellschaft geltend, die Erfüllung könne, nachdem sie einmal im Handelsregister eingetragen sei,

---

recht kein Hindernis der Auseinandersetzung zwischen den Erben (KGJ. 44 S. 121). Dies gilt auch dann, wenn dem Vermächtnisnehmer der Nießbrauch von den Erben bestellt ist und er nunmehr ein dingliches Recht hat; denn dieses wird durch die Auseinandersetzung weder aufgehoben noch geändert (§ 1071), die mit dem Nießbrauche belasteten Grundstücke sowie die Rechte an solchen und Forderungen gehen mit diesen Belastungen auf den Erwerber über (KG., 1. ZS. Beschluß v. 24. Okt. 1918 x 220).

[1] a) In den §§ 142 f., 159 FrGG. sind erschöpfende Vorschriften darüber getroffen, wie gesetzlich unzulässige Eintragungen, also auch Löschungen zu beseitigen sind; demgemäß sind auch weitere Beschwerden mit dem Ziele der Löschung von Eintragungen unzulässig, wenn diese vom LG. angeordnet und bereits erfolgt sind (KG., ZS. 1a. Beschluß v. 25. April 1919 x 183).

b) Wird im Dispacheverfahren (FrGG. § 157) ein Widerspruch (daß der Dispacheur nicht zuständig gewesen sei und eine gegenwärtige Gefahr nicht vorgelegen habe) erhoben und über ihn vor dem Amtsgericht verhandelt, ohne daß er als begründet anerkannt wird oder anderweit eine Einigung zustande kommt, so darf nach § 155³ die Dispache nur insoweit bestätigt werden, als sie durch den Widerspruch nicht berührt wird. Wird gleichwohl die ganze Dispache bestätigt, so ist der Widersprechende nicht zur Klagerhebung gemäß § 156 verpflichtet, sondern darf sofortige Beschwerde einlegen und sie auf diejenigen Einwendungen stützen, die er bereits mittels seines Widerspruchs geltend gemacht hatte (KG., ZS. 1a. Beschluß v. 7. Febr. 1919; KGJ. 51 S. 137).

nicht mehr verlangt werden, wie es denn auch tatsächlich unmöglich sei, nach dem Ablaufe so langer Zeit der Auflage nachzukommen; im übrigen liege eine bloße Nachgründung vor. Das Amtsgericht verwarf den Einspruch, setzte die Strafe von 50 Mark fest und bestimmte unter Androhung einer Strafe von 100 Mark eine weitere Monatsfrist. Die Beschwerde wurde mit der Maßgabe zurückgewiesen, daß die festgesetzte Strafe aufgehoben und die Frist bis Ende 1918 verlängert wurde. Das LG. führt aus, unangefochten geblieben sei der Beschluß vom 26. Januar, der, auf der Auffassung beruhend, es liege eine Übernahmegründung vor, die Folgen aus dieser Auffassung ziehe. Es bedürfe daher keines Eingehens auf die Frage, ob Nach- oder Übernahmegründung vorliege und ob jetzt noch eine Nachholung der angeblich versäumten Verpflichtungen verlangt werden könne. Angefochten sei vielmehr nur der den Einspruch verwerfende und zugleich die Strafe festsetzende Beschluß. Es frage sich also lediglich, ob das Registergericht die Nichterfüllung der Verpflichtungen habe mit Strafe bedrohen und wegen ihrer Nichterfüllung habe Strafe festsetzen dürfen. Diese Ausführungen beruhen auf Rechtsirrtum.

Der Beschluß vom 26. Januar enthält weder eine Fristbestimmung noch eine Strafandrohung; er entbehrt daher der selbständigen Bedeutung, kommt vielmehr nur als Bestandteil der Verfügung vom 30. März in Betracht, insofern darin auf ihn wegen der der Gesellschaft angesonnenen Verpflichtungen Bezug genommen wird. Gegen die Verfügung vom 30. März aber ist rechtzeitig Einspruch erhoben. Hiernach mußte das LG. vor allem prüfen, ob eine Übernahmegründung oder eine bloße Nachgründung vorliegt. Ist letzteres der Fall, so könnte nur eine Auflage an den Vorstand in Frage kommen, und dies auch nur, wenn anzunehmen wäre, daß den dafür nach § 207[4] geltenden Vorschriften durch die eingereichten Schriftstücke nicht entsprochen sei.

Liegt aber eine Übernahmegründung vor, so hätte es allerdings zur Eintragung der Gesellschaft in das Handelsregister der Festsetzung der für die Brauerei zu gewährenden Vergütung in dem Gesellschaftsvertrag und der Miteinreichung des Kaufvertrags über die Brauerei, des Gründerberichts sowie eines Prüfungsberichts des Vorstands, des Aufsichtsrats und der besonderen Revisoren bedurft, und es hätte, solange diesen Erfordernissen nicht genügt war, die Eintragung der Gesellschaft abgelehnt werden sollen (KGJ. 25 S. 85, 33 S. 313). Nun ist aber die Gesellschaft bereits eine Reihe von Jahren eingetragen, und es wäre deshalb zu prüfen gewesen, ob und inwieweit demgegenüber eine im Ordnungsstrafverfahren zu erzwingende Verpflichtung der Gesellschaft zur Nachholung besteht und ob so besonders die § 132 FrGG., § 14 HGB., die hierbei allein in Betracht kommen, eine Auflage zur Aufnahme der den Erwerb der Brauerei betreffenden Bestimmungen in den Gesellschaftsvertrag und damit zu einer im Belieben der Generalversammlung stehenden Abänderung dieses Vertrags rechtfertigen können (RJA. 11 S. 205). Ann.

p) **Mitwirkung des Gemeindevorstands als Urkundsperson.**

OLG. Dresden, FerienZS. Urteil v. 1. August 1918.

... Nicht unbestreitbar ist, ob der Gemeindevorstand J. sich selber als Urkundsbeamten für den zwischen dem Antragsgegner B. und dem Gemeinderatsmitglied A. aufgenommenen Grundstückskauf bestimmten konnte. Das RG. (53 S. 154) hat für zulässig erachtet, daß nach Art. 12 § 2 des preuß. AusfG. zum BGB., dem der § 45 des Sächs. G. vom 15. Juni 1900 nachgebildet ist, der Bürgermeister einer Stadt sich selbst als Urkundsperson bestellen könne. Es ist auch kein Grund ersichtlich, warum der Gemeindevorstand eine Diensthandlung, die er einem seiner untergebenen Beamten übertragen konnte, nicht sich selbst sollte zuweisen dürfen. Ist hiernach anzunehmen, daß der Gemeindevorstand J. sich selber als Urkundsperson bestimmen konnte, so kommt weiter in Frage, ob die Antragstellerin beim Abschlusse des Kaufvertrags ordnungsmäßig vertreten war. Nach § 66² sächs. LGO. sind zwar die Gemeindeältesten in Fällen der Behinderung des Gemeindevorstandes seine Stellvertreter, und es ist, wenn mehrere Gemeindeälteste vorhanden sind, im voraus vom Gemeinderate zu bestimmen, welchem von ihnen diese Stellvertretung obliegen soll. Dadurch ist aber dem Gemeindevorstande nicht verwehrt, Geschäfte, die er nicht selbst besorgen kann oder für die er aus sachlichen Gründen gerade eine bestimmte Person für besonders geeignet hält, durch eine andere Person als seinen gesetzlichen Stellvertreter erledigen zu lassen (vgl. SächsOVG. 17 S. 246). Dagegen durfte J. nach § 170 Nr. 1 FrGG. bei der Beurkundung des Vertrags nicht mitwirken. Nach § 45³ finden auf die Beurkundung der § 168 und die §§ 169 bis 182 FrGG. entsprechende Anwendung. Nach § 168 Satz 2 ist als Beteiligter im Sinne der §§ 169 bis 182 derjenige anzusehen, dessen Erklärung beurkundet werden soll (vgl. § 52² Sächs. G. vom 15. Juni 1900) und nach § 170 Nr. 1 kann bei der Beurkundung als Richter, Notar, Gerichtsschreiber oder Zeuge nicht mitwirken — und das gilt auch für die Urkundsperson des § 45¹ —, wer selbst Beteiligter ist, sowie derjenige, für den ein Beteiligter als Vertreter handelt. Beteiligte ist hier die Gemeinde als öffentliche Behörde; denn deren Erklärungen sollten beurkundet werden. Schon deshalb konnte J. bei der Beurkundung nicht mitwirken (vgl. FischersZ. 25 S. 286). Hieran wird dadurch nichts geändert, daß J. in seiner Eigenschaft als gesetzlicher Vertreter der Antragstellerin (LGO. §§ 17, 60¹) den Gemeinderat A. mit dem Abschlusse des Vertrags beauftragt hat und sich hierbei, sowie bei der Beurkundung durch A. vertreten ließ; denn danach hat A. für ihn als sein Vertreter gehandelt und als solcher die Erklärungen, die beurkundet werden sollten, abgegeben, und J. konnte, weil er der Machtgeber war, nicht als Urkundsperson mitwirken (vgl. Schlegelberger § 170²). Dafür, daß, wie das LG. ausführt, nur der gesetzliche oder gewillkürte Vertreter einer andern Privatperson für deren privatrechtliche Verhältnisse gemeint sei, ist kein Anhalt vorhanden.

—e—

2. Grundbuchrecht.

a) Zuschreibung nach §§ 4, 5 oder Grundbuchberichtigung? Eintragung eines Widerspruchs. Schlesisches Auenrecht.

Kammergericht, 1. ZS. Beschluß v. 3. Mai 1919.

Im Bestandsverzeichnisse der Rittergüter im Kreise Brieg stand unter Nr. 12 das Rittergut A mit 740 ha verzeichnet. Am 30. April 1918 wurde in Sp. 8 eine Größe 795 ha neu eingetragen und dazu in Sp. 12 vermerkt, daß die Sp. 8 durch Übernahme der Oderstromparzellen Kartenbl. 1a und 196 kraft Auenrechts ergänzt worden sei. Veranlaßt war dies durch einen Antrag des Eigentümers, der dahin begründet war: Nach schlesischem Auenrecht seien die Wasserläufe einer Gemarkung Bestandteile des Ritterguts. Dies gelte auch für die öffentlichen Flüsse. Auch die fr. Parzellen gehörten zur Aue. Da das Rittergut im Grundbuch längst eingetragen sei, so bedeute es nur eine Unrichtigkeit des Grundbuchs, wenn die Parzellen darin nicht als Bestandteile aufgeführt seien. Infolge eines Schreibens des Oberpräsidenten wurde darauf ein Widerspruch zugunsten des pr. Staates (Wasserbauverwaltung) eingetragen. Die Beschwerde des Eigentümers wurde zurückgewiesen. Seine weitere Beschwerde ist unbegründet. Das LG. hält den Widerspruch auf Grund des § 35a V. v. 13. Nov. 1899/18. März 1914 für gerechtfertigt. Danach ist, wenn sich für das Eigentum eines andern als des Staats an einem Wasserlauf erster Ordnung Anhaltspunkte ergeben, nach dem Ermessen des Grundbuchamts einer der streitenden Teile als Eigentümer und zugleich für den Gegner ein Widerspruch einzutragen. Die Vorschrift regelt das Verfahren bei Anlegung eines Grundbuchblatts für einen Wasserlauf. Demgemäß nimmt das LG. an, daß für die bisher nicht eingetragenen Parzellen ein neues Blatt angelegt worden sei u. z. dadurch, daß sie in das Grundbuch der Rittergüter eingetragen sind. Ob das der Sachlage ertspricht, ist recht zweifelhaft. Allerdings hatte der Oberpräsident den Widerspruch unter Berufung auf § 35a VO. beantragt; der Grundbuchrichter hatte ihm ferner den Antrag des Eigentümers mitgeteilt, was an sich auch im Hinblick auf Art. 35a Nr. 4 geschehen sein könnte, und ihn angefragt, ob der Übernahme der Parzellen in das Grundbuch Bedenken entgegenständen. Anderseits hatte der Eigentümer die Berichtigung des Grundbuchs beantragt mit dem Hinweise darauf, daß das in der VO. vorgeschriebene Verfahren nicht erforderlich sei. Der Grundbuchrichter hat den Widerspruch nicht sofort bei Anlegung des Blatts eingetragen, wie es nach § 35a Nr. 3² hätte geschehen müssen... Vor allem spricht aber gegen das LG. die Erwägung: Wollte der Grundbuchrichter das Blatt des Rittergutes zur Anlegung eines neuen Blatts für die Parzellen benutzen, so konnte die Führung eines gemeinsamen Blatts nach § 4 GrBO. in Frage kommen oder die Vereinigung der Parzellen mit dem Rittergute oder ihre Zuschreibung als Bestandteile nach § 5. Ersteres erforderte keinen darauf gerichteten Antrag; die Parzellen hätten dabei ihre Selbständigkeit behalten und mußten dann auch im Bestandsverzeichnis als selbständige Grundstücke erscheinen; letzteres ist nicht der Fall. Die Zuschreibung nach § 5 hätte einen der Form des § 29 entsprechenden Antrag des Eigentümers vorausgesetzt, der nicht gestellt ist. Trotzdem nimmt der Grundbuchrichter an, daß die Parzellen als Bestandteile des Rittergutes gebucht worden; das ergibt der Inhalt des Widerspruchs. Das war ohne Anlegung eines neuen Blatts und ohne einen Antrag des Eigentümers nur zulässig, wenn es sich um eine Berichtigung handelte, wenn also die Parzellen bereits als Bestandteile des Gutes eingetragen und nur versehentlich bei der Zurückführung nicht übernommen worden waren; denn dann mußte die nachträgliche Zurückführung durch Buchung der Parzellen als Bestandteile des Gutes im Bestandsverzeichnisse von Amtswegen bewirkt werden (Pr. JMBl. 1911 S. 91; KGJ. 43 S. 122; Gruchot 55 S. 800). Deshalb ist davon auszugehen, daß der Grundbuchrichter eine Grundbuchberichtigung vorgenommen hat, zumal dies dem Standpunkte des Eigentümers entspricht. Klar ersichtlich ist die jetzige Rechtslage aus dem Grundbuche nicht und der Grundbuchrichter wird zu erwägen haben, ob dem durch nachträgliche Vermerke abzuhelfen sein wird. Vor allem hätte er in Sp. 12 ausdrücken sollen, daß es sich um eine Berichtigung handelt und daß die Parzellen B e s t a n d t e i l e des Gutes sind. Deutlicher wäre es ferner gewesen, wenn die Parzellen zunächst unter einer neuen Nr. 13 eingetragen und dann nach roter Unterstreichung der Sp. 1—10 an den laufenden Nr. 12 u. 13 die dort verzeichneten Flächen unter neuer Nr. 14 nochmals zusammen gebucht worden wären. Für die hier zu entscheidende Frage kommt es jedoch hierauf nicht an, da zweifellos die Parzellen als dem Eigentümer des Gutes gehörig eingetragen sind und sich hiergegen der Widerspruch richtet, dessen Löschung begehrt wird. Dieser kann seine rechtliche Grundlage nur in § 54 S. 1 GrBO. finden und ist nicht ohne ausreichende Gründe eingetragen... Mit der für den Grundbuchverkehr erforderlichen Sicherheit läßt sich nicht feststellen, daß die Parzellen bei Anlegung des Hypothekenbuchs Bestandteile des Gutes waren. In Betracht kommt hierbei vor allem die Eigenschaft der Oder als eines öffentlichen Stroms, der nach ALR. im gemeinen Eigentum des Staates stand. Das schlesische Provinzialrecht enthält hierüber keine Besonderheit... Sonderrechte an den öffentlichen Gewässern konnten nur durch einen Akt der Staatsgewalt oder durch unvordenkliche Verjährung erworben werden (RG. 23 S. 152). Einen Akt der Staatsgewalt behauptet der Beschwerdeführer nicht. Dagegen beruft er sich auf das Auenrecht, das auch für öffentliche Ströme gelte. Diese Ansicht vertritt im Schrifttum lediglich Riemann (schles. Auenrecht[3] S. 37) unter Hinweis auf die Urteile des RG v. 3. Okt. 1910 (das. S. 131) und v. 5. April 1880 (Gruchot 25 S. 1056). Das erste Urteil beruht indessen auf der Feststellung des OLG. Breslau über den Inhalt des Auenrechts, deren Grundlagen nicht ersichtlich sind. Das zweite Urteil betrifft einen Streit über das Eigentum am t o t e n Strombett der alten Oder, das kraft Auenrechts als sein Eigentum in Anspruch zu nehmen, das RG. den Gutsherrn für befugt erachtet. Dabei wird allerdings angenommen, daß dem Uferbesitzer bzw. dem Berechtigten nach schles. Auenrecht auch an einem öffentlichen Flusse gewisse Rechte zustehen, aber nicht entschieden, ob es sich dabei um Eigentum oder andre Rechte handelt. Daß der Grundherr auch das Eigentum am Flußbett eines noch vom Wasser durchströmten öffentlichen Flusses zu beanspruchen berechtigt sei, sagt das RG. nicht. So hat die Entscheidung auch Riemann (Wasserges. 1907) nicht aufgefaßt, der S. 23 nur davon spricht, daß der Auenberechtigte vor den Anliegern ein Anrecht auf das verlassene Bett eines öffentlichen Flusses habe, und S. 12, 29, 32 nur Privatflüsse als dem Auenrecht unterliegend erwähnt. Der letzteren Meinung sind auch Wentzel (ProvRecht 1 § 45), ferner § 71 des rev. Entw. v. 1841 (Riemann, Auenrecht S. 101), die Kommentare zum Wasserges. von Lenhard-Reichau § 9 IV 1 b; Holtz-Kreutz §§ 9[1], 118[1]; Bitter-Kries § 118[1]; Baumert, Leitf. des Wasserrechts S. 144; anscheinend auch Güthe GrBO. 2 S. 1630. Das ist auch der Standpunkt der Begründung des Wasserges. S. 670 Nr. 11 und der zur Erörterung des schles. Auenrechts eingesetzten Unterkomm. des AbgHauses (Drucks. Nr. 611 B S. 54 für 1912/13). Wenn als Grundlage des Auenrechts das ursprüngliche Eigentum der Gutsherrschaft an der ganzen Feldmark, mithin der Vorbehalt ihres Eigentums an denjenigen Flecken anzusehen ist, die bei der Ansiedlung der Untertanen und bei der Einteilung der Feldmark unter sie nicht entweder dem Eigentum oder der privaten Benutzung Einzelner überwiesen wurden (Motive zum rev. Entw. v. 1841 bei Riemann S. 103), so ist eben die Frage die, ob den Gutsherrschaften seiner Zeit auch das Eigentum an dem ihre Feldmark durchfließenden öffentlichen Strome verliehen worden ist. Dies kann mangels dies beweisender Unterlagen mit Rücksicht auf den Gemeingebrauch aller, zumal wie hier bei schiffbaren Strömen nicht angenommen werden... M.

b) **Einsichtnahme der Grundakten durch Grundstücksmieter.**

Kammergericht, 1. ZS. Beschluß v. 27. Februar 1919.

... Wie im Beschlusse (Rsp. 1 S. 180) ausgesprochen ist, daß derjenige, der, ohne ein Recht am Grundstücke zu haben, dem Eigentümer größeren Kredit gewähren will, ein berechtigtes Interesse an der Grundbucheinsicht haben kann, weil er u. a. zur Deckung seines Kredites ein Recht am Grundstück, event. im Zwangswege werde erwerben können, so kann ein durch die Sachlage gerechtfertigtes Interesse an der Grundbucheinsicht auch dann angenommen werden, wenn der Antragsteller vernünftigerweise Grund hat, mit Rücksicht auf die besonderen Umstände des Falles mit der Möglichkeit eines alsbaldigen Verlustes seines vertraglichen noch auf Jahre hinaus begründeten Grundstücks- oder Wohnungsmietrechts zu rechnen, und, wenn die Offenlegung der Belastungsverhältnisse des Grundstücks für eine nunmehr zu treffende Entschließung seinerseits auf wirtschaftlichem Gebiete vernünftigerweise von Bedeutung sein kann. Hierbei kann dahingestellt bleiben, ob etwa derjenige, der auf mehrere Jahre hinaus eine Wohnung gemietet hat, schon allein wegen dieses langfristigen Wohnungsmietrechts und der an sich vorhandenen Möglichkeit einer Zwangsversteigerung und vermöge § 57 ZVG. eines vorzeitigen Verlustes des Mietrechts ein „berechtigtes Interesse" des § 11 hat. Hier ist jene Möglichkeit nicht nur an sich vorhanden, sondern durch Tatumstände in greifbare Nähe gerückt. Nach den durch den Prozeßvertreter der Vermieterin selber dem Antragsteller gemachten Mitteilungen mußte dieser vernünftigerweise damit rechnen, daß der demnächstige Ausgang des zwischen Mieter und Vermieterin schwebenden Rechtsstreits tatsächlich zum Zusammenbruch der Vermieterin und zur alsbaldigen Zwangsversteigerung des Mietgrundstücks führen werde und daß damit sein Mietrecht gefährdet ist. Denn daß im Falle der Zwangsversteigerung eines Landhauses das Interesse des Erstehers wesentlich davon abhängt, ob er den Mietvertrag bestehen läßt oder gemäß § 57 ZVG. kündigt, unterliegt keinem Zweifel... M.

c) **Auflassung[1] des Grundbesitzes einer altrechtlichen Aktiengesellschaft, der die staatliche Genehmigung versagt worden.**

OLG. Braunschweig, 1. ZS. Beschluß v. 10. Mai 1919.

Durch notariellen Vertrag haben die bevollmächtigten Vertreter der „Aktiengesellschaft G." den auf diese eingetragenen Grundbesitz an X. verkauft. Im Auftrage der Beteiligten hat der Notar beantragt, einen Termin zur Vornahme der Auflassung anzusetzen. Der Antrag wurde zurückgewiesen, weil die „Aktiengesellschaft G." keine rechtsfähige Person sei, Eigentum nicht haben könne und daher ihre Vertreter zur Auflassung nicht befugt seien. Die weitere Beschwerde ist unbegründet. Laut Protokolls vom 1. Juli 1865 haben sich derzeit zu G. gegen 80 Personen unter Errichtung von Satzungen zu einer Gesellschaft mit der Firma „Aktiengesellschaft G." vereinigt und ihr die Organisation einer Aktiengesellschaft gegeben. Die nach damaligem

[1] a) Die Bescheinigung der Steuerstelle (§ 24 des Grunderwerbs-Steuerges. v. 12. Sept. 1919, RGBl. 1617) ist nicht erforderlich, wenn das „Veräußerungsgeschäft", d. i., wie sich aus § 5 ergibt, das schuldrechtliche Geschäft, das zur Übertragung des Eigentums verpflichtet, hier also der Kaufvertrag vor 1. Okt. 1919 geschlossen ist; dagegen fallen nicht darunter die Berichtigungen v. 2. Sept. und 9. Okt. 1919, die nicht diesen Vertrag, sondern die auf Grund desselben erklärte Auflassung berichtigen, deren Wirkungen durch die falsche Bezeichnung des Grundbuchblatts nicht beeinträchtigt werden (KG., 1. ZS. Beschlüsse v. 18. u. 23. Dez. 1919 x 310, 335).

b) Weder die preuß. V. v. 23. Dez. 1918 noch die ReichsV. v. 29. Januar 1919 zur Beschaffung von landw. Siedelungsland (RGBl. 115) ist auf einen bereits vor ihrem Inkraftreten abgeschlossenen Kaufvertrag anwendbar, selbst wenn darin behördliche Genehmigung vorbehalten ist; denn diese bildet regelmäßig nur eine Bedingung für die Wirkung des Vertrags und hindert nicht, daß die Vertragschließenden schon während der Schwebezeit bis zur Erteilung der Genehmigung gebunden sind (Beschluß desselben ZS. v. 3. Juli 4919 x 132).

c) Das Wort „Privatier", „Privatiere", das nicht der franz. Sprache angehört, sondern eine aus dem Lateinischen privatus entlehnte Bildung der deutschen Sprache ist, bedeutet dasselbe wie „Privater", „Privatmann", „Privatperson" und bezeichnet eine ohne Amt oder Beruf lebende Person, stellt deshalb einen Stand i. S. der ABf. v. 20. Nov. 1899 dar (KG., 1. ZS. Beschluß v. 14. Nov. 1918 x 239).

Rechte (Art. 208 HGB.) erforderliche staatliche Genehmigung ist indes versagt worden. Dessenungeachtet hat sich jene Vereinigung in der Folgezeit unter der gewählten Firma mittels der statutarischen Organe im Rechtsverkehr betätigt und u. a. auch den hier fraglichen Grundbesitz laut gerichtlichen Protokolls vom 19. Oktober 1867 gekauft und zu Eigentum übertragen erhalten. Der Besitztitel ist dementsprechend im Grundbuch berichtigt. In der Weise, wie es geschehen, durfte dies jedoch nicht erfolgen. Als Aktiengesellschaft bestand die Vereinigung nicht, nachdem die staatliche Genehmigung sich nicht hatte erreichen lassen. Den Charakter einer anderen juristischen Person besaß sie nicht, weil ihr diese Eigenschaft nicht durch besonderen Staatsakt verliehen war. Nach dem derzeit hier geltenden Partikularrecht, wie in Theorie und Praxis feststeht, war eine solche Verleihung unentbehrlich. Hiernach bildete die Vereinigung zwar nicht ein rechtliches Nichts, konnte aber nur als eine modifizierte Sozietät im Sinne des alten Rechts in Betracht kommen (Goldschmidt, Z. f. HR. 15 S. 46; Seuff. 12 Nr. 58). Derartigen korporativ organisierten Privatvereinen ist nun allerdings im Laufe der Zeiten immer mehr und mehr durch die Praxis, auch die hiesige, die Fähigkeit zuerkannt, auf den Namen des Vereins Rechte zu erwerben und Verpflichtungen einzugehen (Seuff. 59 Nr. 249, 69 N. 28; RG. 8 S. 122 usw.). Aber man ist doch dabei stehen geblieben, daß als wahrer Träger der so entstandenen Rechte und Verpflichtungen nicht der Verein als solcher, sondern nur dessen Mitglieder in Betracht kommen könnten (RG. 12 S. 230, 57 S. 92). Deshalb wird überall gelehrt, daß das Grundbuch solchen Vereinen verschlossen sei (Stobbe, D. Pr. R. 1 S. 573[10]; Enneccerus, Lehrb. § 108 Nr. 2 und für das neue Recht RJA. 9 S. 238). Denn für dieses wird genaue Bezeichnung des Eigentümers verlangt. Auch unser Landesrecht vertritt letzteren Standpunkt. Der Vereinsname aber läßt nicht ersehen, welche seiner Mitglieder als die wahren Berechtigten darunter begriffen sind. Denn mit Rücksicht auf die Organisation des Vereins, auf die Unabhängigkeit seines Bestehens von dem Wechsel der Mitglieder deckt er seiner Bestimmung nach nicht nur die zurzeit des Rechtserwerbs vorhandenen, sondern auch die später etwa zutretenden Mitglieder. Auch hier spricht nichts für die Annahme, daß nach der Absicht der Beteiligten der Eigentumserwerb nicht für die „Aktiengesellschaft G." als solche, also für den nicht rechtsfähigen Verein als solchen habe erfolgen sollen. Es erscheint deshalb nicht als angängig, die Besitztitelberichtigung in dem Sinne etwa aufzufassen, daß mit „Aktiengesellschaft G." die derzeitigen Vereinsmitglieder haben bezeichnet werden sollen. Ist das aber der Fall, so fehlt es an einer grundbuchmäßigen Eintragung einer Person, auf die in Verfolg des Aktes vom 19. Oktober 1867 das Grundeigentum übergegangen wäre. Zum Erwerb des Volleigentums war nach § 3 des derzeit maßgebenden Landesgesetzes vom 19. März 1850 Nr. 22 eine solche Eintragung unerläßlich. Die „Aktiengesellschaft G." hat zwar auch nach

1. Januar 1900 am Rechtsverkehr noch teilgenommen. Aber das neue Recht hat ihr bezüglich der hier fr. Punkte keine rechtlichen Vorteile gebracht, vielmehr sind (vgl. Seuff. 59 Nr. 249) für ihre Rechtsverhältnisse, abgesehen von einigen wenigen Vorschriften des Reichsrechts die landesrechtlichen Rechtssätze maßgebend geblieben. W.n.

d) **Auflassungsvormerkung zugunsten des jedesmaligen Eigentümers eines andren Grundstücks?**[1]

OLG. Dresden, 3. FerienZS. Beschluß v. 3. August 1919.

A., der Eigentümer des Grundstücks Nr. 1, hat notariell 1918 hinsichtlich einer Anzahl Flurstücke dem H. als dem Eigentümer des Grundstücks Nr. 12 und jedem künftigen Eigentümer dieses Grundstücks auf die Zeit bis Ende 1943 ein Kaufangebot gemacht. Zugleich hat er die Vormerkung des künftigen Anspruchs des H. und jedes künftigen Eigentümers auf Nr. 1 einzutragen beantragt; H. hat diese Erklärung angenommen. Die Vorinstanzen haben die Eintragung der Vormerkung mit Recht abgelehnt.

Der vorzumerkende Anspruch ist ein solcher auf Einräumung des Eigentums an einem Grundstück. Entstanden ist dieser Anspruch zurzeit noch nicht, auch nicht bedingt, denn es liegt vorerst nur ein Anerbieten vor; erst durch dessen Annahme kann künftig ein Anspruch dessen, dem das Angebot gemacht ist, auf Eigentumsübertragung entstehen. Es handelt sich also um einen künftigen Anspruch, für den aber schon zurzeit die wesentliche Grundlage gegeben ist. Die Parteien des künftigen Vertrags sind bestimmt gekennzeichnet, ebenso die zu veräußernde Sache. Auch die Grundlagen der Preisberechnung sind gegeben. Da nach § 883 S. 2 BGB. auch künftige Ansprüche vorgemerkt werden können, besteht insoweit kein Bedenken, ein solches Kaufangebot durch Vormerkung zu sichern (RJA. 10 S. 157). . . . Es fragt sich daher, ob 2 Personen einen künftigen Auflassungsanspruch derartig vereinbaren können, daß dieser dem jedesmaligen Eigentümer eines bestimmten Grundstücks zusteht, also mit dem Eigentumswechsel gewissermaßen selbsttätig, ohne daß es, wenn der Vertrag einmal geschlossen ist, auf den Willen des Beteiligten und auf den Rechtsgrund des Eigentumswechsels ankommt, in der Person des bisherigen Eigentümers erlischt und in der des neuen Eigentümers entsteht. Diese Frage ist zu verneinen. Denn ein solcher Anspruch stellt rechtlich nichts andres dar als ein mit dem Eigentum am berechtigten Grundstücke verbundenes Recht (BGB. § 96). Der Kreis dieser Rechte ist aber, wie der der dinglichen überhaupt, im BGB. beschränkt; als subjektiv-dingliche Rechte kennt es nur die Grunddienstbarkeiten, die Reallasten und

[1] In der Bewilligung einer Darlehnshypothek für seine beiden Kinder hat der Eigentümer bestimmt: „Nach meinem Tod soll das Darlehen in der Weise verzinst werden, daß die Mieteinnahmen nach Abzug aller Kosten für Aus- und Verbesserungen, Steuern und sonstige Lasten für das Grundstück zu je $^1/_3$ an meine Gläubiger und zu $^1/_3$ an meine Frau abzuführen sind." Diese Bewilligung genügt nicht dem Grundsatz der Bestimmtheit, da die Höhe der Mieteinnahmen und der Ausgaben nicht einmal dem Höchstbetrage nach zu berechnen ist (KG., 1. ZS. Beschluß v. 28. Dez. 1918 x 265/18).

die Vorkaufsrechte (1894). Die Verweisung auf die allgemeine Vertragsfreiheit und die §§ 328 ff. BGB. geht fehl. Ob wirklich die §§ 328 bedeuten, derartig weitgehende Ansprüche zuzulassen, wie das KG. (RJA. 7 S. 142) für die Löschungsansprüche des § 1179 annimmt, kann dahingestellt bleiben, da es sich dort um die Verknüpfung des Löschungsanspruchs mit der einer Hypothek zugrunde liegenden Forderung, also nicht um ein subjektiv dingliches Recht handelt. Die Eintragung der beantragten Vormerkung ist daher abzulehnen (so auch Bay. Ob. LG. bei Güthe Vorm. Bd. 1 S. 319). Es braucht deshalb nicht noch erörtert zu werden, ob hier in der Person des an erster Stelle Berechtigten A., dem ja nur ein bindendes Kaufangebot gemacht wird, das er aber noch nicht angenommen hat, ein Anspruch i. S. des § 194 überhaupt schon entstanden ist, sondern nur ein künftiger Anspruch in Frage steht.

e) **Grundbuchberichtigung**[1], **empfangsberechtigt ist das Grundbuchamt. Befugnisse des Vollstreckers nach ALR.**

Kammergericht, 1. ZS. Beschluß v. 13. März 1919.

Auf Grund der Ergänzungsbescheinigung zum Testament des 1898 verstorbenen Samuel S. ist eine Hypothek auf den Namen seines Sohnes Felix S. eingetragen. Eine spätere Ergänzungsbescheinigung wies als Erben die Enkel des Erblassers aus. Vollstrecker ist jetzt einer der Enkel, Siegbert S. Felix S. ist tot. Seine Erben haben anerkannt, daß die Hypothek infolge unrichtiger Auslegung des Testaments auf ihren Erblasser eingetragen steht. tatsächlich zum ungeteilten Nachlaß des Samuel S. gehört, sie haben die Berichtigung des Grundbuchs durch Eintragung der wahren Berechtigten bewilligt. Der Vollstrecker des Samuel S. hat die Hypothek dann an B. abgetreten. Die Berichtigungsbewilligung und die Abtretungsurkunde wurden mit dem Antrage eingereicht, den B. als neuen Gläubiger einzutragen. Bei der Berichtigungsbewilligung hatte Siegbert S. als Bevollmächtigter eines Erben des Felix S. mitgewirkt. Der Grundbuchrichter hatte das aus § 181 BGB. für unzulässig erklärt, auch die Zustimmung der Erben zur Abtretung an B. verlangt. Die Beschwerde blieb erfolglos. Die weitere Beschwerde ist nicht begründet. Dem Antrag kann zurzeit schon deshalb nicht entsprochen werden, weil sich an eine unrichtige Eintragung weitere Eintragungen nicht

[1] Sind Miterben vor der Auseinandersetzung irrtümlich als Eigentümer des Nachlaßgrundstücks nach Bruchteilen eingetragen worden, so bedarf es zur Berichtigung des Grundbuchs durch Eintragung der Erbengemeinschaft nicht der Zustimmung des Gläubigers der einen Anteil belastenden Hypothek; denn diese belastet nach wie vor den Bruchteil als solchen, der deshalb nach § 864² ZPO. wegen des Anspruchs aus der Hypothek auf Grund eines gegen sämtliche Erben als eingetragene Eigentümer zu erwirkenden vollstreckbaren Titels auch nach der Berichtigung zur Zwangsversteigerung gebracht werden kann. Sind inzwischen einige der Miterben verstorben, so muß der Antrag auf Eintragung der Erbeserben gerichtet werden. Auch ist für die unter Vormundschaft oder unter elterlicher Gewalt ihrer Mutter stehenden Erben die Genehmigung nach §§ 1821 Nr. 1, 1673, 1686 beizubringen (Beschluß desselben ZS. v. 10. Okt. 1918; KGJ. 51 S. 220).

anschließen dürfen (§ 14[1] GrBO.). Einer der Ausnahmefälle der §§ 40[2], 41 liegt nicht vor. Es bedarf daher zunächst der Berichtigung des Grundbuchs.

Die Bemängelung, daß Siegbert S. bei der Berichtigungsbewilligung nicht habe mitwirken können, da die Erklärung ihm gegenüber als Miterben abgegeben sei, ist nicht zutreffend. Die Berichtigungsbewilligung enthält nicht nur die Anerkennung der Tatsache der Unrichtigkeit des Grundbuchs, sondern sie ist ebenso wie die Eintragungsbewilligung nach § 19, von der sie eine Unterart bildet, eine empfangsbedürftige Willenserklärung, ein Rechtsgeschäft des Privatrechts (Güthe § 19[1, 2], § 22[31]). Empfangsberechtigt ist aber zunächst und stets auch das Grundbuchamt, da die Bewilligung auf eine Eintragung, einen behördlichen Akt des Amts abzielt (§ 130[3] BGB.). Hier bestehen keine Bedenken dagegen, daß die Eintragungsbewilligung des Siegbert S. mit dessen Willen dem Grundbuchamt ordnungsmäßig zugegangen ist (Güthe § 19 N. 29, 30).

Die Frage aber, ob der Vollstrecker des Samuel S. über die Hypothek auch ohne die Zuziehung der Erben zu verfügen befugt ist, ist zu verneinen. Das hier maßgebende ALR. bestimmt im § 557 I 12: „Hat der Erblasser jemandem die Vollziehung seines letzten Willens aufgetragen, so ist derselbe ein Bevollmächtigter des Erblassers" und verweist dabei auf den von Vollmachtsaufträgen handelnden Titel 13 Abschnitt 1. Hier heißt es im § 98, daß der Bevollmächtigte den Machtgeber durch jede zur Vollziehung desselben unternommene Handlung verpflichtet, sofern nicht die Gesetze eine Spezialvollmacht erfordern, und in §§ 99 ff. werden diejenigen Fälle, in denen eine Spezialvollmacht erforderlich ist, aufgeführt, darunter im § 103 der Fall der Abtretung eines Rechts des Machtgebers. Hiernach kann es nicht zweifelhaft sein, daß der Vollstrecker zur Abtretung einer Nachlaßhypothek ohne Zuziehung der Erben einer besonderen Ermächtigung des Erblassers jedenfalls dann bedarf, wenn die Abtretung nicht zur Befriedigung wegen einer Nachlaßforderung erfolgt. Das ist auch, abgesehen von vereinzelten Stimmen, wie zB. Kochs Erbrecht S. 368 ohne nähere Begründung, allgemeine Meinung. Es genügt deshalb auch nicht die im Testament enthaltene allgemeine Bestimmung, daß der Vollstrecker auch zu solchen Handlungen ermächtigt sein solle, zu denen das Gesetz eine Spezialvollmacht erfordert (Johow 2 S. 164). Allerdings hat der Beschluß (aO. 6 S. 171), einen Vollstrecker, dem der Erblasser ausdrücklich Vollmacht erteilt hat, in jeder Weise nach freiem Ermessen über die Substanz des Nachlasses zu verfügen, auch zur Abtretung von Nachlaßkapitalien für ermächtigt erachtet. Aber ob dieser Entscheidung beizutreten wäre, kann dahingestellt bleiben, da das Testament des S. weder eine besondere Ermächtigung zur Abtretung von Nachlaßforderungen noch eine derartige allgemeine Vollmacht zur Verfügung über den Nachlaß enthält. Die vom Erblasser angeordnete Befreiung von aller Oberaufsicht der Gerichte kann sich auch nicht auf die Vollstrecker beziehen, da diese nach dem ALR. einer gerichtlichen Aufsicht nicht unterliegen, sondern nur auf ihre Stellung als Vormünder, als welche sie gleichfalls berufen sind. Demgemäß bedarf hier der Vollstrecker zur Abtretung der Hypothek der Zustimmung der Erben. Z. r.

f) **Beweis der Berichtigung einer Hypothekenforderung.**

OLG. Dresden, 6. ZS. Beschluß v. 15. März 1919.

Auf dem Grundstücke des S. wurde 1897 eine Sicherungshypothek von 25000 Mark für die inzwischen erloschenene Aktiengesellschaft Leipziger Bank wegen deren Forderungen aus einem dem S. eröffneten Kredit eingetragen. S. ist 1917 gestorben; seine Witwe als alleinige Erbin hat das Grundstück 1918 an B. veräußert. Die Leipziger Bank verfiel 1901 in Konkurs, worauf der inzwischen verstorbene Konkursverwalter F. 1903 die Konkursmasse an die zurzeit in Liquidation befindliche Kommanditgesellschaft F. & Co. verkaufte. Der Liquidator dieser Gesellschaft F. hat in der öffentlich beglaubigten Urkunde vom 10. Januar 1919 die Löschung der Sicherungshypothek von 25000 Mark unter Bezugnahme darauf bewilligt und beantragt, daß der Leipziger Bank die Forderung entweder während des Konkurses an den Verwalter oder bereits vorher unmittelbar berichtigt worden sei. B. hat sich, ebenfalls in öffentlich beglaubigter Form, dem Löschungsantrag angeschlossen. Die Vorinstanzen verlangten noch die Zustimmung des persönlichen Schuldners und die Löschungsbewilligung eines zu bestellenden neuen Konkursverwalters. Die weitere Beschwerde ist unbegründet.

Die Berechtigung des Liquidators F. zur Bewilligung der Löschung würde nach § 1183 BGB. voraussetzen, daß die Hypothek der Gesellschaft zusteht. Das ist aber nicht der Fall. Der Kaufvertrag von 1903 konnte nach seiner Fassung nur die schuldrechtliche Verpflichtung des Konkursverwalters zur Übertragung der durch die Hypothek gesicherten Forderung der Leipziger Bank begründen; zur Übertragung selbst der Forderung nebst der Hypothek hätte es außer dem Abtretungsvertrage der Eintragung der Rechtsänderung im Grundbuche bedurft (§ 1154). Abgesehen hiervon war nach den eigenen Angaben des Liquidators zurzeit des Abschlusses des Kaufvertrags die durch die Hypothek gesicherte Forderung bereits berichtigt, so daß sie und ebenso die Hypothek der Kommanditgesellschaft gar nicht hätte übertragen werden können, die Hypothek vielmehr unter Umwandlung zur Grundschuld auf den damaligen Grundstückseigentümer S., der sie bestellt hatte, übergegangen gewesen wäre (§§ 1163 S. 2, 1177). Neuerdings hat zwar auch Witwe S. die Löschung der Hypothek bewilligt und beantragt. Allein das Rechtsmittel der Beschwerde kann nicht auf neue Tatsachen und Beweise gestützt werden.

Eine andere Frage ist, ob diese Löschungsbewilligung einem neuen Antrage des B. zum Erfolge verhelfen könnte. Ließe sich, was von hier aus nicht zu entscheiden ist, auf Grund der Erklärungen des Liquidators die Berichtigung der Forderung an die Leipziger Bank oder an den Konkursverwalter als erwiesen ansehen, so wäre damit der Übergang der Hypothek auf S. dargetan und die Frau S. als seine Erbin gemäß § 22 GrBO. als Gläubigerin der zur Grundschuld gewordenen Hypothek ausgewiesen. Zur Löschung einer Grundschuld ist außer der Aufhebungserklärung (Lö chungsbewilligung) des Gläubigers die Zustimmung des Grundstückseigentümers erforderlich (BGB. §§ 875, 1183, 1192[1]; GrBO. § 19). Die Löschung hat Frau S. bewilligt; die Zustimmung des B. aber ist darin enthalten, daß er sich dem Löschungsantrage des Liquidators angeschlossen hat. Die vorherige Umschreibung der Hypothek auf den Namen der Frau S. würde zu der Löschung nicht erforderlich sein (vgl. Anm. 25 S. 222). Anm.

g) **Eintragung der Übertragung der Briefhypothek. Zwischenverfügung. Beschwerde trotz Zurückweisung des Antrags.**

Kammergericht, 1. ZS. Beschluß v. 14. März 1918.

Auf Grund der Quittung der A.-Bank, daß der Grundstückseigentümer M. auf ihre Hypothek einen Teilbetrag von 1400 Mark zurückgezahlt hat, trat M. diese Eigentümergrundschuld nebst den „gesamten Rechtspositionen des Eigentümers bezüglich des Briefs" an H. ab. Nachdem H. die Eintragung der Abtretung beantragt hatte, übersandte die Bank den Stammhypothekenbrief mit dem Bemerken, es geschehe dies auf Wunsch des M., der Anträge stellen wolle. Darauf hat das Grundbuchamt am 12. Dezember 1917 dem H. zum Antrag auf Bildung eines Teilhypothekenbriefes eine Frist bis Anfang 1918 gesetzt. H. bat, von dem Bedenken abzusehen, sonst die Eingabe als Beschwerde dem LG. vorzulegen. Das Grundbuchamt hat darauf am 4. Januar 1918 den Antrag aus dem Grunde der Zwischenverfügung zurückgewiesen und die Akten dem LG. übersandt. Demnächst hat sich H. auch über den Beschluß v. 4. Januar beschwert. Das LG. hat beide Beschwerden zurückgewiesen. Die weitere Beschwerde ist begründet. Allerdings war die erste Beschwerde, selbst wenn sie nach Ablauf der in der Zwischenverfügung gesetzten Frist eingegangen ist, ursprünglich zulässig (KGJ. 45 S. 204). Sie ist aber nachträglich durch den endgültig den Antrag zurückweisenden Beschluß v. 4. Januar 1918 gegenstandslos geworden. In Übereinstimmung hiermit hat bereits früher der Beschluß v. 13. Februar 1911 (RheinAKB. 29 S. 12) für einen ähnlich liegenden Fall die Gegenstandslosigkeit der Beschwerde angenommen. ... Der abweichende Beschluß (KGJ. 43 S. 141) erklärt sich in der Eigenartigkeit des damals entschiedenen Falles, bei dem es sich um die Zurückweisung des Antrags nach Erlaß der Entscheidung des LG. und die Bindung des Amtsgerichts an die höheren Instanzen handelte. Ist also die erste Beschwerde nachträglich unzulässig geworden, so hätte sie entweder zurückgenommen oder verworfen werden müssen. In der Beschwerde gegen den Beschluß vom 4. Januar liegt keine stillschweigende Rücknahme der ersten Beschwerde, weil ausdrücklich beantragt ist, unter Aufhebung dieses Beschlusses auf die erste Beschwerde zu entscheiden. Da das LG. auf Grund sachlicher Prüfung diese Beschwerde zurückgewiesen hat, war der angefochtene Beschluß insoweit aufzuheben und die Verwerfung der Beschwerde nunmehr auszusprechen (KGJ. 37 S. 218).

Die Aufhebung des Beschlusses v. 4. Januar 1918 hält der Beschwerdeführer schon deshalb für geboten, weil sich das Grundbuchamt bis zur Erledigung der (ersten) Beschwerde einer Zurückweisung des Antrags hätte enthalten müssen. Demgegenüber folgert das LG. aus dem Fehlen einer Vorschrift über die aufschiebende Wirkung der Beschwerde, daß das Grundbuchamt berechtigt war, nach Ablauf der Frist trotz Einlegung der Beschwerde den Antrag endgültig zurückzuweisen. Diese Auffassung ist nicht zu beanstanden. Auch wenn die Annahme, daß in solchen Fällen das Grundbuchamt zur Zurückweisung des Antrags verpflichtet sei (Dresden ZBl. FrG. 10 S. 39, Predari § 18[5]), als zu weitgehend abzulehnen, vielmehr eine Verlängerung der Frist zulässig und in der Regel sogar das Abwarten des Beschwerdebeschlusses zweckmäßig sein möchte, so liegt doch kein Rechtsirrtum darin, daß das Grundbuchamt die an sich angemessene Frist nicht verlängert hat (vgl. KGJ. 29 B S. 37). . . .

In der Sache weisen die Vorinstanzen den Antrag zurück, weil sie die materiellrechtliche Wirksamkeit der Abtretung nicht für nachgewiesen halten. Sie gehen also davon aus, daß sie diese Wirksamkeit zu prüfen haben. Darin liegt jedoch eine Verletzung des § 26, aus dem sich ohne weiteres ergibt, daß dem Grundbuchrichter nicht die nach § 1154 BGB. weiter erforderlichen Tatsachen, nämlich die Annahme der Abtretung durch den neuen Gläubiger und die Übergabe des Briefs an ihn, nachgewiesen werden müssen. Dem steht nicht entgegen, daß die beantragte Eintragung, falls die Abtretung noch nicht außerhalb des Grundbuchs wirksam vollzogen ist, zunächst etwas Unrichtiges beurkundet. Denn die Möglichkeit unrichtiger Beurkundungen besteht auch für andere Eintragungen, weil das Gesetz zu deren Vornahme in den meisten Fällen ohne Rücksicht auf die materielle Wirksamkeit der zugrunde liegenden Rechtsvorgänge, namentlich auf das Vorhandensein einer Einigung, die Bewilligung des betroffenen Berechtigten für ausreichend erklärt. Hiernach kann der Auffassuug Güthes (§ 26[17]), daß in Fällen, in denen der neue Gläubiger die Eintragung beantragt, neben der Abtretungserklärung die Übergabe des Briefes als Bestandteil des Nachweises der Unrichtigkeit eine Voraussetzung der Eintragung bilde, nicht beigetreten werden. Denn wenn der § 26 bei Vorlegung der Abtretungserklärung für die dort bezeichneten Fälle allgemein den Nachweis der Unrichtigkeit entbehrlich macht, so besteht kein Grund, die von Güthe gesetzten Fälle anders zu regeln. Das Erfordernis der Vorlegung des Briefes beruht auf der formal-rechtlichen Vorschrift des § 42, die für die Frage, ob der Grundbuchrichter die Übergabe des Briefes zu prüfen habe, bedeutungslos ist. Aus dem Umstande, daß hier nicht der Antragsteller den Brief überreichte, ist ein Bedenken nicht herzuleiten. Denn die Einreichung des Briefes ergibt, daß sowohl die Bank als auch der Eigentümer damit einverstanden sind, daß der Brief im Interesse des Antragstellers zur Vornahme der Eintragung benutzt wird. Gr.

h) **Form der Eintragungsgrundlage bei der Abtretung einer Forderung, für die eine Hypothek als Pfand haftet. Neue Beschwerdeanträge.** OLG. Dresden, 6. ZS. Beschluß v. 18. Januar 1919.

Eine Höchstbetragshypothek von 50000 Mark haftet für die Forderungen des Z. an den Eigentümer M. aus einem Gesellschaftsvertrage. 1911 wurde die Verpfändung der Forderungen nebst der Hypothek für die offene HG. A. & P. wegen ihrer Ansprüche aus laufendem Kredit an Z. eingetragen. Nachdem der eine der beiden Gesellschafter P. 1918 gestorben war, erklärte A. in der öffentlich beglaubigten Urkunde vom 6. November 1918, daß er als nunmehriger alleiniger Inhaber der Firma A. & P. von dem Pfandrecht an die namentlich bezeichneten Erben des P. bestimmte Anteile (zusammen die Hälfte) abtrete und die anteilige Umschreibung der Sicherungshypothek beantrage. Das Amtsgericht lehnte ab, weil das Pfandrecht an einer Hypothek den Pfandgläubiger nicht zu Verfügungen über die Hypothek berechtige, die durch die Eintragung von 1911 begründeten Pfandrechte aber nicht ohne die durch sie gesicherten Ansprüche abgetreten werden könnten und eine Abtretung dieser Ansprüche nach Bruchteilen die vorherige ziffermäßige Feststellung der Ansprüche erfordere. Die Beschwerde blieb erfolglos. Auch die weitere Beschwerde ist unbegründet.

1. In der Urkunde vom 6. November 1918 war die anteilige Umschreibung der Z.schen Hypothek auf die P.schen Erben beantragt; lediglich über diesen Antrag hatte das Amtsgericht zu entscheiden, und nur über die hierüber ergangene ablehende Entscheidung konnte der Antragsteller sich beschweren (§ 71[1]). Da die Ablehnung dieses seines Antrags, wie A. sich selbst bescheidet, gerechtfertigt war, ist auch seine Beschwerde mit Recht zurückgewiesen worden.

Der in der Beschwerdeschrift gestellte Antrag auf anteilige Umschreibung der Pfandrechte und der durch sie gesicherten Forderungen auf die P.schen Erben ist ein neuer Antrag, über den der Beschwerdeführer erst eine Entscheidung des Amtsgerichts herbeiführen mußte, da nur eine bereits vorhandene Entscheidung zur Beschwerde gezogen werden kann und zurzeit der Einlegung der Beschwerde nur der Beschluß ergangen war, mit dem das Amtsgericht den Antrag auf Umschreibung der Hypothek zurückgewiesen hatte. Insbesondere hat das Amtsgericht, indem es der Beschwerde gegenüber die Abänderung seiner Entscheidung ablehnte, nicht zugleich über den neueren Antrag entschieden. Denn dieser Antrag war mit der Beschwerde verbunden, über die das LG. zu entscheiden hatte; das LG. war es mithin auch, das um die Entscheidung über den Antrag angerufen wurde. Die dem Amtsgericht nach § 75 gestattete Abhilfe beschränkte sich auf die von ihm verfügte Ablehnung der Hypothekenumschreibung, die gar nicht angefochten wurde. Über den neueren Antrag hätte das Amtsgericht nur entscheiden können, wenn darüber seine Entscheidung anstatt derjenigen des LG. angerufen worden wäre. Beim Fehlen einer Entscheidung des Amtsgerichts über den Antrag war auch das LG. seinerseits nicht in der Lage, darüber zu entscheiden und so etwa dem Amtsgericht aufzugeben, dem Antragsteller zur Beseitigung der Hindernisse gemäß § 18 eine Frist zu bestimmen.

2. Soviel die für den neuen Antrag zu erfordernde Eintragungsgrundlage anlangt, so bemerkt das LG, zur Berichtigung des Grundbuchs durch Eintragung neuer Gläubiger, wie sie nach dem Antrag erfolgen solle, bedürfe es nach §§ 19, 22[1] entweder der Bewilligung des bisherigen Gläubigers oder des Nachweises der Unrichtigkeit des Grundbuchs. Da es an dem Nachweise dieser Unrichtigkeit fehle und die Urkunde vom 6. November 1918 auch nicht die erforderliche Bewilligung enthalte, müsse der Beschwerdeführer eine neue, dem § 29 entsprechende Urkunde beibringen und in dieser „die Eintragung der P.schen Erben als Pfandgläubiger zu den bestimmten Anteilen zufolge Abtretung der Forderungen bewilligen". Das Amtsgericht wird im Falle der Stellung des Antrags zu prüfen haben, ob dies zutrifft. In Betracht kommt dabei, daß nach der Sondervorschrift des § 26[2] zur Eintragung der Übertragung einer Forderung, für die eine Hypothek als Pfand haftet, genügt, wenn anstelle der Eintragungsbewilligung die Abtretungserklärung des bisherigen Gläubigers vorgelegt wird. In der Urkunde vom 6. November 1918 hat der Beschwerdeführer nach Wiedergabe des Verpfändungseintrags erklärt, daß er gemäß dem geschlossenen Auseinandersetzungsvertrage von dem „obenerwähnten" Pfandrechte, d. i. dem Pfandrecht an der Z.schen Hypothek für die Forderungen der Firma A. & P. aus laufendem Kredit an Z, bestimmte Anteile an die P.schen Erben abtrete. Damit sind die Forderungen in die Abtretungserklärung einbezogen. Hierzu tritt, daß das Pfandrecht nicht ohne die Forderung abgetreten werden kann (BGB. § 1250) und daß somit die — von einem Rechtsanwalt verfaßte — Abtretungserklärung überhaupt nur Sinn hat, wenn sie die durch Pfandrecht gesicherten Forderungen in sich schließt. Sollte deshalb das Amtsgericht, wie anzunehmen ist, gemäß § 133 BGB. zu dem Ergebnis gelangen, daß die Abtretungserklärung in diesem Sinne zu verstehen ist, so würde die Urkunde vom 6. November 1918 als Eintragungsgrundlage für den neuen Antrag genügen. Zu verlangen wäre aber, daß der Beschwerdeführer sein Gläubigerrecht dartut und zu diesem Zwecke die Erwerbung des Vermögens der durch den Tod des P. aufgelösten Gesellschaft nachweist; daß er jetzt alleiniger Inhaber der Firma ist, kann diesen Nachweis nicht erbringen. Ann.

i) Nachweis der staatlichen Genehmigung bei juristischen Personen.[1]

[1] Im § 28 ist unter „Eintragungsbewilligung" auch die des mittelbar Betroffenen, insbesondere die des Ehemannes nach § 1395 BGB. zu verstehen; inwieweit die darin enthaltene Bezeichnung des Grundstücks mit dem Grundbuch übereinstimmt, steht im Ermessen des Grundbuchrichters; er verletzt das Gesetz nicht, wenn er sich mit der Angabe von Straße und Hausnummer allein nicht begnügen will (KG., 1. ZS. Beschluß v. 3. Juli 1919 x 140). Wird in der zurückgegebenen beglaubigten Urkunde die mangelhafte Bezeichnung des Grundbuchblatts nachträglich im Text der Urkunde berichtigt, so bedarf es einer nochmaligen Beglaubigung, weil jene Bezeichnung als wesentlicher Bestandteil der Eintragungs-(Löschungs-)Bewilligung anzusehen ist (Beschluß desselben ZS. v. 31. Okt. 1918 x 201).

Kammergericht, 1. ZS. Beschluß v. 6. März 1919.

Die weitere Beschwerde ist nur teilweise begründet. Das Grundbuchamt kann den Nachweis verlangen, daß das kath. Krankenhaus in B. juristische Persönlichkeit besitzt, da seine Eintragung als Eigentümer eines Grundstücks andernfalls nicht zulässig wäre. Dieser Prüfungspflicht wird es nicht schon dadurch enthoben, daß das Krankenhaus bereits als Eigentümer mehrerer Grundstücke eingetragen ist. Bei dem früheren Grundstückserwerbe ist es in der notariellen Verhandlung von 1863 allerdings als „das mit Genehmigung des Oberpräsidenten vom 21. August 1863 in B. neu errichtete Marien-Krankenhaus" bezeichnet worden. Errichtung und Betrieb eines Krankenhauses mit staatlicher Genehmigung schließen aber die Anerkennung als juristische Person nicht notwendig in sich (vgl. GewO. v. 1. Juli 1883 §§ 30, 49, 53, 147). Daß das Krankenhaus zu den öffentlichen Armen- und anderen Versorgungsanstalten gehört, bei denen schon stillschweigende Genehmigung genügt (ALR. II 19 § 42), ist nicht nachgewiesen, so daß nur die ausdrückliche staatliche Genehmigung in Frage kommen kann. Obgleich es nach dem staatlich genehmigten Erwerb der anderen Grundstücke wahrscheinlich ist, daß dem Krankenhaus Korporationsrechte verliehen worden, ist es doch nicht rechtsirrtümlich, wenn der Grundbuchrichter den Nachweis der staatlichen Verleihung nicht als geführt ansieht.

Daß der Erwerb des Grundstücks staatlicher Genehmigung bedarf, ist bei dessen Wert ebenfalls anzunehmen. Es läßt sich aber zurzeit noch nicht beurteilen, ob die Genehmigung des Oberpräsidenten oder einer anderen Staatsbehörde erforderlich ist. Daß es sich bei dem Krankenhaus um eine im Ges. v. 7. Juni 1876 (GS. S. 165) unterworfene Anstalt handelt, ist möglich. Klarheit darüber wird erst die Verleihungsurkunde bringen. Ebenso läßt sich zurzeit noch nicht beurteilen, ob der Bischof oder eine andere Behörde die Zusammensetzung des Verwaltungsrats des Krankenhauses zu bescheinigen hat; die Zuständigkeit hängt von der rechtlichen Natur der juristischen Person, ihrer Satzung oder Verfassung und davon ab, welche Behörde zur Aufsichtsführung über sie berufen ist (Güthe 2 S. 1643 bei „Bescheinigungen"). Deshalb ist auch die Satzung oder Verfassung des Krankenhauses vorzulegen, deren es überdies zum Nachweise darüber bedarf, daß der Verwaltungsrat oder welches Organ sonst zur Vertretung des Krankenhauses berechtigt ist. M.

k) **§ 29 fordert einen strengen Urkundenbeweis.**[1]

α) Bayer. Oberstes Landesgericht, 1. ZS. Beschluß v. 11. Juli 1919.

Ein Erfahrungssatz, der ein Geschehnis als regelmäßig, das Gegenteil aber nicht als ausgeschlossen erscheinen läßt, liefert nicht vollen Beweis und

[1] Zum grundbuchlichen Nachweise des Alleinbesitzes aller Kuxe einer Gewerkschaft neuen Rechts reichen unbeglaubigte Abtretungserklärungen und Eintragungen in das — ohne Kontrolle der Bergbehörde geführte — Gewerkenbuch nicht aus, da die im § 106 ABergG. vorgesehene Legitimationserleichterung sich auf die Ausübung der Gewerkenrechte gegenüber der Gewerkschaft beschränkt (KG., 1. ZS. Beschluß v. 4. Okt. 1917; KGJ. 51 S. 210).

kann deshalb im Grundbuchverfahren, wo im Interesse der Sicherheit des Rechtsverkehrs voller Beweis durch öffentliche oder öffentlich beglaubigte Urkunden zu erbringen ist, nicht verwertet werden (vgl. Motive zu § 29 S. 72; zum BGB. 3 S. 176 f.). Dem widerspricht auch nicht die Entscheidung (Samml. 18 S. 49), deren Sachverhältnis so lag, daß der Richter nach der Erfahrung des Lebens das Gegenteil als ausgeschlossen erachten konnte. Kn.

β) Wann ist der Nachweis zu verlangen, daß eine Vollmacht nicht widerrufen ist? [1]

OLG. Karlsruhe, 1. ZS. Beschluß v. 30. April 1919.

Die Erben des A. schlossen einen Erbteilungsvertrag, wonach der Erbe Karl auf seinen Erbanteil zugunsten der übrigen Erben verzichtete und diese die Nachlaßgrundstücke dem Erben Hugo überließen. Sie erklärten die Auflassung der Grundstücke und beantragten die Eintragung des Hugo im Grundbuch. Bei diesen Rechtsgeschäften war Karl durch den Erben August vertreten, dem er eine öffentlich beglaubigte Vollmacht erteilt hatte. Die Eintragung wurde abgelehnt. Die weitere Beschwerde macht geltend, das Grundbuchamt habe sich bei der Prüfung eines Antrags lediglich an die Eintragsunterlagen zu halten, hier somit an den Erbteilungsvertrag und die Vollmacht. Alle außerhalb dieser Unterlagen befindlichen Tatsachen seien unbeachtlich; insbesondere sei der Brief eines Beteiligten nicht geeignet gewesen, die Beweiskraft der vorliegenden Urkunden zu erschüttern. Diese Auffassung ist abzulehnen. Eine sich nicht auf bestimmte Tatsachen stützende bloße Möglichkeit des Widerrufs einer Vollmacht muß allerdings für das Grundbuchamt außer Betracht bleiben. Regelmäßig darf dieses davon ausgehen, daß eine Vollmacht, die der Bevollmächtigte noch im Besitz hat, nach allgemeinen Erfahrungstatsachen nicht widerrufen ist. Sind dem Grundbuchamt aber Tatsachen bekannt geworden, die die Annahme des Fortbestehens der Vollmacht als bedenklich erscheinen lassen, so bedarf es des Beweises nach § 29 Satz 1 GrBO., daß die Vollmacht nicht widerrufen worden ist. Unter Umständen kann auch eine nach Abgabe der Eintragsbewilligung und Stellung des Eintragungsantrags dem Grundbuchamt gegenüber erfolgte Erklärung eines Beteiligten

[1] a) Erteilt in einem Kaufvertrage der Verkäufer einem Dritten Vollmacht, das verkaufte Grundstück an den Käufer aufzulassen, so kann der Bevollmächtigte dadurch ohne besonderen Anhalt nicht zugleich als ermächtigt angesehen werden, die Auflassung an diejenige Person zu bewirken, der der Käufer später die Rechte aus dem Kaufvertrag abtritt; ob der Verkäufer ein Interesse daran gehabt habe, die Vollmacht auf die Auflassung an den ursprünglichen Vertragsgegner einzuschränken, ist an sich unerheblich (KG, 1. ZS. Beschluß v. 19. Sept. 1918; KGJ. 51 S. 202). Dagegen ist der Bevollmächtigte des Verkäufers befugt, die Auflassung durch einen Unterbevollmächtigten zu erteilen, wenn ausweislich des Kaufvertrags der Käufer die ihm danach obliegenden Leistungen alsbald bewirkt hat, der Verkäufer also seine Gegenleistung nicht mehr zurückhalten durfte (Beschluß desselben ZS. v. 10. Juli 1919).

b) Zum Nachweise der Bevollmächtigung in den Formen des § 29 genügt eine öffentlich beglaubigte Erklärung, in welcher der Vollmachtgeber A. die ihm „wohlbekannte Urkunde" genehmigt, inhaltlich deren der Bevollmächtigte angegeben hat, von A. zum Vertragschluß mündlich bevollmächtigt zu sein (Beschluß des ObLG. v. 24. Januar 1919; Samml. 19 S. 164).

Zweifel an der Vertretungsmacht des Bevollmächtigten rechtfertigen. Die Entscheidung darüber, ob nach den Umständen des Einzelfalls Grund zu derartigen Zweifeln bestehe, liegt auf tatsächlichem Gebiet (vgl. hierzu Güthe 2 S. 1700[4]; Predari GrBO. § 19[30, 33]). Sch.

γ) **In welchem Zeitpunkte muß bei notarieller Auflassung die Vollmacht noch bestehen?**

Kammergericht, 1. FerienZS. Beschluß v. 23. Juli 1919.

Am 31. März 1919 reichte der Notar mit dem Antrag auf grundbuchliche Vollziehung die Ausfertigung der Verhandlung vom 20. März 1919 ein, inhalts deren der Beschwerdeführer A. als angeblicher Bevollmächtigter des Grundstückseigentümers L. die Auflassung des Grundstücks an sich selbst erklärte und im eigenen sowie im Namen des L. die Umschreibung bewilligte und beantragte. Das Grundbuchamt bestimmte ihm gemäß § 18 GrBO. eine Frist von einem Monat, da sich Kaufvertrag und Vollmacht des L. nicht bei den Akten befänden, L. auch laut der zu den Grundakten aufgenommenen Verhandlung vom 24. März der Eigentumsänderung widersprochen und die Vollmacht widerrufen habe. Der Notar reichte darauf eine Ausfertigung der Verhandlung vom 22. März 1913, die das Vertragsangebot und die Vollmachtserklärung des L. enthält, ein und machte geltend, daß er die in der Verhandlung vom 20. März 1919 erklärte Annahme dieses Angebots bereits durch Brief vom 21. März 1919 mitgeteilt habe. Das Grundbuchamt wies nunmehr den Eintragungsantrag und das LG. die Beschwerde zurück, weil die Auflassungsverhandlung und die Vollmacht erst nach dem Vollmachtswiderruf bei Gericht eingegangen seien; auch müsse die Vollmacht noch im Zeitpunkte der vorzunehmenden Eintragung bestehen, weil sich der Eigentumsübergang nach § 873 BGB. erst durch Einigung und Eintragung vollziehe. Die weitere Beschwerde ist begründet.

Es mag nicht rechtsirrtümlich sein, daß das Grundbuchamt den Antrag von seinem Standpunkt aus nach der Erklärung des Beschwerdeführers endgültig zurückgewiesen hat, obwohl dieser auch gegen die Zwischenverfügung Beschwerde erheben konnte und dadurch die Kosten einer etwaigen sofortigen Zurückweisung des Antrags ersparte. Die Vorinstanzen konnten nämlich nach dieser Erklärung davon ausgehen, daß er die Zustimmung des L. nicht in absehbarer Zeit beibringen würde und daß deshalb das Hindernis der Eintragung nicht leicht zu beheben sei, wie es der § 18 GrBO. voraussetzt. Rechtsirrtümlich aber ist, wenn die Vorinstanzen das Bestehen der Vollmacht noch für die Zeit bei Eingang der Verhandlung vom 20. März 1919 verlangen. In diesem Augenblicke muß allerdings noch die Vollmacht für den verfahrensrechtlichen Antrag auf Eintragung, der den Richter zur Vornahme der Eintragung instand setzt, vorhanden sein, denn der Antrag wird erst mit seinem Eingehen bei Gericht wirksam. Ob aber A. in diesem Augenblick noch Vollmacht des L. gehabt hat oder ob vielleicht in dem Vollmachtswiderrufe gleichzeitig eine Zurücknahme des Eintragungsantrags des L. gefunden werden kann, ist hier unerheblich. A. hat nämlich den Eintragungsantrag nicht nur für L. gestellt, sondern auch für sich. Dieser Antrag ist nicht zurückgenommen, er ist für sich selbständig wirksam und bildete eine ausreichende verfahrensrechtliche Grundlage für die Eintragung.

Davon unabhängig ist zu prüfen, ob wirksame Erklärungen der sachlich Beteiligten vorliegen. Als solche kommt die nach §§ 873, 925 BGB., § 20 GrBO. erforderliche dingliche Einigung in Betracht. Sie ist in der Verhandlung vom 20. März 1919 enthalten und für L. von A. erklärt. Sie ist nach dem Ges. vom 13. Mai 1918 auch zu notarieller Beurkundung rechtswirksam, und die Wirksamkeit tritt hiernach und weil es sich um eine empfangsbedürftige, vertragliche Willenserklärung handelt, mit Abschluß der Verhandlung ein. Die Auflassungserklärungen sind hier also, da A. auch für L. aufgetreten ist, am 20. März 1919 wirksam geworden. In diesem Zeitpunkt mußte demnach die Vollmacht nachweislich noch bestehen. Weshalb sie aber noch bei Eingang der Verhandlung und bei Vornahme der Eintragung bestehen müßte, ist nicht ersichtlich. Der Hinweis auf § 873 BGB. erklärt das nicht. Bei der Eintragung, die der Richter vornimmt, hat der Bevollmächtigte nicht mitzuwirken; sie vollzieht sich ohne sein Zutun. Es genügt, wenn der Vertretene hinsichtlich des von der Eintragung betroffenen Rechts sachlich verfügungsberechtigt ist. Auch in der Rechtsprechung des KG. ist keine abweichende Ansicht vertreten (vgl. KGJ. 43 S. 146; Güthe[3] GrBO. 2 S. 1793). Wenn bei einer nicht in Zusammenhang mit einer Auflassung stehenden Eintragungsbewilligung das Vorhandensein der Vertretungsmacht für den Zeitpunkt ihres Eingangs beim Grundbuchamt als erforderlich bezeichnet ist, so beruhte das darauf, daß die Bewilligung in jenem Falle als einseitige, dem Gerichte gegenüber abgegebene Willenserklärung nach § 130 BGB. erst im Zeitpunkte des Zugehens ans Gericht wirksam wurde und daß Anhaltspunkte für ein früheres Wirksamwerden nicht vorlagen. Bei der Auflassung handelt es sich aber um einen in Gegenwart beider Parteien oder ihrer Vertreter vor dem Grundbuchamt oder dem Notar zu erklärenden dinglichen Vertrag. Die darin enthaltenen Einigungserklärungen werden also mit formgerechtem Abschlusse der Verhandlung wirksam. Allerdings ist die Frage, ob die Eigentumsübertragung nach § 19 GrBO. noch eine besondere Eintragungsbewilligung erfordert, im Schrifttum bestritten (Güthe 20[6,9]). Das RG. (54 S. 383) und das KG. (KGJ. 24 S. 231) haben sie verneint. Aber selbst wenn man sie bejahte, wäre hier die Bewilligung, die in der Verhandlung vom 20. März hinreichend ausgedrückt ist und damit auch dem Erfordernis des § 19 entspräche, mit Abschluß der Verhandlung wirksam geworden. Sie ist zwar eine einseitige, empfangsbedürftige Willenserklärung, aber empfangsberechtigt ist nicht nur das Grundbuchamt, sondern auch derjenige, mit dem die Einigung zu erfolgen hat oder zu dessen Gunsten ein Recht aufgegeben wird (KGJ. 37 S. 22). In diesem Sinn aber ist sie hier, wo der Empfangsberechtigte als Vertragsgegner — wenn auch in der Person seines Bevollmächtigten — an der Verhandlung teilgenommen hat, gleichfalls bereits mit Abschluß der Verhandlung wirksam geworden.

Für diesen Zeitpunkt ist das Vorhandensein der Vertretungsmacht nachgewiesen. Auf den Brief vom 21. März kann es dabei nicht ankommen. In der Verhandlung vom 20. März selbst ist nicht festgestellt, daß die Vollmacht vorgelegen hat. Unter gewöhnlichen Umständen würde nun genügen, wenn der Bevollmächtigte seine Vollmacht dem Grundbuchamt gleichzeitig mit dem Eintragungsantrage vorlegt. Das ist aber hier auch nicht geschehen. Allerdings ist auf eine bei andern Grundakten befindliche Vollmachtsverlängerung hingewiesen. Sie liegt dem Senate nicht vor, so daß er sich dazu nicht äußern kann, ob sie inhaltlich ausreicht und am 20. März zur Verfügung des Beschwerdeführers stand. Die nachgereichte Vollmacht aber reicht nicht aus, nach dem Vorhergesagten allerdings nicht deshalb allein, weil sie erst später eingegangen ist und die Vollmacht nach dem 20. März widerrufen ist, sondern weil die Vollmacht überhaupt erst nach dem am 27. März 1919 dem Beschwerdeführer zugestellten Vollmachtswiderruf ausgefertigt ist. Es mag sein, daß gleichwohl am 20. März das Vollmachtsverhältnis noch bestand. Die Sachlage nötigt aber hier zu besonders sorgfältiger Prüfung der Vollmacht auf Grund des § 29 GrBO., und der Grundbuchrichter muß, sofern ihm nicht dieser Nachweis einwandfrei geführt ist, damit rechnen, daß trotz des erst am 24. März zu den Akten erklärten Widerrufs ein solcher schon vor Abschluß der notariellen Verhandlung erfolgt ist. Der nach dieser Richtung aus der Sachlage zu schöpfende Verdacht wird dadurch bestärkt, daß sich der Beschwerdeführer die zu den Akten eingereichte Vollmachtsausfertigung tatsächlich zu einer Zeit (2. April) hat erteilen lassen, wo er nicht mehr Bevollmächtigter war. Gleichwohl bleibt er natürlich berechtigt, das Vorliegen der Vollmacht für den 20. März in anderer Weise nachträglich nachzuweisen, soweit er nicht die nachträgliche Zustimmung des L. zur Auflassung nachbringen kann oder will. Dabei ist die angebliche Verlängerungsurkunde auch inhaltlich nachzuprüfen. Der Umstand allein, daß im Vertrage der Kaufpreis als durch Hypothekenübernahme zu tilgen vereinbart war, jetzt aber die Belastung des Grundstücks geringer ist, brauchte zu einer Bemängelung nicht zu führen, sofern sich das Grundbuchamt überzeugt, daß die Auflassungsvollmacht unabhängig von den Einzelbestimmungen des in Aussicht genommenen Vertrags erteilt ist. Darüber ist bei dem Fehlen der Verlängerungserklärung zurzeit ein abschließendes Urteil nicht möglich. Der Wortlaut der Urkunde vom 22. März steht dieser Auffassung noch nicht entgegen. Opp.

δ) **Gerichtliche Urteile als Voraussetzungen für die Eintragung ins Grundbuch nach §§ 29, 22 GrBO.**[1]

[1] In der Wissenschaft herrscht Streit darüber, ob und in welchem Umfange die in §§ 322 ff. ZPO. geregelten Rechtskraftwirkungen von Urteilen über das Prozeßgebiet hinaus auch andren Staatsbehörden gegenüber gelten (vgl. Stein ZPO. § 322 II 5); insbesondere hält die überwiegende Meinung daran die mit der freiw. Gerichtsbarkeit betrauten Behörden

Bayer. Oberstes Landesgericht, Ferien-ZS. Beschluß v. 2. August 1919.

Der Richter der freiwilligen Gerichtsbarkeit hat ergangene Urteilssprüche dann als richtig anzuerkennen und seinen Entscheidungen zugrunde zu legen, wenn seine Entschließung solche Verhältnisse zur Grundlage zu nehmen hat, als deren Träger ausschließlich die Parteien eines früheren Prozesses erscheinen und die in diesem Prozesse durch Urteil rechtskräftig festgestellt sind (Unger, ZZPr. 41 S. 194; Kuttner, Urteilswirkungen 1914 S. 84 f.). **Kn.**

l) α) **Erfordern eines Erbscheins nach § 36 GrBO.**[1]

Kammergericht, 1. ZS. Beschluß v. 6. November 1919.

Die Vorinstanzen haben die beantragte Umschreibung der Hypothek auf die Erben des Gläubigers abgelehnt, weil die Auslegung des Testaments zweifelhaft sei und die Eintragung nur auf Grund eines Erbscheins erfolgen könne. Die weitere Beschwerde ist unbegründet. Ob das Erbrecht durch das vorgelegte öffentliche Testament nachgewiesen wird, hat das Grundbuchamt frei zu prüfen. Durch die Vorlegung des Vollstreckerzeugnisses wird dies Prüfungsrecht nur insoweit eingeschränkt, als dadurch das Bestehen der Testamentsvollstreckung und der Umfang der Verfügungsbefugnis des Vollstreckers nachgewiesen wird und der Grundbuchrichter sie nicht auf Grund abweichender Testamentsauslegung verneinen darf; dagegen bleibt er in der Prüfung des Testaments daraufhin, ob das Erbrecht selbst dadurch bewiesen wird, frei. Der Nachweis dieses Erbrechts muß erbracht werden. Die Berichtigungsbewilligung des Vollstreckers genügt hier nicht, wie Güthe § 36[72] meint, weil dem Vollstrecker nach § 2205 S. 3 BGB. das Recht zu unentgeltlichen Verfügungen über den Nachlaß regelmäßig nicht zusteht und der Grundbuchrichter prüfen muß, ob nicht unter der Form der Berichtigungsbewilligung eine unentgeltliche Verfügung vorgenommen wird.... **M.**

β) **Weitere Benutzung des sog. billigen Erbscheins.**

Kammergericht, 1. ZS. Beschluß v. 17. Januar 1918.

Die Ausfertigung des Erbscheins ist zu den Grundakten Nr. 14 mit einem Schreiben des Nachlaßgerichts gelangt, er solle bei diesen Akten aufbewahrt und nur zur Verfügung über die Hypothek Nr. 4 verwendet werden. Die Erben des Hypothekengläubigers haben nunmehr zu den Grundakten Blatt 45 beantragt, sie aus dem Erbschein als Eigentümer des Grundstücks einzutragen, und dabei auf den zu den Grundakten Nr. 14 gelangten Erbschein Bezug genommen. Ihnen wurde aufgegeben, durch das Nachlaßgericht

nicht für gebunden. Jedenfalls unterliegt es keinem Bedenken, daß sich die Rechtskraftwirkung auch im Verfahren der freiw. Gerichtsbarkeit auf die in §§ 325 ff ZPO. bestimmten Personen beschränkt und demgemäß dann ausgeschlossen ist, wenn an diesem Verfahren Personen beteiligt sind, denen gegenüber die Rechtskraft nicht wirkt (KG., 1. ZS. Beschluß v. 4. Juli 1918; KGJ. 51 S. 4).

[1] Die Ausnahmevorschrift des § 36 S. 1 gilt nicht für die vor 1900 eingetretenen Erbfälle; für diese hat es vielmehr lediglich bei der Regel des § 29 zu bewenden, wonach der Grundbuchrichter Zweifelsfragen, die die ihm vorgelegten öffentlichen Urkunden ergeben, selbst entscheiden muß (OLG. Dresden, 6. ZS. Beschluß v. 15. Febr. 1919; Ann. 40 S. 108).

die Benutzbarkeit des Erbscheins auf die Eintragung bei Blatt 45 ausdehnen zu lassen. Die weitere Beschwerde ist zulässig und auch begründet. Die Erbfolge soll hier durch einen Erbschein nachgewiesen werden. Dies kann durch Vorlegung des Erbscheins oder durch Verweisung darauf geschehen (Güthe § 36[54]). Der letztere Weg ist hier eingeschlagen; er ist an sich gangbar. Der Erbschein ist nicht gegenständlich begrenzt, sondern vollgültig, über die Erbfolge im ganzen Umfang ausgestellt. Befindet sich ein solcher Erbschein bei anderen Grundakten desselben Gerichts, so ersetzt die Verweisung darauf die Vorlegung der Urkunde. Der Umstand, daß der Erbschein nur zur Verfügung über die darin bezeichnete Hypothek gebraucht werden solle, schließt die Verweisung nicht aus (KGJ. 31 S. 119). Welche kostenrechtlichen Folgen diese weitere Benutzung hat, steht hier nicht zur Erörterung.

Z. r.

γ) **Vorprüfung bei Erfordern eines Vollstreckerzeugnisses. Eintragung der angeordneten Beschränkung der Erben. Unrichtige Anwendung des § 18 GrBO.**

Kammergericht 1. ZS. Beschluß v. 3. April 1919.

Durch Vorlegung des Vollstreckerzeugnisses wird, weil es die Feststellung einer wirksamen Annahme des Amtes voraussetzt, diese Annahme ohne weiteres miterwiesen (KGJ. 38 S. 136). Wird ein solches Zeugnis nicht vorgelegt, was nur bei der in öffentlicher Urkunde getroffenen Verfügung von Todeswegen zulässig ist, so ist der erforderliche Nachweis dadurch zu führen, daß ein Zeugnis des Nachlaßgerichts über die Annahme des Amtes oder eine Ausfertigung des Protokolls des Nachlaßgerichts über die Annahme beigebracht wird, während eine Einsichtnahme des Grundbuchrichters in die Nachlaßakten nicht genügt, falls die Annahme nur privatschriftlich erklärt ist. Hiernach hätten die Vorinstanzen vor allem feststellen müssen, ob die Testamentsvollstreckung in öffentlicher Urkunde oder in eigenhändigem Testament angeordnet worden ist. Die Möglichkeit dieser Feststellung war gegeben, weil der Beschwerdeführer in dem Antrage an das Grundbuchamt zulässigerweise auf die bei demselben Gericht geführten Testamentsakten Bezug genommen hatte. Diese ergeben, daß es sich um ein eigenhändiges Testament handelt. Hätten die Vorinstanzen diese Tatsache berücksichtigt, so wären sie bei der Beanstandung der Anträge zu einer anderen Entscheidung gelangt. Zwar wäre es dabei verblieben, daß die vorhandenen Nachweise für den Ausweis des Vollstreckers unzureichend sind, anderseits hätte sich aber auch die erlassene Zwischenverfügung als unsachgemäß herausgestellt. Denn wenn ein anderer Ausweis als ein Vollstreckerzeugnis nicht in Betracht kam, war es verfehlt, daß der Grundbuchrichter auf andere Möglichkeiten hinwies, die Annahme des Amtes nachzuweisen. Diese Zwischenverfügung war nur geeignet, den Beschwerdeführer zu Maßnahmen zu veranlassen, die ihn mit Kosten belasteten, ohne zur Beseitigung der Hindernisse zu führen. . . .

Für die grundbuchmäßige Behandlung macht es einen Unterschied, ob die Eintragung eines Veräußerungsverbotes oder die Eintragung der Ausschließung der Auseinandersetzung unter den Miterben verlangt wird. Im letzteren Falle kann nämlich die Eintragung, da sie sich als Belastung der Bruchteile der Erben herausstellt (§§ 2044[1], 1010[1] BGB.) nur in Verbindung mit der Umwandlung des Gesamteigentums der Erben in Bruchteilseigentum vorgenommen werden (Planck, RGKomm. zu § 2044). Dagegen kann im Falle der Verfügungsbeschränkung, da diese die Erbengemeinschaft als solche trifft, die Eintragung, sofern sie überhaupt zulässig ist, ohne weiteres bewirkt werden. Hier sind die Erben in Erbengemeinschaft einzutragen. Ist danach die Beanstandung des Antrags auf Eintragung der Beschränkung sachlich gerechtfertigt, so gibt doch die Form, in der sie erfolgt ist, zu rechtlichen Bedenken Anlaß. Eine ordnungsmäßige Zwischenverfügung soll dem Antragsteller eine sachgemäße Entschließung über die weitere Wahrnehmung seiner Rechte ermöglichen (KGJ. 50 S. 229). Diesem Erfordernis entspricht die Beanstandung nicht. Sie konnte, da das Grundbuchamt trotz der Unheilbarkeit des der Eintragung entgegenstehenden Hindernisses (Güthe § 18[12]) den Antrag nicht zurückgewiesen, sondern zur Beseitigung des Anstoßes eine Frist gesetzt hatte, von dem Beschwerdeführer dahin aufgefaßt werden, daß ihm zu einer entsprechenden Änderung des Antrags Gelegenheit gegeben werden solle. Wenn auch der § 18 GrBO. für einen derartigen Zweck nicht gegeben ist (KGJ. 37 S. 212, 46 S. 176), so ist doch keineswegs ausgeschlossen, daß sich das Grundbuchamt darüber hinweggesetzt hat. — Weiter konnte aber die Zwischenverfügung auch so gedeutet werden, daß das Grundbuchamt zwar den Antrag für abweisungsreif erachtete, gleichwohl zunächst nur im Wege der Zwischenverfügung auf die Mängel hinweisen wolle, weil es von der Annahme ausgehe, daß der Beschwerdeführer stillschweigend eine Bestimmung gemäß § 16[2] GrBO. getroffen habe, aus der Unbegründetheit des zweiten Antrags zugleich die Zurückweisung des ersten herleite (Güthe § 16[16]) und deshalb dem Beschwerdeführer vorher die Möglichkeit offen lassen wolle, den zweiten Antrag zurückzunehmen oder wenigstens sich darüber zu erklären, ob der erste Antrag ohne Rücksicht auf das Schicksal des zweiten erledigt werden solle. In diesem Falle würde die Zwischenverfügung in Wirklichkeit zur Beseitigung eines dem ersten Antrag entgegenstehenden Hindernisses bestimmt gewesen sein. Bei dieser Unklarheit der Zwischenverfügung konnte der Beschwerdeführer nicht wissen, welche Maßnahmen er nach der Absicht des Grundbuchamts treffen sollte. Dieses hätte nun zu prüfen, ob es eine getrennte Behandlung der beiden Anträge für zulässig halten will, im Zweifelsfalle dem Beschwerdeführer durch Zwischenverfügung Gelegenheit geben, sich ausdrücklich darüber zu erklären, ob er die Erledigung des ersten Antrags auch ohne die des zweiten wünscht. Diese Erklärung würde der Formvorschrift des § 29 GrBO. nicht unterliegen (KGJ. 35 S. 195). Z. r.

m) **Verpfändungserklärung eines Miteigentümers unter Beitritt der übrigen.**

Kammergericht, 1. ZS. Beschluß v. 28. Dezember 1918.

Von den zu je 1/3 eingetragenen Miteigentümern A., M. und N. hat A. in notarieller Urkunde bekannt, ein Darlehn von X. erhalten zu haben und „zur Sicherheit für Kapital, Zinsen und Kosten mein im Grundbuche Bl. 20 verzeichnetes Grundstück" verpfändet, auch die Eintragung dieser Verpfändung bewilligt. Hinter dem Beglaubigungsvermerke folgt die ebenfalls beglaubigte Erklärung des M. und des N.: „Wir treten hiermit den vorstehenden Erklärungen des A. genehmigend bei." Die Hypothek wurde hierauf auf dem Anteil des A. eingetragen und der Antrag der M. und N., auch ihre Anteile zu belassen, zurückgewiesen. Die weitere Beschwerde ist, da sie eine neue selbständige Eintragung erstrebt, zulässig (KGJ. 42 S. 256), aber unbegründet. Die Erklärung des A. mußte, weil er nicht Alleineigentümer ist, den Verdacht erwecken, daß sie von tatsächlichem Irrtum über den Gegenstand der Verpfändung beeinflußt war. Sie hätte deshalb wegen der bei Eintragungen mit Rücksicht auf die Sicherheit des Grundbuchverkehrs erforderlichen Klarheit der Eintragungsunterlagen nicht zur Grundlage einer Eintragung gemacht werden sollen. Liegt aber kein Irrtum vor, so kann sie verschieden verstanden werden. Es kann damit das ganze reale Grundstück Nr. 20 oder nur der Anteil des A. gemeint sein. In ersterem Falle hätte A. über die Anteile des M. und des N. als Nichtberechtigter verfügt und bedürfte nach § 185 der Einwilligung der Miteigentümer; in letzterem Falle wäre seine Verfügung ohne sie wirksam geworden. Gegen die erste Auslegung spricht entscheidend, daß A. *sein* Grundstück verpfändet; damit kann dann also nur sein *Anteil* gemeint sein, zumal der Anteil eines Miteigentümers vom Gesetz selbst in mehrfacher Beziehung wie ein Grundstück behandelt wird. Für die entgegengesetzte Meinung ist auch nicht der Nachtrag zu verwerten, der selbständig von anderen Personen errichtet ist. Die Beschwerdeführer nehmen selbst an, daß A. nur seinen Grundstücksanteil verpfändet hat. Sie wollen aber ihre Beitrittserklärung dahin ausgelegt wissen, daß darin jeder von ihnen eine Schuld- und Pfandverschreibung wegen derselben von A. anerkannten Darlehnsforderung für seinen Anteil erklärt habe. Indessen bleibt hierbei unklar, ob sie neben A. Schuldner dieser Forderung sein sollen oder ob sie ihre Anteile nur wegen einer fremden Schuld verpfänden wollen. Überdies ist ihre Auffassung deshalb unzutreffend, weil sie dann etwas anderes — nämlich die Verpfändung *ihrer* Anteile — erklärt hätten, als A., der die Verpfändung nur *seines* Anteils erklärt hat, während der genehmigende Beitritt zu einer fremden Erklärung über deren Inhalt und Umfang nicht hinausgehen darf. — Für die weitere Behandlung sei noch bemerkt: Streitig ist, ob es einen rechtlichen Unterschied begründet, wenn mehrere Miteigentümer über das Grundstück im ganzen durch Belastung mit einer Hypothek gemeinschaftlich verfügen (§ 747 S. 2) oder wenn jeder seinen Anteil wegen derselben mit einer Hypothek belastet. Der Senat hat das verneint (KGJ. 41 S. 243), ist aber lebhaft bekämpft worden (Gruchot 59 S. 87, 301, 876). Deshalb empfiehlt es sich, daß in solchen Fällen die Eintragungsbewilligung, die an sich deutlich sein muß, klar ausdrückt, welche Regelung beabsichtigt ist. Der Grundbuchrichter wird dann zu erwägen haben, in welcher Form er die Belastung zur Abschneidung von Zweifeln zu verlautbaren haben wird. M.

n) **Ist der Vorbehalt des Verkäufers, die Nutzungen mit dem Käufer zu teilen, eintragungsfähig?**

Kammergericht, 1. ZS. Beschluß v. 12. Dezember 1918.

Die je zur Hälfte als Miteigentümer eingetragenen Beschwerdeführer haben das Grundstück an ihre Tochter aufgelassen und sich das Recht vorbehalten, es bis an ihr Lebensende unentgeltlich zusammen mit der Käuferin derart zu nutzen, daß ihnen die eine Hälfte der Nutzungen, und der Käuferin die andre Hälfte zustehen soll. Die Eintragungsfähigkeit dieses Rechts hängt davon ab, ob es als eines der im BGB. vorgesehenen dinglichen Rechte wirksam begründet werden kann. Die Ansicht der Vorinstanzen, daß hierfür nicht eine beschränkte persönliche Dienstbarkeit oder eine Reallast, sondern nur ein Nießbrauch in Betracht komme, ist nicht rechtsirrtümlich. So wollten auch die Beschwerdeführer bisher das Recht aufgefaßt wissen. Wenn sie jetzt auch auf die Möglichkeit der Anwendung des § 1090 hinweisen, so trifft das nicht zu. Denn das hier nach dem Vertrage zu begründende Recht soll nicht, wie dies bei der beschränkten persönlichen Dienstbarkeit der Fall ist, auf die Benutzung des Grundstücks in einzelnen Beziehungen beschränkt sein, sondern einen Bruchteil der gesamten Nutzungen umfassen. Die Begründung eines mehreren Personen zu Bruchteilen zustehenden Nießbrauchrechts i. S. des § 741 ist an sich durchaus zulässig. Sie scheitert aber hier daran, daß als Mitberechtigte die Käuferin in Betracht kommt, und begrifflich der Grundstückseigentümer einen Nießbrauch, wenn auch nur zu einem Bruchteil, sich nicht zu bestellen vermag. Auch die Möglichkeit, daß von vornherein kein ganzer Nießbrauch, sondern der Bruchteil eines solchen bestellt werden könnte, muß naturgemäß ausscheiden. Das LG. erörtert auch die weitere Möglichkeit, den Nießbrauch lediglich für die Verkäufer und nur an einem Teil des Grundstücks zu bestellen. Es verneint das Vorliegen dieser Regelung, weil nach dem Vertrage nur das ganze Grundstück, nicht ein realer oder ein Bruchteil als belastet angesehen werden könne. Auch diese Auffassung unterliegt keinem rechtlichen Bedenken. Dafür, daß zur Nießbrauchsbestellung eine reale Teilung des Grundstücks beabsichtigt sei, bietet der Vertrag keinerlei Anhalt. Es könnte sich daher lediglich um die Belastung der ideellen Grundstückshälfte handeln.

Der Nießbrauch am Bruchteil einer Sache kann entweder in der Weise eingeräumt werden, daß ein Miteigentümer an seinem Bruchteil ihn bestellt, oder in der Weise, daß der Alleineigentümer einen Bruchteil der Sache damit belastet. Die Zulässigkeit des ersteren Weges ergibt sich aus dem Gesetze selbst (§§ 747, 1066). Aber auch die zweite Art der Regelung ist an sich statthaft. Durch I § 981: „Der Nießbrauch kann an einem Bruchteil der Sache begründet werden" sollte gerade dieser Fall getroffen werden (Mot. 3 S. 494). Die 2. Komm. hat allerdings jenen § 981 wieder gestrichen, weil sie ihn für selbstverständlich hielt (Prot. 2 S. 384). Im BGB. ist er dadurch anerkannt worden, daß beim Nießbrauch nicht, wie in §§ 1095, 1106, 1114, 1192 u. 1199 angeordnet ist, daß ein Bruchteil damit nur belastet werden könne, wenn er in dem Anteil eines Miteigentümers bestehe. Demgemäß wird auch in der Rechtslehre die Zulässigkeit einer solchen Nießbrauchsbestellung nirgends bezweifelt. Ihre Wirkung ist die, daß eine tatsächliche Nutzungsgemeinschaft zwischen dem Eigentümer und dem Nießbraucher eintritt (Planck I vor § 741, RGKomm. § 741²; vgl. auch KGJ. 49 S. 193). Bei der Beurteilung der daraus entstehenden Rechtsfolgen haben sich indessen mannigfache Zweifel ergeben (Planck § 1066¹; Staudinger § 741⁹; Adamkiewicz bürg. Arch. 31 S. 41; wohl auch Biermann § 1066²; anderseits RGKomm., Planck § 1066). Aber auch wenn man dazu gelangt, daß der Nießbraucher in jedem Fall das Recht auf den seinem Anteil entsprechenden Bruchteil der Früchte und auf den Mitgebrauch des gemeinsch. Gegenstandes erlangt (§§ 741, 1066), so ist damit hier nichts gewonnen. Denn im Vertrag ist von einer Belastung eines Bruchteils nicht die Rede, sondern es ist gesagt, daß die Verkäufer das Grundstück zusammen mit der Käuferin nutzen sollen. Sollten die Beteiligten trotzdem beabsichtigt haben, nur die ideelle Hälfte zu belasten, hätten sie dies entsprechend den Anforderungen des Grundbuchverkehrs zweifelsfrei ausdrücken müssen. . . .

Für den Fall, daß die Anträge in abgeänderter Form von neuem gestellt werden, mag noch auf folgendes hingewiesen werden: Der Nießbrauch, sowohl das im Vertrage ferner in der einen Stube des Gebäudes vorgesehene Wohnungsrecht können für die Verkäufer nur dann als gemeinschaftliche Rechte eingetragen werden, wenn die Bewilligung die dem § 48 GrBO. entsprechenden Angaben enthält. Das Wohnungsrecht bedarf als selbständiges Recht (§ 1090) neben dem Nießbrauch einer abgesonderten Eintragung. Eine einheitliche Eintragung genügt jedoch, wenn die Beteiligten die mehreren Rechte als Altenteil zusammenfassen (§ 50 GrBO.). Die Vereinbarung, daß nach dem Tode des einen der Verkäufer das für beide festgesetzte Nutzungsrecht unverkürzt bleibt, bedarf der Eintragung (Predari § 24¹). Das der Käuferin auferlegte Veräußerungsverbot ist, da es nach § 137 BGB. nicht dinglich wirkt, nicht eintragungsfähig. M.

o) Vertretungsmacht des Treuhänders nach § 1189 BGB.

OLG Dresden, 6. ZS. Beschluß v. 15. Februar 1919.

Auf dem Grundstück der Aktiengesellschaft haftete eine Sicherungshypothek für die Inhaber von indossablen Teilschuldverschreibungen; als Treuhänder im Sinne des § 1189 BGB. war A. eingetragen. Der Schuldnerin stand an dem Grundstücke ihres Direktors S. eine Kaufgelderhypothek von 85000 Mark zu; diese war dem A. als zur Leistung der Sicherheit verpfändet, die der Gesellschaft nach den Anleihebedingungen wegen der Ansprüche der Gläubiger aus der vom Treuhänder bewilligten lastenfreien Abschreibung von Teilen ihres Grundbesitzes oblag. Unter Bezugnahme darauf, daß die Schuldnerin für diese Ansprüche anderweit Sicherheit gestellt habe, bewilligte A. neuerdings in Vertretung der Gläubiger die Löschung der Verpfändung. Der hierauf gestützte Löschungsantrag der Gesellschaft wurde zurückgewiesen. Die weitere Beschwerde der Gesellschaft und ihres Direktors ist unbegründet.

Aus § 1189 läßt sich die Befugnis des A. zur Aufhebung des Pfandrechts an der Hypothek von 85000 Mark nicht ableiten, weil die Vorschrift nur Verfügungen des Treuhänders über die Hypothek für die Forderung aus den Schuldverschreibungen vorsieht. Die Befugnis ergibt sich auch nicht aus den Bestimmungen, die in den Anleihebedingungen zur näheren Umgrenzung der dem A. erteilten Vollmacht getroffen sind. Denn danach setzt die Bewilligung hypothekenfreier Abschreibung von Grundstücksteilen voraus, daß der Kaufpreis oder ein dem Werte dieser Teile entsprechender Betrag zur Verstärkung der planmäßigen Tilgung der Teilschuldverschreibungen verwendet und deren Rückzahlung nachgewiesen worden ist oder zu diesem Zwecke bei A. bar oder in nach dessen Ermessen genügenden Werten hinterlegt wird. Eine bloße anderweite Sicherstellung der Ansprüche der Hypothekengläubiger, wie sie jetzt erfolgt sein soll, kann daher auch nicht einen Verzicht auf das Pfandrecht an der Hypothek von 85000 Mark rechtfertigen, das anstelle der hypothekenfrei abgeschriebenen Grundstücksteile getreten ist. Nach den Anleihebedingungen war schon das Pfandrecht an der Hypothek von 85000 Mark kein genügender Ersatz für die aus der Pfandhaft entlassenen Grundstücksteile. Anderseits hat dieser Umstand nicht die Unwirksamkeit der Verpfändung der Hypothek zur Folge und ein Verzicht der Bank auf das Pfandrecht setzt daher voraus, daß dafür ein den Anleihebedingungen entsprechender Ersatz geleistet worden ist. Ann.

p) **Widerspruch gegen eine Eigentumsänderung wegen nicht eingetragenen Nacherbenrechts. Prüfung auf weitere Beschwerde. Auslegung des § 894 BGB.**

Kammergericht, 1. ZS. Beschluß v. 19. Juni 1919.

Die Witwe P. hat als befreite Vorerbin ihres Mannes dessen Grundbesitz an einen der 6 Nacherben verkauft und die Auflassung notariell erklärt. Das Grundbuchamt verlangte die Zustimmungserklärungen sämtlicher Nacherben, nahm aber auf Anweisung des LG. die Eigentumsänderung vor. Die weitere Beschwerde zweier Nacherben, die die Eintragung eines Widerspruchs erstrebt, ist begründet. Zunächst ist weder die Entgeltlichkeit der Auflassung nachgewiesen (wird dargelegt) noch die Zustimmung aller Nacherben beigebracht, so daß die ohne Eintragung des Rechts der Nacherben vorgenommene Eintragung der Eigentumsänderung gegen das Gesetz verstößt.

Es fragt sich hiernach nur noch, ob dadurch eine Unrichtigkeit des

Grundbuchs herbeigeführt worden ist. Diese muß noch zurzeit der Eintragung des Widerspruchs vorhanden sein. Demgemäß ist diese Eintragung nach § 54 GrBO. davon abhängig, daß zu der angegebenen Zeit demjenigen, zu dessen Gunsten der Widerspruch einzutragen ist, ein Berichtigungsanspruch nach § 894 BGB. zusteht (KGJ. 23 S. 123). Hier soll der Widerspruch zugunsten von Nacherben eingetragen werden. Das Nacherbenrecht gewährt kein dingliches Recht (KGJ. 42 S. 228), äußert sich vielmehr sachenrechtlich nur als Verfügungsbeschränkung der im § 892 S. 2 bezeichneten Art bezüglich der Erbschaftsgegenstände. Ob § 894 seinem Wortlaute nach auch den Fall trifft, daß eine bestehende Verfügungsbeschränkung nicht eingetragen ist, kann zweifelhaft sein, weil dem Geschützten ein Recht am Grundstück oder an einem Grundstücksrecht nicht zusteht. Jedenfalls erscheint es nach Sinn und Zweck des Gesetzes geboten, ihm einen Berichtigungsanspruch zu gewähren, da er sonst gegen die mit dem Glauben des Grundbuchs verbundenen Gefahren nicht gesichert wäre (Planck § 894 II 2 b, III 2; Staudinger N. II 1 c, RGKomm. N. 1[1]; Weber DNotV. 1907 S. 246). Demgemäß kann der Nacherbe, wenn der Vorerbe noch nicht eingetragen ist, nach BGB. § 895, GrBO. § 52 dessen Eintragung und zugleich die des Nacherbenrechts herbeiführen (RG. 61 S. 232) und, wenn der Vorerbe eingetragen ist,. von ihm die mit Unrecht unterbliebene Eintragung des Nacherbenrechts im Wege der Berichtigung erwirken. Der Berichtigungsanspruch erlischt auch nicht, wenn der Vorerbe wie hier die Nachlaßgrundstücke veräußert; nur richtet er sich dann gegen den Erwerber, da nunmehr dessen Recht durch die Berichtigung betroffen wird. Allerdings wird die Verfügungsbeschränkung als solche durch die Veräußerung gegenstandslos, da der Vorerbe fortan nicht mehr in der Lage ist, darüber zu verfügen. Damit verliert aber das Nacherbenrecht noch nicht seine Bedeutung; anstelle der Beschränkung tritt das Recht des Nacherben, bei Eintritt der Nacherbfolge die Unwirksamkeit der Auflassung geltend zu machen (§ 2113). Auch dieses Recht, das sich als Ausfluß der Verfügungsbeschränkung darstellt, bedarf der Sicherung durch Eintragung, da es sonst durch Verfügungen des Erwerbers zugunsten gutgläubiger weiterer Erwerber beeinträchtigt werden könnte. Hiernach ist es unzulässig, einen das Recht des Eigentümers beschränkenden Nacherbenvermerk allein mit Rücksicht auf die Veräußerung des Grundstücks zu löschen. Geschieht dies trotzdem zu Unrecht, so kann der Nacherbe bis zum Eintritte der Nacherbfolge (vgl. KGJ. 49 S. 177) von dem Erwerber, soweit diesem nicht der Glaube des Grundbuchs zur Seite steht, die Einwilligung in die erneute Eintragung des Nacherbenvermerks verlangen. Das führt dahin, auch dann, wenn ein bestehendes Nacherbenrecht von vornherein nicht eingetragen ist, dem Nacherben gegen den Erwerber des Grundstücks einen Anspruch auf Eintragung seines Rechtes zuzubilligen. Güthe, Predari und Arnheim erkennen denn auch einen solchen Anspruch an. Damit stimmt überein, daß Güthe und Arnheim in jedem Falle die Eintragung eines Widerspruchs nach § 54 zulassen; denn diese Eintragung setzt das Bestehen eines Berichtigungsanspruchs des Nacherben gegen den Erwerber voraus. Die erwähnten Schriftsteller gehen dabei allerdings von dem Fall aus, daß der Vorerbe im Grundbuch eingetragen ist. Zwischen diesem und dem vorliegenden Fall besteht aber kein grundsätzlicher Unterschied; insbesondere ist hier aus § 52, wonach das Nacherbenrecht bei Eintragung des Vorerben einzutragen ist, kein Hindernis herzuleiten, weil sich diese Vorschrift nur auf die von Amtswegen vorzunehmende Eintragung des Nacherbenrechts bezieht. Deshalb bedarf es keiner erneuten Erörterung, ob der im KGJ. (30 S. 215; vgl. auch 50 S. 150) aufgestellte Grundsatz, wonach bei Auflassung eines noch auf den Namen des Erblassers eingetragenen Nachlaßgrundstücks das Nacherbenrecht nicht erst gleichzeitig mit der Eintragung des Erwerbers gemäß § 52 eingetragen werden darf, trotz der im Schrifttum vertretenen gegenteiligen Auffassung (Planck, § 2113[4], Recht 1901 S. 424, 1903 S. 233) aufrecht zu erhalten ist. Es läßt sich rechtfertigen, daß der Grundbuchrichter bei Anwendung des § 52 nicht mit der Prüfung der sich aus der Umschreibung des Rechts des Vorerben auf einen Dritten ergebenden veränderten Rechtslage befaßt werden soll. Dagegen ist nicht ersichtlich, warum gegenüber einem Berichtigungsanspruche der Dritte nicht auch dann die Eintragung des Nacherbenvermerks bewilligen dürfte, wenn der Vorerbe nicht eingetragen ist. Allerdings hat das KG. (aO.) die Eintragung des Nacherbenrechts auch mit Bewilligung des Erwerbers für unzulässig erklärt (ebenso Güthe § 41[5], Predari § 52[8], Oberneck 2 S. 608). Allein dort bestand noch die Möglichkeit, das Nacherbenrecht in Verbindung mit der Eintragung des Vorerben einzutragen und war daher ein zwingendes Bedürfnis für eine anderweite Sicherung des Nacherben nicht vorhanden; hier dagegen ist die Eintragung der Vorerbin nicht mehr ausführbar und daher die Sicherung der Nacherben nur dadurch möglich, daß ihr Recht ohne Eintragung der Vorerbin eingetragen wird.

Nachdem das RG. (70 S. 234, vgl. Güthe § 78[5]) die weitere Beschwerde mit dem Ziele der Eintragung eines Widerspruchs gegen eine auf Anordnung des LG. bereits vorgenommene Eintragung zugelassen hat, muß die Frage, ob eine Unrichtigkeit des Grundbuchs vorliegt, vom Gericht der weiteren Beschwerde auf Grund eigener Nachprüfung, bei der auch die erst im dritten Rechtsgange vorgebrachten Tatsachen zu berücksichtigen sind, entschieden werden. Dies folgt daraus, daß das LG. noch gar nicht den Sachverhalt unter dem Gesichtspunkte des § 54 erörtern konnte, und ferner daraus, daß für die Feststellung der Unrichtigkeit der Zeitpunkt der Eintragung des Widerspruchs maßgebend ist. Für diese Eintragung genügt neben dem Nachweise der ursächlichen Gesetzesverletzung die Glaubhaftmachung der Unrichtigkeit des Grundbuchs (KGJ. 47 S. 185), hier also, daß die Auflassung nach der Absicht der Vertragschließenden, sei es auch nur zum Teil, unentgeltlich erfolgt ist (RG. 68 S. 328)... Hiernach ist glaubhaft, daß nach dem Vertrage in Höhe eines wesentlichen Wertbetrages des Grundbesitzes kein

Gegenwert geleistet werden sollte. Ob die auf Grund dieses Geschäfts vorgenommene Auflassung ihre Eigenschaft als teilweise unentgeltliche Verfügung dadurch verlieren konnte, daß die Vertragschließenden nachträglich eine anderweite Abrede über die Berichtigung des Kaufpreises trafen, kann zweifelhaft sein. Auch wenn man dies annimmt, müßten doch hier die schwerstwiegenden Bedenken gegen die Ernstlichkeit der neuen Vereinbarung erhoben werden.

Dadurch, daß etwa der Erwerber an eine Verfügungsbeschränkung der Witwe P. nicht geglaubt hat (§§ 2113[3], 892 S. 2), ist das Recht der Beschwerdeführer nicht beseitigt; denn da die Witwe nicht eingetragen war, greifen die Vorschriften über den Glauben des Grundbuchs nicht Platz (Planck § 2113[4]). Da hiernach alle Voraussetzungen des § 54 gegeben sind, so ist der auf Anordnung des Senats eingetragene einstw. Widerspruch in einen endgültigen umzuschreiben (Güthe § 76[8]); da er sich ausdrücklich als einstweiliger bezeichnet, kann dies jedenfalls nicht aus den Gründen (KGJ. 38 S. 276) unterbleiben. Daß der Widerspruch zugunsten nicht nur der Beschwerdeführer, sondern aller Nacherben eingetragen wird, beruht darauf, daß dabei sämtliche Betroffene als Berechtigte anzugeben sind (Güthe § 54[23]). M.

q) **Inhaltliche Unzulässigkeit nach § 54 S. 2 GrBO.**

α) Kammergericht, 1. ZS. Beschluß v. 13. März 1919.

Bei Anlegung des Blattes 1217, bestehend aus dem Trennstück 337/151 wurden als Eigentümer eingetragen: A. zu $^{19}/_{30}$ und B. zu $^{11}/_{30}$. Demnächst ließ 1907 B. auf seinen Anteilen eine Höchsthypothek für H. eintragen. Als 1909 das Grundstück reell geteilt wurde, ließen die Miteigentümer das Trennstück Nr. 636/151 dem B. und das Trennstück Nr. 637/151 dem A. auf, der dieses abschreiben und nach Blatt 232 übertragen ließ. Die Höchsthypothek wurde dabei nicht übertragen, sondern erst 1911 im Wege der Berichtigung daselbst vermerkt. Im März 1918 hat A. die Löschung der Hypothek auf 232 von Amtswegen angeregt, weil ihre Eintragung unzulässig gewesen sei. Die Vorinstanzen haben abgelehnt. Die weitere Beschwerde ist unbegründet. Dadurch, daß 1909 die Hypothek mit dem abgeschriebenen Trennstück — offenbar versehentlich — nicht nach Bl. 232 übertragen wurde, galt sie gemäß § 47[2] auf diesem Teil als gelöscht. Dadurch war sie aber insoweit nicht aufgehoben; dazu hätte es vielmehr gemäß § 875[1] BGB. ferner der Erklärung des Gläubigers bedurft, daß er die Hypothek aufgebe. Eine solche enthalten die Grundakten nicht. Infolgedessen war das Grundbuch unrichtig geworden und die 1911 erfolgte Eintragung der Hypothek auf dieses Blatt diente lediglich der Berichtigung. Ob allerdings die nachträgliche Übertragung noch zulässig war, kann zweifelhaft sein. Der Senat hat das im Gegensatz zu einer im Schrifttum verbreiteten Ansicht wiederholt verneint und für solche Fälle nur die Eintragung eines Widerspruchs für dem Gesetz entsprechend erklärt (KGJ. 46 S. 210). Die Frage bedarf hier indessen keiner Entscheidung, da die nachträgliche Entscheidung deswegen nicht als inhaltlich unzulässig (vgl. RG. 88 S. 86) angesehen werden kann. Der Vermerk läßt zwar erkennen, daß die Hypothek im Wege der Berichtigung übertragen ist. Hierbei bleibt aber die Möglichkeit einer Eintragung auf Grund eines Antrags und einer Berichtigungsbewilligung offen, die — unbeschadet der Rechte Dritter — stets erfolgen kann. Die Löschung der Hypothek aus diesem Grund ist daher nicht gerechtfertigt. Ebenso versagt der Gesichtspunkt des § 1114 BGB. Der Senat hat allerdings die im Schrifttume bestrittene Frage, ob eine hiergegen verstoßende Eintragung inhaltlich unzulässig ist, wiederholt bejaht (KGJ. 23 S. 230; Rsp. 21 S. 38); allein hier bestand die Hypothek, einmal wirksam entstanden, trotz der unterbliebenen Übertragung fort, so daß es sich bei ihrer nachträglichen Eintragung auf 232 nicht um die „Belastung", dh. die Neubegründung eines dinglichen Rechts handelte. Entscheidend ist die Zeit der Bestellung. Besteht zu dieser Bruchteilseigentum von Miteigentümern, so kann die Hypothek auf den Anteil jedes Miteigentümers wirksam begründet werden. Sie bleibt dann auch an dem Bruchteil bestehen, wenn das Miteigentum in Alleineigentum umgewandelt wird; die Zwangsvollstreckung in den Bruchteil ist nach § 864^2 ZPO. zulässig (Planck § 1114^3, Enneccerus Lehrb. 2 § 133 I). Die inhaltliche Unzulässigkeit der Hypothek kann daher auch nicht damit begründet werden, daß das Grundstück 232 zurzeit der Eintragung auf dieses Grundstück im Alleineigentum des A. stand. M.

β) OLG. Dresden, 6. ZS. Beschluß v. 26. Oktober 1918.

Das Vorkaufsrecht wurde auf Grund der Bewilligung des eingetragenen Berechtigten A. umgeschrieben. Das Recht war seinerzeit für A. „und seinen Rechtsnachfolger" bestellt und so auch eingetragen worden. Das Grundbuchamt gelangte im Wege der Auslegung zu dem Ergebnis, daß damit die Übertragbarkeit des Rechtes, wie eine solche nach § 514 S. 1 verb. mit § 1098 S. 1 BGB. zulässig ist, bestimmt worden sei. Diese Auslegung ist an sich möglich und gesetzliche Auslegungsmaßregeln sind hierbei nicht verletzt; eine Gesetzesverletzung liegt also nicht vor. Ob die Auslegung richtig ist, hatte das LG. nicht zu prüfen. Noch weniger wie die Eintragung eines Widerspruchs kann die Löschung des Eintrags in Frage kommen, denn die Umschreibung eines nicht schlechthin unübertragbaren Rechtes ist keine nach ihrem Inhalte unzulässige Eintragung. Ann.

γ) Kammergericht, 1. ZS. Beschluß v. 14. November 1918.

Die im § 3^1 Gesetz vom 16. April 1860 dem Manne bei entgeltlichen Verträgen eingeräumte Befugnis zur alleinigen Verfügung über die zum gemeinsch. Vermögen gehörigen Grundstücke fällt in denjenigen Fällen fort, wo die Verfügung in Rücksicht auf eine künftige Erbfolge getroffen wird, mag sie den alleinigen Gegenstand eines Übertragsvertrags ausmachen oder im Rahmen eines das ganze gemeinsch. Vermögen umfassenden Vertrags dieser Art erfolgen. Daraus folgt weiter, daß der Mann zur Vornahme einer Auflassung, die zur Ausführung eines Übertragsvertrags bestimmt ist, ohne Mitwirkung seiner Frau nicht befugt ist und daß der Grundbuchrichter, wenn er wie hier den Zusammenhang der Auflassung mit einem solchen Vertrage kennt, die Eigentumseintragung nicht vornehmen darf. Ist dies gleichwohl geschehen, so ist auf Antrag der Frau ein Widerspruch einzutragen. M.

δ) **Eintragung des Widerspruchs. Beschwerde nach §§ 71^2, 78 GrBO.**

OLG. Rostock, 2. ZS. Beschluß v. 10. Februar 1919.

Bei der für A. eingetragenen Grundschuld wurde am 1. April 1918 weiter eingetragen, eine Nacherbfolge sei angeordnet, und die Nacherbin bezeichnet. Am 1. August hat A. die Umschreibung der Grundschuld an den Eigentümer des Grundstücks auf Grund einer Abtretungserklärung beantragt. Gegen die Zurückweisung dieses Antrags hat A. Beschwerde eingelegt mit den Anträgen: die Eintragung des Nacherbenrechts für ungültig zu erklären und dessen Löschung dem Grundbuchamt aufzutragen, es auch anzuweisen, dem Umschreibungsantrage stattzugeben. Das LG. hat die Beschwerde als unbegründet zurückgewiesen und ausgeführt: Der Vermerk des Nacherbenrechts sei auf Antrag der als Nacherbin eingetragenen gemacht, weil die Grundschuld zum gütergem. Vermögen des Beschwerdeführers und seiner verstorbenen Frau gehört haben und durch deren letztwillige Verfügung zum Anteil der Frau auf den Beschwerdeführer als Erben unter Beschwerung mit dem angegebenen Nacherbenrecht übergegangen sein solle. Selbst wenn es aber vom Grundbuchamt unter Verletzung gesetzlicher Vorschriften eingetragen worden sei, so könne es doch nicht von Amtswegen gelöscht werden, da dessen Eintragung nicht ihrem Inhalte nach gemäß § 54 unzulässig sei. Hiergegen richtet sich die weitere Beschwerde mit dem Antrage: die Beschlüsse der Vorinstanzen aufzuheben und statt dessen das Grundbuchamt anzuweisen, von Amtswegen einen Widerspruch gegen das Nacherbenrecht einzutragen. Am Schlusse ist gesagt, insoweit in der ersten Beschwerde weitergehende Anträge gestellt seien, würden sie hiermit zurückgenommen. Auf Erfordern hat A. jedoch erklärt, der Antrag der ersten Beschwerde: dem Umschreibungsantrage stattzugeben, werde aufrechterhalten; damit werde die Umschreibung nur mit der Maßgabe bezweckt, daß die Weglassung und Löschung des Nacherbrechts erfolge. Die Anträge sind also dahin zu verstehen, daß ein selbständiger Antrag auf Löschung des Nacherbenvermerks nicht mehr gestellt werden und statt dessen nur die Eintragung eines Widerspruchs beantragt sein, daneben aber der Antrag auf Umschreibung der Grundschuld mit der Maßgabe aufrecht erhalten werden soll, daß das Nacherbenrecht gelöscht werde.

Die weitere Beschwerde durfte nach § 78 GrBO. nur darauf gestützt werden, daß das LG. das Gesetz verletzt habe. Die hier erhobene ist danach unzulässig, soweit sie sich darauf stützt, daß nach dem Testamente der Frau A. die eingetragene Nacherbin in Wahrheit nicht Nacherbin sei; denn dies wird hergeleitet aus dem Inhalt des bisher nicht bei den Akten befindlichen Testaments und dessen Auslegung, nicht aber wird geltend gemacht, daß die Annahme, es sei eine Nacherbfolge angeordnet, auf einer Gesetzesverletzung bei der Auslegung beruhe (Rsp. 38 S. 12). Die weitere Beschwerde ist aber insoweit zulässig, als gerügt wird, der Nacherbenvermerk habe nicht eingetragen werden dürfen, ohne daß der Beschwerdeführer als Vorerbe eingetragen sei. Sie war aber auch insoweit ohne weiteres als unbegründet zurückzuweisen, weil die jetzigen Anträge sich auch dann nicht rechtfertigen, wenn der Nacherbenvermerk unter Verletzung gesetzlicher Vorschriften bei der Grundschuld eingetragen ist.

1. Der Antrag, den Nacherbenvermerk zu löschen, ist als selbständiger Antrag nicht mehr aufrecht erhalten, und durch den Antrag ersetzt, einen Widerspruch einzutragen. Der Senat konnte aber gemäß § 78 nur prüfen, ob das LG. auf Grund des ihm vorliegenden Materials mit Rücksicht auf § 71[2] (vgl. auch § 54) zu dem Ergebnisse hätte kommen müssen, daß ein Widerspruch einzutragen sei. Im allgemeinen wird zwar in dem Verlangen, eine Eintragung zu beseitigen, stillschweigend das Verlangen enthalten sein, mindestens einen Widerspruch einzutragen. Dies gilt aber dann nicht, wenn der Widerspruch für den Beschwerdeführer ohne Vorteil, dh. zum Schutze gegen die Wirkungen des guten Glaubens des Grundbuchs nicht nötig ist (MecklZ. 24 S. 219; Güthe GrBO. § 71[12]). Hier, wo es sich um den Nacherbenvermerk handelt, würden aber dem Beschwerdeführer durch Eintragung eines Widerspruchs keinerlei Vorteile erwachsen, zum Schutze gegen die Wirkungen des guten Glaubens ist der Widerspruch nicht notwendig.

2. Die beantragte Umschreibung hätte an sich vom Grundbuchamt nicht abgelehnt werden dürfen, da sie durch den Nacherbenvermerk nicht gehindert wurde (MecklZ. 36 S. 40). Mit dem Umschreibungsantrage und der Beschwerde war aber hier die Umschreibung nur mit der Maßgabe bezweckt, daß die Weglassung und Löschung des Nacherbenrechts erfolge. Das LG. hat danach mit Recht die Beschwerde zurückgewiesen, weil die gleichzeitige Löschung des Nacherbenvermerks doch nur unter der Voraussetzung des § 54 S. 2 hätte stattfinden können, daß die Eintragung des Nacherbenvermerks sich ihrem Inhalte nach als unzulässig erwiese. Um eine inhaltlich unzulässige Eintragung handelt es sich bei dem Nacherbenvermerk nicht, wie das LG. zutreffend ausführt. Was der Beschwerdeführer dagegen vorbringt, könnte nur dafür verwertet werden, daß die gesetzlichen Voraussetzungen der Eintragung des Nacherbenvermerks (§ 52) nicht gegeben gewesen seien. Dies würde aber nur die Eintragung eines Widerspruchs, nicht die Umschreibung der Grundschuld unter gleichzeitiger Löschung des Nacherbenvermerks rechtfertigen. J. n.

r) *α*) **Beschwerde der Aufsichtsbehörden wegen Behandlung einer Aufsichts- als Sachbeschwerde. Grundbuchberichtigung. Miteigentum nach Prozenten.**

Kammergericht, 1. ZS. Beschluß v. 4. Dezember 1919.

Eigentümer des Grundstücks Blatt 184 ist der Gesamtschulverband E. Das Verzeichnis weist die unter einer Nummer eingetragenen Parzellen Nr. 33, Nr. 62 und Nr. 383/61 aus. 1919 überreichte das Konsistorium dem Amtsgericht zwei mit dem Kirchenstempel versehene, vom Pfarrer beglaubigte Abschriften folgender Beschlüsse: 1. „Sitzung des Schulverbands E. Der Schulvorstand beschließt, von der Parzelle 62 15% als Eigentum zu beanspruchen und gesteht die übrigen 85 % der Kirchengemeinde zu; er ist bereit, diesen Beschluß in das Grundbuch eintragen zu lassen." 2. Sitzung des Gemeindekirchenrats E. Der Gemeindekirchenrat beschließt, von der Parzelle 62 85 % zu beanspruchen und gesteht die übrigen 15 % dem Schulverband E. zu; dieser Beschluß soll in das Grundbuch eingetragen werden." Das Konsistorium bemerkte dazu, daß der Schulverband irrtümlich als Alleineigentümer eingetragen worden sei, und der Gemeindekirchenrat durch den vorstehenden Beschluß die Eintragung der Berichtigung beantrage. Auf Anfrage des Amtsgerichts erklärte die Regierung zwar anzuerkennen, daß die Parzelle 62 im Miteigentum der Kirchengemeinde stehe, behielt sich aber im übrigen weitere Erklärungen vor. Das Amtsgericht erklärte hierauf dem Antrage nicht stattgeben zu können und empfiehlt Abwarten der Einigung mit der Regierung über das ganze Grundstück. Hiergegen legte das Konsistorium Beschwerde beim LGPräsidenten ein mit dem Antrage, den Grundbuchrichter zu einem Befinden über den Antrag zu veranlassen. Diese Beschwerde hat das LG. als Sachbeschwerde angesehen und kostenpflichtig zurückgewiesen. Die weitere Beschwerde des Konsistoriums ist begründet. Wenn dieses als Aufsichtsbehörde für die Kirchengemeinde in E. die weitere Beschwerde führte, so wäre diese mangels Beschwerdeberechtigung des Konsistoriums als unbegründet zurückzuweisen (Schlegelberger FrGG. § 25[1]), ebenso wie die erste Beschwerde, falls sie Sachbeschwerde gewesen wäre, aus diesem Grunde hätte zurückgewiesen werden müssen. Es ist in der Rechtsprechung immer daran festgehalten worden, daß vorgeordnete Behörden eine Beschwerdebefugnis in Angelegenheiten der ihrer Aufsicht unterstellten Behörden und öffentlichrechtlichen Verbände auf Grund des Aufsichtsrechts nicht haben, vielmehr auf Grund des letzteren Rechts nur befugt sind, die nachgeordnete Stelle zur Ergreifung der für erforderlich erachteten Maßnahmen zu veranlassen (KGJ. 20 S. 10; 42 A S. 185; Güthe GrBO. § 71[24]). Ein eigenes aus § 39 zu entnehmendes Beschwerderecht kommt nicht in Frage, weil die Voraussetzungen für § 39 nicht vorliegen. Gleichwohl ist hier das Konsistorium zur weiteren Beschwerde berechtigt, denn es weist in dieser darauf hin, daß das LG. seine Aufsichtsbeschwerde zu Unrecht als eine Sachbeschwerde behandelt habe. Dadurch würde das Recht des Konsistoriums auf eine richtige Besorgung und Erledigung seiner Dienstaufsichtsbeschwerde beeinträchtigt werden, zumal wenn ihm wie hier die Befugnis zu einer Sachbeschwerde fehlte und — wenn auch nach § 8 Nr. 1 Pr. GKG. offenbar zu Unrecht — Kostenfolgen an die Beschwerdeentscheidung geknüpft sind (Schlegelberger FrGG. § 20[3]). Von diesem Gesichtspunkte aus war die Entscheidung des LG. ohne anderweite Sachentscheidung aufzuheben; denn unbedenklich ist die ausdrücklich an den LGPräsidenten gerichtete Beschwerde nur eine Dienstaufsichtsbeschwerde. In ihr wird ausdrücklich geltend gemacht, daß das Amtsgericht bisher eine Sachentscheidung nicht getroffen habe, sondern einer solchen zu Unrecht aus dem Wege gehe.

Für die weitere Behandlung mag bemerkt werden, daß der Grundbuchrichter die nunmehr hervortretende Frage, ob seine Verfügung als beschwerdefähiger sachlicher Zurückweisungsbeschluß über einen Eintragungsantrag des Gemeindekirchenrats oder als Meinungsäußerung gegenüber dem Konsistorium anzusehen ist, wird klären müssen. Zu dieser Unklarheit hat beigetragen, daß ein zweifelsfreier Eintragungsantrag von einem der beiden nach § 13 Antragsberechtigten bisher nicht vorliegt; keiner der beiden Beschlüsse der in Betracht kommenden Körperschaften scheint einen solchen zu enthalten, sie sollen vielmehr anscheinend nur die Grundlage für den an das Grundbuchamt zu richtenden Antrag bilden. Im übrigen genügte zur Berichtigung des mit der wirklichen Rechtslage nicht im Einklange stehenden Grundbuchs die Bewilligung des eingetragenen Schulverbands (RG. 73 S. 154; KGJ. 36 S. 172). Diese muß aber diejenigen Tatsachen oder Vorgänge bezeichnen, aus denen die Nichtübereinstimmung des Grundbuchs mit der wirklichen Rechtslage gefolgert wird. Es ist dies in KGJ. 40 S. 268 für solche Fälle ausgesprochen, in denen ein Recht nach der Eintragung außerhalb des Grundbuchs auf einen neuen Berechtigten übergegangen ist, gilt aber allgemein für alle Berichtigungsbewilligungen, da der Grundbuchrichter in der Lage sein muß, prüfen zu können, ob überhaupt der Fall einer Berichtigung vorliegt. Da es sich hier um eine Eigentumsberichtigung handelt, muß gemäß § 22² der — hinsichtlich eines Bruchteils — wahre Eigentümer, d. i. hier die Kirchengemeinde, vertreten durch den Gemeindekirchenrat, ihre Zustimmung geben. Beide Urkunden, die Bewilligung des Schulverbands wie die Zustimmung der Kirchengemeinde, müssen gemäß § 29 in öffentlicher Urkunde eingereicht werden; es wird dabei zu prüfen sein, ob es genügt, wenn die Abschrift des Beschlusses des Verbandsvorstehers und Schulvorstands vom Unterzeichner in der Eigenschaft als Pfarrer beglaubigt und mit dem Kirchensiegel versehen wird, vorausgesetzt, daß letzteres nicht ausdrücklich auch zum Stempeln von Beschlüssen des Schulverbands bestimmt ist (vgl. Rsp. 5 S. 6; KGJ. 26 S. 85; Güthe § 29 N. 101, 36). Weiter ist davon auszugehen, daß die Berichtigungsbewilligung eine erst durch die GrBO. vom 24. März 1897 geschaffene Rechtseinrichtung ist und daß sie nur so weit wirken kann, als der Wille der Betroffenen, mit seinem Rechte nach seinem Belieben zu schalten, von der Rechtsordnung anerkannt ist (vgl. Güthe § 22³⁴; ZBlFrG. 13 S. 126, 187). Ebenso wie im KGJ. 42 S. 215 angenommen ist, daß da, wo Vormund (Pfleger) gerichtlicher Genehmigung zur Verfügung über ein Recht bedürfen, dies auch zur Berichtigungsbewilligung in bezug auf das Recht erforderlich sei, wird hier, wo es sich um Berichtigung von Bucheigentum handelt, die Genehmigung derjenigen Aufsichtsbehörden in Frage kommen, die nötig wäre, wenn es sich um eine Entäußerung von Grundeigentum durch den Schulverband und einen Erwerb durch eine Kirchengemeinde handelt (vgl. Güthe 2 S. 1721, 1764 B). Sodann mögen die Beteiligten erwägen, ob es sich bei den Bestimmungen des materiellen und formellen Rechts, wonach Miteigentumsanteile in Bruchteilen auszudrücken sind (BGB. §§ 741, 1008; GrBO. § 48) empfiehlt, solche nicht in der üblichen Weise, zB. 1/3, 2/5 2c (KGJ. 20 S. 304, 29 S. 179), sondern nach Prozenten zu bezeichnen. Endlich ist bei einer grundbuchlichen Änderung des Eigentums an der Parzelle 62 deren Abschreibung vom bisherigen Grundstück und Übertragung auf ein neues Blatt nötig, wie aus §§ 3, 4 folgt; dabei wird der § 30 AVf. v. 20. November 1899 (JMBl. 349) zu beachten sein. Dr. Bl.

β) **Neue Bedenken des Amtsgerichts bei Übersendung der Beschwerde?**

Kammergericht, 1. ZS. Beschluß v. 16. Oktober 1919.

Die Beschwerde richtet sich gegen die Zwischenverfügung vom 6. März 1919, die als Hindernis für die auf Grund der Bewilligung des Hypothekars vom bisherigen Eigentümer beantragte Löschung der Hypothek lediglich den Mangel der Zustimmung des Pfandgläubigers bezeichnet. Wenn das Amtsgericht bei Übersendung der Beschwerde weiter auf die Notwendigkeit der Zustimmung des neuen Eigentümers hinweist, so handelt es sich bei dieser lediglich für das LG. bestimmten, nicht in die Form einer Zwischenverfügung gekleideten Mitteilung nur um eine vorläufige Meinungsäußerung. Hieran wird dadurch nichts geändert, daß das LG. dem Beschwerdeführer den Inhalt des Übersendungsschreibens mitgeteilt hat. Gegen solche vorläufigen Meinungsäußerungen findet aber eine Beschwerde nicht statt (Güthe § 71[3]). Der Beschwerdeführer ist dann auch in seiner Erwiderung auf das weitere Bedenken des Grundbuchamts nicht eingegangen und hat nirgends zu erkennen gegeben, daß er die Beschwerde auch hiergegen richten wolle. Hiernach war nach Beibringung der Zustimmung des Pfandgläubigers das LG. nur dann berechtigt, ein anderes Eintragungshindernis zugrunde zu legen, wenn dieses zur sofortigen Zurückweisung des Antrags hätte führen müssen (KGJ. 43 S. 139). Da aber das LG. die Zurückweisung lediglich auf den Mangel der Zustimmung des neuen Eigentümers gestützt hat, dieser leicht behebbare Mangel aber nur eine Zwischenverfügung gerechtfertigt hätte, so war der angefochtene Beschluß aufzuheben. Sch.

s) **Höchsthypothek für mehrere Forderungen verschiedener Gläubiger?**

Kammergericht, 1. ZS. Beschluß v. 26. Juni 1919.

Die offene HG. A. & Co. hat in notarieller Urkunde vom 1. Februar 1919 erklärt: „Wir stehen mit dem Bankverein in Geschäftsverbindung und nehmen dessen Kredit in Anspruch. Zur Sicherheit für alle Forderungen, die ihm aus diesem Geschäftsverkehr oder aus irgendeinem andren Grunde bereits zustehen und noch erwachsen werden ... bestellen wir an unserem Grundstück eine Sicherungshypothek bis zum Höchstbetrage von 20000 Mark. Diese Hypothek soll auch für diejenigen Forderungen haften, die der Bankverein bei einem Wechsel der Inhaber oder bei einer Änderung der Firma gegen die neuen Inhaber des Geschäfts oder der Firma oder gegen die in Namen oder Form veränderte Firma haben wird." Die Annahme der Vorinstanzen, daß danach die Hypothek unter Umständen auch für Forderungen gegen mehrere, in keiner Verpflichtungsgemeinschaft stehende Personen haften soll, ist zutreffend. Eine bloße Änderung der Firma ist dafür freilich bedeutungslos; denn die Firma ist nur der Name, unter dem ein Kaufmann seine Geschäfte betreibt. Ebenso kann die offene HG. trotz Änderung der Gesellschafter unverändert fortbestehen (HGB. §§ 131, 138, 140/1). Die Urkunde vom 1. Februar 1919 trifft aber auch den Fall, daß die Rechtsform der Firma geändert wird. Auch hier kann die Identität gewahrt bleiben, wenn zB. ihr ein Kommanditist beitritt oder die Stellung eines solchen einem Gesellschafter eingeräumt wird (HGB. §§ 139[1], 162[3]; RG. 55 S. 136; KGJ. 26 S. 219). Anders verhält es sich bei ihrer Umwandlung in eine Aktien- oder GmbH.; hier entsteht ein neues Rechtssubjekt (RG. 74 S. 6). Tritt dieser Fall bei der Firma A. & Co. ein, so könnten zu den gegen sie bestehenden Forderungen dann neue Forderungen gegen die Aktien- oder die GmbH. treten, für die die in Liquidation befindliche offene HG. nicht haftet. Eine ähnliche Lage kann sich ergeben, wenn A. & Co. aufgelöst und das Geschäft von einem Einzelkaufmann weiterbetrieben wird. Nach der Rechtsprechung des RG. 75 S. 245 (vgl. JW. 1916 S. 740[6]; KGJ. 46 S. 229; aA. Goldmann BGB. 2 S. 603[49]) kann aber eine Hypothek nur dann zur Sicherheit mehrerer Forderungen dienen, wenn sie demselben Gläubiger gegen denselben Schuldner zusteht, es sei denn, daß die mehreren Schuldner miteinander in neuer Verpflichtungsgemeinschaft stehen. Denn die Bestellung einer ungeteilten Hypothek für mehrere Forderungen gegen verschiedene nicht in einer Verpflichtungsgemeinschaft stehende Schuldner finde im Gesetze keine Stütze; auch würden dadurch unklare Verhältnisse geschaffen, zumal wenn die nicht namentlich bezeichneten Schuldner noch nicht festständen, ihre Feststellung vielmehr von ihrem Eintritt in ein gewisses Verhältnis abhängig gemacht werde. Das ist zutreffend. Der Bestimmtheitsgrundsatz, der das Liegenschaftsrecht beherrscht, ist zwar im § 1190 BGB. durchbrochen, insofern nur der Höchstbetrag der Haftung bestimmt sein muß, während im übrigen die Feststellung der Forderung vorbehalten wird. Daß aber dadurch auch hinsichtlich der Person des Schuldners eine Ausnahme hat zugelassen werden sollen, ist im Gesetz nicht ausgedrückt noch seiner Entstehungsgeschichte zu entnehmen. Allerdings hat das Bay. Ob. LG. (RJA. 12 S. 565) bei Bestellung einer Höchsthypothek für die Forderungen, die einer Bank gegen den Besteller der Hypothek und dessen (allgemeine) Rechtsnachfolger oder Nachfolger im Grundstück aus einem fortgesetzten Kontokorrentverhältnisse zustehen würden, angenommen, daß die Forderungen auf „wirtschaftlich einheitlichem Schuldgrunde beruhten, sich der Wechsel in der Person des Schuldners“ innerhalb desselben Schuld- und Grundverhältnisses vollziehe, deshalb unklare Verhältnisse nicht zu besorgen seien. Aus diesem Grunde hat es (Sammlung 13 S. 565) in einem zweiten Fall, in welchem der Sachverhalt ähnlich war, nur daß nicht ersichtlich ist, ob die Beteiligten gerade im Kontokorrentverhältnisse standen, Höchsthypotheken des angegebenen Inhalts zugelassen. Auch Güthe[3] (2 S. 1702) hält den vom RG. behandelten Fall nicht für vorliegend, wenn es sich um ein einheitliches Kontokorrentverhältnis handle, in das die späteren Grundstückserwerber eintreten sollten (vgl. auch Riemann Sachenr.[3] § 1190[3]). Indessen bestehen hier Zweifel, ob die Voraussetzungen vorliegen, von denen das Ob. LG. ausgeht; hier soll die Hypothek nicht nur solche Forderungen gegen A. & Co. sichern, die aus dem zwischen ihr und dem Gläubiger bestehenden Kreditverhältnis hervorgehen, sondern alle Forderungen gegen sie aus beliebigem Grunde; nach der Fassung der Urkunde ist nicht ausgeschlossen, daß dasselbe auch für die Forderungen „gegen die neuen Inhaber des Geschäfts oder der Firma oder gegen die im Namen oder Form veränderte Firma" gelten soll. Die Worte „nach Fortsetzung der Geschäftsverbindung" im letzten Satze haben zunächst lediglich eine zeitliche Bedeutung; sie bringen nicht zum Ausdruck, daß die Hypothek nur für die Forderungen, die aus dem fortgesetzten Kreditverhältnis entstehen, haften soll. Gegen die Ansicht des Ob. LG. bestehen aber auch erhebliche Bedenken. Tritt jemand anstelle des einen ausscheidenden Teils in einen Kredit- oder Kontokorrentvertrag ein, indem er das Vertragsverhältnis mit dem andern Teil fortsetzt, so entsteht dadurch ohne weiteres keine Verpflichtungsgemeinschaft zwischen der ausscheidenden und der eintretenden Person. Dieser Meinung der Beschwerde ist auch nicht das Ob. LG. Es stützt sich vielmehr darauf, daß unter solchen Umständen unklare Verhältnisse nicht zu befürchten seien. Dadurch aber setzt es sich mit dem RG. in Widerspruch. Denn dieses macht die Zulässigkeit der Höchsthypothek nicht davon abhängig, ob dadurch im Einzelfall unklare Verhältnisse geschaffen würden, obwohl es meint, daß dies in der Regel der Fall sein werde; seine Entscheidung beruht vielmehr darauf, daß die Bestellung einer ungeteilten Hypothek für mehrere Forderungen gegen verschiedene in keiner Verpflichtungsgemeinschaft stehende Schuldner im Gesetze keine Stütze finde. Im übrigen aber sind in den in Rede stehenden Fällen unklare Verhältnisse zu befürchten; denn die Frage, wer Schuldner der gesicherten Forderung ist, hängt dann davon ab, ob gewisse Personen ein bestehendes Kredit- oder Kontokorrentverhältnis fortgesetzt haben, und das wird in der für den Grundbuchverkehr vorgeschriebenen Form (§ 29 GrBO.) kaum zu erbringen sein. Besonders beachtlich ist aber auch der Umstand, daß hier als zukünftige Gläubiger ganz unbestimmte, sowohl ihrer Person als auch ihrer Existenz nach ungewisse Berechtigte erscheinen, die zum jetzigen Gläubiger nicht im Verhältnisse von Gesamtrechtsnachfolgern zu stehen brauchen. M.

---

3. Familienrecht.

a) Ankauf von Einrichtungsgegenständen und § 1357.

OLG. Hamburg, 6. ZS. Urteil v. 6. November 1919.

... Demnach bestand am 7. Oktober 1917, als die Frau des Beklagten die streitigen Sachen bestellte, ihre Befugnis, innerhalb ihres häuslichen Wirkungskreises die Geschäfte des Beklagten für ihn zu besorgen und ihn zu vertreten (§ 1357). Der Umfang dieser Befugnis richtet sich nach den Vermögensverhältnissen des Mannes und dem Zuschnitt, den er unter Berücksichtigung seiner Vermögensverhältnisse für das gemeinsame Hauswesen der Eheleute tatsächlich bestimmte (RG. 61 S. 79). Nun hat die Frau bekundet, daß nach den früheren Mitteilungen des Mannes dessen Jahreseinkommen auf 15000 Mark anzunehmen sei; demgemäß hätten sich die Eheleute bei grundsätzlicher Sparsamkeit immerhin auch Bequemlichkeiten erlaubt und sind auch mehrfach mit Kindern und Dienstmädchen in Sommerfrischen gewesen. Unter Berücksichtigung dieses immerhin nicht sehr bescheiden zu nennenden Standes der Lebenshaltung des Beklagten waren die streitigen Küchen- und Wohnungsmöbel (von 1142 Mark) als innerhalb der Befugnis der Frau angeschafft anzusehen. Die Ausstattung und Ergänzung jener Möbel fällt in den Bereich des Hauswesens und daher in den Kreis der nach § 1357 der Frau zustehenden Vertretungsbefugnis. M. M.

b) α) **Regelung der Unterhaltspflicht gemäß § 627 ZPO.**

OLG. Karlsruhe, FerienZS. Beschluß v. 3. August 1919.

§ 627 ZPO. erlaubt dem Ehegericht, die gegenseitige Unterhaltspflicht der Ehegatten nach § 1361 BGB. zu ordnen. § 1361 hebt aber die in § 1360 aufgestellte Regel, daß der Unterhalt in der durch die eheliche Lebensgemeinschaft gebotenen Weise, also in Natur zu gewähren ist, auf und setzt für den Fall des Getrenntlebens der Ehegatten ausschließlich die Unterhaltsgewährung in der Form der Geldrente fest. Das Verlangen der Beschwerdeführerin nach Gestattung der Aberntung der drei Äcker — gar in der Weise, daß der Mann den Betrag herauszugeben habe — und auf Überlassung der Ziege zur Milchgewinnung sowie der 3 Hühner zur Eiernutzung ist nichts anderes als das Begehren nach Gewährung des Unterhalts insoweit in Natur und ist daher unzulässig. Sch.

β) **Umfaßt die Geldrente auch außerordentliche Ausgaben?**

OLG. Stettin, 3. ZS. Urteil v. 11. Oktober 1919.

Das LG. hat die Klage abgewiesen, weil durch die Geldrente von monatlich 60 Mark die Unterhaltspflicht des Mannes erschöpft sei und die Klägerin aus der Rente ihren gesamten Unterhalt, auch Arzt- und Kurkosten, zu bestreiten habe. Entgegen dieser von Staudinger (§ 1361 3a), Meyer (JW. 1915 S. 194) und vom OLG. München (Rsp. 18 S. 226) vertretenen Ansicht hält der Senat auch bei erneuter Prüfung an der bereits am 13. Juli 1915 (3 U 38) ausgesprochenen Auffassung fest, daß beim Getrenntleben der Ehefrau die Kosten einer außergewöhnlichen Krankheit, insbesondere einer plötzlich notwendig werdenden Operation und Krankenhausbehandlung nicht durch die Geldrente aus § 1361 gedeckt werden, vielmehr wie im Falle des § 1360 besonders vom Manne zu tragen sind. Aus dem Wortlaute des § 1361 allein ist ein zwingender Grund gegen diese Auffassung nicht zu entnehmen, für sie aber sprechen ganz überwiegende Gründe praktischer und wirtschaftlicher Natur. Denn tatsächlich wird in allen Fällen die Höhe der Geldrente derart bemessen, daß sie zur Bestreitung der laufenden, regelmäßig wiederkehrenden Ausgaben ausreicht, mit denen unter gewöhnlichen Umständen erfahrungsgemäß gerechnet werden muß, deren Betrag sich infolgedessen von vornherein abschätzen läßt. Es wäre jedoch praktisch unmöglich, wenn darüber hinaus bei Bemessung einer jeden Unterhaltsrente auch bereits die Kosten außergewöhnlicher Ereignisse mitberücksichtigt werden müßten, die eine wesentliche Steigerung des für den Lebensbedarf notwendigen Aufwandes bedingen, wie es bei einer plötzlich auftretenden schweren Erkrankung oder einer Operation der Fall ist. Für die Berechnung derartiger außerordentlicher Kosten würde es an jedem Maßstabe fehlen, zumal das Getrenntleben der Ehegatten in der Regel nur einen vorübergehenden Zustand von ungewisser Dauer darstellt. Eine Berücksichtigung solcher besonderen Kosten schon bei Bemessung der Rentenbeträge würde auch in den weitaus meisten Fällen, in denen keine außergewöhnlichen Ereignisse eintreten, zu einer sachlich nicht zu rechtfertigenden Belastung des Mannes führen müssen.

Die Gegenmeinung scheint denn auch selbst diese Folgerungen abzulehnen, will aber der Frau bei unvorhergesehenen Ausgaben, zu deren Deckung die Unterhaltsrente nicht ausreicht, darauf verweisen, nach § 323 ZPO. deren Erhöhung zu beantragen. Auch dieses Mittel erweist sich aber gerade für Fälle der vorliegenden Art als praktisch nicht durchführbar. Denn nach § 323[3] darf eine Änderung nur für die Zeit nach der Erhebung der Klage erfolgen, im Zeitpunkt der Klageerhebung wird aber regelmäßig die Operation bereits beendet und die Frau aus der Krankenhausbehandlung entlassen sein, wie dies auch für die Klägerin zutrifft; infolgedessen ist für eine Erhöhung der Rente für die Zukunft kein Raum. Den Interessen beider Parteien, dem praktischen Bedürfnis und dem Sinn des Gesetzes, das in jedem Falle den Unterhalt der zum Getrenntleben berechtigten Frau sicherstellen will, kann also nur entsprochen werden durch die Zulassung eines von der Rentenzahlung unabhängigen Anspruches gegen den Mann auf Erstattung der Operations- und Kurkosten.

Dieser Anspruch kann auch nicht, wie der Beklagte meint, dadurch beseitigt werden, daß die Klägerin sich die Erkrankung, die zur Operation geführt hat, durch ehebrecherischen Verkehr zugezogen habe. In diesem Falle würde sie allerdings gemäß § 1611[2] mit §§ 2335, 1565 BGB. nur den notdürftigen Unterhalt erlangen können. Aber auch dieser umfaßt seinem Inhalte nach, ebenso wie der standesgemäße Unterhalt, den gesamten Lebensbedarf einer Person, die Begriffsbestimmung des 1610[2] ist insoweit für beide Arten der Unterhaltsgewährung in gleicher Weise maßgebend, der Unterschied liegt lediglich in dem Maße der zur Befriedigung der Lebensbedürfnisse zu gewährenden Mittel, die beim notdürftigen Unterhalt, anders als beim standesgemäßen, auf das unbedingt Notwendige zu beschränken sind (JW. 1907 S. 711). Die Kosten einer ärztlichen Behandlung sind aber stets zum Lebensbedarf zu rechnen, sie gehören also, soweit sie unbedingt notwendig waren, auch zum notdürftigen Unterhalt (vgl. Planck, N. 1 und 4; Staudinger 3a zu § 1610.) Die Einwendung des Beklagten kann deshalb den Klaganspruch dem Grunde nach auf keinen Fall beseitigen, sie kann vielmehr nur im Nachverfahren über die auch sonst bestrittene Höhe des Anspruchs zur Erörterung kommen. Dr. M.

γ) **Herausgabe von Sachen. Einstw. Verfügung.**

OLG. Hamburg, 6. ZS. Beschluß v. 20. September 1919.

Die beantragte einstw. Verfügung läßt sich allerdings nicht aus § 627 ZPO. rechtfertigen, da § 627 nur eine Regelung der Unterhaltspflicht nach § 1361 BGB. vorsieht und § 1361 S. 2 nach der herrschenden Ansicht sich zu einer Herausgabepflicht der Frau gegen den Mann nicht entsprechend ausdehnen läßt. Wohl aber ist der Antrag nach § 940 ZPO. begründet, da der Kläger der herausverlangten Sachen dringend bedarf. Ein Zurückbehaltungsrecht hat die Beklagte nicht, weil sie die Sachen durch verbotene Eigenmacht an sich gebracht hat. Das Bedenken des LG., daß die beantragte Verfügung die Rechte des Klägers voll befriedigen und deshalb über eine bloße Sicherung hinausgehen würde, schlägt nicht durch. Es entspricht einer allgemeinen, auch mit § 940 vereinbarlichen Praxis, falls bei einem dauernden Rechtsverhältnis erhebliche Nachteile eine einstweilige Regelung nötig machen und sich eine Vermeidung dieser Nachteile sonst nicht erreichen läßt, den Zustand so zu regeln, daß den Rechten des Klägers vorläufig, wenn auch, wo dies angeht, unter Sicherung der entgegenstehenden vermeintlichen Ansprüche des Gegners entsprochen wird. So bei Unterhaltsansprüchen, Ansprüchen auf Prozeßkostenvorschuß, Herausgabe von Kindern, Störung von Besitz und absoluten Rechten. Dasselbe muß billigerweise auch gelten, wo es sich um Besitzstreitigkeiten wegen Entziehung von Sachen handelt, die für den einen Teil unentbehrlich sind. Dafür, daß der Kläger seinen Besitz nicht zum Nachteil der Beklagten mißbraucht und zur etwaigen Rückgabe, wie Beklagte sie vielleicht auf Grund des § 945 ZPO. beanspruchen wird, imstande bleibt, sorgt das dem Kläger erteilte Verbot der Veräußerung. M. M.

c) **Umfaßt das Verwaltungs- und Nutznießungsrecht des Mannes auch das Nießbrauchsrecht?**

OLG. Kiel, 3. ZS. Urteil v. 9. April 1919.

Die Klägerin verlangt die Herausgabe der zum Nachlaß ihres ersten Mannes gehörigen Wertpapiere, die der Beklagte kraft seines ehemännlichen Verwaltungs- und Nutznießungsrechtes in Besitz genommen hat, obgleich sie ihr nur zum Besitz und zur selbständigen Verwaltung überlassen seien. Der Anspruch ist unbegründet. Bei dem gesetzlichen Güterstande wird grundsätzlich das gesamte bei der Eheschließung vorhandene oder während der Ehe erworbene Vermögen der Frau als eingebrachtes Gut der Verwaltung und Nutznießung des Mannes unterworfen. Das eingebrachte Gut umfaßt alle der Frau zustehenden Rechte, mögen sie sich auf bewegliche Sachen oder Grundstücke beziehen, übertragbar oder nicht übertragbar sein, soweit sie nicht Vorbehaltsgut sind. Nur solche nicht übertragbaren Rechte, die wie die in den §§ 717, 1092, 1093 bezeichneten Rechte ihrem Inhalte nach nur von der Frau persönlich ausgeübt werden können, bleiben naturgemäß der Verwaltung und Nutznießung des Mannes entzogen. Bei anderen nicht übertragbaren Rechten, die, wie der Nießbrauch gemäß § 1059 S. 2, der Ausübung nach einem andern überlassen werden können, greift dagegen das Recht des Mannes wieder Platz. Hier kann sogar wegen des völlig freien Verfügungsrechtes, das der Klägerin im Testamente von 1897 an dem Nachlasse ihres verstorbenen Mannes eingeräumt ist, in Frage kommen, ob sie nicht als befreite Vorerbin angesehen werden muß und damit Eigentümerin der streitigen Wertpapiere geworden ist. Das kann aber dahingestellt bleiben. Zum mindesten steht ihr der Nießbrauch an dem Nachlasse zu, der ihr mit der ausdrücklichen Bestimmung vermacht ist, daß sie das von ihrem Manne hinterlassene Vermögen bis an ihr Lebensende in Besitz und Verwaltung haben, über die Realisierung des Nachlasses und die Belegung der Nachlaßgelder sowie unbeschadet des Grundstücks über die Einkünfte des Vermögens frei verfügen, auch von jeglicher Rechnungslage befreit sein solle. Die Ausübung dieses Nießbrauchsrechtes steht in vollem Umfange dem Beklagten kraft seines Verwaltungs- und Nutznießungsrechtes zu. Er ist daher auch, wie es bis zur Eheschließung die Klägerin selbst war, zum Besitze der im Streit befindlichen Wertpapiere berechtigt.

Die Ausführungen der Klägerin, das Nießbrauchsrecht habe Vorbehaltsgutseigenschaft, gehen fehl. Denn eine Bestimmung, daß der Erwerb Vorbehaltsgut sein soll, ist in dem Testament nicht enthalten. Sie ist auch nicht darin zu finden, daß die Klägerin den völlig freien und uneingeschränkten Besitz des Nachlaßvermögens bis an ihr Lebensende haben solle; dadurch wollte der Erblasser lediglich die Rechte der Klägerin als Nießbraucherin gegenüber den Erben regeln. Im übrigen aber fehlt es an jedem Anhalt dafür, daß der Erblasser seinen Zuwendungen an die Klägerin Vorbehaltsgutseigenschaft beilegen wollte. Es kann daher eine stillschweigende Bestimmung im Sinne des § 1369 hier gar nicht in Frage kommen, abgesehen davon, daß ihre Rechtsgültigkeit schon durch die Fassung des § 1369 bei letztwilligen Zuwendungen ausgeschlossen sein dürfte (RGKomm. § 1369[6]). Dagegen ist in der Verfügung des Erblassers, daß die Klägerin im Besitze und in der Verwaltung des Nachlaßvermögens bis an ihr Lebensende unbeschränkt bleiben und unter Entbindung von jeglicher Verpflichtung zur Rechnungslegung frei verfügen solle, eine die Anwendbarkeit der §§ 1081, 1082 ausschließende Bestimmung zu finden (aO. § 1081). Demnach ist auch der Beklagte seit der Eheschließung zum Alleinbesitze der Wertpapiere berechtigt (§§ 1363, 1373, 1068, 1038). SchlHA.

d) **Verpflichtung des Mannes zu Kostenvorschüssen.**

α) OLG. Hamburg, 3. ZS. Urteil v. 6. November 1919.

Die Verpflichtung des Mannes zur Tragung der Kosten eines Rechtsstreits, der zwischen ihm und seiner Frau schwebt, ist lediglich Ausfluß der güterrechtlichen Bestimmungen und im Hinblick auf die §§ 1387, 1416 in ständiger Rechtsprechung anerkannt worden. Die Bedenken, die im Schrifttum (so Stein VI vor § 606 ZPO.) im Hinblick auf § 1394 gegen eine Pflicht zur vorschußweisen Zahlung der Kosten erhoben sind, würden zu praktisch unhaltbaren Ergebnissen führen; es liegt vielmehr in der Natur der Sache, daß der § 1394 diesen besonderen Fall nicht hat umfassen wollen. M. M.

β) nach Beiordnung eines Armenanwalts für die Frau.

OLG. Braunschweig, FerienZS. Beschluß v. 18. August 1919.

Der Mann kann während des Scheidungsprozesses durch einstw. Verfügung nur nach § 940 zur Vorschußleistung herangezogen werden, nicht auch nach § 627 ZPO. Gefahr im Verzuge liegt hier aber nicht vor. Denn der Klägerin ist das Armenrecht bewilligt und ein Armenanwalt beigeordnet, der das Amt auch angetreten hat. Der Beschluß (BraunZ. 66 S. 94) steht nicht entgegen; denn dort ist der Frau kein Armenanwalt beigeordnet gewesen. Dann liegt natürlich Gefahr im Verzuge vor, da es unzulässig ist, sie darauf zu verweisen, daß sie sich einen Armenanwalt hätte beiordnen lassen können. Allerdings kann ihr nach §§ 125, 126 ZPO. das Armenrecht wieder entzogen werden. Aber auch im Hinblick hierauf ist Gefahr im Verzuge nicht anzunehmen (JW. 1903 S. 98⁴; aA. Hamburg Rsp. 12 S. 313). Die Ansicht der Beschwerdeführerin, sie habe schon jetzt ein dringendes Interesse daran, von der Kostenpflicht gegenüber ihrem Anwalte befreit zu sein, ist mangels jedweder Gefahr im Verzuge und namentlich deshalb unhaltbar, weil im Falle ihres Unterliegens die Kostenpflicht des Mannes nach §§ 1387¹, 1416¹ wegfällt, ihr Anspruch auf Befreiung also nur ein bedingter ist.

Nach § 1388 ist im Rahmen des § 1357 ferner auch die Kostenpflicht des Mannes gegenüber den Gläubigern der Frau, also hier dem Anwalt gegenüber begründet (Seuffert 63 Nr. 135). Aber eine einstw. Verfügung ist auch hier nur nach § 940 ZPO. statthaft und Gefahr im Verzuge liegt nicht vor. Abgesehen davon fehlt es der Beschwerdeführerin zur Geltendmachung dieses Gesichtspunktes an der Legitimation. W. n.

γ) Einstw. Verfügung. Aufrechnung gegen Kostenvorschuß?

OLG. Stettin, 3. ZS. Urteil v. 4. Juni 1919.

Im Scheidungsprozesse war dem Beklagten durch einstw. Verfügung aufgegeben worden, der Klägerin zu Händen ihres Prozeßbevollmächtigten einen Kostenvorschuß zu zahlen. Der Beklagte erhob Widerspruch und rechnete mit einer ihm aus dem Vorprozesse unstreitig zustehenden Kostenforderung auf. Allein die Verfügung, die dem Manne die Zahlung eines Kostenvorschusses aufgibt, enthält das Gebot, die Frau von einer Verbindlichkeit gegenüber ihrem Anwalte zu befreien. Diese Pflicht des Mannes ist die Pflicht der Frau, dem Manne die Kosten eines früheren Verfahrens zu ersetzen, dem

Gegenstande nach nicht gleichartig (§ 387). Dazu kommt, daß die Frau vollkommen rechtlos gestellt würde, wenn gegen ihre aus § 1387 Nr. 1 BGB. und § 940 ZPO. hergeleiteten Rechte auf Kostenvorschuß die Aufrechnung zulässig sein sollte. Dr. M.

e) **Darf die Frau als Generalbevollmächtigte des Mannes ihren Verfügungen über eingebrachtes Gut zustimmen? Auslegung des § 1401.**

Kammergericht, 1. ZS. Beschluß v. 19. September 1918.

Die Erben des Grundstückseigentümers A. haben in notarieller Verhandlung vom 1. April 1918 vorbehaltlich der Genehmigung des im Felde stehenden Mannes der Miterbin B. das Grundstück im Wege der Erbauseinandersetzung dem Miterben M. überwiesen und ihn zugleich bevollmächtigt, die Auflassung an sich selbst zu bewirken. Er hat demgemäß in notarieller Verhandlung vom 3. Juli 1918 die Auflassung an sich erklärt und seine Eigentumseintragung beantragt. B. hatte seiner Frau die Generalvollmacht vom 2. März 1918 erteilt; später ist er in englische Gefangenschaft geraten. Das Grundbuchamt hat den Erben eröffnet, daß B. die Erklärungen seiner Frau vom 1. April 1918 zu genehmigen habe. Die Beschwerde der Erben blieb erfolglos. Ihre weitere Beschwerde ist begründet.

Die Beschwerdeführer halten die Voraussetzungen des § 1401 mit Rücksicht auf die Gefangenschaft des B. für gegeben, weil bei dem Alter der Witwe A. eine Ordnung des Nachlasses ihres bereits vor 3 Jahren verstorbenen Mannes bis zur Rückkehr des B. nicht aufgeschoben werden könnte. Das LG. sieht eine „Verhinderung" des B. nicht als dargetan an, da er trotz der Gefangenschaft seine Zustimmung in einer dem § 29 GrBO. entsprechenden Form erklären und seinen Angehörigen übermitteln könne. Diese Erwägung gibt zu rechtlichen Bedenken keinen Anlaß (vgl. § 2 B. v. 8. März 1917, RGBl. 219), so daß auf sich beruhen kann, ob es auch an einer mit dem Aufschube verbundenen Gefahr fehlt. Die hiernach erforderliche Zustimmung des B. kann nicht schon darin gefunden werden, daß er seiner Frau die Generalvollmacht erteilt hat; denn darin liegt keine im voraus erteilte Zustimmung zu Rechtshandlungen, die die Frau im eigenen Namen vorzunehmen hat. Durch die Vollmacht ist aber die Frau ermächtigt worden, alle Angelegenheiten ihres Mannes zu besorgen, derart, daß sie ermächtigt sein sollte, jede Rechtshandlung für ihn vorzunehmen, die er selbst vornehmen könnte und bei der gesetzlich Stellvertretung zugelassen sei. Hiernach wäre auch die zu Verfügungen der Frau erforderliche Zustimmungserklärung durch die Vollmacht gedeckt, falls insoweit Stellvertretung gesetzlich zulässig ist.

Nach § 1408 ist das Recht des Mannes am eingebrachten Gute nicht übertragbar. Um eine solche Übertragung handelt es sich aber nicht, wenn der Mann die aus der Verwaltung fließenden Rechte durch Bevollmächtigte wahrnehmen läßt. Auch der dem § 1408 zugrunde liegende Rechtsgedanke steht einer dahingehenden Vollmacht grundsätzlich nicht entgegen. Die Denkschrift (S. 284) sagt zwar: „Zu dem Manne darf die Frau das Vertrauen haben, daß er sein Recht in der durch den Zweck des Eingebrachten gebotenen Weise ausüben werde; die in seiner Person liegende Gewähr fiele aber weg, wenn ihm die Veräußerung des Rechtes gestattet wäre." Mit diesen Erwägungen hat das Gesetz es doch für vereinbar gehalten, daß der bevormundete Mann vom Vormund in den sich aus der Verwaltung und Nutznießung ergebenden Rechten und Pflichten vertreten wird (§§ 1409, 1415). Ein Bedürfnis für solche Vertretung kann aber auch gegeben sein, wenn der Mann auf längere Zeit durch Krankheit ꝛc an der Ausübung jener Rechte und Pflichten verhindert ist. Die Bestellung eines Pflegers wird in Fällen dieser Art nicht immer möglich sein, wegen der damit verbundenen Beaufsichtigung durch das VormGericht häufig auch den Interessen beider Eheleute zuwiderlaufen. Wenn auch hiernach der Mann nicht ohne wichtigen Grund befugt sein mag, zur Verwaltung des Eingebrachten einen Dritten zu bevollmächtigen, so läßt sich doch diese Befugnis für Fälle der vorliegenden Art nicht grundsätzlich ausschließen (Mot. 4 S. 300). Namentlich sind aber Bedenken nicht dagegen zu erheben, daß der Mann der Frau selbst eine dahingehende Vollmacht erteilt (Staudinger § 1408[1]; Planck § 1409[4]; Naumburg Recht 1904 S. 603). Ob dann die Frau den Mann auch bei den nach § 1395 ff. erforderlichen Zustimmungen vertreten kann, hängt von der Anwendbarkeit des § 181 ab. Die hier fr. Zustimmung zur Auflassung kann sowohl der Frau als auch dem Dritten erklärt werden (§ 182[1]), jedoch muß sie, wenn der Dritte zur Erklärung auffordert, ihm erteilt werden (§ 1396[2]). Mit Rücksicht auf die letztere Vorschrift wird der Grundbuchrichter regelmäßig den Nachweis erfordern, daß die Genehmigung dem Dritten erklärt worden ist (KGJ. 24 S. 235). Genehmigt aber die Frau namens des Mannes dem Auflassungsempfänger gegenüber, so liegt nach dem Wortlaute des § 181 keiner der dort geregelten Tatbestände vor....

Aber auch bei Anwendung des § 181 ist die Stellvertretung zuzulassen. Wenn auch in einer Generalvollmacht nicht ohne weiteres eine Gestattung i. S. des § 181 zu finden ist (KGJ. 41 S. 142), so liegt es doch anders, wenn durch sie der Frau die Ausübung der Verwaltung für den Mann mitübertragen wird. Die Ausführung dieses Auftrags hat regelmäßig die Erledigung zahlreicher Rechtsgeschäfte der im § 181 bezeichneten Art zur Folge. Für den Fall der gesetzlichen Vertretung (§ 1409 S. 2) ist der Frau gestattet, sich die erforderlichen Zustimmungen selbst zu erteilen (KGJ. 27 S. 166). Die gleiche Gestattung ist regelmäßig auch im Falle der Erteilung einer Generalvollmacht an die Frau als dem Willen der Beteiligten entsprechend anzunehmen, da davon auszugehen ist, daß der Mann die Frau nicht ungünstiger stellen will, als sie im Falle des § 1409 gestellt ist (ebenso Huther ZBl. FrG. 4 S. 182; Güther 2 S. 1650 „Ehefrau"). Hier rechtfertigt sich eine solche Annahme um so mehr, als durch die Fassung der Vollmacht ausgedrückt ist, daß der Frau B. eine möglichst weitgehende Vertretungsmacht eingeräumt werden sollte....

Sch.

f) **Allgemeine GG.: α) Aufrechnung von Ausgleichungsansprüchen nach §§ 840, 426 gegen Gesamtgutsforderungen.**

OLG. Augsburg, 2. ZS. Urteil v. 9. Oktober 1919.

Bei einem Kraftwagenunfall auf der Staatsstraße A.-L. ist die Frau H. verletzt worden. Ihr Mann, mit dem sie in allgemeiner GG. lebt, macht gegen den Staat u. a. Ersatz der Arztkosten und Schmerzensgeld in eigenem Namen geltend. Die Klagansprüche sind dem Grunde nach nur zur Hälfte gerechtfertigt, weil das Verschulden des Staates und das des Klägers gleich groß sind. Für die Ausgleichungsforderung, die der Staat nach §§ 840, 426 aufrechnungsweise erhebt, kommt folgendes in Betracht:

Nach § 1438 gehört der Anspruch der Frau auf Ersatz der Arztkosten von vornherein zum Gesamtgute, aus dem diese Kosten auch bestritten worden sind. Es unterliegt nach § 1443 der Verwaltung des Mannes; dieser ist daher befugt, Rechtsstreitigkeiten, die sich auf das Gesamtgut beziehen, in eigenem Namen zu führen. — Der Anspruch der Frau auf Schmerzensgeld war, weil vor seiner Rechtshängigkeit nicht übertragbar, ursprünglich nach § 1439 Bestandteil des Sondergutes der Frau. Mit der Einklagung durch den Mann im eigenen Namen ist er übertragbar geworden, mithin aus dem Sondergute der Frau ausgeschieden und Bestandteil des Gesamtgutes geworden. Zur Einklagung war der Mann gemäß § 1439 S. 2, 1520, 1525², 1380 berechtigt. Abgesehen davon war auch die Frau ausdrücklich damit einverstanden.

Nach § 1442² kann, wer zum Gesamtgut etwas schuldet, eine Gegenforderung aufrechnen, deren Berichtigung er aus diesem Gute verlangen kann (§ 1459). Hier ist der Unfall und damit die Beschädigung des Körpers und der Gesundheit der Frau H. durch fahrlässiges Verschulden sowohl des Staates als auch des Klägers verursacht worden. Nach §§ 823, 840 trifft die Haftung für den der Frau widerfahrenen Schaden den Staat und den Kläger als Gesamtschuldner. Gemäß § 426 steht dem Beklagten mithin, soweit er die ärztlichen Kosten zu erstatten und das ganze Schmerzensgeld zu entrichten hat, nach § 1459 gegenüber dem Gesamtgute der gegen den Mann begründete Ausgleichungsanspruch zu. Diesen kann er im jetzigen Rechtsstreite gegenüber der Ersatzforderung der Frau aufrechnen (§ 387 ff.). Da der Ausgleichungsanspruch nach § 426 die Hälfte des Ersatzanspruchs beträgt, so ergibt sich, daß der Anspruch auf Ersatz des der Frau H. erwachsenen Schadens ohne Rücksicht auf dessen ziffernmäßigen Betrag infolge der Aufrechnung nach § 389 zur Hälfte erloschen, also auch nur noch zur Hälfte begründet ist. E. Wr.

β) **Verzicht der Frau auf den Schutz der §§ 1445 und 1446?**

Kammergericht, 1. ZS. Beschluß v. 19. Juni 1919.

Die Eheleute A. haben durch Ehe- und Erbvertrag von 1917 für ihre Ehe die allgemeine GG. des BGB. eingeführt, der Mann solle jedoch berechtigt sein, ohne Einwilligung der Frau über die zum Gesamtgut gehörenden Grundstücke zu verfügen oder sich zu solchen Verfügungen zu verpflichten.

In notarieller Verhandlung von 1918 ist ihm ein kurz zuvor gekauftes Grundstück aufgelassen worden; dabei ist er zugleich als für seine Frau handelnd aufgetreten und hat seine Eintragung als Eigentümer mit dem Vermerk der Zugehörigkeit zum Gesamtgut beantragt. In einer ferneren notariellen Urkunde hat er, zugleich für seine Frau handelnd, die Eintragung eines Darlehns für die Sparkasse bewilligt und beantragt. Die Vorinstanzen haben beide Eintragungen abgelehnt, weil die obige Bestimmung des Ehevertrags wider die guten Sitten verstoße. Nach Erlaß des Beschwerdebeschlusses hat jedoch das Amtsgericht den Eigentumsübergang antragsgemäß eingetragen. Dieser neuen Rechslage muß auch das Gericht der weiteren Beschwerde Rechnung tragen. Nachdem so das unbelastete Grundstück einmal Gesamtgut geworden ist, kann es nachträglich nur unter Einwilligung der Frau A. mit der Hypothek belastet werden, wenn sie sich nicht auf Grund des Ehevertrags erübrigt. Letzteres ist nicht unzweifelhaft. Staudinger (§ 1445⁶) hält allerdings eine Vereinbarung, der zufolge der Mann dem § 1445 nicht unterworfen sein soll, regelmäßig gemäß § 138 für nichtig. Auch Ehrlich (Das zwingende Recht des BGB.) gelangt zu diesem Ergebnisse, weil er in § 1445 eine zwingende Vorschrift sieht. ... Allein eine Vereinbarung, die einen Rechtszustand herbeizuführen bestimmt ist, wie er in großen Teilen Deutschlands bisher bestand und zum Teil noch besteht — vgl. C. c. 1421/2, 1497 Nr. 8, AG. zum BGB. Art. 56 §§ 1, 3, 4; Ges. über das Güterrecht in Westfalen, AG. Art. 48 —, wird man nicht als gegen die guten Sitten verstoßend bezeichnen können. Auch die Ansicht Ehrlichs ist nicht ohne Bedenken und wird von namhaften Schriftstellern aus beachtlichen Gründen abgelehnt (Planck § 1432; Opel-Blume § 1445⁸; Baligand Ehevertr. 86; Kohler Lehrb. 3 § 42 VI). Indessen bedarf es hier keiner Entscheidung dieser Streitfrage, denn hier beschränkt sich der Ehevertrag nicht auf die Außerkraftsetzung des § 1445, sondern gibt dem Manne ganz allgemein die Berechtigung, über die Grundstücke des Gesamtguts zu verfügen, begreift also auch unentgeltliche Verfügungen in sich, die in § 1446 besonders geregelt sind. Das mag der Verfasser des Ehevertragsmusters nicht beabsichtigt haben, zumal dem Mann auch nach älterem rheinischen Recht ein soweit gehendes Verfügungsrecht grundsätzlich nicht zustand. Es geht aber nicht an, die Bestimmung einschränkend dahin auszulegen, daß sie sich nur auf entgeltliche Verfügungen bezieht; das würde ihrem klaren Wortlaute widersprechen. Es fragt sich daher, ob sie trotz § 1446 wirksam ist, das ist aber zu verneinen. § 1446 ist als zwingend zu betrachten. Dafür spricht sein Wortlaut und vor allem sein Zweck. Nach den Mot. (4 S. 356) handelt es sich um eine Schutzvorschrift im Interesse der Frau, um ihr und der Familie die Grundlagen ihrer Wirtschaftsführung gegenüber leichtfertigem Verhalten des Mannes zu sichern. Deshalb ist anzunehmen, daß das Gesetz eine Vereinbarung, durch die die Frau auf diesen Schutz allgemein verzichtet, nicht hat zulassen wollen, zumal wenn es sich um Grundbesitz handelt, dessen besondere Bedeutung nach den

Mot. (4 S. 353) zur Aufnahme des § 1445 geführt hat. Dagegen könnte man zwar einwenden, daß § 1518 durch Verweisung auf §§ 1487, 1446 für die fortgesetzte GG. abweichende vertragliche Anordnungen untersage, während dies für die GG. bei bestehender Ehe nicht geschehen sei. Gegen diesen Schluß spricht aber die Entstehungsgeschichte des § 1518, der im wesentlichen dem auf das gütergem. Erbrecht bezüglichen, nicht Gesetz gewordenen § 1385[1] des 1. Entw. seine Aufnahme verdankt (Mot. 4 S. 434). Die hier fr. Vereinbarung kann auch nicht etwa nach § 139 für entgeltliche Verträge aufrecht erhalten werden: denn der § 139 setzt ein sich aus mehreren Teilen zusammensetzendes einheitliches Geschäft voraus, was hier nicht zutrifft (vgl. RG. 76 S. 78; anders lag der Fall in Rsp. 8 S. 24). Es kann sich vielmehr nur fragen, ob die übrigen Teile des Ehevertrags von 1917 infolge der nichtigen Abrede bezüglich der Grundstücksverfügungen nach § 139 ebenfalls nichtig sind. Dazu braucht jedoch hier nicht Stellung genommen zu werden, da die Eheleute A. im Grundbuch als in GG. lebend eingetragen stehen und der Grundbuchrichter von der Richtigkeit dieser Eintragung ausgehen darf (§ 891). M.

γ) **Alleinverfügungsrecht des geschiedenen Mannes bis zur Auseinandersetzung. Guter Glaube des Dritten?**

OLG. Augsburg, 1. ZS. Urteil v. 13. Januar 1919.

Am 1. August 1917 verkaufte A. ohne Wissen seiner von ihm rechtskräftig seit 6. März 1917 geschiedenen Frau vor der Vermögensauseinandersetzung das stehende Holz des zum Gesamtgute gehörigen Waldgrundstücks um den sofort ausgezahlten Preis von 3400 Mark an den Beklagten; hiervon gab A. seiner Frau nichts, er behauptet vielmehr, das gesamte Geld verloren zu haben. Darauf verbot auf Antrag der Frau das LG. durch einstw. Verfügung dem Beklagten das Schlagen und Abfahren des Holzes. Weiter erhob die Frau Klage mit dem Antrage, dem Beklagten zu verbieten, das Holz ohne ihre Zustimmung zu schlagen und abzuführen. Demgemäß erkannte das LG. Denn da der A. die Tatsache der rechtskräftigen Scheidung gekannt habe, sei es unerheblich, ob ihm auch bekannt gewesen sei, daß diese Tatsache die Beendigung seines bisher ihm allein zugestandenen Verwaltungsrechtes zur Folge gehabt habe; seine Meinung, zur Fortführung der Verwaltung berechtigt gewesen zu sein, beruhe auf Rechtsirrtum, könne ihn also nicht schützen; bei dieser Sachlage sei es weiter unerheblich, ob Beklagter selbst im guten Glauben an eine Berechtigung des A. gewesen sei; der Schutz des Dritten, der mit A. abgeschlossen habe, setzt voraus, daß dem Ehemann die die Beendigung seiner Verwaltung herbeiführende Tatsache unbekannt war.

Diese zutreffenden Ausführungen werden nicht durch das in der Berufungsinstanz Vorgebrachte erschüttert. Es ist völlig gleichgültig, ob die Tatsache der zwischen den Eheleuten A. bestandenen GG. in das Güterrechtsregister eingetragen war, da zur Entscheidung der Frage, ob und inwieweit der Ehemann nach Scheidung der Ehe und Aufhebung der GG. noch zur

Verwaltung allein berechtigt ist, der § 1424 nach § 1472 entsprechend anzuwenden ist, die Befugnis des Mannes also bei beiden Güterständen gleichheitlich geregelt ist. Demgemäß steht nach Scheidung der Ehe die Verwaltung des Gesamtgutes, die bisher grundsätzlich dem Manne allein zustand, nunmehr beiden Ehegatten gemeinschaftlich zu, was zur Folge hat, daß ein vom Mann allein über einen Gegenstand des Gesamtgutes abgeschlossener Vertrag der Frau gegenüber unwirksam ist. Von dieser Regel macht der § 1424 insofern eine Ausnahme, als der Mann auch nach Beendigung der GG. zur Fortsetzung der Verwaltung des Gesamtgutes berechtigt ist, bis er die Beendigung erfährt oder sie kennen muß. Auf diese Ausnahme kann sich A., da er die Tatsache der Scheidung gekannt hat, nicht berufen. Es genügt, daß A. die Tatsache kannte, die die Beendigung seines Rechtes auf Alleinverwaltung herbeiführte, also hier die rechtskräftige Scheidung seiner Ehe. Ob ihm auch bekannt war, daß diese Tatsache die erwähnte Rechtsfolge hat, ist unerheblich. A. mag des guten Glaubens gewesen sein, noch zum Alleinverkauf berechtigt zu sein, dieser Glaube beruht aber auf einem Rechtsirrtum, auf Unkenntnis der gesetzlichen Vorschriften, diese Unkenntnis schützt nicht. Auch bei dem Beklagten mag zutreffen, daß er an eine Alleinberechtigung des A. glaubte. Da sich aber A. auf die Ausnahme des § 1424 nicht berufen kann, so fällt auch jedes Recht des Beklagten fort. Denn in § 1424 ist nicht etwa bestimmt, daß ein Dritter sich auf seinen guten Glauben berufen kann, wenn der Mann das Ende seines Verwaltungsrechtes kennt, sondern ein Dritter kann sich nur dann auf die Ausnahme des § 1424 berufen, wenn die Voraussetzung hierzu beim Manne gegeben ist. Pr.

δ) § 1984 und Verurteilung zur Duldung der Vollstreckung.

OLG. Hamburg, 2. ZS. Urteil v. 16. Oktober 1919.

Das vom Kläger vertretene Testament hat eine verzinsliche Forderung gegen das Gesamtgut der Z.schen GG., für das ein zum Gesamtgut gehöriges Grundstück hypothekarisch haftet. Anfang 1917 ist eine Zinsrate von 658 Mark fällig geworden, die die Klage gegen „Carl Z. Erben" und damit auch gegen die Ehefrau B. fordert. Das LG. hat abgewiesen, weil es sich um einen Anspruch gegen den Nachlaß der Witwe Z. handle, der nur gegen den Nachlaßverwalter verfolgt werden könne. Dabei übersieht es, daß das dem Kläger verpflichtete Gesamtgut der fortgesetzten GG. mit dem Tode der Witwe Z. nur zur Hälfte in deren Nachlaß gefallen, zur anderen Hälfte aber den Abkömmlingen des Mannes, die bis dahin mit ihrer Mutter und Stiefmutter in fortgesetzter GG. gelebt haben, darunter der B. zugefallen ist. Diese Hälfte unterliegt aber nicht der Verwaltung des Nachlasses der Witwe Z. Trotzdem ist der Hauptanspruch, die Beklagten als Gesamtschuldner zu 658 Mark zu verurteilen, nur mit einer wesentlichen Einschränkung anzuerkennen. Allerdings ist die fortgesetzte GG. durch den Tod der Witwe Z. beendigt. Aber offenbar haben sich die Gesamtgutsbeteiligten noch nicht auseinandergesetzt; vielmehr ist das Samtgut, besonders das Grundstück nach wie vor ungeteilt. Dann ist aber nach §§ 1498, 1480 eine persönliche Haftung der Abkömmlinge, soweit es sich um ihre Anteilsberechtigung am Gesamtgut handelt, noch gar nicht begründet. Vielmehr sind sie lediglich, soweit sie Erben der Witwe Z. sind, auch in deren — im Verhältnis zu den Abkömmlingen ausschließliche — Haftung für die Kapitalschuld an den Kläger und für die daraus erwachsenden Zinsschulden als für Gesamtgutsverbindlichkeiten eingetreten. In Ansehung dieser Erbenhaftung, die, auch soweit die Erben mit den am Gesamtgut anteilsberechtigten Abkömmlingen identisch sind, bis zur Teilung des Gesamtguts sehr wohl von den Rechtsbeziehungen der (mit dem Eintritt der fortgesetzten GG. in die rechtliche Stellung der überlebenden Witwe Z. eingerückten) Abkömmlinge zu unterscheiden ist, greift tatsächlich der § 1984 Platz, m. a. W.: Ansprüche, die, falls die Witwe Z. noch lebte, gegen diese als Vertreterin der Gesamtgutsverbindlichkeiten geltend gemacht werden müßten — um einen solchen Anspruch handelt es sich hier —, können bis zur Teilung des Gesamtguts, bis zu welchem Zeitpunkt eine persönliche Haftung der Abkömmlinge in dieser ihrer Eigenschaft nicht eintritt, nur gegen den Nachlaßverwalter der Witwe Z. als Vertreter ihrer Erben verfolgt werden.

Anderseits ist die Tatsache zu berücksichtigen, daß nach §§ 1497, 1472 mit dem Tode der Witwe Z. die Verwaltung des Gesamtguts, aus dem der Kläger Befriedigung verlangt, dem Nachlaßverwalter als Vertreter der Erben — bei Identität der Erben mit den anteilsberechtigten Abkömmlingen als Vertreter der letzteren in ihrer Erbeneigenschaft — und den Abkömmlingen als solchen gemeinschaftlich zusteht. Daraus ergibt sich die persönliche Verpflichtung der verklagten Abkömmlinge, zur Befriedigung des Klägers als zu einer zur ordnungsmäßigen Verwaltung des Gesamtguts erforderlichen Maßregel mitzuwirken (§ 1472²). Dieser Verpflichtung haben sie nach dem Willen des Gesetzgebers dadurch zu genügen, daß sie sich zur Duldung der Zwangsvollstreckung in das Gesamtgut verurteilen lassen (§§ 745, 743 ZPO. und dazu Stein; Mot. zum BGB. 4 S. 406). Es ist unbedenklich anzunehmen, daß der Klagantrag auf Zahlung des fälligen Zinsbetrags, neben dem auf Duldung der Zwangsvollstreckung in das Gesamtgutsgrundstück, den Anspruch auf Duldung der Zwangsvollstreckung in das ganze Gesamtgut deckt.

Bei der Kostenentscheidung trägt das Gericht dem Umstand Rechnung, daß der Kläger mit der persönlichen Zahlungsforderung über den Rahmen der ihm zustehenden Ansprüche hinausgegangen ist. Die Beschränkung dieser Entscheidung auf „die Kosten, soweit sie durch die Klage gegen die Eheleute B. entstanden sind“ ist zwar an sich nicht unbedenklich, läßt sich aber nicht vermeiden, nachdem durch die Versäumnisurteile gegen die übrigen Beklagten nur über „die sie betreffenden Kosten“ entschieden worden ist. Die Kostenhaftung der Frau B. beschränkt sich nicht, wie die Haftung für die Klageforderung, auf ihren Anteil am Gesamtgut; demgemäß ist hier auch die Duldungsverpflichtung des Mannes unbeschränkt. M. M.

ε) Ausschließung der Fortsetzung der GG.[1] Eintragung ins Güterrechtsregister? Verzeichnispflicht[2] des Überlebenden nach § 1669.

Kammergericht, 3S. 1a. Beschluß vom 19. September 1919.

Der Beschwerdeführer hat 1912 mit seiner 1913 verstorbenen Frau in notarieller Form vereinbart, daß nach dem Tode des einen für den Überlebenden die Fortsetzung der zwischen den Ehegatten bestehenden übergeleiteten allgemeinen GG. ausgeschlossen sein solle. Im Anschluß hieran haben sie sich in derselben Urkunde durch gemeinschaftliches Testament in der Form des § 2233 (vor Notar und 2 Zeugen) gegenseitig zu Erben eingesetzt und bestimmt, daß, was nach dem Tode des Letztlebenden vom beiderseitigen Vermögen noch vorhanden wäre, an ihre Kinder zu gleichen Teilen, und zwar als Erbe des Letztsterbenden, fallen solle. Ein Vermögensverzeichnis (§ 1640) ist nach dem Tode der Frau nicht zu den VormAkten eingereicht worden. Deshalb wurde die beantragte Erteilung eines Zeugnisses nach § 1314² abgelehnt. Die weitere Beschwerde ist unbegründet.

Die Fortsetzung der GG. kann außer auf Grund des § 1509, wenn dessen Voraussetzungen vorliegen, rechtswirksam ausgeschlossen werden u. z. schlechthin durch einen Ehevertrag im Sinne des § 1508, wie ihn hier die Eheleute am 26. August 1912 geschlossen haben, dann aber auch dadurch, daß gemäß §§ 1511, 1516³ sämtliche gemeinschaftliche Abkömmlinge durch gemeinschaftliche letztwillige Verfügung von der fortgesetzten GG. ausgeschlossen werden, wodurch tatsächlich die Möglichkeit der Bildung eines der fortgesetzten GG. zugänglichen Gesamtguts ausgeschlossen wird (vgl. Bay.Ob.LG. Rsp. 26 S. 229). Denn wenngleich in der dem Ehevertrag angeschlossenen letztwilligen Verfügung nicht die im § 1511 erforderte ausdrücklich erklärte Ausschließung der fortgesetzten GG. ausgesprochen worden ist, so enthält doch zugleich das in gehöriger Form (§ 2233) errichtete gemeinschaftliche Testament stillschweigend die von den Erblassern beabsichtigte Ausschließung der fortgesetzten GG., da die Einsetzung des Überlebenden zum Alleinerben begrifflich den Eintritt der Kinder in eine GG. ausschließt. Eine derartige Bestimmung reicht daher zur Ausschließung der Kinder von der fortgesetzten GG. im Sinne des § 1511 aus (Rsp. 7 S. 62).

[1] Auf die Ablehnung der Fortsetzung der GG. findet der § 1944² S. 1 entsprechende Anwendung; deshalb setzt der Beginn der Frist nicht voraus, daß der überlebende Ehegatte sein Ablehnungsrecht kennt und die rechtlichen Folgen der Ablehnung oder Nichtablehnung übersieht. Dagegen ist Satz 2 das. nicht entsprechend anwendbar, weil die Fortsetzung der GG. nicht durch Verfügung von Todeswegen angeordnet werden kann, sondern immer die kraft Gesetzes eintretende Folge der allgemeinen GG. ist. Hat daher der verstorbene Gatte eine letztwillige Verfügung hinterlassen, so ist deren Verkündung für den Beginn der Ablehnungsfrist bedeutungslos (KG., 1. 3S. Beschluß v. 14. März 1918; KGJ. 51 S. 168).

[2] Nach § 1669 S. 2 sind an erster Stelle die Interessen der Kinder ins Auge zu fassen u. z. nicht bloß die vermögensrechtlichen, sondern auch ihre sonstigen Interessen, zB. ob die Kinder in Ermangelung einer geeigneten weiblichen Pflege durch den Mangel einer regelrechten Wirtschaft Not leiden und daher die Wiederverheiratung im Interesse auch der Kinder liege (KG., 3S. 1a. Beschluß v. 17. Januar 1919 x 17).

Zur Wirksamkeit einer solchen Anordnung gehört nicht deren Eintragung im Güterrechtsregister (Staudinger § 1509[8]). Übrigens will § 1435 nur den rechtsgeschäftlichen Verkehr schützen, begründet aber erbrechtlich kein Recht der gemeinschaftlichen Abkömmlinge, die Rechtswirksamkeit der von ihren Eltern gemäß § 1508 bestimmten Ausschließung der fortgesetzten GG. wegen Nichteintragung im Güterrechtsregister zu beanstanden (Staudinger § 1435[4]). Die Rechtsfolge der Ausschließung ist demnach die, daß der erstverstorbene Elternteil nach § 1482 beerbt worden ist, zu seinem Nachlaß also sein Anteil am Gesamtgut gehört (Staudinger § 1511[6]; Schmitt Bay. NotZ. 53 S. 343). Da von diesem Anteile die Kinder durch das gemeinschaftliche Testament ihrer Eltern für die Lebenszeit des Überlebenden ausgeschlossen sind, steht ihnen nach allgemeinen Grundsätzen (nicht nach § 1511[2]) der Pflichtteilsanspruch zu (Rsp. 26 S. 229). Gehört dieser Anspruch zu dem Vermögen, zu dessen Aufzeichnung gemäß § 1640 der Vater nach dem Tode der Mutter verpflichtet ist, so liegen dem Vater nach § 1669 gegenüber seinen minderjährigen Kindern die im § 1640 aufgestellten Verpflichtungen ob, obgleich die Kinder, da die fortgesetzte GG. nach dem Tode des erstverstorbenen Ehegatten nicht eingetreten ist, keine Ansprüche nach § 1495[2] haben oder hatten, daher an sich die Voraussetzung des § 1314[2] nicht zutrifft. Das VormGericht kann demnach die Erteilung des im § 1314[1] vorgesehenen Zeugnisses von dem Nachweise der im § 1669 bezeichneten Verpflichtungen abhängig machen. Wegen des Pflichtteilsanspruchs des minderjährigen Kindes hat der Beschwerdeführer ein Vermögensverzeichnis einzureichen, das nach RG. 80 S. 66 den Reinbestand des Nachlasses und den dem Kinde hieran gebührenden Anteil anzugeben hat. Die Verjährung würde jenen Anspruch nicht schlechthin beseitigen; überdies ist die Verjährung nicht nur nach §§ 206, 181, 1630[2], 1795, sondern auch nach § 204 Satz 2 gehemmt. Zn.

g) **Unterhaltspflicht des Vaters. Berufswechsel.**

OLG. Braunschweig, 1. ZS. Urteil v. 4. Juli 1919.

Der 17 jährige Schauspielereleve Gustav hat, vertreten durch seinen Pfleger, seinen Vater, den Zugführer K., der getrennt von seiner Frau und mit ihr im Scheidungsprozesse lebt, auf Unterhaltsbeiträge von monatlich 60 Mark verklagt. Das LG. hat zu monatlich 40 Mark verurteilt. Die Berufung des Beklagten ist begründet. Der Kläger hat den Unterhaltsbeitrag nur deshalb nötig, weil er den Schauspielerberuf ergriffen hat. Wenn auch der Beklagte genehmigt hat, daß der Kläger unter Aufgabe seiner bisherigen Tätigkeit als Schlosser den neuen Beruf ergriff, so ist er doch nicht behindert, seine Genehmigung zurückzuziehen, wenn er die vom Kläger geforderten Unterhaltszuschüsse nicht leisten kann. Er ist vermöge seiner Unterhaltspflicht als Vater nur verpflichtet, seinem Sohne die Mittel zu einem Berufe zu gewähren, der mit Rücksicht auf die soziale Stellung und die Vermögenslage des Beklagten angemessen erscheint (KG. Rsp. 1 S. 450). Nach seinem Einkommen ist er, der seiner Frau und seinem 11jährigen Sohne Heinz Unterhaltsbeiträge zu gewähren hat, nicht in der Lage, Aufwendungen zu machen, um seinem älteren Sohne die Fortsetzung seiner Tätigkeit als Schauspieler zu ermöglichen. Kann der Kläger als Schauspieler nicht ohne Zuschüsse auskommen, so bleibt ihm nichts anderes übrig, als daß er zu seiner früheren Tätigkeit, die ihm ausweislich der überreichten Bescheinigung die Mittel zu seinem Lebensunterhalte verschaffte, zurückkehrt. Unter besonderen Umständen mag die gegenteilige Ansicht gerechtfertigt sein. Der Kläger hat aber dafür nichts vorgebracht. W.n.

b) *α*) **Religiöse Erziehung. Einfluß der Reichsverfassung.**

Kammergericht, ZS. 1a. Beschluß v. 11. Juli 1919.

... Die Bestimmung des Aufrufs vom 12. November 1918 (RGBl. 1303): „Niemand darf zu einer religiösen Handlung gezwungen werden" berührt die landesgesetzlichen Vorschriften über die religiöse Erziehung der Kinder überhaupt nicht. Der in den öffentlichen Schulen auf Grund der Lehrpläne erteilte Unterricht in den Glaubenssätzen einer der in Preußen anerkannten oder zugelassenen Religionsgemeinschaften (KGJ. 38 S. 97), die Belehrung über das Wesen, den Inhalt und die geschichtliche Entwicklung der in Betracht kommenden Religion mit Einschluß des evang. Konfirmations- und des kath. Beicht- und Kommunionsunterrichts (aO. 20 S. 243) und die Erziehung in jener Religion überhaupt können nicht als religiöse Handlungen i. S. des Aufrufs aufgefaßt werden. Als solche kommen vielmehr nur bestimmte „Handlungen", also bestimmte Betätigungen der Zugehörigkeit zu einer Religionsgemeinschaft, wie Taufe, Kommunion, Konfirmation, Beichte, Abendmahl, Trauung, Besuch des Gottesdienstes in Betracht. Diese Auffassung findet ihre Bestätigung im Art. 30 Entw. der Reichsverf.: „Niemand darf zu einer kirchlichen Handlung ..." Für sie spricht auch der Erlaß des pr. Min. für Wissenschaft vom 1. April 1919, daß der Religionsunterricht wahlfrei ist und daß Schüler der öffentlichen Schulen auf Antrag derjenigen, die die Religion des Schülers zu bestimmen haben, vom Religionsunterrichte zu entbinden sind. Diese Anordnungen wären überflüssig und entbehrlich gewesen, wenn der Aufruf sich auch auf jenen Unterricht erstreckt hätte.

Hiernach darf gegenwärtig hinsichtlich der Teilnahme der Kinder an kirchlichen Handlungen und Feiern kein behördlicher Zwang ausgeübt werden, wie es auch schon bisher den Erziehungsberechtigten freistand, in welcher Weise sie bei der häuslichen Erziehung auf die Kinder in religiöser Beziehung einwirken wollten, es sei denn, daß die Voraussetzungen zum Einschreiten aus § 1666 vorlagen. Allein einen Zwang zu Betätigungen der gedachten Art betreffen die pr. landesgesetzlichen Vorschriften in keiner Weise; sie haben vielmehr lediglich die Feststellung der Religion, der die Kinder angehören, zum Gegenstande. Ob die Kinder überhaupt zum Besuch des Religionsunterrichts und des Gottesdienstes anzuhalten sind, liegt ganz außerhalb des Rahmens jener Vorschriften. Demgemäß beschränkt sich die Aufgabe des

VormGerichts in den etwa gegebenen Fällen auf eine Überwachung des Erziehungsberechtigten nach der Richtung, daß er die Erziehung der Kinder in einem ihnen nicht zukommenden Glauben unterläßt. Hiernach fehlt der Beschwerdeführerin die sachliche Berechtigung, für ihre Kinder als deren gesetzliche Vertreterin eine Austritts- oder Übertrittserklärung abzugeben und dadurch den Austritt der Kinder aus der kath. Kirche mit bürgerlich-rechtlicher Wirkung herbeizuführen. Rechtlich bedenkenfrei ist auch die Annahme des LG., daß an vorstehender Rechtslage das Ges. über die Erleichterung des Austritts 2c vom 13. Dezember 1918 nichts geändert habe. Allerdings unterliegt auch die Rechtswirksamkeit dieses Gesetzes keinem Zweifel. Allein durch Art. I sind lediglich die in seinem § 1 enthaltenen Erschwerungen des Austritts dahin gemildert worden, daß die Wirkung einer — im übrigen rechtswirksamen — Austrittserklärung mit dem Eingange beim Amtsgericht eintritt, wie überhaupt das Gesetz nur die Form und die bürgerlich-rechtlichen Wirkungen der Kirchenaustrittserklärung regelt (KGJ. 48 S. 13). Diese bewirkt übrigens das Ausscheiden aus der Religionsgemeinschaft überhaupt nicht; vielmehr gilt der Austretende, der sich nicht auch mit kirchenrechtlicher Wirksamkeit von seiner Religionsgemeinschaft losgesagt hat, noch als zu ihr gehörig (vgl. ALR. II 11 §§ 41/2, 2 § 84). M.

β) **Ist, wenn die Mutter ihren Kindern Hypotheken und Grundstücke schenkt, der Vater zur Anerkennung des Widerrufs der Schenkung und zur Rückübertragung befugt?**

Kammergericht, ZS. 1a. Beschluß v. 24. Januar 1919.

Am 8. August 1914 hat der den Kindern der Eheleute A. bestellte Pfleger mit der Frau A. einen notariellen Vertrag geschlossen, durch den diese ihnen Hypotheken und Grundstücke übertrug, sich und ihrem Mann aber den Nießbrauch vorbehielt; die Übereignung hat das Vorm.Gericht genehmigt. Am 5. Juli 1918 haben die Eheleute einen notariellen Vertrag geschlossen, in welchem der Mann anerkennt, daß seine Frau ihm und seinen Kindern gegenüber die Schenkung wegen Undanks der Kinder mit Recht widerrufen habe; demgemäß überträgt der Mann die geschenkten Hypotheken und Grundstücke an die Schenkgeberin zurück und bewilligt die Umschreibung, während die Frau A. diese sowie die bewilligte Löschung des Nießbrauchs beantragt.... Wenn zu diesen Erklärungen die Genehmigung des VormGerichts nachgesucht ist, so hätte an erster Stelle die Frage, welche Erklärungen und aus welchem Grunde sie der Genehmigung bedürfen. Nach dem Gesetze bedarf ihrer weder die Entgegennahme des Widerrufs einer Schenkung noch das Anerkenntnis der Berechtigung dieses Widerrufs, wenn der Beschenkte minderjährig ist. Da ferner nach § 1643 mit §§ 1812, 1821² ein Vater zu Verfügungen über Hypotheken seiner Kinder keiner Genehmigung bedarf, so bleibt hier nur die Übereignung der Grundstücke übrig, wozu die Genehmigung einzuholen wäre. Das LG. hat sich zu dieser und der weiteren Frage, ob jene Übereignung im Interesse der Kinder liege, überhaupt nicht ausgesprochen, vielmehr die Genehmigung schon deshalb verweigert, weil ein Unberechtigter die Berechtigung des Widerrufs anerkannt habe. Allein wie der Senat am 14. Juli 1918 (Recht Nr. 1177) ausgesprochen hat, darf sich das Gericht nicht damit begnügen, angeblich vorhandene Mängel des Vertragschlusses festzustellen, sondern hat die Schwierigkeiten, deren Beseitigung ihm möglich ist und gerade obliegt, aus dem Wege zu räumen. Ist hiernach auch die Begründung des LG. zu beanstanden, so beruht doch seine Entscheidung im Ergebnis auf keiner Gesetzesverletzung. An sich geht es rechtlich zutreffend davon aus, daß zum Anerkenntnis der Berechtigung des Widerrufs der Vater nicht berechtigt ist. Besteht auch rechtlich kein Hindernis, daß die Mutter den Widerruf gegenüber dem Vater als dem gesetzlichen Vertreter der Kinder erklärte, so enthält doch das vertragsmäßige Anerkenntnis der Berechtigung ein Rechtsgeschäft zwischen den Kindern und der Mutter, bei dem nach § 1631² mit § 1795 Nr. 1 eine Vertretung der Kinder durch den Vater gesetzlich ausgeschlossen ist. Deshalb hat auch das Amtsgericht mit Recht den Kindern zur Wahrnehmung ihrer Rechte einen Pfleger bestellt. Dieser hat aber bereits die Sachlage geprüft und das Vorliegen eines Widerrufsgrundes verneint. Daher kann zurzeit die Genehmigung der Erklärungen vom 5. Juli 1918 nicht in Frage kommen, u. z. auch nicht die der Übereignung der Grundstücke, selbst wenn zu ihrer Bewirkung der Vater berechtigt wäre, da diese Übereignung als Erfüllungsgeschäft (§§ 181, 1795²) erst in Betracht kommt, wenn die Berechtigung des Widerrufs anerkannt oder rechtskräftig festgestellt ist. M.

γ) **Mißbrauch der Vertretungsbefugnis nach § 1635²?**

Kammergericht, ZS. 1a. Beschluß v. 28. November 1919.

Der Beschwerdeführer A. ist aus Verschulden der Frau rechtskräftig geschieden, weil sie die Ehe mit X. gebrochen habe. Noch vor der Rechtskraft der Scheidung hat die Frau einen Sohn geboren, dessen Ehelichkeit A. in einem gegen das Kind anhängig gemachten Rechtsstreit mit der Behauptung, daß das Kind von X. erzeugt sei, angefochten hat. Die Klage ist rechtskräftig abgewiesen worden, nachdem die Mutter des Kindes die eidliche Bekräftigung ihrer Aussage und A. die Ableistung eines ihm auferlegten richterlichen Eides — des Inhalts, daß die Eheleute während der gesetzlichen Empfängniszeit des Kindes nicht geschlechtlich miteinander verkehrt hätten — verweigert hatten. Abweichend von der Regel des § 1635 S. 1 ist die Sorge für die Person des Kindes seiner Mutter, bei der es sich befindet, übertragen worden. Nunmehr hat die Mutter, die mit X. eine neue Ehe eingegangen ist und diesen auch jetzt noch als den Vater des Kindes bezeichnet, bei dem Vorm.-Gericht angeregt, dem A. auch die Vertretung ihres Kindes zu entziehen, da dieser sich seit 10 Jahren nicht um das Kind gekümmert habe und sich weigere, einer Namensänderung zuzustimmen, wonach das Kind mit behördlicher Genehmigung fortan den Namen X. führen solle. Die Vorinstanzen haben dem Antrag entsprochen. Die weitere Beschwerde ist begründet.

Allerdings kann durch eine Anordnung aus § 1666 dem Gewalthaber auch die gesetzliche Vertretung, insbesondere soweit sie ihm nach § 1635[2] verblieb, entzogen werden (RJA. 11 S. 4). Voraussetzung ist aber, daß er von seiner Vertretungsbefugnis unter Mißbrauch seines Personensorgerechts oder unter Vernachlässigung des Kindes schuldhaft Gebrauch macht und dadurch das geistige oder leibliche Wohl des Kindes gegenwärtig gefährdet. Hier wird, soweit ersichtlich, dem Beschwerdeführer ein Mißbrauch seiner Vertretungsbefugnis und eine darin liegende Vernachlässigung des Kindes nur insofern vorgeworfen, als er sich weigert, bei der beabsichtigten Namensänderung des Kindes mitzuwirken, insbesondere im Namen des Kindes die Namensänderung bei der zuständigen Behörde (vgl. jetzt V. vom 3. November 1919, GS. S. 177) zu beantragen. Dann würde zur Abwendung der hierin liegenden Gefährdung zunächst ausreichen, dem Beschwerdeführer die Vertretungsbefugnis in der Angelegenheit der Namensänderung zu entziehen, während für eine allgemeine Entziehung der Vertretungsbefugnis kein ausreichender Grund vorliegt. Aber auch die Annahme, daß der Beschwerdeführer durch die Weigerung, bei der Namensänderung mitzuwirken, im gegebenen Falle sich eines Mißbrauchs der Personensorge oder einer Vernachlässigung des Kindes schuldig mache, ist rechtlich nicht haltbar. Das Kind gilt nicht nur gesetzlich (§ 1591) als das eheliche des Beschwerdeführers, sondern seine Ehelichkeit ist überdies unanfechtbar mit Wirkung für und gegen alle (§ 643 ZPO.) dadurch festgestellt, daß die Anfechtungsklage des Beschwerdeführers rechtskräftig abgewiesen worden ist (Stein, Skonietzki-Gelpcke zu § 643 ZPO.). Das Kind teilt hiernach kraft Gesetzes (§ 1616) den Familiennamen des Beschwerdeführers, und unter solchen Umständen kann nicht damit gerechnet werden, daß die Verwaltungsbehörde, wenigstens bei Lebzeiten des Beschwerdeführers, eine Namensänderung dahin, daß das Kind fortan den Namen des jetzigen Ehemanns der Mutter führen dürfe, bewilligen würde. Dann enthält aber auch die Weigerung des Beschwerdeführers, in die Namensänderung zu willigen, keinen schuldhaften Mißbrauch der Personensorge, der es rechtfertigte, ihm auch nur, soweit seine Weigerung reicht, die Vertretungsbefugnis zu entziehen. Das Kind wird sich mit dem ihm gesetzlich zukommenden Namen abfinden müssen. Soweit hierdurch eine Offenlegung der Familienverhältnisse nicht zu umgehen sein wird, ist die hiervon zu erwartende seelische Beunruhigung des Kindes nicht auf die Weigerung des Beschwerdeführers zurückzuführen. B.

δ) **Anwendung des § 1636, wenn die getrennt lebenden Eheleute vergleichsweise die Personensorge dem einen von ihnen übertrugen und der andere Regelung des Verkehrs beantragt.**

Kammergericht, ZS. 1a. Beschluß v. 23. Mai 1919.

Die Eheleute A., zwischen denen der Scheidungsprozeß schwebt, leben seit 22. Mai 1914 getrennt. Das kurz zuvor geborene Kind befindet sich bei der Mutter, der das Prozeßgericht am 14. September 1914 auf Grund des

§ 627 ZPO. das Getrenntleben gestattete. Im Vertrage vom 28. Juni 1914 haben die Eltern den vom Vater dem Kinde zu gewährenden Unterhalt geregelt und vereinbart: „Der Mann ist berechtigt, seine Tochter in angemessenen Zeiten zu sehen, und zwar in den beiden ersten Lebensjahren monatlich mindestens einmal; späterhin sollen darüber weitere Vereinbarungen getroffen werden." Da diese nicht zustande kamen, hat die Mutter beantragt, daß das Kind an jedem dritten Sonntag von 9 bis 12 Uhr dem Vater überlassen werde. Dieser hat gewünscht, daß das Kind ihm jeden zweiten und vierten Sonntag im Monat von $3^1/_2$ bis $6^1/_2$ Uhr überlassen werde. Das Amtsgericht hat dem Antrage der Mutter entsprochen. Das LG. hat dagegen diese Anordnung aufgehoben, weil ihr die rechtliche Grundlage mangele. Die weitere Beschwerde der Mutter ist begründet.

Das LG. hat nicht verkannt, daß das VormGericht an sich zur näheren Regelung des persönlichen Verkehrs zwischen Eltern und Kindern auch dann zuständig ist, wenn die Ehe der Eltern noch nicht geschieden ist, diese vielmehr nur getrennt leben (RG. 63 S. 236, 69 S. 94; Rsp. 24 S. 25, 26 S. 269 u. a.). Es hat jedoch hier diese Zuständigkeit deshalb verneint, weil das Prozeßgericht nicht gemäß § 627 ZPO. der Mutter die tatsächliche Personensorge übertragen habe, der Vertrag der Eltern die elterliche Gewalt des Vaters nicht berühre und diesem letzteren deshalb das Personensorgerecht zustehe (§ 1627), so daß seine Meinung bei einer Meinungsverschiedenheit zwischen den Eltern vorgehe (§ 1634 S. 2). Diese Erwägungen sind an sich rechtlich einwandfrei. Auf das Recht und die Pflicht, für die Person des Kindes zu sorgen, konnte der Vater nicht verzichten (RG. 60 S. 266; JW. 1903 Beil. 82; Rsp. 23 S. 414). Darin, daß sich das Kind mit dem Willen des Vaters bei der Mutter befindet, liegt im Hinblick auf den Vertrag der Eltern eine durchaus zulässige vergleichsweise Übertragung der Ausübung der tatsächlichen Personensorge auf die Mutter (Staudinger § 1635[8]). Zu einem rechtlichen Bedenken gibt dagegen die Folgerung des LG. Anlaß, daß sich der § 1636 S. 2, nach welchem das VormGericht den persönlichen Verkehr des nicht sorgeberechtigten Elternteils mit dem Kinde näher regeln kann, auf einen Fall der vorliegenden Art nicht beziehe. Allerdings wird das Gericht, wenn sich das Kind geschiedener Eltern bei dem Teile befindet, dem nach § 1635 die Personensorge nicht zusteht, durch den § 1636 S. 2 nicht ermächtigt, den persönlichen Verkehr des sorgeberechtigten Teils mit dem Kinde näher zu regeln. Denn, wie dieser Elternteil den Verkehr regelt, ist ausschließlich seinem Ermessen überlassen, da ihm aus Ausfluß des Personensorgerechts die Befugnis zusteht, über diesen Verkehr ausschließlich zu befinden (vgl. KGJ. 44 S. 23; Rsp. 26 S. 252). Allein wenn die Eheleute noch nicht geschieden sind, sondern nur getrennt leben und vergleichsweise die Ausübung des Personensorgerechts der Mutter übertragen haben, ist (vgl. KG. Recht 1919 Nr. 87) in entsprechender Anwendung des § 1636 S. 2 das VormGericht für zuständig zu erachten, den Verkehr des Vaters mit dem bei der Mutter befindlichen Kinde zu regeln. Dann steht nach § 1634 neben dem Vater auch der Mutter die tatsächliche Personensorge derart zu, daß ihr deren Ausübung durch Vereinbarung der Eltern an erster Stelle übertragen, ihre „Nebensorge" vergleichsweise zur Hauptsorge verstärkt ist. Auch in solchen Fällen entspricht es dem Geiste des Gesetzes (RG. 69 S. 94), Meinungsverschiedenheiten, die sich auf die Art und Weise des persönlichen Verkehrs mit dem Kinde beschränken, durch Anrufung des Vorm.-Gerichts, als der ausschließlich zuständigen Instanz, auszutragen. Das Recht des Gerichts, einen solchen Verkehr näher zu regeln, kann durch eine Vereinbarung der Eltern weder ausgeschlossen noch beschränkt werden (KGJ. 44 S. 20). Das LG. hat noch bemerkt, daß der Beschluß des Amtsgerichts nicht etwa dahin, daß es die Personensorge der Mutter übertragen und gleichzeitig den Verkehr des Vaters mit dem Kinde geregelt hätte, verstanden werden könne, weil für eine von der gesetzlichen Regel abweichende einstweilige Anordnung hinsichtlich der Personensorge nach § 627 ZPO. ausschließlich das Prozeßgericht zuständig und die Zuständigkeit des VormGerichts nur im Falle des § 1666 BGB. gegeben sei. Diese Erwägungen sind allerdings rechtlich nicht zu beanstanden. Das VormGericht ist während des Scheidungsprozesses nicht berechtigt, ohne Feststellung der Voraussetzungen des § 1666 BGB. eine vorläufige Anordnung dahin zu erlassen, daß bis zur rechtskräftigen Erledigung des Prozesses die Kinder der Mutter zu überlassen seien, weil der § 627 ZPO. keine entsprechende Anwendung auf die Tätigkeit des VormGerichts duldet (KGJ. 44 S. 17). Allein wegen der oben erörterten Bedenken konnte der Beschluß des LG. nicht aufrecht erhalten werden. U.r.

Dazu: Kammergericht, 1. FerienZS. Beschluß v. 5. August 1919.

Die Eheleute A. sind vom OLG. geschieden und beide Teile für schuldig erklärt worden. Hiergegen hat die Frau A. Revision eingelegt. Den Antrag der Frau, ihr die schulpflichtigen Kinder während der Schulferien 1919 auf 14 Tage zu überlassen, hat das VormGericht zurückgewiesen. Dagegen hat das LG. angeordnet, daß die Kinder ihr vom 28. Juli bis 10. August 1919 zu überlassen seien. Die weitere Beschwerde ist unbegründet. Nach dem entsprechend anwendbaren § 1636 (RG. 69 S. 94) ist die Mutter befugt, mit den Kindern persönlich zu verkehren und das VormGericht kann den Verkehr näher regeln. Hierfür ist maßgebend, daß weder die Interessen des Kindes gefährdet noch das Recht des sorgeberechtigten andern Elternteils unzulässig benachteiligt werden darf (KGJ. 37 S. 26). Die tatsächlichen Erwägungen, mit denen das LG. diese Voraussetzungen annimmt, sind hier nicht nachzuprüfen. Das gilt auch von den Schlußfolgerungen, die das LG. aus dem Inhalt eines früheren Vergleichsvorschlags des Beschwerdeführers gezogen hat, wodurch er sich unter gewissen Bedingungen verpflichtet hat, für den Fall der Zurücknahme beider Berufungen die Kinder die Hälfte der großen Schulferien bei der Mutter verleben zu lassen. Ebenso ist dem Ermessen des Tatrichters überlassen, ob er den Versicherungen der Mutter Glauben schenkt, daß sie während des Zusammenlebens mit den Kindern nicht gegen den Vater aufhetzen werde. Das LG. durfte diese in der Beschwerdeschrift abgegebene Versicherung verwenden, ohne den Vater darüber zu hören.[1] Zn.

ε) **Bedeutung des § 1635 S. 2. Anwendung auf Ausländer.**

Bayer. Oberstes Landesgericht, 1. ZS. Beschluß v. 21. Februar 1919.

Das hiesige LG. hat 1915 die Eheleute A., die zu Basel heimatberechtigt sind, aber hier ihren Wohnsitz hatten, aus Verschulden des Mannes geschieden. Nachdem sich dieser Anfang 1916 durch notariellen Vertrag verpflichtet hatte, für das 1913 geborene Kind einen Unterhaltsbeitrag der Frau zu zahlen, klagte sie bei dem Zivilgerichte Basel-Stadt auf Genehmigung des Vertrags von 1916, Erteilung der elterlichen Gewalt und Überweisung des Kindes. Die Klage wurde jedoch wegen Unzuständigkeit abgewiesen, weil durch die Anrufung des Wohnsitzrichters die Zuständigkeit des Heimatrichters für alle aus dem Scheidungsgrunde sich ergebenden und nach Art. 149—158 schweiz. ZGB. im gleichen Verfahren, vor demselben Richter und im gleichen Urteile zu erledigenden Nebenfolgen fortgefallen sei. Hierauf beantragte Frau A. bei dem Amtsgericht München, ihr das Kind zu überweisen und den Vertrag zu genehmigen. Die Vorinstanzen haben zu Unrecht den ersten Teil des Antrags zurückgewiesen.

Bei der Würdigung der weiteren Beschwerde ist vor der Frage nach dem anzuwendenden sachlichen Rechte die Zuständigkeitsfrage zu behandeln (vgl. KGJ. 46 S. 33). Der Antrag der Beschwerdeführerin ist in der Hauptsache darauf gerichtet, ihr das Kind zu überweisen, und hat insoweit die Regelung der tatsächlichen Sorge für die Person des Kindes zum Gegenstande. Für diese Regelung ist nach § 1635 Satz 2 das VormGericht zuständig. Zwar spricht die Bestimmung nur davon, daß dieses Gericht, wenn es das Interesse des Kindes erfordert, eine von der Regel in Satz 1 abweichende Anordnung treffen kann. Aus dem Grundgedanken aber, auf dem die Vorschrift beruht, ist für die Fälle, wo die Ehe wegen Verschuldung eines oder beider Ehegatten geschieden wird, unbedenklich die allgemeine Befugnis des Gerichts zu erschließen, aus besonderen Gründen im Interesse des aus der Ehe hervorgegangenen Kindes den Ehegatten zu bestimmen, dem die tatsächliche Sorge für die Person des Kindes zustehen soll (vgl. Samml. 13

[1] Eine abweichende Regelung nach § 1635 S. 2 und eine Regelung des Verkehrs des nicht sorgeberechtigten Gatten mit dem Kinde (§ 1636) sind der weiteren Beschwerde nicht zugängig; ein dabei begangener Fehlgriff des VormGerichts bedeutet keine Gesetzesverletzung (Bay. Ob. LG, 1. ZS. Beschlüsse v. 7. u. 21. März 1919; Samml. 19 S. 198, 214). — Rechtlich bedenkenfrei ist die Erwägung des LG., daß, wenn der Vater zum Verkehre nach § 1636 die Kinder im Hause seiner Schwiegermutter abholt und hierbei durch brutales Auftreten gegen seine Frau die Kinder in Furcht versetzt, dies nur eine Nebenwirkung seines ehewidrigen Verhaltens gegen seine Frau sei, also nicht die Wirkung eines väterlichen Mißbrauchs der Personensorge; es könne sich deshalb nicht um eine Anwendung des § 1666, sondern nur um eine weitere nähere Regelung des Verkehrs nach § 1636 S. 2 handeln (Beschluß desselben ZS. v. 4. April 1919; aO. S. 233).

S. 140; Niemeyer, intern. Privatrecht S. 157[3]; Niedner, EG. Art. 19, N. 4a; Staudinger § 1635[13] und für den ähnlich liegenden Fall des § 1636 S. 2 RG. 69 S. 94). Diese Zuständigkeit erstreckt sich grundsätzlich auch auf die im Inlande lebenden Ausländer. Zwar gibt es auf Grund internationalrechtlicher Bestimmungen Ausnahmen von der Regel; solche liegen aber hier nicht vor. Insbesondere umfaßt weder das Haager Ehescheidungs- noch das Haager Vormundschaftsabkommen, noch Art. 23 EG. BGB. das Elternrecht und die persönlichen Beziehungen der Eltern zu den Kindern (vgl. Meili-Mamelok, intern. Privat- und Zivilprozeßrecht § 44 I 1c, § 51 I; KGJ. 45 S. 20; 46 S. 30; 47 S. 50).

Weiter fragt sich, welches Recht das VormGericht hierbei anzuwenden hat. Nach der in Art. 19 EG. BGB. zwar nicht dem Wortlaute, wohl aber dem Sinne nach enthaltenen und in feststehender Rechtslehre und Rechtsprechung (vgl. Niemeyer S. 155; RG. 81 S. 378; KGJ. 45 S. 25; Samml. 13 S. 139) anerkannten Regel wird das Rechtsverhältnis zwischen Eltern und einem ehelichen Kinde nach den Gesetzen des Staates beurteilt, dem der Vater und, wenn dieser gestorben ist, die Mutter angehört. Hier ist der Vater Schweizer und deshalb nach Art. 19 EG. BGB. das Schweizer Recht anzuwenden. Ob dabei die Folgen, die die Scheidung für die persönlichen Beziehungen der Eltern zu den Kindern nach sich zieht, unter die Maßgabe des Art. 19 zu stellen oder selbständige Wirkungen der Scheidung nach Art. 17 EG. zu behandeln sind (vgl. Planck EG. Art. 17 N. 2b Abs. 3), bedarf hier nicht der Entscheidung, da auch nach Art. 17 der Fall nach Schweizer Recht zu beurteilen ist und dieses nach beiden Richtungen eine Rückverweisung nicht vorsieht (vgl. Art. 28 Nr. 2 des Bundesgesetzes vom 25. Juni 1891, Meili-Mamelok S. 268; auch Samml. 18 S. 200). Nach Schweizer Recht stehen minderjährige Kinder unter der elterlichen Gewalt und wird diese und damit die tatsächliche Sorge für die Person des Kindes während der Ehe gemeinschaftlich ausgeübt (Art. 273, 274 ZGB). Im Falle der Scheidung steht Gewalt und Sorge dem Ehegatten zu, dem das Kind zugewiesen wird (Art. 274[3]). Dementsprechend hat das ZGB. in seinem 4. Titel, besonders in Art. 156 bis 158, bei der Behandlung der Ehescheidung ausführliche Vorschriften über die Gestaltung der Elternrechte und der persönlichen Beziehungen der Eltern zu den Kindern getroffen. Diese Vorschriften enthalten aber, da für das schweizerische Scheidungsverfahren die verschiedenartigen kantonalen Prozeßrechte maßgebend sind, eine Anzahl von einheitlichen prozeßrechtlichen Vorschriften, zu denen besonders die Anordnung zählt, daß über die Gestaltung der Elternrechte im Scheidungsurteile zu entscheiden ist. Diese Vorschriften binden den deutschen Richter in keiner Weise. Art. 17 und 19 EG. BGB. lassen nur die Anwendung der sachlichen Normen des fremden Rechtes zu. Für die Fragen der Organisation, der Zuständigkeit und des Verfahrens der deutschen Gerichte ist und bleibt das deutsche Recht maßgebend (vgl. Hellwig, System § 11 II; BayZ. 1913 S. 423; KGJ. 45 S. 24; 46 S. 32). Bei der sachrechtlichen

Regelung hat das ZGB. von der Aufstellung eines allgemeinen Grundsatzes, wie er in § 1635 S. 1 BGB. enthalten ist, abgesehen und in Art. 156² die Frage, welchem Elternteile das Kind zuzuweisen ist, ganz dem Ermessen des Richters überlassen. Daß aber hierbei der Richter innerhalb der ihm durch das Interesse des Kindes gezogenen Grenzen auch die Tatsache mitzuberücksichtigen hat, daß bei der Scheidung ein Ehegatte für schuldig erklärt worden ist, läßt sich daraus entnehmen, daß diese Tatsache in den Art. 150, 151, 152 ZGB. zugunsten des schuldlosen Ehegatten ausdrücklich berücksichtigt wird. Der Erstrichter hält zwar dafür, daß der Ehemann nicht als schuldiger Teil behandelt werden könne, weil der Scheidungsrichter einen förmlichen Schuldausspruch abgelehnt habe. Diese Ansicht mißt der Form eine Bedeutung zu, die ihr nicht zukommt. Das Scheidungsurteil enthält in der Formel die ausdrückliche Feststellung, daß die Scheidung „auf Antrag der Klägerin" erfolgt ist, und in den Gründen die tatsächliche Feststellung der Schuld des Beklagten. Diese Feststellungen würden genügen, um hieraus die in § 1635 S. 1 BGB. vorgesehene Folgerung zu ziehen, und können vom Standpunkte des ZGB. aus um so mehr genügen, als dieses, wie sich aus Art. 158 ergibt, die Anordnung eines förmlichen Schuldausspruchs dem Ermessen der kantonalen Gesetzgebung überlassen hat.

Der so gestalteten Rechtslage entspricht es nicht, daß sowohl der Heimatrichter als das deutsche VormGericht die beantragte Regelung wegen Unzuständigkeit abgelehnt haben. Die Ordnung der tatsächlichen Schutzgewalt, die dem Kinde unentbehrlich ist, kann und darf nicht in Schwebe gelassen werden. Es ist daher, da sich der Heimatrichter ablehnend verhält und das Kind im Bereiche der deutschen Gerichtsbarkeit lebt, eine unabweisbare Aufgabe des deutschen VormGerichts, die im Interesse des Kindes gebotene Maßnahme zu treffen und in entsprechender Anwendung des § 1635 S. 2 BGB. und unter Zugrundelegung der schweizerischen Sachnormen den Ehegatten zu bestimmen, dem die tatsächliche Personensorge zustehen soll.

Dagegen ist den Vorinstanzen darin beizustimmen, daß die Genehmigung des Vertrags von 1916 außerhalb der Zuständigkeit des VormGerichts gelegen ist. Kn.

i) **Fürsorgeerziehung.[1] Ärztlich bescheinigte Krankheit des Minderjährigen. Gelöbnis strengerer Erziehung.**

---

[1] a) Entzieht sich der Minderjährige auf die Dauer durch die Flucht dem FEVerfahren und der vorläufigen Unterbringung, so ist das erstere einzustellen und damit tritt zugleich die Anordnung der letzteren selbst außer Kraft (KG., ZS. 1a. Beschluß v. 12. April 1918; KGJ. 51 S. 55). — Wird ein Ausländer, dessen Unterbringung zur FE. angeordnet worden ist, während des Beschwerdeverfahrens ausgewiesen, so hat nach Vollzug der Ausweisung der Beschwerdebeschluß wegen Wegfalls des Erfordernisses der FE. auf deren Aufhebung zu lauten, selbst wenn dadurch die durch eine vorläufige Unterbringung des Minderjährigen entstandenen Kosten die örtliche Polizei treffen (Beschluß v. 4. Okt. 1918; aO. 51 S. 57).

b) Sittlich verwahrlost ist der Minderjährige, bei dem sich die ethischen Gefühle so abstumpfen, daß nach dem allgemeinen Urteil billig denkender Personen zu gewärtigen ist, er

Kammergericht, ZS. 1a. Beschluß v. 21. Dezember 1917.

Das LG. hat die Voraussetzungen des § 1 Nr. 2 FEG. für erwiesen angesehen... Die weitere Beschwerde ist unbegründet. Nach dem Zeugnisse des Arztes L. leidet der Minderjährige an Schwindel und Stirnkopfschmerz als Folgen einer im Anschluß an eine Mittelohrentzündung überstandenen Hirnhautentzündung sowie an Herzerweiterung, so daß er den Eindruck eines typischen Neurasthenikers mache, der geistig nicht vollwertig sei. Das LG. hat aber angenommen, daß die Erziehungsfähigkeit durch eine geschwächte geistige und körperliche Gesundheit keineswegs ausgeschlossen werde. Ein Rechtsirrtum ist nicht erkennbar. Grundsätzlich kann auch ein mit einem körperlichen oder geistigen Gebrechen behafteter Minderjähriger zur Fürsorgeerziehung untergebracht werden (KGJ. 26 S. 28, 188). Ferner hat das LG. rechtlich bedenkenfrei darauf hingewiesen, daß die Zurechenbarkeit und somit die Fürsorgeerziehung nur dann ausgeschlossen ist, wenn das Handeln des Minderjährigen der Ausfluß eines unabänderlichen, gewissermaßen mechanisch wirkenden Triebes eines Geisteskranken ist, daß dagegen, wenn sein Handeln auf einem, wenn auch durch psychische Störungen geschwächten, so doch durch eine besonders geartete Erziehung in richtige Bahnen zu lenkenden Willen beruht, das Vorliegen einer sittlichen Verwahrlosung angenommen werden kann (KGJ. 32 S. 68).

Der Arzt hat weiter bemerkt, daß der Minderjährige, da die beregten Leiden ernster Natur seien, in hohem Maße häuslicher Pflege bedürfe und sein Gesundheitszustand durch Entfernung aus der mütterlichen Pflege weiter geschädigt werden würde. Insoweit hat das LG. das ärztliche Zeugnis nicht für maßgebend erachtet, weil Gründe nicht angeführt und auch nicht ersichtlich seien. Unter Hinweis auf § 10 FEG., der die Unterbringung der Zöglinge in Krankenanstalten vorsieht, hat das LG. angenommen, daß die Gesundheitspflege in kleinbäuerlichen Familien des platten Landes erfahrungsgemäß nicht sorgfältiger sei als in Kranken- oder Erziehungsanstalten. Ein Rechtsirrtum ist im allgemeinen nicht erkennbar. Allerdings gibt der Hinweis, daß der Arzt keine Gründe angegeben habe, zu dem rechtlichen Bedenken Anlaß, daß das LG. auf eine Ergänzung hätte hinwirken müssen (FrGG. § 12). Doch beruht auf dieser Unterlassung die Entscheidung nicht, da im Hinblick auf die sonstigen rechtlich bedenkenfreien Ausführungen des LG. anzunehmen ist, daß es auch im Falle einer näheren Begründung des ärztlichen Ausspruchs zu keinem anderen Endergebnisse gelangt wäre.

Die Beschwerde enthält noch das Gelöbnis der Eltern, sich mit dem größten Eifer der Erziehung des Knaben zu widmen, die Aufsicht über ihn zu verschärfen und ihn vor weiteren Verfehlungen zu bewahren. Allein

werde deshalb nicht zu einem brauchbaren Mitgliede der Gesellschaft werden (Bay. Ob. LG., 1. ZS. Beschluß v. 29. März 1919; Samml. 19 S. 228); die sittliche Verwahrlosung beschränkt sich nicht auf eine solche im geschlechtlichen Sinne (Beschluß v. 3. Mai 1919; aO. 236). Anordnung der vorläufigen Unterbringung auch ohne Vorliegen eines Verschuldens des Fürsorgeberechtigten: Beschluß v. 5. Juli 1918; aO. 71.

irgendwelche Tatsachen, die für eine solche Verschärfung der erziehlichen Einwirkung der Eltern dauernde Gewähr bieten, sind nicht feststellbar, so daß die Fürsorgeerziehung nicht schon mit Rücksicht auf das einfache Versprechen der Eltern für entbehrlich erachtet werden kann (KGJ. 23 S. 183). Endlich hat die Beschwerde betont, daß die Eltern vier zum Heeresdienst einberufene Söhne hätten und es als ungewöhnlich hart empfinden würden, wenn man ihnen den letzten Sohn nehmen würde. Allein hier kommt nicht ihr Interesse in Betracht, sondern lediglich das staatliche Interesse, das darauf gerichtet ist, den Minderjährigen zu einem brauchbaren Mitglied der menschlichen Gesellschaft zu erziehen. Dr. Bl.

k) α) **Unterhaltsanspruch des unehelichen Kindes, nach dessen Erzeugung der Vater sein Vermögen überträgt, gegen dessen Übernehmer.**[1]

OLG. Celle, 4. ZS. Urteil v. 29. Oktober 1919.

Der Landwirt D., der Vater des Ende 1916 außer der Ehe geborenen Klägers, hat am 6. Oktober 1916 der Beklagten, seiner Tochter, sein Vermögen einschließlich des Grundbesitzes unter Vorbehalt eines Altenteils im Wege verfrühter Erbfolge übertragen und die Übertragung demnächst und zwar auch durch Auflassung vollzogen. Am 9. Juli 1918 hat der Kläger gegen D. ein Urteil auf Unterhaltsgewährung bis zum Ende des 16. Lebensjahrs erwirkt. Nach fruchtloser Vollstreckung verlangt er von der Beklagten wegen seiner Urteilsansprüche die Duldung der Zwangsvollstreckung in den von ihrem Vater überkommenen Grundbesitz. Der Anspruch ist begründet. D. hatte durch den Übergabevertrag auf die Beklagte sein Vermögen übertragen. Zwar richtet sich hierzulande ein solcher Vertrag nicht auf das Vermögen als solches. Der vorliegende Vertrag kommt aber auf das gleiche hinaus, da die übertragenen Vermögensteile das Vermögen des D. ausmachten (RG. 76 S. 4, 80 S. 258). Unerheblich ist auch, daß einzelne unbedeutende Vermögensteile — Kleider, Wäsche — ausgenommen wurden, und ebenso, daß dem D. als Gegenleistung der Altenteil zufiel (RG. 69 S. 283). Danach können die Gläubiger des D. ihre Forderungen auch gegen die Beklagte geltend machen (§ 419). Diese meint aber, daß der Kläger zurzeit des Vertragsschlusses noch nicht Gläubiger war. Nach § 1 begann seine Rechtsfähigkeit allerdings erst mit Vollendung seiner Geburt, so daß er vorher keinen Unterhaltsanspruch hatte, obwohl die Grundlage dafür bereits insoweit gegeben war, als D. der unehelichen Mutter beigewohnt und — vgl. § 1717 — den Kläger erzeugt hatte. Nach Gemeinem Recht wäre die Schwierigkeit behoben worden, durch die allgemeiner gegebene Möglichkeit, den Rechtserwerb auf die Zeit, als der Kläger zwar erzeugt, aber noch nicht geboren war, zurückzubeziehen. Einen entsprechenden allgemeinen Satz aufzunehmen, hat das BGB., wie auch schon der Entwurf von 1888, Bedenken getragen. Es hat aber durch eine Reihe von Einzelbestimmungen vorgesorgt (§§ 844, 1716, 1912, 1923, 2108, 2178),

[1] Vgl. die ABf. über den vom Vater dem unehelichen Kinde zu gewährenden Unterhalt v. 28. Januar 1919 (pr. JMBl. S. 81).

denen der gemeinsame Rechtsgedanke zugrunde liegt, daß es mit der Durchführung der sich aus § 1 ergebenden Folgerung, der noch nicht Geborene habe noch keine Rechte, nicht bewenden kann, so daß es erlaubt und geboten ist, jenem Rechtsgedanken Rechnung zu tragen, soweit dafür im einzelnen das Gesetz Anhalt und Möglichkeit bietet. Einen solchen Anhalt gewähren aber hier die §§ 1716, 844. Ebenso wie das Gesetz als unerträglich empfindet, daß der zurzeit der Tötung des ihm in Zukunft Unterhaltspflichtigen erst Erzeugte des Ersatzanspruchs deshalb verlustig gehen sollte, weil die Geburt noch nicht erfolgt war (§ 844), ebenso unerträglich ist es, daß der erst erzeugte Unterhaltsberechtigte des Anspruchs aus § 419 verlustig gehen sollte, weil die Vermögensvergebung noch vor seiner Geburt zustande gebracht ist. Der Kläger kann also daran nicht scheitern, daß seine Rechtsfähigkeit erst Ende 1916 eingetreten ist und die Grundlagen seines Anspruchs erst mit diesem Tage vollständig gegeben waren. L. dt.

β) **Anfechtung des Anerkenntnisses der Vaterschaft.**

OLG. München, 1. ZS. Urteil v. 17. Oktober 1919.

Die nunmehr mit X. verheiratete A. hat Ende 1918 außerehelich ein Kind geboren, als dessen Vater sie den Kläger bezeichnete. Dieser hat zu Protokoll des Amtsgerichts vom 25. Januar 1919 die Vaterschaft anerkannt und sich zu jährlichen Unterhaltsbeiträgen von 280 Mark verpflichtet. Nunmehr hat er diese Erklärung wegen arglistiger Täuschung angefochten. Er sei nämlich vom 4. bis 16. Mai 1918 von seiner Garnison nach der Heimat beurlaubt worden und habe in dieser Zeit der Kindesmutter, mit der er verlobt war, beigewohnt. Im Februar 1919 habe sie ihm mitgeteilt, daß sie ihn nicht heiraten könne, weil sie dann das Anwesen von der Mutter nicht erhalte. Der Kläger habe darauf erfahren, daß sie den X. zu heiraten beabsichtige und mit diesem schon im April 1918 geschlechtlich verkehrt habe. Da sich die Empfängniszeit auf 27. Februar bis 28. Juni 1918 berechne, eine frühere Beiwohnung des Klägers als vom 4. Mai 1918 aber nicht möglich gewesen sei, müßte das Kind eine Frühgeburt sein; es sei aber vollkommen ausgetragen. Um den Kläger zu täuschen, habe die G. ihm gegenüber behauptet, sie sei krank gewesen und infolge der Aufregung über den Tod ihres Vaters zu früh niedergekommen. Die Klage ist unbegründet.

Jacubezky (Recht 1903 S. 325) hält die Anfechtung für ausgeschlossen, wenn die Mutter des Kindes die Anerkennung der Vaterschaft durch arglistige Täuschung herbeigeführt hat. Allein der dafür verwertete § 123² S. 1 spricht nur von empfangsbedürftigen Erklärungen; eine solche ist aber jene Anerkennung nicht (Staudinger § 1718⁴). Die herrschende Lehre nimmt daher mit Recht an, daß die Anerkennung gemäß § 123 anfechtbar ist, auch wenn die arglistige Täuschung von der Kindesmutter ausging. Darin allein, daß diese auf Vorhalt anderweitigen Geschlechtsverkehr verneint, liegt eine solche Täuschung regelmäßig nicht (RG. 58 S. 348); zu weit aber geht das RG. (Warn. 7 Nr. 207), das eine arglistige Täuschung nur dann anerkennen will, wenn die Kindesmutter zugleich eigene selbständige Gegenbehauptungen aufstellt und etwa gar durch falsche Beweismittel glaubhaft zu machen weiß, (vgl. dagegen das überzeugend begründete Urteil des OLG. Bamberg BayZ. 1915 S. 202, Urteile des OLG. München JW. 1917 S. 744, LeipzZ. 1918 S. 1151). Könnte also der Kläger nachweisen, daß das Kind voll ausgetragen ist, die Kindesmutter aber, um ihn zur Anerkennung der Vaterschaft zu bewegen, wider besseres Wissen das Kind als Frühgeburt bezeichnet und zur Erklärung der Frühgeburt unwahrerweise ihre angebliche Erkrankung oder den Tod ihres Vaters vorgeschützt habe, so läge allerdings eine arglistige Täuschung vor. Allein durch die Bestätigung des Dr. H. ist jedenfalls so viel erwiesen, daß dieser Arzt das Kind für eine Frühgeburt (Siebenmonatkind) gehalten und als solche erklärt hat. Wenn daher die G. die gleiche Behauptung aufgestellt hat, so hat sie keinesfalls wider besseres Wissen (arglistig) gehandelt. Wenn sie zur Erklärung der Frühgeburt auf ihre Erkrankung und auf den Tod ihres Vaters Bezug genommen hat, so kann darin eine Arglist schon deshalb nicht gefunden werden, weil diese Umstände zur Herbeiführung der Frühgeburt ohne Zweifel mitgewirkt haben können, wie ja auch Dr. H. offenbar die Erkrankung der Kindesmutter an Grippe als Ursache der Frühgeburt bezeichnen will.

Für den Streitwert maßgebend ist hier das Interesse des Klägers daran, daß er von den Folgen seiner Erklärung befreit werde; es beträgt hinsichtlich der Unterhaltspflicht 5·280 = 1400 Mark (GKG. § 9a Abs. 2 Satz 1), während sein Interesse daran, nicht als Vater des Kindes zu gelten, gemäß § 10[1] GKG. mit 1000 Mark anzusetzen ist. Da hier mit einem nicht vermögensrechtlichen Anspruch ein aus ihm hergeleiteter vermögensrechtlicher Anspruch verbunden war, ist nach § 10[2] GKG. nur ein Anspruch, und zwar der höhere, maßgebend. H.n.

l) **Wirkungen der Annahme an Kindesstatt auf einen Abkömmling des Angenommenen.**

OLG. Rostock, FerienZS. Beschluß v. 4. September 1919.

Nach § 1762 erstrecken sich die Wirkungen der Annahme auf die zurzeit der Annahme schon vorhandenen Abkömmlinge des Angenommenen nur, wenn der Vertrag auch mit jenen geschlossen wird. Ob dieser Abschluß schon in dem ursprünglichen Annahmevertrage oder wie hier nachträglich durch einen besonderen Vertrag erfolgt, ist für seine Wirksamkeit gleichgültig (Staudinger § 1762 N. 2[4]). Über die Erfordernisse des Vertrags mit dem Abkömmling spricht sich das Gesetz zwar nicht ausdrücklich aus, aber indem es vorschreibt, daß „der Vertrag", dh. der Annahmevertrag, auch mit dem Abkömmling geschlossen werde, gibt es zu erkennen, daß die Voraussetzungen des Annahmevertrags auch bezüglich des Abkömmlings vorhanden sein müssen. Dies entspricht auch der durch die Erstreckung der Annahme geschaffenen Rechtslage. Wie der Angenommene tritt durch diese Erstreckung auch der Abkömmling in völlig neue familienrechtliche Beziehungen, er erwirbt, wenn auch nicht

Kindesrechte, doch die Stellung eines ehelichen Enkels oder Urenkels zu dem Annehmenden. Die Wichtigkeit dieser Veränderung des Familienstandes gebietet, daß dieselben Schutzmaßregeln gegen Übereilung und Unüberlegtheit wie bei der Annahme so auch bei der Erstreckung ihrer Wirkung auf die Abkömmlinge angewendet werden. Wenn nun bei der Annahme nach § 1747 die Einwilligung der Eltern, also des Vaters und der Mutter, erfordert wird und die Zustimmung desjenigen Elternteils, der die elterliche Gewalt ausübt, nicht genügt, so muß auch das gleiche hinsichtlich der Erstreckung der Wirkungen der Annahme auf den Abkömmling gelten. Planck (§ 1762²) vertritt keine abweichende Meinung. Wenn er (ebenso Staudinger aO. N. 2³) ausführt, daß der in der Geschäftsfähigkeit nur beschränkte (nicht geschäftsunfähige) Abkömmling den Vertrag, wie hier geschehen, selbst schließen muß und nur der Zustimmung des gesetzlichen Vertreters und der Genehmigung des VormGerichts bedarf, so berührt diese Ausführung nur die Erfordernisse, denen der Abkömmling zu genügen hat. Die sonstigen Voraussetzungen für die Gültigkeit des Vertrags bestehen daneben fort. Die Einwilligung der Eltern nach § 1747 betrifft aber nicht die Erklärung des Anzunehmenden oder seines Abkömmlings und ihre Rechtswirksamkeit, sondern ist ein selbständiges Recht der Eltern, dessen Beachtung auch neben einer formgültigen und an sich wirksamen Erklärung des Anzunehmenden oder des Abkömmlings vorgeschrieben ist. Mit Recht fordert daher das LG. hier vor der Bestätigung des Nachtragsvertrags den Nachweis der Einwilligung der Mutter, deren Beziehungen zu ihrem Kinde durch dessen Eintritt in eine fremde Familie mindestens tatsächlich tief berührt werden (Mot. 4 S. 964). Dr. Br.

m) **Keine bayer. Berufsvormundschaft für ein in Preußen bevormundetes (bayer.) Mündel. Aufsicht des Berufsvormunds.**

Kammergericht, ZS. 1a. Beschluß v. 14. November 1919.

Das Amtsgericht in F. (Preußen) hat 1905 den L. zum Vormund und 1914 den städt. Sammelvormund R. zum Mitvormund unter Beschränkung auf die Sorge für das Vermögen für die unehelich geborene K. L. bestellt. Die Mutter war angeblich bayerische Staatsangehörige und ist bald nach der Geburt gestorben. Das Kind befindet sich seitdem ununterbrochen bei dem Vormund L., seinem Großvater in F. Die städt. Berufsvormundschaft in N. (Bayern) hat dem Amtsgericht in F. mitgeteilt, daß bei dem Mündel gemäß Art. 2¹ bay. Ges. vom 23. Februar 1908, betr. die Berufsvormundschaft, sowie gemäß § 1 Nr. 2 des Gemeindestatuts vom 2. November 1911 die Voraussetzungen für den Eintritt der Berufsvormundschaft gegeben seien, da der Mündel unter der Aufsicht des städt. Berufsvormundes in der Familie des Großvaters mit Unterstützung der Armenpflege N. erzogen und verpflegt werde. Das Amtsgericht hat festgestellt, daß die Voraussetzungen für den Eintritt der Berufsvormundschaft nicht gegeben seien. Die Beschwerde wurde zurückgewiesen. Die weitere Beschwerde ist nicht begründet.

Das LG. läßt es dahingestellt, ob bei einer in Preußen geführten Vormundschaft überhaupt das bay. Ges. vom 23. Februar 1908 zur Anwendung kommen könnte. Jedenfalls hält es die Voraussetzung des Art. 2 das. (und des Art. 136 EG.) schon deshalb nicht für gegeben, weil der Mündel nicht unter der Aufsicht des Berufsvormundes in der mütterlichen Familie erzogen und verpflegt werde, sondern sich ununterbrochen bei dem Großvater befinde, unter diesen Umständen aber bei der großen Entfernung und den Schwierigkeiten der Reise von einer Beaufsichtigung durch den Berufsvormund der Stadt N. nicht wohl die Rede sein könne. Nach der Darstellung der weiteren Beschwerde übt hier der Berufsvormund die Aufsicht dadurch aus, daß er den Waisenrat in F. ersucht hat, den Mündel zu überwachen und Vorgänge, die zu einem Einschreiten Anlaß geben könnten, mitzuteilen, daß außerdem in jährlichen Zwischenräumen ein schriftlicher Bericht des Waisenrats in F. über das Gedeihen und die Erziehung des Kindes eingeholt werde. Die Berechtigung dieser Bedenken ist nicht von der Hand zu weisen. Weder Art. 136 EG. noch das auf diesem Art. beruhende Ges. vom 23. Februar 1908 geben nähere Vorschriften darüber, in welcher Weise die dort vorgesehene Aufsicht des Berufsvormundes zu führen sei, insbesondere ist eine persönliche Beaufsichtigung nicht vorgeschrieben und bei dem Umfang der Geschäfte des Berufsvormundes nicht durchführbar. Es muß daher genügen, wenn er die Aufsicht in der Weise führt, daß er sich durch die Bestellung zuverlässiger Aufsichtsorgane die Möglichkeit schafft, über die Verhältnisse des Mündels auf dem Laufenden erhalten zu werden. Wenn daher der Beschwerdeführer bei der Beaufsichtigung des in einer anderen Gemeinde befindlichen Mündels die Mitwirkung dieses Gemeindewaisenrats in Anspruch nimmt, so kann darin unter Umständen eine ausreichende „Beaufsichtigung" gefunden werden.[1] Gleichwohl erweist sich im Ergebnis die Entscheidung des LG. als zutreffend, weil das bay. Ges. vom 23. Februar 1908 auf Minderjährige, die bei einem preußischen VormGericht bevormundet werden, keine Anwendung finden kann. Es folgt dies daraus, daß die Übertragung, Führung und Leitung der Vormundschaft ein öffentliches Amt ist, auf dessen Verleihung die Gesetze des Staates Anwendung finden, dem das für die Bestellung zuständige VormGericht angehört. Dies ist seinerzeit in § 20 des Entw. über die räumliche Herrschaft der Rechtsnormen ausgesprochen, von

[1] Diese weite Auslegung des Begriffs „Aufsicht" erscheint nicht unbedenklich. Allerdings wird in Großstädten bei dem Umfang der Geschäfte der Berufsvormund eine persönliche Beaufsichtigung aller Mündel nicht mehr durchführen können. Er kennt aber seine Hilfsorgane, er weiß, wie er im einzelnen ihre Berichte zu beurteilen hat, er ist auch jederzeit in der Lage, persönlich einzugreifen. Er übt also, wenn auch keine persönliche Aufsicht, so doch immerhin eine Aufsicht aus. Dagegen muß seine Tätigkeit, wenn die Berufsvormundschaft in einer anderen, entfernt gelegenen Großstadt geführt wird, notwendig eine rein bureaumäßige sein und bleiben. Er kann das Mündel nie persönlich sehen; er ist zudem ganz auf schriftliche Berichte von Leuten angewiesen, die er ebenfalls nicht kennt, deren Namen oft nicht einmal im Bericht des Waisenrats genannt sein werden. Daß das Gesetz, das sonst das Verhältnis zwischen Vormund und Mündel als Vertrauensverhältnis auffaßt, diese Tätigkeit als „Aufsicht" ansieht, ist nicht anzunehmen. D. E.

der 2. Komm. aber als selbstverständlich gestrichen worden (Prot. 6 S. 1, 11, 71, 72, vgl. KGJ. 42 S. 55). Hiernach findet das Ges. vom 23. Februar 1908, das nur als Landesgesetz auf Grund des in Art. 136 EG. gemachten Vorbehaltes in Betracht kommt, auch nur auf Vormundschaften Anwendung, für deren Führung ein bay. VormGericht, sei es von Anfang an oder zufolge Abgabe der Vormundschaft (§ 46 FrGG.), zuständig ist. Dieser Grundsatz ist übrigens in Ansehung der Berufsvormundschaften in dem schwarzburg-sondershausischen Gesetz vom 7. Mai 1914 ausdrücklich ausgesprochen und war auch in dem preuß. Vorentwurfe über Jugendämter und Berufsvormundschaften enthalten, ist aber dann in dem seinerzeit dem preuß. AbgHaus vorgelegten Entwurf eines preuß. Jugendfürsorgegesetzes, wohl als selbstverständlich, gestrichen worden (vgl. Boschan im Recht 1918 (S. 333). Rd.

n) **Kein Recht der unehelichen Mutter auf Übertragung der Vormundschaft.**[1]

Bayer. Oberstes Landesgericht, 1. ZS. Beschluß v. 20. Juni 1919.

Wie die gesetzlichen Vorschriften und ihre Begründung (Mot. 4 S. 1060) entnehmen lassen, hat das Gesetz der unehelichen Mutter im allgemeinen die Fähigkeit zur Führung der Vormundschaft über ihr Kind abgesprochen und ihr deshalb auch ein Recht auf Übertragung der Vormundschaft versagt. Selbst in den Fällen, wo die Persönlichkeit der Mutter ausreichende Gewähr für eine pflichttreue Führung der Vormundschaft bietet, ist auf deren Übertragung nicht der Mutter ein Recht zugestanden, sondern nur dem VormGericht die Befugnis eingeräumt, nach pflichtmäßigem Ermessen sie zum Vormunde zu bestellen. Aus § 1778[3] mit § 1779 läßt sich sohin ein Grund für die von der Mutter beantragte Entlassung des Vormundes nicht ableiten. Die Frage aber, ob die Fortführung des Amtes das Interesse des Mündels gefährdet, ist ohne weiteres zu verneinen. Solange die Mutter ihre Sorgepflicht erfüllt, besteht bei der Einfachheit der zu führenden Geschäfte und bei der vorsichtigen Zurückhaltung des Vormundes nicht der mindeste Anhalt für die Besorgnis, daß zwischen der Mutter und dem Vormunde Meinungsverschiedenheiten entstehen, die die Interessen des Kindes beeinträchtigen könnten. Sollte aber die Beschwerdeführerin dem Vormunde unter Verletzung ihrer mütterlichen Pflichten entgegentreten, so wäre das nur ein Beweis dafür, daß sie nicht die sittliche Fähigkeit besitzt, die das Amt des Vormundes erfordert. Kn.

o) **Entscheidung über Meinungsverschiedenheiten der Vormünder.**

OLG. Dresden, 6. ZS. Beschluß v. 9. November 1918.

Das Vormundschaftsrecht des BGB. wird von dem Grundsatze der

[1] Jede schon bestehende oder mögliche Beeinträchtigung der persönlichen oder vermögensrechtlichen Verhältnisse des Mündels bedeutet eine „Gefährdung" seiner Interessen (§ 1778[1]), auch wenn diese nicht „erheblich" ist; über ihr Vorliegen entscheiden die Instanzgerichte nach pflichtgemäßem Ermessen (Rsp. 18 S. 289) und können sie in den zwischen dem Übergangenen und dem Mündel bestehenden Unstimmigkeiten finden (Beschluß desselben ZS. v. 31. Januar 1919; Samml. 19 S. 166).

Selbständigkeit des Vormunds beherrscht. Dieser ist es, der unter eigener Verantwortung den Mündel vertritt und für ihn handelt; dem VormGerichte steht nur das Recht und die Pflicht zur Beaufsichtigung des Vormunds zu, und es kann kraft dieses seines Rechts wohl gegen Pflichtwidrigkeiten des Vormunds durch geeignete Gebote und Verbote einschreiten, nicht jedoch ihm bindende Anordnungen für die Geschäftsführung erteilen. Dementsprechend ist das VormGericht, wie sich allgemein anerkannt findet, bei der ihm nach § 1797 S. 2 zugewiesenen Entscheidung über eine Meinungsverschiedenheit der Vormünder darauf beschränkt, der einen oder der anderen Meinung beizutreten, nicht aber kann es hinsichtlich dessen, was geschehen soll, Abänderungen treffen und so eine neue Ansicht aufstellen. Hiergegen verstößt das LG., indem es dem vom Vormunde V. unter Widerspruch des Mitvormunds R. geplanten Vergleichsvorschlage die zu a und b seines Beschlusses bezeichneten Bedingungen beigefügt hat. Eine Abänderung des Vergleichsvorschlags nach diesen beiden Richtungen konnte nur in der Weise geschehen, daß mit den Vormündern verhandelt wurde und V. dabei den Vergleichsvorschlag entsprechend abänderte. Ann.

p) **Anwendung des § 1822, wenn Witwe und minderjährige Kinder des einen Gesellschafters das Geschäft auf den andern übertragen.**[1]

Kammergericht, 1. FerienZS. Beschluß v. 10. September 1919.

Von den Inhabern der offenen HG. L. & Co., Wilhelm und Eugen L., ist letzterer 1917 verstorben und von seiner Witwe Marie und seinen 5 minderjährigen Kindern beerbt worden. Namens der sämtlichen Erben hat seine Witwe in die Fortführung der bisherigen Firma durch Wilhelm L. gewilligt. Nach dessen Tode (1918) hat seine Witwe als befreite Vorerbin das Geschäft mit der Firma an eine Kommanditgesellschaft übertragen. Diesen Sachverhalt hat namens der Beteiligten der beschwerdeführende Notar dem Amtsgericht angezeigt und Eintragung ins Handelsregister beantragt. Diese ist abgelehnt worden, weil eine vormundschaftsgerichtliche Genehmigung der oben erwähnten Erklärung der Witwe Marie L. nicht beigebracht sei. Diese Entscheidung ist rechtlich nicht zu beanstanden. Zutreffend geht das LG. davon aus, daß die begehrte Eintragung nur dann erfolgen darf, wenn ihre Unterlagen rechtlich einwandfrei sind. Zu diesen gehört die Darlegung des Geschäftsübergangs (Cohn, Handelsregister[3] S. 83) und zwar zunächst diejenige nach dem Tode des Gesellschafters Eugen L. Diese soll durch eine an sich gemäß § 145 HGB. statthafte Übertragung an Wilhelm L. erfolgt sein und einzig steht in Frage, ob diese Vereinbarung deshalb, weil Eugen L. auch von

[1] Das Empfangsbekenntnis des Vormunds (Pflegers) beweist die Erfüllung des gesetzlichen Erfordernisses nicht; vielmehr wird dieser Beweis nur geführt, wenn die Genehmigung des Gegenvormunds (VormGericht) entweder zu der Annahme der geschuldeten Leistung oder zum Empfangsbekenntnis des Vormunds beigebracht wird; denn im ersteren Falle ist dem § 1812 Nr. 1, 3 unmittelbar genügt, die Genehmigung der Quittung aber enthält begrifflich (§ 368) zugleich die Genehmigung der geschehenen oder bevorstehenden Empfangnahme der geschuldeten Leistung und entspricht daher mittelbar dem § 1812 (KG. 30. August 1917, 1 x 186).

seinen minderjährigen Kindern beerbt worden ist, der Genehmigung bedurft hat. Beide Vorinstanzen bejahen dies, indem sie auf § 1822 Nr. 3 BGB. Bezug nehmen; das LG. verweist auch auf Nr. 1. Die Heranziehung des § 1822 ist nach Maßgabe des festgestellten Sachverhalts im Hinblick auf §§ 1643[1], 1686 rechtlich nicht zu beanstanden. Die Bezugnahme auf Nr. 1 geht allerdings fehl, denn daß ein dem Anteil (Erbteil: § 1922[2]) der Minderjährigen betreffendes Rechtsgeschäft hier vorliege, ist nicht ersichtlich; auch die Erwägung, daß wahrscheinlich die fragliche Geschäftsbeteiligung wesentlich den Erbteil der Minderjährigen bilden werde, rechtfertigt nicht ohne weiteres die Anwendung der Nr. 1. Dagegen kommt die Nr. 3 allerdings in Betracht. Ob eine Vereinbarung der vorliegenden Art, nämlich die Übertragung des Geschäfts an einen Gesellschafter, rechtlich als Veräußerung eines Erwerbsgeschäfts anzusehen ist, ist streitig. Staub[9] S. 609 vertritt diese Rechtsansicht, während Ritter S. 194 nur einen Geschäftsführungsakt für vorliegend und deshalb einen unter Nr. 3 fallenden Tatbestand nicht für gegeben erachtet, ähnlich Düringer[4], S. 679; vgl. auch Lehmann-Ring[2], S. 480. Die letztgenannten Schriftsteller gehen dabei im wesentlichen auf RG. 54 S. 278 und JW. 1907 S. 303 zurück. Beide Urteile behandeln jedoch die Übertragung von Grundstücken in ähnlich liegenden Fällen, sind also auf den hier festgestellten Sachverhalt nicht ohne weiteres anwendbar. Weder die dort entwickelten, für Rechtsgeschäfte des Grundstücksverkehrs geltenden Grundsätze noch sonstige Rechtserwägungen stehen der der Fassung und dem Sinne des Gesetzes entsprechenden Auffassung entgegen, daß die Vereinbarung des Ausscheidens von Minderjährigen aus einem Erwerbsgeschäfte zugunsten eines bisherigen Mitgesellschafters sehr wohl als ein auf Veräußerung dieses Geschäftes gerichteter Vertrag angesehen werden kann. Die Aufgabe der Beteiligung an einem Erwerbsgeschäft hat auch bisher schon das KG. als einen zur Anwendung des § 1822 Nr. 3 führenden Sachverhalt angesehen. So ist bei der Aufgabe der Beteiligung an einer Gesellschaft m. b. H. durch Abtretung des Geschäftsanteils nur im Hinblick auf die Rechtsnatur des letzteren die Anwendung jener Nr. 3 abgelehnt worden (KGJ. 34 S. 89). Von dieser Rechtsauffassung abzugehen und hier die Anwendung des § 1822 Nr. 3 für rechtlich ausgeschlossen zu erachten, bietet der festgestellte Sachverhalt keinen Anlaß... R. l.

q) **Festsetzung eines „Honorars" für den als Pfleger bestellten Anwalt.** [1]

Kammergericht, 1. FerienZS. Beschluß v. 13. August 1919.

[1] Das LG. hat die Vergütung herabgesetzt, weil flüssige Mittel nur in geringem Maße vorhanden seien; allein § 1836 S. 3 stellt nur darauf, daß Vermögen vorhanden ist, nicht auch darauf ab, daß die Vergütung aus den Einkünften bestritten werden kann (KG., ZS. 1a. Beschluß v. 28. Febr. 1919 x 99). — Das Recht des Nachlaßgläubigers wird im Sinne des § 20 FrGG. beeinträchtigt, wenn durch die Festsetzung der Vergütung die Verwirklichung der Nachlaßforderung in Frage gestellt wird (KG., 1. ZS. Beschluß v. 28. März 1918 x 62).

1912 ist der Rechtsanwalt A. als Pfleger für den Nachlaß und die unbekannten Erben des X. bestellt worden. Er hat 1916 nach Aufhebung der Pflegschaft Schlußbericht erstattet und Schlußrechnung gelegt und hierbei die Festsetzung eines Gesamthonorars von 7000 Mark für seine gesamte Pflegschaftstätigkeit, auch soweit sie anwaltlicher Art sei — jedoch unter Nichteinschluß von Prozeßvertretungen —, als angemessen vorgeschlagen. Nach ergebnislosen Vermittlungsverhandlungen hat das Amtsgericht ein Honorar von 2000 Mark festgesetzt. Die Beschwerde des A., der ein Honorar von 3500 Mark aus § 1836 beantragte, wurde mit der Maßgabe zurückgewiesen, daß die amtsgerichtliche Verfügung dahin klargestellt wird, daß die festgesetzten 2000 Mark die Vergütung für die Führung der Nachlaßpflegschaft im Sinne des § 1836 darstellten, dagegen Aufwendungen im Sinne des § 1835[1] nicht mit abgegolten seien, da das Pflegschaftsgericht über diese Auslagen nicht zu entscheiden habe. Hinsichtlich der Frage, ob der Pfleger auch noch Entgelt für Dienste, die er im Sinne des § 1835[2] als zu seinem Berufe gehörend geleistet hat und die als Aufwendungen gelten, verlangen kann, kommt das LG. zu dem Ergebnis, daß sich mit den Geschäften, über die sich die vom Pfleger vorgelegten 63 Band Akten verhalten, nicht solche enthalten sind, auf die der § 1835[2] Anwendung zu finden hat, da keine der dort geführten Angelegenheiten eine solche sei, die nicht auch ein anderer und zwar rechtskundiger Pfleger hätte erledigen können, ohne einen Anwalt zuzuziehen. Hiergegen richtet sich die weitere Beschwerde zweier Miterben. Diese sind nach § 20 FrGG. zur Beschwerde berechtigt, da nach dem Tenor des angefochtenen Beschlusses der Pfleger neben den festgesetzten 2000 Mark Honorar noch besondere Aufwendungen gemäß § 1835[2] berechnen könnte, obschon das LG. in den Gründen aus tatsächlichen Gründen ablehnt, daß er überhaupt eine nach § 1835[2] zu vergütende Tätigkeit entfaltet habe. Über die Aufwendungen der beiden Absätze des § 1835 BGB. kann das Vorm(Nachlaß)Gericht durch eine Festsetzung überhaupt nicht mit konstitutiver Wirkung entscheiden, diese Ansprüche kann der Pfleger nur im Prozeßwege geltend machen (KGJ. 45 S. 56). Dagegen setzt jenes Gericht die dem Pfleger nach § 1836 zuzubilligende angemessene Vergütung fest. Daraus folgt, daß es dem Pfleger nicht in einer Pauschsumme einen Betrag festsetzen darf, der sich zugleich auf § 1835 und auf § 1836 BGB. gründet (KGJ. 7 S. 180). Insofern unterliegt die angefochtene Entscheidung keinem Bedenken. Die von den Beschwerdeführern erörterte Frage, ob der Nachlaßpfleger neben der ihm zugebilligten Vergütung aus § 1836 noch den Pauschsatz des § 76 RAGebO. verlangen kann, und zwar auf Grund des § 1835[2] oder ob durch Gewohnheitsrecht diese Pauschsätze mit in der Vergütung inbegriffen sind, ist hier nicht zu prüfen, da hierüber allein, wenn es streitig werden sollte, das Prozeßgericht zu entscheiden hat. Die Beschwerde mußte deshalb zurückgewiesen werden. Opp.

r) **Ordnungsstrafen zur Einreichung einer Sterbeurkunde des angeblich verstorbenen Mündels.**

Kammergericht, 3S. 1a. Beschluß v. 22. November 1918.

... Die Begründung des LG. verkennt die Bedeutung und den Inhalt der Ordnungsstrafgewalt des VormGerichts. Die Androhung und Verhängung der Ordnungsstrafte dient nicht als Sühne für eine frühere Pflichtverletzung, sondern soll die Durchführung einer Anordnung des VormGerichts gewährleisten, wenn zu gewärtigen ist, daß ohne die Androhung nicht die Anordnung befolgt werden würde (Rsp. 2 S. 16). Es muß also Ungehorsam des Vormunds u. z. unmittelbar vorangegangen sein, der ein Einschreiten wegen der hierin liegenden Pflichtverletzung rechtfertigt (Staudinger BGB. § 1837[4]). Dies ist hier nicht der Fall. Es kommt nicht entscheidend darauf an, ob in der Vergangenheit der Beschwerdeführer in der Erfüllung seiner Pflichten lässig war, jedenfalls hat er in seinem Berichte v. 1. August 1918 erschöpfend über die Sachlage Auskunft gegeben und einen weiteren Bericht über das Ergebnis seiner an das Standesamt D. zu richtenden Anfrage in Aussicht gestellt. Von einem Ungehorsame konnte hiernach jedenfalls nach Erstattung jenes Berichts keine Rede mehr sein; daher hätte mit der Androhung gewartet werden müssen, bis sich herausgestellt hätte, daß der Beschwerdeführer die versprochene Berichterstattung pflichtwidrig verzögerte. Es kommt aber noch hinzu: Aus dem Berichte v. 1. August 1918 ging hervor, daß, wie sich nachträglich als richtig herausstellte, der Mündel bereits vor längerer Zeit verstorben war. Bedenken gegen die Richtigkeit dieser Angaben lagen nicht vor, sind jedenfalls vom Gerichte nicht erhoben worden. Dann war aber mit dem Tode des Mündels die Vormundschaft nach § 1882 beendigt. Wenn damit auch nicht schlechthin jede Tätigkeit des Vormunds oder des Gerichts endigt, dieses vielmehr auch noch fernerhin, soweit die Lösung des Rechtsverhältnisses fordert, gewisse Befugnisse und sogar Zwangsbefugnisse gegenüber dem bisherigen Vormunde hat (Schlegelberger FrGG. II[1] vor § 33), so gehört doch der Nachweis, daß der Mündel gestorben sei, jedenfalls nicht zu den Rechtshandlungen, die das VormGericht durch Ordnungsstrafen erzwingen darf. Ob die Vormundschaft nach § 1882 beendigt ist, hat das VormGericht gemäß § 12 FrGG. von Amtswegen festzustellen; wenn es sich dabei auch der Mitwirkung des bisherigen Vormunds bedienen darf und wird, so wird doch dadurch die Einreichung der Sterbeurkunde nicht zu dessen Amtspflicht. Schließlich hat ja auch das Gericht selbst die Sterbeurkunde eingefordert und erhalten. M.

s) **Auskunftspflicht[1] des Vormunds[2] und des VormGerichts. Anhörung nach § 1847.**

[1] Nach beendeter Vormundschaft und abgelegter Schlußrechnung ist das VormGericht nicht mehr in der Lage, den Vormund zu weiterer Tätigkeit (zB. Aufklärung über das s. Z. aufgenommene Inventar) zu veranlassen. Ebensowenig ist es unbedingt verpflichtet, über die Behelfe des § 34 FrGG. hinauszugehen und den Beteiligten auch noch Auskünfte aus den Akten zu erteilen, vielmehr bestimmt es hierüber nach pflichtmäßigem Ermessen; vgl. RG. 63 S. 278; KG. RJA. 1 S. 4 (Beschluß desselben 3S. v. 12 Dez. 1919). R. d.

[2] Eine Gefährdung stellt das LG. fest, indem es 2 neuerliche Selbstmordversuche des

Kammergericht, 3S. 1a. Beschluß v. 29. November 1918.

Der Berufsvormund des 1917 unehelich geborenen Mündels hat 1918 mit einer außerhalb wohnhaften Person, deren Namen und Wohnort er dem Großvater des Mündels vorenthält, einen Vertrag wegen Annahme des bei ihr befindlichen Mündels an Kindesstatt geschlossen und um die Genehmigung Vertrags gebeten. Der Beschwerdeführer hat erfolglos beantragt, den Vormund zur Namhaftmachung der jetzigen Pflegestelle des Mündels zu veranlassen. Ein solcher Anspruch steht allerdings gegenüber dem VormGerichte nicht zu. Wenn in KGJ. 47 S. 35 dieses für verpflichtet erklärt ist, den Vater bei der Ermittlung des Aufenthalts seines Kindes zu unterstützen, so beruht dies darauf, daß es Aufgabe des VormGerichts sei, dem Gewalthaber bei der Sorge für das Wohl seines Kindes helfend und unterstützend zur Seite zu stehen. Der Beschwerdeführer als Großvater steht, abgesehen davon, daß er nach § 1775 Nr. 4 zur Vormundschaft berufen ist, dem Vorm.-Gericht nicht anders als jeder Dritte gegenüber. Als solcher hat er aber nur das Recht aus § 34 FrGG., dagegen ist das Verlangen nach der Erteilung von Auskünften aus den Akten oder gar erst nach Anstellung von Ermittlungen aus dem Gesetz nicht herzuleiten (Rsp. 23 S. 370). Es kann jedoch keinem Bedenken unterliegen, das Beschwerdeverlangen in dem weiteren Sinne zu verstehen, daß er eine Anweisung an den Vormund um Mitteilung des Aufenthalts des Mündels begehrt, und in diesem Sinne hat auch das LG. das Anliegen gewürdigt, indem es ablehnt, eine entsprechende Anweisung zu erteilen. An sich muß es als ein natürliches Recht des Großvaters anerkannt werden, den Aufenthalt seines Enkelkindes zu erfahren, damit er die ihn mit diesem durch die Bande der Blutsverwandtschaft verknüpfenden Beziehungen zu pflegen vermag; dem Vormunde wäre es als Pflichtwidrigkeit anzurechnen, wenn er ohne überzeugende, auf dem Gebiete des Wohles seines Mündels liegende Gründe den Aufenthalt des Mündels dem Großvater vorenthielte. Dann ist dieser aber auch befugt, gemäß § 1837 das VormGericht anzurufen, damit es die Weigerung des Vormunds nachprüfe. Hält es dessen Gründe für durchgreifend, so hat es allerdings von der nachgesuchten Anweisung abzusehen, es ist aber im Falle der Beschwerde Sache des LG., vor der Entscheidung in vollem Umfange die Gründe des Vormunds dem Beschwerdeführer vorzulegen, damit dieser sie zu bekämpfen oder das sonst geboten Erscheinende vorzubringen vermag. Das LG. hat sich jedoch auf die Ausführung beschränkt, daß der Vormund, „wie er begründet darlege", Nachteile befürchte, ohne diese Darlegungen bekannt zu geben. . . .

Auch die Rüge, daß der Beschwerdeführer über die Annahme an Kindesstatt nicht gehört worden sei, trifft zu. Das LG. meint zunächst, ein Be-

Mündels auf dessen vorgefaßte Meinung, der Vormund verwalte das Mündelvermögen nicht ordnungsmäßig, zurückführt, so daß bei Fortdauer der Geschäftsführung des Vormunds Gefahr für die Gesundheit und sogar für das Leben des Mündels bestehe. Diese Begründung reicht nach § 1886 aus, der eine Pflichtwidrigkeit oder sonst ein Verschulden des Vormunds nicht verlangt (Beschluß desselben 3S. v. 13. Dez. 1918 x 699).

schluß, ihn nicht zu hören, sei nicht ergangen. Allerdings setzt die Beschwerde den Erlaß einer „Verfügung" voraus, so daß rein passives Verhalten des Gerichts eine Sachbeschwerde nicht rechtfertigt. Anderseits ist es aber nicht unzulässig, eine Verfügung, die eine bestimmte Willensmeinung nicht ausspricht, doch in dem vom Richter gemeinten Sinne auszulegen. Wenn er hier also die Bekanntgabe des Aufenthalts deshalb verweigert, weil bestimmte Einflüsse des Großvaters befürchtet werden, so ist damit genügend ausgedrückt, daß dieser auf seine vorgängige Anhörung nicht zu rechnen habe. Das LG. sieht aber weiter die Beschwerde dadurch als gegenstandslos an, daß er inzwischen gehört worden. Allein er ist über den Inhalt des Annahmevertrags nur „im allgemeinen" in Kenntnis gesetzt worden, während er über den Aufenthalt des Mündels und die Person des Annehmenden nichts erfahren hat. Mit einer solchen allgemeinen Bekanntgabe wird aber der Zweck des § 1847, in wichtigen Angelegenheiten das Gericht über die Ansichten der Familienangehörigen zu vergewissern (Mot. 4 S. 1149, 1161), nicht erreicht, vielmehr unmöglich gemacht. Sah das Amtsgericht, wie nicht zu beanstanden, in der Annahme eine wichtige Angelegenheit und hielt es daher die Anhörung des Großvaters für geboten, so mußte es ihn über alle Einzelheiten der geplanten Annahme, besonders über die Person des Wahlvaters und den jetzigen und künftigen Aufenthalt des Kindes hören. . . . M.

4. Erbrecht.

a) **Erbeinsetzung eines eingetragenen Vereins. Sein Fortbestehen als Liquidationsverein trotz Ausantwortung des ganzen Vermögens an einen Dritten. Zuwendungen zur Tilgung von Vereinsverbindlichkeiten. Beschwerderecht des Vollstreckers über den Erbschein.**

Bayer. Oberstes Landesgericht, 1. ZS. Beschluß v. 7. März 1919.

Die 1918 verlebte A. hat 1912 nach Aussetzung von Vermächtnissen zum Erben ihres übrigen Vermögens den Heilstätteverein N. eingesetzt. Dieser hat die Aufgabe, mit den ihm zugewiesenen freiwilligen Gaben und den Mitteln, die ihm weiterhin im Erbschafts- oder Schenkungswege zur Verfügung gestellt werden, eine Heilstätte für Lungenkranke zu errichten und zu unterhalten (§ 1); bei seiner Auflösung fällt das gesamte Vermögen in das Eigentum der Stadt N., sofern diese die Heilstätte fortführt (§ 17). Nachdem Anfang 1900 der Verein die Heilstätte errichtet und in Betrieb genommen hatte, beschloß er 1913 seine Auflösung und die kostenlose Übertragung seines Vermögens an die Stadt N., die sich bereit erklärte, die Heilstätte auf eigene Kosten fortzuführen. Zugleich wurde der bisherige Vorsitzende S. als Liquidator aufgestellt und im Vereinsregister eingetragen. Die Übergabe des unbeweglichen Besitztums an die Stadt fand laut notarieller Urkunde am 5. Januar 1914 statt und am selben Tage wurde ihr durch schriftlichen Schenkungsvertrag auch das bewegliche Vermögen übertragen, wogegen sie die Vertretung aller gegen den Verein etwa noch bestehenden Forderungen übernahm. Seitdem unterblieb jede weitere Tätigkeit des Liquidators, besonders auch die im § 50 BGB. vorgeschriebene Bekanntmachung und Aufforderung. Die 2 Beschwerdeführer, Neffen der A., halten die Einsetzung des Vereins, der zurzeit des Erbfalls nicht mehr bestanden habe, für ungültig und infolgedessen sich selbst als die nächsten gesetzlichen Erben. Auf ihren Antrag hat das Amtsgericht einen gemeinschaftlichen Erbschein erteilt, daß sie die A. auf Grund Gesetzes je zur Hälfte beerbt haben. Die Beschwerde des A.schen Testamentsvollstreckers hatte Erfolg. Die weitere Beschwerde ist unbegründet.

Mit Unrecht bestreitet die Beschwerde zunächst die Beschwerdebefugnis des Vollstreckers. Der Beschluß des Nachlaßgerichts ist fraglos eine Verfügung, gegen die sich gemäß § 20 FrGG. jeder beschweren kann, dessen Recht durch sie beeinträchtigt ist. Ein solches Recht des Vollstreckers ergibt sich schon aus § 2203 und der daraus notwendig für ihn folgenden Verpflichtung, bei Meidung seiner Haftung nach § 2219 dafür zu sorgen, daß der Nachlaß in die Hände des richtigen Erben gelangt, und daß besonders die nach den §§ 2206 bis 2219 dem Erben zukommenden Pflichten und Rechte nur von dem richtigen Erben ausgeübt werden. Um seine Verpflichtungen erfüllen zu können, muß ihm das Recht, die Einziehung oder Kraftloserklärung eines nach seiner Ansicht unrichtigen Erbscheins herbeizuführen, zustehen. Dies ist denn auch im § 2364^{2} ausdrücklich ausgesprochen, indem hier ihm gleich dem Erben die Befugnis verliehen ist, von dem Besitzer eines unrichtigen Erbscheins die Herausgabe an das Nachlaßgericht zu verlangen. Die Geltendmachung dieses Verlangens setzt sohin einen unrichtigen Erbschein voraus. Die Feststellung der Unrichtigkeit und die als unmittelbare gesetzliche Folge davon sich anknüpfende Einziehung oder Kraftloserklärung des Erbscheins ist aber in erster Instanz Sache des Nachlaßgerichts. Lehnt dieses ab, dann ist das auf den §§ 2203, 2364^{2} beruhende Recht des Vollstreckers beeinträchtigt, gleichviel, ob die Ablehnung mittels eines gemäß § 2361 erlassenen eigenen Beschlusses oder dadurch geschehen ist, daß das Nachlaßgericht seine mit der einfachen Beschwerde angefochtene Verfügung unter Umgangnahme von einer Abhilfe dem Beschwerdegerichte vorlegte. Es wäre daher nicht bloß ein überflüssiger Umweg, sondern geradezu verfehlt gewesen, wenn das LG. die Beschwerde als unzulässig verworfen und erst noch auf den Weg eines besonderen Verfahrens nach § 2361, dessen Anregung dem Vollstrecker neben der Beschwerde allerdings gleichfalls zur Wahl stand (vgl. Staudinger § 2364 S. 3), verwiesen hätte.

In der Sache selbst hängt die Entscheidung vor allem davon ab, ob und in welcher Form der Verein N. zurzeit des Todes des A. noch bestand. In dieser Beziehung ist der Ansicht des LG. beizutreten, daß der Verein damals trotz der bereits 1914 durchgeführten Ausantwortung seines gesamten Vermögens und der Übernahme der sämtlichen Vereinsschulden durch die Stadt noch als Liquidationsverein bestand und auch jetzt noch fortbesteht, weil die Liquidation wegen der Nichtbeachtung der zwingenden §§ 50, 51 bis heute noch nicht beendet ist (vgl. auch Staub HGB.[8] § 302 N. 1, § 292 N. 1 u. 2; Staudinger BGB. § 47[5]). Daraus folgt indessen noch nicht, daß die Erbschaft gemäß § 1922 dem Liquidationsverein angefallen ist. Durch den Auflösungsbeschluß hat der Heilstätteverein die Weiterverfolgung seiner Vereinszwecke eingestellt, also besonders auch auf den weiteren Erwerb von Mitteln, die ihm etwa im Erbschaftswege zur Verwirklichung dieses Zweckes zugewendet würden, verzichtet. Von da an galt er zwar gemäß § 49[3] noch als fortbestehend, aber nur „soweit der Zweck der Liquidation es erforderte". Sein Wirkungskreis war daher nur noch auf die in § 49 S. 1, 2 bezeichnete Tätigkeit mit dem Endziel beschränkt, die Beendigung der Liquidation und damit das gänzliche Erlöschen des Vereins herbeizuführen. Daß ein Liquidationsverein die Fähigkeit behält, Zuwendungen anzunehmen, die ihm die Mittel zur Tilgung von Vereinsverbindlichkeiten gewähren, ist zwar zuzugeben, jedoch mit der Einschränkung, daß die Zuwendungen nur zur Durchführung der Liquidation erfolgen können und nicht zur Wiederaufnahme und dauernden Fortsetzung des ursprünglichen Vereinszwecks. Es liegen hier aber nicht die mindesten Anhaltspunkte dafür vor, daß A. ihr Vermögen dem Heilstätteverein auch als Liquidationsverein und zur etwaigen Verwendung bei Durchführung der in § 49[1] bezeichneten Aufgaben der Liquidatoren zuwenden wollte. Auch ist die Annahme des LG., daß der Liquidationsverein noch für die Zinsen der Hypothekenschuld aufzukommen habe und daß die Unterhaltung und der Betrieb der Heilstätte noch laufende Zuschüsse des Vereins erfordere, nicht richtig. Die Hypothekenschuld ist rechtsgültig von der Stadt übernommen und die Übernahme gemäß § 416 vom Gläubiger genehmigt. Dadurch ist die Stadt anstelle des Vereins als Schuldnerin getreten. Die Kosten für die Unterhaltung und den Betrieb der Heilstätte hat aber die Stadt nach den zwischen ihr und dem Verein abgeschlossenen Verträgen vom 5. Januar 1914 zu bestreiten gehabt und bisher auch bestritten. Die Nichtbeachtung der Gläubigerschutzvorschriften in §§ 50, 51 berührt die Rechtswirksamkeit dieser Verträge **unter den Vertragsteilen** nicht, sie hat nur die Unwirksamkeit der auf Grund dieser Verträge geschehenen Vermögensentäußerungen gegenüber einem unbefriedigt gebliebenen Vereinsgläubiger nach Maßgabe des § 135 und die Haftung der Liquidatoren gemäß § 53 zur Folge (vgl. Staub HGB. § 301[10], § 303[13]). Demnach kann die Ansicht des LG., daß die Erbschaft dem Heilstätteverein N. in Liquidation angefallen und von diesem der Stadt im Vollzuge des Beschlusses von 1913 auszuantworten sei, nicht gebilligt werden.

Dies zieht jedoch nicht ohne weiteres den Eintritt der gesetzlichen Erbfolge nach sich. Vielmehr war, da die letztwillige Verfügung verschiedene Auslegungen zuläßt, gemäß § 2084 unter Anwendung des § 133 vorerst noch der wirkliche Wille des Erblassers zu erforschen. Dieser Erforschung hat sich das LG. auch vorsorglich unterzogen und es ist hierbei unter Berücksichtigung des Inhalts des Testaments, der persönlichen und Familienverhältnisse des Erblassers sowie des § 17 der Vereinssatzung und der von ihm veranstalteten Erhebungen zu dem Schlusse gekommen, daß nach der Ansicht des A. bis zur Auflösung des Heilstättevereins dieser und von da ab die Stadt mit der Auflage als Erbe eingesetzt gelten sollten, die Erbschaft zum Besten der Heilstätte zu verwenden. Kn.

b) **Ist der Güterpfleger eines Fahnenflüchtigen zur Annahme der diesem angefallenen Erbschaft berechtigt? Verzicht auf den Erbteil zugunsten eines Miterben als Annahme der Erbschaft.**

OLG. Kiel, 3. ZS. Urteil v. 4. Januar 1919.

Der Kläger ist als Güterpfleger des 1916 für fahnenflüchtig erklärten Peter L., eines Bruders des Beklagten, bestellt. Beide Brüder und noch ein dritter sind Erben nach dem gemeinschaftlichen Testament ihrer Eltern, in dem sich diese gegenseitig zu Erben und als Erben des Längstlebenden ihre 3 Söhne eingesetzt haben. Der Vater ist 1901 gestorben, worauf das Testament seinem ganzen Umfang nach vom Nachlaßgericht eröffnet worden ist. Die Witwe, die die Erbschaft angenommen hat, ist Anfang 1917 gestorben. Ohne daß das Testament nochmals verkündet worden war, hat am 16. Febr. 1917 Peter L. durch eine vom dänischen Notar öffentlich beglaubigte Erklärung zugunsten des Beklagten auf sein Muttererbe verzichtet. Demnächst hat er durch eine beim Nachlaßgericht Anfang 1918 eingegangene formgerechte Schrift die Erbschaft ausgeschlagen. Der Kläger hält diese Ausschlagung für verspätet und beantragt 1. Nichtigkeitserklärung des Verzichts v. 1917. 2. Auskunft über den Bestand der Erbschaft der Mutter und Herausgabe des Nachlasses zur gleichmäßigen Teilung unter die 3 Söhne. Der Beklagte hat den Antrag zu 1 anerkannt und ist demgemäß durch Teilurteil verurteilt worden. Auch der Antrag 2 ist begründet.

Nach §§ 360, 361 MStGO. umfaßt die Beschlagnahme des Vermögens eines abwesenden Fahnenflüchtigen nicht nur das zurzeit der Beschlagnahmeverfügung vorhandene, sondern auch das während ihrer Dauer erworbene Vermögen. Insoweit ist der Fahnenflüchtige selbst von jeder Verfügung über sein Vermögen ausgeschlossen. Als solche ist aber nicht anzusehen die Entscheidung über Annahme oder Ausschlagung einer während der Beschlagnahme anfallenden Erbschaft. Eine Erbschaft gehört mit dem Eintritt des Erbfalls noch nicht endgültig zum Vermögen des Erben, vielmehr besteht ein Schwebezustand derart, daß der Erbe zwar die Möglichkeit hat, die Erbschaft für sich zu erwerben, daß aber der Verzicht auf die Erwerbsmöglichkeit durch Ausschlagung nicht als eine Verfügung über bereits erworbenes Vermögen gilt. Daraus ergibt sich, daß die Entscheidung über Annahme oder Ausschlagung einer Erbschaft nicht dem Güterpfleger, sondern dem Erben persönlich zusteht, wofür auch die Erwägung spricht, daß ein Erwerb von Todeswegen nicht nur einen vermögensrechtlichen, sondern auch einen persönlichen Charakter hat, der bei einer Entscheidung durch den Güterpfleger nicht zur

Geltung käme. Daß jene Entscheidung keine Verfügung über bereits erworbenes Vermögen ist, zeigt sich auch darin, daß sie im Konkursfall (§ 9 KO.) dem Gemeinschuldner und nicht dem Konkursverwalter, sowie bei den Güterständen der Verwaltung und Nutznießung (§ 1406) und der allgemeinen GG. (§ 1453) der Frau ohne Zustimmung des Mannes zusteht, endlich auch in dem § 1517, nach welchem die Ausschlagung einer Erbschaft zugunsten eines andern keine Schenkung, dh. keine Zuwendung aus dem Vermögen des Ausschlagenden ist.

Dagegen ist in der Erklärung des Peter L. vom 16. Febr. 1917 eine stillschweigende Annahme der Erbschaft zu finden. Sie enthält eine Verfügung über den Erbteil, aus der sich ergibt, daß der Erklärende über den ihm zufallenden Erbteil frei nach seinem Willen kraft eigenen Rechts verfügen wollte. Er bringt damit zum Ausdruck, daß er sich als Erbe betrachtet, denn nur als solcher ist er zu einer Verfügung über die Erbschaft berechtigt. Diese Ausübung der nur dem Erben als solchem zustehenden Rechte am Erbteil steht einer ausdrücklichen Annahme der Erbschaft gleich. Dem steht auch nicht entgegen, daß die Erklärung durch das Anerkenntnisurteil vom 27. März 1918 für nichtig erklärt ist. Dies bedeutet nur, daß sie als Erbverzicht zugunsten des Beklagten nichtig ist, da sie der vorgeschriebenen Form entbehrt, und daß der Beklagte aus ihr keine Rechte herleiten kann. Dadurch wird aber die Tatsache der Erklärung, in der allein die stillschweigende Erbschaftsannahme liegt, nicht aus der Welt geschafft. Hatte aber Peter einmal die Erbschaft angenommen, so konnte er sie nachher nicht mehr ausschlagen (§ 1943). Dadurch wird die Frage, ob die Ausschlagung rechtzeitig erklärt ist, hinfällig, so daß dahingestellt bleiben kann, ob eine nochmalige Verkündung des Testaments nach dem Tode der Witwe L. erforderlich war, um die Frist des § 1944² in Lauf zu setzen. Mit der Annahme der Erbschaft fällt diese in das Vermögen des Fahnenflüchtigen, und damit unter die Verwaltung des Güterpflegers, so daß dieser zur Geltendmachung der Ansprüche aus der Erbschaft aktiv legitimiert ist.

Wenn der Beklagte meint, die Erklärung sei ein einseitiges Angebot zum Abschluß eines Vertrags nach § 2033, das er auch jetzt noch annehmen könne, um damit als vertragliche Verfügung über den Nachlaß vollwirksam zu werden, so steht dem entgegen, daß er die Nichtigkeit jener Erklärung im Prozeß anerkannt hat, so daß er jetzt keine Rechte mehr aus ihr herleiten kann. Das Anerkenntnis wäre nur unter den Voraussetzungen der Irrtumsanfechtung zu beseitigen, die unstreitig nicht vorliegen. Im übrigen würde auch durch eine nachträgliche Annahme ein Vertrag gemäß § 2033 nicht zustande kommen, da die Erklärung nicht in der vorgeschriebenen Form der gerichtlichen oder notariellen Beurkundung, sondern nur als öffentlich beglaubigte Erklärung abgegeben ist. SchlHA.

c) **Ausschlagungserklärung in einem Testamente?**

Kammergericht, 1. FerienZS. Beschluß v. 23. Juli 1919.

Die kinderlos verheiratete Alma P. ist am 24. Oktober 1918 mit Hinterlassung ihres Mannes Oskar und ihrer Eltern verstorben. Am 20. November 1918 verstarb auch ihr Mann, nachdem er noch am selben Tage vor dem Notar ein Testament errichtet hatte, worin er drei Erben, unter anderem den Beschwerdeführer Ernst, den er auch zum Vollstrecker ernannte, eingesetzt und auf den Nachlaß seiner Frau verzichtet hat. Der Notar übersandte das in versiegeltem Umschlage befindliche Testament am 27. November dem Amtsgericht, das es am folgenden Tage verkündete. Mit Rücksicht auf den darin ausgesprochenen, als Ausschlagungserklärung gedeuteten Verzicht des Mannes erteilte auf Antrag der Eltern der Frau das Amtsgericht diesen am 4. Januar 1919 einen gemeinschaftlichen Erbschein dahin, daß sie je zur Hälfte Erben ihrer Tochter geworden seien. Der Beschwerdeführer, der den Verzicht des Erblassers für unwirksam hält, hat darauf die Einziehung des Erbscheins ergebnislos beantragt. Die weitere Beschwerde ist begründet.

In diesem Verfahren handelt es sich nur um die Frage, ob Oskar P. Miterbe nach seiner Frau geworden ist, in welchem Falle der allein für die Eltern erteilte Erbschein unrichtig ist, so daß es hier bedeutungslos ist, ob der Verzicht des Erblassers auf den Nachlaß seiner Frau etwa schuldrechtliche, seine Erben bindende Wirkungen äußert. Die Vorinstanzen finden in dem Verzichte den Ausdruck der Erklärung des Erblassers P., daß er die Erbschaft nach seiner Frau ausschlage. Diese Annahme mag, da sie auf tatsächlichen Erwägungen, besonders einer Auslegung der letztwilligen Verfügung beruht und sich im Rahmen des Zulässigen bewegt, einer Nachprüfung entzogen sein. Die Ausschlagungserklärung ist aber unwirksam. Da sie nicht in besonderer Verhandlung erklärt, sondern in einem Testament enthalten ist, das ausschließlich Anordnungen für den Fall des Todes des Erblassers trifft, und eine gesonderte Behandlung dieses mit den angeordneten Erbeseinsetzungen und Vermächtnissen unmittelbar zusammenhängenden Verzichts durch nichts gerechtfertigt ist, muß auch bezüglich dieser Ausschlagungserklärung angenommen werden, daß sie nur gelten sollte für den Fall, daß der Erblasser noch innerhalb der sechswöchigen Ausschlagungsfrist versterben sollte, der Erblasser aber, wenn er am Leben bliebe, an eine Ausschlagung der Erbschaft nach seiner Frau nicht gedacht hat. Darauf deutet auch der Umstand hin, daß die Erklärung, weil in einem verschlossenen, erst nach seinem Tode zu eröffnenden Testament enthalten, frühestens mit seinem Ableben zur Kenntnis des Nachlaßgerichts gelangen konnte, bis dahin aber, eine jede andere im Testament enthaltene Erklärung frei widerruflich war. Die nur für den Fall eines früheren Todes abgegebene Ausschlagungserklärung knüpft damit die Wirksamkeit der Erklärung an eine Bedingung und verstößt gegen § 1947.

Die Ausschlagung erfolgt aber auch durch Erklärung gegenüber dem Nachlaßgerichte (§ 1945) und wird wirksam in dem Zeitpunkte des Zugehens (§ 130[1]), dh. sobald die Möglichkeit ihrer Wahrnehmung durch die Empfänger besteht, hier also erst im Augenblicke der Eröffnung des Testaments. Auf die Wirksamkeit ist es ohne Einfluß, wenn der Erklärende nach der Abgabe stirbt (§ 130²). Wäre die Ausschlagung als mit der Aufnahme der Erklärung in das Testament abgegeben anzusehen, so wäre der spätere Tod des P. bedeutungslos. Das ist aber nicht der Fall. Denn abgegeben ist eine Erklärung nicht schon dadurch, daß man sie niederschreibt, sondern erst dann, wenn der Erklärende alles getan hat, was von seiner Seite erforderlich war, um die Wirksamkeit der Erklärung herbeizuführen, wenn er also zB. die Erklärung überreicht, abschickt oder einem anderen zur Beförderung an die Empfänger ausgehändigt hat. Von dem gewählten Mittel, durch das sie nach dem Willen des Erklärenden zur Existenz gelangen soll, wird es hiernach abhängen, ob und wann die Erklärung abgegeben worden ist. Hier ist die Erklärung in einen Umschlag getan und versiegelt worden. Allerdings ist sie dem Notar zur späteren Aushändigung an das Nachlaßgericht übergeben worden. Da sie indes Teil eines Testamentes war, so sollte und durfte das Nachlaßgericht von der Erklärung erst nach dem Tode des P. bei der Eröffnung des Testaments Kenntnis nehmen. Gegenüber dem Nachlaßgericht aber war die Erklärung abzugeben. Mit der Übersendung der verschlossenen Erklärung oder mit dem Auftrage an den Dritten zur Übersendung kann die Erklärung jedenfalls dann nicht abgegeben worden sein, wenn das Nachlaßgericht rechtlich gehindert war, von ihr Kenntnis zu nehmen. In solchem Fall ist die Erklärung erst dann abgegeben, wenn das Nachlaßgericht die Möglichkeit der Wahrnehmung hat. Diese Möglichkeit besteht beim Testamente nicht, solange der Erblasser noch am Leben ist. Folglich kann die Ausschlagung frühestens mit dem Tode des Erklärenden wirksam abgegeben sein. Der Tod schadet zwar nicht, wenn die Erklärung vorher abgegeben worden ist. Ist aber die Erklärung wirksam erst mit dem Tode des Erklärenden abgegeben, so hat der Lebende überhaupt keine Erklärung abgegeben. Aus diesem Grunde ist also ebenfalls das Vorliegen einer wirksamen Ausschlagungserklärung zu verneinen. Opp.

d) **Recht auf Anordnung einer Nachlaßpflegschaft.**[1]

OLG. Braunschweig, 1. ZS. Beschluß v. 24. Februar 1919.

Der Nachlaß des 1898 ohne letztwillige Verfügung verstorbenen Carl W. besteht aus einem Brinksitzerwesen. Zu seinen gesetzlichen Erben gehören Kinder und Kindeskinder; wieviel davon in Betracht kommen, ist noch ungewiß. Fest steht nur, daß das älteste Kind verstorben ist und an seine

[1] Ein Bedürfnis zur Nachlaßpflegschaft ist nicht vorhanden, wenn vertrauenswürdige Miterben sich des Nachlasses annehmen, ohne daß die Besorgnis der Verletzung widerstrebender Interessen vorläge (KG., 1. ZS. Beschluß v. 10. April 1919 x 53). Dagegen ist ein Sicherungsbedürfnis besonders dann anzunehmen, wenn dem Nachlasse die Zwangsversteigerung und der Verlust von Grundstücken droht, falls nicht gelingt, die mit der Versteigerung drohenden Gläubiger durch Vereinbarung neuer Bedingungen zu bewegen, die gekündigten Hypotheken stehen zu lassen (Beschluß desselben ZS. v. 28. Febr. 1918 x 35). Vor Ausübung des statutarischen Wahlrechts des märkischen Ehegatten ist eine Nachlaßpflegschaft nicht anzuordnen (Beschluß desselben ZS. v. 25. April 1918; KGBl. S. 52).

Stelle dessen 5 Kinder getreten sind. Zu den letzteren gehören Anna W., die seit längerer Zeit das Grundstück verwaltet, und der Beschwerdeführer. Dieser hat beantragt, für den Carl W.schen Nachlaß eine Pflegschaft einzurichten und einen Nachlaßpfleger für die unbekannten Erben zu bestellen. Die Vorinstanzen haben mit Recht abgelehnt. Die hier allein fragliche Nachlaßpflegschaft des § 1960 ist, wie jetzt ziemlich allgemein anerkannt wird, eine Pflegschaft für den unbekannten oder ungewissen Erben (Mot. 5 S. 545; RG. 81 S. 292). Daß der verstorbene Vater des Antragstellers die Carl W.sche Erbschaft seinerseits angetreten hat, ist außer Zweifel. Dasselbe gilt von seinen 5 Kindern, darunter der Antragsteller, bezüglich seines Nachlasses. Wegen dieses Erbstammes ist daher gegenüber dem großväterlichen Nachlaß keine Ungewißheit vorhanden. Die Nachlaßpflegschaft wäre aber bezüglich der unbekannten Miterben zwecks Sicherung ihrer Anteile möglich (§ 1992², RJA. 7 S. 32). Die Vorinstanzen haben aber dafür das Vorliegen eines Bedürfnisses verneint. Das kann jedoch dahingestellt bleiben. Denn der Antragsteller ist nicht legitimiert, die Interessen der Miterben im Beschwerdewege wahrzunehmen. Anderseits ist ein Recht des Antragstellers, das er nach § 20 FrGG. auch durch Beschwerde wahrnehmen könnte, durch die ablehnenden Bescheide der Vorinstanzen nicht verletzt. Zwar wird durch §§ 75, 57 Nr. 3 FrGG. das Beschwerderecht jedem gegeben, der ein rechtliches Interesse an der Änderung der Verfügung hat. Letztere Voraussetzung ist hier nicht vorhanden. Der Beschwerdeführer hat nicht darzulegen vermocht, inwiefern seine rechtlichen Beziehungen zum großväterlichen Nachlaß durch Anordnung einer Nachlaßpflegschaft für andere Miterben günstig würden beeinflußt werden. Nach den Ausführungen der Beschwerdeschriften scheint er hauptsächlich darüber in Sorge zu sein, daß seine Erbrechte beeinträchtigt werden möchten, wenn fernerweit seine Schwester Anna im Besitz des Nachlaßgrundstückes bliebe. In dieser Richtung aber würde seine Rechtslage nicht schon durch die Bestellung des Nachlaßpflegers verbessert werden. Denn auf Alleinbesitz und Alleinverwaltung des Nachlasses würde solcher keinen Anspruch haben, aber befugt sein, sich mit der Anna in der ihm gut dünkenden Weise zu verständigen. Seine Aufgabe hat mit Wahrnehmung der Erbrechte des Antragstellers nichts zu tun. Dessen sich aus der Erbengemeinschaft ergebenden Ansprüche zu sichern, stehen diesem selbst genügend zivilrechtliche und prozessuale Behelfe zur Verfügung. W. n.

e) **Auskunfterteilung und Vorlegung eines Verzeichnisses nach § 260.**

OLG. Kiel, 1. ZS. Urteil v. 12. Juni 1919.

Die Beklagte hat von dem Erblasser der Kläger, ihrem Verlobten, Sachen erhalten, die diesem gehört haben. Sie nimmt sie als ihr Eigentum in Anspruch, weil ihr Bräutigam sie ihr geschenkt habe. Unter diesen Umständen ist sie nicht Erbschaftsbesitzerin im Sinne des § 2018, sondern Besitzerin kraft eines singulären Rechtstitels, und daher gegenüber dem Anspruch aus § 2027 nicht passiv legitimiert. Da sie die Sachen schon vor dem Tode ihres

Bräutigams besessen hat, versagt auch der Klaganspruch aus § 2027[2]. Dagegen ist der Anspruch aus § 260 begründet. Dieser begründet allerdings keine allgemeine Auskunftspflicht, sondern nur die Pflicht desjenigen, der einen „Inbegriff von Gegenständen" herauszugeben hat. Darunter wird gewöhnlich zwar nur eine solche Mehrheit verstanden, die im Verkehr unter einer gemeinschaftlichen Bezeichnung zusammengefaßt zu werden pflegen, wie Herde, Bibliothek, Gutsinventar u. dgl. Wie aber die Denkschrift S. 71 ausführt, hat der Entwurf außer solchen Sachgesamtheiten jede Mehrheit von Gegenständen im Auge, bei welchem der Berechtigte nach der Natur des in Frage stehenden Rechtsverhältnisses nicht in der Lage ist, die einzelnen Gegenstände zu bezeichnen. Vorauszusetzen ist dabei ein einheitliches Rechtsverhältnis, kraft dessen die Herausgabe oder die Auskunftserteilung verlangt werden kann. Denn erst durch den einheitlichen Rechtsgrund für die Herausgabepflicht wird die Mehrheit der Sachen zu einem „Inbegriff" (JW. 1913 S. 130, 1917 S. 655). Diese Voraussetzung ist aber hier gegeben, da die Kläger auf Grund des angeblich von ihrem Erblasser abgeschlossenen Verwahrungsvertrags die Herausgabe der von ihm übergebenen Gegenstände verlangen. Es liegt in der Natur der Sache, daß sie nicht in der Lage sind, diese Gegenstände einzeln zu bezeichnen, und daher zur Vorbereitung ihres Herausgabeanspruchs eine Auskunft und ein Bestandsverzeichnis bezüglich der auf solche Weise in den Besitz der Beklagten gelangten Sachen nötig haben. Der Rechtsgrund, der zur Herausgabe verpflichtet, ist natürlich vom Standpunkte des Klägers zu beurteilen, und beruht hier auf der Hingabe der Sachen an die Beklagte, aus der sich ihre Verpflichtung zur Rückgabe an die Erben ohne weiteres ergibt.

Dagegen ist die Verpflichtung der Beklagten durch die im Rechtsstreit abgegebenen Erklärungen als erfüllt anzusehen. Da die Vorlegung eines Verzeichnisses lediglich bezweckt, dem Berechtigten Aufklärung über seine ev. Herausgabeansprüche zu geben, so muß jede Art der Auskunft ausreichen, durch die jener Zweck erfüllt wird. Durch die Erklärungen der Beklagten ist aber völlig genügender Aufschluß in dieser Hinsicht erteilt. SchlHA.

Dazu: OLG. Stettin, 1. ZS. Urteil v. 13. Juni 1919.

Dem Klagebegehren aus § 2027 ist der Beklagte an sich durch das mittels Schriftsatzes von Ende 1918 mitgeteilte Verzeichnis nachgekommen. Der Kläger macht jedoch geltend, daß es unvollständig sei und der Berichtigung bedürfe. Dieser Streit hindert jedoch nicht, die Verpflichtung des Beklagten als durch die Überreichung des Verzeichnisses erfüllt anzusehen (vgl. RG. BayZ. 1917 S. 354); er wird in besonderem Rechtsstreite ausgetragen werden. Bei dieser Sachlage konnte der Kläger sein Klagebegehren nicht mehr aufrecht erhalten, nachdem der Beklagte es erfüllt hatte; gleichwohl hat er es bis zuletzt getan. Demgegenüber verlangt der Beklagte mit Recht Klagabweisung. Die Hauptsache ist also unter diesen Umständen nicht, wie das LG. meint, erledigt, sondern sie war durch Urteil mit der Kostenfolge des § 91 ZPO. abzuweisen. Für § 93 ZPO. ist kein Raum. Dr. M.

f) **Übertragung eines Erbteils oder Abtretung des Auseinandersetzungsguthabens?**

OLG. Dresden, 3. ZS. Urteil v. 19. Juni 1918.

Der wegen Geistesschwäche entmündigte M. war neben seiner Mutter und seinen Geschwistern am Nachlasse seines Vaters als Erbe beteiligt. Der Vormund und der Gegenvormund des M. traten am 28. November 1916 seiner Schwester zur Befriedigung der Ansprüche, die sie gegen den Bruder geltend machte, den Erbteil des M. notariell ab. Diese Abtretung hat der Vorm.-Richter nicht genehmigt, wohl aber eine spätere Verhandlung von Ende 1916, wonach der Schwester zur Befriedigung wegen ihrer auf 3700 Mark berechneten Forderung die Erbteilsforderung des M. am Nachlasse seines Vaters in Höhe jenes Betrags abgetreten wurde. Ein Gläubiger des M. ficht diese Abtretungen an, weil er durch sie an der Pfändung des Erbteils des M. gehindert sei. Diese Auffassung ist jedoch unzutreffend.

Allerdings ist durch den ersten Vertrag der Anteil des M. an dem noch ungeteilten väterlichen Nachlaß an die Beklagte veräußert und zugleich diese Veräußerung durch die Übertragung des Erbanteils vollzogen worden (§§ 2371, 2033). Diese Rechtsakte sind jedoch mangels der nach § 1822 Nr. 1 erforderlichen Genehmigung nicht wirksam geworden und stehen deshalb einer Vollstreckung in den Erbanteil aus Schuldtiteln, die sich gegen M. richten, nicht im Wege. Diese Vollstreckung war nicht einmal, solange noch auf die Erteilung der Genehmigung gerechnet wurde und demgemäß die Beklagte nach § 1829 an die Abmachungen gebunden war, beeinträchtigt. Denn nach dem auch für den Fall der Genehmigung geltenden § 184 (RG. 76 S. 366) werden Verfügungen im Wege der Zwangsvollstreckung gegen den Bevormundeten während des Schwebezustandes, der besteht, bis dem Vertragsgegner die Genehmigung mitgeteilt wird, durch die rückwirkende Kraft dieser Mitteilung in ihrer Rechtsbeständigkeit nicht berührt. Nachdem aber infolge des späteren Abkommens der Vormund von der Genehmigung der notariellen Abmachungen abgesehen und die Beklagte als die Vertragsgegnerin davon Kenntnis genommen hat, können diese Abmachungen überhaupt nicht mehr wirksam und demgemäß auch überhaupt nicht mehr dem Vorgehen des Klägers gegen M. hinderlich werden.

Das Abkommen von Ende 1916 dagegen steht, wiewohl es wirksam genehmigt ist und der Mann der Beklagten ihm zugestimmt hat, vermöge seines Inhalts dem Kläger nicht entgegen. Die Fassung ergibt, daß in beabsichtigtem Gegensatz zu den vorausgegangenen notariellen Beurkundungen nicht die Anteilsberechtigung des M. an der Erbgemeinschaft, sondern, um sie durch Leistung an Zahlungs Statt wegen ihrer anerkannten Forderung zu befriedigen, nach Höhe dieser Forderung das bei der künftigen Erbteilung sich ergebende Auseinandersetzungsguthaben des M. auf die Beklagte übertragen sein soll. Eine derartige Übertragung ist mit dem Erfolge, daß der Erwerber damit ein gegen Dritte wirkendes Recht erhielte, nicht angängig. Die nach § 2033 dem Miterben zustehende Verfügungsbefugnis kann lediglich durch die Übertragung seiner Mitberechtigung an der Erbschaft ausgeübt werden. Die Möglichkeit der Abtretung seines Anspruchs aus der noch ausstehenden Auseinandersetzung, wie sie in § 717 für den Gesellschafter vorgesehen ist, ist für den Miterben nicht gegeben. Die Abmachung von Ende 1916 hat somit nur die Wirkung, daß M. lediglich der Beklagten gegenüber verpflichtet ist, das, was er bei der künftigen Erbteilung erhält, in der festgesetzten Höhe ihr zufließen zu lassen. —e—

g) **Einwilligung der Miterben in die Ersetzung des von den Erben bestellten Nachlaßverwalters.**

OLG. Dresden, 4. ZS. Urteil v. 27. Februar 1919.

Die Kläger bezwecken die Ersetzung des Beklagten 1 als des infolge eines Erbenbeschlusses gemäß §§ 2038, 745 bestellten Verwalters des gemeinschaftlichen Nachlaßvermögens durch einen anderen Verwalter. Unzweifelhaft war diese Bestellung eines Miterben eine die Erbengemeinschaft bindende Verwaltungsmaßregel, da sich die den Erben gemeinschaftlich zustehende (§ 2038[1]) Verwaltung des Nachlaßvermögens (§ 2032) nicht nur in der dessen Benutzungsart und in der Führung der hierzu erforderlichen Geschäfte, sondern auch in der Bestimmung der zur Besorgung dieser Geschäfte berufenen Personen zu betätigen hat, sofern sie den Miterben nach dem maßgebenden Willen der Gesamtheit oder der Mehrheit (§§ 2038, 745[1]) nicht gemeinschaftlich verbleiben soll.... Dieser Erbenbeschluß bindet aber die Erbengemeinschaft nur so lange, als dadurch die Ordnungsmäßigkeit der Verwaltung gewährleistet ist; denn nur zu diesem Zweck ist er gefaßt worden. Ergeben sich Umstände, die diese Ordnungsmäßigkeit stören und beeinträchtigen, so kann jeder Miterbe kraft seines Rechtes und seiner Pflicht, auf eine ordnungsmäßige Verwaltung hinzuwirken, von den Miterben die Mitwirkung zu den zur Wiederherstellung der Ordnung erforderlichen Maßregeln verlangen (§ 2038 S. 2). Erweist sich daher der Verwalter als ungeeignet und unfähig, so kann jeder Miterbe den anderen Miterben gegenüber die zur Beseitigung der Störung einer guten Verwaltung notwendigen Handlungen, also unter Umständen auch die Ersetzung des berufenen Verwalters durch einen anderen verlangen. Nicht entgegen steht der Umstand, daß durch ein im Erbenbeschlusse zugleich enthaltenes und deshalb die Erbengemeinschaft bindendes Rechtsgeschäft zwischen dem Beklagten 1 und den übrigen Erben jenem der Auftrag zur Verwaltung des Nachlasses erteilt und von ihm angenommen worden ist. Zufolge dieses Auftrags hat sich der Beklagte zu einer Geschäftsbesorgung für die Erben verpflichtet (§ 662), die ihm, solange er die Verwaltung ordnungsmäßig besorgt, nur durch Widerruf zufolge eines Mehrheitsbeschlusses der Erben (§ 671) wie jeder andere Auftrag entzogen werden kann; dagegen kann jeder Miterbe für sich allein von den anderen Miterben die Übertragung der Verwaltung auf eine andere Person, gleichviel ob der Verwalter ein Miterbe oder ein Dritter ist, verlangen, wenn das zur Ordnungsmäßigkeit der Verwaltung wegen der Person des durch Erbenbeschluß bestellten Verwalters notwendig ist. Der § 2038 S. 2, der dieses Sonderrecht des einzelnen Erben festsetzt, schließt den § 745², der nur auf noch nicht durch Gemeinschaftsbeschluß geregelte Punkte anzuwenden ist, für Fälle der vorliegenden Art aus. Die Änderung einer durch Erbenbeschluß getroffenen Verwaltungsmaßregel ist dann eine durch die Ordnungsmäßigkeit der Verwaltung gebotene und dazu erforderliche Verwaltungshandlung. Die Klage auf die Mitwirkung hierzu ist gegen alle widerstrebenden Miterben, also auch gegen den als Verwalter eingesetzten Miterben, wenn er die Kündigung des Auftrags zur Verwaltung verweigert (§ 671), gegen diesen in seiner Eigenschaft als Miterben und Verwalter zu richten. Denn der erforderliche Erbenbeschluß ist zunächst der auf Widerruf des Verwaltungsauftrags an den Miterben (§ 671¹), an den sich dann in Ausführung des auf Übertragung der Verwaltung auf eine andere Person gerichteten Erbenbeschlusses die Bestellung eines anderen Verwalters durch einen neuen Erbenbeschluß anzuschließen hat; die Einwilligung der Beklagten, die mit Rechtskraft des Urteils als erklärt gilt (ZPO. § 894), ist, insofern sie einen Bestandteil des erforderlichen Erbenbeschlusses bildet, eine zu dieser Verwaltungsmaßregel erforderliche Handlung. Da das Gesetz einen solchen Erbenbeschluß durch Stimmenmehrheit zuläßt (§§ 2038¹, 745¹), so ist es nicht erforderlich, daß die Gesamtheit der Erben verklagt wird; es handelt sich dabei nicht um eine Verfügung über einen Nachlaßgegenstand, die nach § 2040 nur von allen Erben gemeinschaftlich getroffen werden kann und muß (RG. 93 S. 294). Es ist deshalb auch unerheblich, daß nach der Behauptung der Beklagten außer ihnen selbst auch andere am Rechtsstreite nicht beteiligte Miterben die Weiterverwaltung des Nachlasses durch den Beklagten 1 wünschen, also an dem früher gefaßten Beschlusse festhalten wollen. Sache der Kläger ist es, ob und wie sie die zum Mehrheitsbeschluß erforderliche Stimmenzahl erreichen; gelingt ihnen das nicht, so hat es bei der getroffenen Maßregel zu bewenden. Den Beklagten gereicht es nicht zum Nachteil, wenn die Kläger die Einwilligung der widerstrebenden Miterben, soweit sie ihr zu dem notwendigen Mehrheitsbeschlusse bedürfen, weder freiwillig noch durch Richterspruch auf eine gegen diese noch anzustrengende Klage erreichen. Die Abweisung einer solchen Klage würde alsdann nur die Beibehaltung des jetzigen Zustandes zur Folge haben; einander widersprechende Entscheidungen sind also nicht unzuträglich. Dagegen brauchen sich die Kläger zur Vermeidung einer Änderung der getroffenen Maßregel nicht auf ihre Befugnis zur Aufhebung der Gemeinschaft verweisen zu lassen. Der Klagantrag ist aber begründet, weil Beklagter 1 seit 3 Jahren keine Rechnung gelegt hat.... —e—

h) **Ausschließung der Auseinandersetzung. Dingliche oder schuldrechtliche Wirkung?**

Kammergericht, 1. ZS. Beschluß v. 31. Mai 1919.

...Im Schrifttum ist die Meinung vertreten, daß die Ausschließung der

Auseinandersetzung durch den Erblasser gemäß § 2044 eine Beschränkung des Verfügungsrechts des Erben oder des Vollstreckers bewirke (Binder 3 S. 245; Dernburg 5 § 178 VII, Brettner Recht 1900 S. 224). Überwiegend wird aber mit Recht angenommen, daß sie lediglich schuldrechtliche Wirkung hat. Der § 2044[1] stimmt nach den Mot. 5 S. 688/9 mit der Mehrzahl der früheren Rechte, besonders mit §§ 118 ALR. I 17 sachlich überein und für letzteres bestand bereits die Streitfrage (Dernburg 3 § 245[8] gegen Eccius 4 § 273[29]). Trotzdem sagen die Motive, daß eine solche Anordnung nur obligatorisch wirke. Allerdings ist die Fassung des 1. Entw. § 2153 S. 1 im § 2044 S. 1 geändert; die Vorarbeiten ergeben aber nicht, daß dadurch auch ein sachlicher Unterschied begründet werden sollte. Es läßt sich daher kaum mit Binder sagen, daß der Wortlaut des Gesetzes entscheidend gegen die hier vertretene Ansicht spricht. Ebensowenig erscheint seine Annahme gerechtfertigt, daß § 137 einen anderen Fall betreffe. Die Auseinandersetzung der Erben erfolgt durch Verfügung. Die Anordnung, durch die der Erblasser sie ausschließt, ist ein Rechtsgeschäft; daher gilt die Regel des § 137. Allerdings wäre es an sich nicht ausgeschlossen, daß das Gesetz, obgleich dies sonst, auch in § 399, nicht geschehen ist, im § 2044 eine Ausnahme vorgesehen hätte. Eine solche Absicht ist aber nicht erkennbar. Dagegen ist die Anordnung des Erblassers durch die in § 2044 S. 2 vorgeschriebene entsprechende Anwendung des § 749[2,3] mit der vertraglichen Ausschließung der Auseinandersetzung durch die Erben auf eine Stufe gestellt. Dazu kommen die auch von Binder S. 251 nicht verkannten Unzuträglichkeiten, die bei seiner Ansicht die entgegen der Anordnung erfolgten Auseinandersetzungen mit sich bringen. Dritte müßten sich der wohl meist nicht leichten Prüfung unterziehen, ob ein wichtiger Grund zur vorzeitigen Auseinandersetzung vorliegt. Endlich scheitert die Durchführung der Binderschen Ansicht in allen Fällen, wo der Erblasser nicht durch Vollstrecker besonders vorgesorgt hat, am § 751 S. 2, der dem Erben auf dem Umwege der Pfändung des Anteils eines Miterben die Auseinandersetzung ermöglicht. Allerdings kann der Ausschluß gemäß § 2044, 1010[1] im Grundbuch eingetragen werden und wirkt dann dinglich. Diese „Belastung“ sehen einige als Verfügungsbeschränkung an, überwiegend wird aber angenommen, daß es sich dabei um eine eigenartige, erst durch Eintragung entstehende dingliche Belastung handelt (Planck § 1010). Hiernach kann trotz einer Anordnung nach § 2044[1] der Vollstrecker die Auseinandersetzung gemäß § 749[2] S. 1 vorzeitig vornehmen und zu diesem Zweck über die Nachlaßgegenstände verfügen. Ob ein wichtiger Grund dafür vorliegt, hat nicht der Grundbuchrichter nachzuprüfen. Denn die Ausschließung begründet keine Einschränkung des Verfügungsrechts des Vollstreckers und grundsätzlich ist seine Verfügungsmacht — abgesehen von unentgeltlichen Verfügungen und Eingehung von Verbindlichkeiten — vollständig frei, wie §§ 2205/6 erkennen lassen. Nach I § 1900 sollte seine Verfügung über Nachlaßsachen zu ihrer Wirksamkeit den Nachweis erfordern, daß sie zur ordnungsmäßigen Verwaltung oder zur Erfüllung einer

Nachlaßverbindlichkeit erforderlich war. Die 2. Komm. sah insoweit mit Rücksicht auf das Verkehrsbedürfnis von der Gewährung eines kausal bedingten Verfügungsrechts ab und verlieh dem Vollstrecker eine absolut freie Verfügungsmacht. Sie nahm an, daß den damit verbundenen Gefahren durch die Verantwortlichkeit des Vollstreckers, die Bestimmungen über die Haftungsbeschränkung, den Pflichtteil und die Bestrafung wegen Untreue ausreichend begegnet werde (Prot. 5 S. 527, 279, 281). Dagegen ist nicht unzweifelhaft, ob nach dem in §§ 2204, 2042 angezogenen § 753 S. 1 die Nachlaßgrundstücke freihändig verkauft werden durften oder nicht vielmehr die Gemeinschaft im Wege der Zwangsversteigerung aufgehoben werden mußte (vgl. Staudinger N. 3, RGKomm. N. 1 zu § 2204; Cosack Lehrb.[6] 2 § 422 III 1 b; Endemann 3 § 73 V; Dernburg 5 § 141[10]; anderseits Planck § 2204[3]; Kreß Erbengem. § 23 Nr. 3). Aber auch hierbei kann es sich angesichts des § 2205 nur darum handeln, ob der Vollstrecker den Erben gegenüber ersatzpflichtig wird, wenn er ohne ihre Zustimmung freihändig verkauft (KGJ. 31 S. 299; RG. 61 S. 145; Warn. 9 Nr. 285). Dagegen hat gemäß § 2205 S. 3 der Grundbuchrichter die Entgeltlichkeit der Verfügung stets zu prüfen... M.

i) **Zur Anwendung des § 2046 BGB.**

OLG. Stettin, 2. ZS. Urteil v. 17. Oktober 1918.

Der Kläger, neben der Beklagten Erbe des A., hatte diesem 2000 Mark geliehen. Gleichwohl war dem auf Verurteilung der Beklagten unmittelbar zur Rückzahlung des Darlehns in halber Höhe abgestellten Hauptantrage nicht zu entsprechen. Dieser Antrag geht nach § 2046 jedenfalls zu weit, vielmehr könnte der Kläger als selbst Miterbe äußerstenfalls nur begehren, daß die Beklagte in die Befriedigung der Klageforderung aus dem ungeteilten Nachlaß einzuwilligen habe. Bei dem Mangel jeglicher zu seiner Befriedigung bereiten Nachlaßmittel und bei der Unzulänglichkeit des Nachlasses überhaupt, wie sie hier obwalten, muß er sich jedoch damit begnügen, daß seine Darlehnsforderung als Nachlaßschuld urteilsmäßig festgestellt wird, worauf der Hilfsantrag also hier allein zutreffend gerichtet ist (RGKomm. N. 1, 2; Staudinger N. 4 zu § 2046; Strohal Erbrecht § 65 IV 4; Seuff. 59 Nr. 57). Dr. M.

k) **Erbeinsetzung irgendeiner für Kriegsbeschädigte gegründeten Stiftung.**[1]

Kammergericht, 1. ZS. Beschluß v. 25. September 1919.

Der 1919 verstorbene A. hat im Testamente vom November 1914 bestimmt, daß sein Kapitalvermögen in gerichtliche Verwaltung genommen werden solle. Seinem Bruder, dem Beschwerdeführer, hat er eine Rente von jährlich 1000 Mark und seine Bücher, Kleider 2c und dessen drei Söhnen je 5000 Mark vermacht. „Über den Rest des dann noch verbleibenden Ver-

[1] Wenn der Erblasser den Sohn Otto für abgefunden durch das bereits Empfangene erklärt, so bedeutet das, daß Otto nicht nur das Empfangene bei der Ausgleichung sich anrechnen, sondern aus dem Nachlasse schlechthin nichts mehr erhalten soll; wenn das LG. ihn, obwohl er als Erbe eingesetzt ist, als solchen nicht angesehen hat, so verstößt dies nicht gegen § 133; der § 2056 trifft diesen Fall nicht (RG. 10. April u. 18. Dez. 1919 x 54, 315).

mögens werde ich durch Kodizille spätere Verfügungen treffen; sollte mich indessen der Tod vorher überraschen, so fällt dieser Rest irgendeiner der für die Invaliden des jetzt tobenden Krieges oder den Hinterbliebenen der Gefallenen gegründeten Stiftung anheim." In keinem Falle dürfe etwas von den von ihm hinterlassenen Gegenständen in die Hände des Gatten seiner verstorbenen Schwester oder deren Kinder kommen. Das Nachlaßgericht hat einen Vollstrecker ernannt. Die sofortige Beschwerde des Bruders wurde als unzulässig verworfen, weil er weder nach dem Testament, noch da hierin gültig entweder der Reichsmilitärfiskus oder die Nationalstiftung für Hinterbliebene der Gefallenen zum Erben eingesetzt sei, nach dem Gesetz Erbe sei, als bloßer Vermächtnisnehmer aber durch die Ernennung eines Vollstreckers nicht beeinträchtigt werde. Die weitere Beschwerde ist begründet.

Ist der Beschwerdeführer die Beschwerde einzulegen nicht befugt, so ist diese darum doch nicht unzulässig, sondern nur nicht begründet und deshalb zurückzuweisen (KGJ. 46 S. 114, 50 S. 46). Ob dem Nachlaßgläubiger das Beschwerderecht zu versagen sei, ist zweifelhaft. Planck (§ 2200[9]), Leonhard (Erbrecht § 2200 IV), Dorner (FrGG. § 81[2]), Carlebach (FrGG. § 81) scheinen, abgesehen vom Vollstrecker selbst, nur dem Erben das Beschwerderecht zugestehen zu wollen; Schlegelberger (FrGG. § 81[2, 3]) will es dagegen jedem Nachlaßbeteiligten einräumen. Hier braucht dazu Stellung nicht genommen zu werden. Unstreitig ist, daß jedenfalls der Erbe das Beschwerderecht hat. Das LG. hat geprüft, ob der Beschwerdeführer Erbe geworden sei. Diese Prüfung vorzunehmen war es nicht dadurch verhindert, daß gleichzeitig in einem Erbscheinsverfahren die Frage zur Prüfung stand. Wenn es überhaupt zulässig sein sollte, mit Rücksicht hierauf das gegenwärtige Verfahren auszusetzen, so bestand doch keinesfalls die Notwendigkeit hierzu (Schlegelberger § 12[15]). Auf Rechtsirrtum beruht aber das Ergebnis der Vorinstanzen. Indem der Erblasser anordnete, daß, falls er nicht noch anders bestimme, irgendeine für die Kriegsinvaliden oder Kriegshinterbliebenen gegründete Stiftung den Rest seines Vermögens erhalten solle, brachte er klar und über jeden Zweifel erhaben zum Ausdruck, daß er die Stiftung, die den Vermögensrest erhalten solle, nicht selbst bestimme, sondern ihre Bestimmung einem anderen überlasse, wobei er anscheinend gemeint hat, daß es Sache des Nachlaßgerichts sei, dem er die Verwaltung des Nachlasses übertrug, die Bestimmung zu treffen. Über die Tatsache, daß er selbst die Bestimmung nicht getroffen hat, kann keine Auslegung hinweghelfen und deshalb verstößt die Annahme, daß der Erblasser den Reichsmilitärfiskus oder die Nationalstiftung zum Erben eingesetzt habe, gegen den klaren Wortlaut des Testaments und damit auch gegen § 133. Da der Erblasser die Bestimmung der Person, die eine Zuwendung erhalten soll, nach § 2065[2] nicht einem anderen überlassen kann, so ist die Anordnung nichtig. Auch mit Hilfe des § 2073 kann der Bestimmung zur Wirkung nicht verholfen werden, denn § 2073 setzt voraus, daß der Erblasser eine bestimmte Person hat bedenken wollen und daß nur dadurch, daß die Bezeichnung noch auf einen anderen als den Bedachten paßt, zweifelhaft wird, wer der Bedachte sei. Ein Testamentserbe ist also nicht vorhanden. Findet hiernach die gesetzliche Erbfolge statt, so kommt nach ihr als Erbe jedenfalls auch der Beschwerdeführer in Betracht. Fragen könnte sich höchstens, ob er im Testamente von der Erbfolge ausgeschlossen sei, dadurch nämlich, daß der Erblasser ihn auf das Zugewendete habe unter allen Umständen beschränken wollen. Erbausschließungen sind aber nicht zu vermuten (RGKomm. § 1938[3]; Staudinger § 1938[1]; Recht 12 Nr. 607; JW. 1915 S. 1141; Rsp. 14 S. 314) und eine solche des Beschwerdeführers ist um so weniger anzunehmen, als der Erblasser hier eine Bestimmung, wie er sie hinsichtlich der Abkömmlinge seiner Schwester getroffen hat, nicht für angezeigt gehalten hat. Opp.

l) **Anwendung des § 2069 auf Nichtabkömmlinge.**[1]

OLG. Kiel, 1. ZS. Urteil v. 10. Juli 1919.

Die Eheleute K. haben 1902 ein gemeinschaftliches Testament errichtet und im § 5 Marie B., eine mit ihnen nicht verwandte Tochter ihres Schwiegersohnes B., mit einem Vermächtnisse von 1000 Mark bedacht. Marie B. ist 1905 vor dem Erbfall verstorben. Ihre Söhne klagen auf Zahlung des Vermächtnisses. Da sie keine Abkömmlinge der Eheleute K. sind, so können sie sich nicht unmittelbar auf den Wortlaut des § 2069 berufen. Aus § 2069 ist aber der allgemeine Grundsatz zu entnehmen, daß es Auslegungsfrage ist, ob der Erblasser, der einen Nichtabkömmling bedacht hat, beim Wegfall dieses vor dem Erbfall dessen Abkömmlinge insoweit bedenken wollte, als sie bei der gesetzlichen Erbfolge an dessen Stellen treten würden (JW. 1911 S. 544[24]). Das ist hier zu bejahen. In § 5 verfügten die Erblasser über eine Darlehnsforderung von 5000 Mark, die dem Erblasser K. gegen B. zustand. Diese Forderung vermachten sie den Kindern aus den drei Ehen ihres Schwiegersohnes. Sie hatten daher offenbar die Absicht, diese Forderung, die ihren Schwiegersohn anging, seinen Kindern zu erhalten, und zwar nur ihnen unter Ausschließung der anderen im Testamente bedachten Personen. Schon daraus geht hervor, daß sie aller Wahrscheinlichkeit nach die Abkömmlinge der in

[1] a) Die §§ 2068/9 beziehen sich nur auf die eigenen Kinder oder Abkömmlinge des Erblassers, nicht auf die dritter Personen; es ist jedoch nicht unzulässig, die Einsetzung von Seitenverwandten entsprechend dem § 2069 dahin auszulegen, daß diese als Repräsentanten ihres Stammes eingesetzt sind und demgemäß bei ihrem Wegfall auch ihre Abkömmlinge als soweit bedacht anzusehen, wie sie bei der gesetzlichen Erbfolge anstelle des Weggefallenen treten würden. Diese Auslegung setzt aber einen aus dem Willen des Erblassers entnehmbaren Anhalt voraus (KG., 1. ZS. Beschluß v. 27. Juni 1918 x 125). — Das LG. stellt als Erfahrungssatz hin, daß das Wort „Kinder" im weiteren Sinne von Abkömmlingen gebraucht werde. Allein die Erfahrung ergibt nur, daß jenes Wort zuweilen auch in jenem weiteren Sinne gebraucht wird, nicht aber, daß dies Regel wäre; deshalb bedarf es besonderen Anhalts für die Annahme des weiteren Sinnes (Beschluß desselben ZS. v. 21. Febr. 1918 x 20).

b) Dem Beschlusse des bay. Ob. LG. (Rsp. 9 S. 391) über die Anwendung des § 2069 bei gemeinsch. Testamenten auch auf Abkömmlinge des erstverstorbenen Ehegatten ist das KG., 1. ZS. am 10. Okt. 1918 beigetreten (KGJ. 51 S. 102).

§ 5 Bedachten zu Ersatzvermächtnisnehmern berufen wollten. Zu den dort eingesetzten Personen gehörten aber auch die Kinder, die aus der Ehe des des B. mit der Tochter der Erblasser hervorgegangen waren, die mithin Abkömmlinge (Enkel) der Erblasser waren. Vermöge der Auslegungsregel des § 2069 wären Abkömmlinge dieser Enkel ohne weiteres an die Stelle der Enkelkinder getreten. Da aber nicht anzunehmen ist, daß die Erblasser die Abkömmlinge der in § 5 genannten Personen nur insoweit, als diese mit ihnen verwandt wären, zu Ersatzvermächtnisnehmern haben berufen wollen, vielmehr die Vermutung dafür spricht, daß die dort bezeichneten Personen in jeder Hinsicht gleich behandelt werden sollten, so ergibt sich auch hieraus, daß nach dem Willen der Erblasser an die Stelle der Marie B. die Kläger haben treten sollen. SchlHA.

m) **Auslegung des Testaments eines Hofbesitzers.**

OLG. Braunschweig, 2. ZS. Urteil v. 29. April 1919.

Der Erblasser hat 1910 in seinem Testamente seine Frau und seine 9 Kinder zu Erben eingesetzt und bestimmt, daß der Sohn Friedrich seinen gesamten Grundbesitz erhält und seinen 8 Geschwistern eine Abfindung von je 6000 Mark zu zahlen hat. Im § 5 ist dann angeordnet: Falls mein Sohn Friedrich, wenn er meinen Grundbesitz erworben, solchen in 10 Jahren nach meinem Ableben unter Lebenden veräußert, hat er jedem seiner Geschwister 1000 Mark zu zahlen. Falls er den Grundbesitz nicht erwerben will, soll dieser meistbietend veräußert und der Erlös unter meine sämtlichen 10 Erben zu gleichen Teilen verteilt werden.... Nachdem Friedrich den Grundbesitz übernommen und seinen 8 Geschwistern die Abfindung von je 6000 Mark gezahlt hatte, ist er dann 1915 im Felde gefallen und von seiner Witwe und seinem im März 1916 nach seinem Tode geborenen Sohn kraft Gesetzes beerbt. Diese seine Erben haben 1917 den ererbten Grundbesitz, den sie angeblich zu halten nicht imstande waren, mit Genehmigung des VormGerichts verkauft. Nunmehr fordern die 8 Geschwister Zahlung von je 1000 Mark. Der Anspruch ist begründet.

Eine ausdrückliche Bestimmung hat der Erblasser für den Fall, daß innerhalb 10 Jahren nach seinem Tode die Erben des Anerben — nach dessen Tod — den Hof veräußerten, nicht getroffen, weil er diesen (fernliegenden) Fall nicht in seiner Vorstellung gehabt hat. Es ist deshalb nach § 133 zu ermitteln, wie er bestimmt hätte, wenn er diesen Fall in seine Vorstellung aufgenommen hätte. Es handelt sich um das Testament eines bäuerlichen Hofbesitzers. Nach Bauernrecht und Gewohnheit gilt in dem hier fr. Kreise des Landes das Anerbenrecht. Der Hof wird auf einen Anerben vererbt, und dieser muß bei der Beerbung bevorzugt werden, damit der Hof in seiner Hand bei Kräften verbleibt. Wird der Hof veräußert, so fehlt es an jedem Grunde für die Bevorzugung des Anerben. Der wirtschaftliche Gesichtspunkt der Erhaltung des Hofes ist der alleinige Grund für die Bevorzugung des Anerben. Fällt dieser Grund weg, so muß als im Willen des Erblassers liegend angenommen werden, daß auch die Bevorzugung wegfällt, denn auch dem bäuerlichen Besitzer sind wie allen Vätern regelmäßig alle seine Kinder gleich lieb. Von diesen Anschauungen hat sich auch der Erblasser — das beweist sein Testament — leiten lassen. Dies hat er für einen Fall, daß nämlich der Anerbe den Grundbesitz nicht erwerben wolle, im Testamente klar ausgedrückt. Das Bestreben, seine Kinder tunlichst gleichmäßig zu bedenken, hat aber auch die Bestimmung veranlaßt, nach welcher der Anerbe, falls er nach Erwerb des Hofes innerhalb 10 weiterer Jahre den Hof veräußern sollte, 1000 Mark nachzuzahlen hat. Diesem letzteren Falle steht von wirtschaftlichen Gesichtspunkten — der Erhaltung des Hofes — aus der zu entscheidende völlig gleich; es hat wirtschaftlich dieselbe Bedeutung, ob der Anerbe selbst den Hof veräußert oder ob das seine Erben tun. Demgegenüber können die Ausführungen der Beklagten nicht erheblich ins Gewicht fallen. Das gilt von der Behauptung, der Erblasser habe den Anerben für die zur Bewirtschaftung des Hofes allein geeignete Persönlichkeit unter seinen Kindern gehalten und nur ihn persönlich durch die Bestimmung von einer vorzeitigen Veräußerung des Hofes abschrecken wollen. Das gilt auch von der Erwägung, daß zwingende Gründe die Veräußerung des Hofes veranlaßt hätten. Das gilt endlich von den Billigkeitsgründen, bezüglich deren übrigens die Parteien völlig verschiedener Meinung sind. W. n.

n) **Bedeutung der Auslegungsregel des § 2087.**

Bayer. Oberstes Landesgericht, 1. ZS. Beschluß v. 17. Januar 1919.

Der zum Heeresdienst eingezogene A. hat, während er an der östlichen Front stand, an seine Verlobte F. einen, Rußland, 19. Juni 1916 datierten und von ihm unterschriebenen Brief gerichtet, in dem er ihr mitteilte, daß er am folgenden Tag als Freiwilliger an einem Vorstoß gegen die feindlichen Gräben teilnehmen werde und sodann beisetzte: „Wie Du ja auch schon oft gelesen haben wirst, kann jeder Brief aus dem Felde als Testament gelten. Sollte ich nun im Falle des morgen stattfindenden Sturmes nicht wieder zurückkommen, so wäre es mein Wunsch und Wille, daß Dir die Hälfte des Vermögens, das mir zufallen soll, an Dich ausbezahlt wird." A. ist zwar aus dem Sturmangriff vom 20. Juni 1916 wohlbehalten zurückgekehrt, ist jedoch am 19. Juni 1917 in Frankreich schwer verwundet worden und gestorben. Die F. ist der Ansicht, daß der Brief eine zu ihren Gunsten lautende Erbeinsetzung auf die Hälfte des Rücklasses des A. enthält und hat beim Nachlaßgericht beantragt, einen gemeinschaftlichen Erbschein des Inhalts auszustellen, daß A. von ihr zur Hälfte, von seiner Mutter zu $^1/_4$ und von seinen beiden Geschwistern zu je $^1/_8$ beerbt worden ist. Nachdem die Mutter diesem Antrage widersprochen hatte, haben die Vorinstnnzen ihn abgewiesen. Die weitere Beschwerde ist begründet.

Die Auslegungsregel des § 2087 greift auch dann Platz, wenn der Erblasser durch die scheinbar nur über einen Teil seines Vermögens erfolgte Verfügung tatsächlich über sein ganzes Vermögen oder einen Bruchteil desselben verfügt hat, wenn es sich also um eine nur scheinbare Zuwendung eines einzelnen Vermögensstücks handelt (Samml. 3 S. 472, 11 S. 175/6; Rsp. 3 S. 380, 7 S. 357, 8 S. 290). Das trifft hier zu. Allerdings hat der Erblasser dem Wortlaute seines Testaments nach über die Hälfte des Vermögens, „das ihm zufallen soll" verfügt, wobei er offenbar seinen väterlichen Erbteil im Auge gehabt hat, also den ihm zustehenden Anteil an dem noch ungeteilten Nachlaß seines Vaters. Dieser väterliche Erbteil hat streng genommen nicht sein ganzes Vermögen gebildet, da er außer ihm auch noch Kleider, Wäsche rc besessen haben wird. Allein diese Vermögensobjekte sind gegenüber jenem Erbteil von so geringem Wert und folglich auch von so untergeordneter Bedeutung, daß sie praktisch überhaupt nicht in Betracht kommen. Der Erblasser hat also, wenn er der F. die Hälfte jenes Vaterguts zugewendet hat, tatsächlich über die Hälfte seines ganzen Vermögens verfügt und jedenfalls kann kein Zweifel daran bestehen, daß er beabsichtigt hat, über die Hälfte seines Vermögens zu verfügen, denn es kann wohl angenommen werden, daß er, als er den Brief vom 19. Juni 1916 schrieb, an die paar alten ihm gehörigen Kleidungsstücke, von denen er damals möglicherweise überhaupt nicht gewußt hat, wo sie sich befinden, als etwaige Gegenstände des Erbgangs im Falle seines Todes nicht gedacht hat. Anhaltspunkte dafür, daß er damit gerechnet hat oder rechnen konnte, es werde ihm weiteres Vermögen zufallen, das neben dem Vatergut als möglicher Bestandteil seines eigenen Rücklasses in Betracht kommen konnte, liegen nicht vor. Aus der Anordnung, daß die Hälfte des Vermögens an die F. „ausbezahlt" werden solle, kann ein Schluß darauf, daß er eine Vermächtnisanordnung beabsichtigt hat, nicht gezogen werden. Bei dem Umstand, daß es sich um einen in rechtlichen Angelegenheiten vollständig unbewanderten, dem Arbeiterstande angehörigen Mann gehandelt hat, ist es ausgeschlossen, daß jener Ausdruck bewußterweise, um die Anordnung eines Vermächtnisses im Gegensatz zur Erbeinsetzung zum Ausdruck zu bringen, gewählt worden sein sollte. Wohl aber kann aus der im Brief ausgedrückten Absicht, ein Testament zu errichten, die Absicht gefolgert werden, die F. als Erbin einzusetzen. Denn wenn auch die Einsetzung eines Erben nicht notwendiges Erfordernis eines gültigen Testaments ist, so verbindet sich doch in den hier in Betracht kommenden Bevölkerungskreisen mit dem Begriff der Errichtung eines Testaments derjenige der Einsetzung eines Erben derart, daß mangels gegenteiliger Anhaltspunkte regelmäßig angenommen werden kann, daß, wer ein Testament errichtet, auch einen Erben einsetzen will. Dafür, daß der Erblasser nicht beabsichtigt haben sollte, die Aufnahme seiner Braut in die Familien- und Erbengemeinschaft herbeizuführen, wie das LG. meint, liegen keine genügenden Anhaltspunkte vor. Es ist eher das Gegenteil anzunehmen, denn die F. stand als Braut dem Erblasser näher als seine Mutter und seine Geschwister und es läge daher die Vermutung nahe, daß er sie in die Lage versetzen wollte, durch Teilnahme an der Auseinandersetzung des Rücklasses ihre Rechte wirksamer, als das sonst möglich war, wahrzunehmen. Vermutlich hat er sich aber über die Wirkungen, die eine Erbeinsetzung im Gegensatz zu einem Vermächtnis in dieser Beziehung haben konnte, überhaupt keine Gedanken gemacht. Somit ist der Brief, der den formellen Erfordernissen eines Soldatentestaments nach § 44 RMilitärges. genügt, dahin auszulegen, daß der Erblasser die F. als Erbin zur Hälfte neben seinen gesetzlichen Erben einsetzen wollte. Da die Vorinstanzen sich über die Frage, ob das Testament nur für den Fall, daß der Erblasser den Sturmangriff vom 20. Juni 1916 nicht überleben würde oder allgemein errichtet ist, noch nicht ausgesprochen haben, mußte die Sache an das Amtsgericht zurückverwiesen werden. Kn.

o) **Übertragung des Nacherbenrechts[1] auf den Vorerben. Fällt die Bindung des Überlebenden (§ 2271) durch den „Erbverzicht" des Erben weg? Beschwerderecht des Erben oder des Vollstreckers?**

α) Kammergericht, 1. ZS. Beschluß v. 19. Dezember 1918.

Die Eheleute A. haben sich 1887 in wechselseitigem Testamente gegenseitig zu Erben eingesetzt und dem Letztlebenden fideikommissarisch ihre Tochter substituiert. Als sich diese nach dem Tode ihres Vaters (1908) durch das Testament im Pflichtteilsrechte für benachteiligt erklärte, haben sie und die Witwe einen als „Erbvergleich" bezeichneten notariellen Vertrag abgeschlossen, in welchem der Pflichtteil auf eine bestimmte Summe festgestellt ist, die Witwe Leistungen in diesem Werte gemacht und die Tochter erklärt hat, dadurch für alle ihre Erbansprüche aus dem Testament ihrer Eltern und besonders aus dem Nachlaß ihres Vaters abgefunden zu sein. Daraufhin wurde die Witwe als Eigentümerin des auf ihren Mann gebuchten Grundstücks Nr. 16 eingetragen. Sie hat demnächst durch Testament die Frau R. zur Erbin eingesetzt, deren Mann zum Vollstrecker bestimmt und das Grundstück Nr. 16 dem S. als Vor- und dem L. als Nachvermächtnisnehmer zugewendet. Nach dem Tode ihrer Mutter (1918) hat die Tochter beantragt, sie als Eigentümerin der Nr. 16 einzutragen, da sie die Erbschaft nach ihrem Vater nicht ausgeschlagen habe und deshalb dessen Nacherbin geworden sei. Das Grundbuchamt lehnte ab, weil sie im Erbvergleich auf die Anwartschaft als Nacherbin verzichtet habe; es wurde jedoch auf Beschwerde angewiesen, von dem Bedenken abzusehen, und hat darauf die Tochter als Eigentümerin eingetragen. Die weitere Beschwerde der Frau R. als Erbin und des Vollstreckers R. ist durch diese Eintragung nicht unzulässig geworden; jedoch konnte sie seitdem nur auf die im § 71² S. 2 GrBO. bezeichneten Maßnahman gerichtet werden. Sie verlangt demgemäß auch nur die Eintragung eines Widerspruchs. Zum Antrag auf Grundbuchberichtigung durch Eintragung der Erben und demgemäß auch zur Beschwerde bei unrichtiger Eintragung ist der Vollstrecker befugt, weil

[1] Die Anordnung des Testaments: „Bestimme hiermit meine Schwester ... als Erbin und nach ihrem Tode ihre Erben" enthält keine Nacherbeneinsetzung, sondern besagt, daß die Erbschaft nach dem Tode der Erbin mit deren übrigem Nachlaß deren Erben zufalle (KG. 22. Mai 1919, 1 x 99).

er alle diejenigen Geschäfte vorzunehmen hat, die zur Ausführung des letzten Willens des Erblassers erforderlich sind und den Erben sonst obliegen würden (KGJ. 40 S. 205; 44 S. 231). Da aber das Recht des Vollstreckers zur Wahrnehmung eines Geschäfts das Recht des Erben zur Wahrnehmung dieses Geschäfts ausschließt, so kann nicht neben ihm auch der Erbe ein Beschwerderecht haben; es wird das auch im § 2212 für die gerichtliche Geltendmachung von Rechten ausdrücklich bestimmt. In Rsp. 10 S. 451 hatte der Vollstrecker die Hypotheken dem Erben zur freien Verfügung überlassen und sich insoweit des Verwaltungsrechts begeben; deshalb war dort der Erbe zum Berichtigungsantrage befugt. Hier muß dagegen der Erbin das Beschwerderecht versagt werden.

Das Rechtsmittel des Vollstreckers ist auch begründet. Da die Erblasser nach dem Inkrafttreten des BGB. verstorben sind, sind dessen Vorschriften hier maßgebend und deshalb ist die fideikommissarische Substitution als Berufung eines Nacherben anzusehen (RG. 49 S. 44). Nun fragt sich, ob die Anwartschaft der Tochter durch den „Erbvergleich" beseitigt worden ist. Das BGB. enthält nur Vorschriften über den Erbverzicht, der zwischen dem Erblasser und dem Erben, also vor Eintritt des Erbfalls geschlossen wird und das Erbrecht beseitigt, und über die Ausschlagung, die nach Eintritt des Erbfalls die Wirkung des Anfalls beseitigt. Unbekannt ist dem BGB. ein Verzicht auf die angefallene Erbschaft mit der Wirkung des Fortfalls der Erbenstellung und ebenso ein Verzicht des zum Nacherben Berufenen nach Eintritt des Erbfalls, aber vor Eintritt des Nacherbfalls auf die Anwartschaft mit der Wirkung ihres Fortfalls. Solche Verzichte sind auch mit den Bestimmungen des BGB. unvereinbar. Könnte der Erbe durch einen Verzicht sich der Erbenstellung entschlagen, so verlören die Vorschriften über die Ausschlagung ihre ganze Bedeutung. Könnte der zum Nacherben Berufene auf die Anwartschaft verzichten, so wäre nicht einzusehen, warum der § 214[2] ihm schon vor Eintritt des Nacherbfalls das Recht einräumt, die Nacherbschaft auszuschlagen. Daß sich dagegen der Nacherbe vertraglich dem Vorerben verpflichtet, das Recht nicht geltend zu machen, mag für zulässig zu erachten sein. Das LG. stellt jedoch fest, daß hier eine solche Verpflichtung nicht gewollt war, weil die Vertragschließenden das Anwartschaftsrecht zum Erlöschen bringen wollten. Konnte dies durch einen Verzicht mit „dinglicher" Wirkung nicht erreicht werden, so fragt sich, ob der Erfolg auf andere Weise, etwa durch Übertragung des Rechts auf die Vorerbin, möglich war; dann muß es nach § 140 auch als gewollt gelten. . . . Das RG. (Gruchot 52 S. 680) hat die Übertragbarkeit des Anwartschaftsrechts allgemein, u. z. auch für den Fall, daß es sich nur um einen Nacherben handelt, anerkannt. Hieran ist auch festzuhalten, mit Rücksicht darauf, daß es sich nicht um die Übertragung der Erbschaft handelt, sondern nur um die der durch die Erbeseinsetzung begründeten Rechte. Die Übertragung erfordert wegen der Rechtsähnlichkeit mit dem im § 2033 behandelten Falle die dort vorgeschriebene

Form, die hier beobachtet ist. Auch die Übertragung der Rechte des Nacherben auf den Vorerben ist mit dem RG. zuzulassen. Dadurch wird der Vorerbe zum Vollerben und behält das Anwartschaftsrecht des Nacherben nicht als ein besonderes Recht; daher kann er es auch nicht auf einen andern übertragen. Demnach ist die Tochter nicht Nacherbin nach ihrem Vater geworden und auch Eigentümerin der Nr. 16 jedenfalls nicht als solche geworden.

Weiter fragt sich, ob die Tochter auf Grund des wechselseitigen Testaments oder kraft des Gesetzes Erbin ihrer Mutter geworden ist, ob diese die Frau R. zu ihrer Erbin einsetzen konnte und hieran nicht durch die Bindung an jenes Testament gehindert war. Diese Bindung bestimmt sich gemäß Art. 213[2] EG. nach dem bisherigen preuß. Rechte. Der „Erbvergleich" enthält außer der Übertragung der Anwartschaft aus der Berufung als Nacherbin auch einen zwischen Mutter und Tochter abgeschlossenen Erbverzicht, durch den die Tochter auf ihr durch das wechselseitige Testament begründetes Erbrecht nach der Mutter gemäß § 2352 verzichtete. Damit ist sie als Testamentserbin der Mutter fortgefallen. Weil hierdurch die Anordnungen der Mutter in jenem Testament gegenstandslos wurden, so ist damit auch die gemäß § 492 ALR. II 1 eingetretene Bindung der Mutter fortgefallen und diese in die Lage gelangt, anderweit letztwillig zu verfügen, nicht anders als ob die Tochter durch Tod vor der Mutter als Erbin fortgefallen wäre (Warn. Bd. 11 Nr. 124). . . . M.

β) **Befreite oder nicht befreite Vorerbschaft? Entgeltliche Verfügung. Widerspruch nach § 54 GrBO.**

Kammergericht, 1. ZS. Beschluß v. 27. November 1919.

Die Witwe des am 7. April 1915 gestorbenen H. A., jetzt Ehefrau des J. W., hat am 15. August 1919 das Grundstück, als dessen Eigentümer H. A. eingetragen war, auf Grund des Kaufvertrags vom 12. August an S. aufgelassen, der demgemäß als Eigentümer eingetragen wurde und für die Verkäuferin eine Restkaufgeldhypothek von 18000 Mark eintragen ließ. Drei Brüder des Erblassers und der Mann der Ende 1918 gestorbenen Schwester Else Z. haben bei dem Grundbuchamt angeregt, einen Widerspruch gegen die Richtigkeit des Grundbuchs von Amtswegen einzutragen, „da die Nacherbschaft hätte eingetragen werden müssen". Die Vorinstanzen haben abgelehnt. Der weiteren Beschwerde muß erfolglos bleiben, da ein Beschwerderecht der Beschwerdeführer nicht anerkannt werden kann. Sie halten sich für Nacherben des Erblassers und leiten ihr Nacherbenrecht aus dem gemeinschaftlichen Testamente der Eheleute A. von 1914 her. Von diesem Standpunkt aus ist zunächst nicht einwandfrei ersichtlich, inwiefern der Mann der Else ein Beschwerderecht beansprucht. Er könnte anscheinend nur in Betracht kommen, wenn das Nacherbenrecht seiner Frau gemäß § 2108 im Erbgang auf ihn übergegangen wäre. Sein Erbrecht ist aber nicht ausdrücklich behauptet und auch nicht näher dargelegt. In ihrem Testamente haben sich nur die Eheleute A. gegenseitig als Erben eingesetzt und weiter bestimmt:

„Sollte unsere Ehe kinderlos bleiben, so sollen nach dem Tode des Überlebenden den beiderseitigen Nachlaß zur Hälfte die Geschwister des Mannes, zur anderen Hälfte die beiden Schwestern der Frau als Nacherben erben." Bei der Auslegung dieses Testamentes könnte man an den Fall des § 2269 denken. Der von den Eheleuten A. errichtete, hinsichtlich seiner erbrechtlichen Bestimmungen jedoch durch das Testament von 1914 ausdrücklich aufgehobene Ehe- und Erbvertrag von 1907 hat offenbar eine Erbfolge vorgesehen, wie sie nach § 2269 im Zweifel anzunehmen ist. Im Testament ist indes ausdrücklich von „Nacherben" und „Nacherbfolge" die Rede. Sodann sind die Haushaltungsgegenstände dem überlebenden Teile zu unbeschränktem Eigentum überlassen worden; diese Bestimmung wäre überflüssig, wenn Erbeinsetzung nach § 2269 anzunehmen wäre. Der Wille der Eheleute A., wie er im Testament ausgedrückt ist, ging daher offenbar dahin, daß der Überlebende durch das Recht der zu Nacherben eingesetzten beiderseitigen Verwandten beschränkt, daß nach dem Tode des Überlebenden das beiderseitige Vermögen zu einer Teilungsmasse vereinigt werden und daß hiervon die eine Hälfte an die Geschwister des Mannes, die andere Hälfte an die Schwestern der Frau selbst oder an die Nachkommenschaft dieser Personen fallen sollte. Da der Nachlaß des einen Gatten nicht gleich ist demjenigen des anderen, es wenigstens nicht zu sein braucht, und da jeder Gatte nur über seinen eigenen Nachlaß, nicht auch über den des anderen letztwillig verfügen kann, so läßt sich jener Wille nur verwirklichen, wenn man davon ausgeht, daß jeder der beiden Gatten als Erben seines Nachlasses nach dem Tode des Überlebenden zur Hälfte die Geschwister des Mannes, zur Hälfte die beiden Schwestern der Frau berufen hat. Ersatzerben sollten die Abkömmlinge dieser Geschwister sein. Die Verteilung der beiderseitigen Nachlaßmassen soll erst nach dem Tode des Letztlebenden erfolgen. Als weiterer Wille der Eheleute A. kann daher nur angenommen werden, daß die bei dem Tode des Erstversterbenden vorhandenen Geschwister oder Geschwisterkinder noch nicht in die Stellung der nach § 2108 mit vererblichem Nacherbenrecht ausgestatteten Nacherben eintreten sollten, sondern daß der Todestag des letztversterbenden Ehegatten für den Kreis der Nacherben maßgebend sein sollte. In ersterem Falle könnte ja sonst infolge des § 2108² S. 1 durch Vererbung des Nacherbenrechtes der Fall eintreten, daß bezüglich der beiden Nachlaßmassen verschiedene Personenkreise Nacherben würden. Das kann mit Rücksicht auf die angeordnete einheitliche Halbteilung der Summe beider Nachlässe nicht der Wille der Erblasser gewesen sein. Daran ändert auch der Umstand nichts, daß nach dem Ehe- und Erbvertrage Errungenschaftsgemeinschaft bestand. Das hier streitige Grundstück ist überdies schon vor dem Abschluß des Ehe- und Erbvertrags vom Mann erworben, gehört demnach offensichtlich nicht zum Gesamtgut. Es ist also davon auszugehen, daß sich erst bei dem Todestage des Längstlebenden entscheiden sollte, wer dann von den Geschwistern oder ihren Abkömmlingen Erbe würde. Zurzeit steht nicht fest, wer von diesen Geschwistern am Todestage der Frau am Leben sein wird, und welche Ersatzerben einzutreten haben. Die Beschwerdeführer können daher zurzeit als Nacherben nicht angesehen werden. Der Kreis der Nacherben ist vielmehr noch unbestimmt, wobei zu bemerken ist, daß nötigenfalls für diese unbekannten Nacherben eine Pflegschaft eingeleitet werden müßte (§ 1913).

Wenn somit auch die weitere Beschwerde zu keinem Erfolge führt, so wird doch der Grundbuchrichter von neuem zu prüfen haben, ob von Amtswegen gemäß § 54 GrBO. ein Widerspruch einzutragen sein wird gegen die auf die Auflassung und die Hypothekenbewilligung hin erfolgten Grundbucheintragungen oder ob vielleicht sogar die nachträgliche endgültige Eintragung des Nacherbenrechts gemäß § 52 GBO. möglich und geboten ist. Deshalb mag hier auf folgendes aufmerksam gemacht werden: Nach § 54 setzt der Widerspruch voraus, daß eine Eintragung unter Verletzung gesetzlicher Vorschriften vorgenommen und daß hierdurch das Grundbuch unrichtig geworden ist. Die Beschwerdeführer halten beide Voraussetzungen für gegeben, da nach ihrer Ansicht die Frau des Erblassers als nicht befreite Vorerbin ohne Eintragung der Nacherbschaft zu einer derartigen Verfügung über das Nachlaßgrundstück nicht befugt gewesen sei. Es ist also jede der beiden Eintragungen, diejenige des Eigentümers und diejenige der Hypothek, darauf zu prüfen, ob sie unter Verletzung gesetzlicher Vorschriften zustande gekommen und ob sie unrichtig ist, wobei zu beachten ist, daß für ersteres der zweifelsfreie Nachweis erforderlich ist, während für letzteres Glaubhaftmachung genügt (KGJ. 47 S. 185).

Die Auslegung des Testaments nach der Richtung, ob befreite oder nicht befreite Vorerbschaft vorliegt, ist nicht zweifelsfrei. Nach jetziger Sachlage erscheint indes die Annahme des LG., daß befreite Vorerbschaft vorliegt, nicht als rechtsirrtümlich. Schon im Ehe- und Erbvertrage haben die Eheleute A. gegenüber den entfernteren Verwandten den überlebenden Ehegatten ebenso freigestellt, wie gegenüber den etwaigen Kindern. Aus welchem Grunde mit dem Testamente hierin eine Änderung beabsichtigt sein sollte, ist bisher nicht ersichtlich. Man wird auch dem LG. darin beipflichten müssen, daß sinngemäß vor die Worte „als Nacherben erben" der im vorhergehenden Absatz stehende Satz „und zwar den Nachlaß des Erstverstorbenen, soweit er alsdann noch vorhanden sein wird", ebenfalls einzufügen ist. Geht man davon aus, daß die hinterbliebene Frau befreite Vorerbin geworden ist, so ergibt sich folgendes: Auch ein befreiter Vorerbe ist, abgesehen von solchen Schenkungen, durch die einer sittlichen Pflicht oder einer auf den Anstand zu nehmenden Rücksicht entsprochen wird, zu einer unentgeltlichen Verfügung über den Nachlaß nicht befugt (§§ 2136, 2113[2]). Anderseits muß bei entgeltlicher Übertragung des Eigentums an einem Grundstück der Nacherbe die Verfügung des befreiten Vorerben gegen sich gelten lassen (Rsp. 24 S. 87; RJA. 11 S. 123). Nach der neueren Rechtsprechung (RG. 69 S. 257; KGJ. 38 S. 223) erübrigt sich der Nachweis der Entgeltlichkeit, wenn die Unentgeltlichkeit durch die Sachlage ausgeschlossen wird. Bei der Auflassung wird dieser Fall regelmäßig dann vorliegen, wenn sie auf einem entgeltlichen Rechtsgeschäfte beruht (Rsp., RJA. aO.). Hier ist nur ein privatschriftlicher Kaufvertrag überreicht worden. Es mag dahingestellt bleiben, ob sich das Grundbuchamt mit einem nur privatschriftlichen Vertrage zum Nachweis der Entgeltlichkeit begnügen durfte (vgl. hierzu Güthe vor § 13 GrBO. S. 78), und ob deshalb S. unter Verletzung gesetzlicher Vorschriften eingetragen ist. Zur Glaubhaftmachung reicht der Vertrag sicherlich aus. Da er in diesem Sinne aber für die Entgeltlichkeit spricht und auch das Vorliegen einer befreiten Vorerbschaft mindestens glaubhaft ist, so wird die Möglichkeit eines nur bei Annahme einer unentgeltlichen Verfügung zulässigen Widerspruchs gegen die Eintragung des unbeschränkten Eigentums des S. nicht gegeben sein.

Anders ist die Eintragung des Restkaufgelds zu beurteilen. Die 18000 Mark hat die Verkäuferin nach § 2111 durch den Kaufvertrag mit Mitteln der Erbschaft erworben; sie gehören daher zur Erbschaft. Von dieser zugunsten der Nacherben getroffenen Bestimmung (Surrogation) kann der Erblasser den Vorerben nicht befreien (Planck § 2136[2]). Wurde also die Vorerbin als Hypothekengläubigerin eingetragen, so mußte gemäß § 52 GrBO. gleichzeitig das Recht der Nacherben eingetragen werden, gleichgültig, ob man befreite oder nicht befreite Vorerbschaft annahm (KGJ. 27 S. 110; 40 S. 190). Es fragt sich nun, ob dadurch eine Unrichtigkeit des Grundbuchs im Sinne des § 894 herbeigeführt worden ist. Sie muß noch zurzeit der Eintragung des Widerspruchs vorhanden sein (KGJ. 31 S. 271; 41 S. 225). Die Eintragung eines Widerspruchs nach § 54 GrBO. ist somit davon abhängig, daß zu der angegebenen Zeit dem, zu dessen Gunsten der Widerspruch einzutragen ist, ein Berichtigungsansprnch nach § 894 zusteht (KGJ. 23 S. 133). Hier handelt es sich um das Nacherbenrecht. Es gewährt zwar kein dingliches Recht an den einzelnen Gegenständen der Erbschaft (KGJ. 42 S. 228), äußert sich vielmehr sachenrechtlich nur als Verfügungsbeschränkung der im § 892 S. 2 bezeichneten Art bezüglich dieser Gegenstände (§§ 2113 ff). Wie indes der Beschluß vom 19. Juni 1919 (oben S. 54) ausgeführt hat, erscheint es nach Sinn und Zweck des Gesetzes geboten, auch in solchem Falle dem durch die Verfügungsbeschränkung Geschützten einen Berichtigungsanspruch zu gewähren. Dann aber besteht hier die Unrichtigkeit insofern noch fort, als für die Vorerbin ein unbeschränktes Hypothekenrecht eingetragen und das Recht der Nacherben nicht vermerkt ist. Der Grundbuchrichter wird hiernach zu erwägen haben, ob für die Nacherben des A. von Amtswegen bei der Hypothek von 18000 Mark ein Widerspruch einzutragen ist, der sich darauf gründet, daß die Frau W. als unbeschränkte Gläubigerin eingetragen ist, während sie in Wirklichkeit nur befreite Vorerbin ist und Nacherben gemäß dem gemeinschaftlichen Testamente die bei dem Tode der Frau W. vorhandenen Geschwister des Mannes und rechten Schwestern der Frau, ersatzweise die Abkömmlinge dieser Personen sind. Die Eintragung wird natürlich nur erfolgen können, wenn der Brief dem Grundbuchamte vorgelegt wird (§ 42 GrBO.). Sollte das Grundbuchamt die Anordnung einer befreiten Vorerbschaft auch nach den neuen Anführungen der weiteren Beschwerde für nachgewiesen halten, so wird es die nachträgliche endgültige Eintragung des Rechts dieser Nacherben bei der Hypothek gemäß § 52 GrBO. in Erwägung ziehen können, immer vorausgesetzt, daß ihm der Brief überreicht wird und sich das fortdauernde Gläubigerrecht der Frau W. ergibt (Güthe, § 52 N. 10, 13, 14). U. r.

γ) Erwirbt der Eigentümer durch Zahlung an den nicht befreiten Vorerben eine Eigentümerhypothek?

Kammergericht 1. ZS. Beschluß v. 13. Dezember 1917.

Der Hypothekengläubiger ist gestorben und nach dem Erbschein von seiner Witwe als nicht befreiter Vorerbin beerbt worden. Diese hat erklärt, wegen ihrer Ansprüche aus der Hypothek von A., dem Eigentümer und persönlichen Schuldner, befriedigt zu sein, hierüber quittiert und die Löschung der Hypothek bewilligt. Dem A., der die Löschung beantragt, ist durch Zwischenverfügung aufgegeben, entweder die Zustimmung der Nacherben beizubringen oder die Entgeltlichkeit nachzuweisen. Seine weitere Beschwerde ist begründet.

Ohne Zustimmung des Nacherben kann nach § 2113[1] die Nachlaßhypothek nicht auf die Bewilligung des nichtbefreiten Vorerben gelöscht werden (KGJ. 22 S. 315). Dabei macht es keinen Unterschied, ob sie entgeltlich oder unentgeltlich erteilt ist. Dieser Rechtslage wird die in der Zwischenverfügung enthaltene Wahlauflage nicht gerecht. Sie ist aber auch zu beanstanden, soweit behauptet ist, daß die Hypothek durch Erlöschen der Forderung Eigentümerhypothek geworden sei (§ 1163 S. 2), so daß als Grundlage des Löschungsantrags nicht die Bewilligung der Vorerbin, sondern die im formgerechten Löschungsantrage mitenthaltene Löschungsbewilligung des Eigentümers anzusehen wäre. Dieser hat mit der Löschungsbewilligung eine Quittung der Vorerbin vorgelegt und damit geltend gemacht, daß die Hypothek durch Bezahlung der Forderung erloschen sei (§ 362[1]). Im Falle der nichtbefreiten Vorerbschaft hat die Leistung an den Vorerben im Verhältnis zum Nacherben nur dann das Erlöschen des Schuldverhältnisses zur Folge, wenn der Nacherbe in die Leistung an den Vorerben eingewilligt oder, was dem gleichzustellen ist, nachträglich dieser Leistung zugestimmt hat. Der § 2114 S. 2 spricht zwar nur davon, daß der Vorerbe die Zahlung des Kapitals an sich nur nach Beibringung der Einwilligung des Nacherben verlangen könne. Er verhält sich also nicht ausdrücklich über die schuldbefreiende Wirkung der Zahlung an den nichtbefreiten Vorerben. Nach dem Schutzzweck dieser Bestimmung ist jedoch die Auslegung geboten, daß sich der Schuldner dem Nacherben gegenüber nicht auf die Leistung an den nichtbefreiten Vorerben berufen kann, wenn er sie ohne Zustimmung des Nacherben bewirkt hat (KGJ. 30 S. 263). Soweit also die Entstehung einer Eigentümerhypothek als Folge der Erfüllung der Forderung in Frage kommt, müßte dem Grundbuchrichter die Zahlung des Hypothekenkapitals nebst Zinsen durch den Eigentümer und wenn sie, wie hier, an die Vorerbin erfolgt sein soll, die Zustimmung der Nacherben nachgewiesen werden. Der Nachweis der Entgeltlichkeit der Quittungsleistung kann den Nachweis der Zahlung nicht ersetzen. Durch die vorgelegte Urkunde wird die behauptete Zahlung nicht nachgewiesen. Noch viel weniger kann sie einen Beweis dafür erbringen, daß an die Vorerbin mit Einwilligung der Nacherben gezahlt ist. Wird anderseits die, wenn auch nachträgliche Zustimmung der Nacherben zur Zahlung beigebracht, so erübrigt sich der Nachweis der Zahlung selbst; denn dann würde auch die in der Urkunde erklärte Löschungsbewilligung der Vorerbin als genehmigt gelten und der Grundbuchrichter könnte die Frage offen lassen, ob als Grundlage der Löschung die Bewilligung der Vorerbin oder die des Eigentümers anzusehen ist. Nach § 397² erlischt das Schuldverhältnis auch dann, wenn der Gläubiger durch Vertrag mit dem Schuldner anerkennt, daß es nicht bestehe. Der Abschluß eines solchen Vertrags kann in der Aushändigung und Annahme der Erklärung, wegen aller Ansprüche aus der Hypothek befriedigt zu sein, gefunden werden. Er führt indessen, wenn wie hier ein nicht befreiter Vorerbe Gläubiger ist, nur dann zur Entstehung einer Eigentümerhypothek, wenn die Nacherben zugestimmt haben und zwar ohne Rücksicht darauf, ob der Vertrag gegen oder ohne Entgelt abgeschlossen ist. Nach § 2114 S. 3 finden auf „andere Verfügungen über die Hypothekenforderung" als die Kündigung und die Einziehung „die Vorschriften des § 2113" Anwendung. Damit unterstellt das Gesetz auch Verfügungen über die durch eine Hypothek gesicherte persönliche Forderung dem ganzen § 2113, also auch seinem Abs. 1. Diese Auslegung entspricht der Ausdrucksweise des BGB. (§§ 1192², 238¹ mit § 1807 N. 1) und der Absicht der 2. Komm., auf deren Beschluß die Vorschrift beruht (Prot. 5 S. 104; vgl. auch Planck, RGKomm., Leonhard zu § 2114). Das führt zu dem Schluß, daß eine Aufhebung der durch die Hypothek gesicherten Nachlaßforderung durch negativen Schuldanerkenntnisvertrag des nichtbefreiten Vorerben stets, also auch im Falle der Entgeltlichkeit, die Zustimmung der Nacherben erfordert. Wollte man mit Rücksicht auf den Wortlaut des § 2113¹ trotz der allgemeinen Fassung des § 2114 S. 3 die Wirksamkeit jenes Vertrags des nichtbefreiten Vorerben gegenüber dem Nacherben nur nach § 2113² beurteilen, so würde man zu der unannehmbaren Folgerung gelangen, daß die Zustimmung des Nacherben zwar notwendig ist, wenn der Vorerbe volle Zahlung erhält, dagegen nicht gefordert werden kann, wenn ihm eine geringere Gegenleistung gewährt wird, sofern sie nur noch als Entgelt angesehen werden kann. Zu demselben Ergebnis würde die Auffassung führen, der § 2114 S. 3 habe neben den in § 2113¹·² behandelten Fällen eine dritte Gruppe von Tatbeständen mit der Rechtswirkung verbunden, daß die Verfügung des Vorerben im Falle des Eintrits der Nacherbfolge insoweit unwirksam ist, als sie das Recht des Nacherben vereiteln oder beeinträchtigen würde; § 2114 S. 3 habe also nicht etwa die „anderen Verfügungen“ über die Hypothekenforderung als den Tatbestandsgruppen des § 2113 1.2 zugehörig bezeichnet. Diese Auslegung, daß die Befugnis des Vorerben zu solchen Verfügungen sich ausschließlich nach § 2114 S. 3 bestimme, ist jedoch abzulehnen, denn sie würde dem § 2136 zufolge zu dem Schlusse nötigen, daß der Befreite solche Verfügungen, zB. also Abtretungen der Hypothekenforderungen, auch dann mit Wirkung gegen den Nacherben ohne dessen Zustimmung vornehmen könnte, wenn sie unentgeltlich erfolgten, und das wäre mit dem aus §§ 2113 2, 2136 zweifelsfrei ersichtlichen Willen des Gesetzes nicht vereinbar. Hiernach mußten die Vorentscheidungen deshalb aufgehoben werden, weil die Wahlauflage der Zwischenverfügung ungerechtfertigt ist, die Löschung vielmehr ausschließlich von der Zustimmung der Nacherben abhängig gemacht werden darf. Dr. Bl.

p) **Einsetzung mehrerer Erben ohne Angabe der Bruchteile.**

Kammergericht, 1. ZS. Beschluß v. 22. Juni 1918.

Im § 1 des Testaments sind zu Erben ernannt: a) die Ehefrau, b) die 4 Geschwister ... Nach § 2 erhält die Frau allein das Grundstück 48 und das darin betriebene Geschäft, während die Geschwister zu gleichen Teilen die Gärtnerstelle M. Nr. 10 und die sonstigen in M. gelegenen Trennstücke erhalten sollen und der sonstige Nachlaß an die Frau fällt ... Für die Frage, zu welchen Bruchteilen danach die Erben berufen sind, können die §§ 2091, 2066 nicht herangezogen werden. Denn § 2066 ist nur dann anwendbar, wenn es an jeder Angabe des Namens, Wohnorts oder sonstiger zur Individualisierung geeigneter Merkmale oder an einem Anhalte für Bemessung der Erbteile fehlt (RGKomm. § 2066 1). Diese Voraussetzung trifft aber hier nicht zu. Ebensowenig hat das LG. den § 2091 verletzt, weil die Erbteile der Erben im Testamente bestimmt sind. Daß die Erbteile der Geschwister untereinander gleich sind, ergibt sich unmittelbar aus § 2. Im übrigen sind zwar die Erbteile nicht durch unmittelbare Angabe der Bruchteile bestimmt, so daß diese hinsichtlich ihrer Größe und ihres Verhältnisses zur gesamten Erbmasse nicht ohne weiteres feststehen. Da aber der Nachlaß erschöpfend verteilt ist, so ist die Größe der Bruchteile durch Schätzung des gesamten Nachlasses und der der Witwe einerseits und den Geschwistern anderseits zugewiesenen Gegenstände und Berechnung des Wertverhältnisses zueinander zu ermitteln. Dabei ist eine Abrundung in gewissem Grade nicht ausgeschlossen, soweit sich dadurch annähernd einfache Bruchteile ergeben und anzunehmen ist, daß eine geringe Abweichung von den ermittelten Zahlen unter diesen Umständen im Sinne des Erblassers liegt. Da es nicht ausgeschlossen ist, daß die Ermittlung zu den im Erbscheinsantrag angegebenen Bruchteilen führt, so war sie nach § 2358 BGB. und § 12 FrGG. Pflicht des Nachlaßgerichts. M.

q) α) **Eine für die Erben wirksame Generalvollmacht steht der Ernennung eines Vollstreckers nicht gleich.**

Bayer. Oberstes Landesgericht, 1. ZS. Beschluß v. 15. Februar 1919.

Das LG. geht zutreffend (RG. 88 S. 345; Planck BGB. § 168 b β) davon aus, daß die Ausstellung einer Vollmacht mit der Bestimmung, daß sie durch den Tod des Ausstellers nicht erlöschen soll, statthaft und wirksam ist; der Beschwerdeführer sei jedoch zu den im Vertrage v. 1. März 1918 getroffenen Verfügungen [Verkauf der Nachlaßgrundstücke an sich selbst] deshalb nicht berechtigt gewesen, weil die Erblasserin nach dem Tode ihres Mannes an das gemeinschaftliche Testament von 1895 gebunden gewesen sei und die offensichtlich zur Erbteilung ausgestellte Generalvollmacht der Ernennung eines Vollstreckers gleichstehe, eine solche aber eine dem Testamente widersprechende unzulässige Beschränkung der Miterben enthielte. Dem LG. ist nun insoweit beizustimmen, als es die Erblasserin nicht für berechtigt erachtet, eine Testamentsvollstreckung anzuordnen. Der Vollstrecker ist Träger eines Amtes, das das Gesetz mit selbständigen, auch gegen den Erben und Dritte wirksamen Befugnissen, besonders mit einem weitgehenden Verwaltungs- und Verfügungsrecht ausgestattet hat (RGKomm. Vorb. zu §§ 2197 ff.). Er hat die Verfügungen des Erblassers auszuführen (§ 2203), den Nachlaß zu verwalten, in Besitz zu nehmen und über die Nachlaßgegenstände zu verfügen (§ 2205, 2211), ein seiner Verwaltung unterliegendes Recht kann nur von ihm gerichtlich geltend gemacht werden (§ 2212), er kann die Ausführung von Verfügungen des Erblassers von dem Erben verlangen (§ 2208), er steht also dem Erben auf Grund des ihm vom Erblasser übertragenen Amtes, das ihm nicht durch den Erben, sondern nur aus wichtigen Gründen durch das Nachlaßgericht entzogen werden kann (§ 2227), selbständig gegenüber und ist vom Gesetz mit Befugnissen ausgestattet, durch die die Rechte des Erben sehr wesentlich eingeschränkt werden. Die Ernennung eines Vollstreckers würde also tatsächlich den Bestimmungen des gemeinschaftlichen Testaments, das solche Beschränkungen der Erben nicht enthält, widersprechen und der rechtlichen Wirksamkeit entbehren (RGKomm. § 2271[3]; RJA. 12 S. 18). Letzteres wäre übrigens, wenn es sich tatsächlich um die Ernennung eines Vollstreckers handelte, schon deshalb der Fall, weil diese nach § 2197 nur durch Testament erfolgen kann, die Testamentsform hier aber nicht eingehalten ist. Nun nimmt das LG. nicht an, daß der Beschwerdeführer Vollstrecker im Sinne des § 2197 ist, es stellt aber eine Bevollmächtigung, wie sie hier erfolgt ist, im Wesen der Ernennung eines Vollstreckers gleich. Diese Anschauung wird von der Beschwerde mit Recht bekämpft. Allerdings wirkt die Erteilung einer mit Wirksamkeit für die Erben ausgestatteten Generalvollmacht nach außen hin in vielen Beziehungen gleich der Ernennung eines Vollstreckers; denn auch einem solchen Bevollmächtigten steht nach außen hin — wenn er auch nicht gleich dem Vollstrecker das Verfügungsrecht des Erben ausschließt — das Recht der Verwaltung des Nachlasses und der

Verfügung über die Nachlaßgegenstände zu. Im Verhältnis zu den Erben aber ist seine Stellung von der des Vollstreckers grundsätzlich verschieden. Würde, wie hier, eine Vollmacht mit Wirksamkeit für die Erben ausgestattet, so ist der Bevollmächtigte nach dem Tode des Vollmachtgebers als Bevollmächtigter der mit dessen Tod an seine Stelle getretenen Erben anzusehen, sie wirkt nach dem Tode des Machtgebers gleich einer von den Erben selbst erteilten Vollmacht (KGJ. 32 S. 197, 41 S. 162). Der Bevollmächtigte ist also nicht, wie der Vollstrecker, Träger eines Amtes, dessen Inhalt im Gesetze geregelt ist und auf dessen Führung den Erben kein Einfluß zusteht, er leitet vielmehr sein Recht nur aus der ihm erteilten Vollmacht ab und ist zur Vertretung des Erben und folglich auch zu jeglicher Einwirkung auf den Nachlaß nur so lange befugt, als die Erben die Vollmacht nicht widerrufen. Dazu sind die Erben, wie sich aus dem Grundsatze der Gesamtnachfolge in alle Rechtsbeziehungen des Erblassers ergibt, jederzeit berechtigt; denn hier kann bei der Natur des Rechtsverhältnisses keine Rede davon sein, daß die Vollmacht unwiderruflich wäre (§ 168). Der Bevollmächtigte des Erblassers steht also, auch wenn ihm die Vollmacht zu der Auseinandersetzung des Nachlasses erteilt worden ist, den Erben nicht wie der Vollstrecker selbständig auf Grund eigenen Rechtes gegenüber, er ist vielmehr in seiner Vertretungs- und Verfügungsbefugnis von dem Willen der Erben ebenso abhängig, als er es zu Lebzeiten des Erblassers von dessen Willen war. Es ist demnach auch nicht richtig, daß die für die Erben des Vollmachtgebers wirksame Bevollmächtigung die Erben unzulässig beschränkt. Davon könnte dann gesprochen werden, wenn die Vollmacht unwiderruflich und den Miterben deshalb jede Einflußnahme auf die Tätigkeit des Bevollmächtigten entzogen wäre; nicht aber dann, wenn es, wie hier, von dem freien Willen des Betroffenen abhängt, der beschränkenden Verfügung jederzeit ein Ende zu bereiten. Kn.

β) **Ersatzvollstrecker. Wahl durch die Erben. Zuständigkeit des Nachlaßgerichts.**

Kammergericht, 1. ZS. Beschluß v. 4. April 1918.

Im Testament der Eheleute A. ist bestimmt: „Sollte einer der beiden Vollstrecker das Amt nicht annehmen oder sterben, so sollen unsere Kinder mit einfacher Mehrheit Ersatztestamentsvollstrecker, die dieselben Rechte haben, wie die von uns Ernannten, wählen." Der Vollstrecker B. hat sein Amt gekündigt; dies hat das Nachlaßgericht dem andern Vollstrecker mitgeteilt. Demnächst überreichte Z., der Mann der einen Miterbin, die privatschriftliche Erklärung von sieben der neun Erben, daß ihn fünf der Miterben zum Ersatztestamentsvollstrecker gewählt hätten, und beantragte, falls die Erklärung nicht genügen sollte, den neun Miterben aufzugeben, die Wahl vorzunehmen. Das Nachlaßgericht erwiderte ihm am 3. Januar 1918, daß es gegen die Wahl keine Bedenken habe, und forderte ihn zugleich auf, sich über die Annahme der Wahl zu erklären, worauf Z. die Wahl annahm. Dagegen beantragte der zweite

Vollstrecker und Miterbe, einen Beschluß dahin zu erlassen, daß Z. nicht gewählt sei, und erhob gegen den ablehnenden Beschluß vom 25. Januar Beschwerde. Das LG. wies sie zurück, es hält den beim Nachlaßgericht gestellten Antrag für unzulässig und nimmt an, daß über ihn das Prozeßgericht zu entscheiden habe. Die weitere Beschwerde mit dem Antrage, die am 3. erlassene und am 25. Januar bestätigte Verfügung des Nachlaßgerichts aufzuheben, ist begründet.

Zweifelhaft kann zunächst erscheinen, ob dieser Antrag auf Aufhebung der Verfügung vom 3. Januar ein neues von den Vorinstanzen nicht geprüftes und deshalb jetzt unzulässiges Begehren enthält. Dies ist jedoch zu verneinen. Zwar gingen die Anträge des Beschwerdeführers beim Amts- und LG. rein äußerlich betrachtet nur dahin, daß die Wahl des Z. ungültig sei, allein ihre Begründung läßt erkennen, daß es dem Beschwerdeführer nicht bloß auf eine derartige Feststellung ankam, sondern daß er vor allem auch die Verf. vom 3. Januar beseitigt haben wollte, weil diese der Einleitung eines nochmals vorzunehmenden Wahlverfahrens entgegenstand. Seine Eingabe vom 21. Januar bezweckte also in erster Linie, eine Aufhebung der ihn beschwerenden Verf. vom 3. Januar herbeizuführen. Gerade diese will aber auch der Beschluß vom 25. Januar aufrecht erhalten, dessen Gründe zum Ausdrucke bringen, daß der Antrag des Beschwerdeführers deshalb abgelehnt werde, weil Z. bereits wirksam zum Vollstrecker gewählt sei. Es ist also nicht nur die von ihm erbetene Feststellung abgelehnt, sondern darüber hinaus die Entscheidung dahin wiederholt, daß Z. bereits Vollstrecker sei. Nach beiden Richtungen will aber der Beschwerdeführer sowohl mit der ersten, als auch mit der weiteren Beschwerde die amtsgerichtlichen Entscheidungen beseitigt wissen. Nach beiden hat das LG. den Sachverhalt erörtert, indem es auch ausspricht, daß bisher eine gültige Vollstreckerbestimmung noch nicht erfolgt und deshalb eine Prüfung der für die Bestimmung erforderlichen Formen nicht Aufgabe des Nachlaßgerichts sei. Das LG. übersieht jedoch, daß die Zuständigkeit des Nachlaßgerichts begrenzt ist und sich in TestVollstreckungsangelegenheiten auf die im Gesetz hervorgehobenen Fälle beschränkt. Nur sofern es hiernach Entscheidungen und Anordnungen zu treffen hat, ist es befugt, zu der Frage der Gültigkeit der Bestellung eines Vollstreckers Stellung zu nehmen; darüber hinaus ohne gleichzeitige Vornahme einer vom Gesetz ihm übertragenen Amtshandlung ist ihm ein Prüfungsrecht nicht gegeben, insbesondere ist es nicht berufen, schlechthin Streitigkeiten über die Gültigkeit einer Vollstreckerernennung zu entscheiden. Das Amtsgericht hätte sich also eines Ausspruchs über die von Z. unterbreitete Frage enthalten müssen, da die Ernennung des Vollstreckers durch das Nachlaßgericht gemäß § 2200 nicht in Frage kommt, ein Antrag auf Fristsetzung (§ 2202[3]) nicht gestellt war und auch Z. ein Zeugnis gemäß § 2368 noch nicht beantragt hatte. Deshalb war zunächst der Antrag des Beschwerdeführers v. 21. Januar zurückzuweisen, weil es an einer Handhabe zu einem entscheidenden Ausspruch über die Nichtwahl des Z. fehlte. Anscheinend hat das Amtsgericht am 3. Januar auch den Antrag des Z., es möge den neun Erben die Wahl des Ersatztestamentsvollstreckers aufgeben, ablehnend bescheiden wollen. Auf diesen Antrag, der seine Stütze aus § 2198² entnimmt, muß es jedoch eine unzweideutige Entscheidung treffen. Dabei kommt folgendes in Betracht: Dem Amtsgericht wird darin beizutreten sein, daß für den von den Erblassern nicht vorgesehenen Fall der Kündigung die Vorschriften des Testaments für die Ersatzwahl entsprechend anzuwenden sind und eine gemäß diesen Vorschriften vorgenommene Wahl als „die Bestimmung der Person des Vollstreckers durch einen Dritten" i. S. des § 2198 anzusehen ist; auch wird mangels gesetzlicher oder testamentarischer Vorschriften nicht erforderlich sein, daß diese Bestimmung in förmlicher Wahlhandlung erfolgen muß, sondern es wird genügen, daß die Erben ihren Willen, eine bestimmte Person zu wählen, klar erklären. Dies muß aber nach dem zwingenden § 2198 in öffentlich beglaubigter Form geschehen, an der es hier fehlt. M.

γ) **Ernennung durch das Nachlaßgericht.**[1] **Bestimmung des Wirkungskreises.**

Kammergericht, 1. FerienZS. Beschluß v. 23. Juli 1919.

Das Nachlaßgericht kann einen Vollstrecker nur ernennen, wenn der Erblasser es darum ersucht hat (§ 2200). Das Ersuchen kann an bestimmte Voraussetzungen gebunden werden. Hier ist es für den Fall gestellt, daß der im Testament ernannte A. bei dem Tode des Erblassers nicht mehr am Leben sein sollte. Das LG. nimmt an, daß die Ernennung über den Wortlaut hinaus gewünscht sei im Fall, daß der vom Erblasser Ernannte das Amt ablehne. Hier hat aber A. das Amt angenommen und erst nachträglich gekündigt. Offenbar meint aber das LG., daß auch in solchem Fall die Ernennung eines andern nach dem Testamente zulässig sei. Das ist auch rechtlich nicht zu beanstanden. In § 2197² findet die Auslegung des LG. zwar nicht, wie es meint, eine Stütze. Die Vorschrift schließt sich der Fassung des § 2096 an; hier ist aber nicht wie in § 2097 eine Auslegungsregel dahin gegeben, daß die für den einen Fall des Ersatzbedürfnisses getroffene Ersatzanordnung auch für einen andern Fall des Ersatzbedürfnisses getroffen gelte. Nach § 133 hat jedoch das LG. mit Recht der Testamentsbestimmung entnommen, daß der Wille des Erblassers dahin ging, für den Fall, daß A. fortfalle, seine Ersetzung sicherzustellen. Diese Auslegung ist rechtlich zulässig; die Urkunde ergibt keineswegs klar, daß der Erblasser sein

[1] a) In dem Antrage der Beteiligten, daß das Nachlaßgericht anstelle des im Testament erwähnten Vollstreckers A. einen anderen ernenne, ist nicht zugleich der Antrag enthalten, dem A. gemäß § 2203³ eine Frist zur Erklärung über die Annahme des Amts zu bestimmen (KG. 13. Sept. 1918, 1 x 187).

b) Gegen die Ablehnung der Ernennung eines Vollstreckers haben die Nachlaßgläubiger, also auch die Pflichtteilsberechtigten bei der Bedeutung, die die Person des zur Verfügung über den Nachlaß Berechtigten für ihre Ansprüche hat, das Beschwerderecht aus § 20 FrGG. (KG. 13. Nov. 1919, 1 x 279).

Ersuchen auf den von ihm bezeichneten Fall hat beschränken wollen. Das LG. ist sich auch bewußt gewesen, daß die Ernennung des Vollstreckers ebenso wie die Auswahl der Person Ermessenssache ist. Das Gericht der weiteren Beschwerde hat nur zu prüfen, ob dabei gesetzliche Vorschriften verletzt sind. An Vorschläge der nach § 2200² anzuführenden Beteiligten ist das Nachlaßgericht nicht gebunden.

Das LG. hat mit Recht geprüft, ob schon A. die dem Vollstrecker obliegenden Geschäfte erledigt hat; in diesem Fall wäre damit das Amt beendet (RG. 81 S. 164)..... Es hat es jedoch an einer rechtlich einwandfreien Unterlage dafür fehlen lassen, daß Obliegenheiten des Vollstreckers noch nicht erledigt seien. Gelangt es bei der erneuten Prüfung zu demselben Ergebnis, so darf dies nicht dahin führen, daß es den Wirkungskreis des Vollstreckers maßgeblich bestimmt. Das Nachlaßgericht kann auf Ersuchen den Vollstrecker ernennen; dessen Wirkungskreis zu bestimmen ist lediglich Sache des Erblassers. Er kann dies nicht dem Nachlaßgericht übertragen und noch weniger kann letzteres von Amtswegen darüber bestimmen. Wohl kann es in die Lage kommen zu prüfen, welches der Wirkungskreis des Vollstreckers ist, vor allem dann, wenn ein Vollstreckerzeugnis beantragt ist. Das Ergebnis der Prüfung ist dann für die von ihm zu treffende Entscheidung von Einfluß; abgesehen davon, ist seine Meinung über jenen Wirkungskreis für die Beteiligten keineswegs maßgebend. M.

δ) **Beschwerde des Vollstreckers wegen Auswahl des Pflegers.**

Kammergericht, ZS. 1a. Beschluß v. 19. September 1919.

Die minderjährige Edith G. ist die Testamentserbin des X, der ihre Eltern von jeder Einwirkung auf den Nachlaß ausgeschlossen hat. Zur Vertretung der Edith bei Ausübung ihrer Rechte am Nachlasse, soweit nicht der Vollstrecker sie ausübt, und bei Ausübung ihrer Rechte gegenüber dem Vollstrecker ist A. zum Pfleger bestellt worden. Die Beschwerde des Vollstreckers wurde zurückgewiesen. Seine weitere Beschwerde unterlag der Zurückweisung, weil ihm eine Beschwerde nach § 20 FrGG. nicht zusteht.... Es mag sein, daß ein andrer Pfleger ihm geeigneter erscheint oder daß er sich bei Ernennung eines anderen Pflegers eine glattere Abwicklung seiner Aufgabe verspricht; ein derartiges allgemein menschliches oder wirtschaftliches Interesse ist aber kein „Recht" des § 20 (Rsp. 35 S. 361). Die Einleitung der Pflegschaft war nach § 1909 BGB. zur Wahrnehmung der Rechte des Kindes gegenüber dem Vollstrecker bestimmt (RGKomm. § 1909³; Dresden ZBl. für FrG. 14 S. 596). Diesem kann ein Einfluß auf die Auswahl derjenigen Person, die ihm gegenüber die Rechte des Kindes vertreten soll, nicht eingeräumt werden. Ein Beschwerderecht zugunsten des Pfleglings auszuüben, ist er nicht befugt, denn er steht dem Kind als Dritter gegenüber (vgl. KGJ. 24 S. 155) und ist weder Vertreter des Erblassers, noch des Nachlasses, noch der Erben. Auch auf § 57 FrGG. läßt sich das Beschwerderecht nicht stützen. In Betracht könnten nur die Nr. 3 und 9 kommen. Unter Nr. 3

fällt jedoch nicht die Beschwerde gegen die Auswahl des Pflegers. Die Nr. 9 scheidet aus, da es sich hier nicht um eine die Personensorge betreffende Angelegenheit handelt. Die Nr. 9 ist zwar bei der Auswahl eines Pflegers anwendbar, aber nicht, wenn wie hier der Pfleger nur bei Vermögensangelegenheiten bestellt ist. [Vgl. oben S. 102.] M.

ε) **Pflichten des Vollstreckers.**[1] **Erbschaftsbesitzer.**

OLG. München, 4. ZS. Urteil v. 24. Juni 1919.

Die Klage verlangt von dem Beklagten zunächst die Leistung des Offenbarungseides dahin, daß er im Nachlaßverzeichnis den Bestand des Aktivnachlasses so vollständig angegeben habe, als er hierzu imstande war; ferner habe er den Wert der dort angegebenen Gemälde durch einen beeidigten Kunstsachverständigen ermitteln zu lassen. Der Beklagte, ein Sohn, und die Klägerin, eine Enkelin des Erblassers, sind im Testamente als Erben eingesetzt, letztere hat sich aber den Vorempfang ihres verstorbenen Vaters anzurechnen. Der Beklagte, welcher Testamentsvollstrecker und Besitzer der Erbschaftsmasse ist, macht geltend, daß das Klagerubrum nur gegen ihn als Vollstrecker laute und die Klage deshalb von vornherein verfehlt sei. Allein dem inneren Grunde nach ist auch der Teil der Klage, der sich auf die Eidesleistung bezieht, gegen den Beklagten offensichtlich in seiner Eigenschaft als Vollstrecker abgesteckt, wenn dies auch aus dem Rubrum selbst nicht näher hervorgeht. Es ergibt sich dies besonders daraus, daß er unstreitig das Nachlaßverzeichnis in jener Eigenschaft errichtet hat und daß der jetzt begehrte Eid gerade auf die Vollständigkeit dieses Verzeichnisses abzielt. Als „Erbschaftsbesitzer", wie die Klägerin dies nunmehr will, kann gemäß § 2018 nur in Betracht kommen, wer auf Grund eines ihm in Wirklichkeit nicht zustehenden Erbrechts etwas aus der Erbschaft erlangt hat. Hierunter fällt aber der Vollstrecker schon begrifflich nicht (RG. 81 S. 151/52). Soweit die Klägerin den Beklagten auch als „Miterben" hier heranziehen will, geht auch dies fehl, weil der Erbschaftsanspruch im Sinne des § 2018 gegen den Miterben nur dann geltend gemacht werden kann, falls dieser ein weiteres Erbrecht als ihm zukommend beansprucht (Staudinger § 2018 III b). Dies trifft aber hier nicht zu, weil der Beklagte kein anderes oder weitergehendes Erbrecht für sich begehrt, als in dem auch von der Klägerin anerkannten Testamente niedergelegt ist. Infolgedessen kann § 2027, der sich ausschließlich auf den Erbschaftsbesitzer bezieht, nicht zur Anwendung gelangen. Der § 2028 (Auskunftspflicht des Hausgenossen) scheidet hier aus; denn er erstreckt sich überhaupt nicht auf den Bestand des Nachlasses, hier ist auch kein Verzeichnis zu errichten. Zu einem Offenbarungseid ist der Vollstrecker hinsichtlich des von ihm aufgestellten Verzeichnisses im Hinblick auf §§ 2218,

[1] Der Vollstrecker kann nicht im Namen der Erben einen Stammanteil einer GmbH. bei deren Gründung übernehmen, auch ist die gemeinsame Übernahme eines Stammanteils durch mehrere Erben an sich unzulässig (vgl. KGJ. 33 S. 135). Dieser Mangel wird nicht dadurch geheilt, daß nachträglich die Erben dem schon endgültig abgeschlossenen, aber nicht zur Eintragung führenden Vertrage beitreten (KG., ZS. 1a. Beschluß v. 11. Juli 1919 x 339).

666 nur dann verpflichtet, wenn die Voraussetzungen des § 260 gegeben sind. Richtig ist, daß ihn die Pflicht zur Rechenschaftsablegung grundsätzlich erst dann trifft, wenn er die ihm als Vollstrecker obliegende Aufgabe erfüllt hat. Es muß hier aber auch genügen, wenn er in Hauptsache mit der Verwertung und Verteilung des Nachlasses zu Ende ist (JW. 1913 S. 1150). Dies trifft hier zu, da der Nachlaß mit geringen Ausnahmen versilbert ist und anderseits eine besondere weitere Verteilung der Nachlaßmasse ohnehin nicht zu erfolgen hat.

Gleichwohl besteht kein Grund zu der Annahme, daß das Verzeichnis nicht mit der erforderlichen Sorgfalt gemacht worden sei (§§ 260², 259² BGB.). Es ist unter Zuziehung eines Gerichtsschätzers aufgestellt worden. Eine Reihe von Posten, die die Klägerin im Verzeichnis vermißt, sind tatsächlich dort mit aufgeführt. Anderseits ist aber, soweit wirklich einige Gegenstände nicht aufgeführt sind, dem Vollstrecker der § 260³, der auf § 259³ verweist, zugute zu rechnen, da es sich dabei um Angelegenheiten geringer Bedeutung handelt. Eine weitere Beweiserhebung über diesen Teil der Klage erübrigt sich. Dabei war auch allgemein zu erwägen, daß nach dem Stande des Rücklasses die Hinauszahlung von Geldern an die Klägerin in Anbetracht des Conferendpostens ohnehin nicht in Frage kommen wird.

Auch der zweite Klagantrag ist unbegründet. Das Verzeichnis, das der Vollstrecker nach § 2215 anzufertigen hat, dient lediglich als Grundlage der ihm obliegenden ordnungsmäßigen Verwaltung (§ 2216¹), eine weitere Zweckbestimmung hat es nicht zu erfüllen. Die für ein Inventar erforderliche nähere Beschreibung und genauere Wertangabe (§ 2001²) ist für dieses Verzeichnis des Vollstreckers nicht vorgeschrieben (RGKomm. § 2215¹·²). Im übrigen enthält es bei jedem aufgeführten Gegenstand eine vorläufige Abschätzung durch den Gerichtsschätzer X. Aus jenen gesetzlichen Grundlagen des § 2215 folgt aber, daß der Vollstrecker im Rahmen des § 2215 nicht darauf verklagt werden kann, einen Teil der in seinem Nachlaßverzeichnis aufgeführten Gegenstände einer ganz genauen Abschätzung durch besondere Sachverständige zu unterstellen. Selbstverständlich kann ein Erbe den Vollstrecker zur Verantwortung ziehen, wenn dieser bei der Verwertung und Versilberung eines Nachlaßgegenstandes unredlich oder unwirtschaftlich verfahren ist oder sonstwie seine Pflichten verletzt hat. Dies liegt aber auf anderem Gebiete als der hier verfolgte Anspruch. W.

ζ) **Der Vollstrecker kann nicht Generalvollmacht erteilen.**

Kammergericht, 1. ZS. Beschluß v. 18. Dezember 1919.

Es entspricht der auf §§ 2218, 664 gegründeten, allgemein herrschenden Meinung, daß das Amt des Vollstreckers höchst persönlich ist und die Ausübung nicht im ganzen einem Dritten überlassen werden kann (KGJ. 27 S. 197, 32 S. 91; RGKomm., Staudinger zu § 2218; RG. 81 S. 170). Eine solche Übertragung liegt dann vor, wenn der Vollstrecker eine uneingeschränkte Generalvollmacht gibt, dh. alle ihm selbst zustehenden Befugnisse überträgt. Hier liegt überhaupt in einer Generalvollmacht ein innerer rechtlicher Widerspruch, denn durch Vollmacht können nur solche Befugnisse auf einen andern übertragen werden, die ihrer rechtlichen Natur nach dazu fähig sind. Eine Ausnahme besteht bei der Vollstreckung nur insoweit, als der Erblasser eine derartige Übertragung ausdrücklich gestattet hat. Z. r.

η) **Ernennung des Nacherben zum Vollstrecker.**

Kammergericht, 1. ZS. Beschluß v. 6. November 1919.

... Zu beanstanden ist die Ansicht des LG.: wenn eine Testamentsvollstreckung angeordnet wäre, so entbehrte sie der Wirksamkeit, weil dann die Nacherbin zum Vollstrecker ernannt sei. Zunächst läßt die Wendung des Testaments, daß für den Fall des Todes der Tochter der Erblasserin deren Mutter anstelle deren Tochter treten soll, auch die Auslegung zu, daß die Mutter nur als Ersatzerbin berufen sei, und im Zweifel ist nach § 2102² diese Auslegung vorzuziehen. Sodann besteht auch kein rechtliches Hindernis, den Nacherben als Vollstrecker einzusetzen, sofern er als solcher nur den Vorerben beschränken soll. Allerdings kann der alleinige Vorerbe — abgesehen von § 2223 — nicht zugleich Vollstrecker sein, auch nicht zu dem Zwecke, gemäß § 2222 die Rechte des Nacherben auszuüben (RG. 77 S. 177). Das rechtfertigt aber nicht die Folgerung des LG. Der Erbe — Erbe ist auch der Vorerbe — soll durch den Vollstrecker in seinen Rechten beschränkt werden. Das setzt aber eine Mehrheit von Personen voraus; sich selbst als Vollstrecker beschränken kann der Vorerbe nicht. Im Falle des § 2222 beschränkt zwar der Vollstrecker den Nacherben und nicht den Vorerben, aber er soll doch diesen beaufsichtigen und dieser Zweck des Gesetzes würde vereitelt, wenn der Vorerbe in solchem Falle selbst der Vollstrecker wäre, und dem Vorerben würde auf diesem Wege eine freiere Stellung eingeräumt werden als der § 2136 zuläßt. Nur als unterstützende Erwägung kommt hinzu, daß, wenn man dem Vorerben zumutete, sich selbst gegenüber die Rechte des Nacherben zu wahren, er dadurch in einen so schlimmen Interessenwiderstreit hineingestellt würde, daß eine gedeihliche Führung des Vollstreckeramts von ihm nicht erwartet werden könnte. Wohl aber ist es möglich, daß der Vorerbe durch den Nacherben als Vollstrecker beschränkt wird; denn letzterer ist, solange der Nacherbfall nicht eingetreten ist, noch nicht Erbe und es fällt also der Erbe nicht mit dem Vollstrecker zusammen (vgl. Kretzschmar Erbr. 2 § 45 II 4³). Zuzugeben ist, daß in solchem Fall ein gewisser Interessenwiderstreit gegeben sein kann; dieser trifft jedoch nicht in höherem Grade zu, als wenn ein Miterbe Vollstrecker ist, was zulässig ist (RG. 61 S. 139). ... M.

ϑ) **Pflichtteilsberechtigte als Beteiligte des § 2227. Anhörung des Vollstreckers. Feindschaft zwischen ihm und den Erben.**[1]

[1] Die Entlassung des Vollstreckers ist gerechtfertigt, wenn er sich durch die Forderung des Pflichtteils in ausdrücklichen Widerspruch mit dem Willen des Erblassers setzt und anzunehmen ist, daß der Erblasser bei Kenntnis dieses Verhaltens ihn nicht zum Vollstrecker ernannt hätte (Beschluß desselben ZS. v. 21. Nov. 1918 x 238). — Der Erblasser kann die gesetzliche Mitwirkung des Nachlaßgerichts bei der Führung der Vollstreckung nicht über den

Kammergericht, 1. ZS. Beschluß v. 26. Juni 1919.

Zu den Beteiligten des § 2227 sind alle diejenigen zu rechnen, die ein rechtliches Interesse an der Testamentsvollstreckung haben. Hierhin gehören als Nachlaßgläubiger auch die Pflichtteilsberechtigten (RGKomm. § 2227[1]). Ob hier die Witwe des Erblassers A. dazu zu rechnen ist, kann zweifelhaft sein. Im Testamente hat zwar A., falls er vor Erledigung des Scheidungsprozesses sterbe, sie auf den Pflichtteil eingesetzt. Dies ist indes dahin auszulegen, daß er ihr nur das zuwenden wollte, wozu er gesetzlich verpflichtet war. Stand ihr nach dem Gesetz kein Pflichtteil zu, so sollte sie ihn auch nicht durch jene Bestimmung erhalten. Ihr Pflichtteilsrecht kann hernach mit Rücksicht auf § 1933 bezweifelt werden, . . . es kann indes dahingestellt bleiben, hierauf einzugehen. Denn die Entlassung des Vollstreckers T. hat die Witwe auch als gesetzliche Vertreterin ihrer Kinder beantragt, deren Pflichtteilsrecht unbedenklich ist.

Nach § 2227[2] soll der Vollstrecker vor der Entlassung gehört werden. Vor dem LG. ist er hier nicht gehört worden. Das Amtsgericht hatte ihm aber den Antrag der Witwe nebst seinen 4 Briefen zur Gegenerklärung übersandt. Er wußte also, daß diese Briefe die Veranlassung zu jenem Antrage waren; er hat sich in einem Schriftsatz zu rechtfertigen gesucht. Auf die Briefe hat er zwar eine Erklärung abgelehnt, aber doch bemerkt, er sei bereit, Beweis für seine Behauptungen zu erbringen. Wie oft und in welcher Weise der Vollstrecker zu hören ist, sagt der § 2227 nicht. Es muß ihm jedenfalls ausreichend Gelegenheit gegeben werden, sich über die gegen ihn erhobenen Vorwürfe zu rechtfertigen. Dies ist geschehen; es war nicht erforderlich, daß er noch besonders über die Beschwerde der Witwe gehört wurde.

Das LG. sieht den wichtigen Grund in der Feindschaft des T. mit der Witwe. Persönliche Feindschaft, sei es zwischen Vollstrecker und den Erben oder zwischen Mitvollstreckern, kann als wichtiger Grund zur Entlassung gelten (Rsp. 26 S. 357/8, 32 S. 62, 34 S. 300; KGJ. 36 S. 13; 8. Januar 1914 x 519/13, 18. Februar 1915 x 37). Ein Verschulden des Vollstreckers ist nicht erforderlich. Es kommt daher hier nicht darauf an, ob hier T. eine strafbare Beleidigung beging oder ob ihm der Schutz des § 193 StrGB. zur Seite steht. Rechtlich unerheblich ist es auch — sofern sich nur aus seinem Verhalten seine Feindschaft ergibt —, ob seine Vorwürfe gegen die Witwe wahr sind oder vom Erblasser erhoben worden. Nicht jede persönliche Feindschaft wird jedoch die Entlassung rechtfertigen können; erforderlich ist dazu die begründete Besorgnis, daß die fernere Beibehaltung des Vollstreckers dem Interesse des Nachlasses und der Erben schädlich oder gefährlich werden könnte (RG. 23 S. 206 und die angeführten Entsch.). In solchem Falle wird

gesetzlichen Rahmen hinaus erweitern; hat er gleichwohl angeordnet, daß der Vollstrecker ein Nachlaßverzeichnis einreichen muß, dem Gericht fortlaufend zu berichten hat und ohne dessen Genehmigung nicht über das Sparguthaben verfügen darf, so darf der Vollstrecker, der auf Grund eigener Entschließung von der Befolgung dieser Anordnungen absieht, nicht entlassen werden (Beschluß desselben ZS. v. 28. Febr. 1918 x 4).

es nicht so sehr darauf ankommen, ob der Erblasser bei Kenntnis des Sachverhalts die Ernennung des Vollstreckers widerrufen hätte; vielmehr kann im Einzelfalle das Interesse der Erben an ungestörter, sachlicher Abwicklung der Nachlaßgeschäfte höher als der Wille des Erblassers bewertet werden. Hier handelt es sich nur um die Feindschaft zwischen dem gesetzlichen Vertreter von Pflichtteilsberechtigten und dem Vollstrecker. Hinzu kommt, daß dieser selbst Miterbe ist, gegen den auch nach seiner Entlassung aus dem Amte der Pflichtteilsanspruch nach § 2223 geltend gemacht werden muß. Auf die Notwendigkeit eines erträglichen Verhältnisses zwischen ihm und den Pflichtteilsberechtigten allein kann deshalb die Entscheidung nicht abgestellt werden. Es ist nicht ausgeschlossen, daß die aus jener Feindschaft zu befürchtende Gefahr für die Beteiligten trotz der Entlassung fortdauert. Trotzdem kann diese geboten erscheinen, weil die Gefahrenquelle gerade darin zu sehen ist, daß der Betroffene in seiner Eigenschaft als Vollstrecker an der Verwaltung des Nachlasses teilnimmt. Hier geht aus den Briefen hervor, daß sich der Vollstrecker gerade durch diese Eigenschaft zu seinem Verhalten gegen die Witwe veranlaßt fühlt. Ist er nach seiner Entlassung nicht mehr in der Lage, weitergehende Rechte auszuüben, so ist zu erwarten, daß jene Feindschaft nicht mehr in demselben Maße wie bisher bei der Abwicklung der Nachlaßgeschäfte störend eingreift.... M.

r) **Testament:** α) **Eigenhändige Unterschrift des Familiennamens.**[1]

[1] a) Die Unterzeichnung des eigenhändigen Testaments mit „Eure Mutter" erfüllt dagegen nicht das Erfordernis der Namensunterschrift (KG., 1. ZS. Beschluß v. 19. Sept. 1918; KGJ. 51 S. 77).

b) Ein privilegiertes Militärtestament ist auch dann von einem Offizier „mitunterzeichnet" (RMilG. v. 2. Mai 1874 § 44 Nr. 2b), wenn er den der Unterschrift des Erblassers beigefügten Beglaubigungsvermerk unterzeichnet hat, weil auch dadurch die eigenhändige Unterschrift bezeugt wird u. z. unter der Testamentsschrift (Beschluß desselben ZS. v. 7. März 1918; aO. S. 81). Mannschaften des Beurlaubtenstandes sind nur von dem Tage an, zu welchem sie einberufen sind, bis zum Ablaufe des Tages der Wiederentlassung in den Formen des § 44 letztwillig zu verfügen berechtigt (Beschluß desselben ZS. v. 20. Sept. 1917). — Ob ein Fliegerangriff gegen den Ort, wo sich das Standquartier des Erblassers befindet, stets als ein Angriff gegen die dort lagernden Soldaten (RMilG. § 44 Nr. 1) anzusehen ist, braucht nicht entschieden zu werden; denn er ist jedenfalls mit der Beendigung des Fliegerangriffs beendet gewesen. Ob eine Reihe von planmäßig mit kurzen Unterbrechungen folgenden Angriffen als derselbe fortgesetzte Angriff aufgefaßt werden darf, kann unentschieden bleiben, weil diese Voraussetzung bei den damals nur alle 8—14 Tage wiederholten Angriffen nicht vorliegt (KG. 20. August 1919, 1 x 171).

c) Die Gründe, die von der Mitwirkung bei der Testamentserrichtung ausschließen, sind in den §§ 2234/7 ausschließlich geregelt, so daß daneben die §§ 170 ff. FrGG. nicht anwendbar sind. Im Sinne des § 2235 ist aber nur derjenige „bedacht", der durch die Verfügung ein Erb- oder Vermächtnisrecht erhält. Dagegen steht ebensowenig wie die Ernennung zum Vollstrecker die Benennung als Vormund (Pfleger) der Mitwirkung des Benannten bei der Testamentserrichtung entgegen (Beschluß v. 7. Juni 1918; KGJ. 51 S. 91).

d) Nach § 2242 S. 1 muß neben der Vorlesung und der eigenhändigen Unterschrift des Erblassers noch besonders festgestellt werden, daß er das Protokoll genehmigt habe (Beschluß v. 27. März 1919, 1 x 58).

OLG. Rostock, 1. ZS. Beschluß v. 19. Juni 1919.

Das RG. (87 S. 109) erachtet die Unterzeichnung mit einem anderen, als dem Familiennamen, nicht für ausgeschlossen; insbesondere sei bei eigenhändigen Erklärungen, die sich an nahe Angehörige richteten, der bloße Vorname mindestens dann zulässig und ausreichend, wenn sich aus dem durch die Unterschrift gedeckten Text der Urkunde die Person des Ausstellers für jeden Dritten ergebe. Das KG. (JW. 1915 S. 1380) hat sich auf den Boden dieser Ausführungen gestellt und aus ihnen gefolgert, daß ein in Briefform errichtetes, nur mit dem Vornamen unterschriebenes Testament einerseits auch dann gültig sei, wenn der Brief sich nicht an einen nahen Angehörigen wende, und anderseits nicht etwa deshalb für nichtig zu erachten sei, weil es nicht erkennen lasse, von wem es herrühre, sofern nur seine Echtheit feststehe. Diese überzeugend begründete Auffassung ist in weiteren Entscheidungen (vgl. JW. 1916 S. 973; KGJ. 50 S. 79, auch Rsp. 36 S. 234) festgehalten und kann jetzt als die herrschende bezeichnet werden (vgl. OLG. Dresden JW. 1916 S. 445; Warn. 11 S. 92). Ihr schließt sich der Senat an. Den formellen Vorschriften des § 2231 Nr. 2 BGB. ist demnach hier dadurch genügt, daß die eigenhändige Testamentsurkunde mit dem Vornamen des Ausstellers unterzeichnet ist. Es bleibt zu prüfen, ob der Aussteller mit dem Anfang 1919 verstorbenen Maler Otto G. identisch ist. Diese Frage steht mit der Formfrage in keinem inneren Zusammenhange, sie ist eine Beweisfrage und als solche dem Gerichte der weiteren Beschwerde entzogen. Bei ihrer Prüfung hat das Amtsgericht zu beachten, daß sie sich nicht nur auf den Inhalt der Urkunde beschränken darf, vielmehr alle beweiserheblichen Umstände des Falles, auch soweit sie außerhalb der Urkunde liegen, zu berücksichtigen sind, mögen sie selbst urkundlich belegt sein oder nicht (vgl. KG., JW. 1915 S. 1382). Dafür, daß der Beweis der Identität nur aus dem Texte des Testaments soll entnommen werden dürfen, geben besonders auch die Gründe des RG. (87 S. 109) keinen Anhalt. Das Vorstehende gilt auch für die weitere Prüfung, ob der im Testamente nur mit dem Vornamen bezeichnete Erbe mit dem Beschwerdeführer identisch ist. Dr. Br.

β) **Form des Gemeindetestaments.**[1]

OLG. Stuttgart, 1. ZS. Beschluß v. 17. Oktober 1919.

Die Beschwerdeführerin rügt Verletzung des § 2249² S. 1, weil die dort vorgeschriebene Feststellung nicht getroffen sei. Das LG. hat ohne Rechtsirrtum das Gegenteil angenommen. Jene Feststellung erfordert nicht die förmliche Wiedergabe der Gesetzesworte „der Besorgnis, daß die Errichtung eines Testaments vor einem Richter oder vor einem Notar nicht mehr möglich sein werde"; es genügt, daß sie sonst dem Protokollinhalt zuverlässig zu entnehmen ist. Inhaltlich muß der Vermerk ausdrücken, daß nach der

[1] Die allein beurkundeten Tatsachen, daß der Erblasser schwer erkrankt und sehr schwach sei, rechtfertigen nicht die Besorgnis aus § 2249, sollte er auch bereits nach 2 Tagen verstorben sein (KG. 13. März 1919, 1 x 17).

Auffassung der Urkundperson die bezeichnete Besorgnis begründet ist; vgl. schon den Beschluß dieses Senats vom 16. November 1904, WürttZ. 1905 S. 178. Gleichgültig ist, ob die Besorgnis nach dem wirklichen Sachverhalt tatsächlich gerechtfertigt war. Rechtsirrig ist die Ansicht der Beschwerde, daß das von dem Schultheißen über die Testamentserrichtung aufgenommene Protokoll erst mit den Worten beginne: „als Zeugen hatte der Ortsvorsteher gebeten ..."; vielmehr beginnt es mit dem an die erste Stelle gerückten Datum und es endet mit den Unterschriften des Schultheißen und der 2 Zeugen. In dem Protokoll hat der Schultheiß festgestellt: die jetzige Beschwerdeführerin habe ihn zur Testamentserrichtung zu dem Erblasser gerufen; dieser sei nämlich (nach Mitteilung der Beschwerdeführerin) schwer krank und es bestehe die Besorgnis, daß die Errichtung eines Testaments vor Gericht oder Notar nicht mehr möglich sein werde; der Schultheiß habe sich infolgedessen unter Zuziehung von zwei Zeugen zum Erblasser in das Krankenzimmer begeben und habe ihn „krank im Bette liegend", jedoch „im vollen Besitz seiner Geisteskräfte" angetroffen. Darauf hat der Schultheiß den letzten Willen des Erblassers zu Protokoll genommen. Die ausführliche Schilderung des Anlasses und der Vorbereitung der Testamentserrichtung stellt sich als Wiedergabe aller der Grundlagen dar, auf denen der Schultheiß seine Auffassung aufbaute, daß die in § 2249² bezeichnete Besorgnis bestehe und daß daher die Errichtung eines Gemeindetestaments zulässig sei. In der Feststellung der Einzelheiten des Hergangs und der Verhältnisse liegt unter den gegebenen Umständen zugleich der hinreichend zuverlässige und deutliche Ausdruck dafür, daß nach der Auffassung des Schultheißen die von der Beschwerdeführerin behauptete Besorgnis tatsächlich bestehe; er hätte sonst weder die Feststellungen über die der Testamentserrichtung im engeren Sinn vorausgegangenen Ereignisse im einzelnen getroffen noch den Vermerk irgendeines Zweifels an der im § 2249² bezeichneten Besorgnis unterlassen. S.

γ) **Bleibt das gemeinschaftliche Dorftestament vollwirksam, wenn nur der erkrankte Ehegatte innerhalb der drei Monate stirbt?**

Kammergericht, 1. ZS. Beschluß v. 16. Mai 1918.

... Der 2. Komm. (Prot. 5 S. 426, 429) wollte die zunächst nur für die Errichtung eines Einzeltestaments vorgesehene außerordentliche Form des Dorftestaments ausdrücklich auch für das von ihr in den Entwurf eingefügte gemeinschaftliche Testament zulassen, und zwar mit der Erleichterung, daß beide Gatten schon dann ein derartiges Testament errichten könnten, wenn die sonst erforderliche Voraussetzung nur auf seiten des einen Gatten gegeben sei. Mit dieser Absicht des Gesetzgebers, die der Anerkennung des praktischen Bedürfnisses entsprang, Eheleuten die Errichtung ihres letzten Willens in dieser außerordentlichen Form zu ermöglichen, wäre es aber unvereinbar, wenn man entsprechend dem zunächst nur für das Einzeltestament gegebenen § 2242 auch bei einem nach § 2249 errichteten gemeinschaftlichen Testamente annehmen wollte, derjenige Gatte, in dessen Person die Voraussetzungen des § 2259 nicht vorlagen und nach § 2266 nicht vorzuliegen brauchten, müsse nun gleichfalls innerhalb der dreimonatlichen Frist sterben, widrigenfalls seine Verfügungen als nichtig zu gelten hätten. Der an die Voraussetzungen des § 2249 anschließende § 2252 kann sich naturgemäß nur auf denjenigen Erblasser beziehen, in dessen Person die Voraussetzungen des § 2249 erforderlich waren, und sie kann nicht für einen Erblasser gelten, für den diese Voraussetzungen ausdrücklich beseitigt sind. Die Erleichterungsvorschrift des § 2266 wäre sonst für die wohl weitaus meisten Fälle, in denen nach Errichtung des gemeinschaftlichen Testaments derjenige Gatte, in dessen Person die Voraussetzungen für die Errichtung nicht vorlagen, die Dreimonatsfrist überlebt, nicht bloß zwecklos, sondern sie würde sogar die Gefahr zeitigen, daß diese Testamente im Hinblick auf die Wechselbezüglichkeit der darin getroffenen Anordnungen und die Möglichkeit entsprechender Anwendung des § 2270 (vgl. Planck[3] § 2266[3]) auch bezüglich des innerhalb der Frist verstorbenen Gatten unwirksam würden. Wollte der Gesetzgeber trotz § 2266 den § 2252 auch für gemeinschaftliche Testamente aus § 2249 schlechthin gelten lassen, so hätte er dies aus vorstehenden Erwägungen und in Anbetracht der eingehenden Erörterungen, die in der 2. Komm. über die Anwendung des § 2249 auf das gemeinschaftliche Testament gepflogen wurden, sowie mit Rücksicht darauf, daß durch Anwendung des § 2252 auf beide Ehegatten in vielen Fällen die Gültigkeit der errichteten Testamente in Frage gestellt wird, im Gesetze selbst ausgedrückt und auch ausdrücken müssen.... M.

δ) **Verpflichtung zur Testamentseröffnung.**[1]

OLG. Dresden, 6. ZS. Beschluß v. 10. Mai 1919.

Allerdings wird die Vermächtnisverfügung, die das Amtsgericht unter

---

[1] a) Diese darf nur unterbleiben, wenn offensichtlich ist, daß ein Testament nicht vorliegen kann (KG. 24. April 1919, 1 x 66). Dazu genügt nicht, daß das Testament mit „Dein Mann" unterschrieben ist, weil es sich dabei um eine Streitfrage handelt (Beschluß v. 8. Mai 1919, 1 x 84).

b) Zu eröffnen ist das Testament, d. i. die wirkliche Testamentsurkunde; ist sie verloren gegangen, das Testament aber trotzdem in Kraft geblieben, weil nicht der Erblasser in der Absicht, es aufzuheben, die Urkunde vernichtet hat (§ 2255), so kann eine einfache (nicht beglaubigte) Abschrift nicht zum Gegenstande der Eröffnung gemacht werden. Demgemäß ist auch für Ermittlung des Testamentsinhalts durch das Nachlaßgericht vor Stellung eines Erbscheinantrags kein Raum (Beschluß v. 6. März u. 23. Okt. 1919; KGJ. 51 S. 94; 1 x 260).

c) Anordnungen, die ein Erblasser über die TestVollstreckung erteilt, die er insbesondere für die Verwaltung trifft, sind letztwillige Verfügungen, da sie Bestimmungen mit erbrechtlicher Wirkung darstellen; deshalb unterliegen sie wie jede andere letztwillige Verfügung dem Eröffnungszwange des § 2260, auch wenn auf dem Umschlag angeordnet ist, daß der Vollstrecker die Anweisung zu öffnen habe, denn die Pflicht des Nachlaßgerichts zur Eröffnung letztwilliger Verfügungen ist zwingenden Rechts; vgl. § 2263 (KG., 1. ZS. Beschluß v. 7. Febr. 1918 x 9).

d) Zur Eröffnung des Testaments eines Engländers, der im Inlande Grundbesitz hat, sind die deutschen Gerichte zuständig, weil sich nach englischem Rechte die Vererbung jenes Grundbesitzes nach deutschem Rechte richtet, dies aber zur Anwendung der deutschen Vorschriften über die Testamentseröffnung genügt (Beschluß v. 11. April 1918; KGJ. 51 S. 98).

Billigung des LG. der bedachten Anstalt bekanntzugeben beabsichtigt, keine Geltung beanspruchen können, da der Tag der Niederschrift nicht angegeben ist. Dies steht aber der Eröffnung der Verfügung nicht entgegen. Denn der § 2260 gebietet die Eröffnung eines jeden Schriftstücks, das sich als ein Testament darstellt, ohne dabei zwischen gültigen und ungültigen Testamenten zu unterscheiden, wie denn auch im einzelnen Falle hierüber leicht Zweifel aufkommen können, zu deren endgültigen Entscheidung der Richter der freiwilligen Gerichtsbarkeit nicht berufen ist. Auch das an einem Mangel leidende Testament muß deshalb eröffnet werden, um dem Bedachten Gelegenheit zu geben, sich darüber schlüssig zu machen, ob er aus ihm Rechte ableiten will. Wird die Eröffnung unterlassen, so kann dies leicht Mißtrauen gegen das Gericht erregen. Hierzu tritt, daß das Testament für den Erben unter Umständen doch zur Vollziehung des Willens des Erblassers wenigstens eine sittliche Pflicht begründen kann, deren Erfüllung durch die Eröffnung eine wünschenswerte Förderung erfährt. Den Unzuträglichkeiten anderseits, die sich aus der Erweckung unberechtigter Erwartungen ergeben können, läßt sich unschwer dadurch vorbeugen, daß bei der Bekanntmachung auf den Mangel hingewiesen wird. Ann.

s) **Gemeinschaftliches Testament**[1]: *α*) **Einheitlichkeit des Errichtungsakts.**

Kammergericht, 1. ZS. Beschluß v. 26. September 1918.

... Das Wesen des gemeinsch. Testaments besteht darin, daß die letztwilligen Verfügungen mehrerer in einer gemeinschaftlichen Urkunde errichtet werden (RG. 12 S. 204, 87 S. 33). Aus der Niederschrift der beiderseitigen Verfügungen muß sich ergeben, ob ein gemeinsch. Testament in Frage steht oder ob Einzeltestamente vorliegen. Daß die Verfügungen auf demselben Blatte stehen, genügt nicht; anderseits kommt nicht wesentlich darauf an auf den Inhalt der Verfügungen, auf die Einheitlichkeit oder Gemeinschaftlichkeit des Errichtungsakts oder auf die Absicht der Verfügenden. Beim eigenhändigen Testamente kann das Wesentliche des gemeinsch. Testaments, die einheitliche Urkunde, nach § 2267 hergestellt werden. In diesem Falle bildet die die Verfügungen enthaltende Niederschrift des ersten Gatten

[1] Soll nach dem Tode des Überlebenden der beiderseitige Nachlaß an einen Dritten fallen, so läßt sich das Testament im Sinne der Anordnung einer Vor- und Nacherbschaft nur auffassen, wenn ein darauf gerichteter Wille der Erblasser in einer jeden Zweifel ausschließenden Weise festgestellt wird. Das LG. glaubt dies hier feststellen zu müssen, weil der Überlebende dahin beschränkt wird, daß mindestens 5000 Mark an die Verwandten des andern Teils fallen müssen. Allein diese Anordnung ist auch mit einer Erbeinsetzung des § 2269 vereinbar. Die Zuwendung der 5000 Mark enthält ein bedingtes Vermächtnis u. z., da die 5000 Mark unter allen Umständen gesichert werden sollen, ein solches zunächst aus dem Nachlasse des Erstversterbenden und nur wegen eines etwaigen Fehlbetrages aus dem Nachlasse des Letztversterbenden. Fällig wird das Vermächtnis im ganzen jedoch erst bei des letzteren Tode. Die Beschränkung des Überlebenden besteht nur darin, daß er die Vermächtnisanordnung auch insoweit, als sie seinen eigenen Nachlaß betrifft, infolge der Bindung an seine Anordnungen nicht ändern kann (Beschluß desselben ZS. v. 28. Dez. 1918 x 261).

die Testamentsurkunde für beide; dies kraft der Beitrittserklärung des andren Gatten. Hiernach ist entscheidend ein objektives Merkmal: das gemeinsch. Testament muß als eine einheitliche Urkunde, dh. urkundliche Erklärung in die äußere Erscheinung treten. Nicht zu billigen ist hiernach die Meinung des Bay. ObLG. (Rsp. 9 S. 417), daß es allein auf den Willen der Erblasser ankomme, ein einheitliches Ganzes zu entrichten. Nicht aufrecht zu erhalten ist auch das in KGJ. 29 S. 57, 35 S. 100 gestellte Verlangen, daß beide Gatten zu jedem einzelnen Errichtungsakte mitwirken oder doch wenigstens jeden Akt des andren Gatten kennen und billigen müßten. Sind Einheitlichkeit und Gemeinschaftlichkeit des Errichtungsakts nicht wesentlich, so braucht die Ort- und Zeitangabe bei der Errichtung in der Form des § 2267 nicht für beide Erklärungen dieselbe zu sein und kann nur die Beitrittserklärung nach ihrem Begriffe nicht die frühere sein ... Nicht zu verkennen ist freilich, daß, wenn man nur Einheitlichkeit der Urkunde fordert, bei Anwendung der Form des § 2267 der Gatte, der den Beitritt erklären soll, die Möglichkeit erlangen kann, die Erklärung so lange hinauszuschieben, bis er damit rechnen kann, daß vor ihm der andre Gatte stirbt. Dieser ist jedoch im allgemeinen in der Lage, dem durch Widerruf seiner Verfügung ein Ende zu machen. Wie in KGJ. 35 S. 100 entschieden, kann der Beitritt nicht mehr nach dem Tode des Ersterklärenden erklärt werden. Der dort an erster Stelle angeführte Grund, daß letzterer dabei nicht mehr mitwirken könne, ist freilich nicht aufrecht zu erhalten; die Richtigkeit der Entscheidung ergibt sich aber aus ihren weiteren Erwägungen, daß nämlich die Ehe durch den Tod des Ersterklärenden aufgelöst und damit die Voraussetzung für die Errichtung eines gemeinsch. Testaments weggefallen ist, daß auch nach dem Tode des Erblassers an seiner Verfügung nichts mehr verändert werden kann. Daß hier die Frau erst nach dem Tode des Mannes beigetreten wäre, kommt nicht in Frage, weil die Urkunde bereits vorher in amtliche Verwahrung gegeben ist. Hiernach ist dem Testamente die Gültigkeit nicht deshalb abzusprechen, weil die Erklärungen beider Gatten nach den beigefügten Daten als zu beträchtlich auseinander liegenden Zeiten errichtet sich darstellen. Ferner trägt auch die Verfügung des Mannes nicht darum ein falsches Datum, weil die Frau erst später beigetreten ist; sie ist nicht erst im Zeitpunkte des Beitritts errichtet. Ebensowenig ist begründeter Anlaß zum Zweifel daran gegeben, daß die Frau ihre Beitrittserklärung mit dem richtigen Datum versehen hat. M.

β) Hört die Bindung [1] des Überlebenden durch den Eintritt der privatorischen Klausel auf? Anfechtung nach § 2079.

OLG. Dresden, 4. ZS. Urteil v. 28. November 1918.

Der 1916 verstorbene M. hatte 1913 ein gemeinsch. Testament errichtet

[1] Die §§ 2270², 2271³ bestimmen zwar nur über gegenseitige Zuwendungen, erschöpfen aber nicht den Umfang des Abhängigkeitsverhältnisses; dieses besteht auch, wenn die Frau das Vermächtnis zugunsten des unehelichen Sohnes des Mannes ohne Erbeinsetzung ihrer Töchter durch den Mann nicht verfügt hätte (Bay Ob. LG., 1. ZS. Beschluß v. 17. Januar 1919; Samml. 19 S. 143).

und darin für den Fall seines Überlebens die 3 Beklagten und deren 2 Geschwister auf je 1/5 seines Nachlasses als Erben eingesetzt. 1915 heiratete er die Klägerin und setzte sie in einem Testamente vom Todestage zu seiner alleinigen Erbin ein. Die Beklagten nehmen dagegen, gestützt auf das erste Testament, an, der Erblasser habe nicht mehr das Recht dazu gehabt. Dieser ist allerdings seit dem Tode seiner ersten Frau an die Verfügung gebunden gewesen, die er über sein Vermögen im gemeinschaftlichen Testament getroffen hatte (§§ 2271², 2270¹ ²), und zwar um so mehr, als darin (§ 2) ausdrücklich bestimmt ist, daß der Längstlebende zu Verfügungen von Todeswegen nicht berechtigt sei. Allein seine Bindung reichte nur insoweit, als er und seine erste Frau übereinstimmend gewollt hatten, daß sie reichen solle (Planck § 2271 IV 3a, b). Im § 3 ist aber bestimmt, daß ein Erbe, der das Testament anfechte, nur den Pflichtteil erhalte. Danach ist als übereinstimmender Wille der Erblasser anzusehen, daß im Falle (§ 2075) einer Anfechtung der Anfechtende zwar den Pflichtteil vom Nachlaß des Erstverstorbenen fordern, nicht aber aus dem Testamente weitere Rechte gegen den Längstlebenden herleiten dürfe und daß dieser mithin dem Anfechtenden gegenüber auch aufhören solle, an die Verfügungen, die er über seinen Nachlaß im ersten Testament getroffen habe, gebunden zu sein, sowie das Recht erlangen solle, andere letztwillige Verfügungen, und zwar auch solche zu treffen, mit denen das erste Testament nicht übereinstimme, sondern in Widerspruch stehen und zu deren Verhinderung dieses Testament nach der Behauptung der Beklagten mit dienen sollte (RGKomm. § 2076 ¹; Staudinger §§ 2074/5 I 7; Planck §§ 2074 N. 2e Abs. 2, 2075³, 2271 IV 3a, b). Hierbei ist (§ 133) unter Anfechtung nicht ein Vorgehen im Sinne von § 2078 oder § 2079 zu verstehen, sondern das Erheben von Ansprüchen, von denen das Testament will, daß sie nicht erhoben werden sollen. Denn die Androhung jenes Rechtsverlusts soll eine Gewähr dafür schaffen, daß das, was die Erblasser wollen, auch durchgeführt werde. Daher kann in § 3 der Wille der Erblasser nicht gewesen sein, daß der Verlust den Erben auch dann treffen soll, wenn er im Sinne von § 2078 oder § 2079 anfechte; denn jede solche Anfechtung soll gerade dazu helfen, den wirklichen Willen des Erblassers anstatt des nur vermeintlichen zur Geltung zu bringen (vgl. Staudinger §§ 2074/5 I 7). Die Beklagten haben aber im Sinne des ersten Testaments angefochten, indem sie nach dem Tode der ersten Frau von deren Nachlaß den Pflichtteil gefordert haben; denn nach den Bestimmungen des Testaments sollten sie von diesem Nachlaß nichts, auch nicht den Pflichtteil, erhalten (§ 2269¹), und mit diesen Bestimmungen haben sie sich durch ihre Forderung in Widerspruch gesetzt....

Die Beklagten wenden ferner ein, das zweite Testament sei nichtig, denn sie hätten es angefochten, weil sie pflichtteilberechtigt, jedoch darin übergangen seien. Allein sie sind nicht erst nach der Errichtung des Testaments, sondern schon vorher geboren und auch nicht erst nach ihr, sondern schon vorher

(§§ 2303[1], 2309) pflichtteilberechtigt geworden. Daher würde die Übergehung höchstens dann die Anfechtung begründen, wenn dem Erblasser bei der Errichtung des Testaments das Vorhandensein der Beklagten oder ihre Pflichtteilberechtigung nicht bekannt gewesen wäre (§ 2079). Das LG. meint, ein solches Nichtbekanntsein liege schon vor, wenn sich der Erblasser des Vorhandenseins der Beklagten oder ihrer Pflichtteilberechtigung nicht „bewußt" gewesen sei. Es kann dahingestellt bleiben, ob dem beigetreten werden könne. Denn die Beklagten haben eine solche Behauptung nicht aufgestellt, auch konnte sie auf sich beruhen. Denn die Anfechtung einer letztwilligen Verfügung ist, selbst wenn sie nach § 2079[1] an sich als begründet anzusehen wäre, nichtsdestoweniger ausgeschlossen, soweit anzunehmen ist, daß der Erblasser auch bei Kenntnis der Sachlage die Verfügung getroffen hätte; hier hatte aber der Erblasser so gehandelt, denn seine Absicht ging dahin, die Klägerin als alleinige Erbin einzusetzen. —e—

γ) Einseitige Abänderung bei Lebzeiten beider Ehegatten?

OLG. Dresden, 6. ZS. Beschluß v. 29. März 1919.

Die Beschwerdeführerin begehrt als alleinige unbeschränkte Erbin ihres 1915 verstorbenen Mannes S. ausgewiesen zu werden. Der Antrag wurde zurückgewiesen, weil Frau S. durch die Anordnung einer Nacherbfolge zugunsten der Geschwister ihres Mannes beschränkt sei. Ihre weitere Beschwerde ist begründet. Die Eheleute haben 1904 durch gesonderte, je auf eins der beiden Blätter eines Papierbogens geschriebene Verfügungen ein gemeinschaftliches Testament errichtet, inhalts dessen sie sich gegenseitig zu alleinigen unbeschränkten Erben einsetzten. 1912 brachte der Mann auf die Rückseite des von ihm beschriebenen Blattes eine von der Antragstellerin mitvollzogene Verfügung, daß nach dem beiderseitigen Ableben die vier Geschwister des Mannes die Hinterlassenschaft zu gleichen Teilen erhalten sollen.

Zutreffend sieht das LG. in der gegenseitigen Erbeinsetzung korrespektive Verfügungen im Sinne des § 2270[2]. Zutreffend ist auch, daß die Niederschrift von 1912 kein gültiges gemeinschaftliches Testament ist, weil die Antragstellerin ihrer Unterschrift nicht die Erklärung beigefügt hat, daß das Testament des Mannes auch als ihr Testament gelten solle (§ 2267). Weiter mag sein, daß dieser Umstand nach § 2085 nicht die Unwirksamkeit der vom Manne getroffenen Verfügung mit sich brachte und daß darin an sich die Anordnung einer Nacherbfolge hinsichtlich des auf die Antragstellerin vererbten Vermögens gefunden werden könnte. Der Verfügung geht aber die Wirksamkeit aus einem anderen Grunde ab. Die Eheleute hatten sich gegenseitig zu alleinigen **unbeschränkten** Erben eingesetzt. Demgegenüber bedeutet die Einsetzung von Nacherben eine — teilweise — Aufhebung der 1904 getroffenen korrespektiven Verfügung. Abänderungen und so besonders Beschränkungen dieser Verfügung konnten die Ehegatten wohl durch ein gemeinschaftliches Testament bestimmen, wie es von ihnen auch beabsichtigt worden war; dagegen konnte nach § 2271 S. 2 keiner von ihnen **einseitig** den andern in seinem Erbrecht beschränken. Das ergibt sich mit aller Deutlichkeit aus § 2271[3]. Ann.

5) Ein von Nicht-Ehegatten errichtetes gemeinsch. Testament als Erbvertrag.[1] Ermittlungspflicht.

Bayer. Oberstes Landesgericht, 1. ZS. Beschluß v. 14. März 1919.

Die Geschwister Johann und Anna K. bestimmten am 13. Januar 1903 vor dem Notariat in Gegenwart zweier Zeugen: „Im Falle des Ablebens des einen von uns wird das Überlebende der Alleinerbe des Erstverstorbenen. Nach dem Tode des Längstlebenden erhält X. die Hälfte des alsdann noch vorhandenen Vermögens.“ Nach dem Tode der Anna eröffnete das Nachlaßgericht 1918 die „letztwillige Verfügung“, die es als Erbvertrag ansah, dem Johann, der die Erbschaft annahm. Später kam es aber zu der Ansicht, daß die Verfügung ein Testament darstelle und nichtig sei, und verfügte auf Antrag die Ausstellung eines Erbscheins für die gesetzlichen Erben. Die Beschwerde des X. blieb erfolglos. Die weitere Beschwerde ist begründet.

Die Ansicht des LG., daß ein von anderen Personen als Ehegatten errichtetes gemeinschaftliches Testament ungültig ist, und daß auch die darin von den Verfügenden getroffenen letztwilligen Anordnungen nach § 140 nicht als Einzeltestamente aufrecht erhalten werden können, ist nicht zu beanstanden (vgl. RG. 87 S. 33). Dagegen kann der Auffassung, daß die Verfügung von 1903 nicht als Erbvertrag in Betracht kommen kann, nach der Aktenlage nicht beigetreten werden. Allerdings spricht die Überschrift „letztwillige Verfügung“ gegen die Vertragsnatur der Erklärungen der Geschwister K. In der Sprache des BGB. werden Testament und Erbvertrag als Verfügungen von Todeswegen bezeichnet, während die Ausdrücke Testament und letztwillige Verfügung gleichbedeutend sind (vgl. § 1937 und die Überschriften des 3. und 4. Abschnitts des fünften Buches). Auch ist aus dem Wortlaute nicht ersichtlich, daß die Geschwister K. sich an ihre Erklärungen binden wollten. Auf der anderen Seite kann man nicht ohne weiteres unterstellen, daß dem Notar, der die Verfügung entgegengenommen hat, § 2265 nicht bekannt gewesen sei. Möglicherweise hat er die vor ihm erklärten Erbeinsetzungsverträge stets in der vorliegenden Form beurkundet. Hierzu mag bemerkt sein, daß der Nachlaßrichter von der irrigen Ansicht ausgeht, die Errichtung eines öffentlichen Testaments erfordere die Beobachtung einer größeren Zahl von Förmlichkeiten als der Abschluß eines Erbvertrags. Nach § 2276[1] ist dieser

[1] Hat in einem unter der Herrschaft des rheinisch-franz. Rechts geschlossenen Ehevertrag ein Gatte dem andren alles vermacht, „worüber er zurzeit seines Ablebens verfügen kann“, so ist danach das beim Tode des Erblassers 1914 in Geltung gewesene Recht, also das BGB. maßgebend, das den Ehegatten auch beim Vorhandensein von Kindern zum Alleinerben einzusetzen gestattet. Die Verfügung verstieß auch nicht gegen das zurzeit ihrer Errichtung geltende Recht, da der Erblasser seine Frau nicht schlechthin über das damals zulässige Maß hinaus bedacht, sondern nur für den Fall, daß der Tod unter dem späteren Recht eintrete und dieses die der Zuwendung bisher gesetzten Schranken erweitere, bestimmt hat, daß sich hiernach das Maß der Zuwendung bestimme (RG. 7. Nov. 1918, 1 x 227).

vielmehr in der gleichen Form abzuschließen, die für ordentliche öffentliche Testamente vorgeschrieben ist; nur für einen Erbvertrag zwischen Ehegatten oder zwischen Verlobten, der mit einem Ehevertrag in derselben Urkunde verbunden wird, genügt nach § 2276² die für den Ehevertrag in § 1434 vorgeschriebene Form. Ferner ist aus der Erklärung des Johann K. zu Protokoll des Nachlaßgerichts vom Ende 1918 zu entnehmen, daß K. sich an die Verfügung von 1903 gebunden erachtet hat. Unter diesen Umständen haben die Vorinstanzen gegen § 12 FrGG. verstoßen. Allerdings bestimmen die Gerichte danach den Umfang der Ermittlungen; sie haben daher nur die geeignet erscheinenden Beweise aufzunehmen und sind nicht verpflichtet, jedem Beweisantrage stattzugeben; sie können jede Beweisaufnahme unterlassen, wenn sie den Sachverhalt für so vollständig aufgeklärt halten, daß von der Erhebung des angebotenen Beweises kein ihre Entscheidung beeinflussendes Ergebnis zu erwarten ist. Allein vorliegend werden durch Ermittlungen, besonders durch die Vernehmung des früheren Notars und des derzeitigen Inhabers des Notariats, ferner des Johann K., der zur Errichtung der Urkunde zugezogenen Zeugen und des Beschwerdeführers die nötigen Behelfe gewonnen werden können. Stellt sich dabei heraus, daß die Geschwister K. einen Erbvertrag zu schließen beabsichtigt haben, so wird weiter zu entscheiden sein, ob X. mit einem Vermächtnisse bedacht ist oder ob er als Erbe des zuletzt versterbenden Vertragsteiles oder als Nacherbe des zuerst verstorbenen Vertragsteiles eingesetzt ist. **Kn.**

ε) **Verstoß gegen § 2267. Nachträgliche Anerkennung des Testaments durch die Beteiligten.**

Bayer. Oberstes Landesgericht, 1. ZS. Beschluß v. 12. Dezember 1919.

Die Eheleute X. haben fraglos die Errichtung eines gemeinsch. Testaments beabsichtigt. Eine derartige Verfügung besteht ihrem Wesen nach in zwei verschiedenen in einer Urkunde verbundenen Testamenten (bayZ. 1917 S. 323). Deshalb ist bei Errichtung eines eigenhändigen gemeinsch. Testaments durch einen der Gatten die Gültigkeit nicht bloß von der Einhaltung des § 2231 Nr. 2 durch diesen Gatten, sondern weiter davon abhängig gemacht, daß der andere Gatte eigenhändig beifügt, daß es auch als sein Testament gelten solle. Allerdings ist diese Erklärung nicht an die Worte des § 2267 gebunden, immerhin muß sie aber vom andern Gatten selbst geschrieben sein, in genügend deutlicher Weise seinen Willen, ein gemeinsch. Testament zu errichten, sowie den Ort und Tag der Abgabe der Erklärung ersehen lassen und die Unterschrift jeden Zweifel daran ausschließen, daß sie von der Hand dieses anderen Gatten herrührt (Samml. 16 S. 116, 17 S. 115). Hier fehlt es aber schon an dem Haupterfordernis der eigenhändigen Niederschrift der Erklärung, aus der jener Wille der verstorbenen Frau A. zu entnehmen wäre. Dieser Mangel wird durch den Inhalt des Testaments und besonders die am Schlusse vom Manne beigefügte Einverständniserklärung der Frau nicht behoben; denn § 2267 enthält zwingendes Recht und stellt das Mindestmaß der Förmlichkeiten dar. Ein wegen Verstoßes gegen die Formvorschriften nichtiges Testament kann aber durch eine nachträgliche Anerkennung der Beteiligten nicht Rechtswirksamkeit erlangen. Wo diese Vorschriften nicht beobachtet sind, liegt nach dem Willen des Gesetzes und dem Zweck, den es mit ihnen verfolgt, eine anerkennungswürdige und der Anerkennung fähige letztwillige Verfügung überhaupt nicht vor (vgl. auch Endemann Lehrbuch[9] 3 § 37 IIc.). Kn.

2) **Ist nach Eröffnung[1] notarieller Erbverträge eine Abschrift zurückzubehalten? Schreibgebühr nach Pr. GKG. § 112.**

Kammergericht, ZS. 1a. Beschluß v. 12. Dezember 1919.

Nach dem Tode der Eheleute A. hat der Notar den Ehe- und Erbvertrag, den sie geschlossen hatten und den er verwahrte, zur Eröffnung an das Nachlaßgericht mit dem Vermerk: „Die Urschrift wird zurückerbeten" übersandt. Das Gericht entsprach diesem Ersuchen, behielt aber eine beglaubigte Abschrift der Urkunde zurück. Für diese Abschrift wurde eine Schreibgebühr von 80 Pf. berechnet. Die Vorinstanzen haben mit Recht diesen Ansatz gestrichen.

... Unter einer „zu den Akten gegebenen Urkunde" ist nicht jede dem Gericht überreichte Urkunde zu verstehen; sie muß vielmehr dergestalt überreicht sein, daß sie dadurch zu einem Bestandteile der Gerichtsakten geworden ist. Wird die Abschrift einer solchen Urkunde beantragt, so ist es ebenso gerechtfertigt, daß dafür Schreibgebühren gefordert werden, wie wenn eine Urkunde herausgegeben und dadurch das Gericht gezwungen wird, um seine Akten vollständig zu erhalten, eine Abschrift zu den Akten zu fertigen. Deshalb trifft auch in solchem Falle der § 1 GKG. zu; denn im ersteren Fall ist die Tätigkeit des Gerichts auf den Antrag, im zweiten Fall im Interesse des zu Beanspruchenden erfolgt. Daraus folgt, daß kein Anspruch des Gerichts aus § 112 besteht, wenn die Urkunde nicht Bestandteil der Akten geworden ist; demgemäß entsteht keine Zahlungspflicht aus § 1, weil dann das Gericht bei der Anfertigung der Abschrift nicht im Interesse eines Dritten tätig war. Zutreffend hat das LG. die Frage nach beiden Richtungen geprüft. Es hat zunächst die Wirkung der Überreichung der Urkunde an der Hand des KGJ. 27 S. 41 festgestellt. Danach ist der Vertrag ein Erbvertrag, der nach § 2277 S. 1 nicht in besondere amtliche Verwahrung genommen, sondern gemäß Art. 42 Pr. FrG. in der Verwahrung des Notars geblieben war und mangels einer abweichenden reichsrechtlichen Bestimmung nach der Eröffnung auch ohne Antrag wieder in die Verwahrung des Notars zurückzukehren hatte, wie dies auch dem § 54 Nr. 19, 20 der GeschO. für AmtsGSchr. entspricht. Daß zu den über die Eröffnung des Erbvertrags anzulegenden Akten keine Abschrift von Amtswegen anzufertigen war, ergibt sich auch aus § 2300 mit

[1] Sind bei Eröffnung eines gemeinsch. Testaments sonderungsfähige Verfügungen des Überlebenden verkündet worden, so ist nach dessen Tode die Eröffnung und Verkündung zu wiederholen (KG., 1. ZS. Beschluß v. 27. März 1919).

§ 2273 S. 2, der dies nur für den Fall bestimmt, daß der Erbvertrag in besondere amtliche Verwahrung genommen war. Wenn daher das Nachlaßgericht eine Abschrift aus besonderen Gründen fertigte — ob dies erforderlich war, kann dahingestellt bleiben —, so berührt das nicht den Nachlaß; es handelt sich dann vielmehr um eine reine Verwaltungsmaßnahme. Die vorstehende Absicht ergibt sich auch aus der Entstehungsgeschichte des § 112 Pr. GKG. . . . M.

t) **Ausgleichungsklage eines Miterben. Auskunft über den Wert. Eidesnorm.**

Bayer. Oberstes Landesgericht, 1. ZS. Urteil v. 3. Juni 1918.

. . . Unbegründet ist die Ausführung der Revision, daß der Ausgleichungsanspruch und die damit verbundenen Rechte auf Auskunft und Offenbarungseid nicht von einem Miterben allein geltend gemacht werden können, sondern der Gesamtheit der Erben vorbehalten sind. Die Ausgleichung von Vorempfängen ist, wie sich aus §§ 2205/6 ergibt, rein rechnerischer Natur; sie läßt den Bestand des Nachlasses unberührt und bewirkt nur unter Umständen eine Verschiebung der Erbteile bei der Verteilung des Nachlasses unter die bei der Ausgleichung beteiligten Miterben (Strohal Erbrecht 1 § 16; Planck N. 3 vor § 2050). Der Anspruch ist kein der Erbengemeinschaft zustehendes Gesamthandsrecht. Es besteht keine Bestimmung, die, wenn bei der Ausgleichung mehrere Personen als Berechtigte oder Verpflichtete beteiligt sind, die gemeinschaftliche Verfolgung des Anspruchs vorschreibt. Deshalb ist die Einzelklage eines jeden Berechtigten gegen einen jeden Verpflichteten zulässig. Das wird hinsichtlich der Auskunfts- und Offenbarungspflicht fast allgemein angenommen (Planck § 2057[4], Strohal 2 § 66 Nr. 11 und Anm. 1; Leonhard Erbrecht § 2057 III; Magnus, Ausgleichungspflicht § 29 S. 89; Kreß, Erbengemeinschaft § 18 S. 215), muß aber auch von der dem Ausgleichungsberechtigten zur Verfügung stehenden Feststellungsklage gelten.

Die Auskunftspflicht des ausgleichungspflichtigen Miterben erstreckt sich auch auf den Wert, den die Zuwendung zurzeit des Empfanges hatte. Sie würde ihren Zweck, den berechtigten Miterben die Kenntnis von allen für die Ausgleichung wesentlichen Tatsachen zu verschaffen, nicht erfüllen, wenn sie nicht auch den nach § 2055 in Betracht kommenden Wert des Vorempfanges umfaßte (Strohal § 66 I 2; Planck § 2057[1] Bem. 1; Magnus § 29 S. 88). Allerdings braucht der Verpflichtete nicht seine subjektive Meinung über den Wert des Vorempfangs zurzeit der Zuwendung zu äußern; aber das, was ihm über den Wert und an Anhaltspunkten zu dessen Bestimmung bekannt ist, muß er auf Verlangen des Berechtigten angeben. . .

Die Revision beanstandet endlich die Fassung des der Beklagten auferlegten Eides. Allein durch die Worte: „Auskunft über die zur Ausgleichung zu bringenden Zuwendungen" ist der Inhalt der Auskunftspflicht genügend bestimmt (vgl. Planck § 2057[1a]). Den Eid in unmittelbarem Anschluß an den Wortlaut des § 2050 zu fassen, wie es in RG. 73 S. 372

geschah, war hier nicht notwendig, weil der Beklagten das Verständnis des Eides zuzutrauen ist. Im übrigen hat sich das Gericht vor der Abnahme des Eides darüber zu vergewissern, ob die Beklagte den Inhalt des Eides richtig auffaßt und sie darüber zu belehren. Kn.

u) **Person des Vollstreckers. Beschwerde wegen Beeinträchtigung eines dem öffentlichen Rechtsgebiet angehörenden Rechts.**

Bayer. Oberstes Landesgericht, 1. ZS. Beschluß v. 20. Februar 1920.

Der Erblasser R. hatte die Kirchenstiftung E. mit Vermächtnissen bedacht und als Vollstrecker den jeweiligen Inhaber des Notariats A. ernannt. Der Notar H., der beim Ableben des R. dieser Inhaber war, nahm das Amt an. Als er später auf ein anderes weit entferntes Notariat versetzt wurde, zog das Nachlaßgericht auf Grund der §§ 2368[3], 2361 dessen Vollstreckerzeugnis ein. Die Beschwerde des Notars H. hatte Erfolg. Die weitere Beschwerde des Pfarrers L. als Vorstand der protest. Kirchenverwaltung E. ist zulässig. Der § 20 FrGG. setzt nicht gerade die Beeinträchtigung eines privaten Rechts des Beschwerdeführers voraus. Auch die Beeinträchtigung seines dem öffentlichen Rechtsgebiete angehörenden Rechts begründet die Beschwerde. Ein Recht der letzteren Art liegt hier vor. Dieses ist insofern beeinträchtigt, als der Pfarrer beim Fortbestande des Beschwerdebeschlusses entweder auf den schwerfälligeren und kostspieligeren Weg einer weiten Reise oder den der schriftlichen Verhandlungen mit dem entfernt wohnhaften Vollstrecker H. angewiesen ist, während er sonst etwaige bei der Ausführung der letztwilligen Bestimmungen auftauchende Fragen und Schwierigkeiten viel einfacher und zweckmäßiger durch leicht herbeizuführende Besprechungen mit dem Inhaber des nahen Notariats A. erledigen könnte. Diese Erschwerung des Verkehrs enthält zugleich eine Beeinträchtigung des dem Beschwerdeführer zustehenden Rechts, die diesen zur Beschwerde berechtigt.

Das LG. geht davon aus, daß R. nicht an den Wechsel des Inhabers des Notariats A. gedacht habe. Allein Sinn und Zweck der Bestimmung weisen darauf hin, daß R. unter dem „jeweiligen" Inhaber nur denjenigen Notar verstanden hat, der im Laufe der Zeit, während welcher eine Tätigkeit des Vollstreckers in Frage kommt, das Notariat inne hat. Das LG. hebt selbst die Geschäftsgewandtheit des R. und die Genauigkeit hervor, mit der er seine Anordnungen abgefaßt hat. Daraus muß aber auch gefolgert werden, daß er sich der Bedeutung des „jeweilig" in dem angeführten natürlichen Sinne wohl bewußt war. Es kann im Zusammenhalte mit dem übrigen Inhalte der Anordnung nur dahin verstanden werden, daß immer nur der Inhaber des Notariats A. Vollstrecker sein soll und zwar jeder so lange, als er dieses Notariat inne hat. Bei der Bestimmtheit der Anordnug können die durch den Wechsel entstehenden Mehrkosten oder Weiterungen nicht in Betracht kommen.... Kn.

v) **Anspruch auf Vollziehung einer Schenkung und BGB. § 2287.**

OLG. Hamburg, 2. ZS. Urteil v. 21. Oktober 1919.

Das Gericht nimmt gemäß § 2269[1] an, daß der Beklagte 2 Erbe des zuletzt Versterbenden werden, also nicht Nacherbe gemäß §§ 2100 ff. sein sollte und daß die Bestimmungen des B.schen Testaments im Sinne des § 2270 voneinander abhängig, also korrespektiv sein sollten. In solchem Fall ist der überlebende Ehegatte, wenn zwar grundsätzlich unter Lebenden, frei verfügungsberechtigt (§§ 2269, 2286), doch in bezug auf Schenkungen gegenüber dem nach ihm eingesetzten Erben in derselben Weise beschränkt, wie der Erblasser gegenüber dem Vertragserben nach § 2287 (RG. 77 S. 112, 87 S. 98). Hiernach steht dem Erben ein Bereicherungsanspruch gegen denjenigen zu, den der Längstlebende in der Absicht, den Erben zu benachteiligen, beschenkt hat. Vorliegend hätte der Erbe diesen Anspruch in der Weise geltend zu machen, daß er sich weigerte, die Schenkung durch Ausantwortung der Urkunden zu vollziehen. Der Testamentsvollstrecker müßte gemäß §§ 2203, 2205, 2216 die Erfüllung einer nicht mehr bestehenden Nachlaßverbindlichkeit verweigern. Es kann dahingestellt bleiben, ob eine Schenkung im Sinne des § 516 vorliegt, ob also auch nicht bei dem einen Vertragsteile das Bewußtsein einer Verpflichtung rechtlicher oder auch nur sittlicher Art zugrunde liegt (vgl. JW. 1913 S. 855[2], 1919 S. 578[5]). Denn die „Absicht der Beeinträchtigung" im Sinne des § 2287 ist so zu verstehen, daß der eigentliche Zweck und der Hauptbeweggrund der Schenkung der sein muß, dem Erben die Vorteile der Erbeseinsetzung zu entziehen (Warn. 11 Nr. 124; RG. 77 S. 113; Rsp. 24 S. 105). Eine Gleichstellung des Bewußtseins mit der Absicht der Benachteiligung, wie sie bei der Gläubigeranfechtung gerechtfertigt ist, verbietet sich bei der Verschiedenheit der Stellung des geschädigten Gläubigers einerseits und des Erben, dem eine Zuwendung ohne Gegenleistung zufällt, anderseits. Daß aber Frau B. ihre Schenkungen, besonders die hier streitige, vorwiegend von der Absicht geleitet, dadurch den beklagten Erben zu schädigen und ihm den größten Teil der Vorteile der Erbeinsetzung zu entziehen, vorgenommen hätte und nicht vielmehr, um sich dem Kläger erkenntlich zu zeigen oder sich eine gute Pflege auf ihre alten Tage zu sichern, hat sich nicht feststellen lassen.

Die Beklagten haben ferner versucht, durch einen Anspruch aus § 826 die Vertragserfüllung zu beseitigen. Auch dies ist nicht möglich. Denn ist einerseits schon eine Absicht der Frau B., den Erben zu benachteiligen, nicht festzustellen, so kann auch aus dem Vertrage nicht entnommen werden, daß der Kläger dem Erben in einer die guten Sitten verletzenden Weise vorsätzlich Schaden zugefügt hat; denn wenn schon ihre Absicht auf den Erwerb der ihr geschenkten Werte gerichtet war und ihr das Bewußtsein, den Erben dadurch zu schädigen, nicht fremd geblieben sein konnte, so kann doch eine solche Handlung der Selbstsucht, auch wenn ein feinfühligerer Mensch Bedenken dagegen getragen hätte, nicht ohne weiteres als Verstoß gegen die guten Sitten ersatzpflichtig machen. Die Betätigung einer vornehmen Denkungsart, eine Selbstverleugnung, die die Interessen Fremder unter Hintansetzung des eigenen, an sich legalen Vorteils unter Opfern betätigt, kann im Rechtsleben nicht gefordert werden (vgl. auch RG. 73 S. 113). M. M.

w) **Pflichtteil**[1]: *α*) **Zeitpunkt für die Bewertung des Nachlasses. Kosten der Verwertung.**

OLG. Kiel, 1. ZS. Urteil v. 28. November 1918.

Die Parteien streiten darüber, welcher Nachlaßwert der Pflichtteilsberechnung zugrunde zu legen ist. Das in Hamburg belegene Nachlaßgrundstück ist für die — nach § 2311 maßgebende — Zeit des Todes der Erblasserin (14. Juli 1915) auf 210000 Mark geschätzt worden. Wenn es 5 Monate später für 208200 Mark verkauft ist, so läßt sich aus diesem übrigens nicht sehr erheblichen Unterschied nicht schließen, daß die Schätzung für die frühere Zeit unrichtig gewesen sei. Im übrigen berühren die späteren Schicksale der Nachlaßgegenstände nicht den Pflichtteilsanspruch. Grundsätzlich kann nicht der spätere Verkaufspreis, sondern nur der Wert zurzeit des Erbfalls für die Bewertung der Nachlaßaktiva maßgebend sein (vgl. JW. 1910 S. 238).

Streitig ist weiter, ob gewisse Ausgaben und Kosten vom Nachlaßwert abgezogen werden können. Aus § 2311 könnte gefolgert werden, daß alle später entstandenen Kosten und Ausgaben der Nachlaßverwaltung unberücksichtigt zu bleiben hätten, da sie erst nach dem Tode des Erblassers erwachsen sind. Allein, läßt sich der innere Grund und die Notwendigkeit der Ausgabe schon aus dem Nachlaßstande zurzeit des Erbfalls herleiten, war schon damals damit zu rechnen, daß solche Kosten zur Verwertung des Nachlasses aufzuwenden sein werden, dann handelt es sich nicht um zufällige spätere Ereignisse, die den Pflichtteilsberechtigten nicht berühren, sondern um Kosten und Ausgaben, die, weil schon beim Erbfall mit ihnen zu rechnen war, den Nachlaßwert schon damals minderten. Jeder vorsichtige Beurteiler mußte auch diese Kosten und Ausgaben mit in Betracht ziehen. Es ist weiter zu berücksichtigen, daß der Pflichtteil als Anspruch auf Auskehrung eines Teils des Nachlaßwertes in Geld gestaltet ist, daß er zu den Nachlaßverbindlichkeiten gehört (§ 1967[2]) und daß zu seiner Erfüllung vielfach der Nachlaß oder Nachlaßteile in Geld umgesetzt werden müssen. Würden die hierdurch entstehenden Kosten von vornherein und grundsätzlich unberücksichtigt gelassen, so wären die Pflichtteilsansprüche in vielen Fällen weit höher, als der Nachlaß sie tragen kann. Dies nicht sachgemäße Ergebnis ist im Zweifel vom Gesetz nicht gewollt. Die Kosten der gerichtlichen Nachlaßverwaltung sind demgemäß auch hier abzuziehen (JW. 1906 S. 114). Mit einer solchen Verwaltung mußte schon zurzeit des Erbfalls gerechnet werden; sie diente, wenn sie auch der Erbe beantragt hatte, doch den Interessen aller Nachlaßgläubiger einschließlich des Pflichtteilsberechtigten. Ihre Aufgabe war in erster Linie die Verwertung des Nachlasses, die auch im Interesse des Klägers lag....

[1] Der Pflichtteilsberechtigte, der wegen Mangels an Nachlaßmitteln rechtskräftig abgewiesen ist, kann nicht mehr Auskunft über den Nachlaßbestand verlangen, weil er hieran kein Interesse hat (OLG. Dresden, 7. ZS. Urteil v. 22. Nov. 1918; Ann. 40 S. 125).

Zu diesen Kosten der Nachlaßverwaltung gehören nicht nur die Gerichtskosten, sondern auch die Auslagen und die Vergütung des Nachlaßverwalters. Das Nachlaßgericht hat die Kosten auf 2300 Mark geschätzt, geht aber davon aus, daß die Verwaltung auch noch während 1919 und 1920 fortdauern werde. Da dies immerhin unsicher ist, auch bezweifelt werden kann, ob dies noch zugleich im Interesse des Pflichtteilsberechtigten läge, hat das Gericht nur 2000 Mark Kosten abgezogen. Die noch unsicheren 300 Mark Mehrkosten können zurzeit nicht berücksichtigt werden; entstehen sie später wirklich, so sind sie demnächst auszugleichen (§ 2313).

Ebenso sind aber auch die 4648 Mark Kosten des Grundstücksverkaufs abzuziehen. Schon beim Tode der Erblasserin balanzierte das Nachlaßgrundstück nur noch mit seinen Einnahmen und Ausgaben, es brachte keine Verzinsung mehr. Es handelte sich um ein Geschäftsgrundstück, das für Kontorzwecke vermietet wurde. Infolge des Krieges war die Nachfrage nach Kontorräumen gering, und es war mindestens für die Dauer des Krieges damit zu rechnen, daß viele Kontorräume unvermietet bleiben würden und eine Verzinsung des in das Haus gesteckten Kapitals nicht zu erreichen sein werde. Es mußte damit gerechnet werden, daß eine Unterbilanz eintreten werde, wie sie auch 1915 eingetreten ist, und daß das Haus verkauft werden müsse, um nicht durch die ungedeckten Unkosten den Nachlaß aufzuzehren. Aus diesem Grund ist das Haus dann zum Verkauf gebracht und zwar gerade auch aus der Erwägung, weil man es dem Pflichtteilsberechtigten gegenüber für unzulässig hielt, die Mittel des Nachlasses durch weiteres Hinausschieben des Verkaufs zu verringern. Aus den eingegangenen Kaufgeldern hat demnächst der Nachlaßverwalter an den Kläger Zahlungen leisten können. Somit stellt sich der Verkauf des Grundstücks als eine auch gerade im Interesse des Klägers notwendige Verwertung des Nachlasses dar, und schon zurzeit des Erbfalls war als sehr wahrscheinlich, mindestens aber als möglich anzusehen, daß sie erfolgen müsse.

Auch die Abgabe von 1059 Mark, die schon durch den Eigentumsübergang auf den Erben B., der nicht zugleich als Intestaterbe berufen wäre, entstand (vgl. §§ 1², 4, 5 Hamb. Ges. vom 1. März 1882), kann abgezogen werden. Denn das Grundstück konnte erst umgeschrieben werden, nachdem auch diese, an sich vom Erben persönlich zu tragende Abgabe bezahlt war und der Nachlaßverwalter hat sich zu ihrer Bezahlung entschließen müssen, um überhaupt den Grundstücksverkauf vollziehen zu können. Diese Ausgabe lag nicht außerhalb jeder Berechnung, da § 21 aO. bereits ergab, daß vor der Umschreibung alle Abgaben auch für die Zwischenerwerbe entrichtet werden mußten; es war also damit zu rechnen, daß der Nachlaß bei der Unzulänglichkeit des Erbenvermögens auch diese Zahlung werde leisten müssen. Freilich erwarb der Nachlaß durch die Zahlung zugleich einen Erstattungsanspruch gegen B. Aber dies ist, da B. mittellos ist, ein Recht, dessen tatsächliche Verwertbarkeit mindestens unsicher ist (vgl. RG. 83 S. 254).

Endlich handelt es sich noch um 603 Mark Vergütung für die Vollstrecker. Da der Pflichtteilsanspruch sich gerade gegen deren Einsetzung, durch die der Kläger in seinen Rechten beschränkt wurde, richtet, können diese Kosten an sich dem Pflichtteilsberechtigten nicht entgegengehalten werden. Haben aber die Vollstrecker lediglich die Arbeit der Feststellung, Sicherung und Verwertung des Nachlasses geleistet, wie sie sonst von anderer Seite hätte geleistet werden müssen, und haben sie hierfür eine Vergütung bezogen, die sonst an einen anderen Ordner des Nachlasses hätte gezahlt werden müssen, so ist die Vollstreckereigenschaft nicht ursächlich für das Entstehen besonderer Mehrkosten, sondern es handelt sich alsdann um Kosten der Nachlaßverwertung, die auf alle Fälle — auch im Interesse des Pflichtteilsberechtigten — hätten aufgewendet werden müssen. In solchem Falle sind auch diese Kosten abzugsfähig (vgl. Planck § 2311 N. 2; Seuff. 62 S. 74). So liegt es aber hier.... SchlHA.

β) **Pfändung des Pflichtteilsanspruchs (§ 852 ZPO.).**

OLG. Naumburg, 1. ZS. Beschluß v. 26. Februar 1920.

... Wenngleich der Gläubiger auf Grund der bloßen Behauptung, daß ein Pflichtteilsanspruch durch Vertrag anerkannt oder rechtshängig geworden sei, die Pfändung des Anspruchs verlangen kann, so muß er doch diese Voraussetzungen der Pfändbarkeit nachweisen, wenn wie hier der Drittschuldner sie im Erinnerungsverfahren bestreitet. Dieser Beweis ist hier nicht gelungen: in der Form, wie er erlassen ist — daß nämlich der Anspruch auf Auszahlung des väterlichen Pflichtteils gepfändet wird — konnte darum der Pfändungsbeschluß auf keinen Fall aufrecht erhalten werden. Dagegen ließ er sich in einer beschränkteren Form, wie die Gläubiger in zweiter Linie beantragen, aufrecht erhalten. Die Pfändbarkeit des Pflichtteilsanspruchs ist bedingt dadurch, daß der Anspruch durch Vertrag anerkannt oder rechtshängig geworden ist (§ 852[1] ZPO.). Die Pfändung bedingter Forderungen ist zulässig (§ 844). Entsprechend wird auch die Pfändung bedingt pfändbarer Forderungen für den Fall des Eintritts der Bedingung für zulässig zu erachten sein. Die Pfändungsbeschränkungen sind Ausnahmen von der Regel, daß der Gläubiger Anspruch darauf habe, das Vermögen des Schuldners zu seiner Befriedigung zu verwenden. Die Ausnahmen können nicht weiter ausgedehnt werden, als es nach dem Wortlaut und dem Sinn des Gesetzes nötig erscheint. Wenn durch die Fassung des Beschlusses dafür gesorgt wird, daß der Pflichtteilsanspruch dem Zugriff des Gläubigers erst unterworfen wird, wenn die für seine Pfändbarkeit vorgeschriebenen Voraussetzungen eingetreten sind, liegt keine Veranlassung vor, dem Gläubiger den von ihm begehrten Vollstreckungsschutz zu versagen. Der Gläubiger hat, schon um sich den Vorrang im Pfandrecht zu sichern, ein großes Interesse an dem Beschluß, wenn er gleich die Forderung vor Eintritt der Bedingungen für ihre Pfändbarkeit nicht einziehen kann: das kann er auch bei gepfändeten bedingten Forderungen nicht vor dem Eintritt der Bedingung. Der Pfändungsbeschluß war darum unter Berücksichtigung des Vorbringens der Parteien so weit aufrecht zu erhalten, als es ohne Verletzung des § 852 ZPO. geschehen konnte, nämlich dahin, daß gepfändet wird der Anspruch für den Fall, daß er durch Vertrag zwischen dem Schuldner und dem Drittschuldner anerkannt worden ist oder anerkannt werden wird, und für den Fall, daß er zwischen dem Schuldner und dem Drittschuldner rechtshängig werden wird. A. S.

x) **Erbschein**[1]: α) **Voraussetzungen. Beschwerde nach § 84 FrGG.**

Bayer. Oberstes Landesgericht, 1. ZS. Beschluß v. 14. März 1919.

Die Zulässigkeit der weiteren Beschwerde könnte zweifelhaft erscheinen, da nach § 84 FrGG. gegen einen Beschluß, der einen Erbschein für kraftlos erklärt, keine Beschwerde stattfindet. Das Rechtsmittel ist jedoch zuzulassen, da das LG. offensichtlich nicht die „Kraftloserklärung", sondern die „Einziehung" des Erbscheins verfügen wollte. Nach § 2361 BGB. ist der regelmäßige Gang der, daß das Nachlaßgericht die Einziehung des Erbscheins zu beschließen und sodann in Vollzug zu setzen hat und daß, falls letzteres nicht möglich ist, wenn also der Erbschein nicht sofort beigebracht werden kann, die Kraftloserklärung zu erfolgen hat, um den durch den unrichtigen Erbschein den richtigen Erben drohenden Gefahren zu begegnen. Nur wenn von vornherein Anhaltspunkte dafür vorliegen, daß die Einziehung nicht durchzuführen sein wird, kann sofort zur Kraftloserklärung geschritten werden (Staudinger N. 2; Planck N. 5 zu § 2361). Nun liegen hier keinerlei Anhaltspunkte dafür vor, daß der Erbschein nicht sofort werde erlangt werden können und das LG. spricht sich auch hierüber in keiner Weise aus. Da es sich, wenn es den Erbschein ohne den Versuch, mittels der Einziehung zum Ziel zu gelangen,

[1] a) Ist der Erbschein zwar schon verfügt, aber mit Rücksicht auf die angekündigte Beschwerde noch nicht erteilt, so kann diese die Aufhebung der Entscheidung beantragen, die die Erteilung des Erbscheins anordnet (Beschluß desselben ZS. v. 14. März 1919; Samml. 19 S. 211).

b) Unter § 2354² fällt zwar die Tatsache, daß eine Person, die den Antragsteller von der Erbfolge ausschließen würde, die Erbschaft ausgeschlagen habe, nicht aber die Tatsache, daß diese Ausschlagung wegen einer vorher erklärten Annahme nach § 1943 unwirksam sei (KG. 20. August 1919, 1 x 184).

c) Wenn auch nach 2357¹ jeder Miterbe einen gemeinsch. Erbschein beantragen kann, so gibt doch der § 20² FrGG. ohne Rücksicht auf die Antragsbefugnis das Beschwerderecht nur dem Antragsteller (KG. 21. Febr. 1918, 1 x 20).

d) Nach dem Tode des überlebenden Ehegatten kann auch ein einzelner der mehreren anteilsberechtigten Erben ein Zeugnis über die fortgesetzte GG. (§ 1507 mit § 2357) beantragen; diese Auslegung entspricht dem praktischen Bedürfnisse, da sonst häufig weitläufige Erbausweisverhandlungen nicht zu vermeiden wären (KG. 20. August 1919, 1 x 157).

e) Die Klage gegen den Erbschaftsbesitzer auf Herausgabe der Erbschaft (§ 2018) ist als ein „Rechtsstreit über das Erbrecht" (§ 2360) jedenfalls dann anzusehen, wenn wie hier die Grundlage des Klaganspruchs, nämlich das Erbrecht des Klägers bestritten wird; daher ist die Aussetzung des Erbscheinsverfahrens nicht zu beanstanden (KG. 17. Januar 1918, 1 x 5).

f) In den Erbschein gehört nach § 2364 nur die Angabe, daß eine TestVollstreckung angeordnet ist. Ist auch der Name des Vollstreckers angegeben, so hat diese Angabe an der Vermutung der Richtigkeit und Vollständigkeit des Erbscheins und an dessen öffentlichem Glauben nicht teil. Die Unrichtigkeit derartiger überflüssiger Angaben begründet noch nicht die Einziehung des Erbscheins (KG. 13. Nov. 1919, 1 x 217).

sofort hätte für kraftlos erklären wollen, über die Gründe dieser Maßnahme doch wohl ausgesprochen hätte, ist anzunehmen, daß es die „Kraftloserklärung" im Sinne des § 2361 ² überhaupt nicht beabsichtigt hatte, daß es vielmehr die „Einziehung" des Erbscheins verfügen wollte, und sich lediglich im Ausdruck vergriffen hat. Gegen einen die Einziehung eines Erbscheins anordnenden Beschluß ist aber die Beschwerde mindestens so lange zulässig, als wie hier die Einziehung nicht tatsächlich erfolgt ist (Samml. 14 S. 145, 250).

Sachlich ist die Beschwerde nicht begründet. Wer Ausstellung eines Erbscheins beantragt, hat einen bestimmten Antrag zu stellen, welchen Inhalt der Erbschein erhalten soll, das Nachlaßgericht kann nur entweder dem Antrag, so wie er gestellt ist, stattgeben oder ihn abweisen, es ist aber nicht berechtigt, einen Erbschein anderen, als des beantragten Inhalts zu erteilen, der Antragsteller kann auch nicht den Inhalt des Erbscheins dem Ermessen des Nachlaßgerichts überlassen. Hier haben die Beteiligten lediglich beantragt, „einen Erbschein auszustellen", ohne daß sie angaben, welchen Inhalt er nach ihrem Willen haben sollte. Auf diesen Antrag hin konnte ein Erbschein überhaupt nicht erteilt werden, er hätte abgewiesen werden müssen, sofern ihn die Antragsteller nicht ergänzten (Rsp. 6 S. 174, 7 S. 144, 18 S. 368; Samml. 4 S. 637). Im übrigen ist an den Ausführungen des LG. richtig, daß die Erteilung eines Erbscheins voraussetzt, daß die Größe der Erbteile feststeht, daß feststeht, nach welchen Quoten die Erben erbberechtigt sind. Dies ist aber hier der Fall. Kn.

β) **Auslegung des Antrags auf Berichtigung.**[1] **Kostenberechnung.**
Kammergericht, ZS. 1a. Beschluß v. 31. Oktober 1919.

A. hatte die „Berichtigung" des Erbscheins, in welchem seine Frau zu Unrecht als Miterbin bezeichnet sei, beantragt und gegen die Ablehnung Beschwerde erfolglos eingelegt. Der Gerichtsschreiber des LG. berechnete darauf die Beschwerdegebühr nach einem Werte von 150000 Mark, den das LG. demnächst auf 3000 Mark herabsetzte. Die Beschwerde der Staatskasse ist begründet.

Das LG. hatte die beantragte „Berichtigung" des Erbscheins als einen unzulässigen Antrag behandelt, da ein unrichtiger Erbschein nur durch Einziehung beseitigt werden könne, jener Antrag aber nicht als ein Antrag auf Einziehung auszulegen sei. Allein A. bezweckte die Beseitigung des angeblich unrichtigen Erbscheins und seinen Ersatz durch einen nach seiner Behauptung richtigen Erbschein. Ist nun ein Erbschein unrichtig, so kann Abhilfe nur durch dessen Einziehung und Ausstellung eines anderen Erbscheins herbeigeführt werden. Ersteres kann jeder verlangen, dessen Recht durch die Unrichtigkeit betroffen wird, also auch der fälschlich als Erbe Bezeichnete

[1] Der Umstand, daß die Einziehung des Erbscheins beantragt ist, ist keineswegs geeignet, dem Erbschein seine gesetzliche Bedeutung für den Grundbuchrichter zu entziehen; es müssen ihm vielmehr neue Tatsachen bekannt werden, von denen er annehmen muß, daß der Nachlaßrichter angesichts ihrer den Erbschein nicht aufrecht erhalten würde (KG. 30. Okt. 1919; 1 x 251).

JW. 1905 S. 643). **Die Ausstellung eines andren Erbscheins kann dagegen nur der Erbe, nicht aber der Vermächtnisnehmer verlangen. Aus** diesem Zwecke **des Antrags folgt, daß A.** diejenige **Tätigkeit** verlangte, die **das Gericht auszuüben befugt war, dh. die Einziehung des Erbscheins.**

Für die zurückgewiesene Beschwerde war nach § 108 Nr. 3 PrGKG. eine Gebühr anzusetzen, deren Satz sich nach §§ 8, 45 D. GKG. richtet, deren Wert durch das PrGKG. bestimmt wird. Nach § 19[1] ist der Wert des Gegenstands maßgebend, auf den sich das Geschäft bezieht; in keiner Beziehung kommt es auf das Interesse des Beteiligten an. Nach § 23[2] kann zwar auch bei vermögensrechtlichen Angelegenheiten der Abs. 2 Anwendung finden, jedoch nur „in Ermangelung genügender tatsächlicher Anhaltspunkte". Solche liegen hier vor. Für den Wert einer Beschwerde ist das in erster Instanz beantragte Geschäft maßgebend (Rsp. 23 S. 297; JMBl. 1911 S. 214; KGJ. 41 S. 213). Da hier ein Erbschein beantragt war, war also der Wert des Nachlasses nach § 81[4] maßgebend; da die auf Einziehung gerichtete Beschwerde den Erbschein voll beseitigen sollte, so ist ihr Wert gleich dem in erster Instanz beantragten Geschäfte. § 81[5] ist zugunsten des A. nicht anwendbar, da es sich nicht um einen an das Nachlaßgericht gerichteten Antrag, sondern um eine Beschwerde handelt. Schon hieraus ergibt sich die Unrichtigkeit der Ansicht des LG., nach der der Antragswert in dem Werte des Erbteils der Frau A. seine Höchstgrenze nach § 81[4] finde. Ein Erbschein über das Erbrecht eines Miterben war weder erteilt noch von A. beantragt. Die Beschwerde begehrte die Aufhebung des erteilten, auf den ganzen Nachlaß bezüglichen Erbscheins. Nach § 81[4] S. 1 ist daher der Wert des ganzen Nachlasses entscheidend.[1] M.

γ) Erbausweiserklärungen als Ersatz des § 87[2] FrGG.

Kammergericht, 1. ZS. Beschluß v. 28. Februar 1918.

Der Beschwerdeführer hatte die Vermittlung der Auseinandersetzung über den X.schen Nachlaß nachgesucht und, als das Amtsgericht einen Erbschein erforderte, nunmehr „die Erbauseinandersetzung gemäß §§ 86 ff. FrGG. einschließlich des Erbscheinsverfahrens" beantragt. Das Amtsgericht hat die Beibringung eines Erbscheins verlangt. Die Beschwerde mit dem Antrage: „dem Amtsgericht die Erbauseinandersetzung und Einleitung des Erbscheinsverfahrens, besonders auch die Vernehmung der Beteiligten mit den Erbausweiserklärungen gemäß §§ 2353 ff. aufzugeben", blieb erfolglos. Auch die weitere Beschwerde ist unbegründet.

Das Gesetz schreibt zwar nicht ausdrücklich vor, daß das Gericht die

[1] Hat das LG. die Beschwerde teils (soweit sie sich gegen die Versagung der beantragten Einziehung richtet) für begründet erachtet, teils (soweit sie gegen die Versagung des beantragten Erbscheins ging) als unzulässig verworfen, so bemißt sich jeder der beiden Teile der Beschwerde nach dem Nachlaßwerte; beide zusammen wie jeder einzelne von ihnen haben den Nachlaß zum Gegenstande; es ist rechtlich unmöglich, für den einen Teil einen geringeren Wert, etwa 1/2 des Nachlasses, zugrunde zu legen (Beschluß desselben ZS. v. 26. Sept. 1919 x 528).

Auseinandersetzung nur dann vermitteln dürfe, wenn die Beteiligten durch einen Erbschein ausgewiesen werden, und es mag des Erbscheins dann nicht bedürfen, wenn durch ein öffentliches Testament die Erbfolge geregelt ist. Liegt ihr dagegen ein eigenhändiges Testament zugrunde, so ist jedenfalls, wenn ein Grundstück zum Nachlaß gehört, die Übung der Nachlaßgerichte, die Vermittlung nur auf der Grundlage eines Erbscheins vorzunehmen, durchaus billigenswert. In diesem Sinne ist der Erbschein eine Unterlage der Auseinandersetzung (§ 87² FrGG.). In zahlreichen Fällen wird sich die Möglichkeit bieten, dem Mangel dieser Unterlage durch Entgegennahme der Erbausweiserklärungen im Auseinandersetzungstermin abzuhelfen, und das wird namentlich dann zutreffen, wenn sämtliche Beteiligte sich ohne Ladung bei dem Amtsgericht zur Vermittlung der Auseinandersetzung einfinden. Das Gesetz bietet dem Gericht in § 87² aber auch einen anderen Weg. Es kann dem Antragsteller durch Zwischenverfügung die Beibringung dieser Unterlage aufgeben und seine Vermittlungstätigkeit von der Erfüllung dieser Auflage abhängig machen. Das Amtsgericht hat hier diesen zweiten Weg gewählt. Dieses Verfahren ist um so weniger zu beanstanden, als der Antragsteller bewußt das Recht, allein ohne Mitwirkung der Mitbeteiligten einen gemeinschaftlichen Erbschein nachzusuchen (§ 2357 S. 2 BGB.), nicht ausgeübt hat, was immerhin Zweifel über die Stellungnahme dieser anderen Personen nahelegt. Dr. Bl.

d) **Inhalt des Vollstreckerzeugnisses.**

Kammergericht, 1. ZS. Beschluß v. 12. Dezember 1918.

. . . Das Vollstreckerzeugnis ist daher als unrichtig einzuziehen. Das Amtsgericht hat erneut zu prüfen, ob ein neues Zeugnis zu erteilen sei. Für seinen Inhalt wird noch bemerkt: Der von der Beschwerde beantragte Zusatz, daß der Nachlaß bis zur Teilung für Rechnung der Erben verwaltet werde, gehört überhaupt nicht in das Zeugnis. Gleiches gilt von dem Zeitpunkte, bis zu dem die Auseinandersetzung nach dem Testament ausgeschlossen ist; sie ist für den rechtsgeschäftlichen Verkehr des Vollstreckers mit Dritten ohne Bedeutung. Dagegen ist die Obliegenheit des Vollstreckers aufzunehmen, auch nach der Teilung des Nachlasses die dabei auf die 3 Töchter des Erblassers entfallenden Kapitalien und Grundstücke bis zum vollendeten 40. Lebensjahre jeder Tochter zu verwalten[1] (KGJ. 31 S. 94). Ebenso ist die vom § 2224 abweichende Anordnung anzugeben, daß zur Gültigkeit von Rechtshandlungen genügt, wenn 2 von den 3 Vollstreckern zusammenwirken (aO. 22 S. 269). Die Testamentsbestimmung, daß die Vollstrecker die Befugnis von General- und Spezialbevollmächtigten haben, ist unklar und deshalb nicht aufzunehmen. Gedacht hat der Erblasser offenbar an das ALR. I 12 § 557, das den Voll-

[1] Dagegen ist diese Bestimmung nicht in das Vollstrecker-Annahmezeugnis aufzunehmen (KG. 10. Febr. 1920, 1 x 322/19). — Die beantragte Bescheinigung, daß das Vollstreckeramt noch nicht beendet sei, hätte das Gericht, weil ihre Grundlage sich weder aus Urkunden ergibt noch bei ihm offenkundig ist, ablehnen müssen; hat er sie aber ausgestellt, so ist dafür die Gebühr des § 49 Nr. 1 Pr. GKG. zu erheben (KG. 26. Sept. 1919, 1a x 518).

strecker als Bevollmächtigten des Erblassers ansah. Das BGB., unter dem das Testament errichtet ist, kennt weder diese Unterscheidung noch die Notwendigkeit einer Sondervollmacht für bestimmte Fälle. Danach übt der Vollstrecker, wenngleich er im wesentlichen die Stellung eines Bevollmächtigten hat, in eigenem Namen, aber fremdem Interesse ein Amt aus, dessen Inhalt durch das Gesetz und den Erblasser festgelegt ist. Auch die Testamentsbestimmung, in der den Vollstreckern für einzelne Geschäfte namentlich Spezialvollmacht erteilt wird, ist deshalb darauf hin, ob sie von §§ 2203ff. abweicht, zu prüfen, und nur soweit dies der Fall ist, in das Zeugnis aufzunehmen. Hierbei wird noch darauf hingewiesen, daß ein vom bisherigen Antrag abweichendes Zeugnis erst ausgestellt werden darf, wenn die Antragsteller nach Anhörung ihren Antrag den hier erörterten und den sonstigen vom Gericht etwa für nötig erachteten Änderungen angepaßt haben. M.

y) **Gültigkeit des von einem Amerikaner im Inland errichteten eigenhändigen Testaments.**

OLG. Karlsruhe, 1. ZS. Beschluß v. 13. Dezember 1919.

Der 1919 in Baden verstorbene amerikanische Staatsangehörige A. hat im eigenhändig geschriebenen und von zwei Zeugen mitunterzeichneten Testament von 1907 seinen Enkel H. als Erben eingesetzt. Dieser hat, nachdem sein Antrag vom Notariat abgewiesen worden war, auf Beschwerde den Erbschein als Alleinerbe erhalten. Die weitere Beschwerde des einzigen gesetzlichen Erben des A. ist begründet.

Der Erblasser war Angehöriger des Staates Neuyork und hatte seinen Wohnsitz in Baden-Baden; dort liegt auch sein Haus; sonstiges unbewegliches Nachlaßvermögen ist nicht festgestellt. Wie das LG. weiterhin maßgebend ausgesprochen hat, werden gemäß Neuyorker Recht Liegenschaften nach dem Gesetze der belegenen Sache, Fahrnisse nach dem des letzten Wohnsitzes vererbt. Hier wie dort ist also vorliegend das deutsche Recht anwendbar, wenn man die amerikanischen Kollisionsnormen zugrunde legt. Das amerikanische Erbrecht, das nach Art. 25 EG. in erster Reihe anwendbar wäre, weist also auf das deutsche Recht zurück. Zufolge Art. 27 EG. hat darum der deutsche Richter sein eigenes Recht bei der Beurteilung der materiell-erbrechtlichen Verhältnisse anzuwenden. Demnach richtet sich die Formgültigkeit des Testaments nach dem deutschen Rechte. Zum gleichen Ergebnis gelangt man, wenn man das Recht des Errichtungsortes heranzieht, das nach Art. 11 EG. maßgebend wäre, wenn es für die Formgültigkeit des Testaments günstiger wäre; denn dieses ist in Baden-Baden errichtet. Nach § 2231 muß es aber den Errichtungsort angeben. Allerdings würde es genügen, wenn der Ort auch nur mittelbar aus dem Testament oder den mit ihm genügend fest verbundenen Urkunden sicher zu entnehmen wäre. Aber auch dies ist nicht der Fall.

Das LG. glaubt freilich aus dem Eingange des letzten Willens: „I temporarily residing in Baden-Baden" den Errichtungsort ersehen zu können;

denn dadurch, daß A. erklärte, er halte sich derzeit in Baden-Baden auf, sage er doch, daß er sich im Augenblick der Testamentserrichtung dort befinde. Dieser Auffassung kann nicht beigetreten werden. Wenn man möglichst zugunsten der Testamentserben wörtlich übersetzt, besagen jene Worte: „vorübergehend (zeitweilig) sich aufhaltend"; mag man aber auch übertragen „derzeitig in Baden-Baden sich aufhaltend", so heißt es doch den Begriff des Aufenthalts verkennen, wenn man daraus entnehmen will, wer sich an an einem Orte aufhalte, sei dort stetig anwesend. In Wahrheit ist der Aufenthalt einer Person dort begründet, wo sie sich zu der gegebenen Zeit kürzer oder länger mit einer gewissen Regelmäßigkeit befindet; es ist aber durchaus nicht ausgeschlossen, daß sie sich zwischenhinein an den einen oder anderen Ort nach auswärts begibt. Und demgemäß hätte A., der temporarily residing in Baden-Baden war, sehr wohl in K., wo er seine Unterschrift vom Konsul beglaubigen ließ, sein Testament errichten können und dennoch den Eingang genau so fassen müssen, wie er es tat.

An diesem Ergebnisse würde auch dann nichts geändert, wenn man annehmen will, es sei das Testament nach amerikanischem Rechte wirksam und es habe A. in Amerika Vermögen hinterlassen. Dieses wäre dann zwar an den eingesetzten Erben jedenfalls insoweit, als es unbeweglich ist, gefallen. Aber der Erbschein, der antragsgemäß das Erbrecht am ganzen Nachlasse bescheinigt, wäre auch in diesem Fall unrichtig. Da ein Erbschein andern Inhalts nicht erteilt werden kann, so wäre der beantragte Erbschein von vornherein abzulehnen gewesen. Bei dieser Sachlage bedarf es keines Eingehens auf die zweifelhafte Frage, ob nicht die Erteilung eines unbeschränkten Erbscheins auf Ableben eines Ausländers, für dessen Beerbung nicht einzig und allein die deutschen Gesetze maßgebend sind, überhaupt unzulässig ist.[1] Str.

z) **Behandlung des beweglichen Nachlasses eines im Inlande verstorbenen Österreichers.**

Bayer. Oberstes Landesgericht, 1. ZS. Beschluß v. 19. Dezember 1919.

Die in Graz beheimatete österr. Staatsangehörige A., die ihren letzten Wohnsitz in Bozen hatte und 1915 durch Beschluß des dortigen Kreisgerichts wegen Schwachsinns unter Kuratel gestellt war, ist am 30. Mai 1919 in München, wo sie sich seit mehreren Jahren aufhielt, gestorben. Ihr Nachlaß besteht nur in beweglichem Vermögen. Sie hinterließ ein fremdhändiges, von ihr unterschriebenes Testament mit der Orts- und Zeitangabe: „München, den 15. Juni 1917". Das Amtsgericht München hat das Testament eröffnet und eine Beweisaufnahme darüber angeordnet, ob es der Formvorschrift des § 579 des österr. neuen BGB. entspricht, und ob die Erblasserin bei der

[1] An den in eingehender Untersuchung gewonnenen Ergebnissen des Beschlusses vom 11. Mai 1908, daß nach einem Ausländer kein allgemeiner, sondern nur ein auf die inländischen Gegenstände beschränkter Erbschein (§ 2369) erteilt werden darf (KGJ. 36 S. 102), ist festzuhalten; die abweichenden Ausführungen des Bay. Ob. LG. v. 10. Febr. 1913 (Samml. 14 S. 74), bieten, weil die Entscheidung nicht auf ihnen beruht, keinen Anlaß, die Sache dem RG. vorzulegen (KG. 29. Januar 1920, 1 x 329/19).

Testamentserrichtung geistig gesund war oder doch in einem lichten Zwischenraum handelte (§ 567 aO.); falls es als mündliches Testament aufzufassen wäre, soll in dem Verhandlungstermin nach § 586 aO. und §§ 65, 66 des Patentes vom 9. August 1854 zugleich die eidliche Bestätigung durch die Testamentszeugen erfolgen. Im Beweistermine beantragte jedoch der als nächster gesetzliche Erbe berufene E., die Beweisaufnahme aufzuheben, da sie der Entscheidung des zuständigen österr. Nachlaßgerichts — nunmehr nach § 106 der Jurisdiktionsnorm das Bezirksgericht Innere Stadt Wien oder Salzburg — vorgriff. Der Antrag wurde zurückgewiesen. Die weitere Beschwerde ist begründet.

Mit Recht hat das Amtsgericht angenommen, daß zur Behandlung der Verlassenschaft das österr. Nachlaßgericht zuständig ist. Die internationalen Privatrechte Deutschlands und Österreichs stimmen dahin überein, daß sich in Ansehung der beiderseitigen Staatsangehörigen für den beweglichen Nachlaß sowohl das Erbstatut als die sachliche Zuständigkeit des Nachlaßgerichts nach dem Grundsatze der Staatsangehörigkeit bestimmt (vgl. Art. 25 S. 1 EG. zum BGB.; RJA. 11 S. 182, 13 S. 216; § 4 österr. n. BGB.; §§ 21—23 Patent vom 9. August 1854). Die Behandlung des beweglichen Nachlasses fällt sohin in den Bereich der österr. Justizhoheit und Gerichtsgewalt. Ein Ausnahmefall im Sinne des Art. 25 S. 2 EG. zum BGB. ist nicht gegeben; denn wenn auch anzunehmen wäre, daß das österr. Recht die darin verlangte Gegenseitigkeit nicht verbürgt (RG. 63 S. 258), so fehlt, da das Testament nach deutschem Rechte wegen Mangels der gesetzlichen Form ohne weiteres als ungültig anzusehen ist, die Voraussetzung, daß ein Deutscher einen nach deutschen Gesetzen begründeten erbrechtlichen Anspruch geltend machen kann.

Sieht sich das österr. Nachlaßgericht veranlaßt, sich bei der Vollziehung von Amtshandlungen der Hilfe eines ausländischen Gerichts zu bedienen, so wird ihm das nach § 36[2] der Jurisdiktionsnorm vom 1. August 1895 nur dadurch ermöglicht, daß es durch ein Rechtshilfeersuchen die Vollziehung der Amtshandlung dem ausländischen Gerichte überträgt. Dementsprechend kann ein deutsches Gericht in einer österr. Nachlaßsache nur dann tätig werden, wenn ihm die Verrichtung durch ein Ersuchen des österr. Gerichts übertragen ist. Eine Geschäftsführung ohne Auftrag ist dem österr. Rechte fremd. Damit steht auch das deutsche Recht im Einklange, das gleichfalls nur eine Rechtshilfe im Wege des Ersuchens kennt (§ 158 GVG.; Struckmann N. 1 dazu, § 2 FrGG., § 363 ZPO., ferner auch Art. 8 Haager Übereink. vom 17. Juli 1905 über den Zivilprozeß). Allerdings wird, von einschlägigen Staatsverträgen abgesehen, dem deutschen Nachlaßgerichte die Zuständigkeit, die zur Sicherung des beweglichen Nachlasses eines Ausländers erforderlichen Maßnahmen zu treffen, allgemein zuerkannt und auf die Eröffnung eines Testaments erstreckt; hier handelt es sich aber dann nicht, wie das Amtsgericht annimmt, um eine dem deutschen Gerichte von dem ausländischen Gerichte zu übertragende Zuständigkeit, sondern um eine Zuständigkeit, die in der inländischen Rechtsordnung begründet ist (Habicht, Intern. Privatrecht Art. 25 IV 1, 2; v. d. Pfordten, Behandlung des Nachlasses von Ausländern S. 6 Nr. 8, S. 18; §§ 134—136 bayer. NachlaßO. vom 20. März 1903 und anderseits auch §§ 23, 137—139 österr. Patent vom 9. August 1854). Dagegen setzten Ermittlungen, wie sie das Amtsgericht in Aussicht genommen hat, als untrennbare Bestandteile der Verlassenschaftsabhandlung eine Übertragung der Amtshandlung durch das österr. Nachlaßgericht voraus, sofern dieses nicht überhaupt die weitere Verfügung dem deutschen Gericht überläßt (Pfordten S. 12 Nr. 5). Die Verfügung des Amtsgerichts läßt sich sohin schon wegen des Mangels der Zuständigkeit nicht aufrecht erhalten. Es braucht daher in deren sachrechtliche Würdigung nicht eingetreten zu werden. Nur ist zu bemerken, daß die Vorschriften des österr. A. BGB., die bei der Beurteilung des Falles in Betracht kommen können, durch die spätere Gesetzgebung (so die dritte Teilnovelle vom 19. März 1916, die Entmündigungsordnung vom 28. Juni 1916) wesentlich geändert wurden (Krainz-Ehrenzweig, österr. Privatr. § 493 II 4, § 497). Kn.

5. Gerichtsverfassung.

a) Rechtsweg für die Klage: α) gegen die Stadt auf Unterlassung von Eingriffen aus ihren Wohnungsrationierungsvorschriften.

OLG. Düsseldorf, 4. ZS. Beschlüsse v. 1. März 1920.

Beantragt sind einstw. Verfügungen, durch die der Stadtgemeinde D. untersagt wird, auf Grund ihrer Wohnungsverteilungsvorschriften über Räume in den Wohnhäusern der Antragsteller zu verfügen. Hierfür ist jedoch der Rechtsweg unzulässig. Wie das RG. (93 S. 258/9) darlegt, ist für die Zulässigkeit des Rechtsweges der Klagegrund maßgebend. Zu diesem gehört aber, wenn mit der Klage ein Eingriff in ein dingliches Privatrecht (Eigentum, Besitz) abgewehrt werden soll, auch die Behauptung, daß ein das Recht verletzender Eingriff stattgefunden habe. Deshalb ist bei einer aus § 1004 BGB. erhobenen Abwehrklage, obwohl sie auf ein Privatrecht gestützt ist, der Rechtsweg ausgeschlossen, wennschon nach dem Klagevortrage der abzuwehrende Eingriff in Ausübung obrigkeitlicher Gewalt erfolgt ist. Hier stellt sich der behauptete Eingriff schon nach der Begründung des Gesuchs als ein Akt dar, den die Stadt in Beanspruchung obrigkeitlicher Gewalt vorgenommen hat. In dem Antrage wird nur der Nachweis versucht, daß die obrigkeitlichen Eingriffe der Stadt unzulässig seien wegen Rechtsungültigkeit der Rationierungsvorschriften. Die Prüfung der Gesetzmäßigkeit und der Wirksamkeit dieser Vorschriften ist dem ordentlichen Gerichte nicht grundsätzlich entzogen. Sie kann aber nur da Platz greifen, wo die Frage dem Gericht in einem Verfahren vorgelegt wird, das seiner rechtlichen Natur nach vor die ordentlichen Gerichte gehört, also in einer bürgerlichen Rechtsstreitigkeit oder in einer Strafsache. Ob diese Voraussetzung vorliegt, bildet gerade die Vorfrage, die zunächst entschieden werden muß. Dadurch, daß in einer Rechtsstreitigkeit eine Rechtsfrage zu entscheiden ist, zu deren Entscheidung unter Umständen auch ein ordentliches Gericht berufen sein kann, wird der Charakter der Rechsstreitigkeit selbst als einer vor die ordentlichen Gerichte gehörigen nicht bestimmt, ebensowenig wie anderseits dieser Charakter dadurch ausgeschlossen wird, daß dabei über Rechtsfragen des öffentlichen Rechts zu entscheiden ist. Die Frage, ob die erwähnten Vorschriften rechtswirksam ergangen sind, wäre für die Zulässigkeit des Rechtswegs nur dann entscheidend, wenn sich bei ihrer Verneinung der Eingriff in das Recht des Beschwerdeführers nicht mehr als auf öffentlich-rechtlichem Gebiete liegend, also nicht als eine Maßregel darstellen würde, die von der Stadt auf Grund einer von ihr beanspruchten obrigkeitlichen Gewalt gegenüber dem einzelnen vorgenommen wird. So liegt die Sache aber nicht. Eine von der Stadt behufs Ausübung obrigkeitlicher Gewalt vorgenommene Handlung bleibt auch dann eine Amtshandlung und wird nicht zu einer Privathandlung, wenn sie dem Gesetze nicht entspricht. Zur Beurteilung der Gesetzlichkeit von Amtshandlungen sind aber die ordentlichen Gerichte nur innerhalb eines vor sie gehörigen Verfahrens berufen. Außerhalb eines solchen können sie in die Tätigkeit der Staatsorgane nicht eingreifen und sie nicht verhindern, auch wenn diese der gesetzlichen Grundlage entbehren sollte. Abhilfe muß in solchen Fällen auf anderem Wege gesucht werden. Ist danach die Beschwerde als unbegündet zurückzuweisen, so kann dahingestellt bleiben, ob sich nicht die Maßnahmen der Stadt als Ausübung einer ihr insoweit übertragenen Polizeigewalt darstellen. Betrachtet man sie als Polizeiverfügungen, so ist für Untersagung des polizeilichen Eingriffs der Rechtsweg schon durch das Ges. v. 11. Mai 1842 (GS. S. 75) ausgeschlossen. Beschwerden über Polizeiverfügungen jeder Art, sie mögen deren Gesetzmäßigkeit, Notwendigkeit oder Zweckmäßigkeit betreffen, gehören nach § 1 das. vor die vorgesetzte Dienstbehörde. Der Rechtsweg findet, wenn die Verletzung eines Privatrechts behauptet wird und der Verfügung kein besonderes Recht des Betroffenen auf Befreiung entgegensteht, nach § 4 nur darüber statt, ob ein Eingriff vorhanden sei, für den nach den gesetzlichen Vorschriften Entschädigung gewährt werden muß, und zu welchem Betrage dafür Entschädigung geleistet werden müsse. Für eine Klage auf Untersagung des polizeilichen Eingriffs ist der Rechtsweg nicht gegeben.

Dr. Jn.

β) **der Erben wegen der von ihnen bezahlten Besitz- und Kriegssteuer ihres Erblassers.**

Kammergericht, 2. ZS. Beschluß v. 21. November 1919.

Der Erblasser der Kläger ist 1917 auf Grund der Gesetze vom 21. Juni und 17. Dezember 1916 und vom 9. April 1917 zu einer Kriegsabgabe von 6133 Mark und auf Grund des Gesetzes vom 3. Juli 1913 zu 409 Mark Besitzsteuer veranlagt worden. Nachdem das Verwaltungs-Zwangsverfahren gegen die Kläger als die Erben des Steuerschuldners A. angeordnet und deren Widerspruch zurückgewiesen worden war, beantragen sie jetzt, den Beklagten zu verurteilen: 1. anzuerkennen, daß sie nicht verpflichtet sind, für die Steuerforderungen die Zwangsvollstreckung in ihr Vermögen oder in den Nachlaß des A. zu dulden; 2. die bereits von ihnen gezahlten Beträge von 6550 Mark zurückzuzahlen. Die Hauptsache ist, nachdem die Steuer auf die Berufung der Kläger auf 277 Mark herabgesetzt und diese Summe bezahlt war, durch Rückzahlung erledigt. Die Kosten hat das LG. den Klägern mit Recht auferlegt. . . .

Nach der Kgl. VO. vom 14. Mai 1914, dem Kriegssteuergesetz §§ 25, 30 und dem Gesetz vom 9. April 1917 §§ 4, 5² sind für Rechtsstreitigkeiten darüber, ob und inwieweit jemand besitz- und kriegssteuerpflichtig ist, ausschließlich die Verwaltungsbehörden und -gerichte zuständig. Diese allein haben darum auch zu entscheiden, ob zur Begründung der Besitz- und der Kriegssteuerschuld eine Zustellung der Veranlagungsverfügung erforderlich, und ob sie gehörig erfolgt ist. Nach § 13 GVG. ist also für den Streit darüber, ob eine Veranlagung rechtswirksam erfolgt ist, soweit die Frage nicht bloß einen Zwischenpunkt in einen zur Zuständigkeit der ordentlichen Gerichte gehörigen Rechtsstreit bildet (RG. 4. Juli 1903 V 28) der Rechtsweg ausgeschlossen. Auch das Verlangen der Rückzahlung einer bezahlten Abgabe richtet sich gegen die Veranlagungsheranziehung (vgl. Nöll KommAG. 323³; RG. 67 S. 401, 80 S. 372). Auch dafür ist deshalb der Rechtsweg ausgeschlossen, sofern nicht einer der in §§ 9, 10 Gesetz vom 24. Mai 1861 vorgesehenen Fälle vorliegt, was hier nicht zutrifft. Von diesem Grundsatze macht auch der § 3³ VO. vom 15. Nov. 1899 keine Ausnahme für Dritte, die nach den Vorschriften des bürgerlichen Rechts, wie besonders Erben zur Leistung einer Abgabe oder zur Duldung einer Vollstreckung verpflichtet sind. Jener § 3 und die Art. 1 bis 7 der AusfAnw. vom 28. Nov. 1899 geben die Vorschriften über die Inanspruchnahme der Personen, die neben dem ersten Schuldner oder an dessen Stelle kraft bürgerlichen Rechts für die Steuerschuld haften. Vor den ordentlichen Gerichten kann der Dritte auf Grund des § 3³ nur geltend machen, daß seine Haftung für eine an sich als bestehend vorausgesetzte Steuerschuld des ursprünglichen Schuldners nicht gegeben oder daß die in den §§ 781—784, 786 ZPO. bezeichneten Einwendungen durchgreifen, nicht auch, daß keine Steuerschuld besteht. Das letztere tun aber die Kläger, indem sie ausführen: daß es an einer rechtswirksamen Veranlagung des A. fehle, da die Verfügung nur ihm selbst, einem Geisteskranken, zugestellt sei und daß es auch sachlich an einem Vermögenszuwachs und einem steuerpflichtigen Vermögen fehlte. Andere Tatsachen waren nicht vorgebracht, die Kläger hätten somit unterliegen und deshalb in die Kosten verurteilt werden müssen. In dem Beschwerdeverfahren bringen sie neu vor, daß die Vollstreckung nicht in ihr Vermögen, sondern nur in den Nachlaß erfolgen durfte, weil sie sich noch in ungeteilter Erbengemeinschaft befinden. Hätten sie damit durchdringen können, so käme in Frage, ob auf das Beschwerdeverfahren des § 99³ ZPO. der § 97² entsprechend angewendet werden kann. Indessen folgt aus der neuen Anführung nach § 2059 BGB. nur, daß die Kläger bis zur Teilung des Nachlasses die Berichtigung der Steuerforderung, einer Nachlaßverbindlichkeit, aus dem eigenen Vermögen verweigern konnten. Aber sie haben diese Berichtigung nicht verweigert, sondern bewirkt, wenn auch wohl nur, um die drohende Vollstreckung abzuwenden. Ein Recht auf Rückforderung des Geleisteten gibt § 2059 nicht. Den Klägern stand gegenüber der drohenden Vollstreckung zur Wahrung ihres Rechts aus § 2059 eine einstw. Verfügung nach § 769 ZPO. offen, worauf der Schlußsatz des erwähnten § 3 ausdrücklich hinweist (vgl. auch ZPO. § 785). Sie hätte auch nur dahin gehen können, daß der Zugriff auf das nicht aus dem Nachlasse stammende Vermögen dem Beklagten untersagt wurde. Aus dem ungeteilten Nachlasse hätte er dagegen nach § 2059² seine Befriedigung suchen und bei den Feststellungen über die Höhe des reinen Nachlasses wohl auch erreichen können. Fr.

γ) **Auf Anfechtung der Sammelheizverordnungen der Schiedsstellen.**
OLG. Düsseldorf, 4. ZS. Urteil v. 15. März 1920.

Der Kläger (Mieter) klagt auf Feststellung gegen den Vermieter, daß der vom Mieteinigungsamt als „Schiedsstelle" bestimmte jährliche Heizzuschlag nicht zu Recht bestehe, weil er vorher nicht gehört worden sei. Er verlangt damit die Feststellung, daß diese Bestimmung des Heizzuschlages nicht gemäß § 8 der SammelheizV. vom 22. Juni 1919 (RGBl. S. 595) Bestandteil des Vertrags der Parteien geworden sei... Das ist eine rein bürgerliche Rechtsstreitigkeit, der Rechtsweg daher zulässig.

Das Verfahren vor dem Mieteinigungsamt bestimmt sich nach der RKV. vom 2. November 1917 (RGBl. S. 991). Denn die V. vom 22. Juni 1919 ist lediglich eine — auf der V. vom 22. Juni 1919 (RGBl. 593) beruhende — Neufassung der erwähnten V. vom 2. November mit den inzwischen ergangenen Änderungen. Der § 11 der Neufassung: „Soweit diese VO. keine Vorschriften enthält, regelt der Reichskanzler das Verfahren vor der Schiedsstelle", war schon in der ursprünglichen Fassung vom 2. Nov. 1917 als § 7 enthalten, auf Grund dessen der Reichskanzler ebenfalls unterm 2. Nov. 1917 die „Anordnung für das Verfahren vor den Schiedsstellen" getroffen hatte. Diese Anordnung, für die kein Bedürfnis zu einer neuen Fassung eingetreten war, gilt natürlich unverändert für die Neufassung vom 22. Juni 1919 und bestimmt in § 4 „Vor der Entscheidung ist der Gegner des Antragstellers zu hören". Das Einigungsamt hat mithin eine zwingende Verfahrensvorschrift verletzt, wenn es seinen Beschluß erlassen hat, ohne den Kläger vorher zu hören. Daher fragt sich, ob trotz des § 7 der SammelheizV., wonach die Entscheidung der Schiedsstelle unanfechtbar ist, das Gericht, weil die Schiedsstelle eine Verfahrensvorschrift verletzt hat, die Unwirksamkeit ihrer Entscheidung feststellen kann. Das ist zu verneinen.

In der Begründung zu den beiden MieterschutzV. vom 23. Sept. 1918, die analoge Bestimmungen enthalten, heißt es: „Die Entscheidungen sind unanfechtbar und gelten als vereinbarte Bestimmungen des Mietvertrags. Darin liegt, auch ohne daß es ausdrücklich ausgesprochen ist, daß die Entscheidungen schlechthin bindend sind, auch für die Gerichte ... Im Rechtsstreite ... ist nur die Rechtslage zugrunde zu legen, die durch die Anordnung des ausschließlich zuständigen Einigungsamtes .. geschaffen ist, ohne daß eine sachliche Nachprüfung der Entscheidung und ihrer Voraussetzungen stattfinden darf." Im Schrifttum wird darauf hingewiesen, daß der Ausdruck „unanfechtbar" im Gegensatz zu Ausdrücken wie „bindend", „maßgebend" nur etwas Formelles bedeute: der Beschluß als solcher unterliege nicht der Aufhebbarkeit; es gebe keine Rechtsmittelinstanz; damit sei aber über seine materielle Rechtswirksamkeit noch nichts gesagt. Falle ein Beschluß aus dem Rahmen der dem Einigungsamt erteilten Ermächtigung heraus, so könne und müsse das ordentliche Gericht über den eigentlichen Streitfall entscheiden, als wäre der Beschluß gar nicht vorhanden. Dem wird man zustimmen können (s. auch OLG. Stuttgart und die Bemerkungen Oertmanns JW 1920 S. 157), nicht aber der weitergehenden Ansicht, daß das ordentliche Gericht nachprüfen müsse, ob das Einigungsamt bei Erlaß eines im Rahmen seiner Ermächtigung liegenden Beschlusses die Verfahrensvorschriften beachtet habe, und für den Fall formeller Verstöße den Beschluß als unwirksam zu behandeln habe. Der Senat schließt sich dem Kommentar von Stern S. 62, 81 an: Bestimmungen, die das Einigungsamt in jenem Rahmen trifft, sind vielmehr verbindlich (Stern, MieterschutzV. 3 S. 62, 81). Die Verfahrensvorschriften sind für das Mieteinigungsamt zwingend, aber ihre Nichtbeachtung kann nur zu formeller Beschwerde an die vorgesetzte Behörde führen. Ist wie hier der Kläger nicht gehört, so ist der Beschluß trotzdem gültig gleich einem Schiedsspruche, dessen Aufhebung trotz versagten rechtlichen Gehörs nicht herbeigeführt ist, oder gleich einem fehlerhaft zustande gekommenen echten zweiten Versäumnisurteile in einer nicht berufungsfähigen Prozeßsache. Wollte man bei Verfahrensmängeln eine Unwirksamkeit des Beschlusses annehmen, so würde dies auf eine Nachprüfung des Spruches durch das ordentliche Gericht hinauslaufen und damit gegen die Bestimmung der Unanfechtbarkeit verstoßen. Dr. Ju.

5) **auf Entschädigung wegen angeblich unbegründeter Beschlagnahme geschmuggelter Sachen.**

OLG. Königsberg, 1. ZS. Urteil v. 26. November 1918.

Der Zollaufseher W. hatte ein Pferd bei dem des Schmuggelns verdächtigen Kläger beschlagnahmt. Dieser beansprucht gemäß dem Gesetz vom 1. August 1909 vom Staatsfiskus Schadensersatz, weil der Zollaufseher bzw. die Zollbehörde die Beschlagnahme ohne genügenden Grund angeordnet, sie trotz der bald nachher beigebrachten Bescheinigungen über rechtmäßigen Erwerb nicht aufgehoben, die Zwangsversteigerung ohne besonderen Grund mit unnötiger Beschleunigung herbeigeführt und ihn von dem anberaumten Versteigerungstermin nicht benachrichtigt habe. Der Einwand der Unzulässigkeit des Rechtswegs ist unbegründet.

Zunächst handelt es sich hier nicht um eine polizeiliche Verfügung vgl. RG. 51 S. 328). Weder ist das Hauptzollamt eine Polizeibehörde, noch der Zollaufseher ein Polizeibeamter. Denn Aufgabe der Polizei ist, die nötigen Anstalten zur Erhaltung der öffentlichen Ruhe, Sicherheit und Ordnung und zur Abwendung der dem Publikum bevorstehenden Gefahr zu treffen (§ 10 II 17 ALR). Damit hat aber die Anordnung des § 13 Ges. über das Verwaltungsstrafverf. vom 26. Juli 1897, daß Gegenstände, die der Einziehung unterliegen oder als Beweismittel von Bedeutung sein können, in Beschlag zu nehmen sind, nichts zu tun; dies sind vielmehr Maßregeln, die die Zollbehörde zur Sicherung und Durchführung des Strafverfahrens im fiskalischen Interesse vorzunehmen hat. Das Gesetz vom 11. Mai 1842 findet daher hier keine Anwendung. . . .

Nicht zu verkennen ist, daß es sich hier um eine öffentlich-rechtliche Angelegenheit, die Ausübung eines Staatshoheitsrechts, handelt, und daß die Rechtsprechung Versuche, solche Ansprüche in Gestalt einer Schadensforderung vor die Gerichte zu bringen, zurückgewiesen hat (vgl. RG. 67 S. 403, 70 S. 398). Anders aber liegt die Sache, wenn es sich um Ersatzansprüche handelt, die aus § 839 BGB. hergeleitet werden. Hier gibt das Gesetz ohne Unterschied dem Beschädigten einen vor den ordentlichen Gerichten verfolgbaren Anspruch, wenn ein Beamter die ihm obliegende Amtspflicht verletzt, und diese Ansprüche gehören, wie neuerdings das RG. (vgl. namentlich 82 S. 126, 87 S. 119) ausgesprochen hat, zu den bürgerlichen Rechtsstreitigkeiten im Sinne des § 13 GVG. und zwar ohne Rücksicht auf die Natur des Rechtsverhältnisses, um das es sich bei der Amtshandlung handle. Dasselbe muß natürlich gelten, wenn nach dem Ges. vom 1. Aug. 1909 der Staat anstelle des Beamten in Anspruch genommen wird (vgl. auch Delius JW. 1917 S. 29). Hier wird dem Beamten allerdings eine Verletzung der Amtspflicht bei Ausübung staatshoheitlicher Rechte vorgeworfen und wenn auch die Gerichte nicht in der Lage wären, diese Maßregeln zu verhindern oder rückgängig zu machen, so ist doch dem aus § 839 BGB. hergeleiteten Anspruche der Rechtsweg nicht verschlossen, zumal diese Amtspflicht dem Beamten dem Kläger gegenüber oblag, in dessen Eigentum sie eingriffen. Th.

ε) **wegen Viehbeschlagnahme zugunsten der Stadtgemeinde.**

OLG. Stettin, 1. ZS. Urteil v. 7. Mai 1918.

Der Kläger verlangt Schadensersatz, weil die Beschlagnahme der Schweine sich als eine im Interesse der öffentlichen Sicherheit auf Grund des BelZGes. vom Militärbefehlshaber als dem Inhaber der vollziehenden Gewalt zugunsten der Beklagten erlassenen polizeilichen Verfügung darstelle, infolge deren der Kläger seine wohlerworbenen Rechte zum Wohle der Beklagten habe opfern müssen (§ 75 Einl. zum ALR.). Dieses durch jenen Befehl geschaffene Rechtsverhältnis gehört aber nicht dem Privatrecht an, sondern ist öffentlich-rechtlicher Natur. Es handelt sich dabei um Ausübung von Staatshoheitsrechten, nämlich um einen Akt der Militärhoheit; der Befehl erging, um der sonst zu erwartenden Gefährdung der Fleischversorgung der Garnison und Zivilbevölkerung entgegenzutreten. Zwar wurde dadurch in das Privateigentum des Klägers eingegriffen; daraus allein lassen sich aber keine privatrechtlichen Beziehungen herleiten, da die Staatsgewalt nicht als Trägerin privatrechtlicher Befugnisse und Verbindlichkeiten zu dem Eingriffe geschritten ist. Es läßt sich auch nicht aus § 75 Einl. zum ALR. eine privatrechtliche Grundlage für den Anspruch gewinnen. Denn diese Vorschrift hat nicht den Sinn, daß stets dann Entschädigung zu leisten ist, wenn Privatinteressen durch Ausübung von Hoheitsrechten verletzt werden. Vielmehr hat die — jetzt noch gültige (RG. 89 S. 209, 223) — KabOrder vom 4. Dezember 1831 (GS. S. 255) bestimmt, daß aus Folgen hoheitsrechtlicher Akte dem Verletzten kein Anspruch auf Entschädigung zustehe; insbesondere ist hier den Gerichten die Zuständigkeit für Klagen auf Vergütung von Kriegsschäden entzogen worden. Um einen Kriegsschaden handelt es sich auch hier, denn die Ursache des Eingriffs ist mindestens mittelbar auf den Krieg zurückzuführen. Dr. M.

2) für Entschädigungsansprüche aus Kriegsschäden.

OLG. Karlsruhe, 1. ZS. Urteil v. 19. November 1919.

Im Sept. 1917 fuhr der Kahn des Klägers im Anhang eines Schleppdampfers von Kehl nach Basel. Bei Istein passierte der Schleppzug die dort im August 1914 von deutschen Truppen erbaute Schiffsbrücke, die in der Weise geöffnet war, daß drei Brückenjoche ausgeführt waren. Nach der Durchfahrt blieb der Kahn an der Ankerklaue eines die Brücke verankernden Ankers hängen und wurde leck. Der Kläger verlangt von dem Reichsmilitärfiskus Schadensersatz, da die Brücke vom Heer angelegt worden sei und unter militärischem Kommando gestanden habe. Die Beklagte wendet Unzulässigkeit des Rechtswegs ein, weil es sich um einen Kriegsschaden handle. Die Einrede ist jedoch unbegründet.

Um den Begriff „Kriegsschäden" festzustellen, ist zunächst auf § 35 KLG. zurückzugehen, dessen Fassung mit Laband (DJZ. 1915 S. 44) als verfehlt anzusehen ist. Man sollte meinen, daß der Relativsatz, welche ... entschädigt werden", sich auf „Leistungen" und auf „alle durch den Krieg verursachten Beschädigungen" bezieht. Das ist aber nicht der Fall, da das KLG. keine Vorschriften über die Entschädigung von Kriegsschäden — abgesehen von § 35 — enthält. Der Relativsatz kann sich daher nur auf die „Leistungen" beziehen. Bei dieser Auffassung muß man aber zu dem Ergebnis kommen, daß § 2 KSchFG. vom 3. Juli 1916 den Begriff „alle durch den Krieg verursachten Beschädigungen" in § 35 hat endgültig und erschöpfend feststellen sollen, daß also der Begriff „Kriegsschäden" nur aus § 2, nicht mehr aus § 35 festzustellen ist. Für die Auffassung des Beklagten, daß durch das KSchFG. nur eine bestimmte Gruppe, die unmittelbaren Kriegsschäden, aus den in § 35 gemeinten Kriegsschäden herausgenommen und einer vorläufigen Regelung zugeführt worden sei, läßt sich aus dem Inhalt der beiden Gesetze nichts entnehmen. Der § 1 KSchFG. besagt, daß „die durch den gegenwärtigen Krieg verursachten Beschädigungen von beweglichem und unbeweglichem Eigentum (§ 35 Ges. über die Kriegsleistungen)" ... „nach den Vorschriften dieses Gesetzes festgestellt" werden. Es ist hiernach ausdrücklich auf den § 35 verwiesen. Ebenso schließt sich § 2 KSchFG. in seinem Eingang „als durch den Krieg verursacht gelten Beschädigungen, die unmittelbar hervorgerufen sind" an den Wortlaut des § 35 an und gibt unter Nr. 1, 2, 3 die genaue Begriffsbestimmung. Es wäre nicht verständlich, warum man, wenn man die Ersatzmöglichkeit auch der unmittelbaren Schäden habe anerkennen wollen, die alsbaldige Feststellung dieser Schäden nicht ebenso angeordnet habe wie die der anderen. Die Beschädigung des Kahns kann jedenfalls nicht unter Nr. 3 fallen. Sie kann aber auch nicht unter Nr. 2 fallen; denn abgesehen davon, daß keines der dort erwähnten Ereignisse vorliegt, hängt auch die Entstehung des Schadens nicht mit dem Krieg zusammen.

Es frägt sich also nur, ob § 2 Nr. 1 anwendbar ist. Dies ist gleichfalls zu verneinen. Die Erbauung der Brücke zur Beförderung von Truppen wird zwar als eine kriegerische Maßnahme, mithin als eine kriegerische Unternehmung anzusehen sein, besonders da sie im Operationsgebiet erfolgte. Die Handlung geschah in Ausübung des Militärhoheitsrechts des Staates. Wenn hierbei jemand an seinem Eigentum Schaden erlitt, so liegt eine Beschädigung vor, die unmittelbar durch eine kriegerische Unternehmung deutscher Truppen hervorgerufen wurde. Wenn aber wie hier die erstellte Brücke zu einer stehenden Einrichtung geworden ist, die nicht allein militärischen, sondern unbestritten auch wirtschaftlichen Zwecken diente — mochten auch die Bauern, die die Brücke zur Bestellung ihrer linksrheinischen Felder benützten, gehalten sein, sich zunächst vom Brückenkommandanten die Genehmigung zu holen —, dann kann man nicht mehr von einer kriegerischen Unternehmung sprechen, auch wenn die Verantwortung aller den Schutz der Brücke betreffenden Maßnahmen dem Führer des militärischen Kommandos oblag. Bei der Unterhaltung, dem Bestehenlassen der Brücke, handelte es sich nicht mehr um Maßnahmen, bei denen auf die Privatrechte der einzelnen Rücksicht nicht genommen zu werden brauchte. Die Beschädigung des Kahns ist also nicht mehr unmittelbar hervorgerufen durch eine kriegerische Unternehmung. Der Zusammenhang der Beschädigung mit der kriegerischen Unternehmung ist sehr locker. Man kann nicht einmal einen mittelbaren Zusammenhang mit dem Krieg annehmen; die Belassung des mangelhaften Zustandes der auch wirtschaftlichen Zwecken dienenden Brücke ist keine Kriegshandlung mehr. Str.

Dazu: OLG. Kiel, 1. ZS. Urteil v. 17. Dezember 1917.

Am 14. Juni 1915 hat der dem Kläger gehörige Frachtdampfer „Burg" auf offener See das Signal des mit dem Kriegsbewachungsdienste in der Ostsee betrauten Vorpostenboots, die Nationalflagge zu zeigen, zunächst nicht befolgt und erst, als das Boot bis auf 600 Meter herangefahren war, ihre deutsche Nationalflagge gesetzt. Das Boot fuhr aber weiter auf die „Burg" zu, die es dabei anrannte. Der Kläger fordert vom Deutschen Reiche Schadensersatz. Allein hier liegt ein Kriegsschaden vor, da der Führer des Boots in unmittelbarer Ausführung seines kriegerischen Dienstes gehandelt hat. Der Kläger meint zwar, der Vorpostendienst sei bereits in dem Augenblicke beendet gewesen, als die „Burg" ihre Flagge gezeigt habe. Allein unbestritten fuhr der Führer des Boots weiter auf die „Burg" zu, um zu rügen, daß diese so spät ihre Flagge gesetzt hatte, und um sie vor Wiederholungen zu warnen. Diese Handlungen fielen keineswegs aus dem Rahmen des Überwachungsdienstes heraus, sondern gehörten ihm noch an. Der Führer handelte innerhalb seiner dienstlichen Aufgaben, wenn er mit Rücksicht auf das mindestens objektiv späte Befolgen des Signals eine Mahnung und Warnung für angezeigt hielt. Kam dann das Boot, wenn auch, wie der Kläger behauptet, infolge unrichtigen Navigierens dem Dampfer zu nahe und rannte es ihn an, so wurde dieser Schaden bei unmittelbarer Ausführung einer Kriegshandlung zugefügt, er hängt daher eng mit dem Kriege zusammen und unterliegt deshalb dem § 35, wobei noch zu erwägen ist, daß die Annäherung zweier Schiffe auf hoher See, verbunden mit der Schnelligkeit, mit der die Vorpostenboote im kriegerischen Interesse ihre Aufgaben erledigen müssen, ohne weiteres die Gefahrquelle darstellen. Ist aber § 35 anwendbar, so ist der ordentliche Rechtsweg nicht gegeben, da das Verfahren für die Feststellung von Kriegsschäden dem Spezialgesetz vorbehalten ist, die Gerichte also mit dieser Feststellung nicht befaßt sind, solange sie ihnen nicht durch ein solches Gesetz übertragen ist (JW. 1917 S. 909). . . . Dr. B.n.

b) **Rechtshilfe zur Enthaftung eines Trennstücks?**

OLG. Kiel, 1. ZS. Beschluß v. 27. März 1919.

Das Amtsgericht A. teilte dem Amtsgericht S. mit, daß der Eigentümer eine Parzelle zu veräußern beabsichtige und der in S. wohnhafte Hypothekar bitte, die pfandfreie Abschreibung zu bewilligen. Das Ersuchen, eine solche Erklärung und den einzuliefernden Hypothekenbrief entgegenzunehmen, ist mit Recht abgelehnt. Wenn das Amtsgericht A. den Antrag des Eigentümers auf pfandfreie Abschreibung der Parzelle und seine Auflassungserklärung entgegennahm und beurkundete, so hatte es damit seine Aufgabe als Beurkundungsbehörde erfüllt. Demnächst hatte es als Grundbuchbehörde über die gestellten Anträge zu entscheiden und konnte dem Eigentümer eine Frist zur Beibringung der Bewilligung des Hypothekars bestimmen. Aber diese Beibringung blieb stets Sache des Grundeigentümers. Dem Amtsgericht lag es weder als Beurkundungs- noch als Grundbuchrichter ob, sich um die Genehmigung zu bemühen. Es hatte nur eine vor ihm erklärte Genehmigung zu beurkunden. Daraus ergibt sich, daß das hier gestellte Ersuchen außerhalb der amtlichen Funktionen dieses Gerichts lag. Wenn der Richter sich aus Entgegenkommen entschloß, das Amtsgericht S. um die Herbeiführung der Pfandentlassungserklärung zu ersuchen, so war dies eine Beistandsleistung für die privaten Interessen eines Gerichtseingesessenen, wie sie vielfach geübt wird und aus praktischen Gründen im Einzelfall billigenswert erscheinen mag. Ihrem rechtlichen Charakter nach stellte sich diese Handlung aber als eine Vermittlungstätigkeit im Parteiinteresse dar, und sie bildete für das ersuchte Gericht lediglich eine Anregung, nunmehr seinerseits eine ihm demnächst obliegende amtliche Beurkundung in die Wege zu leiten. Indem es diese Vermittlungstätigkeit zurückwies, lehnte es damit nicht ein Rechtshilfeersuchen ab, sondern weigerte sich, in privater Angelegenheit eine Partei zu veranlassen, eine Erklärung vor ihm abzugeben, indem es sich auf den rechtlich nicht zu beanstandenden Standpunkt stellte, daß es zwar vor ihm abgegebene Erklärungen zu beurkunden, nicht aber Private zu veranlassen habe, solche Erklärungen vor ihm abzugeben (vgl. JW. 1910 S. 717; Rsp. 9 S. 374). SchlHA.

c) **Amtshilfe keine „Rechtshilfe". Beschwerde. Zustellung (ZPO. § 750) kein Beginn der Vollstreckung.**

α) Kammergericht, ZS. 1a. Beschluß v. 5. Januar 1920.

Der Untersuchungsausschuß (RVerf. Art. 34) hatte am 16. Dezember 1919 gegen A. eine Geldstrafe wegen Zeugnisverweigerung festgesetzt und um Zustellung des Beschlusses das hiesige Amtsgericht ersucht. Dieses wies durch Verfügung vom 19. Dezember das Ersuchen dem Gerichtsschreiber zur Veranlassung der Zustellung zu, die im Wege vereinfachter Zustellung (ZPO. §§ 208 ff.) erfolgte. Darauf beantragte A. bei dem KG., ZS., die Zustellung für unwirksam zu erklären. Das KG. ist jedoch nicht zuständig. Der Beschwerdeführer hat ausdrücklich „Beschwerde in Rechtshilfssachen" erhoben, sie auf § 87 AG. z. GVG. und § 160 GVG. gestützt und dem KG., also einem OLGerichte, zur Entscheidung vorgelegt. Er hat somit, weil er die Handlung des Amtsgerichts im Sinne des § 159² als verboten ansieht, die im § 160 besonders gestaltete Beschwerde einlegen wollen. Allein die Tätigkeit des Amtsgerichts ist nicht als die Erledigung eines Rechtshilfeersuchens anzusehen, weil sich nur die Gerichte Rechtshilfe zu leisten haben. Der § 162 kommt vorliegend überhaupt nicht in Betracht. Die §§ 157 ff. wären hier nur dann maßgebend, wenn sie in dem Art. 34² RVerf. etwa durch den Gebrauch des Wortes „Rechtshilfe" für anwendbar erklärt worden wären, wie solches im § 86² RAnwO., § 32 PatentG., §§ 12, 13 EG. zur MilStrGO., § 61 GewGG. geschehen ist. Vielmehr handelt es sich hier um einen Fall der Beistandsleistung, die auf dem allgemeinen Grundsatze, daß sich Gericht und Verwaltungsbehörden innerhalb ihrer Geschäftsbereiche gegenseitig zu unterstützen haben, beruht und im Art. 7 Nr. 3 RVerf. „Amtshilfe" genannt wird. Auf diese Beistandsleistung bezieht sich der § 87² AG. zum GVG., wonach über Beschwerden andrer als gerichtlicher Behörden wegen einer vom Gerichte verweigerter Beistandsleistung die OLGerichte entscheiden. Auf die Amtshilfe die Vorschriften über die Rechtshilfe zwischen Gerichten ohne weiteres anzuwenden, besonders die eigenartige Ausgestaltung des Rechtsmittelzuges im § 160 GVG. für maßgebend zu erachten, erscheint als unzulässig. Demzufolge hat in den Fällen einer dem Ersuchen entsprechend erfolgten Beistandsleistung, mag man eine bürgerliche Rechtsstreitigkeit, eine Strafsache oder eine Angelegenheit der freiw. Gerichtsbarkeit als vorliegend ansehen und dementsprechend die §§ 567/8 ZPO., oder die §§ 346, 352 StrPO. oder die §§ 20ff. FrGG. im Hinblick auf das Rechtswesen der Angelegenheit, in der das Ersuchen ergeht, für anwendbar erachten, das KG. als OLGericht nur über weitere Beschwerden gegen Beschlüsse der Landgerichte zu entscheiden (§ 123 Nr. 4, 5 GVG., § 28 FrGG.). Ein solcher Beschluß liegt nicht vor.... Die Beschwerde ist hiernach als unzulässig zu verwerfen. M.

β) Kammergericht, ZS. 1a. Beschluß v. 19. März 1920.

Nach Erlaß des vorstehenden Beschlusses hatte A. den Antrag, die Zustellung für unwirksam zu erachten und die Vollstreckung des Beschlusses vom 16. Dezember 1919 nicht zuzulassen, gestellt und in zweiter Linie die „Beschwerde" auf § 766 ZPO. gestützt. Nachdem das Amtsgericht den Schriftsatz als eine Beschwerde gegen seine Verfügung vom 19. Dezember 1919 dem LG. vorgelegt hatte, entschied dieses, daß die Vollstreckung durch das Amtsgericht für unzulässig erklärt werde; daraufhin hat das Amtsgericht ein Ersuchen des Ausschusses um Beauftragung eines Gerichtsvollziehers mit der Zwangsvollstreckung abgelehnt. Gegen den Beschluß des LG. hat der Ausschuß weitere Beschwerde eingelegt. Diese ist begründet.

Der Art. 34² RVerf. verpflichtet, ohne die Zustellung zu erwähnen, die Gerichte nur, dem Ersuchen um Beweiserhebungen Folge zu leisten. Offenbar hat jedoch das Amtsgericht dem Zustellungsersuchen in Befolgung des allgemeinen Grundsatzes entsprochen, der im § 38 Pr. V. vom 2. Januar 1849 § 1 für die preuß. Gerichte, jetzt auch im Verhältnis zu Reichsverwaltungsbehörden festgelegt ist (vgl. JW. 1910 S. 717³⁰). Hiernach handelt es sich in Fällen vorliegender Art um eine Angelegenheit der freiw. Gerichtsbarkeit, die durch Landesgesetz den Gerichten übertragen worden ist (Pr. FrG. Art. 1). In dieser Hinsicht wird auf den Beschluß (KGJ. 50 S. 6) verwiesen, an dem auch gegenüber den abweichenden Meinungen (Delius LZ. 12 S. 895; Josef RichterZ. 1919 S. 235) unbedenklich festzuhalten ist. Gleichwohl nötigt das Rechtswesen der Angelegenheit nicht, auf diese und die gegenwärtige Beschwerde die StrPO., besonders ihren § 352 anzuwenden. Nach Art. 34 RVerf. haben die Ausschüsse durch Beweiserhebung Tatsachen festzustellen. Keineswegs aber ist es ihre Aufgabe, eine strafgerichtliche Tätigkeit auszuüben oder auch nur über die Erhebung von Anklagen zu entscheiden. Die Anordnung der sinngemäßen Anwendung der Vorschriften der StrPO. über die Beweiserhebung macht das Verfahren der Ausschüsse nicht zu einem Strafverfahren, regelt vielmehr nur die Formen, in denen die Erhebungen stattzufinden haben.

Demgemäß bestimmt sich das gegenwärtige Beschwerdeverfahren gemäß Art. 3, 6 Pr. FrG. nach den §§ 20ff. FrGG., so daß hier der § 27 in Betracht kommt, dessen Voraussetzung erfüllt ist. A. hat seinen Antrag durch die Ausführung begründet, daß die Zustellung unstatthaft gewesen sei. Demgegenüber ist das LG. offenbar dem Amtsgericht in der Annahme gefolgt, daß der Antrag des A., da die Vollstreckung noch nicht begonnen habe, für § 766 ZPO. also kein Raum sei, seinem Inhalte nach gegen die Verf. vom 19. Dezember gerichtet sei. Auf dieser Grundlage hat das LG. ausgeführt, daß die Zustellung nach § 36 StPO. durch die Staatsanwaltschaft hätte veranlaßt werden müssen. Allein zunächst betraf die Verf. vom 19. Dezember nur den inneren Dienst des Amtsgerichts, ohne in die Außenwelt gelangt und besonders zur Kenntnis des A. gebracht zu sein. Demzufolge kann sie überhaupt nicht als eine durch Beschwerde anfechtbare „gerichtliche Verfügung" des Art. 4 Pr. FrG. (§ 19 FrGG) angefochten werden. Soweit sich aber die Angriffe des A. und die Ausführungen des LG. gegen die Bewirkung der Zustellung richten, ergibt sich das Bedenken, daß die Zustellung, für sich allein betrachtet, der Anfechtung durch Beschwerde entzogen ist. Sie ist keine selbständige Prozeßhandlung, dient vielmehr nur als Mittel zur Vornahme von solchen (Stein ZPO. IV vor § 166) Dies gilt besonders auch von der Zustellung, die im § 750[1] ZPO. als eine Vorbedingung der Vollstreckung bezeichnet ist. Sie stellt noch keinen Vollstreckungsakt des staatlichen Zwanges dar, liegt vielmehr vor ihrem Beginn und ist nur zu ihrer Vorbereitung bestimmt (Stein aO., VII 1 von § 704)... Aus diesen Erwägungen war die Beschwerde des A. als unzulässig zu verwerfen. M.

d) **Sitzungspolizei:** α) **Begriff der Ungebühr.**

OLG. Dresden, StrafS. Beschluß v. 2. Oktober 1918.

Nach § 179 GVG. ist strafbar nur, wer sich einer Ungebühr „schuldig" macht. Hiernach ist vor allem die Frage nach der Seite subjektiver Verschuldung zu prüfen (vgl. Staff in DStZ. 1 S. 33). Weder im angefochtenen Strafbeschlusse noch in der diesem zur Grundlage dienenden Darstellung im Sitzungsprotokolle sind besondere Umstände in der Richtung angeführt, daß der Privatkläger, der in Zusammenhang mit der den Gegenstand der Privatklage bildenden Kundgebung und in Erregung über die von dem Angeklagten auf die Aussage des Zeugen M. abgegebene Erklärung sich zur Kennzeichnung des Verhaltens des Angeklagten als einer Gemeinheit hat hinreißen lassen, sich bei seinem Bildungsgrade oder bei seinem augenblicklichen Zustande bewußt gewesen sei oder bei der von ihm zu fordernden Überlegung oder Umsicht sich sagen mußte, daß er durch die scharfe abfällige Beurteilung des Verhaltens des Angeklagten zugleich die dem Gerichte geschuldete Achtung verletze. Da Begleitumstände nicht dafür aktenkundig gemacht sind, daß der Privatkläger sich einer solchen Wirkung seiner Ausdrucksweise nicht verschlossen habe oder nicht verschließen konnte, so war der angefochtene Beschluß nicht aufrechtzuerhalten. Ann.

β) **Umwandlung der Geld- in Haftstrafe.**

Bayer. Oberstes Landesgericht, StrafS. Beschluß v. 8. Oktober 1919.

Die wiederholt (Samml. 1 S. 377; 2 S. 139; 9 S. 495) ausgesprochene Ansicht, daß die Umwandlung einer gemäß § 179 erkannten Geldstrafe in Haftstrafe unzulässig sei, stützt sich darauf, daß das GVG. keine Bestimmung über die Umwandlung uneinbringlicher Geldstrafen enthält, daß zwar die §§ 28, 29 StrGB. auch für strafrechtliche Nebengesetze maßgebend sind, das GVG. aber ein solches Nebengesetz nicht ist, und daß sich jene §§ 28, 29 nur auf Verbrechen, Vergehen und Übertretungen beziehen, worunter die Ungebühr im Sinne des § 179 als ein Verstoß gegen die Ordnung und Würde der gerichtlichen Verhandlungen nicht fällt. Diese Gründe sind nicht überzeugend. Die Zulässigkeit der Umwandlung wird mit Recht schon aus § 179 selbst entnommen. Aus dieser Vorschrift ist nicht zu folgern, daß der Richter nur befugt sei, eine Geld- oder eine Haftstrafe zu verhängen, daß er aber anstelle einer uneinbringlichen Geldstrafe eine Haftstrafe nicht festsetzen dürfe, denn der Wortlaut der Vorschrift berechtigt auch zu der Auffassung, daß der Richter die Umwandlungsbefugnis hat. Die gegenteilige Meinung führt zu dem unannehmbaren Ergebnisse, daß die Ungebühr ungesühnt bleibt und der Täter frei ausgeht, wenn die ausgesprochene Geldstrafe nicht beigetrieben werden kann. Die Folge wäre, daß der Richter in allen Fällen, in denen er die Einziehbarkeit der Geldstrafe nicht für unzweifelhaft hält, auf eine Haftstrafe erkennen würde. Daher ist nicht richtig, daß die Zulassung der Umwandlung eine der Bedeutung der Verfehlung des § 179 nicht entsprechenden Härte enthalten würde. Vielmehr würde im Gegenteile die Versagung jener Befugnis zu Härten führen, die der Gesetzgeber nicht gewollt hat, denn er hat in § 179 in erster Reihe Geldstrafe angedroht. Diese Härte kann man bei der anderen Auslegung vermeiden.

Unberechtigt ist der Hinweis auf § 888 ZPO. und dessen Auslegung in der Rechtsprechung (RG. 7 S. 358). In § 888 handelt es sich nicht um eine Strafe für ein ungebührliches Verhalten gegenüber dem Gerichte, sondern um ein Zwangsmittel gegen einen Schuldner, der zur Vornahme einer Handlung verurteilt ist, die durch einen Dritten nicht vorgenommen werden kann und die ausschließlich von dem Willen des Verurteilten abhängt. Diese Vorschrift läßt auch die Verhängung von Haft zu, wenn die Geldstrafen ohne Wirkung geblieben sind. Hier kann demnach der Fall nicht vorkommen, daß bei Uneinziehbarkeit der Geldstrafen die Verhängung des Zwangsmittels der Haft nicht möglich ist. Sonach entspricht es weder dem Gesetze noch dem Bedürfnisse, wenn dem Richter bei Anwendung des § 179 die Umwandlungsbefugnis abgesprochen wird (so auch Marienwerder Goltd. 54 S. 101; Breslau das. 60 S. 136; KGJ. 51 S. 442). Kn.

γ) **Wiedereinsetzung gegen Versäumung der Beschwerdefrist?**

OLG. Hamm, 7. ZS. Beschluß v. 8. März 1920.

Die Beschwerde gemäß § 179 ist verspätet eingelegt, da die Frist des § 183 nicht gewahrt ist. Der Angeklagte beantragt Wiedereinsetzung in den vorigen Stand. Eine solche ist jedoch gegen die Versäumung jener Frist des § 183 nicht gegeben. Allerdings hat das OLG. Düsseldorf am 12. Mai 1910 (RhArch. 108 S. 253) das Gegenteil angenommen. Der beschließende Senat vertritt jedoch in ständiger Rechtsprechung einen anderen Standpunkt. Das

RG. hat (JW. 1906 S. 716[14]) zu § 160 ausgeführt, daß bei der Eigenart der dort geregelten Beschwerde über Rechtshilfestreitigkeiten die Bestimmungen der ZPO. und der StrPO. über die Beschwerde außer acht zu bleiben hätten. Dieser Grund ist einleuchtend und gilt in gleichem Maße auch für die Regelung der Beschwerde im § 183. Diese folgt nicht dem üblichen Rechtszug, sondern geht, wie die des § 160 beim RG. einzulegen ist, unmittelbar an das OLG. Es ist im GVG. auch nirgend zum Ausdruck gekommen, wie das in anderen Gesetzen der Fall zu sein pflegt, daß die Vorschriften der ZPO. oder der StrPO. Anwendung oder entsprechende Anwendung finden sollen. Erst recht gilt dies hinsichtlich der in der ZPO. und der StrPO. getroffenen Bestimmungen über die Wiedereinsetzung. Auch diese Vorschriften können daher hier keine Anwendung finden. Eine Eigentümlichkeit der Beschwerden des GVG. ist, daß mangels einer dahingehenden Bestimmung dem unterliegenden Beschwerdeführer nicht die Kosten aufzuerlegen sind. D.ch.

6. Gewerberecht.

Ist der „Beauftragte" einer Handwerkskammer Beamter?

OLG. Hamm, 8. ZS. Urteil v. 22. Februar 1919.

Der Kläger, durch Vertrag vom 1. Juni 1906 bei sechswöchentlicher Kündigung und monatlicher Gehaltzahlung als „Beauftragter" der beklagten Handwerkskammer in A. angestellt, hat zuerst auf dem Privatbureau ihres damaligen Vorsitzenden in J. auch für dessen Geschäft gearbeitet. Später ist er dann nach A. übergesiedelt, wo er in den Geschäftsräumen der Beklagten lediglich für diese beschäftigt worden ist. Die Beklagte ist 1912 mit allen Beamten und Lehrern, auch mit dem Kläger, der Pensionskasse der Kreise, Städte und anderen Korporationen in der Provinz W. und der Witwen- und Waisenversorgungskasse beigetreten und hat sich am 1. Juli 1913 dem Kläger gegenüber verpflichtet, die Beiträge zu diesen Kassen zu zahlen. Nachdem sie ihm wegen Unbotmäßigkeit auf Ende 1916 gekündigt hatte, verlangt er Gehalt und Ruhegehalt, weil er Beamter sei. Der Anspruch ist unbegründet.

Die Einrichtung der „Beauftragten" einer Handwerkskammer hat ihre Grundlage im § 103[u] Abs. 1 mit § 94[c] GewO. Weitere Bestimmungen über die Beamten der Handwerkskammer enthält § 103[g] Abs. 3 Nr. 5. Die Preuß. Ausf.-Anw. besagt hierzu in Nr. 120: „Die dauernd und hauptamtlich angestellten Sekretäre haben die Rechte und Pflichten mittelbarer Staatsbeamten, sie müssen daher als solche durch die Aufsichtsbehörde vereidigt werden, sofern sie nicht bereits den Staatsdienereid geleistet haben. Das gleiche gilt für wissenschaftliche Hilfsarbeiter und sonstige Angestellte, sofern sie zur Handwerkskammer in einem dauernden Dienstverhältnisse stehen und auch nach ihren sonstigen Anstellungsverhältnissen als Beamte anzusehen sind." Mit letzterer Bestimmung ist die Frage nicht gelöst, da gerade zu entscheiden ist, ob die Anstellungsverhältnisse des Klägers auf seine Beamteneigenschaft hinweisen. Nach den Bestimmungen über die „Beauftragten" der Innungen ist die Hauptaufgabe der „Beauftragten“ die Besichtigung der zur Handwerkskammer gehörigen Betriebe, um die Befolgung der Vorschriften, die zugunsten der Gesellen, Lehrlinge und Arbeiter getroffen sind, sicherzustellen. Diese Aufgabe ist im § 5 Dienstanweisung der Beklagten dahin beschrieben: „Die Beauftragten haben ihre Tätigkeit nicht als eine polizeiliche, sondern als eine mit dem Rechte kollegialer Rücksichtnahme, Beratung und Belehrung eng verbundene Aufsicht zu erfassen.“ Demgemäß charakterisiert auch Landmann (GewO. 6. Aufl. § 103ⁿ Nr. 1f) ihre Befugnisse als keine polizeilichen. So versehen auch bei 41 Handwerkskammern die „Beauftragten“ ihr Amt als Ehrenamt, zum Teil ferner gegen Bezahlung im Nebenamt und wie hier als Hauptamt. Beeidigung findet allgemein nicht statt. Es können auch Meister oder Gesellen zu „Beauftragten“ bestellt werden (Landmann aO. § 94ᶜ N. 3; Hoffmann § 94ᶜ N. 3). Weisen schon diese allgemeinen Erwägungen darauf hin, daß der Kläger keine obrigkeitlichen Funktionen zu erfüllen, vielmehr im wesentlichen nichts anderes zu tun hatte, als was auch Meistern und Gesellen aufgetragen werden konnte, so ergeben auch die Verträge keine andere Auffassung. Allerdings ist die ursprüngliche Beschäftigung des Klägers nach seiner Übersiedelung nach A. eine etwas andere geworden. Es ist auch richtig, daß ein Dienstverhältnis, das ursprünglich als ein bürgerlich-rechtliches beabsichtigt war, nach der Art der Beschäftigung des Angestellten in ein Beamtendienstverhältnis übergehen kann, daß ein solches sogar entgegen dem ausdrücklich erklärten Willen des Dienstberechtigten angenommen werden muß, wenn der Angestellte dauernd nur obrigkeitliche Funktionen zu erfüllen hatte (vgl. RG. 19 S. 62; 42 S. 71). Das war aber hier nicht der Fall. Auch der Vertrag von 1913 bezweckte nur, dem Kläger die Vergünstigungen des Versicherungsgesetzes für Angestellte vom 20. Dezember 1911 zuzuwenden, ohne daß die Beklagte ihn auf Grund dieses Gesetzes hätte zu versichern brauchen (§ 14 Nr. 1, 9) Mit Rücksicht auf diese Bestimmungen ist die Beklagte den beiden Pensionskassen beigetreten und mit Rücksicht auf diesen Beitritt hat der Regierungspräsident dem Kläger gegenüber festgestellt, daß er dem Gesetz 20. Dez. 1911 nicht unterliege.... Dr. Hi.

7. Handelsrecht.

a) Wirkung der Bekanntmachung nach § 15² HGB.[1]

OLG. München, 4. ZS. Urteil v. 12. Juni 1919.

Der Kläger macht nicht geltend, daß ihm bessere Rechte an der auf Antrag der Beklagten gepfändeten Mietforderung seines Sohnes Hugo zustehen, sondern daß diese ihm selbst zustehe. Die Klage ist demnach nicht Widerspruchs-, sondern Feststellungsklage, deren Voraussetzungen hier vorliegen.

Den Mietvertrag von 1917 hat der Kläger im Namen der Firma Philipp

[1] Der § 142 FrGG. gestattet dem Registergericht auch die Beseitigung einer Löschung der Firma, wofern diese Löschung unzulässig war und das Gericht ihre Beseitigung durch die Gesamtumstände im öffentlichen Interesse oder im Interesse der Beteiligten nach pflichtgemäßem Ermessen für geboten erachtet (KG., ZS. 1a. Beschluß v. 4. Juli 1919).

Nachf. geschlossen, indem er sich als ihren Alleininhaber bezeichnete und die Maschinen und Werkzeuge der Kittfabrik vermietete. Nach § 344 gilt dieser Mietvertrag als zum Betrieb des Handelsgewerbes gehörig. Der Umstand, daß nach Inhalt des Vertrags der Vermieter während der Mietzeit die Kittfabrik nicht betreiben konnte, sein Handelsgewerbe sohin ruhte, ändert daran nichts. Da der Kläger den Vertrag im Namen der Firma Philipp Nachf. geschlossen hat, gilt der Vertrag als zum Betrieb des Handelsgewerbes des Firmeninhabers gehörig und diesem steht demnach die aus dem Vertrag entstehende Miet- oder Vergütungsforderung zu. Als solcher war Hugo im Handelsregister eingetragen und öffentlich bekannt gemacht. Demgegenüber ist gleichgültig, ob der Kläger Eigentümer der vermieteten Sachen war; gegenüber dem Vertragsschluß namens der Firma ist das Eigentum an ihnen nicht entscheidend. Der Kläger meint, daß nach der wahren Sachlage nicht sein Sohn, sondern er selbst Inhaber der Fabrik war, die er gekauft habe, um für den Lebensunterhalt seines Sohnes zu sorgen. Er hat diesen nur deshalb im Handelsregister als Firmeninhaber eintragen lassen, weil er das Handelsgewerbe weder auf seinen Namen noch auf den Namen seines minderjährigen Sohnes Adolf eintragen lassen wollte. Sein Sohn Hugo habe die Kittfabrik niemals betrieben. Die Beklagte macht dagegen unter Berufung auf § 15¹ geltend, die Tatsache, daß der Kläger der wirkliche Firmeninhaber sei, sei im Handelsregister nicht eingetragen und bekannt gemacht und könne daher von dem Kläger, in dessen Angelegenheiten sie einzutragen war, ihr nicht entgegengesetzt werden. Es kann dahingestellt bleiben, ob § 15¹ überall anwendbar ist, wenn es sich nicht um eine Handlung eines Dritten im Geschäftsverkehr, sondern um eine Vollstreckungshandlung eines Dritten handelt (vgl. dazu RG. 93 S. 238). Hier hat der Kläger, der nach seinem Vorbringen die Kittfabrik gekauft und bis zum Abschluß des Mietvertrags selbst betrieben hat, nicht nur unterlassen, seine Firma oder die durch den Kauf eingetretene Änderung des Firmeninhabers eintragen zu lassen, obwohl er nach §§ 29, 31 dazu verpflichtet war, sondern auch den bewußt unrichtigen Eintrag, daß sein Sohn Hugo die Kittfabrik unter der Firma betreibe und deren Inhaber sei, und die öffentliche Bekanntmachung dieser Eintragung selbst veranlaßt und herbeigeführt. Weil der Kläger die Eintragung und öffentliche Bekanntmachung der unrichtigen Tatsache, daß sein Sohn Hugo der Firmeninhaber sei, selbst gewollt und bewirkt hat, und die Eintragung, obwohl sie der wahren Sachlage widersprach, mit seinem Willen fortbestand, ist der Kläger Dritten gegenüber auch außerhalb des Geschäftsverkehrs an den Inhalt der unrichtigen Eintragung gebunden und muß sie schlechthin gegen sich gelten lassen. Er darf Dritten gegenüber auch außerhalb des Geschäftsverkehrs nicht vorbringen, daß sie unrichtig und er selbst Inhaber der Firma sei. Durch diese Geltendmachung würde er sich mit seiner eigenen Veranstaltung, wonach für die Allgemeinheit sein Sohn als Firmeninhaber erscheint, in Widerspruch setzen. W.

b) **Firma** [1]: *α*) **Gebrauch bei Anmeldung der Prokura.**

Kammergericht, ZS. 1a. Beschluß v. 26. September 1919.

Nach § 17 ist die Firma des Kaufmanns nicht etwa eine Bezeichnung, unter der er überhaupt im Rechtsleben aufzutreten befugt ist, sondern nur derjenige Name, unter dem er — abgesehen vom Prozeß — im Handel seine Geschäfte betreibt. Anmeldungen zum Handelsregister gehören aber nicht zum Betriebe des Handelsgewerbes (RJA. 14 S. 56). Ein Kaufmann ist deshalb an sich nicht befugt, vor dem Handelsregister sich der Firma statt des bürgerlichen Namens zu bedienen; jedoch ist für angängig erachtet worden, daß er im Ordnungsstrafverfahren den Einspruch mit seiner Firma zeichnet (KGJ. 31 S. 3). Diese Rechtsansicht, an der festgehalten wird, führt dazu, im Registerverfahren überhaupt die Unterzeichnung mit der Firma in denjenigen Fällen für angängig zu erachten, in denen keine entgegenstehenden Vorschriften oder sonstigen Bedenken vorliegen. Nun besagt allerdings der § 53 ausdrücklich, daß der Geschäftsinhaber die Erteilung der Prokura anzumelden hat. Damit ist aber ein materielles Erfordernis aufgestellt und ausgesprochen, daß nur dieser, nicht aber eine andre zur Firmenzeichnung berechtigte Person zu jener Anmeldung befugt ist. Daß er aber nun auch verpflichtet sein soll, mit seinem bürgerlichen Namen zu zeichnen, ist weder im Gesetz ausgesprochen noch in der Rechtspflege bisher allgemein erfordert, wie denn auch dafür, ein solches Erfordernis dem § 53 zu entnehmen, keine zwingenden Gründe vorliegen. M.

β) **Benutzung von Deck- oder Künstlernamen.**

Kammergericht, 1. FerienZS. Beschluß v. 6. August 1919.

Die Kaufleute K. und G., sowie die Frau P. J. haben einen Vertrag zur Gründung einer GmbH. geschlossen, die die Firma „Marion J. Filmgesellschaft mbH." führen soll. Der in diese Firma aufgenommene Name ist derjenige, den die vorgenannte Gesellschafterin als Filmschauspielerin für die Ausübung ihrer künstlerischen Tätigkeit angenommen hat. Das Amtsgericht hat diese Firma als nicht eintragbar bezeichnet. Das LG. ist dem beigetreten, weil ein Deck- oder Künstlername bei der Firmenbildung nicht benutzt werden könne. Die weitere Beschwerde nimmt darauf Bezug, daß bereits in zahlreichen Fällen Firmen eingetragen worden seien, die die Namen bekannter Filmdarsteller enthielten, womit bezweckt sei, die Gesellschaften als solche zu kennzeichnen, welche Films vertreiben, in denen der genannte Darsteller die künstlerische Leitung habe. Allein bei dem vorliegenden Sachverhalt kann nur in Frage kommen, ob die Firma dem § 4 GmbHG. mit §§ 18ff. HGB. entspricht. Sie darf danach den Namen eines Gesellschafters enthalten. Dieser Name muß aber dessen wirklicher Name (Familienname) sein, nicht etwa ein

[1] Wird eine Handelsniederlassung an einen andren Ort verlegt, so erlischt die Firma nicht, sie ist beim Gericht der neuen Niederlassung anzumelden und darf fortgeführt werden, wenn sie rechtmäßig bestand, aber nicht, wenn sie, wie hier, nach 1. Jan. 1900 eingetragen war, obwohl sie keinen ausgeschriebenen Vornamen enthielt (KG. 20. Febr. 1920, 1a x 86).

Deckname, ein Pseudonym (KG. im Recht 1908 Nr. 1057). Denn wenn dem letzteren auch nicht jeglicher Rechtsschutz versagt bleibt, so ist er doch nicht schlechthin als der Name im Rechtssinne anzusehen. Nur dieser, nämlich der bürgerliche Name, kommt rechtlich dann in Betracht, wenn das Gesetz wie hier von dem Gebrauch des Namens spricht. An diesem bereits früher ausgesprochenen Grundsatz (1 X 1507/07; vgl. auch KGJ. 38 S. 158; 39 S. 115) ist auch bei erneuter Prüfung festzuhalten. Von ihm abzuweichen, bietet auch der Umstand keinen Anlaß, daß bereits mehrfach von dieser Rechtsanschauung abgewichen sein soll. Gründe, die die Abweichung rechtfertigen könnten, sind weder beigebracht, noch aus Rechtsprechung oder Schrifttum ersichtlich geworden. Die Auffassung, daß bei der Firmenwahl zur Kennzeichnung der geschäftlichen Eigenart der fraglichen Gesellschaft auf den Künstlernamen zurückgegriffen werden dürfe, geht fehl, denn nur die Verwendung des bürgerlichen Namens ist nach § 4 GmbHG. statthaft; unerheblich ist angesichts dieser Vorschrift auch, ob eine Irreführung oder Täuschung beabsichtigt oder ausgeschlossen ist (1 a X 972/09). R. I.

γ) **Zusatz „Zentralverlag" als Verstoß gegen die Firmenwahrheit.**
Stuttgart, 1. ZS. Beschluß v. 9. Januar 1920.

Die Eintragung der Firma „Zentralverlag" Luise A. wurde abgelehnt, weil A. einzige Inhaberin des Geschäfts sei, dieses einen kleinen Umfang habe und daher der Zusatz geeignet sei, eine Täuschung über den Umfang des Geschäfts und die Verhältnisse des Geschäftsinhabers herbeizuführen. Die weitere Beschwerde ist nicht begründet. Der Registerrichter muß vor der Anordnung einer Eintragung prüfen, ob deren wesentliche Voraussetzungen gegeben sind (§ 142 FrGG.); zu ihnen gehört, daß nicht gegen das Täuschungsverbot des § 18^2 verstoßen wird. Nach den Feststellungen ist der Umfang des Geschäfts gering; es beschäftigt zwei Hilfspersonen; das Vollgewerbekataster betrug bisher 17875 Mark. Weiter führt das LG. aus: unter „Zentralverlag" stelle sich der unbefangene Leser „einen Zusammenschluß mehrerer Verlagsgeschäfte vor, somit wenn nicht eine Gesellschaft, so doch ein aus Vereinigung mehrerer Geschäfte hervorgegangenes größeres Unternehmen, das womöglich noch mehrere Filialen unter sich habe"; die örtliche Lage des Geschäfts sei für die Bedeutung des Worts Zentralverlag nebensächlich. Der hier festgestellte allgemeine Erfahrungssatz ist nicht rechtsirrtümlich; auch die Annahme, daß der Zusatz in der angeführten Bedeutung geeignet sei, über den Umfang des Geschäfts und die Verhältnisse des Geschäftsinhabers zu täuschen, beruht auf keiner Gesetzesverletzung; besonders ist der Rechtsbegriff der Täuschung (im Gegensatz zu zulässiger, nicht gegen den Grundsatz der Firmenwahrheit verstoßender Reklame) nicht verkannt. Überhaupt ist es im wesentlichen Tatfrage, ob der Zusatz den tatsächlichen Verhältnissen entspricht. Die Tatsache, daß bereits der Mann der Beschwerdeführerin die eingetragene Firma „Zentralverlag Max A." führte, hat das LG. gewürdigt und mit Recht für nicht entscheidend erachtet. S.

δ) Bedeutung des Firmenzusatzes „Druckkunst".

OLG. Hamburg, 1. ZS. Beschluß v. 12. Mai 1919.

Die weitere Beschwerde ist begründet. Die Vorinstanzen haben die Eintragung der Firma „Moderne Druckkunst Karl A." abgelehnt, weil der Zusatz den Anschein erwecke, als wenn sich die Firma mit dem Drucke selbst befasse, während sie nur die Vermittlung von Druckaufträgen betreibe. Sprachlich liegt allerdings in der Wortbildung „Druckkunst" eine Betonung der Kunst, nicht des Druckes. Wer selbst druckt, stellt in zusammengesetzten Worten das Wort „Druck" an zweite Stelle, zB. Buchdruck, Stahldruck usw. Das Wort „Kunstdruck" würde im Verkehr dahin aufgefaßt werden, daß die Firma, die eine solche Bezeichnung führt, selbst künstlerisch ausgestattete Drucke herstellt. Dagegen ist das Wort „Druckkunst" nicht schon dann als täuschend anzusehen, wenn die Firma, die diese Bezeichnung führt, nicht selbst druckt, sondern wenn sie künstlerische Druckentwürfe anfertigt, aber die mechanische Ausführung des Drucks durch andre Firmen ausführen läßt oder für diese Ausführung der Entwürfe andre Firmen empfiehlt, während allerdings die Bezeichnung Druckkunst dann täuschend ist, wenn der Antragsteller auch die künstlerischen Entwürfe nicht selbst oder durch seine Angestellten herstellen läßt, sondern lediglich eine gewerbsmäßige Vermittlung von Druckaufträgen betreibt. In dieser Hinsicht gibt der Antragsteller an, daß er einen kunstgewerblichen Zeichner beschäftigen wolle; diese Angabe deutet darauf hin, daß er selbst die Entwürfe macht oder durch sein Geschäft machen läßt und der vom Antragsteller gewählte Ausdruck, er betreibe die Vermittlungen von Druckaufträgen, dahin zu verstehen ist, daß er die Entwürfe machen läßt und nur die mechanische Ausführung weiter gibt oder dafür eine Firma empfiehlt. In diesem Falle würde die Bezeichnung nicht über die Art des Geschäfts täuschen. M.

ε) Bedeutet der Zusatz: „Söhne" auch Schwiegersöhne?

OLG. Dresden, 6. ZS. Beschluß v. 15. März 1919.

Die Firma des Beschwerdeführers „Paul H." soll, nachdem sein Sohn und sein Schwiegersohn als persönlich haftende Gesellschafter in das Geschäft eingetreten sind, den Zusatz „& Söhne" erhalten. Dieser Zusatz widerspricht jedoch dem Grundsatze der Firmenwahrheit, von dem die Vorschriften des HGB. über die Handelsfirma beherrscht werden. Allerdings könnte die Gesellschaft die Firma: „Paul H. & Co." führen, da nach § 19[1] der Name eines der Gesellschafter mit einem das Vorhandensein einer Gesellschaft andeutenden Zusatz genügt. Richtig ist auch, daß anstelle eines solchen Zusatzes allgemeiner Natur ein Zusatz gewählt werden kann, der das Verwandtschaftsverhältnis angibt, das zwischen dem mit dem Namen bezeichneten Gesellschafter und den übrigen Gesellschaftern besteht. Erforderlich ist aber dazu, daß es der Wahrheit entspricht, was hier nicht der Fall ist. Denn der Schwiegersohn einer Person gehört nicht zu ihren Söhnen. Das gilt nicht nur im Rechtssinn, sondern ebenso im Verkehrsleben, wie denn auch die hierüber befragte Handelskammer bezeugt, daß im Handelsverkehr der Firmenzusatz „& Söhne" wörtlich aufgefaßt werde und demgemäß Schwiegersöhne in diesem Zusammenhange nicht als Söhne betrachtet würden. Ob im einzelnen Falle eine Täuschung durch den Zusatz ausgeschlossen erscheint, ist ohne Bedeutung; der Zusatz wird schon dadurch unzulässig, daß er der Wahrheit widerspricht und deshalb unter Umständen zu Täuschungen führen kann. Ann.

5) **„Erwerb" eines bestehenden Geschäfts nach § 22.**

OLG. Braunschweig, 1. ZS. Urteil v. 17. Oktober 1919.

Die Kläger verlangen vom Beklagten Unterlassung des Gebrauches des Namens Paul Nathe und Löschung dieser Firma im Register. Daß die Kläger das Recht auf den Namen Nathe haben, ist nicht bestritten. Sie können also Ansprüche auf Unterlassung und Beseitigung rechtswidriger Zustände erheben, wenn ihre Rechte oder Interessen verletzt sind, und wenn der Beklagte den Namen Paul Nathe unrechtmäßig gebraucht (§ 37² HGB., § 12 BGB.). Der Kaufmann Paul Nathe, der hier ein Wagengeschäft betrieben hat, hat dieses zunächst gemeinschaftlich mit Th. Müller 1873 erworben und unter der Firma Fr. Müller weitergeführt. 1878 hat er es als Alleininhaber übernommen und 1911 auf seine Witwe vererbt. Nach der Bescheinigung der Handelskammer vom 2. April 1918 hat jedoch Nathe das Geschäft seit vielen Jahren unter der Bezeichnung Paul Nathe geführt. Da er Vollkaufmann war, wie die gedachte Bescheinigung ergibt, war er befugt, seinen bürgerlichen Namen als kaufmännische Firma anzunehmen. Die Firma entsteht beim Vollkaufmann mit dem Beginne des Gewerbebetriebes und ist von der Eintragung im Handelsregister nicht abhängig; sie entstand also, als Nathe sie in seinem bestehenden Gewerbebetriebe aufnahm. Die Eintragung der Firma Fr. Müller stand nicht entgegen. Die Witwe Nathe hat das Geschäft als alleinige befreite Vorerbin ihres Mannes im ganzen erworben und unter der Firma Paul Nathe weitergeführt. Sie konnte diese Firma daher gemäß § 22 weiter übertragen. Sie hat nun das Geschäft zum 1. April 1918 an den Beklagten übertragen; jedoch ist nicht das Geschäft als Ganzes mit allen Aktiven und Passiven als Vertragsgegenstand genannt, vielmehr wird das Veräußerte im einzelnen aufgeführt. In § 4 wird dem Beklagten auch das Recht auf die Fortführung der Firma gewährt. Würde das an den Beklagten Veräußerte nur ein Inbegriff von einer Reihe Sachen, zB. der Rohstoffe sein, so könnte das nur als Kauf einer Sachgesamtheit beurteilt werden (Makower HGB. § 22 A I d Abs. 1) und nicht den Schluß rechtfertigen, daß das Geschäft übergegangen sei. Dann würde die Übertragung der Firma auf den Beklagten nichtig sein; denn die Firma kann nur gemeinsam mit dem Handelsgeschäfte veräußert werden (JW. 1904 S. 99²⁸; Staub § 22⁴). Die Kläger meinen jedoch mit Unrecht, daß die Sache hier so liege. Der Beklagte hat nach dem Vertrage alle Wagen und Vorräte, sowie alle Maschinen und Werkzeuge erworben. Die erforderlichen Räume hat er in demselben Vertrage von der Witwe Nathe gemietet. Er hatte auch die laufenden Bestellungen auszuführen, hat also die Schuldenverpflichtungen aus den noch nicht erfüllten Werkverträgen übernommen. Hieraus geht hervor, ohne daß es noch eines Beweises wegen der Übernahme der Geschäftsbücher bedürfte, daß der Beklagte das Geschäft im ganzen übernommen hat. Er hatte nicht nur die Stoffe, sondern auch die Maschinen und konnte damit die Herstellung von Wagen fortsetzen. Ihm war die Kundschaft überwiesen; er war also in die Handelsbeziehungen des Geschäfts eingetreten und konnte den kaufmännischen Betrieb fortführen. Damit hatte er die für die Fortführung des Handelsbetriebes wesentlichen Bestandteile des Handlungsvermögens, und es ist ohne Belang, daß ihm nicht sämtliche Aktiva und nicht die Passiva überwiesen sind. Die Kontinuität des Geschäftes liegt vor, und der Übergang der Firma Paul Nathe auf den Beklagten war zulässig.

Im Handelsregister ist eingetragen, daß das unter der Firma Paul Nathe betriebene Handelsgeschäft an den Beklagten abgetreten ist. Diese Eintragung, die für das Recht auf die Firma nur deklaratorische Bedeutung hat, entspricht dem entwickelten sachlichen Rechtszustande. Die Witwe Nathe hat am 18. April 1918 zum Handelsregister angemeldet, daß sie die Firma Paul Nathe für ihr Handelsgeschäft angenommen habe. Ob sie zu diesem Antrage allein und ohne Mitwirkung des Beklagten befugt war, nachdem sie das Geschäft mit Wirkung zum 1. April 1918 schon abgetreten hatte, kann dahingestellt bleiben (RG. 65 S. 16). Unterm 23. Mai 1918 haben die Witwe und der Beklagte gemeinsam zum Handelsregister angemeldet, daß das unter der Firma Paul Nathe betriebene Geschäft an den Beklagten abgetreten sei. Wäre die Anfügung, daß die Abtretung ohne Aktiva und Passiva geschehen sei, richtig gewesen, so hätte die Rechtmäßigkeit des Firmenüberganges Bedenken unterliegen müssen; die Abtretung ist jedoch mit den für die Fortführung des Geschäftes wesentlichen Aktiven geschehen. Die Witwe war aber, wenn sie auch über die Firma seit 1. April 1918 nicht mehr verfügungsberechtigt war, auf Grund des Kaufvertrags verpflichtet, dazu mitzuwirken, daß die erforderlichen Registereintragungen bewirkt wurden, um den sachlich geschaffenen Rechtszustand auch formell zur Erscheinung zu bringen (RG. 65 S. 16). Dieser Pflicht hat sie genügt mit dem Ergebnisse, daß die Registereintragungen mit dem vertragsmäßig zulässigerweise geschaffenen Rechtszustande übereinstimmen. W. n.

η) **Deutliche Unterscheidung zweier Namensfirmen durch den Zusatz „GmbH.“**[1]

Kammergericht, 3S. 1a. Beschluß v. 27. März 1918.

Von der bereits eingetragenen Firma „Eugen Krüger“ unterscheidet sich die neue Firma „Eugen Krüger GmbH.“ lediglich durch den Zusatz „GmbH.“. Für die Frage, ob dieser Zusatz beide Firmen deutlich unterscheidet, ist die

[1] Ebenso genügt zur deutlichen Unterscheidung von Namensfirmen der Zusatz des Handelszweiges, in welchem der neue Firmeninhaber tätig sein will, also die Metallhandlung „Jacob Levy“ von der Firma „Jacob Levy Lederwaren“ (Beschluß desselben 3S. v. 26. April 1918; KGJ. 51 S. 121).

Verkehrsübung u. z. im wesentlichen die der kaufmännischen (RG. 20 S. 72), sodann aber auch die der übrigen im kaufmännischen Geschäftsverkehre sich betätigenden Kreise. In diesen besteht aber die Übung, auch auf kleinere Firmenunterschiede zu achten und insbesondere zu berücksichtigen, wenn in ähnlich lautenden Firmen verschiedene Gesellschaftsformen enthalten sind. In Anlehnung hieran und im Hinblick auf § 20 HGB. sowie § 4 GmbHG. hat es daher das KG. schon für eine deutliche Unterscheidung erachtet, wenn zwei Firmen zwar den gleichen Namen, jedoch die eine den Zusatz „Aktiengesellschaft", die andere „GmbH." enthielt (KGJ. 26 S. 217). Diese auch von Staub, Brand vertretene Auffassung deckt sich mit derjenigen, die das Bay. ObLG. dahin begründet hat, daß die GmbH. ihre Firma ohne die Bezeichnung als Gesellschaft nebst der die Unterscheidung aufweisenden zusätzlichen Bezeichnung „mit beschränkter Haftung" gar nicht führen könne und es hier nur auf die gebotenen Firmen, nicht aber darauf ankomme, ob etwa eine von ihnen oder beide in willkürlich geänderter (gekürzter) Form gebraucht würden (BayZ. 1907 S. 474). Dieser letztere, auch in RG. 20 S. 73 hervorgehobene Gesichtspunkt wird auch bei erneuter Prüfung festgehalten. M.

c) α) **Stillschweigende Ermächtigung zu Handelsgeschäften.**

Kammergericht, 7. ZS. Urteil v. 28. November 1919.

Die beklagte offene HG. betreibt ein Warenhaus. Die Bestellung der streitigen Schuhwichsedosen und das Schreiben über die Lieferungsbedingungen sind unterzeichnet mit dem Firmenstempel der Beklagten, dem handschriftlich: „I. V. Busch" zugesetzt war. Busch war Abteilungsleiter bei der Beklagten und zwar Vorsteher der „Propagandaabteilung". Daraus folgt, daß er zur Vornahme einer bestimmten zum Handelsgewerbe gehörigen Art von Geschäften ermächtigt war. Nach der Behauptung der Beklagten war er auch in der Einkaufsabteilung tätig und sind ihre Einkäufer zu Einkäufen ermächtigt, haben also Vertretungsvollmacht für die Einkäufe, wenn sie auch dazu der Firma gegenüber nur für den Fall berechtigt sind, daß ihr Einkaufsvorschlag von den Inhabern der Beklagten genehmigt ist. Busch hat danach sowohl als Leiter der Propagandaabteilung, wie als Einkäufer Handelsvollmacht gehabt. Gemäß § 54 wirkt aber nach außen die Vollmacht derart, daß durch die Handlungen des Bevollmächtigten die Firma gebunden wird, auch wenn die Handlung nicht in das besondere Tätigkeitsgebiet des Bevollmächtigten gehört und er zu dem Geschäft weder einen allgemeinen noch einen besonderen Auftrag gehabt oder seinen Auftrag überschritten hat. Die Grenze der Vollmacht nach außen ist dahin gezogen, daß alle Rechtshandlungen hineinfallen, die der Betrieb des Handelsgewerbes gewöhnlich mit sich bringt. Die Bestellung von Schuhwichsedosen fällt aber in den Rahmen des gewöhnlichen Betriebes von Warenhäusern. L.n.

β) **Kann der einzelne Gesellschafter dem Gesamtprokuristen Generalvollmacht erteilen?**

Kammergericht, 1. ZS. Beschluß v. 10. Oktober 1918.

Die Eigentümerin des Grundstücks, auf dem eine Amortisationshypothek für die Aktienbank in B. haftet, ist die offene HG. Adam O. Sie beantragte 1918 durch den Prokuristen Fritz als Generalbevollmächtigten die Löschung dieser Hypothek In der beigefügten notariell beglaubigten Generalvollmacht vom 1. März 1917 erklärt Karl O., er bevollmächtige seinen Prokuristen Fritz, ihn in allen Fällen, in denen es das Gesetz zulasse zu vertreten. Nach dem zugleich vorgelegten Registerauszug ist Karl O. einer der mehreren Gesellschafter, von denen keiner in der Vertretung beschränkt ist. Dagegen ist dem Prokuristen Fritz dergestalt Gesamtprokura erteilt, daß er die Firma mit einem andern Prokuristen zeichnen darf. Daraus hat das Amtsgericht hergeleitet, daß Fritz als Prokurist nur mit einem andern Prokuristen zusammen handeln dürfe, und daß zur Erteilung einer darüber hinausgehenden Vollmacht vorliegend gemäß § 116 ein Beschluß sämtlicher Gesellschafter erforderlich sei, weil es sich bei der Löschung der Hypothek nicht um ein gewöhnliches Geschäft handle; auch widerspreche die Bevollmächtigung des Fritz durch Karl O. allein dem Inhalt des Registerauszugs insofern, als Fritz nach dem letzteren die Firma nur in Gemeinschaft mit einem andern Prokuristen zu zeichnen berechtigt sei. Demgegenüber hat das LG. zwar als zweifelhaft bezeichnet, ob Karl O. befugt gewesen sei, das Recht zur Vertretung der Gesellschaft als Ganzes auf einen Dritten zu übertragen, die Beschwerde aber deshalb zurückgewiesen, weil die Handlungsvollmacht sich nach § 54 nur auf solche Geschäfte und Rechtshandlungen erstrecke, die der Betrieb eines derartigen Handelsgewerbes oder die Vornahme derartiger Geschäfte, für die sie erteilt sei, gewöhnlich mit sich bringe, es sich vorliegend aber um ein gewöhnliches Geschäft nicht handle. Demgemäß hat das LG. die Kosten der Beschwerde dem Prokuristen auferlegt, weil er sie ohne Vertretungsmacht erhoben habe. Die Vorentscheidungen sind rechtsirrtümlich.

§ 116 gilt, wie seine Stellung im Gesetze deutlich zeigt, auch in Rechtsprechung und Schrifttum allgemein anerkannt wird, lediglich für das Rechtsverhältnis der Gesellschafter einer offenen HG. zueinander, für das Innenverhältnis, während die Vertretungsmacht der Gesellschafter, dh. ihre Befugnis, Dritten gegenüber für die Gesellschaft rechtswirksam zu handeln, durch die §§ 123 ff. geregelt wird (KGJ. 23 S. 122; Staub[9] N 5; Makower A I; Lehmann-Ring N. 3; Brand N. 4 zu § 116). Danach ist jeder Gesellschafter zur Vertretung der Gesellschaft befugt, der nicht gemäß § 125 wirksam davon ausgeschlossen ist, letzteres ist hier bezüglich des Gesellschafters Karl O. nicht der Fall. Die Vertretungsmacht erstreckt sich nach § 126 auf alle gerichtlichen und außergerichtlichen Geschäfte, auch wenn sie nicht zum Geschäftsbetriebe der Gesellschaft gehören (Staub § 126[1]) und nicht Handelsgeschäfte sind (RG. 26 S. 18; 32 S. 33; Makower § 126 Ib) und kann in ihrem Umfang Dritten gegenüber nicht wirksam beschränkt werden, besonders nicht auf gewisse Geschäfte oder Arten von Geschäften. Die Gesellschaft wird auch durch solche Geschäfte berechtigt und verpflichtet, die ein vertretungsberechtigter Gesellschafter namens der Gesellschaft unter Verletzung der für seine Befugnis zur Geschäftsführung im Verhältnis nach innen bestehenden Bestimmungen vornimmt, selbst wenn die Beschränkung eingetragen oder dem Dritten bekannt ist (RG. 57 S. 388; Staub § 126[11]). Deshalb darf auch ein dem Grundbuchamt von einem vertretungsberechtigten Gesellschafter eingereichter Antrag nicht deshalb beanstandet werden, weil die Zustimmung der übrigen Gesellschafter einzuholen gewesen wäre (KGJ. 23 S. 122). Es ist auch nicht anzuerkennen, daß die Erteilung der Vollmacht an Fritz deshalb dem Inhalte des Handelsregisters widerspreche, weil er danach nur gemeinschaftlich mit einem andern Prokuristen die Firma der Gesellschaft zu zeichnen berechtigt sei. Denn in seiner Eigenschaft als Prokurist hat Fritz bei der Stellung des Löschungsantrags nicht gehandelt, sondern auf Grund der ihm von Karl O. erteilten Generalvollmacht. Im übrigen hätte letzterer dem ersteren nach § 126 auch unbeschränkte Prokura erteilen können. Die Gründe des Amtsgerichts sind hiernach unzutreffend. Aber auch die Anwendung des § 54 ist nicht begründet. Er beschränkt sich auf den Fall der Erteilung einer Handlungsvollmacht, dh. einer Vollmacht zum Betriebe eines Handelsgewerbes oder von Geschäften, die zu einem Handelsgewerbe gehören; der Annahme aber, daß die von Karl O. dem Fritz erteilte Generalvollmacht den letzteren nur zu allen im Rahmen des Handelsgewerbes der Firma liegenden Geschäfte ermächtige, fehlt es an jeder Unterlage. Zweifellos ist nach dem Inhalt der Vollmacht, daß sie von Karl O. in seiner Eigenschaft als Gesellschafter der offenen HG. für diese ausgestellt worden ist; zugegeben ist auch, daß diese Vollmachtserteilung nach § 344 als zum Betriebe seines Handelsgewerbes gehörig zu gelten hat; daraus folgt aber nichts für den Umfang der Vollmacht, ob sie sich auf das Handelsgewerbe beschränkt oder nicht. Letzteres ist offenbar der Fall, da sie sich nach ihrem Inhalt auf alle Fälle erstreckt, in denen das Gesetz eine Bevollmächtigung zuläßt. Daß eine offene HG. auch Geschäfte vornehmen kann, die nicht Handelsgeschäfte sind, ist nicht zweifelhaft (vgl. RG. 32 S. 33). Die Generalvollmacht fällt daher nicht unter § 53. Hiernach bleibt nur noch die Frage übrig, ob es zulässig ist, daß der vertretungsberechtigte Gesellschafter einem Dritten eine so weit gehende Vollmacht namens der Gesellschaft erteilt. Das ist zu bejahen. Vertretung ist überall da zulässig, wo nicht die Natur des Rechtsgeschäfts oder das Gesetz entgegensteht (RG. 63 S. 113; Staudinger Vorb. 7; Planck Vorb. 3 vor § 164 BGB.). Das ist hier nicht der Fall. Insbesondere läßt sich die Unzulässigkeit einer solchen Vollmachtserteilung nicht aus der Natur des Gesellschaftsverhältnisses folgern, wie es im HGB. geregelt ist. Das Gegenteil ergibt der § 126. Eine Vorschrift, wie sie in § 246[4] für die Mitglieder des Aufsichtsrats getroffen ist, fehlt. Selbstverständlich kann der Dritte durch einen vertretungsberechtigten Gesellschafter nicht ermächtigt werden zur Vornahme solcher Handlungen, zu denen der Gesellschafter selbst nicht ermächtigt ist, zB. zur Aufnahme eines Dritten als Gesellschafter (RG. 52 S. 161; Staub § 126[2]); im übrigen aber kann jener Gesellschafter den gesamten Inhalt seiner Vertretungsmacht auf einen Dritten übertragen, auch durch Generalvollmacht. Hiernach ist der Prokurist Fritz nicht nur zum Löschungsantrage namens der Gesellschaft bezüglich der Hypothek befugt gewesen, sondern es ist auch der Grund, aus dem das LG. ihn zur Einlegung der Beschwerde für die Firma als nicht ermächtigt angesehen hat, unzutreffend, diese Ermächtigung geht aus der Generalvollmacht hervor. . . . Opp.

d) **Rücknahme eines „Kommissionslagers" wegen Nichtberichtigung fälliger Forderungen.**

OLG. Rostock, 2. ZS. Urteil v. 23. Oktober 1918.

Der Kläger, der der Beklagten ein ständiges Kommissionslager von Weinen zum Verkaufe für seine Rechnung zu festen Preisen übergeben hatte, fordert den zufolge Abrechnung fälligen Betrag. Die Beklagte wendet ein, daß der Kläger sie durch das bisher nicht erfüllte Versprechen baldigster Rückgabe in aufgefrischtem Zustande dazu bestimmt habe, das Kommissionslager herauszugeben, weshalb sie die Klagesumme zurückhalte. Dieser Einwand ist nicht begründet. Es kann dahingestellt bleiben, ob das Vertragsverhältnis der Parteien die Natur des Kommissionsgeschäfts hatte, so daß dem Kläger ein freies jederzeit willkürlich auszuübendes Widerrufsrecht zustand, oder ob die Beklagte nach anderen Grundsätzen (zB. als Kommissionsagent RG. 69 S. 364) zu beurteilen ist, die ihr die Möglichkeit gewährten, das Lager auch trotz eines Widerrufs zu behalten. Denn auch im letzteren Falle war nach dem aus der Sachlage zu entnehmenden Vertragswillen der Kläger nicht verpflichtet, der Beklagten, die schon seit Februar 1916 mit der Bezahlung des damals festgestellten Schuldbetrags im Rückstande war und nun auf Grund der Abrechnung vom August 1916 einen weiteren Betrag zu zahlen hatte, neuen Kredit durch Lieferung eines aufgefrischten Lagers zu gewähren, solange sie nicht die fälligen Forderungen der Klägerin berichtigt hatte. Der § 273 BGB. erweist sich schon deshalb als unanwendbar, weil „sich aus dem Schuldverhältnis ein anderes ergibt". Daran ändert sich auch dadurch nichts, daß der Kläger angeblich bei der Abrechnung im August 1916 gesagt hat, mit der Bezahlung habe es keine Eile. Denn darin kam nur zum Ausdruck, daß er bereit sei, Nachsicht zu üben, aber eine Befristung, die der Beklagten ein Recht gab, wurde dadurch nicht festgelegt, und am 12. August 1916 hat der Kläger bereits gemahnt. Wenn sich die Beklagte endlich noch darauf beruft, daß der Kläger sie durch Vorspiegelung der von vornherein bei ihm nicht bestehenden Absicht, das Lager aufgefrischt zurückzugeben, zur Herausgabe des vorhandenen Bestandes veranlaßt habe, so kann dahingestellt bleiben, ob darin ein dem § 826 BGB. genügendes Verhalten zu sehen ist. Denn ein Abhängigkeitsverhältnis zwischen der Klageforderung auf Bezahlung fälliger Schuldbeträge und diesem deliktischen Ersatzanspruch im Sinne des § 273 BGB. ist nicht zu erkennen; auch würde, da eine Rückgabe der inzwischen zweifellos aufgebrauchten Weine nicht möglich ist, der Beklagten gemäß § 251 BGB. nur ein Recht auf Geldentschädigung zustehen, so daß sie nicht zurückhalten, sondern nur aufrechnen könnte, was sie nicht getan hat. J. n.

e) **Offene HG.**[1]: α) **Bedeutung des § 125³ HGB.**

Kammergericht, 1. ZS. 1a. Beschluß v. 23. Mai 1919.

Die GmbH., die durch 2 Geschäftsführer vertreten wird, ist die alleinige persönlich haftende Gesellschafterin der eingetragenen Gesellschaft: AG. H., Kommanditgesellschaft. Diese hat zum Handelsregister angezeigt, sie habe 6 Personen in der Weise Prokura erteilt, daß sie in Gemeinschaft mit einem vorgenannten Geschäftsführer die Firma (der Kommanditgesellschaft) vertreten und zeichnen können. Die Eintragung wurde abgelehnt. Aus dem hier in Betracht kommenden § 125³ Satz 1, der gemäß § 161² auch auf Kommanditgesellschaften Anwendung findet, haben die Vorinstanzen gefolgert, daß, da hier nur eine einzige persönlich haftende Gesellschafterin vorhanden sei, der § 125³ aber nur dann Anwendung finde, wenn mehrere vertretungsberechtigte Gesellschafter vorhanden seien, eine Prokuristenbestellung, wie die hier angemeldete, rechtlich nicht angängig sei. Diese Rechtsansicht bekämpft die Beschwerdeführerin und trägt vor, daß, wenn sie zwei persönlich haftende Gesellschafter besäße, etwa eine Gesellschaft mbH., und eine natürliche Person, unbedenklich bestimmt werden könnte, daß jeder von ihnen in Gemeinschaft mit einem Prokuristen zu zeichnen habe; es könne also vorgeschrieben werden, daß auch der Vertreter der Gesellschaft mbH. nur in Gemeinschaft mit einem Prokuristen für sie zeichnen und sie vertreten dürfe. Daher sei nicht abzusehen, weshalb hier keine entsprechende Regelung solle getroffen werden können. Diese Erörterung geht jedoch fehl. Wie der Senat bereits entschieden hat (KGJ. 44 S. 128), ist die hier in Betracht kommende Bindung eines Gesellschafters an die Mitunterschrift eines Prokuristen nur in dem Falle gesetzlich zulässig, daß mehrere vertretungsberechtigte Gesellschafter vorhanden sind, nicht jedoch in dem Falle, daß nur ein vertretungsberechtigter Gesellschafter vorhanden ist. An dieser Rechtsansicht hält der Senat fest und wendet sie demgemäß auch hier an. Weshalb hier eine solche sinngemäße Anwendung des § 125 nicht sollte stattfinden können, ist auch gegenüber dem von der Beschwerde angeregten Zweifel nicht abzusehen. Insbesondere ist ein Bedenken nicht daraus herzuleiten, daß auch in einem Falle wie dem vorliegenden die

[1] Die Überführung eines Nachlaßgrundstücks in das Vermögen einer von den Erben unter sich gebildeten offenen HG. erfordert Auflassung und Eintragung; denn schon die dingliche Verfügungsmacht bei den beteiligten Gemeinschaften zur gesamten Hand weist tiefgreifende Verschiedenheiten auf, so bei der Vertretung nach außen, Verfügung des Einzelnen über seinen Anteil, Aufnahme eines Dritten. Deshalb ist die Wandlung des Rechts der in der Erbengemeinschaft stehenden Personen am Gemeinschaftsvermögen und an dem zu ihm gehörigen Grundstücke, die dessen Überführung in das Vermögen der offenen HG. zur Folge hat, nach der Rechtsordnung so erheblicher Art, daß hier im Sinne der §§ 873, 925 BGB. eine Übertragung des Eigentums für vorliegend zur erachten ist; vgl. RG. 65 S. 236 (KG., 1. ZS. Beschluß v. 10. Januar 1918; KGJ. 51 S. 180).

Bestellung von Prokuristen gesetzlich nicht zu beanstanden ist. Dies steht aber der Sondervorschrift des § 125 rechtlich in keiner Weise entgegen, wofern sie gesetzlich hier heranzuziehen ist. Letzteres ist aber Fall, denn da hier nur ein einziger persönlich haftender Gesellschafter vorhanden ist, kann dessen Vertretungsbefugnis gemäß §§ 161², 125³ nicht an die Mitwirkung eines Prokuristen der Kommanditgesellschaft gebunden werden. Daß dieser persönlich haftende Gesellschafter hier keine natürliche Person, sondern eine Gesellschaft mbH. ist, kann die rechtliche Beurteilung nicht verschieben, sondern nur zu der rechtlichen Folgerung führen, daß dessen namens der Kommanditgesellschaft und für diese auftretende Organ ebenfalls nicht in der angegebenen Weise gebunden werden kann, daß also die Bestellung von Prokuristen der Kommanditgesellschaft mit der Befugnis, daß erst durch ihre Mitwirkung die Zeichnung und Vertretung jenes Organs wirksam werde, gesetzlich nicht zulässig ist. Aus wieviel Personen jenes Organ gebildet ist, ob also hier die Gesellschaft mbH. einen oder wie hier mehrere Geschäftsführer hat, und wie deren Befugnisse in Ansehung der Gesellschaft mbH. geregelt sind, ist dabei rechtlich ohne Belang. Des Eingehens darauf, ob durch die von der Beschwerde erstrebte Regelung auch in die Verhältnisse der persönlich haftenden Gesellschafterin eingegriffen wird, bedarf es hiernach nicht. Ebenso ist eine Erörterung, ob die kaufmännische Praxis eine anderweitige Gesetzesauslegung empfehlen würde, bei der vorliegenden, durch das Gesetz gewiesenen Rechtslage ausgeschlossen. R. I.

β) **Übertragung des Schiffs auf einen Gesellschafter und Herausgabe des Schiffs.**

OLG. Hamburg, 6. ZS. Urteil v. 13. März 1919.

Durch den notariellen Vertrag vom Ende 1918 haben die Parteien als alleinige Gesellschafter der offenen HG. Schmidt & Co. den bis dahin der Gesellschaft gehörigen Fischkutter dem Kläger allein zu Eigentum übertragen, und zwar als Sicherheit für seine Gesellschaftseinlagen. Der Kläger überließ das Schiff leihweise auf jederzeitigen Widerruf an die Gesellschaft. Namens dieser verpflichtete sich der Beklagte, das Schiff nunmehr leihweise für sie zu besitzen und es jederzeit dem Kläger herauszugeben. Damit ist das Eigentum des Kutters rechtswirksam übertragen worden. Die nach § 930 BGB. erforderliche Vereinbarung eines Rechtsverhältnisses ist in Gestalt eines Leihvertrags getroffen. Gemäß § 2 das. ist nicht nur die Zulässigkeit jederzeitigen Widerrufs der leihweisen Überlassung, sondern auch eine ausdrückliche Verpflichtung der Gesellschaft begründet, nach dem Widerruf dem Kläger den Kutter herauszugeben. Für diese Gesellschaftspflicht haftet aber der Beklagte als Gesellschafter dem Kläger persönlich (§ 128 HGB.), obwohl dieser selbst Gesellschafter ist (RG. 36 S. 63). Der Kläger darf von einer Klage gegen die Gesellschaft absehen und lediglich den Beklagten als Gesellschafter persönlich belangen.

Inwieweit der Kläger den aus seiner Einlage angeschafften Kutter auf

Grund des Gesellschaftsvertrags weiterhin der Gesellschaft zur Verfügung halten muß, ist hier nicht zu untersuchen, da jedenfalls die im Übertragungsvertrag ausgesprochene Verpflichtung der Gesellschaft, den Kläger auf erstes Anfordern in den Besitz des Kutters zu setzen, auf einer jüngeren vertraglichen Beredung, als es der Gesellschaftsvertrag ist, beruht, und von keiner Bedingung abhängig gemacht ist. Der Beklagte wird seine etwaigen Rechte gegen den Kläger aus vermeintlicher Verletzung des Gesellschaftsvertrags in einem besonderen Verfahren geltend machen müssen. Dem Besitzbegehren des Klägers ist unter allen Umständen zunächst zu entsprechen. M. M.

γ) **Verpflichtung der Erben eines nicht eingetragenen Gesellschafters zur Eintragung.**

OLG. Hamburg, 6. ZS. Zwischenurteil v. 5. Januar 1919.

Durch den Tod des Gesellschafters Hermann ist die offene HG. aufgelöst worden. Dies ist nach § 143[1] zum Handelsregister anzumelden. Diese Vorschrift gilt auch dann, wenn wie hier die Gesellschaft überhaupt nicht eingetragen war, vielmehr Hermann als alleiniger Inhaber der Firma Otto & Co. im Handelsregister erschien. In solchem Falle muß die Gesellschaft nachträglich eingetragen und alsdann gelöscht werden (Staub § 143[7]). Zur Anmeldung sind auch die Erben des verstorbenen Gesellschafters verpflichtet (Staub aO. N. 3). Die Ausnahme des § 143[3] liegt hier um so weniger vor, als Hindernisse an der Mitwirkung zur Anmeldung in der Person der beiden Beklagten ersichtlich nicht vorliegen und es sich hier nicht lediglich um die Anmeldung, daß die Gesellschaft durch den Tod des einen Gesellschafters aufgelöst sei, handelt, vielmehr angemeldet werden soll, daß anstelle der an sich nach der Auflösung eintretenden Liquidation (§ 143) der überlebende Gesellschafter das Geschäft mit Aktiven und Passiven übernehmen solle. Diese Verpflichtung der Beklagten als Erben ist eine öffentlich-rechtliche Pflicht. Sie können daher die Erklärung nicht von der vorgängigen Abrechnung des Klägers über das Kapitalguthaben des Hermann und Auszahlung des sich aus dieser Abrechnung ergebenden Betrags an sie als Erben abhängig machen (vgl. Staub § 138[6]; Recht 1912 Nr. 2875). M. M.

δ) **Eintritt der Erben des persönlich haftenden Gesellschafters in die Kommanditgesellschaft.**[1]

---

[1] a) An der Rechtsansicht, daß eine GmbH. persönlich haftender Gesellschafter einer (auch mit ihren Gesellschaftern gebildeten) Kommanditgesellschaft sein kann, wird festgehalten und die für letztere gewählte Firma: „M. & M. Gesellschaft mbH. & Co., Kommanditgesellschaft" für zulässig erachtet (KG., ZS. 1a. Beschluß v. 31. Mai 1918; KGJ. 51 S. 127). Meldet in solchem Falle der Geschäftsführer die Kommanditgesellschaft, an der er auch persönlich beteiligt ist, zum Handelsregister an, so genügt nicht, daß er die Anmeldung nur mit seinem eigenen Namen unterschreibt; er hat vielmehr auch eine Unterschrift beizufügen, die seine Unterzeichnung als namens der GmbH. erfolgend darstellt; denn hier handelt es sich nicht wie in RG. 83 S. 124 um die materielle Gültigkeit der für die Gesellschaft erklärten Verpflichtung, sondern um die Erfüllung formeller Vorschriften (Beschluß desselben ZS. v. 28. Juni 1918; aO. 125).

b) Die Umwandlung einer Kommanditgesellschaft in eine GmbH. stellt keine Fusion

OLG. Dresden, 6. ZS. Beschluß v. 17. Mai 1919.

Persönlich haftende Gesellschafter der Kommanditgesellschaft B. & B. waren bisher der Beschwerdeführer Alfred und der Kaufmann Bernhard. Nachdem der letztere 1918 gestorben ist, wollen seine drei minderjährigen Kinder, die ihn neben seiner Witwe beerbt haben, „als Kommanditisten und Gesamtbesitzer des Anteils ihres Vaters mit einer Einlage von 600000 Mark" in die Gesellschaft eintreten. Die Eintragung dieser von den Beteiligten zum Handelsregister angemeldeten Rechtsänderung ist mit Recht abgelehnt. Zum Wesen der Kommanditgesellschaft gehört nach § 161, daß bei einem oder bei einigen von den Gesellschaftern die Haftung gegenüber den Gesellschaftsgläubigern auf den Betrag einer bestimmten Vermögenseinlage beschränkt ist. Dementsprechend hat die Anmeldung außer der Bezeichnung der Kommanditisten den Betrag der Einlage eines jeden von ihnen zu enthalten (§ 162[1]). Hieraus ergibt sich, daß mehrere Personen, die nicht zu einer juristischen Person oder zu einem sonstigen Rechtsgebilde mit selbständiger Vermögensfähigkeit zusammengeschlossen sind, nur als einzelne und je mit einer besonderen Vermögenseinlage, nicht aber insgesamt mit einer einheitlichen Einlage Kommanditisten sein können. Die Erbengemeinschaft ist, anders wie zB. die offene HG. (§ 124), ein solches Rechtsgebilde nicht, denn sie ist als solche nicht rechts- und vermögensfähig, vielmehr sind Träger der erbschaftlichen Rechte und der Nachlaßverbindlichkeiten die Miterben, und deren Haftung für die Nachlaßverbindlichkeiten steht nicht im Einklange mit der Haftung der Kommanditisten für die Gesellschaftsschulden. Schon dies läßt die beantragte Eintragung unzulässig erscheinen (vgl. KG. RJA. 10 S. 42). Hierzu tritt, daß der verstorbene Gesellschafter nicht allein von seinen drei Kindern, sondern auch von seiner Witwe beerbt worden ist, so daß auch diese zur Erbengemeinschaft gehört und von dem Eintritt in die Gesellschaft, wenn eine Gesamtbeteiligung der Erbengemeinschaft als solche zulässig wäre, nicht ausgenommen werden könnte. Daß die Beteiligung in der Form, wie sie angemeldet worden ist, den letztwilligen Anordnungen des Erblassers entspricht, ist bedeutungslos, weil die gesetzlichen Vorschriften über die Verfassung von Handelsgesellschaften zwingender Natur sind. Ann.

f) α) **Simultangründung unter Mitwirkung von Nichtgründern.**[1]

Kammergericht, ZS. 1a. Beschluß v. 11. Januar 1919.

Aus § 182[1] ist mehrfach geschlossen worden, daß jeder, der an der Feststellung des Gründungsvertrags teilnehme, auch eine Aktie zeichnen müsse.

und daher keinen Fall der Gesamtrechtsnachfolge; das Eigentum an den Grundstücken der ersteren kann folglich nur durch Auflassung auf die GmbH. übergehen (Pr. OVG., 7. S. Urteil v. 12. Juli 1918; Entsch. 74 S. 113).

[1] Das Gesetz macht keinen Unterschied zwischen der Anmeldung der ersten und einer weiteren Zweigniederlassung innerhalb desselben Registerbezirks; das Gegenteil kann nicht daraus gefolgert werden, daß nach dem Wortlaut des § 201 „die Gesellschaft", das Wort also in der Einzahl gebraucht, zum Handelsregister des Zweigregistergerichts anzumelden ist (Bay. Ob. LG., 1. ZS. Beschluß v. 21. Sept. 1918).

Allein die Fassung des § 182 stimmt, soweit hier von Belang, mit der des bisherigen Art. 209 überein und es ist auch, wie die Denkschrift zum HGB. 1897 S. 132 ersehen läßt, eine Änderung insoweit nicht beabsichtigt gewesen. Übereinstimmend enthalten beide Fassungen eine Anordnung darüber, von wem und in welcher Form bei einer Simultangründung der Gesellschaftsvertrag festzustellen ist und wie die vorgeschriebene Aktienübernahme erfolgte; eine weitere Vorschrift stellen sie nicht auf. Wesentlich ist daher nach früherem wie nach jetzigem Recht nur der Umstand, daß an der Feststellung des Gesellschaftsvertrags mindestens 5 Aktienübernehmer beteiligt sind, sowie ferner welchen Betrag (Gattung) von Aktien „Jeder" bzw. „Jeder Einzelne" übernommen hat. Dieser „Jeder" oder „Jeder Einzelne" kann nach dem Zusammenhange jeder der beiden Gesetzesfassungen nur auf die im vorhergehenden Satze genannten Personen bezogen werden. Aus der Verhandlung muß also ersichtlich sein, daß und wie die sämtlichen Aktien von mindestens fünf derjenigen Personen, die den Gesellschaftsvertrag festgestellt haben, übernommen worden sind. Daß aber damit noch ein weiteres gesagt, namentlich eine Mitwirkung solcher Personen ausgeschlossen werden soll, die keine Aktien übernehmen, erhellt nicht, ist besonders auch der Begründung und der parlamentarischen Behandlung der Novelle von 1884 nicht zu entnehmen. Auch aus anderweiten Vorschriften läßt sich eine solche Folgerung nicht schlüssig herleiten; wie denn ein ernstliches Bedürfnis für eine dahingehende Vorschrift weder in rechtlicher noch in wirtschaftlicher Hinsicht ersichtlich ist. M.

β) **Weiteres verteilbares Vermögen i. S. des § 302[4].**

OLG. Dresden, 6. ZS. Beschluß v. 14. Februar 1920.

Die AGmbH. verfiel 1912 in Konkurs und ist infolgedessen ohne Liquidation erloschen. Ein unbefriedigter Gläubiger begehrt die Bestellung eines Liquidators, weil 2 Gesellschafter wegen ihrer Stammeinlagen mit Forderungen an die Gesellschaft unzulässig aufgerechnet haben und somit noch Vermögen vorhanden sei. Allein der Konkursverwalter hat die Forderungen nicht freigegeben, sondern nur von ihrer Einziehung abgesehen, weil er die Aufrechnung als wirksam anerkannte. Sollten trotzdem die Forderungen noch bestehen (vgl. Jäger KO. § 207[29]), so würden sie noch wie zuvor zur Konkursmasse gehören und wären gemäß § 166 KO. vom Verwalter zur Vornahme einer Nachtragsverteilung einzuziehen. M.

g) **Gesellschaft mbH.: α) Neufassung der Satzung.[1] Beobachtung des § 3 Nr. 4.**

Kammergericht, ZS. 1a. Beschluß v. 11. April 1919.

In § 6 des Gesellschaftsvertrags war die Stammeinlage jedes der ursprünglichen drei Gesellschafter auf je 17000 Mark bestimmt. Als dem-

[1] Hat also die Gesellschafterversammlung eine neue Fassung der Satzungen angenommen, dabei jedoch beschlossen: „Der — die Gesellschafter nebst ihren Stammeinlagen aufführende — § 9 behält seine bisherige Fassung," so ist es rechtlich nicht zu beanstanden, wenn wegen Nichtbeobachtung des § 3 Nr. 4 Ges. die Eintragung der neuen Satzung abgelehnt wird (Beschluß desselben ZS. v. 14. Febr. 1919, x 63).

nächst das Stammkapital auf 80000 Mark erhöht wurde, ist der über das Stammkapital sich verhaltende § 5 dementsprechend geändert und der § 6 gestrichen worden. Die Eintragung dieses Beschlusses haben die Vorinstanzen mit Recht abgelehnt. Zutreffend gehen sie davon aus, daß § 3 Nr. 4 GmbHG. auch dann nicht fortfällt, wenn nachträglich alle Stammeinlagen in eine Hand übergegangen sind und das Stammkapital erhöht worden ist. Auch in diesem hier vorliegenden Falle muß der Betrag jeder Stammeinlage aus dem Gesellschaftsvertrage ersichtlich sein. Dieser Vorschrift ist hier nicht genügt. Der § 5 der Satzung soll nämlich jetzt, soweit hier von Belang, nur lauten: „das Stammkapital beträgt 80000 Mark". Da nun im Eingange des Gesellschafterbeschlusses gesagt ist, sämtliche Geschäfsanteile der Gesellschaft seien auf deren jetzigen alleinigen Inhaber übergegangen, und da ferner gesagt ist, letzterer übernehme den Betrag, um den das Stammkapital erhöht werde, so ergebe sich, meint die Beschwerde, daß dem Inhaber das gesamte Stammkapital gehöre. Hierauf kommt es jedoch nicht an, denn eine dem § 3 Nr. 4 GmbHG. genügende Angabe darf sich nicht nur über das Eigentum an den Stammeinlagen, sie muß sich vielmehr auch über den Betrag jeder einzelnen derselben verhalten. Schon deshalb reicht die von der Beschwerde behauptete Möglichkeit, den Inhaber aller Stammeinlagen aus der Gesamtheit der dem Registergericht vorgelegten Urkunden zu erkennen, gesetzlich hier nicht aus. Dazu kommt, daß durch die neue Fassung des § 5 und die Streichung des die einzelnen Einlagen erörternden § 6 das. die bisherige Festlegung der Stammeinlagen aus dem Vertrage verschwunden ist. In seiner nunmehrigen Ausgestaltung genügt dieser also nicht mehr dem § 3 Nr. 4 GmbHG. Es kann auch nicht zugegeben werden, daß die Vorinstanzen bei Berücksichtigung aller ihnen vorliegenden Urkunden hätten erkennen müssen, welche Stammeinlagen vorhanden sind.... Bei diesem Sachverhalt steht dahin, ob die Vorinstanzen den von der Beschwerde gewünschten Schluß hätten ziehen können; nicht anzuerkennen ist, daß sie ihn mit rechtlicher Notwendigkeit hätten ziehen müssen, wofern sie den gesamten Urkundenstoff berücksichtigten. Zu dessen Prüfung sind sie zudem hier nicht verpflichtet gewesen, denn angesichts der bisher maßgebend gewesenen Vertragsbestimmungen und ihrer Ersetzung durch neue Satzungen erheblich anderen Inhalts konnten die Vorinstanzen ohne Rechtsirrtum zu der Ansicht gelangen, daß die durch die Einfügung der letzterwähnten Bestimmungen neugestaltete Fassung des Gesellschaftsvertrags allein maßgebend sein sollte. Dann bedurfte es rechtlich nicht des Zurückgreifens auf sonst vorliegende Urkunden, denn dann mußte die aus der Satzungsänderung sich ergebende nunmehrige Fassung des Gesellschaftsvertrags für sich allein allen Anforderungen des § 3 Nr. 4 genügen (KG. RJA. 15 S. 306; 1a X 63, 72/19).

Entsprechendes gilt auch für § 5[4] GmbHG. Ist wie hier ohne Rechtsirrtum ein bestimmter Vertrag in seiner neuen Fassung als ausschließlich maßgebend angesehen worden, so ist rechtlich nicht zu beanstanden, wenn verlangt wird, daß er auch die in jenem § 5[4] vorgeschriebenen Angaben enthalte. Nach dem festgestellten Sachverhalt sind nämlich Einlagen der aO. bezeichneten Art gemacht worden. Das muß nach ausdrücklicher Vorschrift im Gesellschaftsvertrage festgesetzt werden. Wenn anstelle der ursprünglichen Vertragsfassung eine neue als maßgebend tritt, so muß auch diese die vorgeschriebenen Angaben enthalten.... R.l.

β) **Firmenbezeichnung einer GmbH.**

Kammergericht, ZS. 1a. Beschluß v. 20. September 1918.

Die „Maschinenzentrale A. GmbH.", auf die das unter der Firma S. betriebene Handelsgeschäft übergegangen ist, beabsichtigt, das Geschäft unter der Firma „Genossenschaftliche Maschinenfabrik vormals S." fortzuführen. Ihre Geschäftsführer haben dies zum Handelsregister angemeldet; die Eintragung wurde jedoch abgelehnt, weil der Firmenbestandteil „Genossenschaftliche" Maschinenfabrik nur dahin verstanden werden könne, daß Firmeninhaberin eine Genossenschaft sei, während sie eine GmbH. sei und dieses gesetzlich erforderlichen Zusatzes ermangle. Die weitere Beschwerde führt aus, sie selber sei ein von landwirtschaftlichen Genossenschaften gegründetes und unterhaltenes Rechtsgebilde, also eine genossenschaftliche Veranstaltung, wobei unerheblich sei, daß sie in der Form einer GmbH. gegründet worden sei und bestehe, von Belang sei lediglich ihr vorgeschilderter genossenschaftlicher Charakter, der auch in der Firma des von ihr erworbenen Geschäftes deutlich zum Ausdrucke kommen solle. Eine Täuschung durch die von ihr vorgeschlagene Firma sei ausgeschlossen. Der Zusatz „GmbH." könne nicht beigefügt werden, da eben der genossenschaftliche Charakter maßgebend sei und es nur irreführen werde, wenn daneben auch noch ein solcher Zusatz sich in der Firma finde. Zudem sei auf sie mit dem erworbenen Geschäft die Firma S. übergegangen, die sie beibehalten dürfe. Allein nach § 4[2] GmbHG. muß die Firma der Gesellschaft in allen Fällen die zusätzliche Bezeichnung „mit beschränkter Haftung" enthalten. Auch bei Fortführung einer erworbenen Firma ist ihr daher dieser Zusatz stets beizufügen (Staub GmbHG.[4] 104, Pinziger 22). Mit Recht hat daher hier das LG. das Fehlen jener zusätzlichen Bezeichnung beanstandet. Schon aus diesem Grunde rechtfertigt sich die angefochtene Entscheidung. In welcher Form der notwendige Zusatz der gewählten Firma beizufügen sei, um anderweite, von der Beschwerdeführerin als naheliegend bezeichnete Mißverständnisse zu verhüten, ist hier nicht zu erörtern. M.

γ) **Genußscheinanteile in Form einer stillen Gesellschaftsbeteiligung.**

Pr. OberVerwG., 2. S. Urteil v. 7. März 1918.

... Nur die Beteiligung durch Übernahme von Stammeinlagen überträgt den Erwerbern die Rechte und Pflichten von Gesellschaftern. Als solche haben sie Anspruch auf den nach der jährlichen Bilanz sich ergebenden Jahresgewinn, soweit nichts andres im Gesellschaftsvertrage bestimmt ist. Eine solche Änderung hat die Generalversammlung beschlossen, insofern neben dem vorhandenen Stammkapitale die Ausgabe von 200000 Mark Genußscheinanteilen mit Anspruch auf $1/_3$ der Dividende in der Form einer stillen Gesellschaftsbeteiligung angeordnet wurde. Zwar wird ein solcher Genußschein unter Umständen auch als ein Zubehör des Geschäftsanteils gelten können, besonders dann, wenn dessen Übernahme eine Gesellschaftspflicht und dessen Veräußerung ohne gleichzeitige Abtretung jenes Anteils unmöglich ist (vgl. Staub-Hachenburg[3] S. 169 IV 2). Diese Form scheidet jedoch hier aus, da die Genußscheine „vererblich und frei veräußerlich" sind. Rechtlich ist es auch zulässig, Genußscheine als gewöhnliche Schuldscheine über eine bestimmte Summe an Order oder auf den Inhaber auszustellen (aO. 170 IV 4). Es kann auch kein Zweifel bestehen, daß eine Genußscheinbeteiligung in eine stille Gesellschaftsbeteiligung gekleidet werden kann, der Inhaber also am Gewinne der Gesellschaft beteiligt wird (HGB. §§ 335, 337). Der auf den Genußschein fallende Gewinnanteil ist dann nur ein Ausfluß der Genußschein-, nicht aber der Gesellschafterbeteiligung. Nur für die letztere ist auf dem Gebiete der Gemeindebesteuerung gewerbliches Einkommen anzurechnen. [Vgl. RG. 97 S. 197.] Entsch.

δ) **Abtretung des Geschäftsanteils vor Eintragung der Gesellschaft. Neufassung der Satzung.**

Kammergericht, 1. ZS. 1a. Beschluß v. 28. Februar 1919.

Der Theaterdirektor A. und der Rechtsanwalt E. sind zur Gründung einer GmbH. unter der Firma „Freie Deutsche Bühne" zusammengetreten, die durch zwei Geschäftsführer vertreten werden sollte. Sie haben sodann sich beide zu Geschäftsführern bestellt und Eintragung im Handelsregister beantragt. Noch ehe diese erfolgt war, sind notarielle Erklärungen des E. und des Regisseurs L. eingereicht worden, inhalts deren sie jetzt die alleinigen Gesellschafter sind und als solche in einer Gesellschafterversammlung den § 3 des bisherigen Gesellschaftsvertrags dahin geändert haben, den Geschäftsführer A. abzuberufen und statt seiner den L. zu bestellen. Zugleich ist dementsprechende Eintragung beantragt worden. Das Amtsgericht hat dies abgelehnt. Die Beschwerde ist zurückgewiesen worden, da eine Abänderung des dem Registergericht eingereichten Gesellschaftsvertrags vorliege, die rechtswirksam nur einstimmig habe beschlossen werden können; die Zustimmung des A. fehle aber und werde auch dadurch nicht ersetzt, daß er seinen Geschäftsanteil dem jetzt als Gesellschafter auftretenden L. abgetreten habe; denn diese Abtretung werde erst mit der Entstehung des Geschäftsanteils wirksam; des letzteren Rechtsbestand sei aber von der Eintragung der Gesellschaft abhängig und bestehe nicht vor deren Eintragung; deshalb könne auch der Erwerber des (künftigen) Geschäftsanteils vor der Eintragung keine Abänderung des vom Veräußerer A. mitgeschlossenen Gesellschaftsvertrags herbeiführen. Die weitere Beschwerde ist unbegründet.

Auszugehen ist davon, daß die Gesellschaft, solange sie nicht eingetragen ist, als GmbH. noch nicht besteht, sondern nur eine Gesellschaft des bürgerlichen Rechts darstellt (RG. 58 S. 55; 87 S. 249; KGJ. 40 S. 68). Es ist sodann rechtlich nicht zu beanstanden, daß das LG. die Abtretung des

A.schen Geschäftsanteils an L. für zulässig und möglicherweise wirksam werdend erachtet hat (RG. 92 S. 165, 398; 93 S. 294; RG. LZ. 5 S. 614; OLG. Stuttgart in WürttJ. 24 S. 275; nicht entgegenstehend RG. 43 S. 136, 74 S. 357; RG. Recht 13 Nr. 148). Diese Wirksamkeit tritt jedenfalls mit Eintragung der Gesellschaft ein; vgl. auch Staub-Hachenburg S. 221, wo die Ausführung angeschlossen ist, daß die Wirksamkeit der Abtretung „selbstverständlich" erst mit der Entstehung des Geschäftsanteils eintrete und erst mit dem Eintritt dieser Bedingung die Abtretung wirksam werde. Hieraus folgert das LG., daß die Abtretung des A.schen Geschäftsanteils erst mit der Eintragung der Gesellschaft wirksam werde, mithin L., der Erwerber des Anteils, noch nicht Gesellschafter geworden sei. Dem ist jedoch nicht beizutreten. Besteht — daran ist rechtlich festzuhalten — vor der Eintragung der Gesellschaft zwischen den Gesellschaftern eine Gesellschaft bürgerlichen Rechts, so unterliegt es rechtlich keinem Bedenken, daß diese auch dann fortbesteht, wenn ein Gesellschafter aus- und ein neuer eintritt, sofern Übereinstimmung der sämtlichen Beteiligten vorliegt (Staudinger 2 Teil 2 S. 1386, 1420ff., RGKomm. 1 S. 660, 671, 672; Staub-Hachenburg S. 38). Daß eine solche Übereinstimmung hier vorliegt, ist dem angefochtenen Beschluß zu entnehmen. Mithin konnte L. als Gesellschafter eintreten (JW. 1904 S. 122) und durfte dann als solcher Gesellschaftsrechte ausüben. Zu diesen gehörte auch die Teilnahme an der Gesellschafterversammlung und die Mitwirkung bei den in ihr zu fassenden Beschlüssen. Er war daher, da andere Bedenken nicht dargetan sind, auch befugt, bei der Satzungsänderung mitzuwirken. Mithin ist diese als von den zu ihrer Herbeiführung berechtigten Gesellschaftern beschlossen anzusehen. Sie bedurfte daher auch nicht der Zustimmung des rechtswirksam ausgeschiedenen früheren Gesellschafters A. und bietet demnach, falls andere Bedenken nicht entgegenstehen, eine der Eintragung fähige Unterlage, wie es auch gemäß § 2 GmbHG. genügt, wenn der nunmehr vorliegende Gesellschaftsvertrag von den sämtlichen gegenwärtigen Gesellschaftern in gerichtlicher oder notarieller Form unterzeichnet ist. Nach dem festgestellten Sachverhalt ist er als von denjenigen Personen festgestellt anzusehen, die die ersten Gesellschafter der GmbH. sein sollen (Staub-Hachenburg S. 34).

Dagegen steht ein anderes Rechtsbedenken der beantragten Eintragung entgegen. (Es wird ausgeführt, welche von den verschiedenen vorgelegten Verhandlungen als maßgebend anzusehen ist.) Diese Urkunde mußte daher die in § 3 GmbHG. vorgeschriebenen Angaben enthalten. Die hiernach erforderliche (§ 3 Nr. 4) Angabe des Betrags der von jedem der zuletzt angeführten Gesellschafter zu leistenden Stammeinlagen fehlt jedoch in ihr. Diese Angabe muß unbedingt in dem der Eintragung zugrunde liegenden Gesellschaftsvertrag enthalten sein. Ob sich aus dem weiteren Vorbringen der Anzeigenden und aus dem Vergleich mit weiteren dem Registerrichter überreichten Urkunden ein Schluß auf Höhe und Verteilung der Stammeinlagen herleiten läßt, ist gegenüber der ausdrücklichen und zwingenden Vorschrift unerheblich. Jedenfalls muß der der ersten Eintragung zugrunde liegende Gesellschaftsvertrag die gesetzlichen Erfordernisse sämtlich enthalten und im wesentlichen derart in sich abgeschlossen sein, daß ihr Vorliegen aus ihm selbst ohne weiteres und unzweideutig erhellt. Diesem Erfordernis ist hier nicht entsprochen. R. l.

ε) **Haftung für Fehlbeträge späterer Kapitalerhöhungen.**

OLG. Dresden, 5. ZS. Urteil v. 26. November 1917.

Es fragt sich, in welchem Umfange der Beklagte für den Fehlbetrag von 13918 Mark aufzukommen habe, der von der Einlage teils des Gründers A., teils desjenigen Gesellschafters S. herrührt, der erst nach der Gründung gelegentlich der Erhöhung des ursprünglichen Stammkapitals beigetreten ist, wobei noch in Betracht kommt, daß der Beklagte als Erwerber des Geschäftsanteils eines Gründers, aber erst nach dem Beitritte des S. Gesellschafter geworden ist. Aus dieser Sachlage ergeben sich zwei Fragen: 1. Haftet Beklagter außer für den Ausfall des Geschäftsanteils A. auch für den Ausfall des S.schen Anteils? 2. Haften neben dem Beklagten für den Ausfall alle Gesellschafter nach Verhältnis ihrer Geschäftsanteile oder haften für den A.schen Ausfall nur die Gründer und deren Rechtsnachfolger und für den S.schen Ausfall nur diejenigen Gesellschafter, die nach diesem der Gesellschaft beigetreten sind? Das LG. hat die erste Frage verneint, die zweite dahin beantwortet, daß für den A.schen Ausfall alle Gesellschafter, nicht nur die Gründer und der Beklagte als Erwerber eines Gründeranteils, einzustehen haben. Der Kläger erstrebt eine Änderung des Urteils in doppelter Beziehung: er will, daß der Beklagte auch zur Deckung des S.schen Fehlbetrags heranzuziehen sei, daß aber der A.sche Fehlbetrag nur auf die Gründer und Erwerber von Gründeranteilen umgelegt werden solle. Seine Berufung konnte indessen nur in ersterer Hinsicht Erfolg haben.

Die Frage, ob die der GmbH. bereits angehörenden Gesellschafter auch für Fehlbeträge späterer Kapitalerhöhung haften, und die umgekehrte Frage, ob bei Kapitalerhöhung die Übernehmer der neuen Stammeinlagen auch für Fehlbeträge des schon vorhandenen Stammkapitals, sei es des bei der Gründung festgesetzten oder des bereits erhöhten Stammkapitals haften, sind streitig. Eine Gegenüberstellung der Meinungen gibt das RG. (82 S. 116), wobei es darauf hinweist, daß ein Unterschied bei der Beantwortung der beiden Fragen, soweit sie zusammen erörtert werden, nirgends gemacht werde. Zur Entscheidung stand dort nur die zweite Frage, und sie ist aus Erwägungen bejaht worden, denen sich der Senat allenthalben anschließt. Sie kommen hier insoweit in Betracht, als danach zu beurteilen ist, ob das LG. mit Recht den Ausfall zugunsten des Beklagten auf alle zahlungsfähigen Gesellschafter verteilt hat. Mit der Bejahung dieser Frage erledigt sich der zweite Berufungsangriff des Klägers, der sich gegen diese Verteilung richtet.

Wenn nun das RG. zu der anderen Frage, ob ein der Gesellschaft bereits angehörender Gesellschafter auch für Fehlbeträge späterer Kapitalerhöhungen hafte, nicht ausdrücklich Stellung genommen hat, so führen doch seine Erwägungen dazu, daß auch sie zu bejahen ist. Der § 24 spricht allgemein aus, daß, soweit eine Stammeinlage weder von den Zahlungspflichtigen eingezogen noch durch Verkauf des Geschäftsanteils gedeckt werden kann, die übrigen Gesellschafter den Fehlbetrag nach Verhältnis ihrer Geschäftsanteile aufzubringen haben. Irgendeine Unterscheidung, aus welchem Geschäftsanteile der Fehlbetrag stammt, ob er die Stammeinlage eines Gründers oder eine erst durch Erhöhung des Gesellschaftskapitals geschaffene Stammeinlage betrifft, wird nicht gemacht. Sie in den § 24 hineinzutragen und dabei dessen Tragweite einzuengen, würde dem einzigen Zweck der Vorschrift zuwiderlaufen, den Gläubigern der Gesellschaft eine unbedingte Sicherheit zu gewähren, daß das Stammkapital der Gesellschaft vollständig zur Einzahlung gelange und auch nicht später durch unberechtigte Auszahlung an die Gesellschafter vermindert werde (Begr. des Entwurfs I S. 40). Im übrigen ist auf die Ausführungen des RG. zu verweisen, die übrigens Hachenburg (LeipzZ. 8 S. 119) und Flechtheim (D. JZ. 19 S. 89) bekämpfen. Wenn Flechtheim fragt, Gibt es noch Gesellschaften mbH.?, so mag die Frage insofern berechtigt sein, als die Durchführung des Grundsatzes, daß alle zahlungsfähigen Gesellschafter für alle Ausfälle an Stammeinlagen haften, äußerstenfalls dazu führen kann, daß ein Gesellschafter schließlich für das ganze Stammkapital aufzukommen hätte. Das RG. wendet sich gegen eine Überschätzung derjenigen Schwierigkeiten, die sich daraus ergeben können, daß der später eintretende Gesellschafter für Fehlbeträge der Geschäftsanteile bisheriger Mitglieder aufzukommen hat, und gibt Hinweise, wie man sich vor Überraschungen solcher Art schützen könne (S. 123 das.). Umgekehrt würde dem Gesellschafter, der bereits der Gesellschaft angehört, gegen uferlose Verpflichtungen, die sich in Hinblick auf § 24 aus jeder späteren Kapitalerhöhung für ihn ergeben können, ein Schutzmittel dann zur Seite stehen, wenn der § 53² d. Ges., wonach eine Vermehrung der den Gesellschaftern nach dem Gesellschaftsvertrage obliegenden Leistungen nur mit Zustimmung sämtlicher beteiligter Gesellschafter beschlossen werden kann, mit Rücksicht auf die in § 24 verordnete Kollektivhaftung auf jeden Kapitalerhöhungsbeschluß angewendet wird, eine Folgerung, die von Dr. Cantor (LeipzZ. 8 S. 877) wohl mit Recht gezogen wird. Indessen bedarf es hier um so weniger eines Eingehens auf diese Frage, als der Beklagte in einem Zeitpunkte Mitglied der Gesellschaft geworden ist, als die mit dem Beitritte des S. verbundene Kapitalerhöhung bereits vollzogen war und die Vollzahlung von dessen Stammeinlage bereits ausstand. Der Beklagte hätte also, wenn er diese Tatsache nicht überhaupt bei seinem Beitritte gekannt hat, durch Erkundigung feststellen können, ob alle Geschäftsanteile voll eingezahlt gewesen seien. —e—

ζ) Bestimmung über Zahl, Vertretungsbefugnis der Geschäftsführer.[1]

[1] Die Rechtsverhältnisse einer GmbH. sind nicht lediglich nach den Satzungsbestimmungen zu beurteilen, vielmehr bleiben die zwingenden Vorschriften des Gesetzes (zB. § 53)

Kammergericht, 3S. 1a. Beschluß v. 8. März 1918.

Da der Gesellschaftsvertrag bestimmt, daß zu Willenserklärungen, besonders zur Zeichnung für die Gesellschaft, es der Mitwirkung zweier Geschäftsführer bedarf, so reicht die vorliegende Anmeldung durch den Geschäftsführer R. allein nicht aus (KGJ. 48 S. 131), wofern diese Bestimmung nicht rechtswirksam abgeändert sein sollte. Das ist indes nicht geschehen, denn der Gesellschafterbeschluß: „Der Aufsichtsrat ist befugt einzelnen Geschäftsführern die Befugnis zur alleinigen Zeichnung und Vertretung der Gesellschaft zu erteilen" ist gesetzlich unzulässig. Die Vertretungsbefugnis muß nämlich, wie der § 35 klar ergibt, entweder dem Gesellschaftsvertrag oder dem Gesetz zu entnehmen sein. Infolgedessen kann weder im Gesellschaftsvertrage selbst noch nachträglich durch Satzungsänderung wirksam beschlossen werden, daß die gesetzlich jenem Vertrage vorbehaltene Bestimmung anderweit — etwa wie hier durch den Aufsichtsrat oder die jeweilige Gesellschafterversammlung — getroffen werden kann. Soll in diesem Punkte nachträglich von der im Gesellschaftsvertrage getroffenen Regelung abgegangen werden, so mag diese geändert und die neue Verteilung der Vertretungs- und Zeichnungsbefugnis der Geschäftsführer in der Neufassung jenes Vertrags dergestalt niedergelegt werden, daß sie wiederum unmittelbar aus diesem selbst erhellt.... Der Beschluß (Rsp. 34 S. 359) verhält sich lediglich darüber, daß durch den Gesellschaftsvertrag zu bestimmen sei, ob die Befugnis zur Erneuerung der Geschäftsführer und zur Festsetzung ihrer Zahl einem einzelnen Gesellschafter übertragen werden könne. Dadurch ist zu der hier vorliegenden Frage noch keine Stellung genommen. M.

η) **§ 55 bezieht sich auf Vorverträge.**

Kammergericht, 7. 3S. Urteil v. 4. Juli 1919.

Die Verpflichtung des Klägers, eine Stammeinlage zu übernehmen, die auf das erhöhte Stammkapital zu leisten war, bedurfte der in § 55 vorgeschriebenen Form. Es kann dahingestellt bleiben, ob die durch Gesetz für den Abschluß eines Vertrags festgesetzte Form schlechthin auch für ein Abkommen auf Eingehung eines derartigen Vertrags zu gelten hat (RG. 43 S. 139, 50 S. 47). Denn — gleichviel, ob man diese oder die entgegengesetzte Ansicht vertritt —, ist jedenfalls anzunehmen, daß die Formvorschrift für die hier fragliche Vorverpflichtung aus dem Zwecke des Gesetzes, die Bedeutsamkeit solcher Erklärungen den Beteiligten zum Bewußtsein zu bringen, sich ergibt. Dieser Zweck, nur dem Willen Beachtung zu verschaffen, der freiwillig in der gesetzlichen Form bekundet wird, würde vereitelt werden, wenn trotzdem entsprechende formlose Verpflichtungen bindend oder nach Willkür der Beteiligten zulässig sein sollten (JW. 1903 S. 248). Diese Begründung ent-

auch dann maßgebend, wenn sie nicht in den Vertrag aufgenommen sind. Die Satzungsbestimmung, daß der Gesellschaftsvertrag nur mit $^3/_4$ Mehrheit abgeändert werden könne, schließt den § 53[3] nicht aus und kann nicht zur Verhütung jeglicher Mißverständnisse und rechtsunwirksamer Beschlüsse beanstandet werden (KG., 3S. 1a. Beschluß v. 28. Nov. 1919).

hält nicht, wie Staub-Hachenburg (GmbHG. § 55[31]) meint, eine Verwechslung von obligatorischem und Verfügungsgeschäft, da sie nur aus dem Sinn und Zweck des Gesetzes feststellt, daß die für das Hauptgeschäft getroffene Formvorschrift auch für die Vorverpflichtung gelten müsse. Ebenso trifft jene Begründung nicht überall, sondern nur auf solche Gebiete zu, bei denen die vom RG. angestellten Erwägungen sozialpolitischer Natur vorliegen und ähnliche Konstruktionen aus dem Zusammenhang gestatten. Wenn das auf dem Gebiete des GmbHG. der Fall ist, so kann daraus noch keine allgemeine Anwendbarkeit gefolgert werden. L. n.

ϑ) **Auflösung der Gesellschaft durch Prozeßvergleich aller Gesellschafter.**

Kammergericht, ZS. 1a. Beschluß v. 17. Januar 1919.

Nachdem W. gegen die GmbH. auf Auflösung geklagt hatte, ist unter Beitritt des einzigen Mitgesellschafters M. durch Prozeßvergleich beschlossen worden, die Gesellschaft „hiemit" aufzulösen und den A. zum Liquidator zu bestellen. Die Auflösung konnte nach § 60 Nr. 2 von den Gesellschaftern beschlossen werden. Die Beschlußfassung war nach § 10 der Satzung von Förmlichkeiten befreit: die formlose Zustimmung jedes Gesellschafters sollte genügen. Mithin ist der gerichtlich beurkundete Vergleichsabschluß einem Gesellschafterbeschluß gleich zu erachten. Dem steht der Umstand nicht entgegen, daß der § 10a.E. bestimmt: „Wird eine Gesellschafterversammlung abgehalten, so sind die gefaßten Beschlüsse in ein Protokollbuch einzutragen." Denn gleichviel, ob hier eine solche Eintragung erfolgt ist, handelt es sich dabei doch lediglich um eine gesellschaftliche Ordnungsvorschrift, deren Nichtbeachtung einen Gesellschafterbeschluß nicht ungültig machen würde. Der Vergleich gleicht daher für die hier fr. Anwendung des § 144 FrGG. rechtlich einem Gesellschafterbeschluß. Bedenken gegen diese Auffassung ergeben sich weder aus der Fassung und Sinn noch aus der Entstehungsgeschichte des § 144 noch aus sonstigen Rechtsbestimmungen. U.

h) **Genossenschaft**[1]: *α*) **Abschluß eines Geschäfts durch nur ein Vorstandsmitglied.**

Kammergericht, 11. ZS. Urteil v. 26. April 1918.

Allerdings vertreten nur zwei Vorstandsmitglieder zusammen die Genossenschaft. Allein nicht immer besorgen beide zusammen die Geschäfte, sondern es ist sehr häufig der Fall, daß insbesondere unwichtigere Sachen von einem Mitgliede erledigt werden. Deshalb kann man nicht ohne weiteres davon ausgehen, daß der Kläger damit rechnen mußte, B. sei allein nicht berechtigt, in dieser Angelegenheit rechtsverbindliche Erklärungen für die Genossenschaft abzugeben. Der Kläger konnte sich vielmehr darauf verlassen, daß B. auch allein für die Genossenschaft zu handeln befugt sei, zumal B. auch jenes Schreiben, aus dem eine Verbindlichkeit der Genossenschaft erwachsen konnte, allein unterzeichnet hat. Z. r.

[1] Absichtliches Handeln eines Vorstandsmitglieds zum Nachteil der Genossenschaft nach § 146 GenossG.: RGSt. 53 S. 173, 194.

β) Beitritt einer Nachlaßverwaltung oder einer Erbengemeinschaft zu einer Genossenschaft?[1]

Kammergericht, ZS. 1a. Beschluß v. 19. Dezember 1919.

Die Beschwerdeführerin, eine eingetragene Genossenschaft m. b. H., hat eine von A. als „Testamentsvollstrecker nach W. H." unterzeichnete Erklärung, laut welcher der H.sche Nachlaß als Genosse beitreten solle, dem Amtsgericht überreicht. Dieses hat den Beitritt als unzulässig beanstandet. Die Beschwerde wurde zurückgewiesen, weil eine Nachlaßmasse einer Genossenschaft nicht als Mitglied beitreten könne. Diese Rechtsansicht stützt sich auf Wortlaut und Sinn des § 43⁴, aus dem in Verbindung mit § 9² und der Entstehungsgeschichte (Parisius-Crüger⁸ S. 128; vgl. auch KGJ. 36 S. 134) erhellt, daß die Zulassung anderer als natürlicher Personen zum Beitritt zu Genossenschaften nicht schlechthin freigestellt, sondern nur juristischen Personen und Handelsgesellschaften sowie solchen Personenvereinen gestattet ist, welche die gleiche Gewähr wie die beiden erstgenannten Rechtsgebilde für die wesentlichen Grundlagen der Genossenschaft bieten, besonders dafür, daß Vermögen oder bestimmte Haftpflichtige vorhanden und erkennbar sind. Diese Gewähr ist u. a. bei einem nicht rechtsfähigen Verein nicht für gegeben erachtet und deshalb der Beitritt eines solchen zu einer Genossenschaft als unzulässig angesehen worden (KGJ. aO.). Dieselbe Erwägung führt folgerichtig auch zur Ablehnung der hier begehrten Eintragung des H.schen Vollstreckers. Nach den einwandfreien Feststellungen will und soll dieser nicht für seine eigene Person, sondern allein in seiner Vollstreckereigenschaft der Genossenschaft als Mitglied beitreten. Es handelt sich bei ihm auch lediglich um eine im Bereich der Nachlaßverwaltung und zu deren Zwecken vorgenommene Tätigkeit, die rechtlich für und gegen die Erben oder die Erbengemeinschaft bz. die Inhaber des unter Testamentsvollstreckung befindlichen Vermögens wirksam ist und Rechtsbeziehungen für diese begründet (RG. 75 S. 302; 76 S. 126 und 80 S. 418). Daher läßt sich nicht mit der hier zu erforderndén Bestimmtheit erkennen, welche Rechtsperson oder welches den obigen Anforderungen genügende Rechtsgebilde der Genossenschaft als Mitglied beigesellt werden soll; eine nicht in den vorgesehenen Formen (§ 43⁴, 59²) gegliederte Personenmehrheit kann ihr überhaupt nicht als Genosse beitreten, ebensowenig die Verwaltungsstelle einer Vermögensmasse, die nur für einen vorübergehenden Zweck mit dem Ziele der Auflösung besteht (vgl. oben S. 189 δ). Dr. Bl.

γ) Darf die Generalversammlung, die der Vorsitzende geschlossen hatte, die Tagesordnung weiter erledigen?

a. Bejaht vom Kammergericht, 3. FerienZS. Beschluß v. 26. Juli 1919.

Die Generalversammlung der Genossen vom 15. Mai, bei der die Tagesordnung u. a. eine Neuwahl des Aufsichtsrates bildete, konnte nicht erledigt werden. Die neue Versammlung vom 12. Juni, zu der satzungsmäßige Ein-

[1] Beitrittserklärung zur Genossenschaft muH.: RG. 97 S. 307.

ladungen ergangen waren, leitete zunächst der Vorsitzende des Aufsichtsrates W., er soll sie aber vor erledigter Tagesordnung wegen Lärms geschlossen haben, worauf der gesamte Aufsichtsrat und der Vorstand, sowie einige Mitglieder den Saal verließen. Die zurückbleibenden Genossen tagten unter Bestellung eines andern Vorsitzenden weiter, wählten einen neuen Aufsichtsrat und dieser wiederum bestellte — als satzungsgemäß hierfür bestimmt — einen neuen Vorstand, bestehend aus den drei Antragsgegnern. Diese veranlaßten die Löschung der als Vorstand eingetragenen Antragsteller und ihre eigne Eintragung im Genossenschaftsregister und nahmen von den Räumen, den Büchern und dem Gelde der Genossenschaft Besitz. Die Antragsteller, die die Neuwahl für ungültig halten und sie nach § 51 GenG. angefochten haben, beantragen im Namen der Genossenschaft eine einstw. Verfügung, die den Antragsgegnern verbietet, die Obliegenheiten des Vorstandes wahrzunehmen Dagegen machen die Antragsgegner geltend, daß, als W. den Vorsitz führte, Genosse K. satzungsmäßig beantragt habe, die Leitung dem Genossen F. zu übertragen. Ohne hierüber abstimmen zu lassen, hätten sich dann der bisherige Aufsichtsrat und die drei Antragsteller entfernt, ohne daß W. die Versammlung für geschlossen erklärte. Daraufhin sei der Vorsitz einstimmig dem Genossen F. übertragen und Vorstand und Aufsichtsrat den Satzungen gemäß ihrer Ämter enthoben worden. Weiter sei ordnungsgemäß eine außerordentliche Generalversammlung zum 24. Juli einberufen worden, die den neuen Aufsichtsrat, der zusammen mit dem neuen Vorstande seine Ämter wieder zur Verfügung gestellt habe, wiederum gewählt habe, worauf der Aufsichtsrat die Antragsgegner erneut zum Vorstande bestellt und dazu die Billigung der Versammlung erhalten habe.

Der Antrag ist nicht begründet. Nach der Satzung können die Mitglieder des Vorstandes und des Aufsichtsrates durch Beschluß der Generalversammlung vorzeitig ihrer Ämter enthoben werden. Sind die Beschlüsse vom 12. Juni gültig gefaßt, so vertreten die drei Antragsgegner als Vorstand die Genossenschaft. Die Antragsteller sind dann auch nicht mehr der Vorstand und deshalb nicht mehr befugt, Ansprüche der Genossenschaft geltend zu machen. Die Beschlüsse sind aber gültig gefaßt, da die Versammlung ordnungsgemäß einberufen war und die Abberufung von Vorstand und Aufsichtsrat auf der Tagesordnung stand. Unerheblich ist, daß der alte Vorstand und Aufsichtsrat sich vor der Abstimmung entfernt hatten; die zurückbleibenden Genossen waren beschlußfähig. Nach der Satzung gebührt zwar dem Vorsitzenden des Aufsichtsrates oder einem Mitgliede des Vorstandes regelmäßig der Vorsitz; aber dieser kann den Vorsitz jederzeit einem andern Genossen übertragen. Unerheblich ist ferner, ob W., bevor der alte Vorstand und Aufsichtsrat sich entfernten, erklärt hat, er schließe die Versammlung; denn der Vorsitzende ist zu ihrer förmlichen Leitung, nicht aber zu sachlichen Eingriffen, wie Vertagung und Schließung vor Beendigung der Tagesordnung befugt (vgl. Staub, HGB. § 256[10, 12]; Parisius-Crüger, GenG. § 43[17]). Selbst wenn die Schließung erklärt wäre, ist dies zu einer Zeit geschehen, als über den Antrag des K., die Versammlung möge einen andern Vorsitzenden bestimmen, noch nicht abgestimmt war. Die Schließung konnte also nur bezwecken, zu verhindern, daß ein anderer den Vorsitz bekäme. Ein derartig von persönlichen Gründen bestimmtes, den Zwecken einer Generalversammlung widerstreitendes Recht zur Schließung kann dem Vorsitzenden aber keinesfalls, selbst dann nicht zugesprochen werden, wenn etwa bei der Aussprache über den zu erledigenden Antrag Lärm entstehen sollte. Es spricht durchaus gegen den alten Vorstand und Aufsichtsrat, daß nach ihrer Entfernung die Tagesordnung erledigt und Beschlüsse gefaßt werden konnten, und daß die übrigen Genossen nicht die Wirksamkeit dieser Beschlüsse in Frage stellten. Darum durfte die Versammlung vom 12. Juni weiter tagen und sich gemäß der Satzung einen neuen Vorsitzenden wählen.... Ferner durfte alsdann die Neuwahl des Aufsichtsrates vorgenommen werden, weil sie ja auf der Tagesordnung der vorhergehenden, nicht zum Abschluß gelangten Versammlung vom 15. Mai gestanden hatte. Ebenso war der Aufsichtsrat nach Enthebung der Antragsteller befugt, einen neuen Vorstand zu bestellen.

Beständen aber gegen die Wirksamkeit der Beschlüsse vom 12. Juni Bedenken, so sind sie durch die Versammlung vom 24. Juli beseitigt worden. Sie konnte etwaige Mängel heilen und hat sie geheilt, indem sie ausdrücklich auch die nochmalige Wahl des neuen Vorstandes bestätigte, mithin auch als selbstverständliche Voraussetzung die frühere Amtsenthebung der Antragsteller. Man könnte dagegen nicht geltend machen, ein anfechtbar bestellter Vorstand habe diese Generalversammlung einberufen. Denn es muß, soll der Geschäftsgang der Genossenschaft nicht völlig ins Stocken geraten und vor Wirrnissen geschützt werden, der anfechtbar bestellte, eingetragene Vorstand bis zur erfolgreich durchgeführten Anfechtung immerhin als befugt angesehen werden, die laufenden Geschäfte zu besorgen (vgl. Parisius-Crüger § 24[14], § 26[6]). Hierzu gehört auch die Einberufung der Generalversammlung. Dr. P.

b. Verneint vom Kammergericht, 5. ZS. Urteil v. 4. März 1916.

Für die Streitsache ist ausschlaggebend die Erwägung, daß eine streng formelle und unzweideutige Abgrenzung des **Beginnes** und des **Endes** der rechtlich erheblichen Betätigung der Versammlung ein dringendes Erfordernis der Rechtssicherheit bildet. Gerade der vorliegende Fall zeigt mit größter Klarheit, wie wichtig es ist, den Endpunkt der Versammlung, dh. der Handlungsmacht einer zur rechtlichen Gestaltung der Angelegenheiten der Gesellschaft berufenen Personenmehrheit zweifelsfrei erkennbar zu machen. Das gleiche gilt auch für die Eröffnung der Versammlung. Beide müssen, um deutlich hervorzutreten, Akte einer Einzelperson, also eben des Versammlungsleiters, sein; sie bilden einen **Ausfluß der Leitungsbefugnis** und sind daher formell wirksam, ohne daß es auf die Zustimmung oder den Widerspruch der Versammlung ankäme. Hat der Vorsitzende die Versammlung geschlossen, so muß sich jeder Anwesende im Interesse der Rechtssicherheit darauf verlassen dürfen, daß die Tätigkeit der Versammlung beendet ist; es geht nicht an, daß sich eine mehr oder weniger große Anzahl Widersprechender trotzdem zu einer neuen Versammlung zusammenschließt und als Fortsetzung der geschlossenen Versammlung Beschlüsse faßt. Damit würde die durch das Gesetz erstrebte Möglichkeit für jeden Aktionär, seine Gesellschafterrechte in der Beschlußfassung wahrzunehmen, beseitigt werden. Es liegt hier gerade ein Fall vor, in welchem es im Interesse der Rechtssicherheit besonders geboten ist, die formelle Wirkung der Schlußerklärung des Vorsitzenden zu betonen. Eine Wahl durch Abstimmung hat im übrigen während der fortgesetzten Versammlung nicht stattgefunden. Aber auch eine solche durch Akklamation ist nicht erfolgt. Denn auch eine solche setzt einen geregelten Wahlvorgang voraus, der der Leitung einer einzelnen Persönlichkeit bedarf. Der Umstand allein, daß tatsächlich niemand widersprochen hat, genügt aber nicht, um eine Wahl zu ersetzen. Denn gegenüber der durch Übernahme des Vorsitzes geschaffenen vollendeten Tatsache brauchte niemand unaufgefordert einen Widerspruch zu erklären. Hiernach sind die Wahlen des Antraggegners, als von einer nicht ordnungsmäßig berufenen und geleiteten Versammlung vorgenommen, als nichtig anzusehen. Gleichwohl war eine entsprechende einstw. Verfügung nicht zu erlassen. Denn sie würde einen ungerechtfertigt großen Schaden verursachen, wenn das schließliche Ergebnis des Hauptprozesses ihrem Inhalte widersprechen sollte. Auch ist nicht dargetan, daß die neuen Vorstandsmitglieder ihrem Amte nicht gewachsen seien oder die Gesellschaft schädigten... M.

δ) **Übertragung, Pfändung des auf einzelne von mehreren Anteilen entfallenden Guthabens?**

OLG. Dresden, 5. ZS. Urteil v. 23. September 1918.

1. X., der an der beklagten Genossenschaft mit 5 Geschäftsanteilen beteiligt war, hat dem Kläger, seinem Gläubiger, die ihm auf Grund von drei dieser Anteile zustehende Guthabenforderung abgetreten, woraus zu folgern ist, daß er nicht vollständig ausscheiden, sondern mit 2 Anteilen Genosse bleiben wollte. Abgesehen hiervon können aber Teile eines Geschäftsguthabens überhaupt nicht abgetreten werden, und es ist die Auszahlung einzelner Geschäftsanteile oder eines Teils der Guthabenforderung nicht zulässig, weil das Geschäftsguthaben ein Ganzes ist. Auch die mehrfache Beteiligung ist keine Beteiligung nach mehreren selbständigen Geschäftsanteilen und führt weder zur Bildung mehrfacher Guthaben noch zur Teilbarkeit des Guthabens, vielmehr spricht § 138 auch in diesem Falle nur von einer Übertragung „des Geschäftsguthabens", womit er zu erkennen gibt, daß das Guthaben auch in diesem Fall ein unteilbares Ganzes ist (Rsp. 19 S. 361; 22 S. 7). Schon mit Rücksicht hierauf ist die Klage, die den abgetretenen Teil beansprucht und also denjenigen Betrag fordert, der dem Verhältnis von drei zu den fünf X.schen Geschäftsanteilen entspricht, unbegründet...

2. Ebensowenig kann der Kläger Rechte aus der von ihm erwirkten Pfändung der im Beschlusse bezeichneten drei Geschäftsanteile ableiten, da

diese nicht veräußert und daher auch nicht verpfändet werden können; dabei ist einflußlos, daß in § 13 der Satzung von einer gerichtlichen Beschlagnahme und Überweisung von Geschäftsanteilen die Rede ist. Das Amtsgericht hat aber auch die Ansprüche gepfändet und zur Einziehung überwiesen, die dem X. auf Herauszahlung desjenigen Geldbetrags zustehen, den die drei bezeichneten Anteile auf Grund des Beschlusses der nächsten Generalversammlung darstellen werden. Danach ist zwar anzunehmen, daß der Kläger die Pfändung und Überweisung des dem X. bei der Auseinandersetzung zukommenden Guthabens erwirkt hat (§ 66); fehl geht aber seine Ansicht, daß X. zufolge der Pfändung als ausgeschlossenes Mitglied zu betrachten sei und dadurch die Fälligkeit der Guthabenforderung herbeigeführt worden sei. Diese ist bedingt durch die Lösung des Verhältnisses zwischen dem Genossen und der Genossenschaft. Wie der klare Wortlaut des § 66 ergibt, konnte der Kläger diese Lösung nur dadurch herbeiführen, daß er das Kündigungsrecht des X. an dessen Stelle ausübte, wobei der § 65 einzuhalten war. Das hat er nicht getan. Es lagen auch für ihn die Voraussetzungen des § 66 nicht vor. Denn einerseits war in das Vermögen des X. vor der Pfändung nicht fruchtlos vollstreckt und anderseits hat der Kläger die Pfändung auf Grund des am 11. November 1913 für vorläufig vollstreckbar erklärten Zahlungsbefehls erwirkt. Die Beklagte war daher auch nicht in der Lage, die Kündigungserklärung des Klägers sowie die sonstigen beizubringenden Urkunden ($§ 69^1$ Schlußsatz; § 31 der AusfVO. vom 1. Juni 1899) dem Gerichte zur Liste der Genossen einzureichen. Durch die spätere Zahlungseinstellung des X. ist das Erfordernis der fruchtlosen Zwangsvollstreckung nicht ersetzt worden. Ob das auch bezüglich der Konkurseröffnung vom 2. Dezember 1913 zu gelten hat, kann dahingestellt bleiben; denn sie ist erst nach der Erwirkung des Pfändungsbeschlusses erfolgt, während nach § 66 ihm die fruchtlose Vollstreckung vorauszugehen hat. Der Kläger hätte daher nach der Konkurseröffnung die Uberweisung wiederholen lassen müssen. Allerdings hat der Konkursverwalter die Mitgliedschaft des X. aufgekündigt; allein er hat das nicht anstelle des Klägers und nicht auf Grund der von diesem erwirkten Pfändung des Geschäftsguthabens getan. Kann schon hiernach der Kläger die Auszahlung des Geschäftsguthabens nicht beanspruchen, so kommt weiter hinzu, daß die Pfändung eines Teiles dieses Guthabens ebenso wie dessen Teilabtretung des Geschäftsguthabens unzulässig ist. —e—

ε) **Rechtsbehelfe der Genossen nach §§ 106, 107, 111 GenG.**

OLG. Kiel, 1. ZS. Urteil v. 10. Juli 1919.

Der Kläger Max A. beantragt als Genosse und als Erbe der Genossin Marie A., die für vollstreckbar erklärte Vorschußberechnung des Konkursverwalters ihnen gegenüber für unwirksam zu erklären. Marie A. galt nach § 77 infolge ihres Todes 1914 schon ohne weiteres mit dem Schlusse des Geschäftsjahres als ausgeschieden. Wurde sie trotzdem zur Beitragsleistung herangezogen, so konnte der Kläger als ihr Erbe hiergegen nur durch Klage aus § 111 vorgehen. Denn diese ist der alleinige Rechtsbehelf nicht nur für die Personen, die noch Genossen sind (RG. 69 S. 336), sondern auch für diejenigen, die entweder niemals Genossen waren, aber trotzdem in der Liste als Genossen eingetragen stehen (RG. 50 S. 127), oder die früher einmal zwar Genossen gewesen sind, deren Mitgliedschaft aber erloschen ist (vgl. Waldecker, eingetr. Gen. 1916 S. 324; ebenso wohl auch Parisius-Crüger, GenG.[8] § 111[5]). Wenn der Kläger etwa in Unkenntnis des § 77 oder sonstwie für überflüssig gehalten hätte, im Termine vor dem Konkursgericht die Heranziehung der Marie zur Beitragsleistung mündlich anzufechten, so käme in Frage, ob er sich nicht nach § 111 auf die Schuldlosigkeit einer solchen Unterlassung berufen könnte. Diese Erwägung erübrigt sich aber, weil der Kläger in der Klage selbst vorträgt, er habe in jenem Termine geltend machen wollen, daß die Mitgliedschaft der Marie nach § 77 bereits erloschen gewesen sei.

Für den ganzen Umfang der Klage handelt es sich deshalb nur darum, ob der Kläger nach § 111 unverschuldete Unmöglichkeit der Geltendmachung der Anfechtungsgründe erwiesen hat. Das ist zu verneinen. Der Kläger hat lediglich angegeben, daß er trotz Handaufhebens nicht zum Worte gekommen sei und daß er es nur aus Scheu vor einer Zurückweisung vermieden habe, unaufgefordert das Wort zu ergreifen. Daß er in irgendeiner Weise gehindert worden wäre, seine Anfechtungsgründe mündlich vorzubringen, hat er selbst nicht behauptet. Ebenso ist es nach der Beweisaufnahme ausgeschlossen, daß der Konkursrichter das Handaufheben des Klägers rechtzeitig bemerkt hätte und ihm trotzdem das Wort versagt haben könnte; die Verhandlung ist vielmehr in ruhiger und sachlicher Form ohne eine Überstürzung vor sich gegangen, so daß jeder Gelegenheit gehabt hätte, sich rechtliches Gehör zu verschaffen. Es ist also nur denkbar, daß der Richter das Handaufheben entweder überhaupt nicht oder nicht rechtzeitig bemerkt hat, und daß es dem Kläger infolgedessen nicht gelungen ist, zum Worte zu kommen. Wenn sich aber der Kläger mit dem Handaufheben begnügte, obwohl er hierdurch nicht zum Ziele kam, und wenn er aus Scheu vor Weiterungen davon absah, sich auf andere Weise bemerkbar zu machen, so trägt er für diesen Mangel an Gewandtheit und Tatkraft die Verantwortung, zumal er seinem Stande und seiner Bildung nach ohne große Schwierigkeit dazu imstande gewesen wäre, seine Anfechtungsgründe in geeigneter Weise vorzutragen. Keinesfalls kann nach Lage der Sache die Rede davon sein, daß er unverschuldet hierzu nicht in der Lage gewesen sein sollte. SchlHA.

i) **Zum Begriff der stillen Gesellschaft.**

Kammergericht, 7. ZS. Urteil v. 14. März 1919.

Der Vertrag vom Juni 1914 gibt dem Kläger die selbständige Leitung der Fabrik; er macht ihn zum Teilhaber des Geschäfts mit einem von der Tätigkeit des Beklagten, der kaufmännischen Leitung, fest abgegrenzten Arbeitsgebiet. Er gibt dem Kläger das Recht, gemeinsam mit dem Beklagten über die Aufnahme eines weiteren Teilhabers zu entscheiden und beteiligt ihn vom dritten Monat ab mit der Hälfte des Gewinns. Diese Umstände sprechen gegen die Feststellung des LG., es handle sich für das Verhältnis zwischen den Parteien um eine stille Gesellschaft. Der Kläger entfaltete in dem Geschäft keine untergeordnete, sondern eine der des Beklagten gleichwertige Tätigkeit, und dieser gab sein freies Alleinbestimmungsrecht über die fernere Gestaltung des Unternehmens durch die Abrede über die Wahl eines neuen Teilhabers auf. Der Kläger trat also auch nach außen hin gleichartig als Teilhaber neben den Beklagten. Da die Voraussetzungen für das Bestehen einer offenen HG., namentlich die gemeinschaftliche Firma, fehlen, so liegt eine Gesellschaft des bürgerlichen Rechts (§ 705 BGB) vor. L.n.

k) α) **Kündigung der Gewährung einer Umsatzvergütung.**

OLG. Hamburg, 2. ZS. Urteil v. 17. Februar 1919.

Die Beklagte, die seit längerer Zeit regelmäßig Waren vom Kläger bezieht, hat bei der Bezahlung der im Dezember 1916 gelieferten Waren 2 % Umsatzvergütung auf die im zweiten Halbjahr 1916 für insgesamt 96 100 Mark bezogenen Waren mit 1922 Mark gekürzt. Der Kläger hält dies für unberechtigt. Zwar habe zwischen den Parteien das Abkommen, daß am Jahresabschluß auf alle Abschlüsse 2 % vergütet werden, bestanden, es sei aber zum 1. Juli 1916 gekündigt worden. Das LG. hat jedoch mit Recht angenommen, daß der Kläger die Rabattvergünstigung erst für Ende 1916 habe aufheben können.

Die Parteien sind in erster Instanz davon ausgegangen, daß die Gewährung von 2 % Vergütung am Jahresschlusse bei einem Gesamtumsatze von mindestens 100 000 Mark mehr als eine tatsächliche und vielleicht durch die wirtschaftliche Macht der Beklagten erzwungene Übung, nämlich ein Vertragsverhältnis und als solches seit mehreren Jahren in Kraft gewesen sei. Es kann unentschieden bleiben, ob der Kläger die Vertragsnatur dieser Rabattgewährung jetzt mit Erfolg in Abrede nehmen darf, denn auch eine seit einigen Jahren eingehaltene Übung könnte nur zu dem aus ihrem Inhalte sich ergebenden Zeitpunkte für die Zukunft aufgehoben werden. Der Inhalt weist aber klar auf das Jahresende hin und deshalb konnte der Gebrauch auch nur auf das Jahresende für die Zukunft aufgehoben werden. Es mag zwar möglich sein, rechnerisch die Prozente auch für ein Halbjahr zu berechnen, indem die im ersten Halbjahr gemachten Lieferungen unter Schätzung der im zweiten Halbjahr üblicherweise folgenden Bestellungen auf die Jahresziffer gebracht und danach festgestellt wird, ob der Mindestbetrag von 100 000 Mark im Jahr erreicht wäre. Außergewöhnliche Umstände, die eine Lösung des Verhältnisses rechtfertigen könnten, sind denkbar. Für seine regelmäßige Gestaltung sind sie aber nicht ausschlaggebend und hier hat sich außer dem Wunsche des Klägers, diesen seinen Verdienst verkleinernden Gebrauch los zu werden, nichts Besonderes zugetragen, was eine Lösung der bestehenden und für 1916 durch die Frühjahrslieferungen bereits in Lauf gesetzten Übung vor dem natürlichen Ablauf der Periode zu rechtfertigen vermag. Die Beklagte hat sich auch nicht in der zweiten Hälfte 1916 so verhalten, daß damit das Verlangen der Vergünstigung für die weiteren Lieferungen unvereinbar ist. M. M.

β) **Stillschweigender Verzicht auf den Lieferungsanspruch.**

OLG. Stuttgart, 3. ZS. Urteil v. 28. Oktober 1919.

Ein Verzicht des Klägers auf Lieferung der beiden Zimmereinrichtungen ist zwar weder dem Briefwechsel der Parteien noch dem zuwartenden Verhalten des Klägers sicher zu entnehmen. Allein nachdem die Beklagte im Juli und August 1917 erklärt hatte, sie könne die Einrichtungen in absehbarer Zeit nicht liefern, und in der Folge mehrfach andere, meist von ihr hergestellte Zimmer angeboten hatte, konnte und durfte sie annehmen, daß der Kläger auf den Abschlüssen vom Juni 1917 nicht mehr bestehen wolle; es wäre anderseits seine Sache gewesen, deutlich auszudrücken, daß er auf den alten Verträgen bestehe. Er durfte nicht einfach schweigen und dann nach Ablauf von mehr als einem Jahr, also zu einer Zeit, zu welcher, wie gerichtsbekannt ist, die Preise schon wesentlich gestiegen waren, plötzlich mit den Ansprüchen aus den alten Verträgen hervortreten (RG. 88 S. 203; Rsp. 32 S. 155; [JW. 1920 S. 283]). S.

γ) **Freizeichnung einer Fabrik von Behinderungen.**[1]

OLG. Hamburg, 6. ZS. Urteil v. 11. Dezember 1919.

Der Aufdruck auf der Auftragsbestätigung der Beklagten an den Kläger: „wird die uns liefernde Fabrik durch Fälle höherer Gewalt betroffen, die die Lieferung behindern oder unmöglich machen, so halten wir uns Ihnen gegenüber an die Lieferungspflicht nur so weit gebunden, als wir selbst die bestellten Papiere von der Fabrik erhalten," mag trotzdem er fast ganz unleserlich ist, für das Vertragsverhältnis maßgebend geworden sein, weil der Kläger jedenfalls erkennen mußte, daß der Aufdruck auch Vertragsbedingungen der Beklagten enthielt, und die Bestätigung in diesem Teile unwidersprochen ließ. Ferner mag der Ausdruck „behindern" nicht bloß ein zeitweises Unmöglichwerden, sondern auch schon eine wesentliche Erschwerung in der Herstellung der Ware als Befreiungsgrund für die Beklagte festgestellt haben. Endlich mag nach dem späteren Schriftwechsel der Parteien ein Verzug der Beklagten nicht schon 30. Juni, sondern erst 30. September 1917 eingeteten sein. Selbst wenn man alle diese Fragen zugunsten der Beklagten entscheidet, so kann doch nur eine nach dem Vertragsschluß eingetretene Unmöglichkeit oder eine in der Vertragsbestimmung gleichgestellte Erschwerung der hinter ihr stehenden Fabrik in Herstellung und Lieferung der bestellten Papiere die Beklagte befreien. Und zwar muß die Erschwerung vor 30. September eingetreten sein,

[1] Wer selbst von dem Werk mit der Klausel: „Das Werk nimmt den Auftrag unter der Voraussetzung an, daß die staatliche Kohlenlieferung dieselbe bleibt wie bisher" abgeschlossen hatte und unter Hinweis auf diese Werkklausel weiter verkauft hat, muß, um seinem Käufer gegenüber frei zu werden, nachweisen, daß das Werk ihn selbst wegen mangelnder Kohlenversorgung nicht beliefern kann, vor allem aber den Namen des Werks angeben (OLG. Hamburg, 6. ZS. Urteil v. 15. Nov. 1919; HansGZ. 1920 S. 55).

da nach § 287 BGB. jeder Schuldner für jede Unmöglichkeit und demgemäß auch für jede vertragsmäßig ihr gleichgestellte Erschwerung dann verantwortlich ist, wenn sie nach Eintritt des Verzugs eingetreten sind. Die Leistung der Beklagten wurde aber nach einer gewissen, mit Rücksicht auf die schwierigen Verhältnisse allerdings reichlicher, jedoch auch nicht mehr als 1/4 Jahr nach Vertragsschluß zu bemessenden Frist fällig, und die Beklagte geriet daher jedenfalls mit Ablauf der letzten am 23. Juli gesetzten und bis 30. September laufenden Nachfrist in Verzug. Endlich kann sich die Beklagte aber auch nur auf eine solche Unmöglichkeit oder Erschwerung berufen, die weder sie selbst noch ihre Fabrik zu vertreten haben. Das liegt schon in der Natur der Sache und wird für die Fabrik auch noch ausdrücklich mit dem Ausdruck „höhere Gewalt" bestimmt, ist aber nicht nachgewiesen. M. M.

1) α) **Inhalt einer Mängelanzeige nach § 377.**

OLG. Hamburg, 5. ZS. Urteil v. 4. Juni 1919.

Die Beklagte hält durch die Klausel „wie besehen" alle Mängel, die sofort, also auch durch chemische Untersuchung, feststellbar gewesen wären, für ausgeschlossen. Allein die Klausel setzt mangels anderweiter Anhaltspunkte nur eine ordnungsmäßige Besichtigung, nicht aber eine wissenschaftliche Untersuchung durch Sachverständige voraus, schützt also nicht vor heimlichen Mängeln, die durch solche Besichtigung nicht erkannt werden konnten (Staub, § 360[5]). Auch das LG. geht nicht soweit, es kommt aber zur Abweisung der Wandlungsklage, weil der Kläger bei der Besichtigung die gerügten Mängel — dahin sei weder der Zusatz von Salizylsäure, noch die Vermischung mit Stärkemehl zu rechnen — habe erkennen können, wie denn auch die Kunden die Dünnflüssigkeit der Marmelade und den Mangel an Zucker sofort erkannt hätten. Es hält danach die Rüge mittels des Telegramms nicht für genügend. Dem wäre beizutreten, wenn sich dieses auf die Worte „gesetz- und vertragswidrig" beschränkte. Es fährt aber fort: „beanstandet vom Chemiker und der Wohlfahrtspolizei, weil Fälschung und Verfälschung von Nahrungsmitteln". Das muß hier genügen (Staub § 377[23]), um so mehr, als gerade in der behördlichen Beanstandung der Ware auf Grund des Nahrungsmittelges. der eigentliche Wandlungsgrund zu sehen ist. Worin im einzelnen die Verfälschung gefunden wurde, war bei solcher Sachlage für die Beteiligten ohne ersichtliches Interesse, da an der Tatsache der Beanstandung nichts mehr zu ändern war. Wesentlich war allein, daß die gelieferte Ware nicht handelsfähig war und sich der Kläger durch weiteren Vertrieb strafbar gemacht hätte. M. M.

β) **Rechtzeitigkeit. Untauglichkeit der Ware zum stillschweigend vorausgesetzten Gebrauche.**

OLG. Rostock, 1. ZS. Urteil v. 6. Juni 1918.

Der Kläger, der „Xylolin-Bindfaden" geliefert hat, fordert den vereinbarten Kaufpreis. Der Beklagte wendet ein, daß das Garn zu dem nach dem Vertrage vorausgesetzten Gebrauche, nämlich zum Binden des Korns mit der Maschine nicht tauglich gewesen sei. Das LG. hat verurteilt, weil die Rügefrist bei der ersten Anzeige des Mangels verstrichen gewesen sei. Allein bei einer kleinen Maschinenbauanstalt auf dem Lande, wie es offenbar die des Beklagten ist, können nicht besondere Vorrichtungen gefordert werden, durch die die zum Weiterverkauf gekauften Garne auf ihre Brauchbarkeit bei der Benutzung von Bindemaschinen geprüft werden. Diese Prüfung kann nur erfolgen, wenn sich die Maschine im vollen Betrieb befindet, und hierzu bietet sich nur da Gelegenheit, wo sich Arbeit für sie findet. Vernünftigerweise haben daher auch die Parteien nichts anderes beabsichtigt, als daß erst der weitere Abnehmer das Garn auf seine Haltbarkeit prüfe. Deshalb kann eine Verzögerung nicht darin gesehen werden, wenn erst einige Tage nach dem Eingang der Sendung beim Beklagten dessen Abnehmer das Garn in B. untersucht hat und wenn bis zur Feststellung des Mangels mehrere Tage hingegangen sind. Ohne weiteres ist glaubhaft, daß sich, mag zwischendurch Regenwetter gewesen sein oder nicht, hier nach den wirtschaftlichen Verhältnissen keine frühere Gelegenheit zum Beginn der Bindearbeit geboten hat. Es entspricht aber auch weiter dem ordnungsmäßigen Geschäftsgang, wenn der Beklagte zunächst seinen Angestellten X. zur Beseitigung der Schwierigkeiten nach B. sandte und sich erst dann persönlich nach dem Grunde des Mangels umsah, als auch X. ihn nicht zu beseitigen vermochte. Erst jetzt war der Mangel zuverlässig festgestellt. Die bald darauf erfolgte Mängelrüge ist daher rechtzeitig.

Der behauptete Mangel lag auch tatsächlich vor. Dafür, daß das Garn zum Kornbinden gebraucht werden sollte, spricht der Umstand, daß der Kläger seinerseits es angeboten hat, weil er wußte, daß Beklagter mit landwirtschaftlichen Maschinen und den bei ihrem Gebrauch erforderlichen Artikeln handelte, und weil das Angebot gerade am Beginne der Ernte erfolgte. Da aber Garn gerade bei Bewältigung der Bindearbeit mit Maschinen benutzt wird, so war für den Verkäufer deutlich erkennbar, daß der Käufer voraussetzte, ihm würde Garn zum Gebrauch bei der Bindemaschine angeboten, und daß er ohne das Zutreffen dieser Voraussetzung nicht abgeschlossen hätte (Staub § 377[39]). Der Beklagte hat zwar nach dem Vertragschluß noch ausdrücklich telegraphisch angefragt, ob der Faden auch für Bindezwecke geeignet sei, und der Kläger hat sofort eine Gewähr hierfür abgelehnt. Allein die Anfrage erklärt sich offenbar daraus, daß Beklagter lieber eine ausdrückliche Zusicherung über die Brauchbarkeit des Garns haben wollte, und das ablehnende Verhalten des Verkäufers daraus, daß er sich nicht ausdrücklich auf bestimmte Zusicherungen festlegen wollte. Allerdings hatte Beklagter nach einer ihm vorgelegten Probe bestellt. Die Probe enthielt jedoch streitlos nur kleine Stücke der verschiedenen Sorten, die auf Haltbarkeit an der Maschine nicht geprüft werden konnten, und sollte augenscheinlich nur dem Zwecke dienen, dem Käufer einen allgemeinen Eindruck von der Beschaffenheit der neuen Ware zu geben und die Wahl unter den verschiedenen Sorten zu ermöglichen;

nicht aber bezweckte sie dem Käufer selbst die Verantwortung, dafür aufzubürden, ob die Ware sich bei der Bindemaschine gebrauchen lasse. J. n.

γ) **Keine Mängelrüge bei Werkverträgen.**

OLG. Celle, 2. ZS. Urteil v. 21. November 1918.

Nach dem Vertrage hatte der Beklagte die ihm von der Klägerin übergebenen Stahlgußgranaten in bestimmter Weise zu bearbeiten. Es lag also kein Werklieferungs-, sondern ein einfacher Werkvertrag vor, so daß § 377 nicht anwendbar war. Diese Vorschrift macht bei einem sich als beiderseitiges Handelsgeschäft darstellenden Kauf dem Käufer die sofortige Untersuchung der Ware auf etwaige Mängel und deren Anzeige zur Pflicht. Das gleiche gilt nach § 381 für den Kauf von Wertpapieren und den Werklieferungsvertrag über nicht vertretbare Sachen. So ist der Kreis derjenigen Fälle, in welchen die sofortige Untersuchung und Anzeige von Fehlern die Voraussetzung für die Verfolgung von Rechten aus ihrem Vorhandensein bildet, genau umgrenzt und die Ausdehnung dieses Erfordernisses auf andere Vertragsverhältnisse keineswegs statthaft. Grundsätzlich ist deshalb anzunehmen, daß bei einem Werkvertrage der Besteller nicht verpflichtet ist, zur Wahrung seiner Rechte wegen Mängel des Werkes dieses alsbald zu untersuchen und die festgestellten Fehler zu rügen. Nun mag es unter Umständen der Rücksicht auf Treu und Glauben entsprechen, daß auch der Besteller eines Werkes alsbald auf dessen nachträglich entdeckte Mängel den Unternehmer hinweisen muß, zB. um diesen nicht empfindlichen Nachteilen auszusetzen, die ihm aus der Unkenntnis der Mangelhaftigkeit erwachsen und sonst noch abgewendet werden könnten. Das ließe sich in Fällen annehmen, in denen Gegenstand des Werkvertrags eine größere Anzahl gleichartiger Leistungen ist, die sich über einen längeren Zeitraum erstrecken sollen, wenn etwa einzelne Leistungen denselben Mangel zeigen und der Unternehmer durch einen rechtzeitigen Hinweis darauf in der Lage gewesen wäre, ihn in Zukunft zu vermeiden. Dabei handelt es sich aber stets um eine Ausnahme von der Regel, nach der dem Besteller des Werkes keine Untersuchungs- und Anzeigepflicht obliegt. Deshalb ist es Sache des Unternehmers eine solche Gestaltung des einzelnen Falles darzutun, die dem Besteller jene Pflicht ausnahmsweise auferlegt... L. dt.

m) **Fristsetzung an den Kommissionär bei Verzug des Lieferers. Konkrete und abstrakte Schadensberechnung. Geltendmachung durch den Kommittenten.**

Kammergericht, 14. ZS. Urteil v. 16. Januar 1920.

Der Anspruch auf Schadensersatz wegen Nichtlieferung von Chlorkalzium im September und Oktober 1918 kann, soweit er auf entgangenen Gewinn gerichtet ist, sowohl aus einer konkreten als auch aus einer abstrakten Berechnung hergeleitet werden. Die erstere wird gestützt auf den Gewinn, den der Kläger bei Erfüllung des von ihm abgeschlossenen Weiterverkaufs der Ware erzielt hätte. Er hat dieselbe Ware durch A. als seinen Verkaufskommissionär an X. weiter verkauft. A. war zwar sonst Verkaufsagent und gelegentlich auch Einkaufskommissionär des X. In diesem Falle hat er jedoch, um selbst bei dem Geschäft zu verdienen, die Ware im eigenen Namen an X. verkauft, jedoch nicht für eigene Rechnung, sondern für die des Klägers, der ihm hierfür als Provision die Hälfte seines Gewinnes vergüten sollte (§§ 354, 396).

Infolge des Lieferungsverzugs der Beklagten gegenüber dem Kläger ist auch A., der die Ware gleichfalls pünktlich lieferbar weiter verkauft hatte, dem X. gegenüber in Verzug geraten, der ihm eine Nachfrist bis 15. Oktober 1918 setzte und ein nachher gestelltes Angebot der Ware ablehnte. Dieser Rücktritt des Käufers nach § 326 BGB. gegenüber dem Kommissionär wirkte ohne weiteres gegen den Kommittenten, für dessen Rechnung das Geschäft geschlossen war, ohne daß es erst der Androhung, Fristsetzung oder des Rücktritts des Kommissionärs gegenüber dem Kommittenten bedurfte. Hierdurch ist dem Kläger ein Gewinn von 1300 Mark entgangen, von dem er freilich die Hälfte als Provision an A. hätte abgeben müssen. In Höhe dieser Hälfte ist nur A. geschädigt, der einen Ersatzanspruch gegen den Kommittenten nach § 396 nicht hat, weil die Ausführung des Geschäfts nicht aus einem in der Person des Klägers liegenden Grunde, dh. kraft seiner freien Entschließung unterblieb (Staub § 396[5]; JW. 1906 S. 399[31]). Nach dem Beweisergebnis hat A. schon bei der Bezahlung der Kaufsumme an den Kläger seinen Gewinnanteil abgezogen. Nach dem Rücktritt des X. kann er aber vom Kläger nur die gezahlte Summe, nicht aber den abgezogenen Gewinnanteil verlangen. Der Kläger hat also bisher dem A. den entgangenen Gewinn nicht ersetzt und kann deshalb von der Beklagten die Zahlung dieses Betrags an sich selbst nicht fordern (RG. 53 S. 42). Der Klagantrag ist also auf Grund der konkreten Schadensberechnung nur in Höhe der Hälfte des geforderten Betrags begründet.

Dagegen begründet die jetzt auch dargelegte abstrakte Gewinnberechnung den Klagantrag zu seinem vollem Betrage. Nach dem Gutachten der Handelskammer betrug der Marktpreis für die Ware sowohl zurzeit der Erfüllungsverweigerung durch die Beklagte am 9. September 1918 als auch zurzeit der Erklärung des Klägers, daß er die Annahme ablehne, am 19. Oktober 1918 zur pünktlichen Lieferung an kriegswichtigen Betrieb 40 Mark für 100 kg. Der Kläger darf deshalb als Mindestbetrag seines entgangenen Gewinnes den Unterschied zwischen dem Vertragspreise und diesem Marktpreise fordern. Denn zu diesem Preise hätte er die Ware weiterverkaufen können. Dem steht nicht entgegen, daß er tatsächlich die gleiche Menge genau zu demselben Preise, jedoch abzüglich einer Provision für seinen Verkaufskommissionär, also mit um die Hälfte geringerem Gewinn weiterverkauft hat. Denn auch nach dem Ablauf der ihm von diesem Käufer gesetzten Nachfrist (15. Oktober) hätte der Kläger die Ware zu dem Marktpreise ohne Abzug anderweit verkaufen können. Es braucht also nicht entschieden zu werden, ob er sich schon vorher zur Erfüllung der Lieferungspflicht gegen diesen Käufer zu demselben Preise anderweit hätte eindecken können, oder ob dies damals wegen der großen Knappheit an Chlorkalzium nicht möglich war.

Zwischen der konkreten und abstrakten Schadensberechnung steht dem Kläger die Wahl offen: zu einer Deckung durch anderweiten Kauf der Ware war er nicht in der Lage, auch nicht verpflichtet. Der Kläger darf die getroffene Wahl abändern, auch beide Berechnungen nebeneinander geltend machen. Eine Klagänderung durch diese neue Begründung des Schadens ist nicht gerügt, auch nach § 268 Nr. 1 ZPO. zu verneinen. L. d.

n) *α*) **Kenntnis der im Speditions- und Frachtverkehr üblichen „Allgemeinen Vertragsbestimmung".**

Kammergericht, 12. ZS. Urteil v. 29. Januar 1919.

Die Klägerin beauftragte 1917 durch Fernsprecher den Beklagten, einen Reisekorb aus ihrer Wohnung nach dem St.-Bahnhof zu befördern. Der Beklagte nahm den Auftrag an und ließ alsbald durch seinen Kutscher gegen Aushändigung eines Scheines den Korb abholen. Auf dem Schein sind Vertragsbedingungen aufgedruckt; in diesen heißt es unter Nr. 4, daß der Beklagte für in Verlust geratene Gegenstände, wenn ihr Wert nicht angegeben ist, nur 60 Mark für 100 kg. zahle. Da der Korb auf der Fahrt entwendet worden ist, verlangt die Klägerin Erstattung des vollen Werts mit 4448 Mark. Der Beklagte will dagegen entsprechend der Nr. 4 und dem Gewichte des Korbes nur 37 Mark zahlen. Dieser Einwand ist nicht begründet. Da beim Vertragschluß unstreitig besondere Abreden über die Haftung nicht getroffen sind, so regelt sich die Haftung des Beklagten nach den §§ 412, 429 HGB. Wenn der Beklagte nach Abschluß des Vertrags bei der Abholung des Reisekorbes, also bei der Ausführung des Vertrags, den erwähnten Zettel durch seinen Kutscher der Klägerin hat überweisen lassen und die Klägerin ihn angenommen hat, so läßt sich aus diesen Umständen nur schließen, daß die Klägerin, wie sie selbst ausführt, den Zettel als Legitimation des Kutschers und als Quittung über die Aushändigung des Korbs entgegengenommen hat. Sie hat nicht annehmen können, daß der Beklagte mit dem Zettel eine Abänderung des bereits geschlossenen Vertrags habe herbeiführen wollen. Daß aber der Kutscher die Klägerin auf die auf den Zettel gedruckten Vertragsbedingungen aufmerksam gemacht habe, behauptet der Beklagte selbst nicht. Er behauptet aber, daß der Klägerin die Vertragsbedingungen bekannt gewesen seien, und folgert dies zunächst daraus, daß ihr bereits bei der früheren Beförderung eines Koffers ein Zettel des gleichen Inhalts übergeben worden sei. Dieser Folgerung kann jedoch nicht beigetreten werden; vielmehr ist anzunehmen, daß die Klägerin auch bei jenem früheren Vorgange den Zettel nur als Legitimation und Quittung entgegengenommen habe. Weiter behauptet der Beklagte unter Berufung auf den Kutscher, daß die Klägerin den Zettel durchgelesen habe. Allein der Kutscher könnte nicht bekunden, ob die Klägerin den Zettel mit Bewußtsein durchgelesen habe.

Schließlich macht der Beklagte geltend, daß bei derartigen Beförderungen von Gütern allgemein die Haftung in der auf dem Zettel angegebenen Weise eingeschränkt werde. Indessen wäre aus der erbetenen Auskunft der Handelskammer noch nicht zu folgern, daß auch die Klägerin, die Schauspielerin ist, ein solcher unter den Spediteuren und Frachtführern üblicher Brauch bekannt gewesen sei. Das Speditionsgeschäft des Beklagten ist auch nicht so umfangreich, daß die Klägerin etwa deshalb schon annehmen mußte, er habe nach Art der großen Verkehrsanstalten für seine Speditions- und Frachtverträge ein für allemal allgemeine Vertragsbedingungen aufgestellt, und daß sich hieraus für sie eine Pflicht zur selbständigen Erkundigung nach jenen allgemeinen Bedingungen ergab. Hätte sie allerdings vor Aushändigung des Korbes in irgendeiner Weise Kenntnis von der streitigen Haftungsbedingung des Zettels gehabt, so würde darin, daß sie ohne Widerspruch den Zettel annahm und den Korb aushändigte, ihr stillschweigendes Einverständnis mit der Haftungsbeschränkung liegen. Es erscheint daher angemessen, ihr über diese Kenntnis den Eid anzuvertrauen.

Die Revision ist am 3. Januar 1920 I 70/19 aus folgenden Gründen zurückgewiesen worden: Allerdings mag im Transportgewerbe gebräuchlich sein, daß der Unternehmer die Bedingungen, unter denen er für die Regel seine Geschäfte abzuschließen bereit ist, im voraus allgemein feststellt. Aber das genügt nicht, um anzunehmen, daß die Gegenpartei sich diesen Bedingungen unterworfen habe. An diesem Ergebnisse wird auch nichts geändert, wenn es sich um Bedingungen handelt, wie sie in derartigen Betrieben gewöhnlich ausbedungen werden, denn auch dann gelten sie nicht von selbst. Sie müssen vielmehr mindestens stillschweigend besonders vereinbart werden. Dazu ist aber erforderlich, daß sie vor dem Vertragsabschlusse dem Gegner dergestalt mitgeteilt werden, daß er im Falle ihrer Nichtbilligung nach Treu und Glauben widersprechen müßte, denn nur dann kann sein Stillschweigen als Genehmigung aufgefaßt werden. Insofern ist auch gleichgültig, ob das Speditionsgeschäft des Beklagten umfangreich ist oder nicht, denn auch die Bedingungen großer Transportunternehmungen sind für Dritte nicht ohne weiteres maßgebend. Es kann sich daher nur fragen, ob der Vertrag nachträglich im Sinne des Beklagten abgeändert ist. Auch in dieser Beziehung ist dem KG. beizutreten und besonders noch darauf hinzuweisen, daß die Nr. 1—3 der Bedingungen nur unwesentliche Punkte betrafen, was auch dazu führen konnte, daß die Klägerin die Bedingungen nur unvollständig durchlas. Bl. r.

β) **Verjährungsfrist des § 414 bei Versendung der Ware durch den Verkäufer.**

OLG. Stuttgart, 2. ZS. Urteil v. 20. November 1919.

Die Beklagte, die auf Grund des Kaufvertrags zur Anwendung kaufmännischer Sorgfalt bei der Versendung der zu liefernden Ware verpflichtet war, wird auf Schadensersatz belangt, weil sie diese Pflicht schuldhaft vernachlässigt habe (§§ 433, 276 BGB.). Sie wendet Verjährung aus § 477

BGB. ein. Allein es handelt sich hier weder um Wandlung oder Minderung noch um Schadensersatz wegen Mangels einer zugesicherten Eigenschaft. In § 414 HGB. ist aber für Ansprüche wegen Minderung und Beschädigung gegen den Spediteur die kurze Verjährungsfrist von einem Jahr festgesetzt, vgl. ebenso § 423 (Lagerhalter), § 439 (Frachtführer). Der § 414 kommt nach § 415 auch zur Anwendung, wenn ein Kaufmann, der nicht Spediteur ist, im Betrieb seines Handelsgewerbes eine Güterversendung durch Frachtführer für Rechnung eines anderen im eigenen Namen zu besorgen übernimmt. Dies trifft hier zu, wo die Beklagte die bestellten Waren im eigenen Namen für Rechnung des Klägers dem Frachtführer zur Versendung übergeben hat. Zwar handelte es sich dabei im Verhältnis zwischen den Parteien nicht bloß um Übernahme eines Speditionsvertrags durch die Beklagte, die vielmehr schon auf Grund des Kaufvertrags für kaufmännische Sorgfalt bei Ausführung der Übersendung verpflichtet ist. Aber der gesetzgeberische Zweck der baldigen Schaffung einer klaren Rechtslage rechtfertigt für den § 415 die Auslegung, daß auch dem Verkäufer, der in seinem Handelsbetrieb unter den Voraussetzungen des § 415 die Übersendung der gekauften Ware an den Käufer übernommen hat, gegenüber Ansprüchen wegen Minderung und Beschädigung des Guts die kurze Verjährungsfrist des § 414 zur Seite steht. S.

γ) Die vom Lagerhalter zu beobachtende Sorgfalt.

OLG. Kiel, 2. ZS. Urteil v. 10. Juni 1919.

Die Beklagte hat die Hausstandssachen, die sie als Lagerhalterin vom Kläger auf Lager nahm, in einem Raume des Hauses Nr. 7 untergebracht, aus dem sie gestohlen wurden. Sie muß beweisen, daß dieser Diebstahl stattgefunden hat, obwohl sie ihrer Verpflichtung, die Sachen ordnungsmäßig als Lagerhalter aufzubewahren, voll nachgekommen ist. Besteht auch nur die ganz entfernte Möglichkeit, daß sie ihn durch eine Verletzung dieser Pflicht ermöglichte oder mitveranlaßte, so hat sie sich nicht gemäß §§ 417, 390 entlastet. Hier war schon der von ihr ohne Kenntnis des Klägers gewählte Aufbewahrungsraum kein geeigneter. Wer seine Sachen einem gewerbsmäßigen Lagerhalter übergibt, darf nach der Verkehrssitte erwarten, daß sie in Räumen aufbewahrt werden, die sich für eine gesicherte Aufbewahrung besonders eignen und die einer gewissen ständigen Aufsicht des Lagerhalters oder seiner Beauftragten unterstehen. Nicht nur die Lagerung, dh. die Unterbringung, sondern auch die Aufbewahrung und damit eine gewisse Fürsorge für die Beaufsichtigung der Sachen übernimmt der Lagerhalter (§ 416). Der verwendete Raum war ein früherer Versammlungsraum in einem Hause, in dem ein Abstinenten-Gasthaus betrieben wurde. Der Gasthausverkehr bringt es mit sich, daß unkontrollierbare fremde Personen das Haus betreten. Schon dies enthält eine starke Gefahr.

Weiter lag das Haus in der Körnerstraße, von dem Kontor und den Speicherräumen der Beklagten reichlich eine Viertelstunde (für Fußgänger) entfernt. Eine ständige Kontrolle ist offenbar nicht ausgeübt. Die Beklagte beruft sich darauf, sie habe regelmäßig alle Vierteljahre den Raum wegen der Polstermöbel nachgesehen; eine derartig seltene Beaufsichtigung ist ganz unzureichend. Beklagte will allerdings die Räume auch noch anderweitig nachgesehen haben, aber sie hat nicht angeben können, wann oder in welchen bestimmten Zwischenräumen dies geschehen ist, und daraus ist zu entnehmen, daß eine bestimmte ständige Beaufsichtigung — außer der vierteljährlichen — nicht stattgefunden hat, daß es sich vielmehr im übrigen nur um gelegentliche Revisionen gehandelt hat. Gerade ein solcher schon an sich in einem ungeeigneten Hause befindlicher Lagerraum aber bedurfte ständiger Aufsicht, sei es in der Weise, daß eine im Hause wohnhafte zuverlässige Person hiermit beauftragt wurde oder daß der Raum regelmäßig in kurzen Zwischenräumen nachgesehen wurde. Mag auch das Zimmer durch zwei Schlösser, darunter ein Sicherheitsschloß, abgeschlossen gewesen sein, so kam es doch darauf an, daß in den Wirtschaftsbesuchern — der Dieb hat in der Wirtschaft ständig gewohnt — nicht der Eindruck erweckt wurde, es handle sich um einen Raum, der nicht ständig beaufsichtigt werde und daher eine günstige Gelegenheit für Diebstähle biete. SchlHA.

δ) **Haftung für einen zur Beförderung ins Haus übergebenen Koffer.**

OLG. Hamburg, 3. ZS. Urteil v. 12. Juni 1919.

Mit der Übergabe des Gepäckstücks des Klägers und der gleichzeitigen Annahme seines Auftrags, den Koffer über Nacht aufzubewahren, um ihn andern Tags in seine Wohnung zu befördern, ist zwischen den Parteien ein Vertrag zustande gekommen, bei dem nach Zweck und Inhalt der Transport die Hauptleistung und die Aufbewahrung nur die sichernde und vorbereitende Nebenleistung bildete. Die Beklagte unterliegt daher der strengen Haftung des Frachtführers nach § 429. Ob sie gehalten war, den Koffer im Gepäckraum für aufgegebenes Gepäck oder im „Vorraum" unterzubringen, bis sie den Transport ausführte, kann dahingestellt bleiben. Ebenso bedarf es keiner Beweiserhebung darüber, ob das den Vorraum abschließende Gitter ständig verschlossen sei, ob er „immer von dem einen oder dem anderen der Beklagten" bewacht worden sei und ob der Diebstahl sich ereignet haben müsse „in einem Augenblick, wo der bewachende Gepäckträger seine Aufmerksamkeit auf etwas anderes richten mußte". Tatsächlich ist das Gitter um die Zeit des Diebstahls geöffnet gewesen, und wenn sich dieser alsdann ereignen konnte, so ergibt diese bloße Tatsache, daß von einer genügenden Bewachung nicht geredet werden kann. Keinesfalls aber läßt die eigene Darstellung der Beklagten ersehen, daß der Diebstahl auf Umständen beruhen müsse, die durch die Sorgfalt eines ordentlichen Frachtführers nicht hätten abgewendet werden können. M. M.

ε) **Haftung des Frachtführers nach Vereinbarung.**

OLG. München, 1. ZS. Urteil v. 7. Juli 1919.

Die Parteien streiten darüber, ob die Haftung der Beklagten als Frachtführer nach dem Gesetze zu beurteilen ist, oder ob sie durch stillschweigende

Vereinbarung eingeschränkt wurde. Eine solche Einschränkung ist zweifellos möglich; auch in einer Unterwerfung unter die allgemeinen Beförderungsbedingungen des Vereins Deutscher Spediteure liegt sie (RG. 94 S. 97). Damit ist aber nicht dargetan, daß sie auch hier anzunehmen ist. Der Beklagten kann geglaubt werden, daß sie Mitglied jenes Vereins ist und sich ihm gegenüber zur Einhaltung der maßgebenden Bestimmungen, darunter auch des § 8 verpflichtet hat, der sich offensichtlich an § 429 HGB. anschließt. Damit steht aber nicht fest, daß dies der Kläger gewußt hat und daß er, wenn er wußte, Beklagte habe sich dem genannten Vereine angeschlossen, auch den Inhalt aller nur für sie im Geschäftsverkehr maßgebenden Grundsätze kannte. Auch ein jahrelang dauernder Geschäftsverkehr zwischen den Parteien reicht nicht aus, dem Kläger diese Kenntnis zu verschaffen; ein Fall, in dem es darauf ankam, ob Beklagte als Frachtführer oder Spediteur hafte, ist in der bisherigen Geschäftsverbindung nicht vorgekommen. Die Schadensersatzpflicht in einem früheren Falle regelte sich, weil die damalige Sendung versichert war, ohne Schwierigkeit und ohne daß der Kläger von dem die Haftung einschränkenden Standpunkte der Beklagten erfuhr. Auch der Hinweis auf den großen Umfang des geschäftlichen Verkehrs des Klägers mit Spediteuren und Frachtführern verfehlt die Wirkung, solange nicht feststeht, daß er dadurch von dem erwähnten § 8 und dessen Geltung für die Vereinsmitglieder und allgemeine Beachtung durch sie bei Übernahme von Aufträgen Kenntnis hatte. Endlich kann aus der Fußnote der Briefformulare der Beklagten: „Wir haften nicht als Frachtführer nach §§ 413, 429, sondern als Spediteur nach § 408 HGB." auf keinen Fall geschlossen werden, daß der Kläger wußte, Beklagte schließe nur mit dem daraus entnehmbaren Vorbehalt Frachtverträge mittels Sammelladung ab, und daß er diesen Vorbehalt als Vertragsbestimmung durch Erteilung eines solchen Auftrags unbedingt annahm. Dies kann schon nicht gefolgert werden wegen der kleinen und undeutlichen, nicht in die Augen springenden Schrift der Fußnote und wegen der Häufung von Mitteilungen in drei Zeilen; der Kläger kann nicht voraussetzen, daß die Beklagte so wichtige Kundgebungen, die zudem außerhalb alles dessen stehen, was im Geschäftsverkehr von solchen Bemerkungen üblich ist, so nebensächlich aussprechen würde. Er durfte daher die Fußnote mit Recht übersehen und erwarten, daß Beklagte, wenn sie einen anderen als den im Gesetze bestimmten Standpunkt einnehme und bestimmte Ansprüche bei dem Vertragschlusse gewahrt wissen wolle, dies mit der erforderlichen Klarheit tun werde. Um so mehr konnte und durfte er den Inhalt der Fußnote unbeachtet lassen, als der Text ebenso unklar ist, wie die Schrift und ohne genaues Eingehen in den Willen desjenigen, der die Fußnote drucken ließ, und als ohne Nachschlagen im Gesetz auch einem im Geschäfts- und Rechtsverkehr stehenden Manne nicht sofort klar ist, was Beklagte damit bezweckt. Ein Nachdenken und Studium kann aber durch solche Noten, die nicht mit dem Inhalte des die Hauptsache bildenden Schreibens zusammenhängen, nicht verlangt werden. W.

ζ) Ablieferung i. S. des § 429 (456) u. BSchG. § 58.

OLG. Hamburg, 4. ZS. Urteil v. 21. Februar 1919.

Das LG. hat mit Recht den § 429 (§ 58 BSchG.) angewandt und demgemäß die Beweislast zutreffend verteilt; denn zurzeit des Unfalls war das Frachtgut noch nicht abgeliefert. Ablieferung ist derjenige Akt, durch den der Frachtführer den zur Beförderung erhaltenen Gewahrsam nach Beendigung des Transports mit Zustimmung des Empfängers wieder aufgibt; dazu gehört, daß das Gut aus der Verfügungsgewalt des Frachtführers in die des Empfängers gelangt. Hier befand sich die Kiste allerdings bereits in der Windenschlinge und es war mit dem Aufwinden begonnen, aber — infolge des Eintritts der Frühstückspause — hörte die Schiffsmannschaft plötzlich mit der Bedienung der Winde auf. Der Zeuge D. will darauf mit Hilfe eines Besatzungsmannes die Kiste wieder haben hinabwinden lassen, so daß sie mit der schmalen Seite auf den Boden der Schute zu stehen kam. Danach war sie zweifellos in der Verfügungsgewalt der Schute geblieben, gleichgültig, ob man infolge des Umstandes, daß die Windenleine straff war, sie ohne weiteres aus der Schlinge lösen konnte oder nicht; denn die objektive Möglichkeit, sie während der Zeit, wo die Winde nicht bedient wurde, aus der Schlinge zu lösen, lag — wenn man nur wollte und geeignete Kräfte hinzuzog — jedenfalls vor und wird besonders nicht dadurch beseitigt, daß in der Schute nur der Schiffsmann H. zurückblieb.

Geht man aber von der Aussage des H. aus, so war die Kiste einige cm über den Boden der Schute emporgehievt, als an Bord des Dampfers plötzlich die Bedienung der Winde aufhörte; in dieser Lage blieb die Kiste dann während der Pause hängen, da der Steuermann die Warnung, die Kiste noch an Bord zu hieven, unbeachtet ließ. Auch hiernach wäre die Kiste infolge Unterbrechung des Ablieferungsaktes in der Verfügungsgewalt der Beklagten verblieben. Sie befand sich nicht weniger in der Verfügungsgewalt der Mannschaft, als wenn sie auf dem Boden der Schute gestanden hätte; erforderten es die Umstände, so konnten die Leute die Windeleine kappen, ohne daß ihnen bei der offenbaren Ordnungswidrigkeit auf seiten des Dampfers irgendein Vorwurf hätte gemacht werden können. Ob eine andere Beurteilung hätte Platz greifen müssen, wenn die Kiste bereits höher hinauf gewunden wäre, so daß sie sich nicht in der Reichweite der Schutenmannschaft befunden hätte, kann dahingestellt bleiben.

Demgemäß hat Beklagte zu beweisen, daß der Unfall durch die Sorgfalt eines ordnungsmäßigen Frachtführers nicht abzuwenden war. Da sich die Kiste in einer wegen ihres zerbrechlichen Inhalts überaus gefährlichen Lage befand, war es Sache der Beklagten oder ihrer Leute, diese Gefahr zu beseitigen, indem man entweder den Steuermann veranlaßte, sie noch ganz herunterzuwinden, oder unter der nötigen Vorsicht das Windeseil kappte und die Kiste in der Schute feststellte oder aber die Kisten, nötigenfalls unter Hinzuziehung von Hilfsleuten, so lagerte, daß die Gefahr beseitigt wurde.

Zum mindesten jedoch hätte die Beklagte darlegen müssen, daß und warum die angedeuteten Maßnahmen nicht möglich waren oder zu keinem Erfolge geführt hätten... M. M.

o) **Bahnbeförderung:** *α*) **Zeitpunkt der „Annahme" des Gutes.**

OLG. Celle, 2. ZS. Urteil v. 8. April 1919.

Der Kläger kann mit dem Anspruch aus dem Frachtvertrage nur durchdringen, wenn er gemäß § 456 HGB., § 84 EVO. nachweist, daß der verloren gegangene Reisekorb zur Beförderung angenommen worden ist, daß also von ihm die Eisenbahn durch ihre Beamten das Gut zur Hinschaffung nach seinem Bestimmungsort entgegengenommen hat. Durch diese Empfangnahme kommt die Einigung des Versenders mit der Bahn über die Vornahme der Beförderung zum Ausdruck und somit das Vertragsverhältnis zwischen beiden zustande. Wenn hier der Kläger selbst das Umzugsgut verladen hat und ihm der Beklagte dazu einen Bahnwagen zur Verfügung gestellt hatte, so war hiermit noch kein Vertrag zwischen ihnen begründet worden. Die bloße Überweisung des Wagens zur Beladung konnte noch nicht einmal zur Entstehung eines Verwahrungsvertrags führen (Hamburg, Rsp. 13 S. 33), sie diente lediglich der Vorbereitung der demnächstigen Verladung und so auch der ihr nachfolgenden Annahme des Gutes zur Beförderung, die wiederum nur unter Mitwirkung eines Bahnbeamten vonstatten gehen konnte. Vorher läßt sich also eine Verantwortlichkeit des Beklagten nach § 456 nicht annehmen.[1] Nach dem Zusammenhange der maßgebenden Bestimmungen handelt es sich eben um eine Haftung des Beklagten in der Eigenschaft als Frachtführer. Als solcher kann er im Rechtssinne erst mit dem Zustandekommen des Frachtvertrags gelten. Auch das weist darauf hin, daß mit diesem Ereignis die Verantwortlichkeit der Bahn für das Frachtgut beginnen soll. Der Frachtvertrag ist aber nach § 61[1] EVO. abgeschlossen, sobald die Abfertigungsstelle zugleich mit dem Frachtbrief das Gut zur Beförderung angenommen hat (Staub § 456). Wird hiervon ausgegangen, so braucht der Beklagte aus dem Frachtvertrage für den Verlust des Korbes nicht einzustehen. Denn es läßt sich keineswegs mit Sicherheit sagen, daß sich der Korb in dem maßgebenden Zeitpunkt noch im beladenen Wagen befunden hat und so in die Obhut der Bahn übergegangen ist. Nach Beendigung der Beladung ist die Wagentür zugeschoben und der eiserne Haken vorgelegt. Dann hat sich der Kläger in Begleitung des Rollfuhrmanns nach dem in der Nähe befindlichen Häuschen des Lademeisters begeben, ohne ihn aber dort anzutreffen. Der Rollfuhrmann ist darauf weggefahren. Nun ging der Klägers nach der $^1/_4$ Stunde entfernten Kasse, bezahlte die Fracht, kehrte zum Lademeister zurück und übergab ihm den Frachtbrief. In der Zwischenzeit war der Wagen ohne Aufsicht. L.dt.

[1] Die bloße Wagengestellung begründet bis zum Abschluß des Frachtvertrags (EVO. § 61) keine vertragliche Haftung der Bahn, sollte diese auch alsbald die Beladung des Wagens gestattet und wegen Überschreitung der Ladefrist Wagenstandgeld erhoben haben (OLG. Hamburg, 5. ZS. Urteil v. 26. Nov. 1919).

β) **Haftung für Verlust. Grobe Fahrlässigkeit?**

OLG. Oldenburg, 3S. Urteil v. 18. Januar 1919.

Der Kläger, der hier Anfang 1917 eine (zerlegte) Maschine nach Barmen als Frachtgut aufgegeben hatte, verlangt vollen Schadensersatz, weil zwar der Frachtbrief bei dem Adressaten eingetroffen, der Wagen mit den Maschinenteilen dagegen nach Dorsten gelangt und dort die Ladung verkauft worden ist.... Dieser Verkauf geschah zwar mit dem Willen der Bahnverwaltung, er stellte aber keinen vorsätzlich herbeigeführten Verlust des Frachtgutes dar, da die Bahn damit keine unerlaubte Handlung beging. Ihre Haftung kann also nur darauf gestützt werden, daß sie sich in eine Lage brachte, die den Verkauf zur Folge hatte, also nur auf Umstände, die bewirkten, daß das Gut nicht dem Empfänger abgeliefert werden konnte. Auch dafür kommt vorliegend nicht Vorsatz in Betracht.... Nach dem Beweisergebnisse sind die in einem Güterwagen für sich verladenen Maschinenteile zwar richtig abgegangen, es haben sich jedoch die den Bestimmungsort enthaltenden Klebezettel vom Wagen gelöst, so daß er unterwegs als leerer für das Ruhrkohlengebiet bestimmter Wagen behandelt und so bis Dorsten gelangt ist, wo man endlich die darin liegenden Maschinenteile entdeckte. Der Frachtbrief ist von irgendeiner Station ohne weitere Angabe nach Barmen gesandt. Auf der Station Dorsten hat man daher nicht gewußt, woher das Gut stamme und wohin es bestimmt sei. In diesen Vorkommnissen ist eine grobe Fahrlässigkeit irgendeines Beamten nicht zu finden. Die Bezeichnung der Güter entspricht den Vorschriften, mindestens konnte der Beamte hier das annehmen; daß sich die Klebezettel gelöst haben, ist eine Folge des durch den Krieg mangelhaft gewordenen Klebstoffs, daraus ergab sich dann weiter die Annahme, daß der Wagen leer sei. Endlich enthält es kein grobes Verschulden, wenn der Frachtbrief nach Barmen gesandt wurde; denn nach dem Gutachten geschieht das infolge mangelnden Personals und dessen Verschlechterung jetzt sehr häufig. Der Kläger sieht denn auch das Verschulden in dem Verhalten der Beamten bei den Bemühungen um die Wiederauffindung des Gutes. Allein die Bahnverwaltungen haben, um dem Publikum eine größere Sicherheit beim Wiederauffinden und gleichzeitig den Bahnen eine Erleichterung in dieser Hinsicht zu gewähren, die Ausgleichsstelle in Berlin geschaffen. Daß diese Einrichtung fehlerhaft sei, ist nicht ersichtlich. Bestand sie aber einmal, dann durften sich die beteiligten Stationen damit begnügen, dieser Stelle die Fehl- und Überzähligkeitsmeldung zu erstatten. Jedenfalls trifft sie kein grobes Verschulden, wenn sie so handelten. Gewiß konnten sie daneben auch selbst nachforschen und nach Lage des Einzelfalls mag ein Mangel an genügender Sorgfalt darin zu finden sein, daß sie dies unterließen. Daß weiter bei den Meldungen an die Ausgleichsstelle Irrtümer möglich sind, lehrt der vorliegende Fall, eine Einsicht in die Bestimmungen läßt aber erkennen, daß bei der Vielseitigkeit der Frachtgüter eine genaue Befolgung aller Einzelbestimmungen sehr schwer ist. Soweit also die Stationen Barmen und Dorsten ihre Meldungen nicht richtig erstattet haben sollen, liegt auch darin keine grobe Fahrlässigkeit. M.

γ) **Verladung in offenem Wagen. Ist auch die Haftung für Diebstahl eingeschränkt? Verschulden der Bahn.**

OLG. Kiel, 1. ZS. Urteil v. 27. Februar 1919.

Die Ware (Altpapier) wurde vereinbarungsgemäß in einem offenen Wagen befördert, der auch dadurch nicht zu einem gedeckten wurde, daß die Wagenladung mit Decken zugedeckt war. Ein „offener" Wagen ist ein offengebauter Wagen (vgl. RG. 10 S. 108). Die der Bahn regelmäßig gemäß § 456 obliegende Haftung wird durch § 459 (§ 86 EVO.) eingeschränkt.

Dementsprechend hat das LG. abgewiesen, weil bei Papier, einer leicht brennbaren Ware, die Gefahr einer Entzündung durch Funkenflug naheliegt, die auch durch Zudecken mit Decken nicht beseitigt wird. Nun ist aber jetzt festgestellt worden, daß der Wagen mit dem Altpapier unmittelbar hinter einem mit Baumwollabfällen beladenen Wagen gelaufen ist und beide Wagen in den Anfang des Güterzuges und zwar unmittelbar hinter den Packwagen gestellt sind.

Der Zug ist auf der Strecke angehalten, weil beide Wagen brannten. Bei diesem Sachverhalt, wobei hinzukommt, daß der Zug in westlicher Richtung fuhr, Westwind herrschte, ist anzunehmen, daß der Wagen mit Papier nicht etwa durch Funkenflug aus einer Lokomotive in Brand gesetzt ist, sondern daß zuerst der Wagen mit Lumpen gebrannt und sich das Feuer von hier aus auf den unmittelbar folgenden Wagen mit Papier ausgedehnt hat. Es ist selbstverständlich, daß ein Kastenwagen länger den Einwirkungen des überspringenden Feuers widerstanden hätte, während die im offenen Wagen gelagerte Papiermasse, auch wenn sie gut zugedeckt war, leichter vom Feuer erfaßt wurde. Da nicht feststeht, wie lange das Feuer im Wagen mit Lumpen bereits gebrannt hatte, als der Zug angehalten wurde, läßt sich nicht mit völliger Bestimmtheit sagen, ob die Ware, in einem Kastenwagen verladen, vom Feuer erfaßt wäre. Es bedarf aber auch keines näheren Eingehens auf diesen Punkt, denn hier ist ein Verschulden der Bahn darin zu finden, daß sie den Wagen mit Altpapier, das naturgemäß leicht Feuer fängt, unmittelbar hinter den Wagen mit Baumwollabfällen in den Zug einrangiert und beide Wagen ganz dicht hinter die Lokomotive eingestellt hat. Daß jene Abfälle, die ebenfalls in einem offenen Wagen lagen, überaus leicht der Entzündung durch Funkenflug ausgesetzt waren — auch wenn man von der Gefahr der Selbstentzündung absieht —, liegt auf der Hand. Wenn auch für die Zusammenstellung der Güterzüge Betriebsrücksichten eine wesentliche Rolle spielen, so darf dies doch nicht so weit führen, daß zwei derartig leicht feuerempfängliche Wagenladungen dicht hinter der Lokomotive und beide unmittelbar hintereinander eingestellt werden. Hier liegt die offensichtliche Herbeiführung einer starken Gefährdung des hinter dem Wagen mit Lumpen rollenden Wagens mit Papier vor, die auf eine Nachlässigkeit des für die Rangierung des Zuges verantwortlichen Bahnpersonals zurückzuführen ist. Diese ungünstige Einstellung des Wagens ist ursächlich dafür geworden, daß das unter den Lumpen ausgebrochene Feuer auf die Papierladung übergesprungen ist und sie vernichtet hat. SchlHA.

Dazu: OLG. Kiel, 1. ZS. Urteil v. 5. Juni 1919.

Da die mit Salpetersäure gefüllten 80 Glasballons, auch wenn sie in Eisenkörbe gesetzt sind, zerbrechliche Ware sind und im Sinne des § 459 Nr. 4 HGB., § 86 EVO. dem Bruch ausgesetzt sind, besteht die Vermutung, daß die vorgekommene Zertrümmerung von 9 Ballons, wodurch das Auslaufen des Inhalts bewirkt ist, aus dieser Gefahr entstanden ist. Wenn demgegenüber der Kläger die Beschädigung auf heftige Rangierstöße zurückführt, so lassen sich solche Stöße auch bei Anwendung der erforderlichen Sorgfalt nicht immer vermeiden und daher kann hierin ohne nähere Angaben tatsächlicher Art ein von der Bahnverwaltung zu vertretendes Verschulden nicht gefunden werden.[1]

Jetzt wird, obwohl im Frachtbrief anerkannt ist, daß die Verpackung mangelhaft gewesen sei, bestimmter Beweis für eine ordnungsmäßige Verpackung durch Befestigung mit Bindedraht und Lattenverschlägen angetreten. Es bedarf jedoch dieses Beweises nicht, denn wenn unterwegs der Lattenverschlag gestohlen ist, wie die Klägerin behauptet, so ist anzunehmen, daß dies ermöglicht ist durch die Beförderung in einem offenen Wagen. Die Bahnverwaltung ist nicht in der Lage, die auf offenen Wagen verladenen Güter während des Transports davor zu schützen, daß Dritte unbefugt sich an den Wagen heranmachen und aus ihm derartige zur Absteifung dienende Latten entfernen. Daß dies gerade durch Bahnangestellte geschehen ist, dafür fehlt der Beweis; auf dem Transport, besonders auf den Rangierbahnhöfen ist der Zutritt Dritter von der Bahnverwaltung nicht auszuschließen. Es handelt sich demnach um eine Gefahr, die mit der Beförderung auf offenen Wagen verbunden ist und entsprechend Nr. 1[1] mit Abs. 2 des § 459 HGB. wird vermutet, daß der erwachsene Schaden aus dieser Gefahr auch tatsächlich entstanden ist.[2] SchlHA.

δ) **Begriff der Kostbarkeit i. S. des § 459 HGB.**[3]

OLG. Hamburg, 5. ZS. Urteil v. 22. Januar 1919.

Sinn und Zweck der Bestimmungen der EVO., die die Versendung von Kostbarkeiten im Expreßgutverkehr bei Verlust der Ersatzansprüche an die Ein-

[1] Krabben gehören zu den Gütern, die infolge ihrer eigentümlichen natürlichen Beschaffenheit der besonderen Gefahr des inneren Verderbs ausgesetzt sind; die Bahn haftet nur, wenn ihr ein Verschulden nachgewiesen wird (OLG. Hamburg, 5. ZS. Urteil v. 28. Nov. 1920; HansGZ. 1920 S. 35).

[2] Ebenso Hamburg, 6. ZS. Urteil v. 2. Okt. 1919 (HansGZ. 1920 S. 187).

[3] Auch Vanillin und Kumarin, deren Wert 1800 und 170 Mark das kg beträgt, sind Kostbarkeiten (OLG. Hamburg, 5. ZS. Urteil v. 26. Nov. 1919; HansGZ. 1920 S. 11). Diese Voraussetzungen treffen dagegen nicht zu, wenn es sich um zwei Perser Teppiche im Gewicht von 25 und 30 kg und von den Maßen 3,52 × 2,50 und 3,70 × 2,71 m im damaligen Werte von 4000 und 4600 Mark handelt (OLG. Hamburg, 3. ZS. Urteil v. 18. Nov. 1919). Vgl. Warn. 12 S. 213, 13 S. 29.

haltung besonderer Vorsichtsmaßregeln knüpfen, ist, die Bahn von dem großen Risiko zu entlasten, das in der Beförderung von kleinen und leichten Frachtstücken von hohem Wert unter Außerachtlassung dieser Vorsichtsmaßregeln enthalten ist. Auch hier handelt es sich um 2 Frachtstücke Films, von denen jedes einen Wert von 1675 Mark hatte. Er stand also im Hinblick auf Umfang und Gewicht der Frachtstücke außer Verhältnis zu dem Werte, mit dem die Bahn bei Sendungen dieser Art, wenn sie ohne Angabe ihres Wertes und Inhalts erfolgten, rechnen konnte. M. M.

ε) **Ersatzpflicht der Eisenbahn nach § 467 HGB.**[1]

OLG. München, 1. ZS. Urteil v. 12. April 1918.

Der Kläger, der in München eine Stickereimanufaktur betreibt, hat am 9. Juli 1916 vormittags im Hauptbahnhof eine Fahrkarte zu dem nachmittags abgehenden Zug nach Köln gelöst und gleichzeitig einen Koffer als Reisegepäck nach Köln auf Gepäckschein aufgegeben. Der Koffer, 50 cm breit und 80 cm lang, wog 25 kg und enthielt Stickereimuster (Filetmuster, Tischdecken, Spitzen, Läufer, Tabletten, Servietten ꝛc), deren Verkaufspreise zusammen 13822 Mark betrugen. Als der Kläger in Köln den Koffer verlangte, war dieser nicht angelangt und ist auch später nicht mehr zum Vorschein gekommen. Kläger beansprucht deshalb vom Bay Eisenbahnfiskus eine Entschädigung von 10000 Mark. Der Anspruch ist jedoch unbegründet.

Ergänzend zu § 453 Nr. 3 HGB. bestimmt § 54² EVO. vom 23. Dezember 1908, daß nur bedingungsweise zur Beförderung u. a. zugelassen sind: „besonders wertvolle Spitzen und besonders wertvolle Stickereien sowie andere Kostbarkeiten". Über die Beförderung solcher Gegenstände als aufgegebenes Reisegepäck ist in Nr. 3 der AusfBest. zum § 30 EVO. vorgeschrieben: „b) der Inhalt der Gepäckstücke und der Wert, welcher den Höchstbetrag der Entschädigung bilden soll, sind anzugeben und im Gepäckscheine zu vermerken. Wird der Wert oder das Interesse an der Lieferung mit mehr als 500 Mark angegeben, so werden die Gegenstände zur Gepäckbeförderung nicht angenommen." Daß der Inhalt des vom Kläger aufgegebenen Koffers und der Höchstbetrag der Entschädigung nicht angegeben und im Gepäckschein vermerkt war, ergibt dessen Urschrift. Die Entscheidung hängt also davon ab, ob der Inhalt des Koffers zu den im § 54² aufgezählten Gegenständen gehörte. Im Einklang mit dem LG. bejaht der Senat diese Frage. Unstreitig befanden sich in dem Koffer neben einer großen Anzahl weniger wertvoller Stücke auch je 1 Tischdecke zu 1250, 800, 640 Mark und ein Filetstreifen zu 800 Mark. Es kann keinem Zweifel unterliegen, daß der § 54 schon dann anzuwenden ist, wenn in einem aufgegebenen Koffer auch nur einzelne von mehreren Gegenständen zu den dort aufgezählten zu rechnen sind. Daß aber Tischdecken im Preise von 1250, 800, 640 Mark, Filetstreifen im Preise von 800 Mark als „besonders wertvolle Spitzen und Stickereien" zu erachten sind, kann wohl nicht in Abrede gestellt werden. Mit Recht führt das LG. aus,

[1] Beschränkung der Haftung der Bahn bei Gepäckaufbewahrung: RG. 98 S. 31.

daß der § 54 nicht ausschließlich für die wertvollsten Spitzen und Stickereien, die als solche ersten Ranges zu bezeichnen sind, gelten; der Umstand, daß es noch bedeutend wertvollere Spitzen und Stickereien als die hier fraglichen gibt, steht also nicht entgegen. Es hat denn auch der Sachverständige jenen Gegenständen die Eigenschaft besonders wertvoller Spitzen oder Stickereien zuerkannt; seine Bemerkung, er würde einem Kunden, der die Vorlegung einer besonders wertvollen Spitze fordert, noch wertvollere Waren vorlegen, kommt demgegenüber nicht in Betracht, da der Sachverständige dies mit seiner Annahme zu rechtfertigen versuchte, der Kunde wolle etwas „ganz Besonderes". Maßgebend ist aber nicht die Anschauung eines Verkäufers, der möglichst hohen Gewinn erzielen will, sondern die allgemeine Verkehrsanschauung, welche Spitzen und Stickereien zum Preise von 640—1250 Mark unzweifelhaft als besonders wertvoll betrachtet. Ob der vom LG. angeführte Beweisgrund, daß Gegenstände von mehr als 500 Mark von der Gepäckbeförderung überhaupt ausgeschlossen sind, als durchschlagend zu erachten ist, kann dahingestellt bleiben. Ebenso ist eine Prüfung, ob die Stücke als „Kostbarkeiten" zu erachten sind, nicht mehr veranlaßt. W.

ζ) **Haftung für Verlust des Gutes bei Beförderung in den früher besetzten Gebieten.**

Kammergericht, 5. ZS. Urteil v. 1. November 1919.

Der Kläger übergab am 10. Februar 1915 der Deutschen Militärbahnverwaltung einen Wagen Kohlen zur Beförderung von Dombrowa nach Lodz unter Vorauszahlung der Fracht; als Empfänger war er selbst auf dem Frachtbriefe bezeichnet. Da die Ladung nicht abgeliefert worden ist, beansprucht er vom Reichsmilitärfiskus den Wert der Kohlen und die vorausgezahlte Fracht. Das IÜ. vom 14. Oktober 1890 kann auf diesen Frachtvertrag keine Anwendung finden, weil das beförderte Gut das Gebiet nur eines der vertragschließenden Staaten berührt hat. Über das anzuwendende Recht gilt vielmehr folgendes: Im Februar 1915 hatten die deutschen Heere das hier fr. Gebiet Russisch-Polens erobert und militärisch besetzt. Der Rechtszustand solcher Gebiete bestimmt sich nach dem Haager Abkommen über die Gesetze und Gebräuche des Landkrieges vom 18. Oktober 1907 (RGBl. 1910 S. 107; vgl. Strupp, intern. Landkriegsrecht S. 161, 29; Philipsborn JW. 1917 S. 129; zweifelnd Dove JW. 1915 S. 425). Aber auch, wenn mit Rücksicht auf die Allbeteiligungsklausel des Art. 2 seine Geltung hier zu verneinen wäre, so war gemäß Art. 4² das Abkommen vom 29. Juli 1899 (RGBl. 1901 S. 423) anzuwenden; dieses enthält aber in den Art. 42—56 in den Grundzügen die gleichen Bestimmungen wie die jetzigen Art. 42—56 (Strupp S. 36; Meurer, Haager Friedenskonferenz 2 S. 43, 223). Danach bleibt das besetzte Land Ausland; anstelle der der Ausübung nach tatsächlich ausgeschalteten feindlichen Staatsgewalt tritt die des besetzenden Staates, der die weiter geltenden Gesetze (RG. D. IZ. 1916 S. 134; Warn. 10 Nr. 128) in gewissem Umfange zu ändern befugt ist.

Die Eisenbahnen in Polen wurden durch die Militärbehörden betrieben. Daraus, daß der gesamte Betrieb unmittelbar dem zur obersten Heeresleitung gehörenden Chef des Feldeisenbahnwesens unterstand, folgt die eigenartige Doppelstellung des Beklagten. Die Bahnen hinter der Front dienten vorwiegend den Zwecken der Kriegführung, und insofern war ihr Betrieb die Ausübung der Militärhoheit des Reiches. Anderseits erforderte eine geordnete Verwaltung die baldige Wiederaufnahme auch des privaten Personen- und Güterverkehrs. Immerhin blieb die Bahn dauernd so sehr Kriegsmittel, daß aus militärischen Gründen der private Verkehr einer einschränkenden gesetzlichen Regelung unterworfen werden mußte. Die Möglichkeit dazu bot das Gesetzgebungsrecht aus Art. 43. Wo es notwendig war — stets also, soweit es die militärischen Interessen erheischten —, stand den Militärbehörden frei, in die Gesetzgebung einzugreifen (Meurer 238; Strupp S 99). Von dieser Befugnis machte die Eisenbahnverwaltung Gebrauch, sobald sie den privaten Verkehr gestattete. Sie übte, wie alle militärischen Behörden, das Gesetzgebungsrecht, da Gesetze im formellen Sinne mangels der verfassungsmäßigen Instanzen nicht zustande kommen konnten, im Wege der Verordnungen aus, die in der ersten Zeit in Form von „Bekanntmachungen" erlassen und an geeigneten Stellen ausgehängt wurden. Eine solche VO. ist auch die Bek. vom 15. Januar 1915, ... die durch Aushang in den Güterabfertigungsstellen als rechtsgültig erlassen anzusehen ist ... Im allgemeinen geht sie von der grundsätzlichen Geltung des Deutschen Rechtes aus; alle ihre Bestimmungen wurzeln in den Begriffen und Normen des Deutschen Rechtes, und die Anwendung seiner Vorschriften ist zur Auslegung der im besetzten Gebiet abgeschlossenen Frachtverträge unerläßlich. Die Normen HGB. §§ 453 ff.; des BGB. §§ 631 ff. über Werkvertrag ꝛc haben jedoch nur die Bedeutung ergänzender Vorschriften, gelten also nur insoweit als eingeführt, als sie sich mit dem Inhalt der Bek. vertragen. Insbesondere der § 471 HGB., der eine vertragliche Abänderung auch des Grades der Haftung ausschließt, steht also deren anderweitiger Regelung nicht im Wege. Würde man dagegen die über die Beförderungsverträge im besetzten Gebiet erlassenen Vorschriften nur als Vertragsbestimmungen auffassen, so müßte man die Milderung (Ausschließung) der Haftung der Bahn mit Rücksicht auf § 471 HGB. (§ 276² BGB.) für unzulässig erachten. Denn es kann nicht zweifelhaft sein, daß bei der überragenden Stellung des Beklagten, der das Beförderungsmonopol besaß und ein großes Interesse an der Anwendung der ihm geläufigen deutschen Rechtssätze hatte, die Parteien, falls ihnen die Frage entgegengetreten wäre, bestimmt hätten, daß diese Verträge nach deutschem Recht beurteilt werden sollten. Übrigens schließt auch das russische Recht eine Änderung der von ihm in gleicher Weise festgesetzten scharfen Haftungsbestimmungen im Vertragswege aus. Diese rechtlichen Schwierigkeiten haben die Schriftsteller, die den Ausschluß der Haftung unbedenklich zulassen, nicht gewürdigt (v. d. Leyen JW. 1917 S. 325; de Jong das. S. 342; zweifelnd nur Schiemann das. S. 88).

... Es kann sich deshalb nur fragen, ob der Verlust der Kohle auf grobe Fahrlässigkeit des Beklagten zurückzuführen sei. Die Ausführung des Klägers, ein ganzer Wagen könne nicht ohne grobe Verletzung der Sorgfaltspflicht verschwinden, berücksichtigt nicht die besonders schwierigen Betriebsverhältnisse im besetzten Gebiete und die Schwierigkeiten der Überwachung bei beschränktem Personal. Die Tatsache des Verlustes allein läßt daher noch keinen Rückschluß auf mangelnde Sorgfalt bei der Beförderung zu (vgl. auch RG. 89 S. 347). Das gilt auch, obwohl zu jener Zeit die Strecke nicht mehr im Operations-, sondern im Etappengebiet lag.... Dagegen ist der Anspruch auf Rückerstattung der Fracht begründet. Der Frachtvertrag ist ein Werkvertrag, bei dem ein Erfolg, nämlich die Ablieferung des beförderten Gutes an den Empfangsberechtigten, geschuldet wird. Nach § 641 BGB. hätte der Kläger die Fracht erst bei der Ablieferung der Kohlen zu entrichten gehabt. Infolge der Bek. vom 15. Januar 1915 hat er als vorleistungspflichtig die Fracht im voraus gezahlt, so daß ihm die Einrede des nicht erfüllten Vertrags nicht zusteht (RGKomm. BGB. § 320[4]). Da dem Beklagten unstreitig die Erfüllung, nämlich die Ablieferung der Kohlen in Lodz unmöglich geworden ist, so hat er jedenfalls die Fracht zurückzugewähren, gleichviel, ob er die Unmöglichkeit der Erfüllung zu vertreten hat oder nicht. Denn nach § 323[3] BGB. kann auch bei einem Unmöglichwerden der Leistung, das keine der Vertragsparteien zu vertreten hat, die bereits bewirkte Gegenleistung nach §§ 812ff. zurückgefordert werden. Das gleiche Recht hat nach § 325 S. 3 BGB. der Vertragsgegner des nicht erfüllenden Teiles erst recht, wenn dieser die Nichterfüllung zu vertreten hat. Da der Unternehmer nach § 644[1] BGB. die Gefahr bis zur Ablieferung trägt, wird bei Nichtablieferung des Gutes überhaupt keine Fracht geschuldet. Deshalb kann der Kläger Rückerstattung der ganzen, von ihm unstreitig in Höhe von 136 Mark verauslagten Fracht, nicht etwa nur der Fracht für die Teilstrecke, auf der der Transport nicht mehr nachweisbar ist (Czenstochau—Lodz), fordern (Staub HGB. § 430[2], § 457). Die schuldigen Beträge muß der Beklagte gemäß § 291 BGB.; § 352 HGB. mit 5% seit der Zustellung des Schriftsatzes von Ende 1916 verzinsen. Erst mit diesem Zeitpunkt ist hier die Rechtshängigkeit der Klagansprüche eingetreten. Denn der Rechtsweg war vor Gerichten in Polen, auch wenn sie mit deutschen Richtern besetzt waren, wegen der Exterritorialität des Beklagten im Ausland unzulässig und die vom Bezirksgericht Warschau, bei dem zuerst die Klage eingereicht war, ausgesprochene Verweisung an ein deutsches Landgericht unstatthaft. O.

p) **Seerecht:** *α*) **Fortbezug der Heuer nach § 553 a.**

OLG. Hamburg, 7. ZS. Urteil v. 28. Januar 1920.

Die Parteien streiten darüber, ob dem erkrankten Schiffer, der sich in einem Krankenhaus aufhält, das weitergehende Recht auf Heuer aus § 553 a Abs. 2 unbedingt zusteht, oder ob es das Fortbestehen des Dienstverhältnisses voraussetzt. Das Gesetz vom 2. Juni 1902 hatte ausführliche Bestimmungen über die Pflicht des Reeders, den Schiffer bei Erkrankung zu pflegen, getroffen und auch die Unterbringung und Verpflegung im Krankenhause geregelt. Dies hatte den Anlaß gegeben, den nicht gerade klar gefaßten Abs. 2 in den § 553a einzufügen. Die Beklagte will aus dem Worte „gekürzt" folgern, daß ein einen Heueranspruch begründendes Dienstverhältnis trotz der Erkrankung weiter bestehen müsse. Es ist an sich richtig, daß die Erkrankung des Schiffers das Dienstverhältnis nicht ohne weiteres beendet, sondern daß sich die Beendigung nach den Vorschriften über den Dienstvertrag richtet. Der Wortlaut des Gesetzes läßt aber keine bestimmten Schlüsse zugunsten der Beklagten zu. Da der Heueranspruch durch die Krankheit erlöschen soll, so erscheint bedenklich, zu sagen, daß das Gesetz unterscheiden wollte, ob dem Schiffer an sich die Heuer noch zustand oder nicht. Die Worte des Gesetzes lassen sich ohne Zwang so lesen, daß dem Schiffer die Heuer trotz der Erkrankung im Falle der Krankenhausbehandlung weiter zustehen soll und trotzdem er das Schiff verlassen hatte. Es handelte sich nicht darum, daß das Gesetz eine Verkürzung der Heuer ausschließen wollte, die gar nicht in Frage kam, sondern darum, unter den bestimmten Voraussetzungen den Fortbezug der Heuer zu sichern. — Eher könnte für die Beklagte die Begründung sprechen, die besagt, daß der Schiffer auch im Krankenhause noch in der Lage sei, diesen oder jenen Dienst für den Reeder zu leisten. Die Begründung ist an sich wenig handhaft, denn es kommt immer auf den Grad der Erkrankung an, sie zeigt aber, daß der Gesetzgeber die Vorstellung von dem Fortbestand des Dienstverhältnisses gehabt hat. Das Gesetz selbst unterscheidet jedoch nicht nach dieser Richtung; es entspricht vielmehr der gleichzeitig erlassenen SeemannsO. Diese läßt dem erkrankten Schiffsmanne die Heuer zu $^1/_4$ weiter zukommen, wenn er bedürftige Angehörige hat, also über das hinaus, was ihm sonst im Falle der Erkrankung zukommt und unbekümmert darum, daß kein Dienstverhältnis mehr besteht. Etwas Entsprechendes ist hier für den Schiffer bestimmt. Ohne Bedeutung ist, daß man die „bedungenen Vorteile" nicht erwähnt hat. Das mag übersehen sein oder absichtlich geschehen sein. Für die Auslegung läßt sich nichts hieraus gewinnen. M. M.

β) **Wann hat der Schiffer die Ausführung einer bestimmten Reise übernommen? HGB. § 548.**

OLG. Rostock, 2. ZS. Urteil v. 7. Februar 1919.

Der Kläger, der von der Beklagten als Führer ihres Dampfers gegen eine Monatsheuer von 150 Mark auf unbestimmte Zeit angestellt war, wurde am 1. Mai 1916 nach Ankunft des Dampfers in Harburg entlassen. Er fordert auf Grund des § 548 den Betrag von 150 Mark, weil er zurzeit der Entlassung bereits die Ausführung einer neuen Reise (Elbe—Svanoe) übernommen gehabt habe, wofür er sich auf das Schreiben vom 28. April 1916 berufen hat. Allerdings ist in der Übersendung der Charter für die nächste Reise und einer Anweisung über die Art ihrer Ausführung noch nicht notwendig der Auftrag zu finden, daß gerade der Empfänger diese Reise ausführen soll. Anderseits ist aber mit Schaps § 547 [2] anzunehmen, daß die Reise übernommen ist, wenn der Schiffer zu ihrer Ausführung Anweisung erhalten und diese angenommen hat. Hier kann nach dem Schreiben vom 23. April nicht wohl bezweifelt werden, daß der Kläger beauftragt wurde, eine bestimmte neue Reise auszuführen. Es heißt dort: „Beiliegend erhalten Sie die Charter für nächste Reise Elbe—Svanoe zu Ihrer Bedienung", und es folgen nicht nur genaue Mitteilungen über die Makler und Ablader, die wegen des Ladens und Löschens anzugehen sind, sondern auch Verhaltungsmaßregeln für die Fahrt, die sich unmittelbar an den Kläger wenden und ihm ein Warten auf Begleitung von Kriegsschiffen untersagen; zum Schluß wird für ihn auch eine Police „zur genauen Kenntnisnahme" beigelegt. Den ihm hiermit erteilten Auftrag hat der Kläger aber auch angenommen. Er hatte wegen der nächsten Reise angefragt und damit seine Bereitwilligkeit ausgedrückt, eine weitere Reise auszuführen. Wenn ihm daraufhin das Schreiben vom 23. April zuging, so durfte er, falls er von seinem Entschluß zurücktrat, nicht schweigen, sondern mußte den Auftrag sofort zurückweisen. Da er das nicht getan hat, gelangte damit das Einverständnis beider Teile zum Ausdruck, daß dem Kläger die Ausführung der Reise übertragen war... J.n.

γ) **Anspruch des Befrachters wegen zu wenig ausgelieferter Ladung.**
OLG. Hamburg, 6. ZS. Urteil v. 22. März 1919.

Mit Unrecht bestreitet der Beklagte die Aktivlegitimation der Klägerin. Kraft des Frachtvertrags hatte diese das Recht, vom Beklagten zu verlangen, daß er die Ware nicht nur nach dem Bestimmungshafen ordnungsmäßig beförderе, sondern auch dort dem richtigen Empfänger vollständig ausliefere. Tat er dies nicht, so machte er sich der Klägerin ersatzpflichtig, die zugleich Verkäuferin der Ware war und nach ihrer Abmachung mit dem Empfänger, dem Mühlenbesitzer X., die Gefahr eines unterwegs eingetretenen Verlustes trug. Das Recht auf vollständige Ablieferung an den Empfänger (Destinatär) ging nicht etwa für sie unter, sobald das Schiff den Bestimmungshafen erreichte oder der Empfänger sich zur Annahme der Güter bereit erklärte. Insbesondere gibt das Gesetz keinen Anhalt dafür, daß jetzt jenes Recht kraft gesetzlicher Abtretung auf den Empfänger überging. Denn mag auch, was allerdings sehr bestritten ist (Pappenheim Seerecht 3 S. 46), der Empfänger von da ab in gewissen Beziehungen (§§ 601, 608, 614 [2]) eigene Rechte gegen den Verfrachter haben, so läßt sich dies rechtlich ungezwungener aus den Grundsätzen über Verträge auf Leistung an Dritte erklären, bei denen (§ 335 BGB.) der Versprechensempfänger (hier der Befrachter) das Recht hat, die Leistung an den Dritten auch dann noch, wenn der Dritte (hier der Empfänger) das ihm zugewiesene Recht bereits angenommen hat, und falls die Leistung an den Dritten nicht erfolgt, Ersatz des Schadens von dem Versprechenden (dem Verfrachter) zu verlangen, der ihm selbst durch die Nichtleistung an den Dritten entsteht (RGKomm. § 335).

Vorliegend ist auch das Recht der Klägerin auf Ablieferung an X. nicht dadurch untergegangen, daß der Beklagte der Klägerin, die zugleich Befrachter und Ablader war, nach der Abladung, wie im Frachtvertrag ausdrücklich bedungen war, ein Orderkonnossement ausgestellt hat. Das hatte für das Verhältnis der Parteien aus dem Frachtvertrage nur die Bedeutung einer Bestimmung des Empfängers (Destinatärs) in der Person desjenigen, der zurzeit der Ankunft des Schiffes im Bestimmungshafen legitimierter Konnossementsinhaber sein würde, eine Bestimmung allerdings, die, weil der Beklagte im Konnossement dessen jeweiligem Inhaber ein selbständiges Versprechen der Auslieferung gab, natürlich für die Klägerin ohne Rückgabe des Konnossements unwiderruflich war, ihr überhaupt ohne dessen gleichzeitige Rückgabe jede anderweitige Verfügung über die Ware dem Beklagten gegenüber nahm (§ 659). Insofern wurde allerdings der Frachtvertrag durch die Ausstellung des Konnossements berührt, das schloß aber das Weiterbestehen derjenigen Rechte des Befrachters, die mit der Ausstellung und dem Inhalt des Konnossements wohl vereinbar waren, nicht aus, also auch nicht das Recht der Klägerin, auch ihrerseits vom Verfrachter die Auslieferung der Güter an den legitimierten Konnossementsinhaber im Bestimmungshafen zu verlangen (§ 651³)... Demgemäß ist sie auch berechtigt, vom Beklagten Ersatz des Schadens, der ihr durch Verletzung dieses Rechtes entstanden ist, also Erstattung des gemeinen Wertes des auf der Reise verlorenen Gutes zu verlangen (§ 611). Zwar würde an sich auch X. als Konnossementsinhaber und Eigentümer jenen Wert einfordern können. Da er aber, weil er die fehlenden Güter an die Klägerin nicht zu bezahlen braucht, auch schon mit ihr abgerechnet hat, materiell gar nicht geschädigt ist, so würde ihm, wenn er gleichwohl den Wert für sich verlangte, eingewendet werden können, daß er eine Bereicherung erstrebe (RG. 20 S. 68), und wenn er sein formales Recht im Interesse der Klägerin geltend machte, könnte jeder gegen diese zulässige Einwand auch ihm entgegengehalten werden, wie Rechtshängigkeit, Rechtskraft und Zahlung (Boyens N. 4; Schaps N. 9, 16 zu § 651). Aus diesem Grunde braucht der Beklagte auch nicht zu befürchten, daß er von X., der ihm übrigens die volle Fracht gezahlt und das Konnossement, wenn auch ohne Quittung ausgehändigt hat, noch einmal belangt werde.

Die Klage scheitert aber daran, daß die Rechte der Klägerin durch das Verhalten des X. bei der Übernahme verwirkt sind. X. hat nämlich versäumt, die Menge der abgelieferten Ware, über die von vornherein Streit war, nach §§ 608/9 amtlich feststellen zu lassen. Dadurch sind alle Ansprüche wegen teilweisen Verlustes, also nicht bloß die Ansprüche des Empfängers erloschen (Seuff. 44 S. 275). X. wurde von der amtlichen Nachprüfung nicht dadurch frei, daß das lose Getreide mittels Elevatoren in Silos gelöscht und dort sofort mit dort lagerndem anderen Getreide vermengt ist. Das mag allerdings eine Wiederausscheidung und deshalb auch eine amtliche Nachwiegung unmöglich gemacht haben. Aber diese Unmöglichkeit ist von X. selbst herbeigeführt und muß der Unterlassung gleichgestellt werden. Ließ sich eine solche

Vermengung des gelöschten Getreides nach den Betriebsverhältnissen nicht vermeiden, so hätte X. für eine amtliche Beaufsichtigung der gleichzeitig mit der Löschung durch Vorrichtungen an den Elevatoren stattfindenden Verwiegung, besonders für eine amtliche Nachprüfung, ob die Wiegevorrichtung richtig arbeitete, rechtzeitig eingestellt wurde u. dgl., sorgen müssen. Es kann auch keine Frage sein, daß es sich hier um einen teilweisen Verlust im Sinne des § 609 handelt, und auch kein Gewicht darauf gelegt werden, daß zu der Feststellung des Gewichts eine besondere Sachkunde nicht erforderlich war. Das machte die Nachwiegung durch „die zuständige Behörde oder die amtlich bestellten Sachverständigen" noch nicht überflüssig. Es kommt nicht so sehr auf eine sachverständige, als vielmehr auf eine unparteiische Nachprüfung an und wenn das Gesetz von amtlich bestellten Sachverständigen spricht, so ist damit nur der Regelfall getroffen, daß für solche Besichtigungen, die vielfach, zB. bei Beschädigung der Güter, eine gewisse Sachkunde voraussetzen, nur solche Personen amtlich bestellt werden, die sachkundig genug sind, um allen vorkommenden Schwierigkeiten gewachsen zu sein.

Die Klägerin behauptet allerdings noch, daß solche Ausschüttungen losen Getreides aus den Schiffen in bereits zum Teil gefüllte Silos bei allen größeren Mühlen üblich sei und daß der Beklagte, der sein Schiff selbst führte, dies gewußt, aber sich nicht dagegen verwahrt habe, daß es auch diesmal geschehe. Allein den Schiffer geht nichts an, wo der Empfänger mit der gelöschten Ware bleibe, er hat daher auch keinen Anlaß, gegen eine ihm nicht passende Unterbringung Einspruch zu erheben, so daß sein Schweigen auch nicht gegen Treu und Glauben verstößt. M. M.

Dazu: OLG. Stettin, 2. ZS. Urteil v. 12. März 1917.

Die Beklagte hat 7000 Pakete Ackergeräte über Rotterdam nach Stettin befördert und im Freihafen entlöscht; dabei haben angeblich 35 Pakete im Werte von 1372 Mark gefehlt. Die Klage auf diesen Betrag ist unbegründet. Denn die Sendung ist durch die von den Vorstehern der Kaufmannschaft (§§ 42, 44 Ges. über die Handelskammern v. 19. Aug. 1897) bestellten Sachverständigen hier nicht besichtigt worden. Es hat lediglich ein städtischer Angestellter der Freihafenverwaltung von dem Lademeister des Schuppens, von dem aus gelöscht wurde, unter Aushändigung des Manifestes den Auftrag erhalten, sich nach dem Schiffe zu begeben und die einzelnen Stücke nachzuzählen. Dies Verfahren kann die gesetzlich vorgeschriebene Besichtigung nicht ersetzen und die Formvorschrift des Gesetzes schließt jede andere Beweisführung aus.

Weiter macht der Kläger geltend, daß, falls die Besichtigung unterblieben ist, zwar die Rechte des Empfängers, nicht aber die des Befrachters erloschen seien, da dieser aus dem Frachtvertrage Schadensersatz für die verlorenen Pakete von dem Verfrachter beanspruchen könne, sobald er nachweise, daß sie verladen seien. Diese Ansicht läßt sich jedoch mit dem Wortlaute und dem Zwecke des Gesetzes schlechthin nicht vereinigen. Der § 609 spricht ganz allgemein von dem Erlöschen aller Ansprüche wegen Beschädigung oder teilweisen Verlustes, ohne hierbei zwischen dem Befrachter und dem Empfänger oder, abgesehen von der Einschränkung in Absatz 2, sonstwie zu unterscheiden. Die Sache soll eben mit der Entlöschung endgültig und nach allen Seiten geregelt sein (Schaps § 609[3]). Daß endlich ein nur teilweiser Verlust im Sinne des § 609 vorliegt, war gleichfalls anzunehmen. Die Stückgüter waren unter einer Sammelbezeichnung nach einer Gesamtzahl zusammengefaßt und bildeten so ein einziges Frachtgut, von dem dann einzelne Teile verloren gegangen sind. Es handelt sich also bei den verlorenen Stücken nur um einen Teilverlust und nicht um einen Totalverlust, so daß auch in dieser Hinsicht der § 609 unbedenklich anwendbar erscheint. Dr. M.

δ) **Ablieferungspflicht des Verfrachters für das vom Schiffer übernommene Reisegut.**

OLG. Rostock, 2. ZS. Urteil v. 2. April 1919.

Der Beklagte ist Eigentümer und Kapitän des Fluß- und Küstendampfers, auf den sich am 3. August 1918 der Kläger, um nach Müritz zu fahren, begeben und einen großen Koffer und einen Handkoffer mitgebracht hat. Der Dampfer fuhr zwar erst am folgenden Tage ab, das Gepäck blieb aber auf Anerbieten des Beklagten auf dem Dampfer, nachdem der Kläger die Bezahlung für die Gepäckbeförderung geleistet und den Gepäckzettel erhalten hatte. In Müritz übergab der Kläger diesen Zettel dem Hoteldiener, der aber nur den großen Koffer erhielt. Der Kläger verlangt deshalb Ersatz des Selbstkostenpreises des Handkoffers und der darin enthaltenen Sachen. Der Beklagte macht geltend, er habe das Gepäck nur zum Bestimmungsorte zu befördern und dort bis an die Reling zu bringen, nur aus Gefälligkeit lasse er es auf die Landungsbrücke setzen. Dahin seien die beiden Koffer des Klägers mit allen andern Sachen in Müritz gebracht worden. Der Anspruch ist begründet. Die Küstenfahrt ist ein Teil der Seefahrt. Da der Dampfer des Beklagten dem Erwerbe durch die Küstenfahrt dient, ist er auch zum Erwerbe durch die Seefahrt bestimmt, es kommen mithin auch die §§ 664 ff. zur Anwendung. Nach § 673[2] gilt bei Verlust „übernommenen" Reiseguts der § 606. Übernahme in § 673 bedeutet nichts anderes als Annahme in § 606; sie findet nicht statt in betreff des Handgepäcks, das in der unmittelbaren Nähe des Reisenden verbleibt. Nach der eigenen Darstellung des Beklagten wird aber das andere Gepäck an eine besondere Stelle an Deck gesetzt. Damit übernimmt der Schiffer den Gewahrsam, darin ist mithin eine „Übernahme" zu sehen, auch wenn das Setzen auf eine besondere Stelle aus dem Grunde geschieht, weil der Reisende das Gepäck nicht mit auf seinen Platz nehmen kann. Auch im Gepäckzettel ist ausdrücklich gesagt, die Gepäckstücke seien zur Beförderung übernommen. Demgegenüber ist bedeutungslos, ob der Zettel aus steuerlichen Gründen eingeführt ist. Da außerdem an den Gepäckstücken Nummern aufgeklebt werden, die auch auf dem Gepäckzettel verzeichnet sind, kann die „Übernahme" nicht zweifelhaft sein. Hinzu kommt, daß das Gepäck des Klägers schon am Tage vor der Fahrt in Verwahrung genommen war. Auch wenn der Verwahrungsvertrag dann in einen Beförderungsvertrag umgewandelt ist, so blieb es doch bei der geschehenen Übernahme, das Gepäck ist nicht in den Gewahrsam des Klägers zurückgelangt, auch wenn es an Deck gebracht war und dort dem Sohne des Klägers gezeigt ist. Ohne Bedeutung ist, ob der Gepäckzettel im übrigen dem Gepäckschein, wie er im Eisenbahnverkehr ausgestellt wird, gleichzustellen ist.

Der Beklagte behauptet, ihn treffe keine Ablieferungspflicht. Daß im allgemeinen auch im Seeverkehr das Frachtgut abzuliefern ist, ergibt § 606 und in betreff des übernommenen Reisegepäcks die Verweisung auf ihn in § 673². Das Vorbringen des Beklagten muß dahin verstanden werden, daß unter den Umständen, unter denen sich in seinem Betriebe der Verkehr mit dem Reisegepäck vollziehe, der gesetzliche Inhalt des Beförderungsvertrags stillschweigend dahin abgeändert werde, daß er das Gepäck nur bis an die Reling oder doch nur auf die Landungsbrücke zu liefern brauche. Ablieferung ist sowohl im Land- wie im Seefrachtrecht derjenige Akt, durch den der Frachtführer (Verfrachter) nach Beendigung der Beförderung den Gewahrsam über das Frachtgut mit (ausdrücklicher oder stillschweigender) Zustimmung des Empfangsberechtigten wieder aufgibt. Sie liegt also noch nicht in der einseitigen Aufgabe des Gewahrsams. Ob es genügen würde, daß der Verfrachter den Besitz aufgibt und dies dem Empfangsberechtigten erklärt, wie das RG. (13 S. 169) in einem ganz anders gearteten Falle anscheinend annimmt, oder ob es sich dort nur um eine ungenaue Ausdrucksweise handelt, kann dahingestellt bleiben. Denn hier hätte es jedenfalls an einer Erklärung der Besitzaufgabe gegenüber dem Kläger gefehlt. Das Vorbringen des Beklagten ist danach dahin zu verstehen, daß der gesetzliche Vertragsinhalt stillschweigend dahin abgeändert werde, daß eine Ablieferung nicht in dem gewöhnlichen Sinne stattzufinden habe, oder die Ablieferungspflicht dahin eingeschränkt werde, daß eine einseitige Besitzaufgabe des Verfrachters ohne dahingehende Erklärung an den Reisenden genüge. Daß derartige Vertragsänderungen möglich sind, ist zuzugeben (Rundnagel in Ehrenbergs Handbuch V 2 S. 215). Aber im Zweifel ist doch davon auszugehen, daß die Ablieferung im angegebenen Sinne zu erfolgen hat, der Beklagte ist mithin beweispflichtig. Mag er nun auch den Willen haben, nur mit dem abweichenden Inhalt abzuschließen, weil sich sonst für ihn, besonders auf Zwischenstationen und bei hohem Seegange Schwierigkeiten bei der Ablieferung ergeben, wenn der Reisende nicht auf der Landungsbrücke zur Entgegennahme des Reisegepäcks bereit steht, so fehlt es doch an einer Erklärung dieses Willens beim Vertragschluß. Ob bei Reisenden, die mit den örtlichen Verhältnissen und dem regelmäßigen tatsächlichen Hergange bei der Ausschiffung, besonders des Gepäcks, vertraut sind, eine stillschweigende Einigung angenommen werden könnte, kann hier dahingestellt bleiben. Es ist davon auszugehen, daß der in Sachsen wohnhafte Kläger diese Kenntnis nicht besaß, so daß hier von einer stillschweigenden Abänderung des gesetzlichen Vertragsinhalts nicht gesprochen werden kann. Bleibt danach der regelmäßige Vertragsinhalt maßgebend, so hat der Beklagte seiner Ablieferungspflicht noch nicht dadurch genügt, daß er das Gepäck auf die Landungsbrücke in Müritz setzen ließ. Er mußte es bis zur Übernahme des Gewahrsams durch den Kläger oder dessen Beauftragten selbst beaufsichtigen oder beaufsichtigen lassen. J.n.

q) **Binnenschiffahrt:** *α*) **Bedeutung des § 36 BSchG.**

OLG. Hamm, 2. ZS. Urteil v. 27. April 1920.

Der vor Antritt der Reise zurücktretende Absender muß den Frachtführer „nach Maßgabe des § 34" entschädigen (§ 36[1]). Diese Verpflichtung entsteht mit dem Rücktritte; sie hängt nicht davon ab, daß der Frachtführer dem Absender eine Frist gemäß § 33 setzt. § 33 regelt den Fall, daß der nichtzurücktretende, vielmehr zur Lieferung bereite Absender mit der Anlieferung der Ladung im Verzuge ist, und die Bezugnahme auf § 34 und damit auf § 33 in § 36[1] bedeutet nur, daß sich die Höhe der Entschädigung nach § 34 bestimme, dh. auf $^1/_3$ der bedungenen Fracht als feste Abfindung festgesetzt werde. Unerheblich ist, daß der Kläger das Schiff sofort anderweit benutzt und dadurch eine Frachteinnahme in Höhe der bedungenen Fracht erzielt hat. Denn die Entschädigung des § 36[1] steht ihm ohne Rücksicht auf anderweiten Erwerb zu; die feste Abfindung des Gesetzes soll gerade mit Rücksicht auf ersparte Schiffsunkosten und „auf die Möglichkeit anderweiter Verwendung des Schiffes" eine auskömmliche Vergütung bieten. (Drucks. des Reichstags 1894, 1. AnlBd. S. 329.) R.t.

β) **Hilfslohnforderung des Schleppers gegen die geschleppte Schute.**

OLG. Hamburg, 6. ZS. Urteil v. 22. Januar 1920.

Der Führer des Schleppers des Klägers hat zuerst in einstündiger Arbeit die der Beklagten gehörige Schute, deren Ankerkette nicht gehalten hatte, und die infolgedessen bei dem Sturm von ihrem Ankerplatz weg auf ein Stack geraten war, durch Hinübergeben der Ankerkette und Losziehen abgeschleppt und sie hierdurch vor einer starken Haverei bewahrt. Im zweiten Falle, der sich einige Stunden später in der Nacht zutrug, hatte der Führer die Schute, die infolge unzulänglicher Verankerung wieder abgetrieben und auf eine Wiese geraten war, losgeschleppt und hierdurch ein völliges Festgeraten der Schute, kostspielige Abgrabungsarbeiten sowie hinsichtlich der Ladung entstehende hohe Bergungs- und Leichterkosten verhütet. Aber auch dafür, daß sich der Dampfer längsseits der Schute legte und die ganze Nacht über sowie den folgenden Tag vor 30 Faden Kette vor Anker liegend und die Maschine mit halber Kraft gehen lassend die Schute gehalten hat, kann ein Hilfslohn gefordert werden. Mag das Ankergeschirr auch in Ordnung gewesen sein, so beweist doch das wiederholte Abtreiben vom Ankerplatze, daß, wenigstens solange der Sturm andauerte, der Anker nicht imstande war, die Schute sicher zu halten. Es bestand daher für sie fortdauernd die Gefahr, wegzutreiben und zu stranden oder andere Beschädigungen zu erleiden. Die

Beklagte meint, daß bei **ordnungsmäßigem Zustande des Ankergeschirrs** die vom Schleppdampfer entwickelte Hilfstätigkeit die Grenzen der sich aus dem Schleppvertrag ergebenden Verpflichtungen nicht überschritten hätte. Allerdings ist der Schlepper, der zunächst alles zu leisten hat, was zur Beförderung des geschleppten Schiffes erforderlich ist, ihm daneben ebenfalls auf Grund des Schleppvertrags verpflichtet, falls der Unfall nicht die weitere Ausführung des Schleppvertrags überhaupt unmöglich macht, nach Möglichkeit Hilfe zu leisten. Dagegen hat er, sofern seine Dienste besonderer Art sind, Anspruch auf den entsprechenden Lohn (HansGZ. 1900 Nr. 121; vgl. auch RG. 46 S. 205; Mittelstein, BSchG. § 93 II 4c). Wenn daher hier, wo der Schlepper die Schute aus der Gefahr, wegzutreiben und dabei zu Schaden zu kommen, durch seine vielstündige Tätigkeit gerettet hat, die Voraussetzungen des § 93 gegeben waren, so wurde der Anspruch auf Hilfslohn bei der besonderen, die bedungenen normalen Funktionen eines Schleppers überschreitenden Art der geleisteten Dienste nicht dadurch ausgeschlossen, daß der Schlepper auch auf Grund des Schleppvertrags die ihm anvertraute Schute nicht einfach ihrem Schicksal überlassen durfte, sondern ihr zur Hilfe kommen mußte.... M. M.

γ) **BinnenSchG. § 114 und Pfandklage des Schiffsgläubigers.**

OLG. Hamburg, 5. ZS. Urteil v. 17. März 1919.

Für den durch die fehlerhafte Führung des Schleppers „Julius" dem Ladungsgut zugefügten Schaden haftete der Beklagte B. als sein Eigner, der den Dampfer selbst geführt hat, auf Grund der §§ 3, 4 Nr. 3[2] BSchG. mit Schiff und Fracht. Der Forderungsberechtigte hatte insoweit die Rechte eines Schiffsgläubigers (§ 102 Nr. 5) und ein Pfandrecht am Schiffe (§ 103). Neben diesem allgemein als dinglicher Anspruch bezeichneten Recht, dessen Verwirklichung der Berechtigte nur auf dem Wege der Zwangsvollstreckung in das Schiffsvermögen suchen konnte, erwuchs ihm, als die Voraussetzungen des § 114 sich erfüllten, dh. als Beklagter das Schiff in Kenntnis des Schiffsgläubigerrechts auf eine neue Reise aussandte, ein neuer Anspruch. Nunmehr wurde der Beklagte auch persönlich verpflichtet, und zwar in Höhe des Betrags, der sich für den Gläubiger ergeben hätte, falls der Wert des Schiffes zurzeit das Reiseantritts unter die Schiffsgläubiger verteilt worden wäre. Dieser auf die beschränkt persönliche Haftung des Schiffseigners abgestellte Anspruch ist rein obligatorischer Natur. Er setzt zwar das Schiffsgläubigerrecht voraus, ist aber, einmal entstanden, völlig von diesem losgelöst und, wiederum jenes Recht in seinem Bestand unberührt lassend, ein neuer Anspruch, der inhaltlich der weiterbestehenden dinglichen Haftung die beschränkt persönliche Haftung hinzufügt. Beide können, wenn zB das Schiff verkauft wird, verschiedene Wege gehen. Ihre innere Beziehung drückt sich darin aus, daß der Gläubiger nur einmal Befriedigung erlangen kann. Der Anspruch aus § 114 bildet daher rechtlich nicht mit dem Schiffsgläubigerrecht in dem Sinn eine Einheit, daß der erstere Anspruch zum letzteren Recht im Verhältnis einer durch ein Pfandrecht gesicherten Forderung stehe.... Diese Annahme ist auch deshalb abzulehnen, weil der § 114 dem Schiffsgläubiger ein Äquivalent für die durch die Maßnahme des Pfandschuldners eingetretene Gefährdung der Pfandsache bieten soll. Wie daher beide Ansprüche nebeneinander bestehen, so können sie auch unabhängig geltend gemacht werden, was gerade für die hier bedeutungsvolle Frage der Verjährung wichtig ist. Daß aber hier das Zahlungsbegehren lediglich auf den obligatorischen Anspruch sich gründete, dafür liegen eine Reihe zwingender Umstände vor, trotzdem dies in der Klage in bezug auf den Beklagten B. nicht ausdrücklich gesagt, auch der § 114 nicht erwähnt ist. Schon die Tatsache, daß gegen den Kahneigner — in bezug auf diesen ausdrücklich — nur die persönliche Haftung geltend gemacht ist, deutet darauf hin, daß auch gegen den Eigner des Schleppers nur der persönliche Anspruch hat verfolgt werden sollen. Derselben Auffassung war der Beklagte. Auch das LG. hat sich ihr im Grundurteil angeschlossen und ausdrücklich im Tenor wie in den Gründen die beschränkt persönliche Haftung des B. aus § 114 ausgesprochen. In dieser Beziehung haben die Kläger das Urteil nicht angefochten und damit anerkannt, daß ihre Klage richtig verstanden sei. Wenn sie daher auch alle Tatsachen enthielt, die die Pfandklage erfordert, so ist doch zweifellos völlig bewußt nicht diese, sondern die persönliche Haftung gewählt, um so weniger, als unstreitig alsbald nach dem Unfall die von den Beteiligten ernannten Sachverständigen den Wert des „Julius" abgeschätzt haben, ein Verfahren, das eine unanfechtbare Grundlage für die Inanspruchnahme des Schiffseigners aus § 114 hat schaffen sollen, wenn darin auch ein Verzicht auf die Verfolgung des Schiffsgläubigerrechts nicht zu sehen war.... Der Antrag, den Beklagten zur Duldung der Vollstreckung in den Dampfer „Julius" zu verurteilen, ist in der Verhandlung vom 4. Juli 1818 gestellt worden. Zu diesem Zeitpunkt war aber der dingliche Anspruch gemäß § 117 Nr. 7 schon verjährt. Die Wortfassung des § 117 läßt weder den Schluß zu, daß er nur die persönlichen Ansprüche hat treffen wollen, noch nötigt er zu der Annahme, daß er ausschließlich Schiffsgläubigerrechte im Auge hat. Vielmehr haben alle Forderungen der in den Nrn. 1 bis 7 bezeichneten Art von der einjährigen Verjährung erfaßt werden sollen, einerlei ob sie dinglicher oder persönlicher Natur sind (Mittelstein, Lehrb. S. 424). Daß aber eine Wechselwirkung der Verjährung zwischen dinglichem und persönlichem Anspruch gewollt sei, darüber sagt das Gesetz nichts. Die Tatsache jedoch, daß es an einer dem § 902 HGB. gleichlautenden Bestimmung im BSchG. fehlt, zwingt zu der Folgerung, daß hier solche Wechselwirkung nicht besteht....

Schließlich haben die Kläger noch versucht, dem Umfang der Haftung des Beklagten aus § 114 eine Ausdehnung zu geben, die auch die Werterhöhung des „Julius" mitumfaßt, die sich nach seiner Aussendung auf neue Reisen infolge der durch die Kriegsverhältnisse bedingten außerordentlichen Wirtschaftslage ergeben hat. Allein der Zweck des mit dem § 774 HGB. im wesentlichen gleichlautenden § 114 ist der, den Gläubiger gegen die durch die weitere Verwendung des Schiffes drohenden Nachteile der Gefährdung des Schiffsvermögens sicherzustellen, anderseits aber auch keinen größeren Vorteil zu verschaffen, als er ihn ohne solche Gefährdung gehabt hätte (Prot. S. 1631). § 114 bestimmt mithin die persönliche Haftung in dem Umfange, in welchem die Pfandsache durch den Pfandschuldner gefährdet wird. Ihr Wert soll dem Gläubiger unter allen Umständen werden, aber auch nicht mehr. Daneben bleibt ihm unbenommen, auch den gesteigerten Wert der Pfands zu beanspruchen, aber nur auf Grund seines dinglichen Rechts und in den Grenzen, die die Verjährung ihm setzt. Tritt diese ein, ist ihm der Zugriff am Schiff versperrt. Ein Grund, ihm im Rahmen der persönlichen Haftung ein Recht auf die Wertsteigerung nach dem Eintritt der jene begründenden Tatsache zuzusprechen, ist nicht erkennbar, und weder kann gesagt werden, daß der Gesetzgeber an diesen Fall nicht gedacht hat — die angeführte Bemerkung im Protokoll weist auf das Gegenteil hin —, noch spricht etwas dafür, daß sonst die Regelung im Sinne der Kläger ausgefallen wäre. Überwiegende Gründe sprechen dagegen, vor allem das Bedürfnis, eine sichere Grundlage für den Umfang der persönlichen Haftung zu schaffen. M. M.

8. Literarisches Urheberrecht.

Urheberrecht an politischen Briefen. Einstw. Verfügung.

Stuttgart, 1. ZS. Urteil v. 16. April 1920.

Die beklagte Verlagsbuchhandlung beabsichtigte im Herbst 1919, den dritten Band des Werkes „Gedanken und Erinnerungen“ erscheinen zu lassen, und ließ ihn in Tausenden von Exemplaren drucken. Darin sind 6 Briefe abgedruckt, die teils der Antragsteller (Kaiser Wilhem II.) 1887 und 1888 als Prinz von Preußen, teils sein Vater 1881 und 1886 an Bismarck geschrieben hat. Für diese Briefe wird urheberrechtlicher Schutz gegen unbefugte Veröffentlichung beansprucht. Das LG. hat gegen Sicherheitsleistung einstweilen verfügt: die Beklagte habe jede Veröffentlichung und gewerbsmäßige Verbreitung der 6 Briefe zu unterlassen, die Druckexemplare des 3. Bandes unter sicheren Verschluß zu nehmen und alle Exemplare, die etwa zur Ansicht, zur Besprechung oder zu anderen Zwecken versandt wurden, zurückzuziehen. Auf Widerspruch hat es diese einstweil. Verfügung mit Recht bestätigt.

Das LitUG. vom 19. Juni 1901 hat das Urheberrecht von Briefen nicht besonders geregelt. Die urheberrechtliche Schutzfähigkeit von Briefen hängt deshalb lediglich davon ab, ob diese Briefe als Schriftwerke im Sinne von § 1 Nr. 1 des LitUG. angesehen werden können, dh. als Schriften, die sich als Ausfluß einer individuellen geistigen Tätigkeit darstellen (RG. 41 S. 43, 69 S. 401; Seuff. 37 Nr. 94; Allfeld LitUG. S. 48; Riezler Urheber- u. Erfinderrecht S. 224). Dabei herrscht nahezu Übereinstimmung darüber, daß es für jenen Schutz nicht darauf ankommt, ob der Verfasser die Briefe in der Absicht späterer Veröffentlichung schrieb und ob sie einen literarischen Wert in dem Sinne besitzen, daß sie im Wege des Verlags verwertbar, dh. verlagsfähig erscheinen. Auch darauf kommt nichts an, ob der Verfasser an dem Schutz der Briefe ein vermögensrechtliches Interesse hat. Daß der Schutz, falls er begründet ist, dem Urheber, dh. dem Verfasser, und nicht dem Empfänger der Briefe zusteht, ergibt sich aus dem Gesetz selbst, und wird auch allgemein angenommen. Mit der Ausfolge des Briefs an den Empfänger geht zwar das Eigentum an dem Papier, an dem Manuskript, auf den Empfänger über, nicht aber die ausschließliche Befugnis zur Vervielfältigung und gewerbsmäßigen Verbreitung, in der nach § 11 das Urheberrecht besteht. Der Inhalt der Briefe ist unter Berücksichtigung vorstehender Gesichtspunkte zu prüfen... Hiernach ergibt sich, daß sämtliche Briefe neben tatsächlichen Mitteilungen originale Gedankenäußerungen über die in ihnen behandelten Gegenstände enthalten; sie sind daher aus diesem Grund, abgesehen von der hohen Stellung, die ihre Verfasser eingenommen haben, literarisch bedeutsam und deshalb schutzfähig (RG. 69 S. 405). Da das Urheberrecht dem Antragsteller als Verfasser oder, soweit es sich um die Briefe seines Vaters handelt, als dessen Erben zusteht, ist es für die Schutzberechtigung des Antragstellers an sich gleichgültig, ob Bismarck der Beklagten vertragsmäßig das unbeschränkte Verlagsrecht an dem von ihm verfaßten Werk übertragen hat, oder ob er dies nur mit der Maßgabe getan hat, daß der 3. Band nicht zu Lebzeiten des Antragstellers veröffentlicht werden dürfe, oder ob er nicht wenigstens einen solchen Wunsch ausgesprochen hat; denn Bismarck konnte über sein Werk durch Verlagsvertrag nur unbeschadet der Urheberrechte verfügen, die an den in dieses Werk aufgenommenen Briefen Dritten zustanden. — Gegen den urheberrechtlichen Schutz kann auch nicht eingewendet werden, daß an die Briefe, weil sie politischen Zwecken dienen, kein literarischer Maßstab angelegt werden könne, und daß die in ihnen enthaltenen Gedanken nicht um ihrer selbst willen zum Ausdruck gebracht worden seien, sondern zur Erreichung bestimmter außerhalb des Kreises des künstlerischen Verkehrs liegender Zwecke. Denn der besondere Zweck einer Schrift ist für ihre Schutzfähigkeit nur in den in §§ 16 u. 17 besonders bestimmten Fällen von Einfluß und schließt im übrigen den Urheberschutz nicht aus, wie Kohler und Mitteis lehren (vgl. Allfeld § 1[3])....

Daß dieser Schutz deshalb versage, weil die Veröffentlichung der Briefe durch Notwehr (BGB. § 227[2]) geboten sei, kann nicht anerkannt werden. Der Angriff, den die Beklagte mit dem 3. Band abwenden will, ist nach ihrer Behauptung ein Angriff des Antragstellers auf Bismarck. Die Notwehr setzt aber voraus, daß derjenige, von dem ein Angriff abgewendet werden soll, noch lebt. Überdies ist nicht ersichtlich, warum die wörtliche Wiedergabe der Briefe erforderlich sein sollte, um die von Bismarck als unwürdig empfundene Art seiner Dienstentlassung und die Vorgänge, die zu dieser Entlassung führten, zur Rechtfertigung Bismarcks öffentlich klarzustellen. Der Brief des Antragstellers an den früheren Zaren vom 12. Nov. 1896 enthält allerdings ein in hohem Grad absprechendes Urteil über Bismarcks Charakter; er ist aber erst in neuester Zeit und zwar, wie anzunehmen, ohne Zutun des Antragstellers veröffentlicht worden und scheidet schon deshalb für die Begründung der Notwehr aus.

Darüber, ob die wörtliche Veröffentlichung der Briefe zur Klarstellung des Verhältnisses zwischen Bismarck und Wilhelm II. im öffentlichen Interesse läge, kann man verschiedener Ansicht sein. Auch wenn man es an sich bejahen wollte, wäre es doch für die gegenwärtige, in besonders hohem Grad politisch erregte Zeit zu verneinen. Keinenfalls könnte es einen Eingriff in das nun einmal bestehende, nicht dem öffentlichen, sondern dem Privatrecht angehörende Urheberrecht des Antragstellers rechtfertigen.

Die Beklagte wirft dem Antragsteller Schikane vor, weil er sich ihr gegenüber auf sein Urheberrecht berufe. Allein wenn er auch, als er die Briefe schrieb, nicht daran gedacht haben wird, sie literarisch zu verwerten, so hat er doch ein lebhaftes Interesse daran, daß das, was er und sein Vater in vertraulicher Weise an Bismarck geschrieben haben, bei seinen Lebzeiten nicht öffentlich bekannt gemacht werde. Wenn er sich deshalb des ihm sich nach dem Gesetz darbietenden Urheberschutzes bedient, so liegt ihm die Absicht der Schadenszufügung völlig fern. Daß er sein Urheberrecht nur deshalb nicht ausüben soll, weil der Beklagten hieraus Schaden entsteht, kann diese nicht verlangen.

Was die Briefe des späteren Kaisers Friedrich im besonderen anlangt, so steht zwar an ihnen dem Antragsteller das Urheberrecht nicht ausschließlich, sondern nur in — wie anzunehmen, ungeteilter — Gemeinschaft mit seinen Miterben zu. Dies hindert aber nicht, daß er für sich allein die zum Schutz dieses Rechts erforderlichen Maßregeln ergreift (BGB. § 2038 S. 2; vgl. Allfeld § 8[3]). Allerdings sind seit dem Tode des Kaisers Friedrich mehr als 30 Jahre abgelaufen. Allein das Ende des Schutzes hängt nach § 29 LitUG. nicht nur von dem Ablauf dieser Zeit, sondern weiterhin auch noch davon ab, daß seit der ersten (zulässigen) Veröffentlichung 10 Jahre abgelaufen sind. Der Schutz für unveröffentlichte Werke — um solche handelt es sich bei den beiden Briefen, da die 1918, wie anzunehmen unbefugt, erfolgte Veröffentlichung des Briefs von 1886 gemäß § 35 nicht in Betracht kommt — geht mithin durch Zeitablauf überhaupt nicht verloren (Allfeld § 29[2]). Für unveröffentlichte Werke tritt nach 30 Jahren seit dem Tode des Verfassers nur gemäß § 29 S. 2 die Vermutung ein, daß das Urheberrecht dem Eigentümer des Werks zustehe. Hier ist aber dargetan, daß der Antragsteller als Erbe in Gemeinschaft mit seinen Miterben auch das Urheberrecht an den zwei Briefen erworben hat. Die Beklagte kann sich daher nicht darauf berufen, daß dieses Urheberrecht dem jetzt lebenden Fürsten von Bismarck als Eigentümer der Originalbriefe zustehe und daß dieser mit ihrer Veröffentlichung einverstanden sei.

Darin, daß der 3. Band gedruckt vorliegt und sein Erscheinen schon öffentlich angekündigt ist, liegt ein hinreichender Grund gemäß § 935 ZPO. Hingegen kann nicht eingewendet werden, daß schon jetzt zahlreiche Personen den 3. Band und damit die Briefe gelesen hätten, und daß bei der großen Zahl der gedruckten Exemplare künftig das eine oder andere von ihnen der Beklagten abhanden kommen und von irgendeinem beliebigen Dritten ohne jede Berechtigung nachgedruckt werden könnte. Denn wenn auch die Verfügung nicht mehr ungeschehen machen kann, daß einzelne die Briefe schon gelesen haben, so hat doch der Antragsteller ein berechtigtes Interesse daran, eine weitere Verbreitung der Briefe nach Möglichkeit zu verhindern. Der Umstand, daß dieser Erfolg vielleicht nicht vollkommen erreicht wird, kann keinenfalls zur Aufhebung der an sich begründeten Verfügung führen. S.

9. Versicherung.

a) Unterbrechen erneute Verhandlungen die Ausschlußfrist?

OLG. Breslau, 4 ZS. Urteil v. 30. Oktober 1919.

Der § 16^2 VersBed. entspricht den Erfordernissen des § 12 VVG., der die Vereinbarung von Ausschlußfristen zuläßt, weil damit eine raschere und sichere Erledigung der Streitfälle gefördert wird. Nachdem der aus dem Einbruchdiebstahl vom September 1917 zunächst angezeigte Schaden geregelt war, meldete der Kläger am 7. November einen angeblich aus demselben Diebstahl herrührenden weiteren Verlust von 62 Sack Mehl an und gab auf das Schreiben der Beklagten, daß sie sich Prüfung vorbehalte, eine Erklärung, warum es ihm nicht sofort nach dem Einbruch möglich gewesen sei, den Schaden in vollem Umfange festzustellen. Ende 1917 teilte die Beklagte ihm mit, daß die Ermittelungen der Kriminalpolizei keinen Anhalt dafür gegeben hätten, den Abgang der 62 Sack Mehl auf den Diebstahl vom September zurückzuführen, lehnte deswegen den Ersatzanspruch ab und wies unter Bezugnahme auf § 16^2 der Bedingungen darauf hin, daß sie von der Leistungspflicht frei werde, wenn der Anspruch nicht binnen 6 Monaten gerichtlich geltend gemacht werde. Danach kann kein Zweifel sein, daß der Kläger binnen 6 Monaten nach Empfang dieses Schreibens klagen mußte. Allerdings hat er am 26. Jan. 1918 wiederum Ersatz des jetzt eingeklagten Schadens verlangt; Beklagte blieb aber bei ihrer Ablehnung stehen, weil ein Zusammenhang zwischen Verlust und Einbruchsdiebstahl nicht nachzuweisen sei, und machte weiter geltend, daß der Kläger durch den Vollzug der Quittung über den bereits geregelten Schaden auf weitere Ansprüche verzichtet habe. Dieser letzteren Auffassung widersprach der Kläger und hielt seinen Anspruch aufrecht. Am 8. März antwortete die Beklagte, sie wolle aus der ersten Quittung keinen Verzicht weiter herleiten, bleibe aber dabei, daß der Beweis für den Zusammenhang des Abgangs der 62 Sack mit dem Einbruchsdiebstahl nicht gebracht worden sei und schloß diesen Brief mit der Aufforderung, weiteres Beweismaterial zu erbringen und dem Satze: Nach Prüfung dieses Materials wird unsere Gesellschaft sodann endgültig entscheiden. Der Kläger führte daraufhin aus, daß sich seine Beweislast auf den Nachweis des entstandenen Schadens beschränke, er diesen Nachweis bringen werde und es dann Sache der Beklagten sei, das Fehlen des Zusammenhanges zwischen Schaden und Einbruch darzutun; er schloß mit der Erwartung, daß die Beklagte der Befriedigung der nachträglich erhobenen Ansprüche näher treten werde. Das lehnte die Beklagte am 25. März ab.

Der Kläger folgert aus dem Briefe vom 8. März, daß die Beklagte von ihrer Fristsetzung von Ende 1917 abgegangen sei und eine neue Frist erst von der Ablehnung vom 25. März an laufe. Allein die Ablehnung und Fristsetzung von Ende 1917 war wohlbegründet und ernstlich, darüber konnte auch der Kläger nicht im Zweifel sein. Wenn die Beklagte daraufhin nicht jede weitere Anregung zur Besprechung des Schadenfalls ablehnte, sondern sich auf die Vorstellungen des Klägers über die Berechtigung seiner Ansprüche einließ und deren nochmalige Prüfung zusagte, so tat sie das für den Kläger erkennbar, nicht unter Verzicht auf die aus ihrer früheren Fristsetzung entspringenden Rechte, zumal sie den Kläger nicht etwa bis zum Ablaufe der am Ende 1917 gesetzten Frist hingehalten und im ungewissen gelassen, sondern ihm schon am 25. März 1918 mitgeteilt hat, daß auch ihre neuere Prüfung zu keiner anderen Entschließung wie der von Ende 1917 geführt habe. K. b.

b) **Einbruchsversicherung:** α) **Einquartierung und Kriegszustand.**
OLG. Köln, 4. ZS. Urteil v. 14. Dezember 1916.

Die Beklagte hält ihre Haftung durch den im August 1914 eingetretenen „Kriegszustand" für ausgeschlossen und beruft sich dafür auf § 2⁴ VersBed., lautend: „Für den Schaden des Einbruchsdiebstahls haftet der Versicherer nicht im Fall eines Kriegszustandes, Aufruhrs, Erdbebens oder vulkanischen Ausbruchs, es sei denn, daß sowohl diese Ereignisse, als die dadurch hervorgerufenen Zustände, insbesondere der Zerstörung und mangelnden Ordnung, weder unmittelbar noch mittelbar die diebische Absicht oder die Ausführung des Einbruchsdiebstahls irgendwie beeinflussen oder begünstigen könnten. Allein für den Begriff des „Kriegszustandes" ist nicht der rechtliche, sondern lediglich der tatsächliche Zustand entscheidend, so daß ein Kriegszustand vorliegen kann, auch ohne dessen förmliche Erklärung, anderseits diese Erklärung an sich noch nicht ausreichen würde, den Tatbestand des § 2⁴ zu erfüllen. Diese Auslegung ergibt sich aus der Erwägung, daß die Bestimmung (wie schon die Gleichstellung von Kriegszustand mit Aufruhr, Erdbeben und vulkanischem Ausbruche zeigt) offenbar bezweckt, die Beklagte gegen eine wesentliche Erhöhung der von ihr übernommenen Gefahr (ihres Risikos) zu schützen, daß aber mit der bloßen Erklärung des Kriegszustandes eine solche Erhöhung nicht verbunden zu sein braucht. Das LG. bezweifelt nun weiter nicht, daß die im August 1914 erfolgte Zusammenziehung größerer Truppenmassen in der Stadt A. und deren Umgebung eine Maßnahme gewesen ist, mit der objektiv nach vernünftigem Ermessen eine nicht unwesentliche Gefahrerhöhung verbunden war, daß der dadurch geschaffene Zustand die Ausführung von

Einbruchsdiebstählen erheblich begünstigte. Zuzugeben ist, daß die Zusammenziehung großer Truppenmassen die Einbruchsgefahr erhöht; steigert sich die Bevölkerungszahl in einem Gebiete, so steigert sich naturgemäß dort auch die Zahl der Straftaten und die Gefahr, von einer solchen betroffen zu werden. Aber die Beklagte hat selbst nicht diese Gefahrerhöhung für so wesentlich gehalten, daß sich dadurch der Ausschluß ihrer Haftung rechtfertigen ließe; denn sonst hätte sie eine Zusammenziehung größerer Truppenmassen, wie sie auch im Frieden bei großen Manövern vorkommt, neben den andern Ereignissen im § 2² als Ausschlußgrund angeführt. Ein „Kriegszustand" ist vielmehr nur dann anzunehmen, wenn mindestens eine solche Beeinträchtigung der Ordnung vorliegt, die, erheblicherer Art, ihren Grund nicht lediglich in der Ansammlung der Truppen hat, sondern auf einem durch Kriegsereignisse herbeigeführten Versagen derjenigen Organe beruht, die zur Wahrung der öffentlichen Ordnung berufen sind. Daß aber eine derartige Störung eingetreten war, hat die für das Vorliegen des Kriegszustandes beweispflichtige Beklagte nicht dargetan. Abgesehen davon, daß die Zeit der von ihr angeführten sonstigen Einbrüche und Ausschreitungen nicht feststeht, ist ihre Zahl nicht so beträchtlich, daß auf eine erhebliche Störung der öffentlichen Ordnung zu schließen wäre. Dr. K.b.

β) **Diebstahl durch einen Hotelgast, Mieter.**

OLG. München, 1. ZS. Urteil v. 21. November 1919.

Der klagende Gasthofbesitzer hat seine Geschäftseinrichtung einschl. Geldschrank sowie Hotel- und häusliches Mobiliar, ferner Getreide- und Futtervorräte und totes Inventar gegen Einbruch bei der Beklagten versichert. In der Nacht auf 31. Mai 1918 hat der Fabrikarbeiter X., der als Hotelgast übernachtete, einen im Gang des ersten Stockwerkes stehenden Schrank erbrochen und aus ihm Kleidungsstücke des Klägers gestohlen. Die Klage auf ihren Ersatz ist unbegründet. Nach § 13 AllgBed. haftet die Beklagte nicht, „wenn der Versicherungsfall von einer in häuslicher Gemeinschaft mit dem Versicherungsnehmer lebenden oder bei ihm wohnenden Person oder von einem Angestellten seines Geschäftes vorsätzlich herbeigeführt wird, es sei denn, daß der Angestellte den Versicherungsfall nach Schluß der Geschäftszeit und während das Geschäft für ihn geschlossen war, den Versicherungsfall herbeiführt." Zunächst ist hervorzuheben, daß „bei jemand wohnen" nicht etwa gleichbedeutend ist mit „Wohnsitz haben" und keineswegs eine längere Dauer voraussetzt, sondern auch dann gegeben sein kann, wenn der Aufenthalt von vornherein nur als vorübergehend gedacht ist. Schon nach dem allgemeinen Sprachgebrauch „wohnt" in einem Gasthof auch derjenige, der dort nur eine Nacht zubringt. Notwendig ist allerdings stets, daß die Aufnahme mit dem Willen des Verfügungsberechtigten oder seines Stellvertreters erfolgt ist. Ohne Belang aber ist, ob die Gewährung von Unterkunft an andere die Ausübung eines Gewerbebetriebs darstellt (Gasthof, Pension), oder sonst gegen Entgelt (zB. in zahlreichen Fällen der Zimmervermietung) oder aus anderen

Gründen geschieht (zB. aus sozialen Rücksichten wegen Wohnungsnot). Der Kläger meint, fremde Mieter müßten, um unter § 13 zu fallen, zu dem Versicherten mindestens in ein solches Verhältnis treten, daß man sagen kann, die Aufnahme erfolge auf Grund besonderen Vertrauens. Diese Auslegung widerspricht jedoch dem Sinne und Zwecke des § 13. Denn das gemeinsame Kennzeichen der dort angeführten Personengruppen ist nicht etwa ein besonders enges Verhältnis zum Versicherten, sondern die durch Hausgemeinschaft, Wohnung oder Anstellung geschaffene Erleichterung des Zutritts zu den Versicherungsräumen. § 13 will die darin liegende Gefahrerhöhung für den Versicherer ausschließen und zielt nicht etwa dahin ab, daß der Versicherungsnehmer für die „auf Grund besonderen Vertrauens aufgenommenen Personen" selber einstehen soll. Das ergibt sich auch aus der bei dem Diebstahl durch Angestellte vorgesehenen Unterausnahme. Demnach ist § 13 auf den Diebstahl des X. anzuwenden. Der Umstand, daß X. vermutlich schon bei der Aufnahme in den Gasthof die Absicht hatte, dort zu stehlen, steht nicht entgegen. Auch der Versuch des Klägers, die Anwendbarkeit aus den dem Versicherungsschein handschriftlich beigefügten besonderen Bedingungen zu folgern, muß erfolglos bleiben. Unrichtig ist zunächst, daß „das Hotel" versichert ist, und daß die damit eigentümlichen Gefahren eines Hotelbetriebs von der Beklagten übernommen wurden. Denn zu den versicherten Sachen gehört nach jenen besonderen Bestimmungen nicht „das Hotel", sondern das Hotelmobiliar. Das kann auch nach Sinn und Zusammenhang nicht anders sein. Es handelt sich doch um eine Einbruchsdiebstahl- und nicht um eine Geschäftsgefahrversicherung. Somit ist auch die Folgerung hinfällig, daß die Beklagte durch die Erstreckung der Versicherung auf „das Hotel" im Kläger die Ansicht hervorgerufen habe, daß auch Diebstähle von Hotelgästen unter die Versicherung fallen. Für seine Behauptung, es sei ihm gerade um den Schutz gegen solche Diebstähle zu tun gewesen und die Beklagte habe das bei Vertragsabschluß gewußt oder doch wissen müssen, hat der Kläger keinen Beweis angeboten. Übrigens hat das Privataufsichtsamt die AllgBed. genehmigt; auch haben den § 13 die anderen Versicherungsgesellschaften, meist wörtlich, übernommen. Ein Verzicht der Beklagten auf § 13 hätte (abgesehen davon, daß er im Versicherungsschein handschriftlich ausgedrückt werden müßte) eine beträchtliche Gefahrerhöhung zur Folge gehabt und damit eine Prämienerhöhung notwendig gemacht. Die Prämie für die hier in Betracht kommenden Sachen entspricht aber dem üblichen Satze von 1‰. H.n.

γ) Kammergericht, 24. ZS. Urteil v. 24. Mai 1919.

Nach dem Beweisergebnis ist der Diebstahl durch Gehilfen des St. ausgeführt. Dieser hat den Mietvertrag lediglich zu dem Zwecke geschlossen, um eine Gelegenheit zum Diebstahl auszukundschaften. Als er feststellte, daß nur das Mädchen allein in der Wohnung war, teilte er durch Fernsprecher seinen Gehilfen mit, daß sie nunmehr kommen sollten, und lockte dann das Mädchen unter der Vorspiegelung, ihr Butter zu verschaffen, fort, so daß nunmehr die

Diebe ganz ungestört arbeiten konnten. Hiernach hat St. zweifellos den Diebstahl herbeigeführt, indem er die Gelegenheit dazu auskundschaftete, seinen Gehilfen Nachricht gab, das Dienstmädchen aus der Wohnung entfernte und dadurch diejenigen, die den Diebstahl wirklich ausführten, dazu ungestörte Gelegenheit gab. Ob St. als Mittäter oder Gehilfe der Diebe im strafrechtlichen Sinn anzusehen ist, kann dahingestellt bleiben, in jedem Falle ist er aber derjenige, der den Diebstahl vorsätzlich herbeigeführt hat. Er hat aber auch bei dem Kläger „gewohnt". Darunter ist die Benutzung einer Wohnung auf Grund eines Mietvertrags zu verstehen. Nach den eigenen Angaben des Klägers hat der St. nicht nur mit ihm einen Mietvertrag geschlossen, Angeld bezahlt, Sachen in die Wohnung eingebracht, sondern auch das gemietete Zimmer einen Tag und eine Nacht zum Wohnen benutzt. Aus welchem Grund er dort gewohnt hat und wie lange, ist belanglos. K.b.

c) **Höchstpreis als Grenze des Versicherungswertes.**

OLG. Rostock, 1. ZS. Urteil v. 12. Mai 1919.

Dem gegen Einbruchdiebstahl versicherten Kläger sind 1918 Vorräte an Schinken, Speck und Wurst gestohlen worden. Er hält die ihm unter Zugrundelegung der Höchstpreise angebotene Entschädigung von 220 Mark für unzulänglich und verlangt den Ersatz des ihm in Wahrheit entstandenen Schadens von 2216 Mark. Der Anspruch ist unbegründet. Der Antrag vom 31. August 1917 und der Nachtrag vom 27. Mai 1918 ergeben, daß die Parteien keine von den gewöhnlichen Bestimmungen abweichende Versicherung abgeschlossen haben, daß besonders kein außergewöhnliches Interesse des Klägers zum Gegenstande des Vertrags gemacht ist. Versicherungswert ist daher gemäß § 52 der Wert der gestohlenen Sachen, dh. nach dem hier sinngemäß anzuwendenden § 86, da es sich um Haushaltsgegenstände handelt, derjenige Betrag, welcher erforderlich ist, um Sachen gleicher Art anzuschaffen. Hiernach erscheint zwar grundsätzlich der Anspruch des Klägers begründet, der davon ausgeht, daß die Entschädigung ihn in den Stand setzen müsse, Ersatz für die gestohlenen Sachen zu beschaffen. Auch ist zuzugeben, daß nur in Ausnahmefällen möglich ist, größere Mengen Speck, Schinken, Wurst zu den gesetzlichen Höchstpreisen zu erwerben, so daß die im Betrage des Höchstpreises angebotene Entschädigung voraussichtlich zur Deckung des wirtschaftlichen Schadens nicht hinreichen kann. Allein die durch den Krieg beengte wirtschaftliche Lage Deutschlands hat es notwendig erscheinen lassen, für eine große Anzahl von Gegenständen des täglichen Bedarfs, besonders für Nahrungsmittel Höchstpreise einzuführen, um die davon betroffenen Gegenstände innerhalb bestimmter Preisgrenzen dem Verkehr zuzuführen (RG. 89 S. 251). Damit ist der höchste Verkehrswert jener Gegenstände gesetzlich festgelegt (vgl. Bruck, HansRZ. 1 S. 495). Wenn die Höchstpreisbestimmung vielfach das unerwünschte Ergebnis gezeitigt hat, die Ware aus dem ordentlichen Verkehr zu verdrängen und sie dem Schleichhandel zuzuführen, so ist dieser ungesetzlich, und das Gesetz tritt ihm mit Strafdrohungen entgegen.

Der Versicherungsnehmer kann sich nicht darauf berufen, daß er, um für seinen Schaden tatsächlich vollen Ersatz zu erlangen, auf ungesetzlichem Wege einkaufen müsse. Denn versichert ist bloß sein erlaubtes Interesse (vgl. Ehrenberg, VersR. S. 20, 299; Festgabe für Sohm S. 11) und sich auf ungesetzlichem Wege Ersatz zu verschaffen, kann niemals rechtlich erlaubt sein. Wenn aber der Kläger glaubt, sich entweder durch zulässigen Ankauf von Auslandware oder durch Erwerb solcher Nahrungsmittel, die nicht dem Höchstpreis unterliegen, wie Dauerware von gewissen Geflügelarten, Kaninchen rc Ersatz zu beschaffen, so mag ein derartiger Ersatz zwar wirtschaftlich den erlittenen Schaden ausgleichen, rechtlich gleichwertig ist er nicht. Denn versichert war lediglich inländisches Schweinefleisch in seiner Zubereitung als Schinken, Speck und Wurst. Die Ersatzbeschaffung hätte zum besonderen Gegenstand des Vertrags gemacht werden müssen, was nicht geschehen ist. Die bloße Tatsache der Erhöhung der Versicherungssumme für Lebensmittel durch den Nachtrag vom 27. Mai 1918 trägt wohl der allgemeinen Teuerung Rechnung, enthält aber keineswegs die Vereinbarung eines besonderen Maßstabes für die Entschädigung. J.-n. Dr. Br.

d) **Sachverständigenverfahren über die Schadenshöhe kann noch im Prozesse verlangt werden.**[1]

OLG. Frankfurt, 4. ZS. Urteil v. 10. Dezember 1919.

Das Verlangen der Gesellschaft, daß die Höhe des Schadens gemäß § 15 der AllgBed. durch Sachverständige festgestellt werde, ist begründet. Nach § 15 hat das Sachverständigen-(Schätzungs-) Verfahren einzutreten, sobald dies von einer Seite verlangt wird; des Einverständnisses der Gegenseite bedarf es nicht. Dann besteht aber kein Grund, weshalb das Verlangen nicht auch im Prozeß noch soll gestellt werden können; da die Gesellschaft ihre Entschädigungspflicht überhaupt bestritt, hatte sie vorher keinen Anlaß, das Recht aus § 15 geltend zu machen (vgl. Josef VVG. S 64[7]; JW. 1908 S. 19[26]; LZ. 1 S 63[10]). Daher war die Beklagte zu verurteilen, den Kläger wegen des Diebstahls der Schmucksachen gemäß dem Versicherungsvertrag (§ 15 AllgBed.) zu entschädigen. K. b.

e) **Rechte des Hypothekars gegen den Versicherer, der die ganze Entschädigung vor der Wiederherstellung des Gebäudes zahlt.**

OLG. Rostock, 2. ZS. Urteil v. 10. Juli 1918.

Die Gebäude auf dem dem Gastwirt W. gehörigen Schützenhofe waren gegen Feuer bei der Beklagten versichert, das Wohnhaus zu 15000, der Saal zu 14500 und der Stall zu 4000, im ganzen also zu 33500 Mark. 1915

[1] Den Sachverständigen ist ein bestimmtes Verfahren nicht vorgeschrieben; daher ist lediglich ihrem Ermessen überlassen, wie sie zu dem Ergebnisse ihrer Schadensfestsetzung gelangen. Der Umstand, daß der von der Beklagten ernannte Sachverständige dem vom Kläger ernannten an Sachkunde überlegen war, stellt die Verbindlichkeit der Schätzung für den Kläger nicht in Frage; dieser war in der Wahl seines Sachverständigen nicht behindert (OLG. Hamburg, 3. ZS. Urteil v. 10. Dez. 1918).

sind Wohnhaus und Saal größtenteils niedergebrannt, der Stall beschädigt. Bei der Abschätzung des Schadens ist angenommen, daß bei Wohnhaus und Stall die Versicherungssummen dem wahren Wert vor dem Brande entsprachen; der Gesamtschade ist auf 26829 Mark festgesetzt. Nach § 16 der VersBed. kann, wenn ein Gebäude mit Hypotheken... belastet ist, der Versicherungsnehmer die Entschädigung nur zur Wiederherstellung und erst dann verlangen, wenn die bestimmungsmäßige Verwendung des Geldes gesichert ist, es sei denn, daß die Realberechtigten in die sofortige Auszahlung willigen; ohne diese Einwilligung wird die Entschädigung bei Vollschäden in drei Teilbeträgen gezahlt, der dritte nach Vollendung des Baues unter Verwendung der gesamten Entschädigung. Wird ausreichende Sicherheit geleistet, so kann die Zahlung vor der Wiederherstellung in ungeteilter Summe erfolgen. Die Beklagte hat die Entschädigung ohne Zustimmung der Realberechtigten gezahlt, u. z. den dritten Teilbetrag erst, nachdem der Magistrat berichtet hatte, der Neubau sei vollendet. Dem Kläger standen auf dem inzwischen versteigerten und ihm zugeschlagenen Grundstücke 6000 Mark Grundschulden zu, die zur Hälfte ausgefallen sind. Er hat behauptet, der Neubau sei noch nicht vollendet und erfordere noch 2900 Mark zur Vollendung. Sein Anspruch auf Zahlung dieser Summe ist unbegründet.

Durch den Zuschlag des Grundstücks ist die Versicherungsforderung, soweit sie nicht schon bezahlt war, gemäß §§ 55, 20 ZVG., §§ 1127—1130 BGB. auf den Kläger übergegangen. Es kommt danach aber auch jetzt darauf an, ob die Zahlung den Realgläubigern gegenüber gemäß § 1130 BGB. wirksam war. Tatsächlich hat Beklagte das letzte Drittel vor Vollendung des Baues gezahlt, wenn sie auch dabei angenommen hatte, der Bau sei vollendet. Die Zahlung war trotzdem wirksam, wenn die Verwendung des Geldes zur Wiederherstellung des Gebäudes gesichert oder im Sinne des § 16[3] ausreichende Sicherheit geleistet war. Bei dieser Sicherheit ist nicht nur an eine solche im Sinne der §§ 232—240 BGB. zu denken, sondern der Ausdruck ist als gleichbedeutend anzusehen mit dem des § 16[1] VersBed. und des § 97 VVG., „wenn die bestimmungsmäßige Verwendung des Geldes gesichert ist". Diesem Erfordernis ist aber, was das LG. übersieht, ohne weiteres genügt, wenn die Versicherungssumme tatsächlich verwendet ist zur Wiederherstellung der Gebäude. Wenn es schon hinreicht, daß die Verwendung gesichert ist, muß die tatsächliche Verwendung unbedingt ausreichen. Verwendet zur Wiederherstellung ist die Versicherungssumme aber, wenn sie wie hier zur Tilgung von Bauschulden gedient hat. Daneben kann nicht gefordert werden, daß mit den Zahlungen der volle Erfolg der fertigen Wiederherstellung der Gebäude erreicht wird. Erfahrungsmäßig werden die Versicherungsgelder fast nie zur völligen Herstellung eines Gebäudes gleicher Art wie des abgebrannten ausreichen. Es genügt, wenn mit der gezahlten Summe Bauschulden getilgt werden. Es kann auch im Verhältnis des Versicherers zu den Realgläubigern nicht darauf ankommen, ob der Eigentümer gegenüber den Baugläubigern

Einreden wegen der Ausführung der Bauarbeiten gehabt hätte. Eine derartige Prüfung kann dem Versicherer nicht zugemutet werden, eine solche Verpflichtung ist weder aus dem VVG. noch aus den VersBed. zu entnehmen. Vielmehr folgt aus § 98 S. 1 VVG., daß schon die Zahlung an einen Gläubiger, der Arbeiten oder Lieferungen übernommen hatte, wirksam ist, ohne daß es auf die Ausführung ankommt. Ob hier schon mit Rücksicht auf die schriftliche Erklärung des W.: „daß die Brandschadengelder, die mir im Verhältnis des Wiederaufbaues der Gebäude ratenweise ausgezahlt werden sollen, in diesem Sinne an die ausführenden Baumeister E. und Zimmermeister T. unmittelbar geleistet werden", gemäß § 98 die Zahlung an T. und E. wirksam war, kann dahingestellt bleiben, da feststeht, daß diese Zahlungen völlig zur Tilgung von Bauschulden erfolgt sind ... Wenn der Kläger bemängelt, daß die Abrechnung des F. in Einzelheiten in betreff der ausgeführten Arbeiten nicht stimme, so liegt dem Versicherer eine dahingehende Prüfung nicht ob. Ebensowenig war auf das Verlangen des Klägers einzugehen, von E. genauere Abrechnungen über die von ihm selbst gelieferten Arbeiten einzufordern. Es genügt, daß an ihn gezahlt ist zur Tilgung der Schuld für die von ihm übernommenen Arbeiten, die übrigens tatsächlich ausgeführt sind; es würde sich auch hier nur um einzelne Bemängelungen handeln. Der Kläger kann auch daraus keine Rechte herleiten, daß E. 800 Mark an W. ausgekehrt hat, um während des Baues fällig gewordene Grundschuldzinsen zu decken. Die Zahlung der Beklagten an E. war zur Tilgung von Bauschulden erfolgt und sollte auch in Höhe der 800 Mark zu solcher Zahlung dienen. Wenn die Baugläubiger, wie E. bezeugt, von den ihnen zustehenden Forderungen im ganzen 800 Mark zur Deckung von Zinsen abgelassen haben, so wurde dadurch nichts daran geändert, daß an E. zur Tilgung von Forderungen dieser Baugläubiger gezahlt war. J.n.

f) **Auslegung eines Viehversicherungsvertrags.**

OLG. Kiel, 3. ZS. Urteil v. 27. März 1919.

Die beiden Parteien streiten darüber, ob für den Brandschaden, den der Kläger am 18. Nov. 1916 an seinem Pferdebestand erlitten hat, seine Angaben vom 25. Nov. 1915 oder die Angaben vom 21. Nov. 1916 maßgebend sind. Nach § 8 Satz 1 der Satzung sind die Versicherungsangaben für Ernte und Vieh gültig vom Tage der jährlichen Versammlung ab (20. September) auf ein Jahr. Die Angaben für das Vieh sind nach § 7^2 bis 10. November abzuliefern. Da sie vom 20. September gelten, so fragt sich, ob der auf den 10. November folgende 20. September den Anfang der Gültigkeitsdauer bedeute. Diese Möglichkeit lehnt der Beklagte selbst ab. Sie wäre auch mit der Fassung des § 8 ganz unvereinbar. Denn danach sind die Angaben für Ernte und Vieh von demselben 20. September ab wirksam, und daß bezüglich der Ernte damit nur der 20. September des laufenden Jahres gemeint sein kann, liegt auf der Hand. Man muß daher davon ausgehen, daß die bis 10. November zu machenden Angaben für das laufende Versicherungsjahr gelten sollten. Die Verzögerung der Angaben bis 21. November berührt den Versicherungsanspruch des Klägers nicht.

Allerdings hat der Kläger seine Angaben erst nach Eintritt des Brandschadens gemacht. Allein die Satzung muß so verstanden werden, daß die Angabe auch nach diesem Zeitpunkte zulässig sein sollte. Der Beklagte ist ein kleiner, örtlich auch begrenzter Verein, dessen Satzung die Beziehungen zu den Mitgliedern unter weitgehender Berücksichtigung der Grundsätze von Treu und Glauben regelt. Er wollte keinen Gewinn erzielen, sondern den Mitgliedern auf möglichst billige Weise ihren Brandschaden ersetzen. Das Bestreben war, den wirklich entstandenen Schaden zu vergüten. Daraus erklären sich die hier wichtigen Bestimmungen des § 7; zum 20. September rechnet man in Nordschleswig mit dem Ende der Ernte, zum 10. November mit der Rückkehr des Viehs von der Weide in die Ställe. Zu jenen Zeitpunkten läßt sich also der richtige Versicherungsstand regelmäßig erst übersehen. Man wollte eine gerechte Entschädigung für Brandschaden herbeiführen, der an der neuen Ernte und an dem in den Ställen zurückgekehrten Vieh entstand. Um dies zu erreichen, gestattete man den Mitgliedern, ihre näheren Angaben über den Versicherungsstand an Ernte und Vieh erst zu machen, nachdem die Versicherung schon lief, und zwar gerade auch für den Fall, daß vor Abgabe der Erklärungen der Brandfall eintrat.... Es gehört freilich zum Wesen des Versicherungsvertrags, daß der Versicherer die Gefahr des Eintritts eines ungewissen Ereignisses auf sich nimmt. Verpflichtet sich eine Partei, der anderen einen Schaden zu ersetzen, der, wie beiden Parteien bekannt, schon eingetreten ist, so ist der Vertrag als Versicherungsvertrag nichtig (Gerhard-Hagen § 2 II 10 A d). So liegt die Sache hier aber nicht. Es geht nicht an, die satzungsgemäße Erklärung des Klägers bezüglich des Viehs, losgelöst von den sonstigen Beziehungen der Parteien, als einen besonderen Versicherungsvertrag hinzustellen. Der Vertrag lief schon längst, bevor der Hof des Klägers abbrannte; schon vorher bestand das Einverständnis der Parteien, daß besonders das Vieh des Klägers versichert sein sollte. Offen geblieben waren zurzeit des Brandes nur noch die Angaben über die einzelnen Stücke und über den Wert. Diese Angaben waren nach Treu und Glauben wahrheitsgemäß nachzuholen. Die Satzung bestimmt freilich nicht ausdrücklich, daß der Versicherungsnehmer seinen ganzen Viehbestand zu versichern habe. Man erachtete das offenbar als selbstverständlich, und so hat der Beklagte dem Kläger auch gerade die gegenüber dem alten Bestande neu angeschafften 2 zweijährigen Stuten mit 4400 Mark ersetzt. Die Angaben über den Wert konnten nach der Satzung auch nicht rein willkürlich gemacht werden, sie unterlagen vielmehr der Nachprüfung durch die Schaumänner. Hiernach hatte das Vertragsverhältnis der Parteien schon vor dem Brand einen bestimmten Inhalt, so daß die nachträgliche Angabe des Klägers über die einzelnen versicherten Stücke und deren Wert nur als eine Verdeutlichung des Inhalts des schon abgeschlossenen, nicht als Teil eines neuen Vertrags erscheint. Ganz besonders muß das von den Angaben über den Wert gelten, auf die es hier allein ankommt; denn der Beklagte hat bei der Vergütung des Brandschadens die neuen Angaben über die Zahl und Identität des versicherten Viehs zugrunde gelegt, wie die Zahlung der 4400 Mark zeigt, und wendet sich lediglich gegen die im Vergleich zu 1915 um 8100 Mark erhöhten Wertangaben bezüglich des schon 1915 versicherten Bestandes. Daß dieser Bestand versichert war, bestreitet er nicht. Die nachträgliche Wertangabe hinsichtlich dieser Stücke geschah durchaus im Rahmen des bestehenden Versicherungsvertrags.

Sollte aber durch die satzungsgemäß erfolgte Angabe über das Vieh ein neuer Vertrag zustande gekommen sein, so würde er nach § 140 BGB. als vertragliche Übernahme des Ersatzes schon entstandenen Schadens Geltung behalten; denn diese Übernahme entsprach sowohl dem Willen des Klägers, wie auch dem des Beklagten, wie die Satzung ergibt. Dabei darf auch nicht unbeachtet bleiben, daß Beklagter die Angaben des Klägers vom 20. November zunächst widerspruchslos hingenommen hat. SchlHA.

g) **Haftpflichtversicherung eines Kraftwagenhalters.**

OLG. Hamburg, 3. ZS. Urteil v. 1. April 1919.

Der Kläger betrieb mit Rudolf B. ein Warengeschäft, für das sie sich Kraftwagen hielten. Gemäß ihrem Antrage hatten sie bei der Beklagten Versicherungsschutz für den Fall genommen, „daß der Versicherungsnehmer in seiner Eigenschaft als Halter von Kraftfahrzeugen auf Grund privatrechtlicher Haftpflichtvorschriften für den Schaden eines Dritten verantwortlich gemacht wird" (§ 1). „Sofern die Versicherten auch andere Kraftwagen mieten und benutzen, bezieht sich die Versicherung auch hierauf; jedoch nur unter der Bedingung, daß jeweils immer nur ein Fahrzeug in Benutzung ist, der eigene und der entliehene Wagen, sowie zwei oder mehrere geliehene Fahrzeuge niemals zu gleicher Zeit gefahren werden" (§ 3). Da der Kläger am 1. März 1914 mit einem Kraftwagen den X überfuhr, verlangt er Freihaltung von den Ansprüchen des X. Die Beklagte wendet zunächst Verletzung der Anzeigepflicht des § 6 ein. Dort ist allerdings dem Versicherten zur Pflicht gemacht, in der Anzeige den gegen ihn geltend gemachten Haftpflichtanspruch mitzuteilen. Allein der § 6 ist so unklar gefaßt, daß es dem Versicherten nicht zum Verschulden gereicht, wenn er den § 6 dahin auslegte, daß er lediglich den Unglücksfall selbst anzuzeigen verpflichtet war.

Dagegen kann der Kläger nicht in seiner Eigenschaft als Halter eines Kraftfahrzeuges für den dem X zugefügten Schaden verantwortlich gemacht werden. Zwar hat er am Unfallstag in dem Augenblick, als X. überfahren wurde, (vorübergehend) das Kraftfahrzeug gelenkt. Er war aber nicht dessen Halter. Halter war vielmehr der Geschäftsführer der AutoGmbH., Otto J., wie durch den Vorprozeß X. gegen jene Gesellschaft festgestellt worden ist. Otto hat, wie die Gesellschaft vorgetragen hat, den Kraftwagen an dem fraglichen Tage benutzt, weil er Geschäfte in Hamburg zu erledigen hatte. Gleichzeitig sollte der Wagen auch bei der Fahrt beobachtet werden, wie er sich nach einer bei der Gesellschaft vorgenommenen Ausbesserung bewährte. Hätte der Kläger, wie er jetzt behauptet, sich an dem Unfallstage den Wagen von Otto geliehen, ohne diesen mitzunehmen, so hätte zweifellos die Gesellschaft diese für sie günstigere Darstellung im Vorprozesse gegeben. In Übereinstimmung hiermit hat der mitversicherte Rudolf B. in dem Fragebogen der Beklagten angegeben, der Kläger habe den Wagen nicht geliehen, sondern er sei nur als Gast mitgefahren. Selbst wenn aber der Kläger an dem Unfallstage den Wagen von Otto geliehen hätte, wäre eine Haftung der Beklagten nicht gegeben. Im Zusammenhang mit § 1 der Bedingungen bietet die Auslegung des § 3 keine Schwierigkeiten. Danach ist allerdings unerheblich, auf Grund welchen Rechtsverhältnisses, ob einer Miete, Leihe oder eines anderen Rechtsverhältnisses die Versicherten einen weiteren Kraftwagen als den im Antrage bezeichneten in Benutzung nehmen. Es darf aber zurzeit immer nur ein Wagen in Benutzung sein. Im Einklang hiermit heißt es im Antrage: „es kann vorkommen, daß anstatt des obigen Wagens ein größerer Wagen gefahren wird; immer ist aber zurzeit nur ein Wagen in Betrieb". Die Beklagte hat sonach zunächst die Versicherung nur für einen bestimmten, im Antrage näher bezeichneten, von den Versicherten gehaltenen Kraftwagen übernehmen wollen. Sie hat aber dann im Vertrag ihre Haftpflicht auch für den Fall ausgedehnt, daß anstelle dieses Wagens die Versicherten einen anderen Wagen in Betrieb nahmen, gleichviel ob dies auf Grund käuflichen Erwerbes des Wagens oder nur vorübergehend auf Grund eines Miete- oder Leiheverhältnisses geschah. Die Versicherungsnehmer mußten aber diesen anstelle des eigenen Kraftwagens tretenden Wagen in ihrer Eigenschaft als „Halter" benutzen, d. h. sie mußten den Wagen für eigene Rechnung in Gebrauch nehmen und diejenige umfassende Verfügungsgewalt über das Fahrzeug besitzen, die ein solcher Gebrauch voraussetzt (RG. 78 S. 183). Daß der Kläger am Unfalltage den von ihm gelenkten Wagen in dieser Eigenschaft benutzt hat, ist nie behauptet worden. Das konnte auch nicht geschehen, da der damals benutzte Wagen, wie feststeht, von Otto gelenkt wurde. Der Kläger hat nicht einmal behaupten können, daß er jenen Wagen geliehen habe, um ihn anstelle des eigenen in Betrieb zu nehmen. Er hat auch nicht behauptet, daß er den Wagen mit Wissen und Willen des mitversicherten B. benutzt habe, und zwar anstelle des zum Geschäftsbetriebe der beiden Versicherten gehörenden Wagens. Die Beklagte hat aber nur das Risiko in bezug auf einen zurzeit im Betriebe der Versicherungsnehmer benutzten Kraftwagen übernehmen wollen. Die Gefahrtragung wäre sehr erheblich erhöht, wenn jeder der beiden Versicherten auf Grund des Scheins berechtigt gewesen wäre, unabhängig voneinander einen beliebigen Kraftwagen zu leihen und zu benutzen. M. M.

h) **Rechtsstellung des als Bezugsberechtigten bezeichneten Dritten.**

OLG. Braunschweig, 2. ZS. Urteil v. 4. Februar 1919.

Der Kläger, der laut Scheins vom 30. Januar 1901 sein Leben mit 3000 Mark bei der Versicherungsbank versichert hatte, hat 1915 bei ihr den Beklagten, seinen Sohn, als Bezugsberechtigten bezeichnet, worauf sie einen entsprechenden Vermerk auf die Rückseite des Scheins gesetzt hat. Letzteren hat der Kläger dem Beklagten übergeben, an dessen Stelle er später sein Enkelkind Else als Begünstigte benannte. Nunmehr fordert er vom Beklagten, der sich groben Undanks gegen ihn schuldig gemacht habe, mit Recht die Herausgabe des Scheines. Laut dieses hat die Bank die verbriefte Summe nach Maßgabe der Bankverfassung zu zahlen, und sie ist berechtigt, die Zahlung an jeden Inhaber zu bewirken. Danach liegt kein Wertpapier im engeren Sinne vor, die Urkunde ist lediglich ein Ausweispapier im Sinne des BGB. § 808 (RG. 66 S. 163). Aus der Übergabe des Scheins allein, mit der die verschiedensten Zwecke verfolgt werden können, ist das Eigentum des Beklagten an der Urkunde und der Erwerb aller Rechte aus ihr nicht zu folgern, weil die Vermutung des § 1006 BGB. nicht Platz greift; vielmehr erstreckt sich das Recht an der Forderung auf den über letztere ausgestellten Schuldschein (§ 952). Zu prüfen ist demnach, ob und welche Rechte dem Beklagten gegenüber der Bank zustehen. Ursprünglich standen alle Rechte allein dem Kläger als Versicherten zu. Auf dessen Antrag hat die Bank genehmigt, daß die Versicherung für den Fall des Ablebens des Versicherten nunmehr zugunsten des Beklagten gelte. Mehr Rechte als zwischen Versicherten und Versicherer vereinbart, hat Beklagter nicht erworben. Insbesondere sind ihm nicht die vollen Rechte aus dem Versicherungsvertrage abgetreten. Allerdings hätte dies durch besonderen Vertrag zwischen den Parteien geschehen können. Beklagter hat aber dies nicht behauptet. Beide Parteien geben insoweit übereinstimmend an, daß die Übergabe des Papiers in keiner Rechtsbeziehung zu der Verpflegung des Klägers durch den Beklagten stehe. Aus den Umständen ist aber lediglich zu folgern, daß die Übergabe des Scheins den Beklagten nach der Absicht der Parteien in den Stand setzen sollte, die Versicherungssumme nach dem Ableben des Klägers ohne weitere Nachweise und ohne Streit mit den Erben erheben zu können. Regelmäßig ist die Benennung eines Bezugsberechtigten durch den Versicherungsnehmer ohne Zustimmung des Versicherers widerruflich (VVG. § 166). Die Bank hat dementsprechend den 1917 gestellten Antrag des Klägers angenommen, wonach anstelle des Beklagten das Enkelkind Else als Begünstigte bezeichnet ist. Da die Leistung erst nach dem Tode des Versicherten erfolgen soll, so hat Beklagter nach § 331 BGB. ein Recht erst mit dem Tode des Klägers erworben. Bis dahin war dieser also allein berechtigt, über den Anspruch frei zu verfügen, also auch dem Beklagten die Aussicht auf den späteren Erwerb durch Widerruf seiner Benennung als Begünstigter zu entziehen (RG. 71 S. 325; München Rspr. 32 S. 224). Allerdings gilt die Regel des § 331 nur im Zweifel. Es sind aber keine Umstände ersichtlich, die eine Abweichung von der Regel begründen könnten. Unerheblich ist, wenn Beklagter im Auftrage seines alten Vaters für dessen

Rechnung die Prämien bezahlt hat; denn das konnte auch geschehen, ohne daß Beklagter irgendwelche Rechte aus dem Versicherungsvertrag erwarb. Beklagter meint, es sei eine Schenkung gewollt; indessen folgt daraus nicht, daß es eine Schenkung unter Lebenden sein sollte. Die Parteien können ebensowohl beabsichtigt haben, daß die Schenkung erst nach dem Tode des Klägers wirksam werden und dem Beklagten erst dann ein Recht auf die Versicherungssumme erwachsen sollte. Sehr fern liegt die Annahme, daß der Kläger dem Beklagten den Rückkaufswert (939 Mark) habe zuwenden wollen; ein solcher wäre nur bei vorzeitiger Aufhebung der Versicherung in Betracht gekommen, an welche Aufhebung die Parteien wegen des damit verbundenen Verlustes schwerlich gedacht haben. Aus der Übergabe des Scheins kann der Wille des Klägers, auf das Widerrufsrecht hinsichtlich der Begünstigung des Beklagten zu verzichten, nicht hergeleitet werden. Die zugunsten des Klägers sprechenden Auslegungsregeln der §§ 331 BGB., 166 VVG. hat Beklagter nicht zu entkräften vermocht. W.n.

i) **Unfallversicherung. Ausschließung der Haftung für Brüche und deren Folgen.**

OLG. Dresden, 2. ZS. Urteil v. 23. Oktober 1918.

Der Kläger, der bei der Beklagten gegen die Folgen körperlicher Unfälle in seinem Beruf als Kistenfabrikant und Schneidemüller versichert war, ist 1917 bei der Aufschichtung von Erlenstämmen von einem zurückschlagenden Stamm am Unterleibe getroffen worden. Er hat demnach in seinem Beruf als Schneidemüller einen Unfall erlitten... Durch jenen Stoß hat er eine Darmverletzung davongetragen, indem in den leeren Bruchsack, der bei ihm vor dem Unfall in der rechten Schenkelbeuge bestand, ein Darmteil (Falte einer Darmwand) eintrat und dort eingeklemmt wurde. Daß sich ein Bruch einklemmt, kommt zwar häufig ohne äußere Einwirkung von selbst vor. Hier aber war ein mit dem Bruche gar nicht in Beziehung stehendes Eingeweide durch den Stoß in jenen Bruchsack hineingepreßt worden. Dies war ausschließlich eine Folge des Unfalls; ohne diesen wäre das Einpressen und das Einklemmen der Darmfalte zur gegebenen Zeit zweifellos nicht zu erwarten gewesen. Bei diesem Sachverhalt ist die Beklagte durch § 2 VersBed. von der Entschädigungspflicht nicht befreit. In § 2 werden Fälle, die „als Unfälle nicht betrachtet" werden sollen, darunter auch „Unterleibsbrüche und deren Folgen", aufgezählt, und der Fall, daß ein Unterleibsbruch oder die Folgen eines solchen die Erwerbsbeschränkung herbeiführen, mit Fällen zusammengestellt, wo eine Krankheit, ein Schlaganfall oder Witterungseinflüsse zc die Ursache der Erwerbseinbuße bilden, also Ereignisse, die regelmäßig nicht erst selbst wieder durch einen Unfall verursacht sein werden. Der § 2 hat demnach offenbar Fälle im Auge, wo die Erwerbseinbuße durch Ereignisse herbeigeführt wird, die nicht selbst erst wieder auf einem Unfall beruhen. So würde nach § 2 zB. die Erwerbseinbuße infolge einer Lungenentzündung regelmäßig nicht, vielmehr nur dann zu ersetzen sein, wenn die Lungenentzündung ausnahmsweise durch einen Unfall, etwa durch einen Sturz ins Wasser, herbeigeführt worden wäre.

Das RG. (81 S. 117), hat allerdings eine wörtlich fast gleichlautende Versicherungsbedingung im Sinne der Beklagten ausgelegt (vgl. auch RG., APrivVers. 1905 S. 102 Nr. 164 und LeipzZ. 1907 S. 235). In einer späteren Entscheidung v. 13. April 1915 hat sich aber das RG. der dem Versicherten günstigen Auslegung zugewendet (APrivVers. 1915 Anh. S. 41). Die dort angeführten Erwägungen treffen auch hier zu. Die Meinung der Beklagten, Unterleibsbrüche und deren Folgen, die nicht durch einen Unfall verursacht seien, hätten nicht ausgeschlossen zu werden brauchen, weil sie selbstverständlich nicht unter die Versicherung fielen, deshalb müsse § 2 gerade solche Fälle, wo ein Unfall den Bruch oder dessen nachteilige Folgen hervorgerufen habe, von der Versicherung haben ausschließen wollen, ist nicht zutreffend. Daß eine Krankheit, ein Schlag- oder ein Ohnmachtsanfall oder ein Unterleibsbruch, die nicht auf einem versicherungspflichtigen Unfall beruhen, die Entschädigungspflicht nicht begründen könnten, verstand sich nicht so ohne weiteres von selbst. Solche Übel sind häufig die Folge von Einflüssen, die von außen her auf den Körper wirken, und werden deshalb von Laien leicht als Unfälle aufgefaßt. Der § 2 will auch derartigen Auffassungen gegenüber nach jeder Richtung hin den Begriff des versicherungspflichtigen Unfalls völlig klarlegen und jede irrige Auslegung ausschließen. Ann.

k) **Öffentliches Versicherungsrecht:** α) **Voraussetzungen der „Mitteilung" des § 906[1] RVO.**

Stuttgart, 1. ZS. Urteil v. 6. Dezember 1918.

Der Beklagte B. hatte als Bauführer die Stellung eines Betriebs- und Arbeiteraufsehers in dem R.schen Betrieb, in dem sich der Unfall des X. ereignete; er gehörte sonach zu den in § 899 den Unternehmern gleichgestellten Personen und haftet daher gemäß § 903[4] der Klägerin (Baugewerbsberufsgenossenschaft) für den ihr durch den Unfall des X. entstandenen und künftig entstehenden Aufwand auch ohne strafgerichtliche Feststellung seiner Schuld. Nach § 906[1] hat aber der Vorstand, der den Ersatzanspruch erheben will, den dahingehenden Beschluß schriftlich dem Ersatzpflichtigen mitzuteilen. Die Klägerin findet eine solche Mitteilung in dem vom Vorsitzenden ihres Vorstandes an B. gesandten Brief vom 15. Mai 1917. Allein sie kann nicht behaupten, daß dem Brief ein Beschluß ihres Vorstands, den B. für den ihr durch den Unfall entstandenen Schaden haftbar zu machen, zugrunde gelegen habe, sondern macht geltend, ihr Vorsitzender habe den Brief, ohne eine Beschlußfassung des Vorstands herbeizuführen, auf Grund der ihm gemäß § 20 der Satzung zustehenden allgemeinen Befugnis zur gerichtlichen und außergerichtlichen Vertretung der Genossenschaft und ihres Vorstandes an B. gerichtet. Hierdurch konnte dem § 906[1] nicht genügt werden, da dieser nicht nur die Kundgebung einer Absicht oder Willensmeinung des Vorstands an den Ersatzpflichtigen bezweckt, sondern eine Entscheidung des Vorstands verlangt, die auf Grund vorgängiger Prüfung des konkreten Falles unter Berücksichtigung der Interessen der Genossenschaft und des Ersatzpflichtigen, auch wohl in sachkundiger Abwägung mit den Rücksichten der Billigkeit zu treffen ist (RG. 72 S. 317). . . . An dieser Entscheidung hat der Ersatzpflichtige ein ganz erhebliches Interesse auch dann, wenn das an sich der Versammlung zustehende Recht, auf (an sich begründete) Ersatzansprüche der Genossenschaft gemäß § 905 zu verzichten, wie hier durch die Satzung auf den Vorstand übertragen ist; denn wenn auch diese Übertragung das Recht auf Anrufung der Versammlung nicht ausschließt, so ist doch für den Ersatzpflichtigen von größtem Wert, daß schon der Vorstand die Frage, ob ein Ersatzanspruch erhoben werden soll, prüft, da für den Fall der Verneinung jener Frage die Anrufung der Versammlung erübrigt wird. Der § 906 ist keine bloße Formvorschrift, sondern enthält ein den Ersatzpflichtigen zum Schutz gegen ihre etwaige unbillige oder nicht im Sinn der Berufsgenossen liegende Inanspruchnahme verliehenes Recht (RG. aO.). Hiernach hatte auch B. einen Anspruch darauf, daß sich der Vorstand vor Klagerhebung dahin schlüssig gemacht hätte, daß er gegen ihn einen Ersatzanspruch erheben werde, und daß er ihm diesen Beschluß mitgeteilt hätte. Da dies nicht geschehen ist, so fehlt es an einer nach dem Gesetz unerläßlichen Voraussetzung der Klage; denn nach § 906² darf erst nach Ablauf des für die Anrufung der Versammlung vorhergesehenen, von der Mitteilung des Beschlusses des Vorstands an zu berechnenden Monats geklagt werden. Allerdings hat das RG. 72 S. 426 die völlige Einhaltung dieser Frist dann nicht für erforderlich erklärt, wenn der Ersatzpflichtige schon vor deren Ablauf den Entschluß, es auf den Prozeß ankommen zu lassen, gefaßt und der Genossenschaft erklärt hat, weil in solchem Falle der Ersatzpflichtige kein Interesse mehr an der Einhaltung der Frist habe. Allein hier, wo gar kein Beschluß des Vorstands ergangen und daher die für die Anrufung der Versammlung bestimmte Frist gar nicht in Lauf gesetzt worden ist, handelt es sich in erster Linie nicht sowohl um das Interesse des B. an der Wahrung jener Frist, als vielmehr um sein Interesse an der fehlenden Beschlußfassung des Vorstands, und dieses Interesse ist dadurch nicht weggefallen, daß B. am 29. Mai 1917 der Genossenschaft gegenüber erklärt hat, daß er jede Haftung in der Unfallsache ablehne. Ob die Klägerin im März 1918, also längst nach der Klageerhebung, einen diese billigenden Beschluß ihres Vorstands herbeigeführt und dem B. mitgeteilt hat, kann dahingestellt bleiben; denn auch wenn dies geschehen ist, so wäre hierdurch in Verbindung mit der Tatsache, daß B. auch in der Folge nicht die Versammlung angerufen hat, der bei Klagerhebung vorgelegene Mangel nicht geheilt worden, weil eben, wie sich aus dem Wortlaut des § 906 ergibt, dessen Voraussetzungen schon zurzeit der Klagerhebung erfüllt sein müssen (RG. 62 S. 430, 72 S. 320). S.

β) Gebührenfreiheit der Versicherungsanstalt für Angestellte. Ges. vom 20. Dezember 1911 § 322.

Kammergericht, 3S. 1a. Beschluß vom 20. Februar 1920.

Auf Ersuchen der Anstalt erteilte das Amtsgericht einen Auszug aus dem Handelsregister über die Firma X. Dafür wurden an Gebühren 1,50 Mark und als Pauschsatz 80 Pfennige berechnet. Die weitere Beschwerde ist begründet. Dem LG. ist darin beizutreten, daß die Beschwerdeführerin weder die persönliche Gebührenfreiheit des § 9 PrGKG. besitzt noch befugt ist, im Wege der Rechtshilfe einen Registerauszug zu verlangen. Ob ihr sachliche Gebührenfreiheit zusteht, ergeben die §§ 322/3 Ges. v. 20. Dezember 1911, die neben § 7 PrGKG. gelten. Danach hat das Registergericht der Anstalt auf Erfordern Mitteilungen über den Inhalt des Handelsregisters zu erteilen (KGJ. 27 S. 214). Indessen geht die Erteilung eines Registerauszuges über den Rahmen einer Mitteilung hinaus. Diese bedeutet, daß über eine Frage oder einen bestimmt zu bezeichnenden Punkt eine Auskunft erbeten wird. Der ersuchten Behörde muß es dabei überlassen bleiben, in welcher Form sie die Mitteilung erteilt; sie ist nur verpflichtet, sie in klarer Weise zu erteilen und durch die Unterschrift eines dazu befugten Beamten kund zu tun, daß sie ordnungsmäßig zustande gekommen ist und insofern die Gewähr für ihre Zuverlässigkeit bildet. Die Anstalt ist deshalb nicht berechtigt, sie in einer bestimmten Form zu verlangen; denn die Mitteilung hat nur den Zweck, ihr eine bis jetzt noch nicht sicher gewordene Kenntnis zu verschaffen; sie dient nicht dazu, ihr auf dem Umweg über den § 322 eine ihr nach § 8 GKG. nicht zustehende Gebührenfreiheit zu verschaffen und ihr zu ermöglichen, die Gerichte zur gebührenfreien Vornahme von Akten der freiw. Gerichtsbarkeit zu veranlassen. Dies trifft besonders auf einen Registerauszug zu, der eine beglaubigte auszugsweise Abschrift ist (KGJ. 28 B 5). Diese enthält demnach das beglaubigte Zeugnis einer mit Urkundenbefugnis ausgestatteten Person, sowohl, daß das Schriftstück nicht die vollständige Eintragung im Handelsregister, sondern nur einen Teil davon wiedergibt, als auch daß es als Abschrift dieses Teils nach Form und Inhalt der Urschrift entspricht; es stellt damit insoweit die Übereinstimmung mit der Urschrift in einer öffentlichen Glauben genießenden Form fest (KGJ. 25 S. 120).

Die Vorinstanzen haben jedoch übersehen, daß das Ersuchen ausdrücklich auf § 322 hinweist und damit zum Ausdruck bringt, daß die Anstalt um Gewährung der ihr nach ihrer Meinung gebührenfrei zustehenden Rechtshilfe ersuchte (KGJ. 28 B 51). Das ist etwas ganz anderes, als ein auf § 9² HGB. gestützter Antrag. Es wäre nunmehr Sache des Gerichts gewesen, die Beschwerdeführerin darauf hinzuweisen, daß sie nach § 322 nur eine Mitteilung verlangen könne. Sie wäre dann in der Lage gewesen, entweder aus § 322 bestimmte Fragen zu stellen oder aus § 9² BGB. eine einfache Abschrift aus dem Register zu beantragen. M.

1) **Aufruhr im Sinne der VersBed. Beweislast.**

OLG. Celle, 4. 3S. Urteil v. 22. November 1919.

Nach § 2⁴ der Allg. VersBed. haftet die Beklagte grundsätzlich nicht im

Fall eines Aufruhrs; ausnahmsweise haftet sie, wenn sowohl der Aufruhr als seine Mitwirkungen weder unmittelbar noch mittelbar die diebische Absicht oder die Ausführung des Einbruchdiebstahls irgendwie beeinflussen oder begünstigen konnte. Die Haftung ist also nicht so bestimmt, daß die Beklagte nachweisen müßte, zwischen Aufruhr und Einbruchdiebstahl bestehe ein ursächlicher Zusammenhang, sondern schon der Aufruhr macht sie frei, wenn der Versicherte nicht in der näher bestimmten Weise einen möglichen Zusammenhang auszuschließen vermag.

Daß unter Aufruhr das im § 115 StrGB. Definierte zu verstehen sei, ist unrichtig. Um eine strafrechtliche Meuterei handelt es sich hier nicht, und das Wort und der Begriff Aufruhr gehören zum allgemeinen Besitzstand der Sprache; sie sind um Jahrhunderte älter als das StrGB. Bereits vor der Ausführung des Diebstahls ging die Aufruhrbewegung durch Deutschland, die dann zum Sturz der Reichsgewalt und der Staatsgewalten führte, und auch in der Stadt Hannover fanden schon Aufruhrbewegungen statt, die sich in Kundgebungen von Menschenmassen an öffentlichen Orten Luft machten und bewirkten, daß die Polizei nicht mehr die öffentliche Ordnung aufrecht erhalten konnte. Ob der Aufruhr auch gerade vor dem Hause stattfand, wo der Kläger seinen Laden hatte, ist ebenso unerheblich, wie daß er sich im Sinne der siegreich gewordenen politischen Umwälzung bewegte. Denn hier handelt es sich nicht um eine politische und staats- oder strafrechtliche Beurteilung des Vorganges, sondern dieser interessiert hier nur insofern, als er eine Gefahrerhöhung bedingt, die der Versicherer grundsätzlich nicht tragen soll.

Bei diesem Tatbestand steht es dem Kläger vielleicht noch offen, den ihm nachgelassenen schwierigen Beweis zu führen. Die „Kriegsklausel" und die Schwierigkeiten, die in RG. 90 S. 378 hervorgetreten sind, stehen hier nicht in Frage. Es handelt sich nur darum, ob erweislich keine der Beziehungen zwischen dem Diebstahl und dem Aufruhr vorlagen. Dieser Beweis ist aber dem Kläger nicht so zu erschweren, daß er jede allgemein denkbare Beziehung auszuschließen hätte. Würde nur einleuchten, daß praktisch in Betracht kommende Beziehungen nicht bestanden, so müßte er obsiegen. Das Gegenteil ist aber der Fall. Noch in der Kriegszeit wäre es ungewöhnlich gewesen, daß ein mit Gewehr und aufgesetztem Bajonett bewaffneter Soldat nachts um 5 Uhr mit der Waffe ein Ladenfenster einschlägt und das Schaufenster zusammen mit Zivilisten bestiehlt. Am Morgen des 8. November hatte sich aber die Disziplin des Heeres in ursächlichem Zusammenhange mit der Aufruhrbewegung gelockert. Ferner lag in den Aufruhrkundgebungen und der dadurch herbeigeführten Zurückdrängung der Polizeigewalt objektiv ein Anreiz zu Gewalttaten und Eigentumsverbrechen für solche Personen, die dazu neigten. Es ist deshalb sehr wahrscheinlich, daß der Aufruhr sowohl die diebische Absicht des Soldaten, der die Ladenscheibe einschlug, und seiner Mittäter als auch die Ausführung des Diebstahls begünstigt hat, und der Kläger ist weit davon entfernt, den ihm obliegenden Beweis führen zu können. K.b.

10. Allgemeiner Teil des BGB.

a) Ist § 29 auf Gewerkschaften anwendbar?

OLG. Jena, 2. ZS. Beschluß v. 13. Februar 1920.

Dem Liquidator der Gewerkschaft K. war durch einstw. Verfügung die Ausübung seines Amtes verboten worden. Der Antrag der beschwerdeführenden Gewerke nach § 29 BGB. oder doch nach §§ 935, 940, 945 ZPO. für die Gewerkschaft einen vorläufigen Liquidator zu bestellen, wurde zurückgewiesen. Die weitere Beschwerde ist zwar nach § 27 FrGG. zulässig, aber unbegründet. Die Frage, ob der Gewerkschaft, auf deren Rechtsverhältnisse in erster Linie Landesrecht anzuwenden ist, nach § 29 BGB. ein vorläufiger Repräsentant bestellt werden kann, ist bestritten (dafür Müller-Erzbach S. 249; Isay, preuß. Bergges. § 127; a. M.: Klostermann-Thielmann S. 346; Westhoff-Bennhold, Gewerkschaftsrecht[2] S. 257; Braunschweig, Rsp. 20 S. 83). Der Ausführung Isays, daß das Verfahren nach § 29 seinen Zwecken und Voraussetzungen nach ein anderes sei als das berggesetzliche Verfahren (§§ 134, 139 schwarzb.-rudolst. Bergges. v. 20. März 1894), daß letzteres in erster Linie den bergpolizeilichen Interessen diene, während der § 29 für die Interessen der beteiligten Privatpersonen (Gewerken) gegeben sei, kann insofern nicht beigepflichtet werden, als auch die Bestimmungen des Berggeſ. den Interessen der Gewerken genügen und das Verfahren nach § 29 überflüssig machen. Wenn den Gewerken nur der Weg des angeführten § 139 offenstünde, so würde allerdings die dort vorgesehene Frist von 3 Monaten in dringlichen Fällen den Interessen der Gewerken entgegenstehen. Es steht ihnen aber auch der ohne große Umstände und Verzögerungen zu beschreitende Weg des § 134[3] offen. Seine Befolgung wahrt durchaus hinreichend ihre Interessen. Aus diesen Erwägungen heraus muß angenommen werden, daß die in erster Linie für die Gewerkschaft heranzuziehenden bergrechtlichen Vorschriften als Sonderbestimmungen den § 29 BGB. ausschließen. Ist mithin der § 29 für die Bestellung eines vorläufigen Repräsentanten auszuschließen, so ist er auch für die Bestellung eines vorläufigen Liquidators der Gewerkschaft nicht anwendbar. Ein Unterschied kann hier nicht gemacht werden. Da das Berggesetz keine Vorschriften über die Liquidation enthält, so müssen hierauf die §§ 47ff. BGB. sinngemäß angewendet werden (so auch RG. 27. März 1915 V 455/14). Nach § 48[1] sind aber die für die Bestellung des Vorstands geltenden Vorschriften maßgebend. Es ist der Beschwerde auch nicht zuzugeben, daß die Stellung des Vorstandes und die eines Liquidators grundsätzlich verschieden voneinander sind. Der Liquidator ist vielmehr der Nachfolger des Vorstandes, er tritt an seine Stelle und hat im wesentlichen seine Aufgaben und Funktionen, wobei die durch die Auflösung der Gewerkschaft bedingten Verschiedenheiten in der Tätigkeit beider Organe für ihre rechtliche Stellung ohne Bedeutung sind. M.I.

b) Satzungswidrige Kündigung eines unter Geschäftsaufsicht stehenden Mitglieds mit Ermächtigung des Aufsichtsgerichts.

Kammergericht, 21. ZS. Urteil v. 7. Oktober 1919.

Die Beklagte, Mitglied des klagenden (eingetragenen) Vereins, hat, unter Geschäftsaufsicht gestellt, mit Ermächtigung der Aufsichtsperson und des Gerichts am 1. Nov. 1918 ihre Mitgliedschaft fristlos gekündigt. Der Kläger hat unter Berufung auf den — eine einjährige Kündigungsfrist festsetzenden — § 3 der Satzung die Feststellung begehrt, daß die Beklagte noch bis 1. Nov. 1919 Mitglied sei. Die Beklagte hält eine Nachprüfung der Frage, ob die Kündigung wirksam sei, angesichts des § 19 V. v. 14. Dez. 1916 für unzulässig. Allerdings sind danach die Entscheidungen des Aufsichtsgerichts regelmäßig unanfechtbar. Da für die Ermächtigung zur Erfüllungsablehnung im Sinne des § 9 keine Ausnahme getroffen worden, ist an sich eine im Rahmen dieses § 9 erteilte Ermächtigung nicht anfechtbar. Etwas ganz anderes ist aber die Frage, ob das Gericht damit nicht seine durch § 9 festumgrenzten Befugnisse überschritten hat. In dieser Beziehung schließt § 19 die Nachprüfung durch das ordentliche Gericht nicht aus, denn das Gesetz erklärt die Unanfechtbarkeit nur zu dem Zweck, um die für das Verfahren der Geschäftsaufsicht erwünschte Beschleunigung zu gewährleisten; deshalb soll in den zahlreichen im Verfahren auftauchenden Zweckmäßigkeitsfragen der Aufsichtsrichter endgültig entscheiden. Wo aber Rechtsfragen zu entscheiden sind wie die, ob ein gegenseitiger Vertrag vorliegt und ob der Tatbestand überhaupt unter die Verordnung fällt und das Ermächtigungsgericht überhaupt tätig werden darf, da ist eine Nachprüfung unerläßlich. Danach ist auch die hier erteilte Ermächtigung nachzuprüfen. Dabei erscheint die Auffassung des Aufsichtsgerichts, daß die Mitgliedschaft der Beklagten ein Rechtsverhältnis im Sinne des § 9 darstelle, nicht als zutreffend. § 9 gestattet dem Schuldner mit der nur unter gewissen Voraussetzungen zu erteilenden Ermächtigung die Erfüllung eines von ihm und von dem anderen Teile noch nicht oder nicht vollständig erfüllten gegenseitigen Vertrags abzulehnen. Es handelt sich hier wie in dem ganz ähnlich liegenden § 17 KO. um gegenseitige Verträge im Sinne der §§ 320 ff. BGB., um Austauschverträge, bei denen die Leistung des einen die des andern Teils bedingt. Diese Begriffsmerkmale fehlen aber nicht nur der Vereinsgründung, sondern auch dem Beitritt zu einem bestehenden Verein. Wie sich bei der Gründung die einzelnen zukünftigen Mitglieder nicht gegenseitig bedingte Leistungen, sondern alle das gleiche wegen eines gemeinsamen Zweckes versprechen, der in der Satzung seinen Ausdruck findet, so ist der Beitritt lediglich eine personenrechtliche Angliederung an die durch die Gründung geschaffene Körperschaft und erzeugt keinerlei Pflichten für den Verein, da dessen Pflichten bereits durch die Satzung festgelegt sind. Noch weniger kann bei der Mitgliedschaft die Rede von einem gegenseitigen Vertrag sein; sie ist überhaupt nur ein personenrechtliches und kein schuldrechtliches Verhältnis, geschweige denn ein abwicklungsfähiges Geschäft, das „noch nicht" oder „nicht vollständig" erfüllt ist. Wenngleich die Vereinszugehörigkeit in ihren Wirkungen erhebliche Verpflichtungen mit sich bringen kann und diese auch nicht nur auf seiten der Mitglieder zu bestehen brauchen, so stehen sie doch nicht in einem synallagmatischen Verhältnis zueinander; die Zahlung des Beitrags zB., die häufigste derartige Verpflichtung der Mitglieder, bedingt begrifflich nicht die Gewährung von Rechten durch den Verein. Die Kündigung der Beklagten ist demnach nur als gewöhnliche Kündigung im Sinne des § 3 der Satzung wirksam. Dr. P.

c) **Familienschlüsse. Zuziehung der „Mitglieder der berufenen Familie". Pr. AusfG. Art. 2 § 8.**

Kammergericht, ZS. 1a. Beschluß v. 2. Mai 1919.

Durch Urkunde von Anfang 1717 haben die Eheleute S. mit ihrem Gute ein Beneficium mannale, damit der Besitzer Geistlicher werden könne, errichtet und in Nr. 1 die Söhne und die weiteren männlichen Nachkommen ausschießlich zur Stiftung berufen, während sie in Nr. 7 sich und jenen Nachkommen das Recht einräumten, die Stiftung zu ändern, wofern nur die Mehrzahl darein willigt. Demnächst hat 1741 ein Sohn der Stifter, Adam S., letztwillig bestimmt: Zu meinem Erben setze ich die Stiftung meiner Eltern ein, nachdem mittels Erbteilung das Gut mir frei zugeteilt und folglich jene Stiftung aufgehoben worden. In einem späteren Kodizill hat er weiter angeordnet, daß, wenn die Familie im Mannesstamm ausstirbt, die vom Bruder durch das weibliche Geschlecht abstammenden männlichen Nachkommen zugelassen werden sollen. Als 1918 die Agnaten eine Änderung der Stiftung beschlossen hatten, wurde die Aufnahme und Genehmigung des Beschlusses abgelehnt, weil die Kognaten hätten zugezogen werden müssen. Die weitere Beschwerde des Vorstands ist unbegründet.

Unter den „Mitgliedern der berufenen Familie", die zur Teilnahme an der Errichtung eines Familienschlusses berechtigt sind (§ 8 AG. zum BGB.), sind nur solche Personen zu verstehen, die persönlich, sei es auch bedingt oder betagt, zu einem Genuß der Stiftung berufen sind. Nach der Begründung des AG. sollte es hinsichtlich der im Art. 2 geregelten Familienschlüsse bei dem bisherigen Rechte, also bei dem Ges. vom 15. Februar 1840 im wesentlichen verbleiben; insbesondere hebt sie hervor: „Die §§ 6—9 (des Entw. Art. 2) stimmen mit dem bisherigen Recht überein (§ 20 verb. mit §§ 4—9 Ges. von 1840)". Hieraus ergibt sich, daß der Art. 2 § 8 AG. als im wesentlichen mit § 5 jenes Ges. übereinstimmend gedacht worden ist. Nach § 5 sind aber als berechtigt zu jener Teilnahme anzusehen: 1. diejenigen Anwärter, die ihr Sukzessionsrecht durch öffentliche Urkunden nachweisen. Hiernach verstand der Gesetzgeber unter den Mitgliedern der berufenen Familie nur solche, die nach der Stiftungsurkunde sukzessionsberechtigt, also in ihr, wenn auch bedingt oder betagt, bedacht sind. Es genügt nicht, Mitglied einer Familie zu sein, die in einzelnen ihrer Mitglieder bedacht ist; vielmehr muß man selbst zu dem Kreise der, sei es auch bedingt oder betagt bedachten Familienmitglieder gehören (vgl. auch Stranz-Gerhard AG. S. 49[11]; aM. Crusen-Müller S. 69 II 1 b). Die in Art. 2 §§ 7, 8 enthaltene Regelung stellt jedoch nachgiebiges Recht dar, indem sie nach § 14 keine Anwendung findet, soweit durch die Stiftungsurkunde oder durch Familienschluß ein andres bestimmt wird. . . .

Eine solche Bestimmung liegt hier vor. Das LG. ist davon ausgegangen, daß sich aus dem Testamente des Adam S. die vollzogene Aufhebung der von seinen Eltern errichteten Stiftung ergebe: das Gut habe den Gegenstand der letzteren gebildet und durch die freie Zuteilung des Gutes an Adam sei in einer nach Nr. 7 zulässigen Weise die Aufhebung der Stiftung herbeigeführt worden. Alsdann habe Adam die Stiftung neu errichtet, ihr mit verschiedenen Änderungen den früheren Inhalt gegeben und die von ihm errichtete neue Stiftung, nicht die aufgehobene zum Erben eingesetzt, so daß sein Testament die jetzt maßgebende Stiftungsurkunde sei. Allerdings ist aus dem vorliegenden Urkundentatbestande nicht zu entnehmen, auf welchen Grundlagen die letztwilligen Bestimmungen des Adam S. beruhen. Offenbar haben aber die Erben der Eheleute S. bei der Auseinandersetzung über den Nachlaß auf Grund der Nr. 7 die Aufhebung der Stiftung vereinbart oder als Rechtsfolge der Zuteilung des Gutes an Adam unterstellt. Nicht zu leugnen ist dann aber der Widerspruch, der darin liegt, daß Adam die Stiftung zur Erbin einsetzt, obwohl er sie für aufgehoben erklärt. Doch kann hierin nach Lage der Umstände nur ein rechtlich bedeutungsloses Vergreifen im Ausdrucke gesehen werden, das sich durch die Erwägung erklärt, daß er die neue Stiftung, die er in Wirklichkeit zu seiner Erbin ernannte, als eine Fortsetzung der alten, aufgehobenen Stiftung ansah. Hiernach gibt der Standpunkt des LG. zu rechtlichen Bedenken keinen Anlaß. Dies gilt auch von seiner Annahme, daß es sich um eine Familienstiftung (Art. 1 § 1 AG.) handele; denn nach den Anordnungen des Stifters sind ohne Beschränkung auf bestimmte einzelne Personen dauernd Mitglieder seiner Familie zur Nutzung des Stiftungsvermögens berufen. Rechtlich einwandfrei ist auch die Erwägung des LG., daß die Gültigkeit der Stiftung Bedenken nicht unterliege, zumal die Stiftung 1717 die landesherrliche Genehmigung erhalten hat. . . .

Das LG. hat aber den Inhalt der hiernach maßgebenden Urkunden dahin gewürdigt, daß zwar die erste Stiftung der Eheleute S. eine reine Agnatenstiftung gewesen sei, daß Adam S. aber auch die Kognaten mit der Maßgabe, daß sie erst nach dem Aussterben der Agnaten bezugsberechtigt seien, zur Stiftung berufen habe und daß es sich hierbei um eine wirkliche Berufung in die Stiftungsbezüge, nicht etwa um ein nach dem Aufhören der Stiftung gewährtes Anfallrecht, auch nicht um 2 verschiedene Familien handle. Diese Ausführungen stehen im Einklang mit dem Gutachten des KG. v. 5. März 1915 (JMBl. S. 262), an denen unbedenklich festzuhalten ist. Aus ihm ergibt sich hier der Schluß, daß das Stiftungsgeschäft nicht mehrere Stiftungen betrifft. Nur eine Stiftung liegt vor, weil nur die Interessen der Mitglieder einer Familie gefördert werden sollen. Dies kann auch in der Weise geschehen, daß zur Stiftung zunächst nur der Mannesstamm berufen, aber angeordnet wird, daß bei seinem Erlöschen die Mitglieder des Weiberstammes derselben Familie zur Nachfolge berechtigt sein sollen. Die Begründung eines Anfallrechts liegt in derartigen Fällen nicht vor; ein solches ist nur dann anzunehmen, wenn bestimmt ist, daß im Falle des Aussterbens der Familie das Stiftungsvermögen an eine Gemeinde oder an eine andre Stiftung fallen solle, wodurch übrigens der Stiftung die Eigenschaft als Familienstiftung nicht genommen wird. In derartigen Fällen vollzieht sich die Verwendung des Vermögens einer erloschenen Stiftung im Wege des Anfalls an eine andre Rechtspersönlichkeit (§ 88 BGB., Art. 5 § 2² AG.)... Das LG. hat hiernach der Nr. 7 der Stiftungsurkunde von 1717 entscheidende Bedeutung beigelegt und erwogen, daß durch Übernahme dieses Grundsatzes Adam S., der auch die Kognaten zur Nachfolge berufen habe, ohne weiteres die Zuziehung auch der Kognaten der sämtlichen männlichen Angehörigen der Stiftungsfamilie angeordnet habe, zumal sein Wille, daß nur die Agnaten zuzuziehen seien, nirgends ausgedrückt sei. Diese Erwägungen sind bedenkenfrei.

Die Beschwerdeführer hatten sich auch darauf berufen, daß sich über die alleinige Berechtigung zur Teilnahme an den Familienschlüssen eine Observanz innerhalb der Familie S. herausgebildet habe, ohne auch nur zu behaupten, daß in dem in Betracht kommenden örtlichen Bezirke allgemein eine entsprechende Übung bestehe. Ist die Gewohnheit aber keine wirklich allgemeine, so kann auch von einer Observanz keine Rede sein; insbesondere muß die Annahme einer solchen für den Fall abgelehnt werden, daß lediglich in einer einzigen Familie für eine bestimmte Rechtsangelegenheit andauernd eine gewisse Übung befolgt worden ist. Alsdann fehlt es an der Voraussetzung einer Gemeinsamkeit in den tatsächlichen Verhältnissen verschiedener Rechtspersönlichkeiten. M.

d) Genügt partielle Geschäftsunfähigkeit dem § 104 Nr. 2?

OLG. Breslau, 5. ZS. Urteil v. 3. März 1920.

Zur Annahme, daß die Beklagte zur entscheidenden Zeit geschäftsunfähig gewesen ist, genügt nicht, daß sie sich in einem Zustande krankhafter Geistesstörung befunden hat, es muß hinzukommen, daß dadurch ihre freie Willensbestimmung ausgeschlossen war. Ob letzteres der Fall gewesen ist, hat der Richter zu beurteilen, der dabei keineswegs an ärztlichen Ausspruch gebunden ist. Hier liegen über den Geisteszustand der Beklagten 3 ärztliche Gutachten vor, die in der Entmündigungssache abgegeben sind. Aus ihnen ist zu entnehmen, daß die Beklagte an Querulantenwahn und Mannstollheit leidet und deshalb nach Meinung der Ärzte A. und B. als geisteskrank, nach Meinung des Dr. C. als geistesschwach anzusehen ist. Hiernach kann nicht mehr als erwiesen angesehen werden, als daß die Beklagte an Geistesschwäche leidet, die ihre freie Willensbestimmung nach gewissen, mit der vorhandenen Manie zusammenhängenden Richtungen ausschließen mag, keineswegs aber sie allgemein geschäftsunfähig macht. Wenn auch von der psychiatrischen Wissenschaft das Vorkommen partieller Geistesstörungen wegen des Zusammenhangs aller Geistesfunktionen überwiegend geleugnet wird, so kann diese Meinung für die rechtliche Beurteilung nicht dahin führen, auch bei Geistesstörungen geringerer Art die Möglichkeit vernünftigen Handelns bei Angelegenheiten auszuschließen, bei welchen die vorhandene Manie das Handeln nicht in solcher Weise zu beeinflussen vermag, daß die freie Willensbestimmung als ausgeschlossen anzusehen ist. Hier, wo lediglich Querulantenwahn und krankhaft gesteigerte Sinnlichkeit in Frage steht, ist nicht anzunehmen, daß die Beklagte bei Ausstellung des Darlehnsschuldscheins und Bestellung der Hypothek zur Abgeltung der Vergütung für Kanalisationsarbeiten wegen ihrer geistigen Störung geschäftsunfähig gewesen ist. S.e.

e) **Irrige Bezeichnung mit nachfolgendem Grundbucheintrag. Abhilfe durch Anfechtung oder Berichtigung?**

Bayer. Oberstes Landesgericht. 1. ZS. Beschluß v. 27. Februar 1920.

X. verkaufte mit Notariatsurkunde vom 2. Februar 1917 an A. das Grundstück PlNr. 1336 Waldung zu 2,372 ha um 2000 Mark, ferner mit Urkunde vom 12. März 1917 an L. das Grundstück PlNr. 1131, Waldung zu 2 ha um 1400 Mark; in beiden Fällen wurde die Auflassung erklärt, für die Kaufpreisforderung eine Buchhypothek am Vertragsgrundstück bestellt und der Eigentumsübergang, sowie die Hypothekbestellung eingetragen. In der Folge stellte sich heraus, daß im Katasterauszug die beiden Nummern verwechselt waren und daß bei Nr. 1336 auch das Flächenmaß 2,872 ha betrug. Infolgedessen wurden beim Notariat zwei Nachträge aufgenommen, in denen der Sachverhalt durch übereinstimmende Erklärung der jeweils Beteiligten berichtigt und festgestellt wurde, daß die in den Haupturkunden enthaltenen Einigungen im Sinne jener Berichtigung zu verstehen seien; zugleich wurden die Kaufpreise und die Hypothekenbeträge richtiggestellt. Die auf Grund dieser Nachträge beantragten Berichtigungen wurden abgelehnt. Die weitere Beschwerde der Käufer ist begründet.

Für die Rechtsfolgen, die aus der Verwechslung der Grundstücke abzuleiten sind, ist die Frage wichtig, ob die Auflassungs- und Hypothekenbestellungserklärungen als wirksam zu erachten sind. Maßgebend für die Gültigkeit der ersteren kann lediglich sein, ob über ihren Gegenstand Willensübereinstimmung geherrscht hat. Dies ist aber unbedingt zu bejahen: A. sollte nach seinem Willen und dem des Verkäufers die Nr. 1131 und L. nach dem übereinstimmenden Willen der Vertragsteile die Nr. 1336 übereignet erhalten. Es handelt sich also lediglich um eine irrige Benennung in den Urkunden. Der Umstand, daß die Vertragsteile auch von einem unzutreffenden Flächenmaß ausgingen, was auf die Berechnung der Kaufpreise und die Höhe der Hypotheken Einfluß übte, muß, zumal diese Auflassungen als abstrakte Rechtsakte zu gelten haben, unerheblich bleiben, er kann auch an dem Rechtsbilde der falsa demonstratio unter den gegebenen Umständen nichts ändern. Gegenüber der Auffassung des LG. ist hervorzuheben, daß eine irrige Bezeichnung des beiderseits gewollten Vertragsgegenstandes keinen Irrtum in sich schließen kann. Hier ist auch gar nicht abzusehen, wie die Käufer eine Anfechtung durchführen sollten, die das LG. als die allein richtige Abhilfe erachtet. Wie das RG. (66 S. 23) näher ausführt, liegt das Wesen dieser Anfechtung darin, daß, wer eine Willenserklärung abgegeben hat, bei deren Inhalt ihm ein anderer, besonders sein Vertragsgegner, festhalten will, sich hiergegen mit der Behauptung wehrt, das von ihm Erklärte entspreche nicht seinem wirklichen Willen. Hier will aber der Verkäufer den Erklärungen der Käufer durchweg keine andere Auslegung geben wie diese selbst und er geht mit diesen in jeder Hinsicht einig, so daß es ihm gegenüber gar nichts „anzufechten" gibt. — Ähnlich ist die Rechtslage auch hinsichtlich der Hypothekenbestellung. Die Vertragsteile wollten übereinstimmend eine Hypothek an den *wirklichen* Kaufgrundstücken bestellen und erwerben; letztere wurden aber unrichtig bezeichnet.

Gleichwohl sind die vollen Rechtswirkungen dieser Rechtsänderungen nicht eingetreten im Hinblick auf die Eintragungen im Grundbuche. Die Eintragung ist ein selbständiger Rechtsakt, durch den der Wille der Beteiligten verwirklicht werden soll. Er vermag dies aber nicht, wenn er dem wahren Willen der Beteiligten nicht entspricht. Dies trifft hier zu hinsichtlich des Gegenstandes sowohl der Auflassung wie der Hypotheken. In solchen Fällen aber ist eine „Deklaration" der unrichtigen Bezeichnungen durch Übereinkunft oder durch Richterspruch möglich, wenn nur wie hier der wirkliche Wille feststellbar ist. Sie erfolgte hier durch Übereinkunft der sämtlichen Beteiligten, niedergelegt in den notariellen Nachtragsurkunden... Der Umstand, daß bei deren Errichtung die Parteien zugleich Veranlassung nahmen, die Kaufpreise und damit auch die Hypothekenbeträge der Richtigstellung des Flächenmaßes anzupassen, muß gleichgültig bleiben, zumal dem Konsensprinzipe nach der formellen und materiellen Seite dabei entsprochen wurde und die Erklärungen notariell beurkundet sind; auch ist der Gesamtbetrag der Kaufschillinge und der Hypotheken der gleiche geblieben.

Bei dieser Rechtslage steht nicht, wie das Grundbuch meint, der öffentliche Glaube des Grundbuchs deshalb entgegen, weil A. hinsichtlich der Nr. 1336 und L. hinsichtlich der Nr. 1131 durch die Eintragung bereits Rechte erworben hätten. A. und L. nehmen solchen Rechtserwerb für sich nicht in Anspruch, sie könnten dies aber auch nicht auf der Grundlage des § 892 BGB.; denn (vgl. bes. RG. 77 S. 33; Warn. 6 Nr. 408, 450) der Mangel des Auflassungswillens kann durch § 892 keinesfalls ersetzt werden: A. *wollte* nach obigem die Nr. 1336 nicht erwerben und ebensowenig L. die Nr. 1131, sie können sich also gar nicht darauf berufen, daß insoweit ein rechtsgeschäftlicher Erwerb durch § 892 entgegen ihrem Vertragswillen geschützt und gedeckt werde. Ähnliches müßte übrigens auch für X. gelten; auch er könnte sich für einen Erwerb der Hypotheken nicht auf § 892 berufen, die, so wie sie eingetragen wurden, dem Vertragswillen der Beteiligten nicht entsprochen haben, abgesehen davon, daß bei einem Erwerbe, der sich von einem bisher nicht als berechtigt Eingetragenen ableitet, der § 892 überhaupt auszuscheiden hat (vgl. auch RG. 74 S. 416, 86 S. 355, 89 S. 161). § 892 könnte nur insofern in Frage kommen, als an den Hypotheken Dritte bereits gutgläubig Rechte erworben hätten.

Die Streitfrage bei § 71 GrBO., ob die Beschwerde gegen die Zurückweisung eines auf den Nachweis der Unrichtigkeit gestützten Berichtigungsantrags zulässig ist, soweit die Unrichtigkeit auf einer von vornherein unrichtigen Eintragung beruht, kann hier ausscheiden, denn hier handelt es sich um Berichtigungsanträge, die auf den Bewilligungen der sämtlichen Betroffenen gestützt werden. Da sich diese Bewilligungen lediglich auf den Willen der Berichtigungsberechtigten stützen, der Nachweis der Unrichtigkeit hier also ohne jede Bedeutung ist, so haben die Anträge nicht die Beseitigung der früheren Eintragungen als solcher, sondern lediglich die Bewirkung neuer Eintragungen zum Gegenstande (vgl. KGJ. 39 S. 288; Güthe GrBO. § 71[8]).

Das vorliegende Urkundenmaterial wird ferner dem § 22[2] GrBO. gerecht: Dieses ist nach richtiger Ansicht (vgl. bes. RG. 73 S. 154; Güthe § 22[60]) dahin aufzufassen, daß zur Berichtigung des Eigentums entweder der Nachweis der Unrichtigkeit der bisherigen Eigentumseintragung und die Zustimmung des neu einzutragenden Eigentümers, oder die Zustimmung sowohl des bisherigen wie des neuen Eigentümers beizubringen ist. Da hier auf den Nachweis der Unrichtigkeit überhaupt nicht abgestellt wird, so trifft die letztere Alternative zu. Als bisherige Eigentümer, die unmittelbar betroffen werden, können hier nur die Buchberechtigten in Betracht kommen, nämlich der als Eigentümer eingetragene A. für Nr. 1336 und L. für Nr. 1131 (Güthe aO. N. 32). Als neue Eigentümer haben die bisher nicht eingetragenen Eigentümer zu gelten, durch deren Eintragung das Grundbuch berichtigt werden soll (vgl. RG. aO., auch Samml. 7 S. 46); es sind dies also A. hinsichtlich der Nr. 1131 und L. für Nr. 1336 ...

Das LG. hält ferner unter Bezugnahme auf RG. 73 S. 157, 78 S. 87 die Berichtigungen deshalb für unzulässig, weil der wahre Eigentümer der Grundstücke noch X. sei und eine Berichtigungsbewilligung zurückzuweisen sei, deren Vollzug das Grundbuch nicht richtig, sondern unrichtig machen würde; zudem lasse sich aus den Nachtragsurkunden nur die Berechtigung der Beschwerdeführer ableiten, die Einträge auf den wahren Eigentümer X. zu berichtigen, nicht aber auf sie selbst. Auch diese Ausführungen gehen fehl: Erstens wollen und beantragen sämtliche Beteiligte einschließlich des X. selbst nicht etwa eine Berichtigung auf den Namen des X. und es ist nicht abzusehen, inwiefern aus den Nachtragsurkunden ein derartiger Antrag zu entnehmen sei. Fürs Zweite aber würde gerade durch eine Berichtigung auf X. das Grundbuch unrichtig werden, denn die in den Haupturkunden niedergelegten Auflassungserklärungen waren im Sinne des wirklichen Vertragswillens der Parteien, der durch die Nachtragsurkunden entsprechend klargestellt wurde, von Anfang an rechtsgültig. Der Grundbuchrichter verstieße also gerade bei einer Berichtigung auf X. unmittelbar gegen die wirkliche Rechtslage, die aus dem Urkundenmaterial zu entnehmen ist. Die Schlußausführungen des RG 73

S. 157 sind also in dem der Auffassung des LG. entgegengesetzten Sinn auf den gegenwärtigen Fall zu beziehen...

Schließlich kann auch das Bedenken aus § 40 GrBO. nicht durchschlagen. Nach richtiger Ansicht (Güthe § 40[11]) ist im Falle einer Grundbuchberichtigung jeweils der Buchberechtigte der Betroffene, das „Betroffensein" wird hier gerade durch das „Eingetragensein" begründet. Die Buchberechtigten sind hier A. und L. in Ansehung des Eigentums, und X. hinsichtlich der Hypotheken. Die Eintragungen im Sinne des § 40 liegen sohin schon vor. Die weitere Streitfrage, ob etwa zunächst noch eine Zwischenbuchung auf X. notwendig sei (vgl. KGJ. 26 S. 245; Rsp. 8 S. 211; anderseits Förster Recht 1904 S. 89; Güthe N. 11; Predari N. 4 zu § 40), kann völlig ausscheiden, da hier eine solche Zwischenbuchung im Hinblick auf die voll aufrecht gebliebenen Auflassungserklärungen des X. unmittelbar gegen die Rechtslage verstieße.[1] Kn.

f) **Stillschweigen bei dem Fehlen von Beilagen zum Lieferungsangebot.**
OLG. Stuttgart, 3. ZS. Urteil v. 23. Dezember 1919.

Der Kläger hatte im Lieferungsangebot vom 7. Juli 1916 der Beklagten geschrieben: „alles übrige gemäß beiliegenden Lieferungsbedingungen mit Nachtrag, auf den wir sie ganz besonders verweisen". Die Beklagte hat dieses Angebot angenommen, ohne zu erwähnen, daß sie mit jenen Bedingungen nicht einverstanden sei, da sie ihr nicht bekannt seien, insbesondere dem Briefe nicht beigelegt worden. Der Kläger mußte also annehmen, daß die Beklagte mit dem Angebot seinem ganzen Inhalt nach einverstanden sei und auf dieser Grundlage abschließen wolle. Nach den im Handelsverkehr geltenden Gewohnheiten hat sich die Beklagte durch ihr Stillschweigen den als maßgebend bezeichneten Lieferungsbedingungen, auch ohne sie zu kennen, unterworfen. Anders möchte der Fall zu beurteilen sein, wenn der Kläger absichtlich entgegen seiner brieflichen Erklärung seine Lieferungsbedingungen nicht zugeschickt hätte, um die Unkenntnis der Beklagten auszubeuten, oder wenn die Bedingungen ganz ungewöhnliche wären; keine dieser Voraussetzungen trifft aber hier zu; ein arglistiges Vorenthalten vermag die Beklagte nicht zu behaupten und der — hier fragliche — Ausschluß der Ersatzleistung für Verzugsschaden findet sich, wie gerichtsbekannt ist, häufig in den Lieferungsbedingungen von Maschinenfabriken. S.

g) α) **Tabakhandel ohne behördliche Erlaubnis.**[2]

[1] Wenn der eine Gesellschafter in Kenntnis des Anfechtungsgrundes (Betrug), den er jetzt geltend macht und der, wie er weiß, den Gesellschaftsvertrag nichtig macht, dem andren Gesellschafter, dem die Anfechtung und ihr Grund bekannt ist, die Wiederaufhebung des Vertrags und eine andre Art der Auseinandersetzung im Sinne des § 145 HGB. vorschlägt, so liegt in der Annahme dieses Vorschlags die Einigung der Parteien darüber, daß der Vertrag als zu Recht bestehend behandelt werden solle; hierin ist aber eine Bestätigung des Vertrags nach § 141 BGB. zu sehen (Bay. Ob. LG., 1. ZS. Beschluß v. 22. Nov. 1918; Samml. 19 S. 115).

[2] Die BRV. v. 17. Februar 1916 über Veräußerung von Kauffahrteischiffen ist ein Verbotsgesetz und ist auch auf Frachtverträge anwendbar, die erst nach dem Krieg ausgeführt werden sollen (OLG. Kiel, 1. ZS. Urteil v. 27. Nov. 1919; SchlHA. 1920 S. 64).

OLG. Stuttgart, 3. ZS. Urteil v. 27. April 1920.

Der Beklagte, der am 1. März 1919 an den Kläger 50 Ztr. Rauchtabak verkauft hatte, hat trotz Mahnung und Nachfristsetzung nichts geliefert. Die Klage auf Schadensersatz ist begründet. Der Kläger hat allerdings zurzeit des Vertragsschlusses die zum Handel mit Tabakwaren erforderliche behördliche Erlaubnis nicht besessen und besitzt sie auch heute noch nicht; das hat aber nicht die Nichtigkeit des Vertrags zur Folge. Es handelt sich hierbei nur um eine gewerbepolizeiliche Vorschrift, und Zuwiderhandlungen gegen solche Vorschriften fallen nicht unter § 134, berühren vielmehr regelmäßig nicht die bürgerlich-rechtliche Gültigkeit des Geschäfts (RG. 96 S. 330, 343). Neuerdings ist zwar in dem durch Art. III V. über die Wuchergerichte in die VO. zur Fernhaltung unzuverlässiger Personen vom 23. Sept. 1915 eingefügten § 4b (RGBl. 1919 S. 1917) bestimmt, daß, wenn nach irgendwelchen während des Kriegs oder der Übergangszeit erlassenen Vorschriften die erforderliche Erlaubnis zum Handel nicht erteilt worden ist, jedes hiernach unzulässige Geschäft nichtig sein soll. Diese Bestimmung hat aber keine rückwirkende Kraft und läßt auch nicht den Rückschluß zu, daß schon bisher in allen Fällen ein Geschäft, das ohne die Erlaubnis abgeschlossen worden ist, nichtig gewesen sei.

Unerheblich ist der Einwand des Beklagten, daß er sich durch die Lieferung des Tabaks einer Beihilfe zum Vergehen des Klägers schuldig machte. Bestraft wird nach § 9 Nr. 1 Bek. vom 28. Juni 1917, wer ohne die Erlaubnis Handel mit Tabakwaren treibt. Es kann dahingestellt bleiben, ob, wenn der Dritte, der das Fehlen der Erlaubnis auf seiten des Klägers kennt, mit ihm einen Vertrag über Lieferung von Tabak schließt, oder durch die Lieferung der Ware sich einer Beihilfe im Sinne des StrGB. schuldig machen würde (RG. 96 S. 240). Denn hier handelt es sich nicht mehr um Erfüllung des Vertrags, sondern um Schadensersatz wegen Nichterfüllung. Das Fehlen der Handelserlaubnis hat aber der Beklagte zurzeit des Vertragsschlusses und der Fristsetzung noch nicht gekannt, so daß eine Beihilfe, die nur wissentlich begangen werden könnte, für jene Zeit nicht in Frage kommen kann. — Richtig ist, daß nach § 9² aO. neben der Strafe auf Einziehung der verbotswidrig gehandelten Tabakwaren erkannt werden kann. Allein daraus ist weder die Nichtigkeit des Geschäfts noch der Wegfall der Erfüllungspflicht abzuleiten. Wenn der Käufer in solchem Falle trotz der Gefahr der Einziehung auf der Lieferung der Ware auf Grund des (gültigen) Vertrags besteht, so trägt eben er die Gefahr der Einziehung. So hat auch das RG. (96 S. 330) bei einem Vertrag, der „Ende Juli 1917" geschlossen und zu erfüllen war, den Verkäufer trotz seiner (mindestens nachträglich erlangten) Kenntnis vom Fehlen der Handelserlaubnis zur Erfüllung des Vertrags verurteilt. S.

β) **Ausfuhrverbot ohne behördliche Genehmigung. Nichtkenntnis der Parteien beim Vertragschluß.**

OLG. Rostock, 2. ZS. Urteil v. 30. April 1919.

Der — auf Schadensersatz wegen Nichterfüllung — Beklagte hat sich am 26. Juli 1916 zur Lieferung von Kohlrüben verpflichtet. Schon damals bestand aber die VO. vom 20. März 1916, nach der der Absatz von Wrucken (Kohlrüben) über die Grenzen des Kommunalverbandes nur mit vorgängiger Genehmigung der Kreisbehörde zulässig war und diese Genehmigung aus Gründen der Volksernährung versagt werden konnte. Durch diese VO. wird auch das Geschäft der Parteien betroffen, da es sich um einen Absatz über die Grenzen des Kommunalverbandes, dem der Beklagte zugehört, handelte; sowohl der Verladungs- wie der Erfüllungsort liegen außerhalb dieser Grenzen, auch waren die Wrucken für andere Kommunalverbände bestimmt. Hieraus folgt aber nicht, daß der Vertrag nach § 134 nichtig wäre. Denn es ist nicht der Absatz über die Grenzen des Kommunalbezirkes schlechthin verboten, sondern nur an die Genehmigung einer Behörde gebunden. Den Gegenstand des Vertrags bildete nun nicht die genehmigungslose Lieferung der Wrucken, ein objektiv verbotenes Geschäft, sondern es handelte sich um einen Absatz, der nach dem Gesetze durch die Behörde gestattet werden konnte. Ein solcher Vertrag kann nicht von vornherein nach § 134 als rechtsungültig angesehen werden, zumal nach dem Wortlaut der VO. die Genehmigung nicht als etwas Außergewöhnliches erscheinen konnte, sondern ihre Versagung von einer besonderen Voraussetzung abhängig gemacht wurde. Der Vertrag war aber auf eine aus rechtlichen Gründen objektiv unmögliche Leistung gerichtet. Als er geschlossen wurde, war der vereinbarte Absatz der Wrucken nicht möglich, da die Genehmigung der Behörde nicht vorlag. Da sie auf späteres Nachsuchen nicht erteilt ist, übrigens auch nach der Auskunft der Behörde niemals erteilt worden wäre, so ist die Erfüllung des Vertrags auch niemals möglich geworden.

Wenn diese Erwägung zunächst darauf führt, den Vertrag nach § 306 für nichtig zu erachten, so bestand doch die Möglichkeit, daß die Genehmigung erteilt würde. Nun haben beide Parteien nicht gewußt, daß zu dem vereinbarten Absatz die Genehmigung erforderlich war, und deshalb den wichtigen Fall der Nichtgenehmigung nicht ins Auge gefaßt. Die Vereinbarung weist also eine Lücke auf, die das Gericht nach § 157 aus dem mit dem Rechtsgeschäft verfolgten wirtschaftlichen Zweck zu ergänzen hat. Hätten die Parteien den Inhalt der VO. vom 20. März 1916 gekannt, also gewußt, daß der Absatz der Kohlrüben nur nach Genehmigung zulässig sei, und bei ihrer Versagung der Vertrag undurchführbar sein werde, so hätten sie nicht unbedingt, sondern nur für den Fall der Erteilung der Genehmigung abgeschlossen. Der Beklagte hätte sich bei verständigem Ermessen nicht an einen unbedingt geschlossenen Vertrag gebunden, und der Kläger angesichts der über die Durchführbarkeit des Vertrags bestehenden Ungewißheit mit einem bedingten Vertrage begnügt haben. Aus dieser Vertragsauslegung, die mit dem Urteil des RG. v. 7. April 1916 (VII 4; teilweise im „Recht" Nr. 1257, 1268) übereinstimmt, folgt, daß der Beklagte zu keiner Leistung aus dem Vertrage verpflichtet war, nachdem sich die Bedingung nicht erfüllt hatte. . . . J. n.

γ) **Höchstpreise für Speisemöhren. Fallen darunter auch weiße Riesenmöhren?**

OLG. Darmstadt, 1. ZS. Urteil v. 18. Mai 1920.

Die Beklagte, die bei dem Kläger (Landwirt) 150 Ztr. Speisemöhren für je 12 Mark bestellt und am 30. August 1917 weiße Riesenmöhren geliefert erhalten hat, hält diese nur für Futtermöhren und hat nur den für letztere durch die VO. vom 19. März 1917 (RGBl. 243) festgesetzen Höchstpreis von je 2,50 Mark bezahlt. Dagegen will der Kläger Speisemöhren, für die nach der VO. der Landesgemüsestelle vom 18. Mai 1917 ein Höchstpreis von je 12 Mark gilt, geliefert haben und beansprucht den Preisunterschied. Der Anspruch ist unbegründet.

Auf eine Mängelrüge kommt es nicht an, weil kein beiderseitiges Handelsgeschäft vorliegt, überdies handelt es sich nicht um einen Sachmangel, sondern um eine Meinungsverschiedenheit darüber, welcher Preis zu bezahlen ist. Auch eine Genehmigung des vom Kläger geforderten Preises durch die Beklagte wäre bedeutungslos, da er den festgesetzten Höchstpreis übersteigt und rechtswirksam nicht vereinbart werden kann.

Die Sachverständigen sind darüber einig, daß die weiße Riesenmöhre vor dem Kriege ganz allgemein als Viehfutter diente und zur menschlichen Nahrung nicht verwendet wurde. Wenn sie in der Not der Kriegszeit außer als Viehfutter auch zur menschlichen Nahrung diente, so bleibt sie doch, was sie war und in der Hauptsache noch ist, eine Futtermöhre. Der Höchstpreis für sie ist schon in der VO. vom 19. März 1917 § 3 als „Futtermöhre" auf 50 Mark für die Tonne oder 2,50 Mark für den Zentner festgesetzt. Die 2 Monate später erschienene Preisfestsetzung der Landesgemüsestelle, die für „gelbe Rüben, Mohrrüben, Möhren" ohne Kraut 12 Pfennige für das Pfund festsetzt, befaßt sich nicht mit Viehfutter, sondern mit Gemüsen. Sie hätte ihrem Zwecke, die Verbraucher gegen übermäßige Preissteigerungen zu schützen, zuwidergehandelt, wenn sie eine fast fünffache Erhöhung des Preises für den Fall zugelassen hätte, daß Viehfutter von Menschen genossen wird. . . Der Standpunkt der Gemüsestelle ergibt sich klar aus ihrem Schreiben, wonach weiße Riesenmöhren nicht als Speise-, sondern stets als Futtermöhren anzusehen sind. Wenn das LG. bemängelt, daß die Stelle nicht zwischen Futter- und Speisemöhren unterscheide, so übersieht es, daß ihre Festsetzung sich auf Gemüse, also nur auf Speisemöhren bezieht und deshalb dabei Futtermöhren gar nicht in Betracht kommen können. Jeder Zweifel wird durch das Gutachten des Sachverständigen der Gemüsestelle ausgeschlossen. Danach bezieht sich ihre Festsetzung nur auf Karotten und Frühmöhren, die immer, nicht erst seit dem Krieg als Menschennahrung dienten, nicht aber auf die weiße Riesenmöhre. Es macht auch keinen Unterschied, ob diese früher gesät und lange vor der Reife geerntet wird, was vom volkswirtschaftlichen Standpunkt aus verworfen werden muß, weil dadurch die Ernte sehr beeinträchtigt wird. Unerheblich ist schließlich, ob der Kläger schon seit einigen Jahren, vielleicht sogar schon vor dem Krieg, jene Möhre zu Speisezwecken besonders früh gesät und geerntet hat; denn nicht darauf kann es ankommen, wie einzelne Landwirte und Verbraucher handeln, maßgebend kann nur die Übung der Allgemeinheit sein... W. r.

h) **Wirkung der Vermögensbeschlagnahme auf Grund des Kriegssteuerges. von 1916 und des Steuerfluchtges. von 1918/19.**

OLG. Rostock, 1. ZS. Beschluß v. 31. Januar 1920.

Die §§ 12[4] Ges. v. 24. Juni 1916 und 14 Ges. v. 26. Juli 1918/24. Juni 1919, auf Grund deren das Besitzsteueramt die Beschlagnahme des inländischen Vermögens verfügt hat, sprechen sich nicht über ihren Inhalt und ihre Wirkung aus. Die Vermögensbeschlagnahme hat aber im bisherigen Recht einen Vorgang in den §§ 332—335 StPO. und die Begründung zum Kriegssteuergesetz verweist ausdrücklich auf diese Vorschriften; daher ist unbedenklich anzunehmen, daß sie für die Beschlagnahme der Steuergesetze entsprechend anzuwenden sind und daß sich ihre Wirkung nach ihnen richten soll (Strutz, Kriegssteuerges. S. 279, 282; Stier-Somlo S. 223). Allerdings fassen schon die Motive zum BGB. (1 S. 212) die Beschlagnahme der StPO. § 332 ff. als ein im öffentlichen Interesse erlassenes absolutes Veräußerungsverbot auf (so auch Staudinger, RGKomm. zu § 135). Auch der Schluß des LG., daß eine trotz solchen Verbots erfolgte Pfändung nichtig sein müsse, erscheint naheliegend, zumal schon bei Verboten, die nur zugunsten einer bestimmten Person erfolgen, nach Satz 2 das. eine im Zwangswege oder in Arrestvollziehung erfolgende Verfügung unwirksam ist. Aber dieser Charakter der Beschlagnahme des § 332 StPO. ist keineswegs unbestritten und Tuhr (Allg. Teil, II 2 S. 11/12) macht mit guten Gründen geltend, daß es sich hier nicht um ein Veräußerungsverbot, sondern um eine Entziehung der Verfügungsbefugnis des Schuldners über sein inländisches Vermögen handelt. Jedenfalls ist so viel gewiß, daß der Inhalt und die Wirkung auch eines gesetzlichen Veräußerungsverbotes nicht allgemein festgelegt ist, sondern sich nach dem Zwecke und vor allen Dingen nach den besonderen Bestimmungen des Verbotes selbst richtet. Der Zweck ist offenbar der, den Schuldner in der durch den Beschluß bezeichneten Richtung zum Gehorsam gegen das Gesetz zu zwingen, dh. im Falle des § 332 StPO. sich zur gerichtlichen Aburteilung zu gestellen, in den Fällen der Kriegssteuergesetze, das verheimlichte Vermögen der Steuerpflicht zu unterwerfen. Das Mittel aber, durch das dieser Zweck erreicht wird, ist im § 334 StPO. ausdrücklich bestimmt: der Schuldner verliert das Recht, über sein inländisches Vermögen unter Lebenden zu verfügen; statt seiner tritt ein Güterpfleger ein. Dagegen ist es nicht die Absicht des Gesetzes, in die schon bestehenden Rechte seiner Gläubiger einzugreifen und deren Befriedigung zu verbieten. Dies ist schon bei Beratung der StPO. unmißverständlich zum Ausdruck gebracht und kein Zweifel besteht darüber, daß die Gläubiger wegen ihrer schon vorher bestehenden Ansprüche im Rechtsweg auch aus dem beschlagnahmten Vermögen ihre Befriedigung suchen dürfen (Löwe[14] StPO. § 334[3]; Hahn, Mat. 3 S. 241; v. Tuhr S. 12; Raape, gesetzl. Veräußerungsverbote S. 38; RGZ. 11 S. 188; Seuffert ZPO. § 772[2]). Die Begründung des LG., die dem Gläubiger schlechthin das Recht abspricht, das beschlagnahmte Vermögen zu pfänden, ist mithin fehlsam. Wohl aber stellt sich die Entscheidung aus einem anderen Grunde als richtig heraus. Denn daraus, daß das Gesetz dem Schuldner die Verfügung über sein inländisches Vermögen entzieht, folgt ohne weiteres, daß der Gläubiger in dieses Vermögen nicht auf Grund eines gegen den Schuldner erwirkten Titels vollstrecken kann. Der Gläubiger muß vielmehr vom Zeitpunkt der Beschlagnahme an, wenn er klagen will, gegen den Güterpfleger als den — hinsichtlich des inländischen Vermögens — gesetzlichen Vertreter des Schuldners klagen, wenn er die Vollstreckung betreiben will, auf Grund eines gegen jenen Pfleger wirksamen Titels vorgehen (s. noch Rsp. 20 S. 332). Der bloß gegen den Schuldner erwirkte Titel des Gläubigers erweist sich sonach der Beschlagnahme gegenüber als unwirksam, und mit Recht macht der Güterpfleger die Unzulässigkeit der auf Grund dieses Titels erlangten Pfändungen geltend. G.

i) **Nichtigkeit eines Rechtsgeschäfts nach § 138, auch wenn sein Inhalt an sich nicht sittenwidrig ist.**

Bayr. Oberstes Landesgericht, 1. ZS. Urteil v. 14. Oktober 1919.

Der Sparverein T. hatte auf ein in seinem Bezirk veräußertes landwirtschaftliches Anwesen das ihm gesetzlich zustehende Vorkaufsrecht ausgeübt. Auf die hierdurch erworbenen Rechte haben am 11. Juni 1917 drei Vorstandsmitglieder des Vereins, M., N. und R., gegen eine geringe Abfindungssumme verzichtet. Es ist rechtlich nicht zu beanstanden, wenn das Berufungsgericht diese Vereinbarung als sittenwidrig für nichtig erklärt hat. Denn sie ist nur dadurch zustande gekommen, daß die Beklagte in der Absicht, den Verein um die ihm aus dem Erwerb des Anwesens erwachsenden Vorteile zu bringen und sich selbst diese Vorteile zuzuwenden, den M. durch Bestechung dazu bestimmte, selbst das Recht des Vereins aufzugeben und das Anwesen ihr zu überlassen, gleichzeitig aber die beiden anderen Vertreter des Vereins durch Überredung dazu zu bestimmen, sich auch ihrerseits dem Verlangen der Beklagten zu fügen. Sie haben also beide bewußt und in eigennütziger Absicht zusammengewirkt, um den Verein zu schädigen. Daß ein aus solchen Motiven und zu solchem Zweck abgeschlossenes Rechtsgeschäft — wenn es auch an sich keinen sittenwidrigen Inhalt hat — gegen die guten Sitten verstößt, kann nicht zweifelhaft sein (RGKomm. § 138, Warn. 2 Nr. 481). Ohne Bedeutung ist, daß M. nicht allein, sondern nur in Gemeinschaft mit den beiden anderen Vorstandsmitgliedern vertretungsberechtigt war. Die Vereinbarung verstößt jedenfalls insoweit gegen die guten Sitten, als es sich um die rechtsgeschäftlichen Erklärungen des M. und der Beklagten handelt. Hieraus aber ergibt sich die Nichtigkeit des ganzen Rechtsgeschäfts, da nach den

Satzungen das Zusammenwirken dreier Vorstandsmitglieder zur Vertretung des Vereins erforderlich ist und dieser sonach, wenn die Erklärung des einen Vertreters infolge der ihm zur Last fallenden Sittenwidrigkeit nichtig ist, überhaupt nicht mehr satzungsgemäß vertreten ist. Gerade weil es zu einer rechtsverbindlichen Erklärung namens des Vereins des Zusammenwirkens dreier Vorstandsmitglieder bedurft hat, genügt also, daß einer von ihnen sittenwidrig gehandelt hat, um das Rechtsgeschäft zu Fall zu bringen. Kn.

k) **Verkaufsangebot „freibleibend".**

α) OLG. Jena, 2. ZS. Urteil v. 12. Dezember 1919.

Auf eine Zeitungsanzeige des Klägers bot ihm der Beklagte „freibleibend" einen Flügel für 1600 Mark zum Kauf an. Der Kläger übersandte darauf durch drahtliche Postanweisung 300 Mark als Anzahlung und drahtete zugleich: „Kaufe angebotenes Piano, 300 Mark Anzahlung abgesandt, Rest bei Abholung". Alsbald drahtete der Beklagte: Anderweitig 1900 Mark geboten, falls 2000 Mark bieten, verkaufe Ihnen. Der Kläger erklärte sich dazu nur bereit, „falls Anzahlung nicht angenommen". Die Klage auf Herausgabe des Flügels ist unbegründet.

Die Postanweisung des Klägers und dessen besondere Drahtung sind bei dem Verklagten gleichzeitig eingegangen und enthalten gleichheitlich die Willenserklärung des Klägers dahin, den Flügel für 1600 Mark kaufen zu wollen. Beide Drahtungen sind nach § 130 in dem Zeitpunkte wirksam geworden, in dem sie dem Beklagten zugegangen sind. Ob er dabei die besondere Drahtung zunächst nicht gelesen, sondern im Drange des Geschäfts beiseite gelegt hat, ist unerheblich. Es wäre aber unrichtig, in der bloßen Entgegennahme der Anzahlung mehr sehen zu wollen, als die Entgegennahme einer auf Erwerb des Flügels gerichteten Erklärung des Klägers. Jedenfalls ist die Auslegung abzuweisen, als könnte der Beklagte die 300 Mark als Teilerfüllung des Kaufpreises angenommen haben, den der Kläger schuldig geworden wäre auf Grund des Kaufgeschäfts, das er mit Übersendung der 300 Mark und durch seine Drahtung eingeleitet hatte. Vielmehr hatte sich der Beklagte durch das Angebot „freibleibend" volle Freiheit des Handelns dermaßen gewahrt, daß er die Annahmeerklärung des Klägers nach seinem Ermessen annehmen oder ablehnen konnte, einen anderen vernünftigen Sinn konnte der Vorbehalt hier gar nicht haben. Dann war er berechtigt, das Kaufangebot des Klägers ohne weiteres abzulehnen. Er hat das mit seiner Drahtung auch völlig fristgerecht getan ... M. l.

β) **Beredung des Austausches von Bestätigungsschreiben.**

OLG. Rostock, 1. ZS. Urteil v. 24. April 1919.

Der Kläger stützt seinen Schadensanspruch lediglich darauf, daß die Beklagte ihm in einem Ferngespräch die Lieferung von 1000 Beschlägen fest aufgetragen habe. Die Beklagte macht dagegen geltend, daß damals ausdrücklich der Austausch übereinstimmender Bestätigungsschreiben vorbehalten sei, der Kläger aber die beredeten Lieferfristen willkürlich geändert habe.

Demgegenüber findet der Kläger in jenem Vorbehalt nicht die Beredung einer schriftlichen Beurkundung des Vertrags, vielmehr habe er sich, wie der Ausdruck „Bestätigung" ergebe, nur auf die Feststellung eines bereits vorher fest abgeschlossenen Vertrags bezogen. Allein es ist zunächst nicht ersichtlich, warum in jener Beredung nicht eine solche der schriftlichen Vertragsbeurkundung enthalten sein sollte. Denn diese setzt begrifflich nichts weiter voraus, als daß die mündlich getroffenen Beredungen dem übereinstimmenden Willen der Parteien entsprechend schriftlich festgelegt werden, und es macht dabei keinen Unterschied, ob diese Festlegung in einer Urkunde oder aber in zwei inhaltlich übereinstimmenden Urkunden, die je von einer Partei ausgestellt und unterschrieben werden, geschieht. Sodann ist aber auch streitlos der Vorbehalt bereits im Laufe der Verhandlungen, dh. vor dem endgültigen Abschlusse gemacht. Dem widerspricht auch nicht, wenn der Austausch von Bestätigungsschreiben beredet ist. Denn dieser Ausdruck weist nicht etwa darauf hin, daß zur fraglichen Zeit ein fester Vertrag bereits vorlag, er konnte vielmehr ebensogut gebraucht werden, wenn die Parteien bereits vor Beginn oder im Laufe der Verhandlungen den Willen kund gaben, den Inhalt ihrer Besprechungen demnächst schriftlich festzulegen. Deshalb greift die Vermutung des § 154² Platz, deren Widerlegung der Kläger nicht einmal versucht hat. Nachträglich sind aber übereinstimmende Bestätigungsschreiben nicht ausgetauscht worden. J.n.

1) **Einfluß der politischen Umwälzung auf einen Zeitungsverlagsvertrag.**
OLG. München, FerienZS. Urteil v. 30. Juli 1919.

Der Rücktritt der Kläger von dem 1911 geschlossenen Pachtvertrage verstößt nicht gegen Treu und Glauben. Nur mit Rücksicht auf § 157 kann eine Entbindung von Vertragspflichten infolge veränderter Verhältnisse in Frage kommen. Nach dem Vertrage hat Beklagter die P. Zeitung zu drucken und zu expedieren und alle hierdurch und durch die Redaktion veranlaßten Kosten und Auslagen zu bestreiten. Daß damit die Herausgabe der Zeitung als eines liberalen Blattes gewollt war, folgt aus § 6, wonach der Beklagte sich verpflichtet, die Zeitung auch nach Ablauf der 1920 endenden Pachtzeit stets in liberaler Richtung leiten zu lassen und auch während der Vertragsdauer keine andere politische Zeitung herauszugeben oder zu verlegen. Die Verpflichtung des Beklagten dauert auch nach der im November 1918 begonnenen politischen Umwälzung fort. Zwar hat diese eine Um- und Neubildung der vorher in Bayern und im Reiche bestehenden politischen Parteien zur Folge gehabt, und dies hat sich auch in P., also im Leserkreise der Zeitung bemerkbar gemacht. Der dortige liberale Volksverein hat sich aufgelöst; es entstand dort eine deutsch-demokratische Partei als Ortsgruppe der über das ganze Reich verbreiteten Partei; vorübergehend hat sich dort auch eine bayerische Demokratenpartei gebildet, die indessen wieder in andere Parteien aufgegangen ist und zu bestehen aufgehört hat. Es bedarf indessen keiner Prüfung, ob eine dieser Parteien und welche etwa die meisten Angehörigen der früheren liberalen Partei, des früheren liberalen Volksvereins in sich aufgenommen hat; denn nicht die Angehörigkeit zu einer bestimmten liberalen Partei ist dem Blatte des Beklagten zur Pflicht gemacht, sondern nur die liberale Richtung. Die liberalen Grundsätze — diese sind nicht nur in dem Programm der früheren liberalen Partei aufgenommen, sondern zum Teil auch in den Richtlinien anderer Parteien zu treffen — sind mit dem Aufhören der liberalen Partei in P. oder dem Aufgehen in der deutsch-demokratischen Partei nicht verschwunden; wohl mögen sie, wie der menschliche Geist, seit Begründung einer liberalen Partei manche Änderung und Umbildung erfahren haben, es kann in den erregten Zeiten der jetzigen Umwälzung eine rasche Wandelung erfolgt sein und erfolgen, aber es kann im allgemeinen nicht gesagt werden, daß sich nicht mehr feststellen und festhalten läßt, welche Grundsätze als liberal zu bezeichnen sind. Wohl mag nach der negativen Seite hin früher ein großer Teil der Aufgaben der liberalen Partei in der Bekämpfung der Ziele des Zentrums oder der Sozialdemokratie bestanden haben, obwohl auch früher vielfach ein Zusammengehen mit diesen Parteien wahrzunehmen war; aber verkehrt ist es, darin die liberalen Grundsätze erschöpft zu sehen. Anderseits rechtfertigt es sich nicht deshalb, weil auch einzelne liberale Grundsätze im Programm des bayerischen Bauernbundes enthalten sind, diese Partei als liberal anzusprechen. Denn die bewußte einseitige Vertretung eines bestimmten Interessentenkreises verträgt sich nicht mit den liberalen Grundzielen; es standen sich schon vor der Umwälzung die liberale Partei und der Bauernbund als getrennte Parteigebilde gegenüber.

Es mag jetzt schwerer geworden sein, zu erkennen und zu entscheiden, welche Bestrebungen der liberalen Richtung entsprechen, wie sie auf Grund der bisherigen Entwicklung bei Ausbruch der Revolution bestand, und wie sie sich seitdem weiter gebildet hat; unmöglich aber ist es auch jetzt nicht, sei es in engem Anschlusse oder auch nur in entfernter Anlehnung an die deutsch-demokratische Partei oder die noch immer bestehenden liberalen Parteireste oder jeder bestimmten Parteigruppe fern bleibend, die liberalen Grundsätze zu vertreten. Auch andere Zeitungen zeigen, daß dies wohl möglich ist, ohne ihre Daseinsfähigkeit zu untergraben.

Es muß deshalb bestritten werden, daß sich die Verhältnisse durch die Umwälzung so sehr verschoben haben, daß die Erfüllung des Vertrags dem Beklagten nicht mehr zugemutet werden kann. Haben auch manche Liberale jetzt der bisherigen Partei den Rücken gekehrt, so ist damit nicht gesagt, daß sie auch aufhörten, Leser ihrer Zeitung zu bleiben. Die Behauptung, daß die Bezieherzahl der Zeitung vom bisherigen Stand erheblich gesunken wäre, wenn nicht durch Änderung in der Haltung des Blattes dem entgegengewirkt worden wäre, ist nicht glaubhaft gemacht. Es kann nicht erkannt werden, daß der Beklagte durch Festhalten bei der Vertragspflicht erheblich oder überhaupt finanziell geschädigt worden wäre. Er hat aber vertragswidrig gehandelt, daher ist die einstw. Verfügung mit Recht erlassen.... H.n.

m) **Begriff der Bedingung. Übertragsvertrag.**

OLG. Hamm, 2. ZS. Urteil v. 7. Mai 1920.

Die der Tante der Parteien, Anna, in dem Übertragsvertrage von 1890 ausgesetzte Barabfindung sollte ihr gezahlt und die Ausrüstung ihr geliefert werden „bei der Heirat oder dem definitiven Abgange vom elterlichen Hause". Zugleich wurde bestimmt, daß sie, „solange sie nicht heiratet oder abgeht", von dem Vermögensübernehmer, dem Rechtsvorgänger des Beklagten, in allen Lebensbedürfnissen zu unterhalten und zu verpflegen sei gegen ihre Mitarbeit nach Kräften. Die Berechtigte ist auf dem elterlichen Hofe verblieben und dort 1913 unverehelicht und ohne letztwillige Verfügung gestorben; die Kläger bezeichnen sich und den Beklagten als ihre gesetzliche Erben.

Die Frage, ob ein Anspruch der Anna auf Zahlung der Abfindung und Lieferung der Ausrüstung anteilsweise auf die Kläger übergegangen ist, ist zu verneinen. Denn ein solcher Anspruch ist entweder überhaupt nicht entstanden, weil die Bedingung dafür, nämlich die Heirat oder der endgültige Abzug der Berechtigten vom Hofe, nicht eingetreten ist, oder aber der entstandene Anspruch ist erloschen, weil die Berechtigte bis zu ihrem Tode das Unterhaltsrecht auf dem Hofe genossen hat. Nach der nicht bloß im Münsterlande, vielmehr überhaupt in der Provinz Westfalen in weiten Kreisen der ländlichen Bevölkerung geltenden Rechtsanschauung hat eine der Leistungspflicht des Gutsübernehmers beigefügte Bestimmung der vorliegenden Art als Bedingung zu gelten mit der Folge, daß, wenn der Abfindling auf dem Hofe stirbt, seine Abfindung sich nicht auf die gesetzlichen Erben vererbt, vielmehr dem Hofe verbleibt. Ihre Begründung findet diese Anschauung in dem im Bauernstande lebenden Rechtsbewußtsein, daß der noch nicht abgefundene Abkömmling, der auf dem Hofe sein Unterkommen und seine Zufluchtstätte hat, die Abfindung dem Hofesbesitzer belassen muß, wenn er seine Asyl- oder Unterhaltsrechte lebenslänglich ausgeübt hat. Denn der Hof soll möglichst ungeschmälert der Familie erhalten bleiben. Den gesetzgeberischen Ausdruck fand diese seit alter Zeit in dem Familiensinne des westfälischen Bauernstandes wurzelnde Rechtsanschauung in § 19 der LandgüterO. vom 30. April 1882, wonach der Anspruch der Geschwister des Gutsübernehmers auf die Abfindung erlischt, wenn der Abzufindende bis zu seinem Tode den Unterhalt auf dem Landgute gehabt und einen Ehegatten oder Kinder nicht hinterlassen hat. Damit wird lediglich der alte Rechtssatz wiedergegeben: „Alles, was in der Were stirbt, erbt an die Were." (Vgl. Riehl, Westf. Bauernrecht 1896 S. 136). Einer Entscheidung darüber, ob die der Leistungspflicht des Gutsübernehmers beigefügte Bestimmung: „bei der Heirat oder dem definitiven Abgang" als aufschiebende oder als auflösende Bedingung zu betrachten ist (vgl. Riehl § 62 S. 182), bedarf es hier nicht. Entsprechend dieser Darlegung ist auch die vorliegende Vertragsbestimmung auszulegen. Weder der Inhalt des Vertrags selber noch das Vorbringen der Kläger gibt einen Anhalt für die Annahme, daß die Vorfahren der Parteien bei Abschluß des Vertrags —

abweichend von der im Bauernstande durchweg auch jetzt noch bestehenden und, soweit bekannt, auch in der Übung der Gerichte anerkannten Rechtsanschauung eine Vererbung des Abfindungsanspruchs der Berechtigten beabsichtigt hätten. Für die Auslegungsfrage ist insbesondere unerheblich, daß in Übertragsverträgen öfter bestimmt wird, die Abfindung solle nicht wegfallen, vielmehr den Erben des Kindes zufallen, wenn dieses bis zu seinem Tode auf dem Hofe unterhalten wird, oder daß häufig ausdrücklich vereinbart wird, die Abfindung falle in diesem Falle ganz (oder auch teilweise) weg. Bestimmungen letzterer Art sind eine meistens wohl auf Anregung des Richters (Notars) zurückzuführende Vorsichtsmaßregel, die künftigen Streitigkeiten vorbeugen soll. N. t.

n) **Ernstliches Versprechen eines Abstandsgeldes?**

OLG. Rostock, 1. ZS. Urteil v. 29. Januar 1920.

Der Kläger gründet seinen Anspruch darauf, daß der Beklagte gleich nach der zwischen den Parteien stattgehabten Auseinandersetzung, bei der er ihn des Dienstes enthob und auf 1. Juli kündigte, ihm ein Abstandsgeld von 20 000 Mark versprochen habe. Allein es ist gar nicht anzunehmen, daß ein Dienstherr, der wie hier wichtige Gründe zur Entlassung eines Angestellten zu haben glaubt, diesem bei der Entlassung noch ein erhebliches Abstandsgeld zubilligt; und völlig ausgeschlossen ist es, daß er dabei noch über das Verlangen des Angestellten in der Weise hinausgeht, wie das hier geschehen sein soll. Anderseits kommt es vielfach vor, daß jemand, um eine an ihn gestellte Forderung als unerhört darzustellen, scheinbar darauf eingeht und den geforderten Betrag noch um ein Vielfaches erhöht. Derartige Redewendungen sind so allgemein bekannt und psychologisch so ohne weiteres verständlich, daß sie bei gutem Willen niemand mißverstehen kann. Dr. Br.

o) α) **Vollmacht nur für Lebzeiten oder über den Tod?**

Kammergericht, 1. ZS. Beschluß v. 8. Januar 1920.

... Grundbuchmäßig berechtigt eine Vollmacht zur Vertretung des Machtgebers nur dann, wenn sein dahingerichteter Wille aus einer öffentlichen Urkunde erhellt (RG. 88 S. 345). Die hier vorliegende Urkunde reicht dazu nicht aus. Sie bezweckt offensichtlich für Lebzeiten des Vollmachtgebers den erdenklich weitesten Umfang, erwähnt aber nicht eine Wirksamkeit auch über den Tod hinaus für die Erben. Auch die beispielsweise, nicht erschöpfend, aufgeführten Einzelgeschäfte: „Erbschaften, Vermächtnisse und Schenkungen anzutreten oder auszuschlagen, Testamente eröffnen zu lassen, anzuerkennen oder anzufechten, die gesamte Nachlaßregulierung zu besorgen und besonders auch Auseinandersetzungen mit den Miterben vorzunehmen, Aufgebote in Nachlaßsachen zu beantragen und Erbscheine zu erwirken" drücken lediglich die Befugnis aus, den Machtgeber bei Beerbung Dritter zu vertreten. Die Worte „die Nachlaßregulierung zu besorgen und Auseinandersetzung mit den Miterben vorzunehmen" würden, wenn man sie auf den Nachlaß des Erblassers selbst beziehen wollte, Geschäfte bezeichnen, die überhaupt nicht durch Vollmacht als Rechtsgeschäfte unter Lebenden, sondern nur durch letztwillige Anordnung einer Testamentsvollstreckung übertragen werden könnten.... M.

β) **Auflassungsvollmacht. Auflassung an den Rechtsnachfolger des Käufers. Wird dadurch stets das Grundbuch unrichtig?**

Kammergericht, 1. ZS. Beschluß v. 30. Oktober 1919.

Durch notariellen Vertrag verkaufte A. 1918 sein Grundstück zu gleichen Rechten an B. und den Beschwerdeführer R., die für das Restkaufgeld eine Hypothek bestellten. Anfang 1919 bevollmächtigte A. notariell den R., für A. die Auflassung auf Grund des Kaufvertrags „den Käufern zu erteilen und alle zur Ausführung dieses Kaufvertrags erforderlichen Erklärungen vor dem Grundbuchamt abzugeben" mit dem Zusatz: „R. ist berechtigt, sich selbst als Mitkäufer die Auflassung zu erteilen, also mit sich selbst zu kontrahieren". Am 5. Juli 1919 trat B. notariell seine sämtlichen Rechte aus dem Kaufe, „besonders sein Recht auf Auflassung" an R. ab, der alsbald vor dem Notar für A. die Auflassung an sich als Mitkäufer und Rechtsnachfolger des B. erklärte. Das Amtsgericht trug den R. als neuen Eigentümer des Grundstücks ein, vermerkte dann aber infolge eines Schreibens des A. von Amtswegen einen Widerspruch zu dessen Gunsten gegen die Eintragung des R. auch als Eigentümers der zweiten Hälfte. Die Beschwerde wurde zurückgewiesen. Die weitere Beschwerde ist begründet.

Für die Frage, ob die Eintragung des R. den gesetzlichen Vorschriften entsprochen hat, kommen zwei rechtliche Gesichtspunkte in Betracht. Der erste betrifft die materielle, aus § 181 zu entscheidende Frage, ob bei der Auflassung der Fall eines unstatthaften Selbstkontrahierens vorgelegen hat, der zweite betrifft die formelle, aus § 29 GrBO. zu beantwortende Frage, ob R. zur Erklärung dieser Auflassung die für den Grundbuchverkehr genügende Vollmacht des A. hatte. Die erste Frage ist aber ohne weiteres zu verneinen; der § 181 schließt sich hier selbst aus, da es sich lediglich um Erfüllung einer Verbindlichkeit handelt. Durch den Kaufvertrag war A. zur Auflassung verpflichtet, sei es gegenüber seiner ursprünglichen Vertragspartei, sei es gegenüber ihren Zessionaren; denn das Recht des Käufers aus § 433 ist frei abtretbar, da Ausnahmen nicht vorliegen (§§ 398/9) und die Gegenseitigkeit des Kaufvertrags nicht im Wege steht. Die zweite Frage ist dagegen zu verneinen. Wie bereits in KGJ. 51 S. 202 ausgesprochen ist, kann eine Auflassungsvollmacht nicht ohne weiteres auch zur Auflassung an den Rechtsnachfolger des in der Urkunde benannten Gegners ermächtigen. Allerdings war dort die Vollmacht in unmittelbarem Zusammenhang mit dem Kaufvertrag erteilt. Hier ist dagegen eine besondere Vollmacht ausgestellt und der Zessionar selbst Mitkäufer. Zum mindesten bestanden aber auch hier erhebliche Zweifel, ob der Verkäufer die Vollmacht auf die Abtretung der Rechte an den Mitkäufer erstrecken wollte und bei dieser Sachlage durfte sie nicht als ausreichende Unterlage für die Auflassung gelten....

Aus dieser Verletzung von Verfahrensvorschriften folgt aber keineswegs die Unrichtigkeit des Grundbuchs; sie liegt erst dann vor, wenn die materielle Eintragungsgrundlage fehlt, wenn also ein die tatsächlich erfolgte Auflassung umfassender Ermächtigungswille in Wirklichkeit auch abgesehen von der schriftlichen Vollmacht nicht vorhanden, mangels eines solchen aber auch mit der inzwischen erfolgten Genehmigung der Auflassung nicht zu rechnen war. Allein nach der ganzen Sachlage liegt die Annahme nahe, daß der Ermächtigungswille materiell auch die Auflassung umfaßt. Es wäre nicht einzusehen, warum A. dem R. bei Abtretung des B.schen Rechtes nicht auch das ganze Grundstück aufzulassen gewillt sein sollte, da es dinglich für das Restkaufgeld verhaftet war und die persönliche Mithaftung des B. nicht berührt wurde, demgemäß konnten die Vorinstanzen nicht als glaubhaft gemacht ansehen (KGJ. 47 S. 185), daß das Grundbuch durch die Eintragung unrichtig geworden sei. M.

γ) **Kauf durch stillen Stellvertreter.**[1]

OLG. Hamburg, 5. ZS. Urteil v. 28. Januar 1920.

Unbestritten hat Beklagte wegen des Motorankaufs nur mit K. verhandelt, der dabei nicht hervorhob, daß er nur in Vertretung des Klägers handle. Danach ist zunächst an sich der Fall des § 164² gegeben. Nun ist allerdings unter Umständen diese Vorschrift trotz Vorliegens der Voraussetzungen wegen Fortfallens ihres Zweckes unanwendbar. Wer mit einem Gewerbetreibenden abschließt, will in der Regel den rechtlichen Inhaber des Betriebs berechtigen und verpflichten, und ihm ist gleichgültig, ob die Person, mit der er verhandelt, der Inhaber selbst oder nur zu seiner Vertretung ermächtigt ist. Das gilt aber nur dann, wenn äußerlich sichtbare Umstände darauf hindeuten, daß als Geschäftsinhaber und damit als Vertragsgegner eine andere Person als der Verhandelnde in Betracht kommt (Staudinger § 164 N. 3c). Nun war K. früherer Inhaber des Betriebs des Klägers und als solcher der Beklagten bekannt. Wenn diese daher weder den Übergang des Betriebs auf den Kläger kannte noch aus den Umständen den Übergang entnehmen mußte, konnte die Möglichkeit, daß K. nicht der Inhaber sei, gar nicht in den Kreis ihrer Vorstellungen gelangen, so daß jener Ausnahmefall nicht vorläge. Der Kläger hat als Umstände, aus denen Beklagte auf seine Inhaberschaft hätte schließen müssen, zunächst angeführt, daß die Quittungen über die Anzahlungen der Beklagten auf den Motor oben den Stempel A. Br. trügen. Das hat schon das LG. zutreffend zurückgewiesen. Hat weiter am Geschäftslokal zurzeit des Motorkaufs der Name „A. Br." gestanden und Beklagte dies gesehen, so war doch möglich, daß K. die Berechtigung, die Firma Br. zu führen, in irgendeiner Weise erworben hatte; der Schluß, daß K. nicht mehr Inhaber sei, war nicht notwendig, nicht einmal naheliegend. Ebenso ist die Behauptung ohne Belang, daß der Kläger die Beklagte in eigenem Namen gemahnt, und sie dem nicht wider-

[1] Über den Eigentumserwerb an dem Gelde, das der mit der Einlösung eines Kassenschecks Beauftragte erhält, vgl. RGSt. 54 S. 185.

sprochen habe. Dagegen ist die erhebliche Behauptung, der Kläger habe vor dem Motorkauf den Erwerb des K.schen Geschäfts unter Übernahme sämtlicher Kunden durch Rundschreiben angezeigt, widerlegt. . . . M. M.

δ) **Ermächtigt die Befugnis zu Untervollmachten, dem Machtgeber unmittelbar Vertreter zu bestellen?**

Kammergericht, 1. ZS. Beschluß v. 27. März 1919.

Der Grundstückseigentümer A. hat am 1. August 1914 seiner Frau Anna „mit der Befugnis zur Bestellung eines Unterbevollmächtigten" notarielle Vollmacht erteilt, ihn in allen seinen Angelegenheiten zu vertreten. Mit Bezug hierauf hat Frau A. 1918 den R. zum weiteren Bevollmächtigten ihres Mannes bestellt mit allen ihr 1914 eingeräumten Rechten. R. hat Ende 1918 erklärt: A. schulde seiner Frau Anna A. 238400 Mark, weil er diese Summe aus ihrem Vermögen erhoben und für sein Gut verbraucht habe; nachdem die Eheleute A. 1915 Gütertrennung vereinbart hätten, sei seitdem der Anspruch der Frau auf Rückzahlung der Summe fällig und als Bevollmächtigter des A. bewillige er die Eintragung einer Sicherungshypothek zugunsten der Frau A. Die Vorinstanzen haben abgelehnt. Die weitere Beschwerde ist begründet. Der Senat (KGJ. 30 S. 158) hat unter a ausgesprochen: „Der Unterbevollmächtigte kann im Namen des Vollmachtgebers mit dem Bevollmächtigten ein Rechtsgeschäft vornehmen." Die Vorinstanzen lassen diesen Grundsatz gelten. Von ihm abzugehen, liegt auch jetzt kein Anlaß vor. . . .

Anlangend den dort ausgesprochenen Grundsatz zu b: „Ist der Bevollmächtigte zur Erteilung von Untervollmachten schlechthin befugt, so kann er den Unterbevollmächtigten sowohl sich selbst als auch unmittelbar dem Vollmachtgeber als Vertreter bestellen", so ist dem LG. darin beizupflichten, daß es eine Frage der Auslegung ist, ob die in einer Vollmacht enthaltene Befugnis zu Untervollmachten auch die Ermächtigung in sich schließt, den Unterbevollmächtigten unmittelbar zum Vertreter des Vollmachtgebers zu bestellen. Das hat der Senat bereits am 30. November 1903 (Rsp. 9 S. 294) näher ausgeführt und ihm ist darin das OLG. Colmar (ElsLZ. 32 S. 371) gefolgt. Etwas andres ist aber auch in KGJ. 30 S. 158 nicht ausgesprochen, es wird dort keineswegs gesagt, daß die Befugnis zur Erteilung von Untervollmachten stets auch die Ermächtigung in sich schließe, dem Vollmachtgeber unmittelbar einen Vertreter zu bestellen. Der Fall lag so, daß in der Generalvollmacht die Befugnis schlechthin, dh. ohne jede Einschränkung erteilt war und hierin hat der Senat auch die erwähnte Ermächtigung gefunden, dies auch als allgemein gültige Regel grundsätzlich ausgesprochen. Dieser Grundsatz hat im Schrifttum — abgesehen von Arnheim GrBO. § 30[17], der ihn wegen der Gefahr der Umgehung des § 181 mißbilligt —, keine Ablehnung erfahren, wenngleich verschiedentlich (Planck § 167[8], RGKomm. § 166[3]) betont wird, daß eine soweit gehende Ermächtigung „im Zweifel" oder „in der Regel" nicht anzunehmen sein werde.

Dagegen hält ihn Biermann (BürgR. 1 § 74 Nr. 3) für zutreffend und Colmar aO. legt eine ähnlich lautende Vollmacht in gleicher Weise aus. Der Grundsatz ist auch nach erneuter Prüfung als Treu und Glauben und der Verkehrssitte entsprechend aufrecht zu erhalten. Diese Auslegung ist auch hier geboten. Irgendeinen ihr entgegenstehenden Umstand hat das LG. nicht festgestellt. Wenn es entscheidenden Wert darauf legt, daß in der Urkunde die Befugnis zur Bestellung von Unterbevollmächtigten ausgesprochen sei und darin eine Beschränkung findet, weil es einen Unterbevollmächtigten eines Generalvollmachtgebers selbst schon begrifflich nicht geben könne, so ist das irrtümlich. Das BGB. kennt den Ausdruck „Unterbevollmächtigten" nicht. Er ist eine Verdeutschung des früher üblichen „Substitut" (§ 39 ALR. I 13) von substituere, das soviel wie „an die Stelle einer Person eine andere setzen", also einen Stellvertreter ernennen, bedeutet. Daß der Stellvertreter der des Bevollmächtigten sein muß und nicht auch unmittelbar ein solcher des Vollmachtgebers sein kann, liegt darin nicht. Feststehende Bezeichnungen für beide Arten haben sich im Schrifttum nicht herausgebildet. Ein allgemeiner Sprachgebrauch, nach welchem Unterbevollmächtigter nur soviel wie der vom Bevollmächtigten sich selbst bestellte Vertreter bedeutet, besteht nicht. Der § 181 steht hiernach nicht entgegen. M.

p) **Bedeutung des Ausdrucks „in 14 Tagen von heute".**

OLG. Königsberg. 4. ZS. Urteil v. 12. Februar 1920.

Beklagter hatte dem Kläger durch Schreiben vom 24. Juli einen Maklerlohn von 2% versprochen, falls der Kläger ihm „in 14 Tagen von heute" einen in dieser Zeit abschließenden Käufer zuführe. Da der Vertrag am 7. August abgeschlossen ist, verlangt der Kläger die 2% mit Recht. Allerdings gilt § 187 für rechtsgeschäftliche Fristen wie hier nur als Auslegungsregel (§ 186) und greift deshalb eben nicht Platz, wenn eine abweichende Verkehrsauffassung besteht. Eine solche hat sich zum mindesten nicht in dem Sinne gebildet, daß das „heute", dh. der Tag, an dem die Erklärung abgegeben ist, in die 14 Tage mit eingerechnet wird. Eher ist nach dem gewöhnlichen Sprachgebrauch das Gegenteil anzunehmen: unter einer Frist „in 14 Tagen" pflegt im allgemeinen ebenso wie unter einer nach Wochen bezeichneten Frist eine solche gemeint zu sein, die mit dem Ablauf des Tages endet, der seiner Benennung nach dem Tage entspricht, an dem die Frist gesetzt, die Erklärung abgegeben ist, so daß letzterer Tag in die Frist nicht mit eingerechnet wird. Daß dieser Sprachgebrauch im gewöhnlichen Leben die Regel ist, wird durch die §§ 187[1], 188 bestätigt, die als Auslegungsvorschrift nur ein Niederschlag des allgemeinen Sprachgebrauchs sein sollen oder, wie die Motive (1 S. 282) es ausdrücken, eine Gewähr dafür bieten sollen, daß Ausdrucksweisen, die einer mehrfachen Deutung empfänglich sind, so verstanden werden, wie dies der aus der Regel des Lebens geschöpften, mutmaßlichen Absicht des Verfügenden entspricht. An dieser Auslegung kann auch der Zusatz „von heute" nichts ändern, denn er weist nur auf den

Tag, der für die Inlaufsetzung der Frist maßgebend sein soll (vgl. § 187[1]) besonders hin und ein solcher Hinweis hatte praktischen Wert, da sonst der Kläger als hierfür maßgebenden Zeitpunkt den des Empfanges des Schreibens hätte ansehen können. Wollte der Beklagte seinen Worten einen anderen Sinn geben, so hätte er dies klar ausdrücken müssen, etwa „in 14 Tagen heute mitgerechnet" oder ähnlich. Dr. H.g.

q) **Verjährung**[1]: α) **Anerkenntnis des Klagegrundes.**

OLG. Hamburg, 6. ZS. Urteil v. 11. Dezember 1919.

In der Anlage 1 hat die Beklagte ausdrücklich erklärt, ihre Haftung für die Unfallsfolgen nach dem HaftpflichtG. anzuerkennen. In den Anlagen 3 bis 5 hat sie einzelne Posten der Schadensrechnung anerkannt und einen Vergleich bezüglich der Höhe vorgeschlagen. Wenn man damit zusammenhält, daß sie, nachdem die Klage auf § 278 BGB. und das HaftpflichtG. gestützt war, darauf erwiderte, sie bestreite den Klaganspruch nach Grund und Höhe, für den Unfall habe sie nur nach dem HaftpflichtG. einzutreten, so hatte sie, wie sich aus diesem Verhalten unzweideutig ergibt, das Bewußtsein, auf Grund jenes Gesetzes für die Folgen des Unfalls haften zu müssen. Sie hat das auch ausdrücken wollen und ausgedrückt; denn das Bestreiten des Klaganspruchs dem Grunde nach bezieht sich sinngemäß im Zusammenhange mit den vorangegangenen Erklärungen und dem nachfolgenden Satze lediglich auf den Klagegrund des Verschuldens, den sie von vornherein bestritten hatte. Das Anerkenntnis, dem Kläger gemäß dem HaftpflichtG. zu haften, bedeutet ein Anerkenntnis des Klaganspruchs dem Grunde nach (Warn. 1 Nr. 192, 3 Nr. 416). Die Verjährung ist dadurch am 4. Mai 1917 unterbrochen; und da die neue Klage am 4. Mai 1919 eingegangen ist, so sind die darin geltend gemachten weiteren aus dem Unfalle herrührenden Ersatzansprüche nicht verjährt. M. M.

β) **Liegenlassen des Rechtsstreits. BGB. § 211.**

OLG. Hamburg, 1. ZS. Urteil v. 16. April 1919.

Im Fall HGZ. 1913 Nr. 116 ließen die Parteien den Prozeß liegen, indem sie die Adressen der Zeugen nicht angaben, auch keine Anträge aus § 356 ZPO. stellten; im Fall Rsp. 15 S. 320 erledigte der beauftragte Richter den Beweisbeschluß nicht, obwohl die Parteien das hierzu Erforderliche getan hatten. Beide Entscheidungen sind richtig (vgl. RG. 97 S. 126). Hier besagt der Beschluß des LG. vom 25. April 1914: die Adressen der Zeugen sind anzugeben. Darauf hat der Kläger die Adresse seines Zeugen A. ordnungsmäßig angegeben; bezüglich seiner Zeugen B. und C. hat er mitgeteilt, sie seien im Felde; diese Angabe war ungenügend. Die Beklagte, die kein

[1] Die Gegeneinrede der Arglist setzt voraus, daß der Gläubiger aus dem gesamten Verhalten des Schuldners folgern konnte, dieser werde, wenn es nicht möglich wäre, innerhalb der Verjährungsfrist die Einigungsverhandlungen abzuschließen, die streitige Angelegenheit auf gütlichem Wege durch Einigung erledigen und keinenfalls Verjährung einwenden, daß aber der Schuldner darauf ausgegangen ist, sich durch Hinzögern der Verhandlungen diesen Einwand zu verschaffen (RG., 7. ZS. Urteil v. 5. März 1920). L. n.

Interesse an der Betreibung des Rechtsstreits hatte, hat zunächst die Wohnung ihres Zeugen M. nicht angegeben, sondern hat am 8. September 1917 zur Fristsetzung gemäß § 356 ZPO. geladen. Dann hat der Kläger am 8. Oktober die Adressen von B. und C und Beklagte am 5. November die Adresse ihres Zeugen ordnungsmäßig aufgegeben. Nach Vernehmung der Zeugen hat Beklagte Prozeßverjährung eingewendet. Die Akte ergibt, daß der beauftragte Richter am 10. Oktober 1914 verfügt hat: „A. kann vernommen werden, wenn die Beklagte die Adresse des M. aufgegeben hat," daß aber diese Verfügung den Parteien nicht mitgeteilt ist. Hiernach ist der Prozeß dadurch in Stillstand geraten, daß der beauftragte Richter den Zeugen A. nicht vernommen hat, obwohl er dazu in der Lage war. § 211 trifft aber nur den Fall, daß die Parteien den Prozeß nicht betreiben. Der vorliegende Fall ist daher so zu beurteilen, wie der der Rsp. aO. Hätte der beauftragte Richter den Zeugen A. vernommen, oder seine Verfügung den Parteien mitgeteilt, so läge der Fall wie der Fall HGZ. aO., da es dann Sache der Parteien gewesen wäre, die weitere Beweisaufnahme durch ihre Tätigkeit zu ermöglichen.

M. M.

11. Recht der Schuldverhältnisse.

a) Rückzahlung eines Schiffsdarlehens in Gold.[1]

OLG. Hamburg, 1. ZS. Beschluß v. 21. November 1919.

Das LG. hat auf Antrag aus §§ 769, 794⁵, 795 ZPO. bei erhobener Klage aus § 767 ZPO. die Vollstreckung aus der vollstreckbaren Notariatsurkunde vom 15. Mai 1916 vorläufig eingestellt. Allein nach jener Urkunde hat die Beklagte (Holländerin) im Mai 1916, also zu einer Zeit, wo Deutschland keine Goldwährung mehr hatte, dem Kläger 10000 Mark dargeliehen; nach § 4 der Darlehnsbestimmungen hat er alle Zahlungen in deutschen Goldmünzen zu entrichten und auf Verlangen in holländischer Währung mit je 600 Gulden für je 1000 Mark zu leisten und die Folgen einer etwa zu seinen Ungunsten eintretenden Änderung des Kurses zu tragen. Nur für die Verpfändung des klägerischen Dampfers, nicht aber für die Rückzahlung des Darlehens, sind Ansprüche aus einer Veränderung des Kurses — zusammen mit anderen Nebenleistungen — auf 1000 Mark beschränkt worden. Da die Parteien beide davon ausgehen, daß das Darlehen fällig ist, und der Kläger nur behauptet, daß er 3000 Mark zurückbezahlt habe, also noch 7000 Mark schuldet und auf Verlangen der Gläubigerin in holländischer Währung mit je 600 Gulden zahlen muß, liegt kein Anlaß vor, die Vollstreckung einzustellen.

M. M.

b) Erfüllungsort: α) Sicherheitsleistung des Käufers.

OLG. Königsberg, 1. ZS. Urteil v. 8. Juli 1919.

Der Kläger in A. verkaufte an die in Hamburg ansässige Beklagte Holz

[1] Vgl. V. über die Eintragung von Hypotheken in ausländischer Währung v. 13. Febr. 1920 (RGBl. S. 231). — Vgl. ferner JW. 1920 S. 370.

und bestimmte: Regulierung sofort nach Abnahme, und zwar hinterlegen Sie bei der Bank in A. 15000 Mark, so daß ich meine Forderung nach Rechnungserteilung dort abheben kann. Gegen die bei dem LG. A. eingereichte Klage auf Hinterlegung von 13000 Mark wendet Beklagte örtliche Unzuständigkeit ein. Der Einwand ist unbegründet. Da hier für die Verpflichtungen der Parteien ein gemeinschaftlicher Erfüllungsort nicht vereinbart ist, wäre an sich nach der Regel des § 269 für den Kläger A., für die Beklagten Hamburg Erfüllungsort. Von entscheidender Bedeutung dabei ist aber die Bestimmung über die Hinterlegung. Das LG. läßt dies nicht gelten, weil die Verpflichtung der Beklagten in der Zahlung bestehe und weil, wenn auch diese nach § 270 dem Gläubiger nach dessen Wohnort zu übermitteln sei, dadurch am Erfüllungsort nichts geändert werde. Allein hier handelt es sich nicht um die Zahlungspflicht. Beklagter war vielmehr zunächst verpflichtet, einen ungefähren Betrag (15000 Mark) zu hinterlegen, also dem Kläger eine Sicherheit zu gewähren. Dadurch wurde die Zahlungsverpflichtung noch nicht erfüllt; dies geschah vielmehr erst, wenn Kläger von dem hinterlegten Betrage mit Ermächtigung der Beklagten eine dem Kaufpreis entsprechende Summe abhob. Allerdings hat das RG. (50 S. 270) angenommen, die Bestimmung, der Kaufpreis sei durch ein Akzept eines Bankiers in einer andern Stadt zu berichtigen, sei nur ein Ersatz für die dem Käufer nach § 270 obliegende Verpflichtung. Diese Grundsätze sind aber hier nicht anwendbar, da es sich hier nicht um Zahlung, also auch nicht um Ersatz der Zahlung handelt. Der Kläger wollte vielmehr eine Sicherheit haben; dementsprechend hatte die Beklagte die selbständige Verpflichtung übernommen, einen zur Deckung der späteren Kaufpreisforderung ausreichenden Betrag in A. zu hinterlegen. Für diese Verpflichtung war, wie sich aus der Natur der Sache ergibt, A. Erfüllungsort. Es läßt sich dagegen auch nicht einwenden, die Hinterlegung sei nur die Vorbereitung der Zahlung und was für diese gelte, müsse auch für jene gelten. Dieser Gesichtspunkt könnte nun zu der Annahme führen, der vorliegende Fall stehe dem Falle gleich, daß in dem Vertrag A. als Zahlungsort vereinbart worden. Wäre aber in dem Vertrag gesagt, die Zahlung solle in A. bei der Bank erfolgen, dann wäre für diese dem Beklagten obliegende Leistung der Erfüllungsort, wovon § 269 in erster Linie ausgeht, ausdrücklich bestimmt, zum mindesten aus den Umständen zu entnehmen. Th.

β) für Haupt- und Nebenansprüche aus der Wandlung.

OLG. München, 4. ZS. Urteil v. 23. Oktober 1919.

Der Kläger in Tr. hatte bei der in B. ansässigen Beklagten Schuhcreme bestellt und nach Vorauszahlung des Kaufpreises zugesandt erhalten, sie aber unverzüglich zur Verfügung gestellt. In der beim LG. Tr. erhobenen Klage beantragt er, daß die Beklagte in die Wandlung des Kaufes einzuwilligen und weiter gegen Rücknahme der in Tr. lagernden Ware 2500 Mark Kaufpreis, täglich 50 Pfg. Lagergeld, sowie 150 Mark Fracht- und Untersuchungskosten an den Kläger zu bezahlen habe. Der Einwand der örtlichen Unzuständigkeit ist unbegründet. Mit RG. 55 S. 105 ist beim Mangel einer Vereinbarung im Falle der Wandlung bei erfülltem Vertrag als gemeinsamer Erfüllungsort für die beiderseitigen Verpflichtungen der Parteien der Ort, wo die gekaufte Sache dem Vertrag gemäß sich befindet, anzusehen, weil der Käufer die Sache nur dort zurückzugewähren hat, wo auch der Verkäufer den Kaufpreis Zugumzug zurückzuerstatten hat. Für die Klaganspruche, die als ein einheitlicher Anspruch auf Vertragsaufhebung mit ihren sich daraus ergebenden Rechtsfragen zusammenzufassen sind, gibt es daher ohne Rücksicht darauf,. daß einem Anspruch die Eigenschaft eines Haupt-, dem andern die eines Nebenanspruchs zukommt, nur den einheitlichen Gerichtsstand des Erfüllungsortes für den Käufer und den Verkäufer. Deshalb konnte dem Urteil des hiesigen 1. ZS. (LeipZ. 1917 S. 1283), das besonders auch auf den Ausführungen Oertmanns (BayerZ. 1905 S. 10, 47) fußt, nicht beigetreten werden. Die weiter von der Beklagten angezogene RGE. (70 S. 198) hat den in RG. 55 S. 105 eingenommenen Standpunkt keineswegs verlassen, vielmehr nur ausgeführt, daß bei der Wandelung eines beiderseits vollzogenen Grundstückstausches die Rückauflassung als die Hauptverbindlichkeit sich darstelle und in dem Amtsgerichtsbezirke zu erfüllen sei, in dem die Grundstücke belegen seien, ferner, daß bei der Gleichartigkeit der aus dem Tauschverträge sich ergebenden Verpflichtungen beide Teile für die Klage auf Wandelung sowohl das Gericht des Wohnsitzes des Beklagten als das Gericht, in dem die Grundstücke belegen sind, zuständig sei.

Die Beklagte wendet noch ein, daß als Erfüllungsort für die aus dem Kaufvertrage sich ergebenden beiderseitigen Verpflichtungen B. vereinbart worden sei. Allein diese Vereinbarung kann sich keinesfalls darauf beziehen, daß auch im Falle der Wandelungsklage mit ihren Rechtsfolgen für die Rückgewähr des Geleisteten Zugumzug B. als Erfüllungsort anzusehen sei. Darauf hätte sich der Kläger, der damals im Felde stand und auch vom Feld aus bestellt hatte, vernünftigerweise nicht eingelassen, wie er glaubhaft behauptet. Es könnte sich also diese Vereinbarung überhaupt nur auf die Erfüllung seiner Verpflichtung aus dem Kaufvertrag, nämlich die Bezahlung des Kaufpreises beziehen. Die Beklagte war aber, wenn sie diesem Vordruck im Schreiben vom 28. Juni eine rechtliche Bedeutung beimessen will, um so mehr gehalten, den Kläger hierauf besonders im Texte des Schreibens hinzuweisen, als sie darin die besondere Bedingung vorheriger Zahlung des Kaufpreises aufstellte. H.n.

γ) **wenn sich die zugrunde gelegten Kaufbedingungen der Parteien widersprechen.**

OLG. Jena, 2. ZS. Urteil v. 7. November 1919.

Gegen die beim LG. R. erhobene Klage auf den Kaufpreis für gelieferte Waren hat die Beklagte örtliche Unzuständigkeit eingewendet, weil auf ihren der Bestellung zugrunde gelegten Kaufbedingungen ausdrücklich D. als Erfüllungsort bezeichnet sei. Der Kläger hat sich darauf berufen, daß er die Bestellung nur nach seinen Lieferungsbedingungen bestätigt und ausgeführt habe; darin sei aber als vereinbarter Erfüllungsort ausdrücklich N. angegeben. Der Einwand ist begründet. Für die Auslegung des hier fr. Vertrags vom 19. September 1918 kann das ihm vorausgegangene Geschäft vom Juni 1918 herangezogen werden. Beide Abschlüsse stehen, wenn auch in keinem rechtlichen, so doch in einem tatsächlichen Zusammenhang. Die Beklagte machte die zweite größere Bestellung, da die Ausführung ihres im Juni erteilten Auftrags sie befriedigt hatte. In den sämtlichen bei beiden Geschäften gewechselten Schreiben kam zum Ausdrucke, daß jede Partei ihre Bedingungen dem Abschluß zugrunde legen wollte.... Danach war eine Einigung insoweit nicht erfolgt, als die Kaufbedingungen des Klägers und die Lieferungsbedingungen der Beklagten sich widersprachen. Daß sich diese gedruckter Formulare bediente, ergibt keineswegs, daß sie die vorgedruckten Geschäftsbedingungen nicht ernstlich dem Auftrag zugrunde legen wollte; es ist im Gegenteil daraus zu schließen, daß sie grundsätzlich ihre Geschäfte nach diesen Bedingungen abzuschließen pflegte. Die bloße Tatsache, daß der Kläger seine Schreiben mit Schreibmaschine hatte fertigen lassen, verleiht ihnen keine höhere Bedeutung, als die Beklagte den ihren durch den Druck gab. Es ist daraus lediglich zu erkennen, daß nach ihrem Wunsche ihre Lieferungsbedingungen für die Abschlüsse maßgebend sein sollten. Auch der Umstand, daß die Verhandlungen mit dem Bestätigungsschreiben des Klägers abschlossen und daß die Beklagte hierauf schwieg, beweist nicht, daß sie sich den Bedingungen des Klägers unterwerfen wollte; denn sie hatte deutlich genug ausgedrückt, daß sie ihre eigenen Kaufbedingungen zugrunde legen wollte.... Unerheblich ist ferner, daß der Kläger in seinen Bedingungen diesen entgegengesetzte Bestimmungen als ungültig bezeichnete, wenn die Auftragsbestätigung angenommen worden sei, ohne daß nach ihrem Empfang andre Bedingungen ausdrücklich vereinbart worden. Denn auch die Beklagte will nach ihren Kaufbedingungen anders lautende Bedingungen nur gelten lassen, wenn sie sie schriftlich anerkannt habe. Sie hat aber die Bedingungen des Klägers nicht anerkannt. Sie hat das auch nicht nachträglich getan, wenn sie, wie der Kläger behauptet, den Kaufpreis für die am 21. September 1918 ausgeführte Teillieferung der Bestellung vom 12. September 1918 in vollem Betrage ohne den in ihren Kaufbedingungen vorgesehenen Abzug von 2% gezahlt hat. Gab sie in diesem ihr offenbar nebensächlichen Punkt den Bedingungen des Klägers nach, so beweist das doch nicht, daß sie sich ihnen auch in den anderen Punkten, in denen sie von ihren Bedingungen abwichen, unterwerfen wollte. Es klafft also ein Widerspruch zwischen den dem streitigen Geschäft zugrunde liegenden Parteierklärungen. Das führt aber nicht zur Nichtigkeit des Geschäfts. Schon die Ausführung des Junigeschäfts beweist, daß es den Parteien hierbei auf die Einhaltung ihrer Bedingungen nicht so entscheidend ankam, daß sie die Gültigkeit des Geschäfts davon abhängig machen wollten. Auch der Septemberabschluß wäre daher zustande gekommen, selbst wenn Bestimmungen über die in den Bedingungen sich widersprechenden Punkte nicht getroffen worden wären. Er ist daher gültig (§ 155). Soweit die Parteien sich in Wirklichkeit nicht geeinigt haben, ist der Parteiwille zu ergänzen. Dazu dient in erster Linie die typische Regelung, die das Gesetz im entsprechenden Falle gibt (Staudinger § 155[4]). M.l.

c) α) **Eilgutstellen als Erfüllungsgehilfen. BGB. § 278.**

OLG. Naumburg, 1. ZS. Urteil v. 4. März 1920.

Der Kläger hat aus München am 21. Juni 1916 drahtlich bei der hiesigen Beklagten angefragt, ob sie bereit sei, ihm laufend Kirschenladungen bei sofortiger Absendung zu liefern. Die Beklagte erwiderte, der Versand beginne erst in einigen Tagen, sie werde den Tagespreis drahten. Dies geschah am 28., worauf der Kläger erwiderte, er werde morgen überweisen und „verzögert nicht Absendung". Nach der Überweisung hat die Beklagte den Wagen nach München an ihre eigene Anschrift abgesandt, dies dem Kläger mitgeteilt und zugleich die Eilgutstelle München ersucht, den Kirschenwagen dem Kläger zu avisieren. Dies geschah, obwohl der Wagen am 6. Juli vorm. 6 Uhr in München angekommen war, erst am 8. Inzwischen waren am 7. in München Höchstpreise für Kirschen in Kraft getreten, die einen Gewinn beim Weiterverkauf ausschlossen. Der Kläger, der die Kirschen zur Verfügung stellte, behauptet, er hätte sie am 6. Juli noch mit Gewinn verkaufen können. Der Anspruch auf Schadensersatz ist begründet.

Es liegt ein Kauf vor, der die Beklagte verpflichtete, die Kirschen sofort nach der Überweisung des Geldes nach München zu versenden. Sie hat sie an ihre eigene Anschrift versandt; die Annahme, daß die Übergabe etwa bereits mit der Auslieferung der Ladung an die Bahn, der sie zur Beförderung anvertraut wurde, erfolgt war, ist darum ausgeschlossen. Diese Versendung ist vielmehr, welcher Beweggrund sie auch veranlaßt haben mag, nicht anders zu deuten, als daß die Beklagte damit zu erkennen gegeben hat, daß sie die Kirschen erst in München übergeben wolle. Nach dem Inhalt der Kaufabreden, bei denen der Kläger sein Interesse an schnellster Lieferung wiederholt ausgedrückt hatte, war sie dann aber zum mindesten verpflichtet, dafür zu sorgen, daß die Kirschen sofort ohne jede Verzögerung dem Kläger übergeben werden konnten. Um diese Übergabe zu bewerkstelligen, hat sich die Beklagte der Eilgutstelle München bedient, die den Wagen zu avisieren hatte. Der Kläger hat am 5. Juli gemahnt, u. z. nach dem Eintritt der Fälligkeit, die mit der Zahlung des Kaufpreises eingetreten war und hat den Verzug der Beklagten begründet, weil sie auch auf die Mahnung und auch die Kirschen nach dem Eintreffen in München nicht sofort übergeben hat. Daß die Übergabe zunächst unterblieb, ist auch auf einen Umstand zurückzuführen, den die Beklagte zu vertreten hatte, nämlich darauf, daß der Kläger nicht sofort von dem Eintreffen der Kirschen benachrichtigt wurde: eine solche Nachricht zu geben, war Pflicht der Beklagten, die in München übergeben wollte. Aus welchem Grunde die Benachrichtigung verzögert wurde, ist gleichgültig: denn auf jeden Fall hat die Beklagte die Verzögerung zu vertreten. Sie kann sich nicht damit entschuldigen, daß sie die für die Eilgutstelle gültigen Verkehrsvorschriften nicht gekannt habe: denn, wenn sie sich dieser Stelle zur Erfüllung ihrer Übergabepflicht bediente, muß sie auch deren Dienstvorschriften gegen sich gelten lassen. Sie verstieß gegen die verkehrserforderliche Sorgfalt, wenn sie Anweisungen erteilte, ohne sich vergewissert zu haben, ob die Dienststelle zur Befolgung der Anweisung in der Lage war.

War aber die Stelle in der Lage, der Anweisung entsprechend zu handeln, dann handelte sie schuldhaft, wenn sie den Kläger nicht auf das schleunigste von dem Eintreffen des Wagens benachrichtigte. Dieses Verschulden hat aber die Beklagte zu vertreten, da sie sich der Eilgutstelle als Erfüllungsgehilfin bediente. Zwar ist in der Regel beim Versendungskauf die Person, der der Verkäufer die Beförderung anvertraut, nicht als Erfüllungsgehilfe des Verkäufers für die Ausführung der Versendung anzusehen: allein hier handelt es sich nicht um die Versendung, sondern um die Bewerkstelligung der Übergabe, die in München erfolgen sollte. Dabei mitzuwirken, hat die Beklagte die Eilgutstelle ausdrücklich ersucht und damit zu erkennen gegeben, daß sie sich ihrer zum mindesten in dem beschränkten Umfang der Benachrichtigung als Erfüllungsgehilfin bedienen wollte. Sie befand sich also vom 6. Juli vorm. 6 Uhr an im Verzug mit der Übergabe.

Der Verzug hatte zur Folge, daß die Erfüllung des Vertrags kein Interesse mehr für den Kläger hatte, da vom 7. an ein Gewinn beim Weiterverkauf ausgeschlossen war. Ohne Verzug wäre das Interesse des Klägers an der Erfüllung nicht weggefallen, da er, wie aus der Aussage des Sachverständigen hervorgeht, am 6. Juli noch mit Gewinn hätte verkaufen können. Ein ursächlicher Zusammenhang zwischen dem Verzug und dem Wegfall des Interesses ist auch selbst dann anzunehmen, wenn die Beklagte nicht damit rechnete, daß gerade in diesen Tagen in München Höchstpreise für Kirschen in Kraft treten konnten: denn ein alle Verhältnisse soweit denkbar überschauender Beobachter hätte damals immer mit der jederzeitigen Einführung von Höchstpreisen auch für Kirschen allerorten gerechnet. A.-S.

β) **Haftung des Krankenhauses nach § 278.**

OLG. Hamburg, 5. ZS. Urteil v. 7. November 1919.

Der Handlungsgehilfe X, Mitglied der klagenden Krankenkasse, ist auf Anordnung des Kassenarztes in das beklagte Krankenhaus aufgenommen, um operiert zu werden. Auf Anordnung des Krankenhausarztes hat dort die Krankenschwester D. eine Röntgenaufnahme vorgenommen, wobei X. eine erhebliche Hautverbrennung erlitt. Es ist nicht zweifelhaft, daß es sich zwischen den Prozeßparteien um ein Vertragsverhältnis handelt, auf das die Ersatzansprüche der Klägerin gestützt werden. Der Vertrag war auf ordnungsmäßige ärztliche Behandlung des X. gerichtet und ist nicht schon erfüllt, wenn das Krankenhaus ohne Fahrlässigkeit Ärzte und Krankenschwestern auswählt, also an sich geeigneter Hilfspersonen zur Erfüllung seiner Verpflichtungen sich bedient. Damit wäre der Rechtssatz des § 278 ausgeschlossen und der des § 831 an seine Stelle gesetzt. Es ist aber gerade der wichtige Grundsatz des § 278, daß bei Vertragshaftung der Schuldner für Kunstfehler seines auch noch so sorgfältig ausgewählten Erfüllungsgehilfen einstehen soll, der Beweis des § 831 S. 2 ist ihm im Vertragsverhältnis nicht offen gelassen. Es kann auch nicht anerkannt werden, daß aus der besonderen Art des Vertrags mit der juristischen Person eines Krankenhauses etwas Derartiges folge. Dasselbe würde dann auch für andere juristische Personen, die regelmäßig nicht durch ihre Organe, sondern durch Angestellte ihre vertraglichen Verpflichtungen erfüllen lassen, gelten müssen... Hier ist aber die Bestrahlung mit einem Abstand von 20 cm ausgeführt, der nach dem Gutachten zu gering ist, um absolute Sicherheit gegen Verbrennung zu geben. Steht dies aber fest, so ist durch den Kunstfehler auch die Schädigung eingetreten. Ob dabei noch andere Ursachen, namentlich eine besondere persönliche Empfindlichkeit des X. mitgewirkt haben könnten, ist nicht beachtlich, solange nicht irgend etwas für eine solche Überempfindlichkeit hervorgetreten ist. Sollte aber etwa eine besondere Überempfindlichkeit des X. infolge Zuckerkrankheit oder andrer nicht normaler, aber leicht feststellbarer Eigenschaften vorhanden gewesen sein, so wäre es Sache der ärztlichen Behandlung gewesen, dies vor der Röntgenaufnahme festzustellen, und auch diese Unterlassung würde nach denselben Grundsätzen zu Lasten des Krankenhauses fallen. M. M.

d) **Verzögerung der Erfüllung ohne Mahnung.**

OLG. Cöln, 4. ZS. Urteil v. 16. Dezember 1919.

Der Kläger hat mietweise im Hause der Beklagten Geschäftsräume inne, in die Ende 1917 frühmorgens die Diebe von der Straße aus durch eine ungenügend verwahrte Kelleröffnung eindrangen. Sein Verlangen nach besserer Verwahrung der Öffnung lehnte die Beklagte ab, da sie nicht dazu verpflichtet sei. Nachdem der Kläger sie wiederholt vergeblich auf Erledigung gedrängt hatte, ließ sie ihm am 1. Februar 1918 sagen, die Sache werde jetzt gemacht, der Schlosser überlege nur noch, wie er sie am besten mache; trotzdem geschah nichts. In der Nacht zum 28. Februar fand auf dieselbe Weise, wie vorher, ein zweiter Einbruch statt. Die Klage auf Ersatz des hierdurch entstandenen Schadens ist begründet. Ob die Beklagte schon vor der Zusage vom 1. Februar verpflichtet gewesen sei, für die Verwahrung der Öffnung zu sorgen, kann zweifelhaft sein; jedenfalls hat sie die Erfüllung der Zusage schuldhaft verzögert. Allerdings ist sie nach 1. Februar nicht mehr gemahnt und dadurch in Verzug (§ 286) gesetzt worden. Ihre Ersatzpflicht folgt aber aus der allgemeinen Bestimmung des § 276. Richtig ist, daß der Schuldner bloß deshalb, weil er nicht mit Eintritt der Fälligkeit leistet, noch nicht ersatzpflichtig wird, dazu muß vielmehr für den Regelfall noch die Mahnung hinzutreten (RG. 68 S. 192). Von dieser Regel macht das RG. daselbst nun eine Ausnahme für den Fall, daß der Schuldner schon vor der Fälligkeit vertragswidrig gehandelt hat. Diese Entscheidung ist aber offenbar nicht so zu verstehen, daß die darin aufgestellte Ausnahme die einzige ist, die es von diesem allgemeinen Grundsatz gibt. Vielmehr ist aus ihr der Grundsatz zu entnehmen, daß die Regel Ausnahmen duldet und daß eine Ersatzpflicht nicht nur dadurch begründet werden kann, daß zu dem Tatbestande der Nichtleistung nach Fälligkeit noch die Mahnung hinzutritt, sondern auch dadurch, daß zu diesem Tatbestande noch eine andere Tatsache hinzutritt, welche geeignet ist, die Ersatzpflicht zu begründen. Eine solche weitere Tatsache ist aber auch hier gegeben, wo es sich wie hier um Abwendung einer unmittelbar drohenden erheblichen Gefahr handelte. Wer verspricht, einer solchen Gefahr abzuhelfen, der sagt damit stillschweigend zu, daß er die Abhilfe mit jeder gebotenen und möglichen Beschleunigung betreiben wird, auch ohne daß er besonders an die Erfüllung dieser Pflicht gemahnt wird. Es ist nun beispielsweise auf den Fall hinzuweisen, daß jemand durch Fernsprecher den Arzt bittet, zu ihm zu kommen, weil ein Familienmitglied gefährlich erkrankt sei. Wenn der Arzt darauf sein sofortiges Erscheinen zusagt, aber schuldhaft damit zögert, so wird kein Zweifel daran bestehen, daß er ersatzpflichtig ist, auch wenn er nicht nochmals an die Erfüllung gemahnt worden ist. Nach der ganzen Sachlage war auch gerade hier der Sinn der Zusage der soeben näher beschriebene. R—r.

e) **„Weiterer Schaden" im Sinne des § 288².**

OLG. Hamburg, 1. ZS. Urteil v. 7. Juli 1919.

... Der Kläger, dessen Forderung nebst 4% Zinsen bezahlt ist, fordert ein weiteres Prozent Zinsen. Dieser Anspruch wäre auch dann unbegründet, wenn Verzug vorläge. Denn unter dem weiteren Schaden des § 288² ist ein möglicherweise nach §§ 286/7, also ein durch einzelne positive hinzukommende Umstände entstandener Schaden zu verstehen; es genügt aber nicht die allgemeine Behauptung, daß ein Kaufmann in seiner Kapitalanlage oder in seinem Geschäft mit seinem Geld mehr Zinsen macht als der gesetzliche Zinsfuß beträgt. So wären zB. als Verzugsschaden mehr als 4% Zinsen zuzusprechen, wenn der Gläubiger durch den Verzug des Schuldners in die Lage versetzt worden ist, sich die geschuldete Summe anderweitig beschaffen zu müssen und dieses Geld nur gegen höhere Zinsen erhalten kann. Das Gericht schließt sich der Ansicht Plancks § 288 an und hält eine ganz allgemeine Behauptung eines Gläubigers: ich mache mit meinem Gelde mehr Zinsen als der gesetzliche Zinsfuß beträgt, für keine genügende Darlegung eines weiteren Schadens. M. M.

f) **Obstbranntweinverkauf. Beschlagnahme. Haftung des Verkäufers.**

OLG. Stuttgart, 3. ZS. Urteil v. 10. April 1920.

Nach dem Kaufabschluß, aber vor der Ablieferung an den Käufer sind die 5 Fässer Obstbranntwein von der Polizeibehörde auf Grund der Bek. v. 24. Februar 1917 § 10 (RGBl. S. 179) beschlagnahmt und dann durch Verfügung des Untersuchungsrichters veräußert worden. Damit ist die Erfüllung des (Spezies-) Kaufs dem Beklagten unmöglich geworden. Er hatte aber jenen Branntwein unmittelbar von dem Brenner bezogen und sich dadurch (als Teilnehmer oder Gehilfe) strafbar gemacht. Es war also dieser Branntwein seit dessen Erwerb durch den Beklagten der Beschlagnahme ausgesetzt und zwar infolge dieses Erwerbs, der, weil strafbar, in Ansehung der späteren Unmöglichkeit der Erfüllung ein Verschulden des Beklagten darstellt. Damit ist die Anwendung des § 325[1] gegeben und der Klaganspruch auf Schadensersatz wegen Nichterfüllung begründet. Darauf, ob der Kläger bei dem Erwerb des Branntweins gewußt hat oder annehmen mußte, daß es sich um ein verbotenes Geschäft des Beklagten handle, kommt es nicht an, da der § 325 einen Schadens-, nicht aber einen Bereicherungsanspruch gewährt. Für eine etwaige Absicht oder Vereinbarung der Parteien, daß die Gefahr des Geschäfts wegen der Möglichkeit der Beschlagnahme der Kläger oder beide Teile gemeinsam zu tragen hätten, erhellt nichts.

Einen Bereicherungsanspruch wegen Nichtigkeit des Kaufs hat der Kläger nicht. Denn ein Verstoß des Beklagten oder auch des Klägers gegen die Bek. v. 24. Februar 1917 könnte die Nichtigkeit des Kaufs nicht begründen, weil sie nicht etwa den ihr unterstellten Branntwein allgemein beschlagnahmt, sondern nur dem Brenner die Abgabe an Dritte untersagt. Dafür, daß der Verkauf gegen die guten Sitten verstoße, fehlt jeder Anhalt. S.

g) **Fällt die Verpflichtung des Grundstückskäufers, anstelle des Verkäufers einer Genossenschaft beizutreten, unter § 328? Erwerb von Geschäftsanteilen.**

OLG. Rostock, 1. ZS. Urteil v. 6. Februar 1919.

Die am 7. März 1910 vom Gutsbesitzer A. und sieben weiteren Personen gegründete Kartoffelflockenfabrik eGmbH. ist am 5. Juli 1910 in das Genossenschaftsregister eingetragen; zugleich sind die acht Gründer in die Liste der Genossen aufgenommen, ohne daß hierbei Vermerke über weitere Geschäftsanteile bei den einzelnen Genossen gemacht wurden. Am 14. Mai 1914 hat A. sein Gut an den Beklagten verkauft; dieser ist am 12. Februar 1916 in die Liste der Genossen eingetragen, jedoch schon vorher von der Generalversammlung als Genosse aufgenommen und in den Vorstand gewählt worden. Nachdem die Fabrik in Konkurs geraten war, hat der Konkursverwalter auf Zahlung von 25469 Mark geklagt und diesen Antrag dahin begründet: A. sei, obwohl er bei Gründung 120 Anteile übernommen habe, versehentlich nur mit einem Anteil in die Liste aufgenommen; den 120 Anteilen entsprechend habe er auch bis zum Gutsverkauf immer 12000 Zentner Kartoffeln geliefert und sei deshalb auch nach § 6 der Satzung zur Übernahme von 120 Anteilen verpflichtet gewesen. Diese Verpflichtungen habe der Beklagte durch den § 5 des Gutkaufvertrags übernommen; dementsprechend sei er auch von der Genossenschaft stets so behandelt, als ob er 120 Anteile habe. Der Anspruch ist nicht begründet.

Mit Recht hat das LG. davon abgesehen, ob A. auf Grund seiner Zusage bei der Gründung der Genossenschaft 120 Anteile übernommen hat, oder ob er auf Grund der Tatsache, daß er jährlich 12000 Zentner Kartoffeln geliefert hat, nach § 6 der Satzung noch weitere 119 Anteile zu übernehmen hatte. Denn der Kläger könnte aus diesen Umständen nur dann etwas zu seinen Gunsten herleiten, wenn der § 5 des Gutskaufvertrags, nach welchem der Beklagte in alle das Gut und dessen Bewirtschaftung betreffenden Verträge, namentlich in das Genossenschaftsverhältnis der Kartoffelflockenfabrik, in die Feuerversicherung ꝛc zu allen Rechten und Pflichten eingetreten ist, sich als ein Vertrag zugunsten der an jenen Verträgen beteiligten Gesellschaften darstellte. Ausdrücklich ist in dieser Hinsicht nichts bestimmt. Aber auch den Umständen und dem Zweck des Kaufvertrags ist eine solche Absicht der Vertragsparteien nicht zu entnehmen. Zwar standen, soweit es sich um das Verhältnis zur Fabrik handelte, Lieferungen zur Frage, die in erster Linie aus den Erzeugnissen des Guts selbst zu decken waren und deren Erfüllung nach der Veräußerung des Guts zwar dem Beklagten, nicht aber dem A. möglich war. Mußte es deshalb auch dem A. daran liegen, die Erfüllung dieses Vertrags auf den Beklagten abzuwälzen, so hatten doch weder er noch der Beklagte ein Interesse daran, durch die Aufnahme einer dahingehenden Vereinbarung in den Kaufvertrag der Fabrik bereits irgendwelche unmittelbaren Rechte gegen den Gutserwerber einzuräumen. Jener Zweck konnte vielmehr auch dadurch erreicht werden, daß der Beklagte sich nur dem A. gegenüber zur Erfüllung jenes Vertrags verpflichtete und sodann unter Mitwirkung des A. bei der Fabrik die Schritte unternahm, die zur Übertragung des Genossenschaftsverhältnisses auf ihn nötig waren. Dafür, daß die Vertragschließenden nur ihre eigenen rechtlichen Beziehungen zueinander zu regeln beabsichtigten und der Fabrik noch keine unmittelbaren Ansprüche gegen den Gutserwerber gewähren wollten, spricht in hohem Grade auch der Umstand, daß der Vertrag in keiner Weise eine Mitteilung des Übergangs der Rechte und Pflichten aus jenen Verträgen auf den Beklagten vorsieht, obwohl dies doch sehr nahe gelegen hätte, wenn die beim Kaufvertrage völlig unbeteiligten Gesellschaften, besonders auch die Fabrik unmittelbare Ansprüche gegen den Beklagten erlangen sollten. An dieser Auffassung wird auch dadurch nichts geändert, daß A. der Fabrik am 9. Juli 1914 den Inhalt des § 5 des Kaufvertrags mitgeteilt hat. Denn dies war auch dann für ihn geboten, wenn der Vertrag lediglich die Beziehungen zwischen ihm und dem Beklagten geregelt hatte und es nun darauf ankam, die Maßnahmen vorzubereiten, die nötig waren, um die sich daraus ergebenden Folgerungen durch Verhandlungen zwischen den Gesellschaften und dem bisherigen und dem neuen Gutseigentümer herbeizuführen. In jener Mitteilung des A. kann auch nicht eine Abtretung seiner Rechte aus jenem Kaufvertrage gegen den Beklagten gefunden werden; denn sie läßt in keiner Weise eine Absicht des A. dahin erkennen, daß er dadurch der Fabrik Rechte, die ihm persönlich gegen den Beklagten zustanden, übertragen wollte. Für die weitere Frage, ob die Genossenschaft aus irgendeinem Grunde den Erwerb weiterer 119 Anteile vom Beklagten beanspruchen kann, weist das LG. zutreffend darauf hin, daß er nicht durch Übertragung des Geschäftsguthabens des A. gemäß § 76 GenG., sondern durch Beitritt, Zulassung des Vorstands und Eintragung in die Liste gemäß § 15 das. Genosse geworden ist, und zwar mangels eines entsprechenden Vermerks (§ 137) nur mit einem Anteil. Dem LG. ist auch darin beizustimmen, daß wegen Fehlens der erforderlichen schriftlichen Erklärung auf ein dem Vorstandsmitglied X. gegenüber mündlich erklärtes Versprechen, weitere 119 Anteile erwerben zu wollen, sowie auf den Umstand, daß der Beklagte schon vor seiner Eintragung in die Liste und auch späterhin von der Genossenschaft sich so hat behandeln lassen und so behandelt ist, als ob er mit 120 Anteilen beteiligt sei, seine Verpflichtung zur Übernahme weiterer 119 Anteile nicht begründet werden kann. Ebensowenig kann die Fabrik aus § 6 ihrer Satzung diese Übernahme verlangen. Da die Satzung für den Beklagten erst mit dem Tage seiner Eintragung in die Liste, also 12. Februar 1916 maßgebend geworden ist, so kommt es allein darauf an, ob er nachher noch größere Mengen von Kartoffeln, als sie einem Geschäftsanteil entsprachen, geliefert hat. Dies ist widerlegt. . . . J.n.

h) **Wer trägt im Falle des § 346 den Kursverlust von an Erfüllungsstatt angenommenen Wertpapieren?**

Kammergericht, 13. ZS. Urteil v. 29. April 1920.

Die Beklagte, die sich verpflichtet hatte, eine Hypothek von 15000 Mark gegen Zahlung von 15000 Mark dem Kläger abzutreten, hat ihm Hypothekenbrief und Abtretungsurkunde übergeben, und sich auf seine Anfrage, ob er bar oder durch Kriegsanleihe oder durch Überweisung zahlen solle, zur Annahme von 10000 Mark Kriegsanleihe zu 97 % bereit erklärt. Nachdem der Kläger demgemäß 5300 Mark bar gezahlt und 10000 Mark Kriegsanleihe übergeben hatte, ist er vom Abtretungsvertrag mit Recht zurückgetreten und hat auf Rückzahlung von 15000 Mark gegen Rückgabe der Briefes und der Zessionsurkunde geklagt. Im Laufe des Rechtsstreites hat er sich zur Rücknahme der Kriegsanleihe bereit erklärt und verlangt nur noch den Kursunterschied zwischen 97 % und dem jetzigen Kurswert der Anleihe. Dieser Anspruch ist begründet.

Unter den „empfangenen Leistungen" des § 346 S. 1 sind nur solche zu verstehen, welche auf Grund des Vertrags geleistet worden sind (RG. v. 7. Oktober 1905 V 78). Die nach dem Abtretungsvertrag zu gewährende Leistung, Zahlung von 15000 Mark, hat der Kläger dadurch bewirkt, daß er der Beklagten 5300 Mark bar gezahlt und Kriegsanleihe zum Nennwert von 10000 Mark übergeben und die Beklagte diese Wertpapiere an Erfüllungsstatt angenommen hat (§ 364). Daher ist die Sachlage rechtlich so anzusehen, als ob der Kläger die vollen 15000 Mark bar gezahlt hätte. Die Abrede über die Annahme von Kriegsanleihe an Zahlungsstatt bezog sich nur auf die Art der Erfüllung der vertraglichen Zahlungspflicht des Klägers und war nicht Bestandteil des Abtretungsvertrags. Daher ist sie durch den Rücktritt vom Vertrag nicht betroffen und wird von dem die Folgen des Rücktritts regelnden § 346 S. 1 nicht berührt. Daraus folgt, daß als von der Beklagten empfangene „Leistung" die Zahlung von 15000 Mark, nicht die Zahlung von 5300 Mark und die Übergabe von Kriegsanleihe zu erachten ist. Dies Ergebnis entspricht auch dem Zwecke des § 346, nämlich jeden Vertragsteil wirtschaftlich tunlichst in die gleiche Lage zu versetzen, wie wenn der Vertrag nicht geschlossen wäre (JW. 1905 S. 137[14]). Dieser Zweck wird hier nur dadurch erreicht, daß der Kläger Vermögenswerte im Betrage von 15000 Mark zurückerhält. F.

i) **Schuldübernahmegenehmigung nach BGB. § 416.**

OLG. Hamburg, 3. ZS. Urteil v. 18. März 1920.

Übernimmt der Erwerber eines Grundstücks auf ihm ruhende Hypotheken, so würde sich die Möglichkeit ergeben, daß dingliche und persönliche Schuld nicht mehr in einer Hand wären. Um dem daraus sich ergebenden wirtschaftlichen Übelstande zu begegnen, bestimmt § 416, daß ausnahmsweise Stillschweigen des Gläubigers als Zustimmung zur Übernahme auch der persönlichen Schuld durch den Erwerber zu gelten habe. Allein die dort vorgeschriebene schriftliche Anzeige hat hier der Veräußerer nicht erstattet. Die Ansicht des Klägers, daß der Beklagte stillschweigend in den Übergang der persönlichen Forderung gewilligt habe, ist irrig. Daß der Beklagte sich die Hypothekenzinsen von dem Erwerber hat zahlen lassen, entspricht seiner dinglichen Berechtigung und der Verkehrsauffassung, wie sie jetzt besteht; ob etwas andres Rechtens war, ist unerheblich. Wenn Beklagter dem Erwerber die Hypothek gekündigt hat, so hat er damit dem § 1141 entsprochen. Die von ihm mit dem Erwerber vereinbarte Zinserhöhung verpflichtete nur den Erwerber und bedeutete nicht die neue Schließung einer Hypothek. M. M.

k) **Wirkung des von einem Gesamtschuldner mit dem Gläubiger geschlossenen Vergleichs.**

OLG. München, 2. ZS. Urteil v. 22. Dezember 1919.

Die Beklagten M. und N. hatten Eisenbandkorbflaschen für die vom Kläger mit ihrem Transport beauftragte Firma G. auf einen auf der Straße stehenden Brückenwagen zu verbringen. Hierbei sind einige Flaschen zerbrochen und ihr Inhalt ging zu Verlust. Der Kläger hat Schadensersatz samtverbindlich gefordert von der Firma G. gemäß § 278, da sie für die behauptete Fahrlässigkeit ihrer Bediensteten M. und N. einzustehen habe, und von diesen Bediensteten selbst, die ihr aus dem Vertrag nicht hafteten, gemäß § 823 (RG. 67 S. 182, Gruch. 48 S. 882). Es kommt sohin ein unechtes Gesamtschuldverhältnis nach § 421 in Frage. Der eine Gesamtschuldner G. hat im Laufe des Rechtsstreits vergleichsweise „zur Abfindung des Klaganspruchs" 500 Mark bezahlt und der Kläger auf den Mehrbetrag verzichtet. Das BGB. enthält über die Wirkungen eines Vergleichs zwischen dem Gläubiger und einem Gesamtschuldner gegenüber den anderen Gesamtschuldnern keine ausdrückliche Bestimmung. Soweit der Vergleich einen „Erlaß" einbegreift, wird § 423 anzuwenden sein; ein im Vergleich ausgesprochener „Verzicht" wird wegen seiner rechtlichen Natur dem Erlaß gleich zu behandeln sein (Planck, § 423², RGKomm. § 397¹). Dafür, daß hier die Vergleichsschließenden „das ganze Schuldverhältnis" aufheben wollten, spricht schon der Wortlaut des Vergleichs. Der Kläger sollte „abgefunden" werden, er hat auf den Mehrbetrag schlechthin, ohne Vorbehalt „verzichtet". Dafür sprechen alle Umstände. Die Firma G. hat für die nach dem Beweisergebnis mehr als zweifelhafte Klageforderung 500 Mark gegeben, mehr als die Hälfte des eingeklagten Betrags; es ist ohne weiteres glaubhaft, daß sie sich dazu nur im Interesse des Fortbestehens der Geschäftsbeziehungen zum Kläger herbeiließ. Auch diesem kann das ungünstige Beweisergebnis unmöglich entgangen sein. Wenn schon im allgemeinen in Fällen, in denen ein von allen Gesamtschuldnern zu vertretendes einheitliches Verschulden in Frage steht, im Zweifel anzunehmen sein wird, daß der eine vergleichsweise einen gewissen Betrag bezahlende Schuldner damit auch die übrigen Schuldner befreien will, so steht hier vollends außer Zweifel, daß die angesehene, zahlungsfähige Firma nicht etwa einen Teil der Schuld auf ihre Arbeiter abwälzen und nur sich befreien wollte. Der Kläger mußte nach Lage des Rechtsstreits froh sein, 500 Mark zu bekommen und wenn die Firma unter solchen Umständen erklärte, ihn „abfinden" zu wollen, diese Erklärung so auffassen, daß damit die ganze Forderung allen Beteiligten gegenüber erledigt sein soll. H.n.

l) **Bierlieferungsvertrag. Schadenspflicht des Wirtes, der seinen Rechtsnachfolger nicht zum Weiterbeziehen des Bieres verpflichtet.**[1]

OLG. Hamm, 8. ZS. Urteil v. 27. November 1919.

Die Beklagte hatte dem Kläger ein Darlehen gewährt und ihn verpflichtet: „so lange wir eine Forderung an Sie haben werden, Ihren gesamten Bierbedarf ausschließlich bei uns zu decken". Der Kläger hat aus Gesundheitsrücksichten seine Wirtschaft zum 1. April 1918 an die Stadt A. verkauft, ohne ihr die Verpflichtung aufzuerlegen, das Bier von der Beklagten für die Dauer der Darlehnsgewährung zu beziehen. Die Stadt hat die Wirtschaft an X. verpachtet, der sein eigenes Bier dort verzapft. Die Beklagte hat deshalb bei der Abrechnung den Kläger mit 1710 Mark belastet, deren Zahlung dieser mit Recht verlangt. Die Vertragsbestimmung ist ihrem klaren Wortsinne nach nur darauf abgestellt, daß nur der Kläger verpflichtet ist, seinen Bierbedarf bei der Beklagten zu decken. Wenn es auch keinen Rechtssatz gibt, daß eine Bestimmung, die nicht völlig klar ist, gegen den auszulegen ist,

[1] Obiger Entsch. kann nicht beigetreten werden. Nach dem Vertrage dauert die Bierbezugspflicht bis zur Rückzahlung des Darlehens. Daß es sich um eine höchstpersönliche Verpflichtung handelt, ist nicht angedeutet; sollte sie also gleichwohl beabsichtigt gewesen sein, so trifft hierfür den Kläger die Beweislast. Daraus folgt, daß der Kläger, der das Geschäft verkauft, ohne dem Nachfolger die Verpflichtungen aus dem Darlehen aufzuerlegen, nur durch dessen sofortige Rückzahlung frei werden kann. Abweichend hat zwar das RG. (JW. 1899 S. 349[45]) erkannt; die Unrichtigkeit dieses Urteils ergeben aber die Ausführungen (RG. 48 S. 314/6, 70 S. 286). D. H.

dem ein Recht eingeräumt worden ist, so muß doch von ihm, der die Bestimmung abfaßt, verlangt werden, daß er sie klar faßt, wenn er Rechte aus ihr herleiten will. Das gilt besonders von einer großen Brauerei wie der Beklagten, die sicherlich schon häufig Verträge des Inhalts geschlossen hat, den sie jetzt aus der hier fraglichen Bestimmung entnehmen will. Fehlt dem klaren Wortlaute nach aber dieser Inhalt, so ist der Schluß berechtigt, daß sie auf die weitergehende Bindung des Wirtes verzichtet hat, von dem nicht feststeht, ob er sich auf eine strengere Bestimmung eingelassen hätte. Man kann auch nicht sagen, Darlehnsgewährung und Bierbezug müßten sich immer zeitlich decken, so daß die Bierbezugspflicht, sei es durch den Kläger oder seinen Rechtsnachfolger, so lange zu dauern hat wie die Darlehnsgewährung bestehe, so daß der Kläger ersatzpflichtig sei, wenn er die Verpflichtung nicht seinem Rechtsnachfolger auferlegt habe. Das Recht auf das Darlehen und die Bierbezugspflicht werden wohl meistens zeitlich zusammenfallen, doch ist das nicht notwendig der Fall, vielmehr wird es immer auf die Fassung des Vertrags im Einzelfall ankommen. So hat RG. (63 S. 390) nach der entgegengesetzten Richtung einen Vertrag für gültig erklärt, in welchem der Wirt sich verpflichtet, sein Bier 5 Jahre zu beziehen, selbst wenn die Brauerei während dieser Zeit das dem Wirte gewährte Darlehen kündigt und dieser es zurückzahlen muß. Man könnte höchstens dann von einer Schadenspflicht des Klägers sprechen, wenn dieser etwa arglistig eine Veräußerung vorgenommen hätte, um sich auf diese Weise von dem ihm lästigen Bierbezuge gerade von der Beklagten zu befreien. Hierfür ist aber nichts vorgebracht.... Die Frage wäre vielleicht nur zu stellen, ob der Verkauf nicht der Beklagten das Recht gebe, das Darlehen trotz der Kündigungsfrist von 6 Monaten ohne solche zurückzuverlangen. Das hat sie auch im übrigen mit einer solchen von 3 Monaten getan. Allerdings nimmt das OLG. Karlsruhe (Bad. Rsp. 1903 S. 222; vgl. auch Staub HGB. Exkurs § 346[16]) an, daß der Wirt unmittelbar kraft Vertrags dafür einzustehen hat, daß sein Nachfolger während der noch laufenden Vertragszeit das Bier weiterbezieht. Dort handelt es sich aber um einen von vornherein auf eine bestimmte Reihe von Jahren geschlossenen Vertrag, so daß es dahingestellt bleiben kann, ob dieser Entscheidung beizutreten wäre, während hier nur eine Verpflichtung für die Dauer der Darlehnsgewährung in Frage kommt, und der Wortlaut des einzelnen Vertrags jeweils zu einer anderen Beurteilung führen kann. Dr. H. sch.

m) **Recht zur Beschlagnahme und BGB. § 434.**

OLG. Hamburg, 6. ZS. Urteil v. 19. Februar 1920.

Nach § 434 hatte die Beklagte (Verkäuferin) für die Freiheit von Rechten einzustehen, die von Dritten gegen den Kläger geltend gemacht werden konnten. Hier war, da sich die Beklagte durch den Absatz der Ware ihrerseits eines Verstoßes gegen den § 2 VO. vom 10. Juni 1916 schuldig machte, nach § 4 Nr. 2 das. die Polizeibehörde berechtigt, die Ware dem Kläger fortzunehmen und zu beschlagnahmen. Daß dieses Recht nur die einstweilige Sicherstellung der Ware bezweckte und an sich noch keine endgültige Einziehung enthielt, die nur durch richterliches Urteil ausgesprochen werden konnte und infolge des späteren aus subjektiven Gründen erfolgten Freispruchs der Beklagten überhaupt unausführbar wurde, ist unerheblich. Schon das zur Sicherung der etwaigen richterlichen Einziehung objektiv begründete einstweilige Beschlagnahmerecht der Polizei begründete, da mit ihm ein Anspruch des Staates auf Erlangung des Eigentums an der speziellen Sache geltend gemacht wird, für den Kläger die Rechte aus §§ 434, 440 (RG. 96 S. 80 unten). Dem stand nicht entgegen, daß die ursprüngliche Beschlagnahme ihren unmittelbaren Anlaß in dem vom Kläger vorgenommenen Verkauf hatte, denn sie erfolgte, wie die aus den Strafakten ersichtliche sofortige gleichzeitige Feststellung und Verfolgung der Beklagten ergibt, nicht ausschließlich wegen vermeintlichen Verstoßes des Klägers, sondern zugleich wegen der dabei zutage getretenen Zuwiderhandlung der Beklagten und wurde demgemäß auch, da sich das gesetzliche Verbot nur gegen den Verkäufer richtet und deshalb ein Beschlagnahmerecht wegen eines vom Kläger begangenen Verstoßes nicht in Frage kam, nur wegen der von der Beklagten verübten Zuwiderhandlung auch hinsichtlich des Erlöses der alsbald veräußerten Ware aufrecht erhalten. Wegen dieses, nur durch die Beklagte begründeten Rechts zur einstweiligen Beschlagnahme der Sache kann der Kläger, da er der Polizei die Ware zugleich mit Rücksicht auf dieses Recht herausgegeben hat, nach §§ 440², 325 Schadensersatz wegen Nichterfüllung verlangen. Die Verpflichtung der Beklagten, die Ware frei von Rechten Dritter zu verschaffen, ist infolge eines von ihr zu vertretenden Umstandes, nämlich eben durch ihre Übertretung des § 2 VO. vom 10. Juni 1916, im späteren Verlauf ohne Verschulden des Klägers überhaupt unmöglich geworden, da die Polizei gemäß Art. II der VO. vom 22. März 1917 (RGBl. S. 255) die Ware veräußerte. Der § 439¹ steht hiernach dem Kläger nicht entgegen. Daß er das Beschlagnahmerecht der Polizei kannte, hat Beklagte, was ihr oblag, nicht bewiesen. Ihre allgemeine Behauptung, er habe gewußt, daß das Geschäft verbotswidrig sei, rechtfertigt noch nicht die Annahme, daß er tatsächlich schon bei Abschluß des Kaufes sichere Kenntnis davon besaß, daß die Polizei ihm trotz Zahlung des Kaufpreises und Erwerbs des Eigentums die Ware wegen der Zuwiderhandlung der Beklagten beschlagnahmen könne. M. M.

n) **Gewährleistung:** *α*) **für eine Hypothek.**

OLG. Stettin, 1. ZS. Urteil v. 7. Oktober 1919.

Der Klaganspruch ist an sich begründet. Nach Treu und Glauben ist der Kaufvertrag dahin auszulegen, daß die Beklagte ihr Grundstück dem Kläger auflassen sollte, sobald das Restkaufgeld eingetragen und die Hypothek ihr abgetreten war. Da ihr der Brief vom Grundbuchamt ausgehändigt werden sollte, so war auf sie mit der Ende 1916 erfolgten Eintragung die Hypothek übergegangen. Hatte der Kläger für diese die Gewähr übernommen, so gehörten die daraus entstehenden Verpflichtungen nicht zu den aus dem Kaufvertrag und konnten nicht die Grundlage für einen Rücktritt der Beklagten bilden (Planck § 340[3a]). Der Kläger, der den Kaufvertrag erfüllt hatte, konnte daher die Auflassung beanspruchen. Nachdem die Erfüllung dieses Anspruchs durch die Zwangsversteigerung des Grundstücks unmöglich geworden war, trat an dessen Stelle der dadurch der Beklagten zugefallene Barerlös (§ 281). Ob der Kläger oder die Beklagte die Unmöglichkeit zu vertreten hat, kann dahingestellt bleiben, weil der Ersatzvorteil dem Gläubiger auch dann gebührt, wenn er sie vertreten muß (Planck, RGKomm. § 281).

Dagegen erweist sich die aus der Gewährleistung zur Aufrechnung gestellte Gegenforderung als begründet. Der Kläger hat nicht etwa Gewähr für die Zahlungsfähigkeit seines Käufers, sondern für die dingliche Sicherheit der Restkaufgeldhypothek übernommen, also zugesichert, daß eine bestimmte Befriedigungssumme aus dem Grundstück genommen werden könnte (Staudinger § 438[4]). Die hier entsprechend anzuwendende Vermutung des § 438 wird in den meisten Fällen als durch den Parteiwillen widerlegt anzusehen sein, besonders dann, wenn die abgetretene Forderung noch nicht fällig ist (Gruchot 51 S. 726, RGKomm. § 438[1]). So ist es auch hier. Als der Vertrag geschlossen und das Restkaufgeld abgetreten wurde, gingen die Parteien davon aus, daß die Beklagte durch die Eintragung vollständig sicher gehen sollte. In der Absicht der Parteien lag es nicht, daß sich die Gewähr nur auf die Zeit des Kaufabschlusses und der Abtretung der Hypothek beziehen sollte, sondern daß die Beklagte bei einer etwaigen Zwangsversteigerung vollständig befriedigt würde. Das ergibt sich auch schon daraus, daß sie den vollen Wert der Hypothek in Zahlung nahm. Wenn auch der Kläger nicht dauernd verhaftet bleiben konnte, so sollte doch nach der Absicht der Parteien seine Haftung so lange dauern, bis die Beklagte die Hypothek kündigen konnte und so die Möglichkeit hatte, sich zu befriedigen. Da die Hypothek am 12. Dezember 1916 abgetreten, am 20. aber bereits die Zwangsversteigerung angeordnet wurde und die Beklagte erst am 27. Januar 1917 den Brief erhielt, bestand für sie keine solche Möglichkeit. Mit dem Ausfall der Hypothek trat daher die Pflicht des Klägers aus der Gewährleistung ein. Diese ist als Zusicherung einer bestimmten Eigenschaft aufzufassen; der Kläger ist daher nach den für die Zusicherung von Eigenschaften beim Kauf entsprechend anzuwendenden Vorschriften, besonders nach § 463 haftbar (Gruchot 48 S. 430; Staudinger § 438[4c]). Dr. M.r.

β) für zur Sicherung abgetretene Grundschulden.

OLG. Rostock, 1. ZS. Urteil v. 2. Juni 1919.

Die Beklagten haben dem Kläger für die Sicherheit der ihm von X. in Zahlung gegebenen, später aber ausgefallenen Grundschuld Gewähr geleistet. Mit Unrecht wenden sie ein, daß er seinen Anspruch auf Gewährleistung durch die Abtretung der Grundschuld an A. verloren habe. Denn er hat diese nicht schlechthin veräußert, so daß jedes eigene Interesse an dem durch die Gewährleistung erworbenen Anspruch erloschen wäre, sondern lediglich zur Sicherung für eine dem A. zustehende Forderung. Eine solche Abtretung bewirkt aber nicht ein endgültiges Ausscheiden der Grundschuld aus dem Vermögen des Abtretenden; vielmehr ist diesem gegenüber der Erwerber verpflichtet, die Grundschuld nur zu seiner eigenen Befriedigung zu verwerten; falls und soweit dieser Zweck nicht in Frage kommt, bleibt sie im Innenverhältnis zwischen dem Erwerber und dem Abtreter Vermögensstück des letzteren. Ist also wie hier die Grundschuld ausgefallen und der Erwerber wegen derjenigen Ansprüche, zu deren Sicherung die Abtretung erklärt war, befriedigt, so stehen dem Kläger alle früheren Rechte wieder ungeschmälert zu (RG. 91 S. 218). Ob die Forderung des A. ursprünglich gegen den Kläger oder gegen dessen Sohn bestand und ob sie vom Kläger oder von seinem Sohne erfüllt worden, sind Tatsachen, die ausschließlich für das Verhältnis zwischen Vater und Sohn und dem Gläubiger, aber in keiner Weise für das Verhältnis zwischen dem Kläger und den Beklagten von Bedeutung sind. Hat aber der Sohn eine Schuld seines Vaters bezahlt, ohne Erstattung zu verlangen, so hat er ihm eine unentgeltliche Zuwendung gemacht. Die Schuld der Beklagten aus dem Gewährleistungsvertrage wird durch solche Leistung nicht berührt. Daß der Sohn im Interesse der Beklagten gezahlt habe, ist nicht behauptet. Dr. Br.

o) **„Auslieferung": α) bei Versendung durch die Bahn.**

Kammergericht, 7. ZS. Urteil v. 21. Oktober 1919.

Zur „Auslieferung" (§ 447) genügt nicht die bloße Übergabe der zu versendenden Sache an die Bahnverwaltung als die „Versendungsanstalt", vielmehr muß das Zustandekommen des Frachtvertrags dazutreten, der nach § 61 EVO. mit der Annahme des Gutes und des Frachtbriefes durch die Bahn als abgeschlossen gilt. Erst mit dem Abschluß des Frachtvertrags zwischen dem Absender und der Versendungsanstalt kann also die Ware als „ausgeliefert" gelten (vgl. Warn. 4 Nr. 230). Hier ging also die Gefahr auf den Beklagten (Käufer) erst über, als der Bahnwagen auf dem Staatsbahnhof angelangt und den staatlichen Beamten mit dem Frachtbriefe übergeben war. L.n.

β) durch den Spediteur. Zugesicherte Eigenschaft. Mängel der Packung. Genehmigung!

OLG. Jena, 2. ZS. Urteil v. 28. November 1919.

Der Kläger stützt sein Wandlungsbegehren zunächst darauf, er habe die Gurken nur unter der Bedingung gekauft, daß sie am nächsten Tage nach T. abgesendet und ihm der Duplikatfrachtbrief bis zum nächsten Abend zugestellt würden. Eine solche Vereinbarung würde aber keine Bedingung im Rechtssinne enthalten, sondern lediglich eine Geschäftsbedingung darstellen, die zum Inhalt des Geschäfts gehört, aber nicht dazu bestimmt ist, seine Wirkung in Frage zu stellen. Ebensowenig kann sich der Kläger darauf stützen, daß die Beklagte ihm zugesichert habe, die Gurken seien in gutem gebrauchsfähigen Zustande. Das wäre lediglich eine allgemeine Anpreisung der Ware, aber keine Zusicherung von Eigenschaften im Sinne des § 459 gewesen.[1] Der Kläger behauptet aber auch, daß sich die Gurken zurzeit, als die Gefahr auf ihn übergegangen sei, in einem mangelhaften, ihre Gebrauchsfähigkeit aufhebenden Zustand befunden hätten. Mit dem LG. ist anzunehmen, daß das Kaufgeschäft erst am 7. November 1917 zustande gekommen ist.... Hat dabei Beklagte übernommen, die Gurken nach T. durch den Spediteur St. befördern zu lassen, so liegt darin die Abrede, daß sie als Verkäuferin die Ware auf Verlangen nach T., also einem anderen Ort als dem Erfüllungsorte Köln schicken sollte. Nach § 447 ging also die Gefahr auf den Kläger nicht schon dadurch über, daß Beklagte den St. ermächtigte, die Gurken für den Kläger in Besitz zu nehmen, sondern erst dadurch, daß St. sie auf Grund der ihm erteilten Ermächtigung auch wirklich für den Kläger in Besitz nahm. Die Auslieferung der Frachtbriefe an St. spielt dabei keine Rolle, weil sie keine zur Eigentumsübertragung genügenden Verfügungspapiere sind, wie etwa der Ladeschein. Von entscheidender Bedeutung ist es aber nicht, ob die Gefahr schon mit der Übergabe der Frachtbriefe übergegangen ist; denn die gesamte Ladung befand sich schon beim Vertragsschluß in einem nicht mehr transportfähigen Zustande.... Das ist an sich nur ein Mangel der Fässer; aber es ist als ein Mangel der Lieferung selbst anzusehen. Denn der Mangel der Verpackung ist einem Mangel der Ware gleichzustellen, wenn deren Haltbarkeit und Brauchbarkeit durch die Verpackung bedingt wird (RG. 59 S. 123, Staub HGB. § 377[9]). Das trifft bei Salzgurken zu, die sich erfahrungsgemäß nur halten, wenn sie vom Salzwasser überdeckt sind, das bei Schäden der Fässer leicht ausläuft. Nicht versandfähige Fässer sind nicht widerstandsfähig; ihr Versand ist nicht möglich, ohne daß eine Beschädigung der Gurken durch Auslaufen des Salzwassers eintritt. Aus den Zeugenaussagen geht aber auch hervor, daß, wie die Parteien ausdrücklich vereinbarten, die Gurken alsbald nach T. gesandt werden sollten. Ihre Versendungsfähigkeit war also von den Parteien vorausgesetzt. Beklagte haftet hierfür also nach § 459. Zu Unrecht nimmt das LG. an, daß der Kläger die Gurken genehmigt habe, indem er auf ihre Besichtigung verzichtete. Genehmigen konnte er die Sendung nur, wenn ihm ihre Mängel bekannt waren oder wenn er von vornherein bedingungslos auf die Geltendmachung etwa vorhandener Mängel verzichten wollte; das war aber keineswegs der Fall. Zweifelhaft könnte höchstens sein, ob eine grobe Fahrlässigkeit darin gefunden werden kann, daß er das Anerbieten der Beklagten, die Ware vor der Absendung nach T. zu besichtigen, ablehnte. Das ist aber im wesentlichen nur bei solchen Kaufsachen anzunehmen, die man nach der Verkehrssitte nicht ohne genaue Besichtigung zu kaufen pflegt, wie zB. Häuser,

[1] Die Äußerung des Verkäufers, die Wäscherei befände sich in tadellosem Zustande, enthält nicht die Kundgebung bestimmter Eigenschaften der Wäscherei, sondern lediglich eine allgemeine Anpreisung, wie sie erfahrungsgemäß bei den meisten Verkäufen in ähnlicher Form vorkommt und bei der eben deshalb keine Vertragspartei daran denkt, daß damit besondere Vorzüge hervorgehoben werden sollen (OLG. Kiel, 2. ZS. Urteil v. 18. Nov. 1919).

Kostbarkeiten, Kunstwerke usw. (Staudinger § 460 N. 2 Nr. 3). Um solche Sachen handelte es sich hier aber nicht. Die Besichtigung der Gurkensendung in Köln hatte für den Kläger vielmehr kaum ein Interesse. Er konnte davon ausgehen, daß die Verpackung in Ordnung sei, denn Verklagte hatte sich verpflichtet, die sofortige Weitersendung nach T. zu besorgen. Die Fässer selbst zu öffnen, um ihren Inhalt zu prüfen, hatte der Kläger aber keinen Anlaß. Waren, wie die hier streitigen, pflegt man erst zu prüfen, wenn sie am letzten Bestimmungsort angelangt sind. Die Öffnung der Fässer hätte die ordnungsmäßige Verpackung der Gurken leicht beeinträchtigen können.

Schließlich wendet Beklagte verspätete Mängelrüge ein. Allein St. hatte ihr den Mangel der Fässer sofort mitgeteilt; sie kannte ihn also schon vor der Besitzergreifung des St. und hätte ihn dann dem Kläger mitteilen müssen. Tat sie das nicht, so verschwieg sie den ihr bekannten Mangel arglistig. Der Verkäufer haftet auch für solches Verschweigen bei Erfüllung des Kaufvertrags (RG. 55 S. 214), so daß die Schutzrechte des § 377 HGB. versagen. M. l.

p) **Mietvertrag als verhülltes Abzahlungsgeschäft.**

OLG. München, 2. ZS. Urteil v. 15. Dezember 1919.

Die Beklagte hat am 28. August 1916 mit dem Kläger einen „Mietvertrag" über ein „Pianino im Werte von 400 Mark" auf ein Jahr geschlossen. Die Miete ist vorauszahlbar und beträgt monatlich 12 Mark. Nach § 3 ist eine ordentliche Kündigungsfrist von einem Monat festgesetzt „auch bei Miete auf bestimmte Zeit, falls nach dieser der Vertrag fortbesteht." § 8 besagt: „Wird der Vertragsgegenstand später käuflich erworben, werden die bis dahin bezahlten Mietbeträge im ganzen abgerechnet; auch 10 Mark Transport." § 9 regelt das Rücktrittsrecht des Klägers bei Vertragsverletzung und § 11 erklärt andere als niedergeschriebene Vereinbarungen als ungültig. — Der Vertrag wurde nach Ablauf des Jahres stillschweigend fortgesetzt. Beklagte hat die „Miete" regelmäßig bezahlt; im ganzen 288 Mark. Gleichwohl hat am 29. Juli 1918 der Kläger „mit Rücksicht auf die Zeitverhältnisse, besonders den immer noch sinkenden Wert des Geldes gemäß einem Beschluß des Münchner Klavierhändlervereins den Vertrag zum 1. September 1918 gekündigt". Beklagte wies die Kündigung zurück, zahlte weitere 102 Mark und erklärte, dadurch das Pianino käuflich erworben zu haben. Die Klage auf dessen Herausgabe ist unbegründet. Der Kläger hat eingeräumt, daß Beklagte vom Anfang an den Willen hatte, das Eigentum des Pianinos zu erwerben, und daß ihr „mit Rücksicht hierauf in Aussicht gestellt wurde, daß die Miete und die Transportkosten voll angerechnet würden", m. a. W., daß mit Rücksicht auf den von vornherein beabsichtigten Kauf der § 8 ausgefüllt wurde. Als „Wert" des Pianinos wurden 400 Mark festgesetzt; es kann sich demnach in Anbetracht der z. Z. des Vertragsschlusses bereits in die Höhe gegangenen Klavierpreise mindestens um kein Instrument von besonderen Qualitäten handeln. Gleichwohl wurde eine „Miete" von 12 Mark dem Beklagten abverlangt, so daß jährlich mehr als 1/3 des vom Kläger behaupteten Wertes zu entrichten war. Daraus ergibt sich, daß es sich bei den angeblichen Mietraten zugleich um einen Teil des „Erwerbsentgelts" handelt. Deswegen wurde auch bestimmt, daß die bezahlten Mietbeträge im ganzen und ebenso die Transportkosten abzurechnen seien. Es ist also eine bewegliche Sache zum sofortigen und dauernden Gebrauch in der Weise übergeben worden, daß das Entgelt nicht sofort und auf einmal, sondern in fortlaufenden Monatraten abgetragen werden sollte. Der Kläger hat sich für den Fall einer bezüglichen Vertragsverletzung den Rücktritt vorbehalten. Damit sind aber die wesentlichen Merkmale des Abzahlungsgeschäftes gegeben (Rsp. 22 S. 222; LZ. 1911 S. 779[30]). In ihrer Gesamtheit ergeben sie, daß ein in der Form des Mietvertrages verhülltes Abzahlungsgeschäft vorliegt. Dabei ist ausschlaggebend, daß die Mietraten von Anfang an wenigstens teilweise „Erwerbsentgelt" waren; es war nach der Absicht der Parteien die Übertragung des Eigentums das „Endziel" des Geschäftes (vgl. auch RG. in LZ. 1918 S. 264). — Daß das Eigentum am Klavier zunächst bei dem Kläger verblieb, ist belanglos; es ist ja auch bei dem offenen Abzahlungsgeschäft der Eigentumsvorbehalt ein üblicher Bestandteil; ebenso, daß anscheinend der Vertrag auf ein Jahr begrenzt war; das entsprach offensichtlich nicht dem wahren Willen der Parteien. Der Vertrag bestand entgegen dem § 11, der nur schriftliche Zusätze für gültig erklärt, ohne solche schriftliche Ergänzung, ja ohne jede weitere Abrede nach Abschluß des Jahres einfach weiter; er sollte aber nach der Natur der Sache dauern, bis der Kaufpreis abbezahlt wäre (vgl. auch Satz 2 des § 3). Die Kündigungsklausel des § 3 hat der Kläger, wie sich aus seinem Bekenntnis im Briefe vom 2. August 1918 ergibt, in der von der Beklagten offenbar nicht erkannten Absicht im Vertrage, der doch eigentlich mehr als ein Mietvertrag auch nach seiner Meinung sein sollte, stehen lassen, um sich bei veränderten Umständen, also auch ohne daß Beklagte den Vertrag verletzte einseitig lossagen zu können. Es handelt sich dabei aber um einen untauglichen Versuch, der am Charakter des Geschäftes nichts ändert. Beim verhüllten Abzahlungsgeschäft ist eben eine vertragsmäßige Feststellung der Kündigung nur dann gültig, wenn sie den einschränkenden Bedingungen des § 4 Ges. v. 16. Mai 1894 entspricht.

Liegt aber ein verhülltes Abzahlungsgeschäft vor, so finden die §§ 1—5 das. Anwendung. Daraus folgt, auch wenn man das Rechtsgeschäft nicht schlechthin als Kauf (so Staub JW. 1888 S. 301, Lazarus Abzahlungsgeschäfte S. 66), sondern als einen mit einem Kauf verbundenen Mietvertrag beurteilt (Samter § 6 A 4[6], Aubele § 6[7]) zunächst, daß dem Klageantrag, der darauf abzielt, das Pianino unter Einbehaltung der geleisteten Abzahlungen herauszubekommen, schon wegen der in §§ 1, 2 Ges. vorgesehenen Ausgleichspflicht nicht stattgegeben werden könnte; sodann aber auch, daß die Kündigung überhaupt rechtsunwirksam ist, da Beklagte ihre Vertragspflichten pünktlich erfüllt hat (§ 4 Ges.). Die Beklagte konnte demnach den Rest des Kaufpreises in den bedungenen Raten weiter abtragen; sie konnte aber auch den Eigentumserwerb dadurch herbeiführen, daß sie jenen Rest voll einbezahlte. Als Kaufpreis kann selbstverständlich nur der im Vertrag festgestellte Betrag von 400 Mark gelten, da an den Vertrag beide Teile gebunden blieben. Der Kläger konnte nicht einseitig nachträglich 800 Mark fordern; denn die Tatsache, daß er, wenn er den Vertrag nicht geschlossen hätte, wegen der inzwischen eingetretenen Preissteigerung einen höheren Gewinn erzielen könnte, ist jedenfalls kein Umstand, der zum Rücktritt berechtigt. H.n.

q) **Anerkennung der Probewidrigkeit der Ware und deren Weiterveräußerung.**[1]

OLG. Hamburg, 6. ZS. Urteil v. 5. Februar 1920.

Darin, daß Beklagte durch Erklärung auf der Kaufrechnung die Probewidrigkeit der von ihr gelieferten Beeren auf Verlangen des Klägers anerkannt hat, ist der Wille ausgedrückt, die Mangelhaftigkeit der Ware anzuerkennen und sich deren Folgen zu unterwerfen. Demgegenüber kann sie sich nicht mehr darauf berufen, daß der Mangel zu spät und zu ungenau gerügt sei. Eine Erklärung, welche Rechte der Kläger aus der Probewidrigkeit herleiten wolle, brauchte er zunächst nicht abzugeben. Er hat sein Wandlungsrecht auch nicht dadurch verloren, daß er die Ware dann weiterverkauft hat. Eine nachträgliche Annahme in Kenntnis der Fehler mit der Wirkung des § 464 liegt deshalb nicht vor, weil er sich, indem er sich die Probewidrigkeit bescheinigen ließ, alle seine Rechte vorbehalten hat. Eine Veräußerung der Ware in Kenntnis ihrer Mangelhaftigkeit schließt auch nicht notwendig einen Verzicht auf die Wandlung ein, besonders dann nicht, wenn dies im Einverständnis des Verkäufers geschieht, um durch den Abnehmer doch noch eine gute Verwertung der Ware zu erreichen. So liegt die Sache hier. Denn ist besprochen worden, der Abnehmer solle die Ware sortieren, so liegt darin doch, daß der Kläger die bis dahin nicht verkaufte Ware weiterverkaufen solle, und daß der Käufer sie nicht bloß zum Sortieren haben, sondern sie auch verwerten wollte, ist klar. Der Zusatz der Beklagten, inzwischen wolle sie sich bei ihrem Verkäufer bemühen, eine Vergütung von ihm zu erhalten, konnte auch kaum anders als dahin verstanden werden, daß man nach beiden Seiten, sowohl durch Weiterverwertung, wie auch durch eine Entschädigung des Minderwerts sich bemühen wollte, aus der Ware möglichst viel herauszuschlagen, und daß die Sortierung nur dazu dienen sollte, die richtige Bemessung dieser Entschädigung zu ermöglichen. Höchstens konnte damit gesagt

[1] Die Ingebrauchnahme einer Maschine trotz Kenntnis ihrer Mängel kann dann nicht als „Annahme" angesehen werden, wenn die Maschine nicht ordnungsgemäß gearbeitet und trotz aller Ausbesserungsversuche immer wieder versagt, der Käufer auch die erheblichen, die Weiterarbeit ausschließenden Mängel unausgesetzt gerügt hat (RG., 7. ZS. Urteil v. 25. November 1919). L.n.

sein, daß der Abnehmer mit dem Weiterverkauf zunächst noch warten solle, damit bei Verweigerung der Vergütung, die Ware dem Verkäufer der Beklagten noch wieder zur Verfügung gestellt werden könne. Aber auch dann konnte der Sinn nur der sein, daß der Abnehmer sich mit der Weiterverwertung nicht zu sehr beeilen solle, damit die Wiedererlangung der Ware noch für die nächsten Tage möglich blieb. Von Mitte bis Ende Dezember hat man aber dem Abnehmer Zeit gelassen und wenn er in dieser Zeit die Ware nur zu $^1/_{13}$ weiterverkaufte, so kann Beklagte daraus nicht herleiten, daß der Kläger durch diese von ihr nicht gewollte Art der Veräußerung auf sein Wandlungsrecht verzichtet oder die Unmöglichkeit der Herausgabe jenes kleinen Teils verschuldet habe.... M. M.

r) **Rückgängigmachung des Kaufs durch schlüssige Handlung.**[1]

OLG. Stuttgart, 3. ZS. Urteil v. 10. April 1920.

Die Beklagte hat ihr Einverständnis mit der ihr durch die Rücksendung der Kaufsache angetragenen Rückgängigmachung des Kaufs dann durch schlüssige Handlung erklärt, wenn sie die Sache widerspruchslos zurückgenommen hat. Da sie vorher von der Rücksendung im Sinne der Rückgängigmachung des Kaufs unterrichtet war und dieser Vorschlag des Klägers sich mit ihrem eigenen früheren Vorschlag inhaltlich deckte, so wäre sie nach Treu und Glauben verpflichtet gewesen, so bald als nach ordnungsmäßigem Geschäftsgang möglich, dem Kläger mitzuteilen, daß in ihrer Annahme der Ware ein Einverständnis mit der Rückgängigmachung nicht enthalten sei. Eine solche Mitteilung hat sie mit Brief vom Ende 1918 gemacht. Allein sie hatte die Ware bereits am 27. Dezember ausgehändigt erhalten, einen stichhaltigen Grund, warum sie erst Ende 1918 habe schreiben lassen, daß sie die Ware nicht zurücknehme, nicht vorgebracht; ihr Widerspruch ist also verspätet. S.

s) **Zusicherung der Größe eines Grundstücks.**

OLG. Kiel, 3. ZS. Urteil v. 10. Dezember 1919.

Der Kläger hat seinen inländischen Hof 1912 gegen den dänischen Hof von „ca. 70 Tonnen" des Beklagten vertauscht. Die Klage auf den Minderwert ist begründet. Auf den Vertrag ist, obwohl er in Dänemark geschlossen ist und einen dänischen Hof betrifft, deutsches Recht anzuwenden, weil dies dem mutmaßlichen Willen der Parteien entspricht. Beide Parteien sind Deutsche; es ist nicht anzunehmen, daß sie teils deutsches, teils dänisches Recht anwenden wollten. Wenn ihnen die Frage entgegengetreten wäre, hätten sie daher das ihnen vertrautere deutsche Recht zugrunde gelegt (RG. 68 S. 205). Daher ist § 468 hier maßgebend. Aus der Aufnahme der Größe in den Vertrag folgt noch nicht unbedingt, daß diese vom Verkäufer zugesichert sein sollte. Es spricht allerdings von vornherein eine erhebliche Wahrscheinlichkeit dafür, da der Wert ländlicher Grundstücke regelmäßig nach der Größe ver-

[1] Die Nichtigkeit des Kaufvertrags hindert nicht dessen vertragsmäßige Wandlung; denn mit dieser soll ja gerade der gesetzmäßige Zustand wieder hergestellt werden, so daß ihr der § 134 nicht entgegensteht (OLG. Kiel, 1. ZS. Urteil v. 5. Febr. 1920; SchlHA. S. 86).

anschlagt zu werden pflegt, diese daher von bestimmendem Einfluß auf die Bemessung des Kaufpreises ist. Aus dem Zusatz „ca" darf nicht auf das Gegenteil geschlossen werden, denn „einer ziffernmäßigen Zusicherung wird nicht dadurch schlechthin die erforderliche Bestimmtheit genommen, daß der Ziffer das Wort „ca" hinzugefügt ist" (Recht 1909 Nr. 3045). Zu einer verbindlichen Zusicherung ist aber eine Erklärung erforderlich, die ergibt, daß der Verkäufer für die Größe einstehen will und welche auch der Käufer in diesem Sinn auffaßt (JW. 1905 S. 530). Da das Grundstück $64^{12}/_{14}$ dänische Tonnen groß ist, eine dänische Tonne 0,55 ha hat, eine schleswigsche Tonne dagegen nur 0,50 ha hat, mußte der Kläger beweisen, daß überhaupt eine bestimmte Größe zugesichert und daß die Zusicherung in dänischen Tonnen erfolgt ist. Es ist erwiesen, daß dänische Tonnen gemeint waren.

Auch für die Bedeutung des „ca" ist auch hier das deutsche Recht maßgebend, das irgendeinen feststehenden Spielraum nicht kennt. Er wird daher anders zu bemessen sein, wenn es sich um sehr große Grundstückswerte handelt, bei denen selbst einige tausend Mark keine ausschlaggebende Rolle zu spielen pflegen, oder um kleine Besitzungen, wie hier, bei denen jeder Morgen ins Gewicht fällt. Deshalb erscheint es als zutreffender Maßstab, wenn man hier einen Spielraum von einer Tonne nach oben und unten zuläßt. Danach erscheint das Verlangen des Klägers durchaus angemessen. SchlHA.

t) **Beweislast bei einer Mehrheit von Kaufgegenständen für einen Gesamtpreis.**

OLG. Rostock, 1. ZS. Urteil v. 1. Dezember 1919.

Der Kläger hat zur Begründung seines Anspruchs auf den Kaufpreis für die zunächst verkauften vier Tiere nur zu behaupten und zu beweisen, daß die Parteien sich über den Verkauf der vier Tiere und über den dafür zu zahlenden Preis von 26000 Mark geeinigt haben. Daran ändert auch der Umstand nichts, daß er nur einen Teil des Kaufpreises fordert; er kann sich hierauf beschränken, ohne aufklären zu müssen, warum dies geschieht. Demgegenüber hat Beklagter darzutun, daß und inwiefern diese Vereinbarung wieder rückgängig gemacht und er infolgedessen von seiner Schuld befreit sei. Dazu gehört aber, wenn es sich um eine Mehrheit von Kaufgegenständen für einen Gesamtpreis handelt, die Einigung, nicht bloß über die zurückzugebende Sache, sondern auch über die Höhe des dafür zurückzugewährenden Teils des Kaufpreises. Ohne solche Einigung ist es zum Vertragschlusse über die Aufhebung noch nicht gekommen. Hier hat aber der Beklagte eine ausdrückliche Vereinbarung, die bei der teilweisen Aufhebung des Geschäfts gemacht sei, nicht zu behaupten vermocht; auch eine stillschweigende Einigung dahin, daß derselbe Preis, der für das einzelne Tier beim Kaufe zugrunde gelegt sei, auch bei der Aufhebung maßgebend sein solle, kann nicht angenommen werden, da von Einzelpreisen beim Kaufabschlusse nicht gesprochen worden ist. Aber selbst, wenn die gütliche Einigung über die Rückgabe eines Pferdes auch beim Fehlen einer Einigung über dessen Preis entsprechend dem § 471 zu behandeln und also auf das Wertverhältnis der vier Tiere zueinander zurückzugehen wäre, könnte der Beklagte keinen Erfolg haben, da er keine genügende Angaben hierüber machen kann. Seine Auffassung, daß davon auszugehen sei, daß der Wert aller vier Tiere der gleiche gewesen sei, ist nicht haltbar; dafür spricht keine tatsächliche Vermutung, und noch weniger hat das Gesetz eine solche aufgestellt. Dr. Br.

u) **Zusicherung der Trächtigkeit. Stillschweigende Vereinbarung einer Gewährsfrist.**

OLG. Kiel, 3. ZS. Urteil v. 13. Dezember 1919.

Der Kläger hat bei Abschluß des Kaufvertrages erklärt: „Das Pferd habe unter Garantie ein Fohlen, es sei im Juli 1917 gedeckt und müsse ein Fohlen bringen; sonst solle es nichts kosten." Daß er damit nicht erklären wollte, Beklagte solle in diesem Falle überhaupt nichts bezahlen und die Stute behalten, ist selbstverständlich. Wollte er aber etwas anderes zum Ausdruck bringen, so mußte er sich so deutlich ausdrücken, daß der andere Teil ihn verstehen mußte. Dies ist nicht der Fall gewesen, eine Willenseinigung nach dieser Richtung ist daher bestimmt nicht zustande gekommen. Dem Käufer standen daher beim Fehlen der zugesicherten Eigenschaft die gesetzlichen Rechte zu, hier, wo es sich nicht um einen gesetzlichen Mangel handelt, also die aus § 492. Da eine Gewährsfrist nicht vereinbart ist, sind die §§ 478, 479 ohne die Einschränkung des § 490³ anzuwenden (RG. 60 S. 237), der Ersatzanspruch kann daher nur dann aufgerechnet werden, wenn der Mangel dem Verkäufer vor Ablauf der Verjährung angezeigt ist. Diese hätte mit der Ablieferung der Stute (10. Januar 1918) begonnen (§§ 492 Schlußsatz, 490¹), wäre also im März 1918, in welchem erst der Mangel angezeigt ist, schon abgelaufen gewesen, wenn nicht die Parteien den Beginn der Verjährung hinausschieben wollten. Es handelt sich hier um eine Zusicherung, deren Unrichtigkeit ein Laie auch bei sorgfältiger Prüfung nicht innerhalb 6 Wochen erkennen konnte. Nach dem Gutachten konnte erst nach Ablauf der Trächtigkeitszeit festgestellt werden, ob die Stute tragend war; vorher war die Nichtträchtigkeit nur dann zu erkennen, wenn die Stute regelmäßig rossig wurde, während dies einmal auch trotz Trächtigkeit vorkommen konnte. Eine tierärztliche Untersuchung hätte allerdings schon vorher eine solche Feststellung ermöglicht. Eine so ungewöhnliche und besondere Aufwendungen erfordernde Maßnahme konnte aber dem auf die Zusicherung vertrauenden Käufer nicht zugemutet werden. Es muß daher hier als übereinstimmender Willen der Parteien angenommen werden, daß die Verjährung erst dann beginnen sollte, wenn die Nichtträchtigkeit feststand. Das ergibt sich auch daraus, daß der Zeitpunkt des Fohlens, der sich nie auf den Tag berechnen läßt, nur so bestimmt bezeichnet war, wie es den Umständen nach möglich war. . . . SchlHA.

Dazu: Kammergericht, 2. ZS. Urteil v. 9. März 1920.

Mit der herrschenden Ansicht (Planck § 492²; Rsp. 16 S. 409) ist anzunehmen, daß dann, wenn der Verkäufer eines der in § 481 bezeichneten

Tiere eine Eigenschaft des Tieres zusichert und eine Gewährfrist nicht vereinbart, das Recht des Käufers, auch nach der Verjährung des Wandlungsanspruchs die Zahlung des Kaufpreises zu verweigern oder den Schadensanspruch aufzurechnen, davon abhängt, daß der Käufer dem Verkäufer die Anzeige der §§ 478, 479 gemacht oder eine der ihr gleichgestellten Maßnahmen getroffen hat. Die Anzeige des § 478 muß erfolgen, bevor der Anspruch auf Wandlung verjährt ist. Zugunsten der Kriegsteilnehmer ist nach § 8[1] Ges. vom 4. August 1914 die Verjährung bis zur Beendigung des Kriegszustandes oder des nach § 2 das. maßgebenden Verhältnisses gehemmt. Zeigt daher der Kriegsteilnehmer, dessen Bevollmächtigter ein Pferd unter Zusicherung einer bestimmten Eigenschaft gekauft hat, innerhalb sechs Wochen nach Beendigung seiner Kriegsteilnehmerschaft dem Verkäufer den Mangel der zugesicherten Eigenschaften an, so wahrt er sich damit das Recht, auch nach dem Ablauf der Verjährung des § 490 die Zahlung des Kaufpreises zu verweigern und den Schaden aufzurechnen. Fr.

v) **Vollziehung einer formlosen Schenkung.**[1]

Kammergericht, 23. ZS. Urteil v. 8. April 1920.

Der Kläger kam zu dem Vorsteher der Vermögensverwaltungsstelle der Deutschen Bank mit der Erklärung, Frau A. habe ihm 30000 Mark vermacht, die ihm nach deren Tode zufielen, deren Zinsen er aber schon jetzt erhalten solle. Der Vorsteher gab ihm darauf einen von ihm ausgefüllten Vordruck, dahin mit: „Ich überweise Ihnen hierdurch 30000 Mark in Wertpapieren und bitte, damit ein Depot auf den Namen des Klägers zu errichten mit der Maßgabe, daß ihm die Zinsen dieses Depots zustehen sollen, er aber über die Substanz nur mit meiner Genehmigung verfügen darf. Nach meinem Tode steht das Depot dem Kläger zur Verfügung." Frau A. hatte diesen Brief unterschrieben, der mit den Wertpapieren der Bank zuging. Sie hat demnächst in ihrem Testamente bestimmt, daß der Kläger auch nach ihrem Tode nur die Zinsen beziehen, das Kapital aber seinen Kindern erhalten bleiben soll. Der Kläger verlangt die Herausgabe der Wertpapiere mit der Behauptung, daß es eine durch Übergabe vollzogene Schenkung sei. Daß eine Übertragung des Eigentums, demnach eine Vollziehung der Schenkung auch dann vorliegt, wenn die Abtretung des Herausgabeanspruchs gegen den Verwahrer insofern befristet ist, als das unbeschränkte Verfügungsrecht erst mit dem Tode des Schenkers übergehen solle, ist unbedenklich anzunehmen. Doch mußte der Wille der Schenkerin dahin gehen, dem Kläger zu ihrer Lebzeit das Eigentum an den Wertpapieren durch Abtretung des Herausgabeanspruchs, wenn auch nur mit Befristung, zu übertragen. Zur Ermittelung des Willens der Erlasserin kann das Schreiben an die Bank allein nicht maßgebend sein. Es ist zu bedenken, daß es vom Abteilungsvorsteher entworfen und vom Kläger der Erblasserin vorgelegt, von dieser vollzogen an die Bank

[1] Dem Erfordernisse der Bereicherung wird nicht durch eine fiduziarische, sondern nur durch eine materielle, endgültige Vermögensvermehrung genügt (OLG., 7. S. Urteil v. 16. Januar 1914; Entsch. 66 S. 20).

zurückgelangt ist. Ob ihr dabei die formale Tragweite des Schreibens klar zum Bewußtsein gekommen ist, kann immerhin zweifelhaft sein. Es erscheint demnach geboten, zur Erforschung des wirklichen Willens auch sonstige Punkte heranzuziehen. Nach den Mitteilungen, die der Kläger selbst jenem Vorsteher hierüber gemacht hat, ging die wahre Absicht der Erblasserin nur dahin, dem Kläger den Nachweis eines standesgemäßen Unterhalts zu ermöglichen und ihm zu diesem Zwecke die Zinsen der 30000 Mark, welches Kapital sie ihm als Vermächtnis zugedacht hatte, schon zu ihren Lebzeiten zuzuwenden. Ihr wahrer Wille ging also nicht dahin, zu ihrer Lebzeit dem Kläger eine Schenkung durch Zuwendung des Kapitals, wenn auch mit Befristung der freien Verfügung zu machen, sondern nur dahin, ihm den Zinsgenuß des Kapitals zuzuwenden. Sie wählte dafür die ihr von der Bank vorgeschlagene Form, ohne damit über ihre wirkliche Absicht hinausgehen zu wollen. Dieser, ihr wahrer Wille erhellt auch aus ihrem Testament, in welchem sie auch nach ihrem Tode den Kläger auf den Zinsgenuß beschränkt hat. Z. r.

w) **Haftung des Gastwirts: α) Gepäckschein als eingebrachte Sache. Stellung des Pförtners.**

OLG. Hamburg, 1. ZS. Urteil v. 7. Januar 1920.

Daß „Sachen" (§ 90) auch bloße Legitimationspapiere sein können, wird im Schrifttum mit Recht angenommen (Staudinger § 90) und der Umstand, daß der Gepäckschein weder ein Wert- noch ein Inhaberpapier ist, auch sein Verlust nicht unter allen Umständen tatsächlich ein Verlust des Gepäcks selbst für den Reisenden zu bedeuten braucht, bildet keinen Grund, dem Schein den Charakter einer Sache abzusprechen. Dann aber kann die Haftung der Beklagten schon aus § 701 hergeleitet werden, da eben infolge Abhandenkommens des Scheins ein Unbefugter in die Lage versetzt wurde, sich das Gepäck aushändigen zu lassen.

„Eingebracht" wurde der Gepäckschein dadurch, daß er dem Pförtner A. zur Veranlassung der Überführung des Gepäcks vom Bahnhof zum Hotel übergeben wurde. Der Pförtner gehört fraglos zu denjenigen Personen des § 701², die nach den Umständen des Falles als zur Entgegennahme der Effekten des Gastes bestellt angesehen werden durften, denn dies gehört recht eigentlich zu den Diensten des Pförtners. Allerdings ist dieser nicht auf den hohen Wert der Gepäckstücke aufmerksam gemacht worden. Allein daß in der Jetztzeit gut erhaltene Bekleidungsgegenstände einen hohen Wert haben und für Beschaffung neuer Stücke Preise angelegt werden müssen, die die früheren Preise um ein Vielfaches übersteigen, ist allbekannt. Wenn also der Pförtner einen auf 4 Stücke lautenden Gepäckschein entgegennahm, mußte er sich selbst sagen, daß es sich um wertvolle Gegenstände handeln werde, auch wenn er nicht besonders hierauf aufmerksam gemacht wurde. Die Haftbarkeit der Beklagten wäre auch deshalb begründet, weil der Pförtner als vertretungsberechtigter Gewerbegehilfe des Hotelinhabers insoweit erscheint, als es sich um Dienste handelt, die ihm herkömmlich im Verkehr mit dem reisenden Publikum obliegen. Die Beklagte führt freilich aus, daß A. kein abhängiger Beamter gewesen sei, sondern als selbständiger Übernehmer keinerlei Vergütung bezog, vielmehr seinerseits eine erhebliche Pacht zahlte und sich eigene Angestellte hielt. Allein das innere Verhältnis zwischen Pförtner und Hotelinhaber kann das hierüber nicht unterrichtete Publikum unmöglich kennen. Wer daher als Hotelinhaber einen Pförtner im Hotelgebäude tätig sein läßt, muß ihn als seinen Bevollmächtigten insoweit gelten lassen, als es sich um die üblichen Dienste eines Pförtners handelt. Es gelten eben auch hier die allgemeinen Grundsätze, nach denen die Frage, ob und wie weit stillschweigend eine Vollmacht erteilt ist, sich lediglich nach dem in die äußere Erscheinung tretenden Verhalten dessen richtet, der als Vollmachtgeber von Dritten beansprucht wird (Staub HGB. zu § 54[3]). Beklagte konnte sich daher auf das innere Verhältnis zwischen ihr und dem Pförtner nur dann berufen, wenn dieses dem Publikum bekannt war oder wenn die Beklagte Vorkehrungen etwa durch Anschlag 2c getroffen hätte, um einer Irreführung des Publikums vorzubeugen. Weder das eine noch das andere liegt vor. Die Behauptung, es sei dem „modernen" reisenden Publikum wohlbekannt, daß der Pförtner im Hotelgroßbetriebe eine völlig selbständige Stellung einnehme, ist in dieser Allgemeinheit nicht richtig. Die weitere Ausführung, daß kein Verschulden des „Pagen" erwiesen sei, dem der Pförtner den Gepäckschein zur weiteren Veranlassung übergeben habe, verkennt die Beweislast der Beklagten. Nicht die Kläger haben dem Personal der Beklagten ein Verschulden zu beweisen, sondern die Beklagte hat darzulegen, daß das Abhandenkommen des Gepäckscheins und die Folge davon auf einem Zufall beruht habe, dem man auch bei aller verkehrsüblichen Sorgfalt nicht hätte vorbeugen können. M. M.

β) **Einbringung von Geld. Verschulden des Gastes.**

Kammergericht, 8. ZS. Urteil v. 30. April 1919.

Wie in der Rechtslehre und Rechtsprechung unbestritten ist, gilt für die Einbringung von Geld in einen Gasthof nichts von § 701[2] Abweichendes.... Kläger hat, nachdem er das Zimmer bezogen hatte, dort 1900 Mark im Kleiderschrank eingeschlossen und den Schlüssel dann beim Weggehen an sich genommen, worauf der im Hotel als Pförtner angestellte T. das Geld mittels Nachschlüssels stahl. Die Einwendung, daß die Entwendung auf ein mitwirkendes Verschulden des Klägers zurückzuführen sei, greift nicht durch. Allerdings hat er sich bei seiner Ankunft nicht danach erkundigt, ob er das Geld im Bureau zur Verwahrung abgeben könne. Allein der Hotelgast ist keineswegs verpflichtet, Geld zur besonderen Verwahrung zu übergeben. Tut er es nicht, so muß er nur unter Umständen sich die beschränkte Haftung des Wirts nach § 702 gefallen lassen.

Ebensowenig ist darin ein Verschulden des Klägers zu finden, daß er das Geld in Gegenwart des T. zählte und diesen dann darauf hinwies, daß er es im Schranke eingeschlossen hätte. Denn er hatte ein begründetes

Interesse daran, sich für alle Fälle ein Beweismittel dafür zu sichern, daß er das Geld eingebracht und im Schranke verwahrt hatte; daß er dies bezweckte, geht aus seiner im Scherze zu T. gemachten Äußerung hervor, daß, wenn das Geld fortkomme, T. es genommen haben müsse. Wenn er sich dieses Beweismittels in der Person des Hotelpförtners verschaffte, so kann ihm dies sicherlich nicht zum Vorwurf gemacht werden. Es ist verkehrsüblich, daß zu einer derartigen Stellung der Hotelbesitzer nur Personen von erprobter Zuverlässigkeit wählt. Damit, daß T. die Kenntnis von der Aufbewahrung des Geldes zu dessen Entwendung benutzen würde, brauchte der Kläger also keinesfalls zu rechnen.

Bedeutungslos ist es weiter, ob der Kläger das Zimmer nicht verschlossen hatte, als er das Hotel abends verließ. Dadurch verstieß er zwar gegen die gebotene Sorgfalt, allein auch wenn er das Zimmer verschlossen und den Zimmerschlüssel an dem dazu bestimmten Ort abgegeben hätte, hätte T. sich in den Besitz des Schlüssels leicht setzen können und gesetzt. Auch unter diesen Umständen hätte er also den Diebstahl verübt.

Auch darin, daß der Kläger zur Aufbewahrung des Geldes nicht seinen Koffer, sondern eines der in seinem Zimmer stehenden verschließbaren, also zur Unterbringung der Sachen der Hotelgäste gerade bestimmten Möbelstücke bediente, liegt kein Verschulden. Allerdings befand sich im Zimmer außer dem Schrank ein verschließbarer und mit einem Schlüssel versehener Schreibsekretär, und es ist zuzugeben, daß dieser zur Aufbewahrung von Geld eher bestimmt und in höherem Maße geeignet war, als der Kleiderschrank. Allein T. hat noch mehrere andere Diebstähle ausgeführt, darunter einen ebenfalls mittels falschen Schlüssels. Bei seiner Verhaftung wurde bei ihm eine Anzahl von Schlüsseln gefunden, die er sich zur Verübung von Diebstählen angefertigt hatte. Es muß hiernach angenommen werden, daß er auch das Schloß des Sekretärs hätte mittels Nachschlüssels öffnen können. V.

γ) **für dauernde Bewohner eines Gastzimmers.**

OLG. Hamm, 2. ZS. Urteil v. 7. Mai 1920.

Der beklagte eingetr. Verein in D. betreibt Gastwirtschaft und nimmt gewerbsmäßig Fremde zur Beherbergung auf. Der Kläger, der Anfang 1919 in D. keine Wohnung fand und ein Gastzimmer bei dem Beklagten bezog, ist von diesem aufgenommen im Betriebe des Gewerbes der Gastwirtschaft. Das Vertragsverhältnis bestand noch, als im Frühjahr 1919 dem Kläger aus diesem Zimmer die beiden Anzüge gestohlen wurden. Daraus folgt die Haftung des Beklagten aus § 701. Seine Einwendungen versagen.

Der Vertrag ist kein reiner Mietvertrag der §§ 535 ff., vielmehr ein Mietvertrag in der besonderen Ausgestaltung des Gastaufnahmevertrages, also ein regelmäßig aus Miet-, Verwahrungs- und Dienstvertrag oder Auftrag zusammengesetzter Sondervertrag. Er verliert diese Eigenschaft auch nicht dadurch, daß der Kläger nicht Verkehrsgast (Passant) gewesen ist, vielmehr im Einverständnis des Beklagten das — im Gemenge mit den andern zur Aufnahme von Verkehrsgästen bestimmten Räumen liegende — Gastzimmer mehrere Wochen hindurch innegehabt hat. Denn die mit dem offenen Gastwirtschaftsbetriebe verbundene Gefahr für die eingebrachten Sachen des Fremden besteht ebensowohl für den, der längere Zeit das Zimmer bewohnt, als für den nur vorübergehend Aufgenommenen. Das Gesetz läßt nicht zu, den ersteren ungünstiger zu stellen, als den nur für eine Nacht oder einige Tage beherbergten. Die gesetzliche Haftung des Gastwirts für den Verlust eingebrachter Sachen schlechthin oder für den Fall einer längeren Dauer des Aufenthalts haben die Parteien nicht ausgeschlossen.

Der Schaden ist auch nicht durch höhere Gewalt entstanden. Darunter fiele es, wenn der Verlust der Anzüge durch von außen kommende Feuersbrunst, Blitzschlag, Aufruhr oder ein anderes Ereignis, auf das man nicht gefaßt sein mußte, herbeigeführt worden wäre. Ein Diebstahl gehört auch dann nicht hierher, wenn sich in heutiger Zeit die Gefahr der Gasthofsdiebstähle wesentlich vergrößert hat. Die Ansicht aber, daß die Anzüge mit Rücksicht auf die schon 1919 bestandenen Teuerungsverhältnisse zu den Kostbarkeiten des § 702 zu rechnen gewesen seien, widerstreitet der Auffassung des Lebens und der Verkehrsanschauung. N.t.

x) **Ausländische Geldschuld. Zeit der Fälligkeit.**

Kammergericht, 16. ZS. Urteil v. 26. Juni 1920.

Dem Kläger in Zürich stand aus dem Kaufvertrage vom Frühjahr 1919 ein fälliger Anspruch auf Zahlung von 5000 Fr. zu. Zweifelhaft kann nur sein, nach welchem Tageskurse dieser Betrag in die Markwährung, in der er nach dem Vertrage in Leipzig zu zahlen war, umzurechnen war. Gemäß § 244^2 ist dafür der Kurswert „zurzeit der Zahlung" maßgebend. Bis vor kurzem wurde allgemein angenommen, daß als Zahlungszeit der Zeitpunkt der Fälligkeit zu gelten habe (Schollmeyer, Recht der Schuldverh. S. 16; Staudinger RGKomm. § 244; RG. 96 S. 123, 264). Neuerdings hat jedoch ein anderer Senat des RG. (98 S. 160) den Zeitpunkt der tatsächlichen Zahlung für maßgebend erklärt. Bei der Streitfrage wird man davon ausgehen müssen, daß der Schuldner, von dem die Zahlung abhängt, nicht auf Kosten seines Gläubigers spekulieren darf. Steigt also der Markkurs zwischen Fälligkeit und Zahlung, wird er nicht den höheren Markkurs zurzeit der Zahlung zugrunde legen dürfen, sondern muß, ohne Rücksicht darauf, ob er in Verzug geraden ist oder nicht, den Betrag zahlen, den er bei Umrechnung zurzeit der Fälligkeit hätte zahlen müssen. Ist dagegen der Markkurs zwischen Fälligkeit und Zahlung gesunken, dann wäre es unbillig, wenn der Schuldner sich darauf berufen könnte, daß er zurzeit der Fälligkeit einen geringeren Betrag in Mark zu zahlen gehabt hätte. Auch nach der Fälligkeit wird nach wie vor der in ausländischer Währung ausgedrückte Geldbetrag geschuldet; der Gläubiger muß die Möglichkeit haben, sich den ihm zustehenden Betrag in der ausgedrückten Währung zu verschaffen (Schollmeyer aO.; RG. 98 S. 160), und zwar ohne Rücksicht darauf, ob der Schuldner zurzeit der Zahlung in Verzug war oder nicht. Das könnte er aber nicht, wenn bei Sinken des Markkurses der Fälligkeitstag zugrunde gelegt würde. Hieraus folgt, daß beim Sinken des Markkurses mindestens der Betrag in Mark verschuldet wird, der bei der Umrechnung zurzeit der Zahlung herauskommt, während beim Steigen des Markkurses der Zeitpunkt der Fälligkeit maßgebend bleibt; maW. der Gläubiger hat die Wahl, ob er den Zeitpunkt der Fälligkeit oder den der Zahlung für die Umrechnung zugrunde legen will, da er in keinem von beiden Fällen zu viel fordern würde, gleichviel ob der Markkurs sinkt oder steigt. Hiernach erscheint der ursprüngliche sowie der gegenwärtige Antrag des Klägers auch insoweit an sich gerechtfertigt, als er die Umrechnung nach dem Zeitpunkt der Zahlung begehrt.

Nun haben sich jedoch die Parteien in erster Instanz dahin geeinigt, daß statt der 5000 Fr. 12500 Mark gezahlt werden sollten. Hierdurch ist die ausländische Geldschuld in eine reine Markschuld umgewandelt und auf diese Weise von dem Markkurse grundsätzlich unabhängig gemacht worden, so daß sie durch Zahlung des vereinbarten Markbetrages getilgt ist... Sch.

12. Recht der Schuldverhältnisse.

a) Miet- oder Transportvertrag?

OLG. Königsberg, 1. ZS. Urteil v. 18. März 1919.

Seit Jahren standen die Parteien dergestalt in Geschäftsverkehr, daß die Klägerin auf den vom Beklagten gestellten Wagen Lumpen in Behältnissen durch ihre Angestellte laden ließ und daß dann die vom Beklagten gestellten Bediensteten den Transport nach der Bahn ausführten. Bei einem dieser Transporte kam der Wagen ins Schleudern; infolge mangelhafter Beladung des Wagens fielen einige Kisten herunter und verletzten den an der Straße stehenden G. Die Klägerin, zum Ersatz des Schadens verurteilt, verlangt dessen Erstattung vom Beklagten. Der Anspruch in Höhe von $^1/_3$ ist begründet. Da den Beklagten persönlich ein Verschulden, das ihn der Klägerin gegenüber verantwortlich machen konnte, nicht trifft, so könnte er nur aus dem Verschulden seines Erfüllungsgehilfen, des Kutschers, haftbar gemacht werden. In diesem Zusammenhang ist der Einwand beachtlich, daß der Kutscher gar nicht Erfüllungsgehilfe des Beklagten, sondern der Klägerin gewesen sei; den Vertrag faßt er nämlich als einen Mietvertrag auf in der Weise, daß er Wagen, Pferd und Arbeitskraft des Kutschers mietweise zur Verfügung gestellt und die Klägerin darauf, nachdem sie die Wagen durch ihre Leute habe beladen lassen, mittels der ihr zur Verfügung gestellten Wagen, Pferde und Kutscher den Transport habe ausführen lassen. Eine solche Auffassung der Rechtslage ist an sich denkbar, aber daraus allein, daß die Klägerin die Wagen zu beladen hatte, nicht zu folgern. Anderseits kommt in Betracht, daß Wagen, Pferd und Kutscher der Klägerin nicht etwa für eine bestimmte Zeit, gegen ein nach der Zeit berechnetes Entgelt zum Gebrauch überlassen waren, sondern daß für jede einzelne Fuhre ein besonderer Satz ausbedungen war, was unbedingt auf einen Transportvertrag hindeutet. Bezeichnend ist auch das Schreiben, in welchem der Beklagte mitteilt, er sei genötigt, die Fuhrlohnpreise für die einzelnen Fuhren zu erhöhen. Daraus ist zu entnehmen, daß Gegenstand des Vertrags nicht die Überlassung des Wagens zu einem im Belieben der Klägerin stehenden Gebrauch, sondern die Ausführung eines Werkes, nämlich eines oder mehrerer Transporte war, wozu allerdings die Klägerin durch Inangriffnahme vorbereitender Handlungen, nämlich Aufladens, mittätig sein sollte. Es kommt dazu, daß Beklagter, wenn die Klägerin die Wagen stärker beladen hatte, mehr für den Transport berechnete oder eine stärkere Beladung rügte. Wäre ein Mietvertrag geschlossen, so hätte sich Beklagter um die einzelnen Fuhren nicht zu kümmern brauchen, die größere oder geringere Belastung des Wagens hätte ihm im allgemeinen gleichgültig sein, höchstens hätte er unter dem Gesichtspunkt, daß Wagen oder Pferde darunter Schaden leiden konnten, widersprechen können. Da endlich der Beklagte Fuhrhaltereibesitzer ist, also Transporte gewerbsmäßig ausführt, so ist anzunehmen, daß die Parteien einen fortgesetzten Transportvertrag, nicht einen Mietvertrag geschlossen haben und daß der Kutscher Erfüllungsgehilfe des Beklagten gewesen ist.... Th.

b) α) **Haftung des Vermieters nach § 537 BGB.**[1]

OLG. Hamburg, 5. ZS. Urteil v. 22. Oktober 1919.

Der Kutscher hat nach zuvoriger Öffnung des Tores das später verunglückte Pferd aus dem im Hofe belegenen Stalle geholt und am Zügel durch den Torweg geführt. Er fand das Tor wieder zugeschlagen und während er es öffnete, ist das im Torweg stehende Pferd mit seinem rechten Hinterbein auf die Glasplatte des Fußsteiges getreten und hat sich dabei die Fußsehne zerschnitten. Der Torweg soll nach dem Vertrag zum Durchfahren und zum Durchführen von Pferden benutzt werden und bei der Enge der Fahrbahn kann es als ein außergewöhnliches Ereignis nicht angesehen werden, daß ein Pferd vorübergehend auf die nur $5^1/_2$ cm höhere Seitenbahn tritt. Die Glasplatten hätten daher so stark oder durch ein Drahtgitter so geschützt sein müssen, daß der Pferdehuf nicht hineintreten konnte. Es läßt sich nicht feststellen, daß der Kutscher nachlässig handelte. Er brauchte nicht damit zu rechnen, daß das Tor wieder geschlossen war, und das Öffnen, während er das Pferd am Zügel behielt oder einen Augenblick allein stehen ließ, war die natürliche Folge dieser Tatsache. Da die Glasplatte, wie der Erfolg bewiesen hat, für das Darauftreten des Pferdes nicht stark genug war, wäre hiernach an sich eine Haftung des Beklagten für diesen objektiven mangelhaften Zustand gegeben; denn es ist nicht erwiesen, daß der Kläger diese Schwäche der Glasplatten gekannt hat.

[1] Ob der Vermieter gehalten war, bei Glatteis einen Weg von der Hintertür des Vorderhauses nach der Waschküche streuen zu lassen, obgleich diese nur an einzelnen Tagen der Woche benutzt wurde, kann dahingestellt bleiben. Jedenfalls mußte er für einen gefahrlosen Zugang zu den Aschkästen sorgen, weil dahin ein regelmäßiger täglicher Verkehr der Mieter stattfand (OLG. Kiel, 2. ZS. Urteil v. 3. Febr. 1920; SchlHA. S. 62).

Diese Rechtslage wird nun aber durch den § 3 des Mietvertrags geändert. Der Mieter hat die Beschaffenheit der Räume genehmigt, soweit sie bei ordnungsmäßiger Besichtigung erkennbar war. Erkennbar war die durch die Glasplatten den Pferden drohende Gefahr, zumal für einen mit dem Fuhrwesen vertrauten Geschäftsmann. Der Kläger hat danach den Zustand vertragsmäßig genehmigt, und es kann unerörtert bleiben, ob nicht auch der folgende Satz des § 3: „Betreffs solcher Mängel, die dem Vermieter zurzeit des Vertragabschlusses nicht bekannt waren, fällt das etwaige Recht des Mieters aus Schadensersatz fort", zugunsten des Beklagten anzuwenden wäre. . . . M. M.

β) **wenn Sammelheizung nur mit Hilfe der Mieter erfolgt.**

OLG. Hamburg, 4. ZS. Urteil v. 31. Oktober 1919.

Könnte das Vorbringen der Beklagten lediglich dahin verstanden werden, daß die — vom Zwangsverwalter eingeklagte — Vierteljahrsmiete auf Grund der Anlage A aufgerechnet sei, dann läge, soweit die Aufrechnung bereits mit dem Vermieter vorgenommen wäre, eine unzulässige Verfügung desselben vor; soweit das aber nicht der Fall wäre, wären Beklagte ihrerseits durch § 1125 BGB. an der Vornahme der Aufrechnung gehindert. Nichts zwingt aber zu einer solchen rechtlichen Auffassung des Einwandes; der Sachverhalt ergibt den Standpunkt der Beklagten aus einem anderen Gesichtspunkt als berechtigt.

Der Vermieter war nicht in der Lage, für die Bedienung der Heizung notwendige Stoffe selbst zu beschaffen, den für den Fahrstuhl notwendigen Strom zu bezahlen und den erforderlichen Warmwasserkessel zu setzen. Wenn dann die Heizung und der Strom dennoch beschafft wurden, aber indem die Mieter die Kosten davon bestritten, so stellt, wirtschaftlich betrachtet, diese Leistung sich — abgesehen von der Bedienung der Heizung — nicht als eine solche des Vermieters dar; er gewährte in diesem Umfang nicht das, wozu er nach dem Mietvertrag verpflichtet war und seine Leistung war im Sinne des § 537 mangelhaft. Sie war gleich unvollkommen, ob er nun aus Mangel an Mitteln die Beschaffung der Heizung 2c ganz seinen Mietern überließ, oder ob man aus praktischen Gründen den Weg wählte, daß er auf Kosten seiner Mieter die Heizung selbst beschaffte; im einen wie im andern Fall kam er seinen vertraglichen Pflichten in gleich mangelhafter Weise nach: nicht er war es, der die Wohnung in geheiztem Zustand lieferte. Beklagte sind daher zu mindern berechtigt. Der Mietzins ist unstreitig ein jährlicher; die Vereinbarung der vierteljährigen Zahlung hat nur den Sinn einer Ratenvereinbarung. Da die Minderung sich grundsätzlich auf den ganzen Mietzins, nicht nur auf die nur Teile des einheitlichen Jahreszinses darstellenden Quartalsraten erstreckt, sind daher Beklagte, sowohl wegen der im vorausgegangenen als wegen der im laufenden Vierteljahr vorhanden gewesenen Mängel, berechtigt, gegenüber der hier eingeklagten Vierteljahrsrate zu mindern. M. M.

c) **Räumung einer Wohnung auf Grund eines nur gegen den Ehemann gerichteten Titels.**

OLG. Hamburg, 7. ZS. Beschluß v. 12. März 1920.

Der Schuldner hat sich durch einen vor dem Mietamt abgeschlossenen Vergleich verpflichtet, die Mietwohnung am 2. Januar 1920 zu räumen. Auf seine Erklärung, daß er zur Räumung bereit sei, daß aber seine Frau als Mitmieterin sie verweigere, nahm der Gerichtsvollzieher von der Entsetzung der Frau Abstand, da ein Schuldtitel gegen sie nicht vorliege. Erinnerung und Beschwerde des Vermieters blieben erfolglos. Seine weitere Beschwerde ist zulässig ..., aber auch sachlich gerechtfertigt. Der Vergleich ist zwar nur gegen den Schuldner, nicht gegen seine Frau vollstreckbar. Es ist aber nicht zutreffend, daß die Durchführung der Räumung zugleich eine Vollstreckung gegen die Frau enthalten würde. Das wäre der Fall, wenn sich die Wohnung im Gewahrsam oder Mitgewahrsam der Frau befände (§ 886 ZPO.). Den Gewahrsam an der Wohnung hatte und hat aber allein der Schuldner als Haushaltungsvorstand. Ihm gegenüber sind die Frau und die sonstigen Familienangehörigen, mit denen er die häusliche Gemeinschaft teilt, nur Besitzgehilfen (§ 855 BGB.). Dies gilt auch dann, wenn die Frau Mitmieterin der Wohnung ist. An den Besitzverhältnissen wird dadurch nichts geändert, und nur diese, nicht die etwaigen Rechte der Frau aus dem Mietvertrag stehen hier in Frage. Die Vollziehung der Räumung verletzt daher keinen Gewahrsam der Frau. Auch der § 739 ZPO. steht nicht entgegen, denn es handelt sich nicht um eine Vollstreckung in das eingebrachte Gut der Frau. Ihre etwa noch vorhandenen Rechte aus dem Mietvertrage sind nicht Gegenstand der auf Räumung gerichteten Vollstreckung. Die Wohnung, welche Gegenstand der Vollstreckung ist, gehört nicht zum eingebrachten Gute; denn an ihr steht der Frau weder ein dingliches Recht noch Gewahrsam zu. M. M.

d) **Keine Konvaleszenz einer unwirksamen Kündigung.[1] Verhältnis des Gerichts zum Mieteinigungsamt.**

OLG. Königsberg, FerienZS. Urteil v. 6. September 1919.

Der Kläger kaufte 1918 das Grundstück seiner Mutter, in welchem die Beklagten zur Miete wohnen. Er verlangt von ihnen Räumung der Wohnung, da er sie ihnen gekündigt habe. Die Beklagten halten die Kündigung für unwirksam und den Rechtsweg für unzulässig, da sie das Mieteinigungsamt zur Entscheidung über die Wirksamkeit der Kündigung angerufen hätten, das festgestellt habe, daß es zuständig und rechtzeitig angerufen sei, sich aber an einer Entscheidung deshalb verhindert sah, weil noch festzustellen sei, ob eine Einigung der Parteien schon vorher erzielt sei. Vom LG. verurteilt, haben

[1] Der Vertrag, inhaltlich dessen ein neuer Mieter anstelle des bisherigen in den alten Vertrag eintritt und der bisherige Mieter ganz aus ihr ausscheidet, stellt sich als Aufhebung des alten Mietvertrags und die Begründung eines neuen, wenn auch mit dem Inhalt und für die Restdauer des alten, dar (OLG., 1. S. Urteil v. 20. Dez. 1917; Entsch. 78 S. 392).

die Beklagten nach Einlegung der Berufung die Wohnung geräumt. Die Hauptsache ist hiernach erledigt, die Kosten treffen den Kläger. Die Kündigung vom 2. Januar 1919 ist unwirksam, weil der Kläger damals noch nicht Eigentümer des Grundstücks war, vielmehr im Grundbuch erst am 8. Februar 1919 eingetragen wurde. Sie ist auch nicht dadurch wirksam geworden, daß der Kläger später das Eigentum erlangt hat, weil bei einseitigen Verfügungsgeschäften, wie ein solches die Kündigung darstellt, eine Konvaleszenz nach § 185 nicht stattfindet. Das folgt durch Analogieschluß aus den §§ 111, 180. Der Grundgedanke dieser Bestimmungen trifft auch auf die Kündigung zu. Durch sie soll eine klare Rechtslage zwischen den Beteiligten geschaffen werden, und es wäre unbillig, den Gegner unter der Ungewißheit leiden zu lassen, die in der Zeit zwischen der Vornahme des Geschäfts bis zur Genehmigung bestände und erhebliche Nachteile im Gefolge haben könnte (vgl. Rehbein BGB. S. 282, 288; Planck § 185[6]; Cosack Lehrb.[5] S. 196; Rsp. 15 S. 327). Allerdings haben die Beklagten das MEAmt über die Wirksamkeit der Kündigung — auch der in der Klageerhebung liegenden — angerufen. Allein die vielfach vertretene Ansicht, daß beim Bestehen eines MEAmtes der Rechtsweg auf Grund des § 13 GVG. unzulässig sei (so JW. 1919 S. 99), ist nicht haltbar. Denn regelmäßig tritt das Amt überhaupt nur in Tätigkeit, wenn eine der Parteien es anruft, so daß eine Abwicklung der ganzen Sache möglich ist, ohne daß das Amt mitwirkt. Andrerseits wird dieses nur über die Wirksamkeit einer Kündigung angerufen, ohne daß eine Vollstreckbarkeit seiner Entscheidungen mit Ausnahme von Vergleichen in Frage kommen könnte. Diese Aufgabe verbleibt den Gerichten. Eine andre Frage ist, ob nicht bei mangelnder Zustimmung jenes Amts zu einer Kündigung in den Fällen, in denen die Zustimmung erforderlich ist, sachlich die Klage abzuweisen ist. Der Senat folgt hierin der Ansicht des LG., daß, wenn einmal das Amt angerufen ist, die Wirksamkeit der Kündigung von dessen Ausspruch abhängt. Nun nimmt aber das LG. an, daß hier dieser Anspruch nicht abgewartet zu werden brauche, weil das Amt nach richterlicher Überzeugung zu spät angerufen sei und daran auch nichts seine Feststellung ändere, daß es rechtzeitig angerufen sei. Dieser auch JW. 1917 S. 957 vertretenen Auffassung konnte sich der Senat nicht anschließen, vielmehr ist auch diese formelle Entscheidung für das Gericht bindend (vgl. JW. 1918 S. 83, 259, 522[3]). In der Begründung der Novelle vom 25. September 1918 heißt es: „Die Entscheidungen des MEA. sind unanfechtbar und gelten als vereinbarte Bestimmungen des Mietvertrages; darin liegt, auch ohne daß es nochmals besonders ausgesprochen ist, daß die Entscheidungen schlechthin bindend sind, auch für die Gerichte." Dies gilt nicht nur für sachliche Entscheidungen, sondern nach Wortlaut und Zweck der VO. auch für die formellen. Wie schon der Name sagt, wollen diese Verordnungen dem Mieter Schutz gewähren auf Grund bloßer Billigkeitserwägungen, auch über die Bestimmungen des bürgerlichen Rechts hinaus. Es soll bei dem herrschenden Wohnungsmangel möglichst schnell eine einfache und klare Rechtslage geschaffen werden. Dieser Zweck würde aber vereitelt werden, wollte man eine Nachprüfung auch nur der formellen Entscheidungen durch die ordentlichen Gerichte gestatten. Denn dadurch würde den Parteien die Möglichkeit gegeben sein, die Entscheidungen durch mehrere Instanzen hinzuziehen. Der Wille des Gesetzgebers ist aber, daß es nur eine Instanz geben soll. Das Gericht könnte ferner zu anderen Entscheidungen kommen als das MEA., und das würde eine Rechtsunsicherheit im Gefolge haben, die dem Zwecke der Verordnungen zuwiderläuft. Die formelle Entscheidung des MEA., sein Anrufen sei rechtzeitig erfolgt, ist ein wesentlicher Bestandteil der sachlichen Entscheidung über die Wirksamkeit der Kündigung und muß daher wie diese unanfechtbar sein. Es steht somit für das Gericht fest, daß das Amt rechtzeitig angerufen ist. Jetzt muß das Gericht die Kündigung solange für unwirksam halten, solange sie nicht von jenem Amt für wirksam erklärt wird. Nachdem nun die Beklagten die Wohnung geräumt haben, ist für das Amt jede Veranlassung zu einer sachlichen Entscheidung fortgefallen. Dem Kläger ist dadurch unmöglich geworden, den ihm obliegenden Nachweis der Wirksamkeit der Kündigung zu erbringen. Dieser Nachteil trifft den Kläger, er muß daher als in der Hauptsache unterlegen angesehen werden. Dies entspricht auch der Billigkeit, weil der Kläger vor Erhebung der Klage die Möglichkeit gehabt hat, die Entscheidung des MEA. über die Wirksamkeit der Kündigung herbeizuführen. Da er es nicht getan hat, hat er allein die daraus entstehenden Folgen zu tragen. Th.

e) **Schriftlicher Mietvertrag. Mündliche Abänderungen. Feststellung des Kündigungsrechts.**

Kammergericht, 2. ZS. Urteil v. 2. Mai 1919.

Nach dem schriftlichen Mietvertrage verlängert sich der Vertrag, wenn nicht 3 Monate vor Ablauf gekündigt wird, stets auf 1 Jahr. Der Beklagte bestreitet dem Kläger das Kündigungsrecht, weil durch ein Abkommen vom 1. März 1917 die Kündigung bis zum Friedensschluß ausgeschlossen worden sei. Das Interesse an der Feststellung einer Kündigungsbefugnis, die in nächster Zeit ausgeübt werden könnte, aber auch ausgeübt werden muß, wenn sie nicht verloren gehen soll, folgt aus der Bedeutung dieses Umstandes für die Entschließungen des Vermieters über die Vornahme oder Unterlassung der Kündigung. Das Interesse wird auch dadurch nicht beseitigt, daß die gerichtliche Feststellung jener Befugnis das MEA. nicht hindert, die vollzogene Kündigung auf Anruf des Mieters für unwirksam zu erklären. Denn das Amt kann zwar auch eine rechtlich begründete Kündigung aus Gründen der Billigkeit für unwirksam erklären, findet es hierzu aber keinen Anlaß, dann muß es die rechtliche Begründung der Kündigung prüfen. Ob es dabei an eine schon vorher erlassene rechtskräftige gerichtliche Entscheidung gebunden ist (JW. 1919 S. 100), braucht hier nicht entschieden zu werden; denn sie kann die Überzeugung des MEA. beeinflussen, etwa wie das Urteil eines Zivilgerichts den Strafrichter. Der Klagantrag ist auch begründet. Der

Mietvertrag war zunächst nur für 1 Jahr geschlossen, aber mit der oben angegebenen Abrede. Diese Rechtswirkung übertrifft die eines auf unbestimmte Zeit abgeschlossenen Mietvertrags nach §§ 564^2, 565 S. 1 sowohl hinsichtlich der Dauer der Verlängerung als auch der Kündigungsfrist. Ein solcher Vertrag bedarf deshalb nach § 566 der Schriftform, widrigenfalls er für unbestimmte Zeit geschlossen, also für jeden Vierteljahrsschluß kündbar ist (RG. 59 S. 246). Da die Schriftform hier gewahrt ist, bedürfen schon kraft Gesetzes solche nachträglichen Nebenabreden, die die Vertragspflicht nicht bloß aufheben oder vermindern, der Schriftform, widrigenfalls sie die Kündbarkeit des Vertrags nach den gesetzlichen Kündigungsbedingungen herbeiführen (Örtmann § 566 N. 5b). Das gilt besonders für eine solche Nebenabrede, die die Vertragsdauer auf einen Zeitraum festsetzt, dessen Ende durch ein Ereignis bestimmt wurde, von dem ungewiß war, ob es bis zum Ablauf eines Jahres eingetreten sein würde. Auch ein solcher Mietvertrag ist für den Fall, daß das Ereignis später eintreten werde, für länger als 1 Jahr geschlossen. Wenn also das behauptete Abkommen die Mietzeit fest bis 2 Jahr nach Friedensschluß bestimmt, dann bedurfte es der Schriftform, der nach § 126 die einseitige Niederschrift eines Vermerks durch den Vermieter nicht genügt. Nach § 566 hätte aber ein Abkommen dieses Inhalts nur die Wirkung, daß fortan der Mietvertrag auf unbestimmte Zeit geschlossen, also die vereinbarte Kündbarkeit zum 1. Oktober spätestens 3 Monate vorher durch die gesetzliche zu jedem Vierteljahrsschluß spätestens am 3. Werktage des Vierteljahrs ersetzt wäre. An die Stelle dieser Wirkung tritt nach § 139 die Nichtigkeit des Abkommens, wenn nicht anzunehmen ist, daß die Parteien das Abkommen bei Kenntnis seiner Rechtsfolgen abgeschlossen hätten. Es kann das dahingestellt bleiben, weil die Klägerin selbst nur die Feststellung der Kündbarkeit nach den Bestimmungen des Mietvertrags begehrt. Z. r.

f) **Aufhebung der Miete durch Anforderung nach KrLG.**

Kammergericht, 2. ZS. Urteil v. 7. Januar 1919.

Der beklagte Fiskus hat seit 1880 die dem Kläger gehörige Mietkaserne als Mieter inne. Die Mietzeit, die am 31. März 1914 endigen sollte, wurde bis dahin 1916 ausdrücklich verlängert. Auch nachher blieb der Beklagte unter Verhandlungen über die Fortsetzung der Miete und des Zinses im Besitz des Grundstücks. Der Kläger sieht darin eine Verlängerung des Mietvertrags auf unbestimmte Zeit nach § 568. Vom 1. Oktober 1916 ab beanspruchte aber der Magistrat das Grundstück und die Gebäude nach § 3 Nr. 4, 6 des KrLG. vom 13. Juni 1873 für die Militärverwaltung und beließ sie dem Beklagten. Dieser teilte dem Kläger mit, daß mit 30. Sept. 1916 das Mietverhältnis endige und Leistungen daraus nicht mehr stattfänden. Der Kläger erachtet dies für eine Kündigung nach § 565 für Ende 1916 und fordert deshalb die Miete für das vierte Vierteljahr 1916 unter Abzug der ihm nach dem KrLG. gewährten Entschädigung. Der Anspruch ist nicht begründet. Allerdings ist der Mietvertrag, wenn er am

1. Oktober noch bestanden haben sollte, durch die Requisition nicht, wie das LG. annimmt, aufgehoben worden. Aber dem Kläger ist durch sie unmöglich gemacht worden, die Mietsache als Vertragsleistung dem Beklagten zu gewähren. Dieser empfing vielmehr die Benutzung und den Besitz des Grundstücks seitdem von der Gemeinde, nicht vom Kläger. Diese Unmöglichkeit ist durch einen Staatshoheitsakt, dessen Ausübung das Gesetz den Gemeinden übertragen hat, herbeigeführt worden. Bei der Unmöglichkeit, den Mietvertrag zu erfüllen, hätte der Kläger den Anspruch auf die Gegenleistung, den Mietzins nur dann behalten, wenn der Staatshoheitsakt ein Umstand wäre, den der Beklagte zu vertreten hätte (§ 324). Dies ist aber nicht der Fall. Staatshoheitsakte hat der Fiskus nicht zu vertreten (Erlaß vom 4. Dezember 1831; RG. 71 S. 46). Ihre Folgen für die Staatskasse sind nur immer die, welche im Gesetz besonders dafür bestimmt sind, im KrLG. nur die im § 7 ff. vorgesehene Vergütung an die Gemeinden, die sie in gleicher Höhe den Herangezogenen zu gewähren haben. Die Behauptung, daß der Beklagte durch die Requisition gegen Treu und Glauben gehandelt und deshalb die Unmöglichkeit der Leistung zu vertreten habe, wendet sich gegen die Ausübung des Hoheitsrechts, und dafür ist der Rechtsweg ausgeschlossen (RG. 59 S. 7; Droop Rechtsweg S. 10). Fr.

g) **Auslegung der Vertragspflicht des Pächters, beim Verkaufe des Grundstücks zu räumen.**

OLG. Darmstadt, 1. ZS. Urteil v. 14. Juli 1919.

Durch schriftlichen Pachtvertrag vom 1. Juli 1904 hat X. seinen Grundbesitz an den Beklagten für die Zeit vom 11. November 1904 bis dahin 1919 verpachtet. In § 6 war bestimmt:

„Sollte das Gelände ganz oder zum Teil durch Verkauf, Tausch pp. dem Pächter entzogen werden, so hat er die von ihm ausgestellte Ernte und den Erlaß des Pachtgeldes vom entzogenen Gelände für das betr. Jahr zu beanspruchen."

Die Erben des X. haben 1918 die Pachtgrundstücke an den Kläger verkauft und aufgelassen, worauf er als Eigentümer eingetragen wurde. Seine Räumungsklage ist unbegründet.

Nach §§ 581, 571 ist der Kläger an den von X. geschlossenen Pachtvertrag noch bis 11. November 1919 gebunden, wenn er nicht beweist, daß ihm, abweichend von der gesetzlichen Regel, das Recht zusteht, vorzeitig die Räumung zu verlangen. Könnte der § 6, der eine ausdrückliche Bestimmung dieses Inhalts nicht enthält, als ein genügender Ausdruck des beiderseitigen Vertragswillens, daß im Falle des Verkaufs der Käufer Räumung fordern könne, angesehen werden, so wäre auch der Formvorschrift des § 566 genügt (RG. 80 403). In erster Instanz waren die Parteien darüber einig, daß bei Abschluß des Pachtvertrags die Vertragschließenden sämtlich der irrigen Meinung waren, der Satz „Kauf bricht Miete", sei noch in Geltung. Deshalb kann nach § 532 ZPO. der Kläger jetzt mit seiner gegenteiligen Behauptung nicht gehört werden; vielmehr ist auch in zweiter Instanz davon auszugehen, daß sie dieser Meinung waren. Allerdings hielt sich der Beklagte nach Abschluß des Kaufvertrags für verpflichtet, die Pachtgrundstücke zu räumen.... Daraus folgt aber, da der Beklagte bis zu seiner anderweitigen Belehrung durch einen Rechtskundigen in dem vorerwähnten Rechtsirrtum befangen war, die vom Kläger zu beweisende Willenseinigung der Kontrahenten des Pachtvertrags ebensowenig wie sie durch den Wortlaut des Vertrags und den Rechtsirrtum bei dessen Abschluß bewiesen wird. Denn der Satz „Kauf bricht Miete" bedeutete nicht ein Erlöschen des Mietverhältnisses, sondern brachte nur zum Ausdrucke, daß im Gegensatz zum § 571 BGB. der Erwerber nicht in jenes Verhältnis einzutreten brauchte, vielmehr kraft seines Eigentums von dem Mieter die Räumung verlangen konnte. Da aber auch nach dem früheren Rechte der Erwerber im eignen Interesse oder auf Anstehen seines Verkäufers dem Pächter nicht selten den Pachtbesitz beließ, reichte die bloße Regelung der Folgen einer Entziehung von Pachtland durch den Käufer, wie sie dem Wortlaute des § 6 entspricht, an sich völlig aus. Die Folgen, die eine solche Entziehung durch den späteren Erwerber für das Verhältnis zwischen Verpächter und Pächter haben sollte, waren im § 6 erschöpfend geregelt und der Satz „Kauf bricht Miete" machte es zwecklos, das Recht des Erwerbers, die Räumung zu verlangen, im Pachtvertrage nochmals zu wahren. Beim Abschlusse des Pachtvertrags wären deshalb die Kontrahenten zu der behaupteten, aber durch den Wortlaut des § 6 nicht ausgedrückten Willenseinigung nur veranlaßt gewesen, wenn sie den § 571 gekannt und den Erwerber von der Pflicht daraus hätten befreien wollen. Deshalb hat wohl auch der Kläger nachträglich bestritten, daß man beim Vertragschlusse von der Annahme „Kauf bricht Miete" ausgegangen sei. Dies steht aber fest und nur wenn die Kontrahenten rechtsirrig dem von ihnen unterstellten Rechtssatz eine bloß dispositive Bedeutung auch gegenüber dem späteren Erwerber beigemessen hätten, könnte vielleicht im § 6 ein zureichender Ausdruck des besonders nachzuweisenden beiderseitigen Willens gesehen werden, daß es bei der vermeintlichen Regel „Kauf bricht Miete" bewenden und der Pachtvertrag durch Verkauf mit den festgesetzten Rechtsfolgen aufgehoben werden solle. Es steht aber nicht fest, daß beide Kontrahenten oder einer von ihnen in solchen zwiefachen Rechtsirrtum befangen waren. Dazu kommt, daß der § 6 bei dem vom Kläger behaupteten Sinne einen stillschweigenden Verzicht des Beklagten auf die Rechte des § 571 enthielte. Diese Rechte aber hat der Beklagte nicht gekannt und ein stillschweigender Verzicht betrifft nur Rechte, die dem Beklagten bekannt waren. Dieser würde ihn auch nach § 119 anfechten können; denn er hätte, da ihm seine Rechte aus § 571 nicht bekannt waren, über den Inhalt seiner Erklärung geirrt.... W.r.

h) **§ 592 bei prekaristischer Grundstücksüberlassung.**

OLG. Düsseldorf, 4. ZS. Urteil v. 22. März 1920.

... Indes ist auf das Verhältnis der Parteien, wenn es auch keine Pacht war, doch der § 592 entsprechend anzuwenden. Denn dabei handelt es sich um einen allgemeinen Grundsatz des BGB., der sich darauf gründet, daß der Eigentümer sonst auf Kosten des bisherigen Besitzers einen ungebührlichen Gewinn machen würde und der auch in den §§ 102, 998, 1055², 1421, 1663, 2130 entsprechende Anwendung findet (vgl. Prot. 6 S. 119). Die Vorschrift ist daher auch bei einer prekaristischen Überlassung eines früchtebringenden, namentlich eines landwirtschaftlichen Grundstücks anzuwenden, und dies selbst dann, wenn der Eigentümer zu dem Widerruf der Überlassung befugt war und der Besitzer diesen selbst veranlaßt hat. ... Die Beklagte kann nicht geltend machen, daß sich der seit der letzten Ernte (1916) gemachte Aufwand des Klägers auf das Grundstück mit dem beim Besitzantritt schon erfolgten und daher vor seiner ersten Ernte ersparten Aufwand ausgleiche. Denn ... der Kläger hat den Garten selbst angelegt und daher auch die ersten Aufwendungen getragen. Dagegen beschränkt sich der Ersatzanspruch auf die Kosten, die der Kläger auf die bei Aufgabe des Grundstücks noch nicht getrennten Früchte verwendet hat, und er mindert sich um den Wert der Früchte, die damals noch nicht getrennt waren, deren nachträgliche Abtrennung und Einerntung die Beklagte dem Kläger aber gestattet hat. Es ist hier auch anzunehmen, daß die Beklagte dem Kläger das Abernten des Gemüses noch nach dem Widerruf der Benutzungserlaubnis gestattet hat, um ihn für seine Aufwendungen auf den Garten schadlos zu halten. J.n.

i) *α*) **Rechtsstellung des Leiters eines in Gastwirtschaften spielenden Quartetts.**

Kammergericht, 8. ZS. Urteil v. 25. Februar 1920.

Der Restaurationsbetrieb des Beklagten untersteht zweifellos der GewO. Auch hat daselbst das Quartett des Klägers nicht zur Pflege höherer Kunst gespielt, der Zweck der Musik war vielmehr, durch Unterhaltung der Gäste den Besuch zu heben und den Umsatz an Speisen und Getränken zu erhöhen. Die Musik sollte demnach mittelbar den Gewerbebetrieb des Beklagten unterstützen. Personen, die solche Verrichtungen ausführen, gehören im allgemeinen zu den gewerblichen Arbeitern i. S. des VII. Titels der GewO. (Gew.Archiv 7 S. 90, 493; Landmann, GewO. 2 S. 7). Es fragt sich jedoch, ob der Kläger als Gewerbegehilfe anzusehen ist, oder als selbständiger Musikunternehmer, der als solcher mit dem Beklagten einen Dienstvertrag geschlossen hat. Im Musikgewerbe ist als selbständiger Unternehmer anzusehen, wer die Musikkapelle zusammenstellt, die Unkosten und die Gefahr trägt. Nun hat der Kläger stets als Kapellmeister gespielt. Den Vertrag über die Ausführung der Quartettmusik hat der Kläger allein mit dem Beklagten abgeschlossen. Darauf hat der Kläger seinerseits die Verträge mit den anderen Musikern geschlossen; diesen war nicht einmal der Vertrag der Parteien bekannt. Das Entgelt hatte an die Musiker ebenfalls der Kläger und nicht der Beklagte zu zahlen. Der Kläger trug auch das Risiko, falls der Beklagte nicht zahlte. Der Umstand allein, daß der Kläger selbst mitgespielt hat, steht in Anbetracht der übrigen Verhältnisse nicht der Annahme eines selbständigen Musikunternehmers entgegen. Auf den Vertrag der Parteien finden die Bestimmungen des BGB. über den Dienstvertrag und nicht die GewO. Anwendung. Für den Anspruch auf das vereinbarte Entgelt ist somit das ordentliche Gericht zuständig. V.

β) **Auslegung der Bestimmung, einen Almanach mehrere Jahre beim Kläger drucken zu lassen.**

OLG. Hamburg, 5. ZS. Urteil v. 31. Oktober 1919.

Dem LG. kann darin nicht beigetreten werden, daß sich Beklagter in der Abmachung vom 7. Juni 1912 verpflichtet habe, den Theater-Almanach 5 Jahre lang erscheinen zu lassen. Vielmehr ist dort nur gesagt, daß die weiteren 5 Jahrgänge des Almanachs bei B. (Rechtsvorgänger des Klägers) gedruckt werden sollten; die nach dem natürlichen Verständnis dabei zu machende Ergänzung ist die Voraussetzung, daß sie erscheinen, aber eine Verpflichtung des Beklagten, die Jahrgänge erscheinen zu lassen, ist nicht ausgesprochen. Es liegt ähnlich, wie wenn jemand sich verpflichtet, seinen Bedarf an bestimmten Waren nur von dem Vertragsgegner zu beziehen; auch darin liegt keine Verpflichtung, die Ware überhaupt zu beziehen; dabei weist freilich das Wort „Bedarf" auf die Freiheit des sich Verpflichtenden hin, aber auch in diesem Falle gehen doch beide Vertragsschließenden davon aus, daß die Ware bezogen wird. Eine Verpflichtung, eine periodische Druckschrift bestimmte Zeit erscheinen zu lassen, ist außergewöhnlich und muß bestimmt ausgesprochen werden, wenn sie gelten soll; es ist nicht erforderlich, hierüber einen Sachverständigen zu hören. Übrigens hat auch der Schriftleiter des Almanachs die Sachlage nicht anders aufgefaßt, wie sein Zeugnis ergibt. Der Kläger wäre also beweispflichtig dafür, daß die Vereinbarung so gemeint ist, wie er geltend macht; dieser Beweis ist nicht geführt. Daß B. damals die Herausgabe seines Almanachs aufgab und beide verschmolzen wurden, ändert nichts. Das Entgelt dafür war die Pflicht des Vertragsgegners, den Almanach bei B. drucken zu lassen, wenn er erschiene. Es liegt nichts dafür vor, daß Beklagter sich verpflichten sollte, einen ihm nicht mehr einträglich scheinenden Almanach erscheinen zu lassen, um dem B. den Verdienst am Druck des Almanachs zu verschaffen. M. M.

γ) **Musikerausstand; Kabarett- und Kaffeehausbetrieb.**

OLG. Hamburg, 5. ZS. Urteil v. 1. März 1920.

Der Beklagte hat die Kläger, die er als Vortragskünstler für seinen Kaffeehausbetrieb im Juni 1919 angenommen hatte, während des einwöchigen Musikerausstandes nicht auftreten lassen, trotzdem er den Betrieb fortführte und die Kläger ihre Dienste zur Verfügung stellten. Er hat ihnen für die Dauer des Ausstandes das Entgelt gekürzt, weil nach dem Vertrage § 4 dann, wenn infolge... örtlicher Streiks, durch die der Betrieb nicht aufrecht erhalten werden kann, die Vorstellung ausfällt, das Entgelt nicht zu zahlen ist. Allein es kann schon zweifelhaft sein, ob hier unter „Betrieb" der Betrieb als Ganzes, dh. der Kaffeehausbetrieb oder nur der Kabarettbetrieb zu verstehen ist. Wäre ersteres richtig, dann könnte Beklagter schon aus dem Grunde sich nicht auf den § 4 berufen, weil er während des Ausstandes sein Kaffee nicht geschlossen hat. Aber auch im andern Fall kann nicht anerkannt werden, daß infolge des Ausstands der Kabarettbetrieb nicht hat aufrecht erhalten werden können, mit der Wirkung, daß die Vorstellung ausfallen mußte. Das wäre nur dann der Fall gewesen, wenn nach dem Vertrage die Darbietungen der Kläger durch die Mitwirkung der Kapelle bedingt waren oder mit dieser so eng zusammenhingen, daß ohne sie ihre Leistung nicht mehr als die im Vertrage vorausgesetzte Leistung gelten konnte. Weder das eine noch das andere trifft zu. Die Kapelle hat mit den Klägern überhaupt nicht zusammengewirkt; die Vorträge sind ohne die Begleitung durch die Kapelle dargeboten worden, nur ein einzelner Musiker hat sie auf dem Klavier begleitet, soweit überhaupt eine Begleitung in Frage kam. Diesen zu ersetzen waren die im Ensemble auftretenden Eheleute bereit und fähig. Nahm Beklagter dieses Angebot an, so stand dem Auftreten der Kläger nichts entgegen. Es zurückzuweisen, war er aber nicht berechtigt. Möglicherweise blieb diese Begleitung in ihrem Werte hinter der Begleitung durch ein Mitglied der Kapelle zurück. Damit wurde aber das Auftreten noch nicht im Sinne des § 4 unmöglich. Es blieb möglich, wenn sich Beklagter für die kurze Zeit des Musikerausstands mit der angebotenen Ersatzbegleitung behalf. Das war ihm aber nach Treu und Glauben zuzumuten. Denn für die Kläger stand weit mehr auf dem Spiel als für den Beklagten, da er eine materielle Einbuße kaum zu befürchten hatte.

Eine völlig andere Frage ist die, ob der Wegfall der Kapelle mittelbar die Leistungen der Kläger in dem Sinne beeinflußt hat, daß Beklagter sie ohne das gleichzeitige Auftreten der Kapelle nicht entgegenzunehmen brauchte. Es wäre denkbar, daß die vertraglichen Leistungen der Kläger und der Kapelle derart zu einer einheitlichen Vorführung verschmolzen waren, daß der Fortfall auch nur der Leistung des einen Teils den Vortragszweck vereitelte. So aber liegt hier die Sache nicht. Beklagter hat sowohl die Kläger wie die Musiker zu dem Zweck angenommen, um den Besuch seines Kaffees zu heben. Er suchte diesen Zweck dadurch zu erreichen, daß er beide im Wechsel auftreten ließ. Diese Gleichheit des Zwecks genügt aber nicht, um eine innere Beziehung zwischen den Darbietungen der Kapelle und der Kläger in dem Sinne herzustellen, daß die Leistungen beider zu einer einheitlichen wurden. Es liegt vielmehr so, daß sich Beklagter zweier voneinander unabhängiger Mittel bedient hat, um seine Gäste zu unterhalten. Versagte das eine, so war dies kein Grund, auf das andere zu verzichten, mochte es auch für sich allein sich nicht so zugkräftig erweisen als wie im Zusammenwirken mit diesem.... M. M.

k) Zur Auslegung und Anwendung des § 612[1].

OLG. Rostock, 1. ZS. Urteil v. 20. März 1919.

Der Kläger beansprucht 1275 Mark dafür, daß er vom September 1914 bis Oktober 1916 während der Zeit, wo der Beklagte zur Fahne einberufen war, auf dessen Bitte außer den Ortsvorstehergeschäften, für die er mit 600 Mark abgefunden sei, auch in landwirtschaftlichen Geschäften der auf dem Gute zurückgebliebenen Frau des Beklagten Rat und Hilfe erteilt habe. Allein wenn der Beklagte vor seiner Abreise ins Feld den Kläger aufgefordert hat, seiner Frau zur Seite zu stehen, und wenn er auch schon damals betont hat, daß es für die Leute sehr darauf ankomme, daß sich ein Fremder um die Wirtschaft kümmere, so liegt darin nicht das Angebot zum Abschluß eines Vertrags, der eine Verpflichtung für den Kläger begründen sollte, sondern lediglich die Bitte um eine Gefälligkeit. Die wenigen Worte, die über diesen Punkt gefallen sein sollten, sind so allgemein und unbestimmt, daß man nicht annehmen kann, die Parteien hätten eine rechtliche Bindung beabsichtigt. Mag sich auch im Laufe der Kriegsjahre infolge der häufigen Wiederkehr solcher Fälle allmählich eine Üblichkeit über die Art und den Umfang einer derartigen Hilfeleistung und Vertretung gebildet haben, so stand doch im September 1914 in dieser Beziehung noch gar nichts fest und die Parteien hätten zweifellos, wenn Verpflichtungen begründet werden sollten, näher abgemacht, in welchem Maße der Kläger tätig sein sollte. Aber selbst wenn sich der Kläger zur Unterstützung der Frau des Beklagten verpflichtet haben sollte, wäre doch ebensowenig wie in dem Falle, daß es sich um eine ganz unverbindliche Gefälligkeit gehandelt hätte, den Umständen nach für diese Tätigkeit eine Vergütung zu erwarten gewesen. Es erscheint, wenn man sich in den Geist und die Stimmung der damaligen Zeit hineinversetzt, selbstverständlich, daß ein in der Nachbarschaft wohnender Bekannter eines Kriegsteilnehmers, der nicht, wie dieser, Leib und Leben in Gefahr zu bringen brauchte, sondern in sicherer Geborgenheit sein gewohntes Dasein fortsetzen konnte, seinerseits nach Möglichkeit dazu beitrug, wirtschaftlichen Schaden von dem auch für ihn kämpfenden Feldzugsteilnehmer abzuwenden. Daß man für einen solchen Beistand, der selbst gewissermaßen nur eine geringfügige Gegenleistung des einzelnen für die Opfer, die der ins Feld ziehende Krieger der Allgemeinheit brachte, war, entschädigt werden müsse, widerspricht so sehr dem Geiste, der zu Anfang des Krieges herrschte, daß eine solche Auffassung durchaus nicht als allgemein verbreitet und selbstverständlich betrachtet werden kann. Im Laufe des Krieges ist zwar an die Stelle von Menschenliebe und Selbstlosigkeit eine unerhörte Habgier und Gewinnsucht getreten, die sich nicht scheut, die Bedrängnis des Nächsten zum eigenen Vorteil nach Möglichkeit auszunutzen; allein diese nachträgliche Entwicklung kommt für die Auslegung von Abmachungen, die zu einer früheren Zeit getroffen sind, nicht in Betracht.

Eine andere Beurteilung wird auch nicht deshalb erforderlich, weil der

Kläger gleichzeitig auch die Geschäfte des Beklagten als Ortsvorsteher zu besorgen versprach. Es kann ganz dahingestellt bleiben, ob der Beklagte zu der von ihm für diese Tätigkeit freiwillig gewährten Vergütung verpflichtet war oder nicht; jedenfalls liegen besondere Gründe, die für eine Entschädigung des Klägers in dieser Beziehung angeführt werden können: der Umstand, daß der Kreis der Geschäfte hier von vornherein ein bestimmter war und daß der Beklagte selbst für dieses Amt Bezahlung erhielt, bei der vorher erörterten Hilfeleistung des Klägers nicht vor. Es zwingt aber nichts zu der Annahme, daß der Kläger auch für seine sonstige Tätigkeit im Interesse des Beklagten eine Entschädigung hätte erwarten dürfen, weil ihm die Besorgung der Ortsvorstehergeschäfte gegen Entgelt aufgetragen war. Übrigens waren nach dem Beweisergebnisse die Leistungen des Klägers tatsächlich nicht so erheblich, daß man daraus den Rückschluß ziehen müßte, daß er diese Arbeit nur gegen ein besonderes Entgelt auf sich genommen haben könnte. Freilich konnte er zurzeit der Übernahme der Geschäfte noch nicht wissen, daß sich seine Tätigkeit auf einen Zeitraum von zwei Jahren erstrecken werde; er wird vielmehr einer damals ziemlich allgemein verbreiteten Anschauung folgend mit einer weit kürzeren Beendigung des Krieges gerechnet haben. Allein dieser Umstand spricht gerade dafür, daß er die Hilfe in dem Zeitpunkt, wo er sie verhieß, nicht für ein so erhebliches Opfer angesehen haben wird. Wurde er später infolge der längeren Kriegsdauer anderen Sinnes, so hätte er nachträglich neue Vereinbarungen mit dem Beklagten treffen müssen. Geschah dies nicht, so behielten seine Dienste denselben Charakter, den sie von vornherein gehabt hatten.

Auch die Frage, ob der Kläger auf Grund eines ihm erteilten Auftrags oder als Geschäftsführer ohne Auftrag (§§ 670, 683) Aufwendungen gemacht hat, ist zu verneinen. Die vom Kläger geleistete Arbeit ist keine „Aufwendung", da der Beauftragte (Geschäftsführer) die Geschäfte gerade unentgeltlich zu besorgen hat. Besondere Aufwendungen, für die der Kläger seinem Beruf entsprechend eine Vergütung zu erhalten pflegt, hat er aber im Zusammenhang mit der Ausführung des Geschäfts nicht vorgenommen. Ebensowenig kann er aber für Abnutzung von Kleidung und Schuhzeug etwas beanspruchen; denn es ist nicht dargelegt, daß er in dieser Beziehung besondere Unkosten gehabt hat, die nicht entstanden wären, wenn er lediglich der Ortsvorstehergeschäfte wegen nach K. gegangen wäre. J. n.

l) **Aushilfslehrer auf Kriegsdauer. Kündigung.**

OLG. München, 2. ZS. Urteil v. 23. Januar 1920.

Die klagende Volksschullehrerin wurde auf ihr Ansuchen wegen Verehelichung am 1. Oktober 1917 aus dem Lehrverbande entlassen; die Kreisregierung hat aber ihre widerrufliche Weiterverwendung auf Kriegsdauer genehmigt. Am 29. November 1918 wurde ihr zum 1. Januar 1919 gekündigt. Ihr Anspruch auf Gehalt und Teuerungszulagen bis 31. März 1919 ist als begründet erachtet worden. Der Vorbehalt des Widerrufs bedeutet nicht, daß die Stadtgemeinde das Recht hätte, die Klägerin jederzeit nach Belieben zu entlassen; sonst wäre die Beschränkung „auf Kriegsdauer" völlig überflüssig gewesen. Dem Vorbehalt hat auch die Beklagte selbst niemals diese Bedeutung beigemessen. Es kommt daher lediglich darauf an, ob wegen der Anstellung auf Kriegsdauer der § 620² angewendet werden kann. Abs. 1 würde voraussetzen, daß die Dauer der Dienstleistung entweder kalendermäßig oder sonstwie genau bestimmt wäre; Angaben wie „Anstellung für die Saison" also auch die Einstellung „auf die Dauer des Kriegs", wären hier nicht genügend (Örtmann, Staudinger § 620¹ᵃ). Allerdings drückte die Weiterverwendung auf Kriegsdauer hinlänglich deutlich aus, daß die Klägerin aushilfsweise bis zur Wiederverwendbarkeit der in die Armee eingestellten oder sonst infolge des Kriegs dem Schuldienst entzogenen Lehrkräfte verwendet werden solle, so daß damit der Zweck ihrer Dienste genau bestimmt war. Der § 620² fordert aber, daß dem Zwecke der Dienste auch die Dauer des Dienstverhältnisses zu entnehmen sein müsse, wie es der Fall ist, wenn etwa für einen schwer Kranken ein Pfleger aufgenommen wird, dessen Tätigkeit selbstverständlich mit dem Tode des Kranken endet. Es muß der „Umfang der Arbeitsaufgabe", wonach sich die Vertragszeit richtet, genau feststehen; mit der Beschaffenheit oder dem Zweck der Dienste muß die Dauer des des Dienstverhältnisses „gegeben" sein (Lothmar Arbeitsvertrag S. 526, Staudinger § 620¹ᵇ). „Entnehmen" ist in subjektivem Sinne, vom Standpunkte der Parteien aus, zu verstehen. Nun mag vielleicht bei Eingehung des Dienstvertrags, am 1. Oktober 1917 bei den Vertragsteilen die Vorstellung bestanden haben, daß der Krieg über kurz oder lang mit einem den letzten entscheidenden Waffentaten alsbald folgenden Friedensschluß und der sich unmittelbar anschließenden allgemeinen Demobilmachung enden würde, womit die sämtlichen männlichen Lehrkräfte wieder zur Verfügung stünden. Die Sache ist aber anders verlaufen. Es dauerte Monate, bis die Truppen wenigstens im großen Ganzen den Heimatboden wieder betreten hatten; eine große Zahl von Gefangenen ist derzeit noch nicht heimgeschafft; viele der Zurückgekehrten wurden bei den Abwicklungsstellen weiter benötigt. Es wurden selbstverständlich auch die Lehrkräfte nur allmählich frei. Wollte man je nach Verfügbarwerden einzelner Lehrkräfte einzelne Aushilfen entlassen, so war der Willkür Tür und Tor geöffnet. Der gleichlautende Vertrag hätte bei der einen Hilfskraft zur Entlassung im November 1918, bei der andern vielleicht im März oder im April 1919 geführt. Es war daher in dem Zeitpunkte, in welchem die Entlassung der Klägerin verfügt wurde, aus der Vertragsklausel „auf Kriegsdauer" nicht die Dauer des Dienstverhältnisses bestimmt zu entnehmen. Der Zeitpunkt der Entlassung ist aber für die Auslegung maßgebend (RG. 92 S. 318). H. n.

m) **Haftung: α) des Wäschereibesitzers für entwendete Wäsche.**

Kammergericht, 9. ZS. Urteil v. 20. Oktober 1920.

Der Kläger hat dem Beklagten Anfang 1918 Wäschestücke zum Waschen übergeben, die demnächst bei einem Einbruch entwendet sind. Die Schadensersatzklage ist begründet. Der Vertrag stellt sich als ein Werkvertrag dar mit der Nebenbestimmung, daß der Beklagte die Wäsche bis zur Herstellung aufzubewahren hatte. Das Wesen des Werkvertrags wurde durch diese Nebenbestimmung nicht geändert, so daß auch auf sie nicht die Vorschriften über den Verwahrungsvertrag, sondern die über den Werkvertrag Anwendung finden. Zu Unrecht folgert aber der Beklagte hieraus, daß er für den durch Einbruch hervorgerufenen Verlust der Wäsche nicht hafte. Auch auf Grund des Werkvertrags war er verpflichtet, bei der Aufbewahrung der ihm übergebenen Wäschestücke die verkehrserforderliche Sorgfalt zu beobachten, und er haftet für den Verlust, wenn er nicht nachweist, daß dieser ohne sein Verschulden, besonders durch zufälligen Untergang herbeigeführt worden ist (§§ 644 S. 3, 276, 280, 282). Dieser Nachweis ist nicht geführt. Da die Ladentür von der Straße frei zugänglich war, so war es für die Diebe ein Leichtes, nach Eindrücken der in ihr befindlichen Glasscheibe in den Ladenraum zu gelangen und die dort lagernden Wäschestücke zu entwenden. Dies hätte der Beklagte auch bei geringer Aufmerksamkeit erkennen und deshalb entweder den Zugang zur Tür für die Nacht sperren oder die Glasscheibe durch ein Gitter oder sonst sichern oder aber für die nächtliche Bewachung des Ladenraums sorgen müssen, zumal er nicht hinter dem Laden seine Wohnung hatte. Es kommt nicht darauf an, ob vor dem Kriege und zu dessen Beginn derartige Sicherungsmaßregeln nicht üblich gewesen sind. Im Januar 1918 waren die allgemeinen Sicherheitsverhältnisse andere geworden. Die öffentliche Bewachung der Straßen war schon damals infolge Einschränkung der Straßenbeleuchtung und infolge des Mangels an Polizeikräften unzureichend. Die Einbruchsdiebstähle hatten erheblich zugenommen. Die Ladenbesitzer waren daher verpflichtet, besondere Vorsicht zu üben, und wegen der herrschenden außerordentlichen Gefahrumstände auch außerordentliche Sicherungsvorrichtungen zu treffen. Der Beklagte hatte hierzu um so mehr Veranlassung, als er bei der Versicherungsanstalt eine Versicherung der Wäsche gegen Einbruchsdiebstahl nicht hatte erlangen können. Wenn er gleichwohl nichts getan hat, um dem nach Lage der örtlichen Verhältnisse naheliegenden Einbruchsdiebstahl vorzubeugen, so hat er bei der Aufbewahrung der ihm anvertrauten Wäsche fahrlässig gehandelt. Unerheblich ist, ob auch bei einer besseren Sicherung der Ladentürscheibe der Einbruch möglich gewesen wäre. Jedenfalls hätte er nicht in der Weise, wie er tatsächlich ausgeführt worden ist, geschehen können.

Eine Mitschuld an dem Verluste trägt der Kläger nicht, er hatte keine Veranlassung, auf die Gefahr des Einbruchs beizeiten aufmerksam zu machen. Er mußte sich vielmehr darauf verlassen können, daß der Beklagte alle erforderlichen Sicherungsmaßregeln zum Schutze der Wäsche treffen würde. Ebensowenig ist er dadurch, daß die Frau des Beklagten seinem Dienstmädchen am Tage vor dem Diebstahl die Wäsche zum Abholen vergeblich anbot, in

Annahmeverzug geraten, denn die Frau des Beklagten hat auf der sofortigen Abholung der Wäsche nicht bestanden, sie hat offenbar keinen Wert darauf gelegt, daß das Dienstmädchen die Wäsche sofort in Empfang nehme, ist vielmehr schließlich damit einverstanden gewesen, daß die Wäsche erst später abgeholt werde. Schm.

β) **einer Bühne für die Garderobe der Besucher.**

OLG. Karlsruhe, 1. ZS. Urteil v. 28. Mai 1919.

Die Verpflichtung des Theaters zu seinen Darbietungen ist nach den Bestimmungen über den Werkvertrag zu beurteilen, und bei dem Verbot, Überkleider auf die Plätze mitzunehmen, hat es für eine möglichst ordnungsmäßige Unterbringung der abgelegten Kleidungsstücke zu sorgen. Da diese Pflicht die Rechtsfolge einer anderweiten Vertragspflicht, der aus dem Werkvertrag entspringenden, ist, so treten die für den letzteren geltenden Vorschriften an die Stelle der §§ 688ff. Für den Grad dieser Haftung ist aber entscheidend, welcher Umfang nach der Sachlage und der hiernach zu unterstellenden Einigung der Vertragsteile dieser Aufbewahrungspflicht beizumessen ist. In dieser Hinsicht ist nicht zu übersehen, daß nach der ganzen Art der im hier fraglichen Theater üblichen Unterbringung die Garderobe der Theaterbesucher nicht an die Beklagte oder ihren Beauftragten übergeben wird; sie stellt lediglich einen Raum zur Kleiderablage, ohne daß äußerlich die Übernahme, besonders durch Abgabe von Garderobemarken, gekennzeichnet wird. Es ist deshalb auch den Logenschließern ganz unmöglich, nach Schluß der Vorstellungen bei dem üblichen Andrang darüber zu wachen, daß die Kleidungsstücke von ihren rechtmäßigen Eigentümern abgenommen werden. Es liegt kein irgendwie erkennbarer Wille der Beklagten vor, eine besondere Überwachung vornehmen zu wollen, sie übernimmt keine Aufsicht über die eingebrachten Sachen, letztere bleiben im Besitze der Theaterbesucher, wenngleich diese gehindert sind, sofort auf die Sachen einzuwirken.

Anderseits bedarf es keines langjährigen Theaterbesuches, sondern lediglich einer normalen Kenntnis der üblichen Lebens- und Verkehrsgewohnheiten, um aus dieser Sachlage den aus ihr sich ergebenden eingeschränkten Aufbewahrungswillen der Theaterleitung und damit zu erkennen, daß eine weitere Pflicht als die, einen geeigneten Raum zum gedachten Zweck zur Verfügung zu stellen, nicht übernommen werden wollte. Darüber konnten auch die Bestohlenen bei ihrer Lebensstellung und ihrer gesellschaftlichen Bildung nicht im Zweifel sein. Gaben sie sich, wie geschehen, mit den vorgefundenen Verhältnissen zufrieden, so liegt darin ihre Zustimmung zu dem beschränkten Umfang der Nebenleistung. Es kann sich hiernach nur fragen, ob hinsichtlich dieses beschränkten Umfangs ein schuldhaftes Verhalten der Beklagten vorliegt. Das ist zu verneinen. Der zuständige Logenschließer hat seine allgemeine Aufsichtspflicht hinsichtlich der im Gange aufgehängten Kleider nicht verletzt. Das Theater brauchte die Zuverlässigkeit seines Angestellten nicht besonders darzulegen, wenn keine Anstände in dieser Hinsicht ersichtlich sind.

Die Pflicht des Angestellten könnte vielleicht dann verletzt sein, wenn der Diebstahl während der Vorstellung durch einen von außen eindringenden Dieb verübt wurde. Dafür fehlt aber jeder Beweis. Sch.

γ) **des Schmieds beim Beschlagen. Mitverschulden von Angestellten des Bestellers.**

OLG. Darmstadt, 1. ZS. Urteil v. 6. Januar 1920.

Der in Diensten des Klägers stehende Fuhrknecht A. brachte 1918 ein Pferd seines Dienstherrn zum Beschlagen in die Schmiede des Beklagten. Die Hufe des Pferdes schnitt der Gehilfe aus, worauf Beklagter selbst die Eisen auflegte. Bei dem Ausschneiden mit der Hauklinge wurde der linke Vorderfuß derart verletzt, daß er stark blutete. Der Beklagte brannte darauf die Wunde mit einem glühenden Eisen aus, infolgedessen die Blutung nachließ. Das Pferd wurde dann mehrere Tage von A. gefahren, ohne daß sich ein sichtbarer Anstand ergab. Als es jedoch anfing, den verletzten Fuß vorzustellen, kratzte Beklagter den Brandschorf ab. Nunmehr teilte A. dem Kläger mit, daß das Pferd infolge einer Verletzung beim Beschlagen den linken Vorderfuß vorstelle. Der infolgedessen zugezogene Tierarzt stellte eine hochgradige eiterige Beschaffenheit der Wunde fest; nach 8 Tagen stellte sich eine Lungenentzündung ein, die zum Verenden des Pferdes führte. Die auf Vertrag und unerlaubte Handlung gestützte Schadensersatzklage ist in Höhe von $^4/_5$ begründet.

Mit dem Sachverständigen ist anzunehmen, daß der Tod des Pferdes durch zwei Ursachen herbeigeführt worden ist, nämlich durch die dem Pferde bei dem Beschlagen beigebrachte Hufverletzung, sodann aber durch eine an der verletzten Stelle eingetretene Infektion, die auf eine ungeeignete Behandlung des Pferdes nach der Verletzung zurückzuführen ist. Der Sachverständige findet diese Behandlung hauptsächlich darin, daß das Pferd noch einige Tage gefahren wurde. Das Gericht glaubt jedoch einen Schritt weiter gehen zu müssen. Wann und wo die eitererregenden Keime in die Wunde gekommen sind, konnte natürlich nicht festgestellt werden. Dies kann aber ebensowohl schon unmittelbar nach dem Beschlagen auf dem Wege von der Schmiede zum Stalle, als später geschehen sein. Man muß deshalb wohl sagen, daß die Ansteckung nur dadurch hätte vermieden werden können, daß die Wunde alsbald gegen das Eindringen von Eitererregern geschützt worden wäre. Dies ist in gewissem Maße allerdings durch das Ausbrennen der Wunde geschehen.... Da aber noch eine geringe Blutung bestand, wäre wohl zum Abschluß der Wunde eine Umwicklung des verletzten Hufes erforderlich gewesen. Nach dieser Richtung ist aber überhaupt nichts geschehen.

Es fragt sich nun, wem die Schuld für die ursächlich gewordenen Handlungen und Unterlassungen beizumessen ist. Was zunächst die Hufverletzung selbst anlangt, so ist das kunstgerechte Beschlagen eines Pferdes allerdings keine ganz einfache und leichte Aufgabe, deshalb werden auch für diese Tätigkeit Hufschmiede besonders ausgebildet und einer entsprechenden

Prüfung unterzogen. Wenn also jemand das Gewerbe des Hufschmieds betreibt, muß das Publikum, das ihm seine Pferde zum Beschlagen anvertraut, verlangen, daß er die nötige Sachkenntnis und Kunstfertigkeit besitzt, um das Beschlagen ohne Verletzung des Pferdes auszuführen. Kommt aber eine Verletzung vor, so muß sie auf einen Mangel an Vorsicht zurückgeführt und deshalb von dem Schmied vertreten werden. — Bezüglich der späteren Behandlung des Pferdes kommt das LG. mit dem Sachverständigen zu dem Ergebnis, daß nur der Knecht A. dem Pferd eine für dessen Verenden ursächlich gewordene, unrichtige Behandlung habe zuteil werden lassen. Der Senat ist jedoch der Ansicht, daß auch dem Beklagten eine Schuld zur Last fällt, weil er die Pflicht gehabt hätte, den A. darauf aufmerksam zu machen, daß das Pferd einige Tage stehen gelassen und geschont werden müsse. Auch durfte er nach dem Beschlagen das Pferd nicht entlassen, ohne die Wunde genügend gegen das Eindringen von Eitererregern zu schützen.

Der Beklagte hat sich nun auf § 254 berufen, weil die Schuld des A., für die der Kläger einzustehen habe, bei weitem die größere und deshalb an sich der Schaden vom Kläger allein zu tragen sei. Der Kläger bestreitet, daß er nach § 254 und 278 BGB. für ein etwaiges Verschulden des Knechts A. verantwortlich gemacht werden könne. Die Vorinstanz hat diese Rechtsfrage nur aus dem Gesichtspunkt der vertraglichen Verantwortlichkeit geprüft. Der Kläger hat seinen Schadensanspruch dagegen vorsorglich ausdrücklich auch auf die Grundsätze über unerlaubte Handlungen gestützt.

Es handelt sich hier um eine Rechtsfrage, die das RG. nicht ganz einheitlich beantwortet. In der Mehrzahl (RG. 62 S. 346; 75 S. 258; 77 S. 212; 79 S. 319; 91 S. 138) beschränkt es zwar den Schlußsatz des § 254 nicht auf die Fälle des Abs. 2, verneint jedoch dessen Anwendung auf die Fälle des Abs. 1 im Gebiete der unerlaubten Handlungen. Dieser letzteren Beschränkung kann der Senat nicht beitreten; er schließt sich vielmehr der gegenteiligen Ansicht an, die u. a. Staudinger (§ 254[5]), Enneccerus-Kipp (Lehrbuch 2 § 236,2) Kiel (Seuff. 65 Nr. 158) und wohl auch RG. 62 S. 108 vertreten. Der Senat tritt im wesentlichen den Gründen von Staudinger und Enneccerus-Kipp, sowie besonders auch den zutreffenden Ausführungen des OLG. Kiel bei und stellt sich also auf den Standpunkt, daß der letzte Satz des § 254 nur infolge eines Redaktionsversehens nicht als ein besonderer dritter Absatz aufgenommen worden ist, und daß deshalb die Bestimmung: „Die Vorschrift des § 278 findet entsprechende Anwendung," für alle Fälle der Abs. 1, 2, und zwar sowohl auf dem Gebiete der vertraglichen als der deliktischen Haftung gilt. Eine nähere Begründung ist hier deshalb entbehrlich, weil zunächst das Verhalten des A. nicht nur die Voraussetzungen des Abs. 1, sondern auch die des Abs. 2 des § 254 erfüllt, in denen auch das RG. den § 278 auf dem Gebiete der unerlaubten Handlungen anwendet. Denn die Verletzung, die durch die Tätigkeit des Beklagten und seines Gesellen herbeigeführt wurde, hat nur deshalb den Tod des Pferdes verursacht, weil A. das Pferd nicht geschont, also unterlassen hat, die Vergrößerung des Schadens abzuwenden. Sodann aber kommt in Betracht, daß die schuldhafte Verletzung des Pferdes durch den Schmied in Erfüllung eines Werkvertrags erfolgte. Auf diesen ist der Klaganspruch in erster Linie gestützt. In solchen Fällen hat selbst nach der Ansicht des RG. der Kläger für seine Erfüllungsgehilfen auch einzustehen, wenn es sich um deren Verschulden im Sinne des § 254[1] handelt. Diese Haftung kann aber jedenfalls nicht aus dem Grunde wegfallen, weil zur Vertragshaftung des Schmieds eine solche aus unerlaubter Handlung hinzutritt. Dies um so weniger, als in solchem Falle auch der Schmied für einen Erfüllungsgehilfen gehaftet hätte, und damit die Unbilligkeit fortfällt, die das RG. gegen die Anwendbarkeit des Schlußsatzes auf unerlaubte Handlungen in den Fällen des Abs. 1 ins Feld führt. Die Rechtslage gestaltet sich also derart, daß der Beklagte für sein und seines Gesellen Verschulden, der Kläger für das seines Knechtes einzutreten hat. D.ch.

n) **Sind Bauzeichnungen auch dann zu bezahlen, wenn das Bauamt sie nicht genehmigt?**

OLG. Kassel, 2. ZS. Urteil v. 23. Januar 1920.

Die Vorentwürfe, die der Kläger auf Bestellung der Beklagten hergestellt hatte, hat das Stadtbauamt zurückgewiesen, weil sie den ästhetischen Anforderungen nicht genügten. Die Beklagte führt aus, nach dem stillschweigenden Parteiwillen sei ihre Zahlungspflicht gewissermaßen an die Bedingung geknüpft, daß die Skizzen genehmigt würden. Allein der Kläger hatte nicht nur diese Entwürfe, sondern auch alle andern Skizzen, die Gegenstand dieses Prozesses waren, nicht zu dem Zweck geliefert, um dadurch die spätere Bauaufsicht übertragen zu erhalten. Vielmehr stand von vornherein fest, daß seine Tätigkeit nur in der Anfertigung von Entwürfen bestehen und damit abgeschlossen sein sollte. Die Bauaufsicht übte demnächst die Beklagte selbst aus. In Anbetracht dessen war nach Treu und Glauben und nach der Besonderheit der vorliegenden Umstände die Gefahr der Genehmigung von vornherein der Beklagten aufzubürden. Da die Genehmigung auch von einer rein ästhetischen Beurteilung, also dem jeweils verschiedenen persönlichen Geschmack abhing, war sie mehr oder weniger dem Zufall unterworfen. Diesen Zufall zu tragen, kann man nur demjenigen Vertragsteile zumuten, dem mit der schließlichen Genehmigung die eigentliche Quelle des Verdienstes, in dem er jene Gefahr jederzeit auszugleichen vermag, erst eröffnet wird. Das ist vorliegend allein der Bauunternehmer, der Architekt kann dafür nur dann in Frage kommen, wenn ihm auch die Bauaufsicht übertragen wird, wenn er also die Entwürfe nur einreicht, um sich damit den reicheren Ertrag der Bauaufsichtsvergütung erst zu erschließen.

Wenn die Vorentwürfe auch deshalb zurückgewiesen sind, weil sie erheblich mehr Grundfläche für die Bebauung beanspruchten, als baupolizeilich zugelassen war, so hat der Kläger diese Überschreitung ausschließlich im Interesse der Beklagten vorgesehen, für die dadurch der Bau ertragreicher wurde. Ob aber hiernach der Kläger lediglich im Sinne der Beklagten handelte, oder ob er einen Kunstfehler begangen hätte, kann hier unentschieden bleiben. Denn die Beklagte als geschäftserfahrene Bauunternehmerin war nicht nur durchaus im Stande, aus den ihr eingereichten Entwürfen die Überschreitung zu ersehen, sondern hat sie in beiden Fällen auch erkannt, bevor sie die Entwürfe an das Bauamt weitergab. Selbst wenn man also die Überschreitung als einen Mangel des § 633 ansieht, so kann die Beklagte daraus keine Rechte herleiten, weil sie die Entwürfe vor der Weitersendung abgenommen hat, ohne sich dabei ihre Rechte wegen jenes Mangels vorzubehalten (§ 640[2]). ħ.

o) **Unausführbarkeit des Werks wegen Mängel des Stoffes oder der Zutaten?**

Kammergericht, 14. ZS. Urteil v. 10. März 1920.

Gegen den Klaganspruch auf Werklohn wegen 347 emaillierter Blechkessel wendet die Beklagte Wandlung nach § 634[2] ein. Daß die Kessel einen nicht zu beseitigenden Mangel haben, nämlich der zugesicherten Eigenschaft „allererster Ausführung" nicht entsprechen, verkennt auch das LG. nicht. Es schließt sich auch der Feststellung des Sachverständigen an, wonach die vom Kläger verwendete Grundglasur nur 25 % Borax enthalten hat, während bei der erwähnten Zusicherung 33 % die unterste Grenze bildet. Trotz dieses Mangels der vom Kläger beschafften Zutaten (§ 651[2]) verwirft es die Wandlung deshalb, weil der von der Beklagten beschaffte Stoff, nämlich die zu emaillierenden Kessel, nicht die vereinbarte Beschaffenheit gehabt habe, nämlich nicht aus tadellosem, besten geglühten Blech, sondern aus Siegerländer Blech bestehe, das nur in einem vorher erst auszuprobenden Verfahren emailliert werden könne. Nach § 645 begründet aber der Mangel des vom Kläger beschafften Stoffes nur dann einen Anspruch des Unternehmers auf Bezahlung der geleisteten Arbeit und seiner Auslagen, wenn infolge der Mangelhaftigkeit des Stoffes und ohne daß ein vom Unternehmer zu vertretender Umstand mitgewirkt hat, das Werk vor der Abnahme verschlechtert oder unausführbar geworden ist. Der nach § 363 dem Kläger obliegende Beweis hierfür ist nicht erbracht. Es steht vielmehr fest, daß die vom Unternehmer selbst beschaffte Zutat (Grundglasur) durch ihre fehlerhafte chemische Zusammensetzung die Unausführbarkeit des Werkes verursacht hat. Es ist mindestens nicht nachweisbar, ob die schlechte Emaillierung auch eine Folge des vom Besteller beschafften Stoffs gewesen ist; denn auch bei bestem Stoff kann mit ungenügender Grundglasur keine vertragsmäßige Emaillierung hergestellt werden. Eventuell ist die Mangelhaftigkeit der vom Unternehmer beschafften Zutat ein von ihm zu vertretender Umstand, der zu der Unausführbarkeit des Werks vorwiegend mitgewirkt hat. Für eine mit mangelhaften Zutaten geleistete Arbeit kann er ebensowenig wie für mangelhafte Arbeit den Werklohn verlangen, selbst wenn der vom Besteller beschaffte Stoff ebenfalls mangelhaft war. Auch wenn die Beklagte die Mangelhaftigkeit des Bleches wegen eines Verschuldens ihres Lieferers nach § 278 zu vertreten hätte, würde sie für den Werklohn nur dann haften, wenn infolge dieses Umstandes eine tadellose Lieferung unmöglich geworden wäre. Die Unmöglichkeit ist aber hier keine Folge der Mangelhaftigkeit des Stoffes, sondern der Mangelhaftigkeit der Zutat. Deshalb braucht nicht entschieden zu werden, ob das Blech vertragswidrig war, ob der Unternehmer dies vor Ausführung des Werks erkennen mußte und erkannt hat, und ob er sich in Kenntnis des Mangels zu einer tadellosen Emaillierung verpflichtet hat. L.d.

p) α) **Mäklerlohn für aufschiebend bedingte Verkäufe.**[1]

OLG. Hamburg, 4. ZS. Urteil v. 10. Dezember 1919.

Der vom Kläger zwischen der Beklagten als Verkäuferin und X. als Käufer vermittelte Kaufvertrag ist nicht bedingungslos, sondern unter dem Vorbehalt „glücklicher Ankunft" abgeschlossen. Deshalb weigert, da die Ware nicht angekommen ist, die Beklagte, die infolgedessen ihren Käufer nicht geliefert hat, auch die Zahlung des Mäklerlohns. Bei aufschiebend bedingten Geschäften ist dieser in der Regel erst verdient, wenn das Geschäft unbedingt geworden ist. Es hängt aber auch hier von dem Inhalt des Mäklervertrages ab, ob der Lohn nicht schon mit dem Vertragsschluß zu zahlen ist, denn es ist diejenige Tätigkeit des Mäklers zu vergüten, die ihm aufgetragen ist, so daß er seine Vergütung erhält, wenn er das zuwege gebracht hat, was er auftragsgemäß zu leisten hatte. Das ist aber hier der Fall, wobei dahingestellt bleiben kann, ob man die Klausel als eine aufschiebende oder auflösende Bedingung anzusehen hat. Läge also die Sache so, daß der Mäkler einen Auftrag zu bedingungslosem Abschluß erhalten, aber nur ein Geschäft zuwege gebracht hätte, das eine für seinen Auftraggeber nachteilige Bedingung enthielt, so würde mangels entgegenstehender Vereinbarung die Vergütung erst fällig, wenn die Bedingung eingetreten wäre. Hier lag die Klausel im Interesse des Verkäufers. Daß der Vertrag so und nicht ohne Einschränkung geschlossen wurde, entsprach seinem Willen. Der Kläger hat also den Geschäftsabschluß in der Weise, wie er vom Verkäufer beabsichtigt war und dem Auftrag entsprach, zuwege gebracht. Damit ist aber der Lohn verdient, ohne daß es darauf ankommen könnte, ob die Ware angekommen und der Kaufvertrag infolgedessen erfüllt worden ist oder nicht. Derartige Geschäfte sind erst in der Kriegszeit üblich geworden, vorher hat man sie nicht gekannt. Die wirtschaftlichen Verhältnisse legten dem Verkäufer vielfach die Notwendigkeit auf, sich für den Fall der Nichtlieferung infolge Nichtankunft der Ware vor Ersatzansprüchen des Käufers zu schützen. Die Folge war, daß der Mäkler beauftragt wurde, Kaufverträge mit diesem Vorbehalt zu schließen. Sollte nach der Absicht des Verkäufers auch der Mäklerlohn durch die Klausel bedingt sein, so war es Sache des Verkäufers dies zu vereinbaren.

[1] Der Mäklerlohn, der „für jeden abgelieferten Wagen" versprochen wurde, ist erst mit der Erfüllung des Vertrags verdient; dasselbe gilt, wenn der Lohn für die „Unterbringung" des Kohls bedungen ist, da dieser Ausdruck ebenfalls deutlich auf die endgültige Verwertung und Ablieferung des Kohls hinweist (OLG. Kiel, 2. ZS. Urteil v. 21. Okt. 1919; SchlHA. 1920 S. 57).

Denn es kommt grundsätzlich für die Frage, ob die Vergütung geschuldet wird, nur darauf an, ob der Mäkler durch den Abschluß erreicht hat, was er nach der Absicht des Auftraggebers erreichen sollte. Dieser Rechtsauffassung entspricht auch die Ansicht der beteiligten Verkehrskreise, da die Sachverständigen die Meinung teilen, daß dem Kläger die Vergütung zukomme. Ob dies im Einzelfalle stets so gehandhabt ist, ist ohne Belang. Unbeschadet des grundsätzlichen Standpunktes wird man in vielen Fällen einen billigen Ausgleich herbeigeführt haben, der auch im Interesse der Mäkler gelegen haben mag. M. M.

β) **Liegt dem Mäkler eine besondere Treupflicht ob.**

Kammergericht, 7. ZS. Urteil v. 10. Februar 1920.

Nicht zum Wesen des Mäklervertrages gehört, daß sich der Mäkler zu einer Tätigkeit *verpflichtet*, regelmäßig ist er nur berechtigt, für den Vertragsabschluß tätig zu werden, und nur der in Aussicht stehende Mäklerlohn veranlaßt ihn, sich um das Zustandekommen des Geschäfts zu bemühen. Verpflichtet er sich, für den anderen Teil tätig zu werden, so liegt neben dem Mäklervertrage noch ein Dienst- oder Werkvertrag vor. Ist er aber zu einer Tätigkeit auch nicht verpflichtet, so hat er doch, soweit er auf Grund des Mäklervertrags tätig geworden ist, die Belange seines Auftraggebers wahrzunehmen. Diesem gegenüber liegt ihm eine besondere Treupflicht ob; besonders muß er alle ihm bekannten erheblichen Sachumstände jenem mitteilen, auch solche, die geeignet sind, ihn vom Vertragschluß abzuhalten. Um so weniger darf er ihm unwahre Mitteilungen über Tatsachen oder Umstände machen, die für seinen Entschluß erheblich sein müssen oder auch nur können. L.n

γ) **Nichtiger Mäkler- oder Schmiergeldvertrag?**

OLG. Stuttgart, 3. ZS. Urteil v. 25. November 1919.

Durch Vermittlung des W. hat der Beklagte seine Fabrik an Frau X. verkauft. Die Klage des Zessionars auf den Mäklerlohn ist unbegründet. Es kann sich fragen, ob die zwischen dem Beklagten und W. getroffene Vereinbarung, wonach W. für Vermittlung des Verkaufs eine Provision (von 10000 Mark) erhält als Mäklervertrag aufzufassen ist. Auch die Auffassung ist möglich, daß W., der von X. zur unparteiischen Beratung über den Ankauf zugezogen worden war, für seine — für X. maßgebende — Empfehlung dieses Ankaufs, vom Beklagten einen Geldbetrag verlangt und zugesichert erhalten hat (Schmiergeldvertrag). Durch ein solches Verlangen hätte W. augenscheinlich gegen die guten Sitten verstoßen; denn er durfte, wollte er nicht seine Pflicht gegenüber der X. verletzen, in seinem Rat darüber, ob der Kauf für sie zu empfehlen sei, sich nicht durch sein Interesse beeinflussen lassen. Ebenso aber hätte Beklagter gegen die guten Sitten verstoßen durch seine Einwilligung, dieses pflichtwidrige Verhalten des W. zu unterstützen und zu befördern. Das „Provisions"-Versprechen stellt sich dann gemäß § 138[1] als nichtig dar.

Aber auch wenn man annähme, es sei ein Mäklervertrag abgeschlossen worden, wäre er als durch Drohung des W. erzwungen und vom Beklagten angefochten nichtig. Ob W. erklärt hat: er werde die Sache machen, wenn er die 10000 Mark bekomme, oder: er werde sie stecken lassen, wenn er die 10000 Mark nicht bekomme, bleibt sich gleich: er hat damit erklärt, er werde, wenn er nicht die 10000 Mark erhalte, der X. den Kauf nicht anraten und damit war bei seinem Verhältnis zur X., so wie er selbst es schilderte, gesagt: ohne die Zahlung der 10000 Mark komme der Kauf nicht zustande. Es sollte also hierdurch die Furcht im Beklagten erregt werden, der geplante Verkauf komme nicht zustande, und darin lag die Inaussichtstellung eines künftigen Übels, also eine Drohung des § 123, da der Beklagte, wie W. wußte, in einer Notlage war, die ihn zum sofortigen Verkauf der Fabrik zwang. Diese Drohung hat ohne Frage den Beklagten bestimmt, die verlangte Provision zu bewilligen. Die Drohung des W. war auch widerrechtlich. An sich handelt nicht widerrechtlich, wer mit einem Verhalten droht, zu dem er berechtigt ist; ein um seine Vermittlung angegangener Mäkler kann an sich seine Tätigkeit von Bezahlung einer in beliebiger Höhe verlangten Vergütung abhängig machen. Aber hier lag ein besonderer Umstand vor: W. verstieß gegen die guten Sitten, wenn er in Aussicht stellte, die in seiner Hand liegende Entscheidung des Fabrikkaufs — statt nach sachlichen Gründen, vom Gesichtspunkt der Wahrung der Interessen der X. aus — von dem Gesichtspunkt aus zu treffen, ob der Beklagte eine (zudem ungerechtfertigt hohe) Summe ihm für seine Vermittlungs- oder Empfehlungstätigkeit zahle: widerrechtlich ist auch eine in solcher Weise gegen die guten Sitten verstoßende Willensbeeinflussung. S.

q) **Vertrag mit dem Auktionator.**

Kammergericht, 8. ZS. Urteil v. 31. Januar 1920.

Durch den Vertrag wollte der Beklagte die Dienste des Klägers zur bestmöglichen Veräußerung des Gutsinventars im Wege der freiwilligen Versteigerung in Anspruch nehmen. Auf die Herbeiführung eines bestimmten Erfolges war der Wille der Partei nicht gerichtet. Der Kläger hätte auch dann eine Vergütung verlangen können, wenn etwa die Versteigerung keinen Erlös gebracht hätte. Für den Erfolg der Versteigerung hatte der Kläger nicht einzustehen. Es liegt also kein Werkvertrag zwischen den Parteien vor. Insbesondere folgt dies auch nicht aus der Art der Bemessung der Vergütung, die von der Höhe des Erlöses abhängig gemacht ist, da die Bemessung der Vergütung für die Charakterisierung des Vertrags nicht ausschlaggebend ist. Der vorliegende Vertrag stellt sich vielmehr als ein eine reine Geschäftsbesorgung betreffender Dienstvertrag (§§ 675, 611) dar. Das Vertragsverhältnis der Parteien ist ähnlich dem Verhältnis des Gerichtsvollziehers gegenüber seinem Auftraggeber (RGKomm. Nr. 2 vor § 611, Planck VIII 8 vor § 611; RG. 16, 396). B.

r) **Hebung einer Schute als Geschäftsführung?**

OLG. Hamburg, 1. ZS. Urteil v. 16. Februar 1920.

Ein Recht des Klägers (Reichsfiskus), das sich unter § 823 bringen ließe, ist nicht anzuerkennen. Das Deutsche Reich ist nicht Eigentümer der Elbe. Nützliche Geschäftsführung für den Beklagten liegt nicht vor; eine Verpflichtung für ihn, seine auf der Reede von Brunsbüttel gesunkene Schute zu heben, besteht nicht. Jeder Eigentümer eines gesunkenen Fahrzeuges kann es liegen lassen, wo es gesunken ist, es sei denn, daß Sondergesetze eine gegenteilige Verpflichtung festgesetzt haben, wie zB. § 7 der Hamburger HafenO. Die KanalO. enthält keine derartige Bestimmung. Es fehlt auch jeder Anhalt für die Annahme, daß das Kanalamt als nützlicher Geschäftsführer für den Beklagten tätig geworden ist. Es ist lediglich im öffentlichen Interesse tätig geworden. Die Klage war daher abzuweisen. Bei dieser Sachlage kann dahingestellt bleiben, ob es neben dem Anspruch aus § 25 StrandungsO. und § 45² KanalO., die nur die Befugnis der Behörde (Kanalamt) festsetzen, Hindernisse der Schiffahrt im öffentlichen Interesse zu beseitigen, aber lediglich mit der Folge, sich wegen der Kosten an das Schiff oder die beseitigten Gegenstände zu halten, eine persönliche Klage gegen den Schiffseigner gibt (vgl. RG. 64 Nr. 49). M. M.

s) α) **Feststellung einer Innengesellschaft zur Grundstücksspekulation gegenüber der Erbin eines Gesellschafters.**[1]

OLG. Stuttgart, 1. ZS. Urteil v. 14. Mai 1920.

Der Kläger und der verstorbene R. (Erblasser der Beklagten) hatten mündlich vereinbart, daß R. den Acker Nr. 267 in eigenem Namen, aber auf gemeinschaftliche Rechnung erwerbe und gelegentlich wieder veräußere. Der Kläger hatte dem R. den halben Ankaufspreis bezahlt; der erhoffte Gewinn sollte hälftig geteilt werden. Die Gesellschaft entsprach den Erfordernissen des § 705 und konnte formlos eingegangen werden, da sie nur den Erwerb und die vorteilhafte Weiterveräußerung des Ackers auf gemeinschaftliche Rechnung als Gesellschaftszweck vorsah; hierbei handelte es sich nicht um die Eingehung einer Verpflichtung zur Übertragung des Grundstückseigentums im Sinne des § 313. Die Gesellschaft war, obgleich das Grundstück nicht auf die Namen der Gesellschafter als solcher erworben wurde, als Innengesellschaft gültig (RG. 80 S. 270; JW. 1919 S. 33⁴). Bei dieser tritt der geschäftsführende Gesellschafter im Verkehr in eigenem Namen auf; ein Gesellschaftsvermögen im Sinne des § 718, der insoweit nachgiebiges Recht enthält, wird nicht gebildet, und das gesellschaftliche Element liegt darin, daß die von jenem Gesellschafter abgeschlossenen Geschäfte auf gemeinschaftliche Rechnung gehen; alles dies trifft hier zu.

Das nach § 256 ZPO. erforderliche Interesse des Klägers daran, daß

[1] Die Umwandlung einer offenen HG. in eine dieselben Personen umfassende Gesellschaft des BGB. schafft keine neue Rechtsversönlichkeit; die damit verknüpfte Grundstücksübertragung ist kein steuerpflichtiger Eigentumsübergang (Pr. OVG., 7. S. Urteil v. 28. Juni 1918; Entsch. 74 S. 6).

das Gesellschaftsverhältnis alsbald festgestellt werde, ist dadurch gegeben, daß seine Rechtslage durch tatsächliche Ungewißheit infolge des ernstlichen Bestreitens der Beklagten gefährdet, und daß für eine Verurteilungsklage bei der Art des Rechtsverhältnisses, das als Ganzes festgestellt werden soll, zurzeit kein Raum ist. Da der Vertrag sich auf ein einzelnes Geschäft beschränkt, das beim Tode des R. schon eingegangen war, so ist als Wille der Gesellschafter (§ 727 BGB.) anzunehmen, daß der Tod keinen Auflösungsgrund bilden sollte; die Gesellschaft erledigt sich vielmehr seinerzeit ohne weiteres mit der Beendigung des Geschäfts, nicht vorher. Der Klagantrag betraf demnach nicht, wie Beklagte vorbringt, ein nicht mehr gegenwärtiges Rechtsverhältnis. S.

β) **Vertragswidrige Veräußerung von Bohranteilen.**

OLG. Hamburg, 4. ZS. Urteil v. 2. Mai 1919.

Die Parteien haben eine Bohrgesellschaft gebildet. Das Gesellschaftsvermögen ist in 1000 Anteile zerlegt, von denen die Kläger 520, und die Beklagte 480 Anteile übernommen haben. Die Kläger haben 50000 Mark für die Vornahme der Bohrung zur Verfügung der Beklagten gestellt und mit ihr über die Rückerstattung das Abkommen getroffen. Unter der Behauptung, daß Beklagte 15 Anteile, und zwar unter je 300 Mark, verkauft habe, verlangen die Kläger Zahlung von 4500 Mark. Der Anspruch ist jedoch unbegründet.

Durch die Vereinbarung Anlage 1 sollte den Klägern Sicherheit gewährt werden, daß der Verkauf von Anteilen in erster Linie dazu diene, um die Bohrkosten hereinzubringen. Zu dem Zweck wurde der Beklagten untersagt, ihre Anteile früher, als bis die 50000 Mark durch Verkauf der klägerischen Anteile gedeckt wären, zu verkaufen. Dadurch aber wäre die Verkaufstätigkeit der Beklagten zunächst völlig lahmgelegt gewesen; das hätte den Interessen beider Teile widersprochen. Darum sollte die Beklagte formell die Möglichkeit eines Verkaufes haben; nach innen aber sollte er für Rechnung der Kläger gehen: sie sollten die etwa verkauften Anteile aus ihren Beständen liefern und den von der Beklagten erzielten Kaufpreis dagegen erhalten. Der Beklagten war also verboten, ihre Anteile vor Deckung der 50000 Mark zu verkaufen und es war ihr geboten, bis dahin so zu handeln, als wenn sie lediglich Verkaufskommissionär für die Kläger war. Da Beklagte Kaufmann ist, sind demgemäß die Grundsätze der Kommission anzuwenden (§ 406 HGB.). Aus dem ganzen Zusammenhang der Anlage 1 ergibt sich ferner, daß Beklagte nicht unter 300 Mark verkaufen durfte. Diese Verpflichtung ist zwar wörtlich nur den Klägern auferlegt, aber es ist selbstverständlich, daß Beklagte gleichfalls nicht darunter verkaufen durfte, denn der Sinn der Bestimmung, daß die Kläger nicht unter 300 Mark verkaufen sollten, war offensichtlich der, im beiderseitigen Interesse eine gewisse Preisgrenze der Anteile zu halten. Das aber wäre unmöglich, wenn nur der eine Besitzer gebunden war und der andere in der Lage war, den Wert durch billige Verkäufe zu drücken.

Jedenfalls aber war Beklagte an diese Preisgrenze solange gebunden, als es sich um Verkäufe für Rechnung der Kläger handelte, denn anderenfalls wäre ja die Wirkung die, daß der Kläger tatsächlich, durch Vermittlung der Beklagten, unter dem Preise verkauften. Die Beklagte hat aber den Vertrag sowohl dadurch verletzt, daß sie überhaupt für eigene Rechnung verkaufte, als auch dadurch, daß sie unter die vereinbarte Preisgrenze hinunterging. Die Kläger können deshalb Schadensersatz fordern und das Geschäft zurückweisen. Das tun sie mit der Klage.

Der Schaden kann darin bestehen, daß Beklagte ihre eigenen Bestände vermindert hat und andererseits darin, daß die Kläger selbst in eine günstigere Vermögenslage gekommen wären. Hiervon könnte die Rede sein, wenn Beklagte die Gelegenheit gehabt hätte, die 15 Anteile anderweitig zu 300 Mark zu verkaufen. Das behaupten die Kläger nicht. Der erstere Schaden ist aber dadurch ausgeglichen, daß Beklagte die Anteile zurückgenommen und dadurch den Zustand hergestellt hat, wie er ohne die Vertragsverletzung bestanden hätte. Die Meinung der Kläger, Beklagte müßte sich so behandeln lassen, als ob sie vertragsgemäß gehandelt hätte, ist eine fehlsame Übertragung der auf § 463 gegründeten Ansicht, daß der arglistig getäuschte Käufer verlangen darf, so gestellt zu werden, als wenn die vorgespiegelten Eigenschaften zugesichert, aber nicht gewährt wären (RG. 67 S. 38). Das ist ist eine ganz andere Rechtslage als hier, wo es sich um ein vertragswidriges Handeln handelt.

Anders wäre es, wenn die Kläger das Geschäft hätten gelten lassen. Sie haben aber der Beklagten geschrieben: „Wir bitten daher, diese Verkäufe als für uns geschlossen anzusehen und das Weitere zu veranlassen." Das sollte nur in dem Sinne verstanden werden, daß die Verträge zu dem hohen Preise gelten sollten, stellt also keineswegs eine Genehmigung des Geschäfts dar.

Auch soweit der Klaganspruch als Erfüllungsanspruch unmittelbar aus dem Vertrage geltend gemacht, ist er unhaltbar. Man mag zugeben, daß nach dem Vertrage die Beklagte das Ergebnis aus einem Verkaufe zu je 300 Mark an die Kläger abzuführen hätte, gleichviel ob sie dies Geschäft für eigene oder für Rechnung des Klägers geschlossen hat. Denn ihre Verpflichtung ging dahin, einen Verkauf in eigenem Namen und mit eigenen Anteilen zu schließen und den Kaufpreis den Klägern gegen Erstattung der Anteile zu überweisen. Ebenso wäre ein Erfüllungsanspruch gegeben, wenn Beklagte — an sich vertragswidrig — unter 300 Mark verkauft hätte, die Kläger aber für den niedrigeren Kaufpreis gleichwohl einen Anteil hätten zur Verfügung stellen wollen. Das haben aber die Kläger nie verlangt, sie fordern im Gegenteil für einen Anteil 300 Mark. Ein Erfüllungsanspruch dahin, daß Beklagte verpflichtet sei, sofern sie einen Anteil gleichviel zu welchem Preise verkaufe, den Klägern gegen Rückerstattung des Anteils 300 Mark zur Verfügung zu stellen, ist nicht anzuerkennen. Verkaufte Beklagte unter 300 Mark, so verletzte sie den Vertrag und die Kläger hatten, wenn sie das

Geschäft nicht genehmigten, eben nur Ersatzansprüche. Der Vertrag besagt aber nicht, daß Beklagte den Klägern trotzdem 300 Mark zur Verfügung zu stellen hätte. M. M.

t) **Darlehn zur Ermöglichung des Weiterspielens.**

Kammergericht, 9. ZS. Urteil v. 15. Januar 1920.

Die Parteien haben sich 1918 in der Gastwirtschaft des Beklagten an einem Spiel „Meine Tante — deine Tante" beteiligt und hielten die Bank. Als diese verlor, hat auf die Erklärung des Beklagten, er habe kein Geld mehr, der Kläger für sich und für den Beklagten mit dessen Einverständnis zweimal je 500 Mark in die Bank eingelegt. Das Geld ging verloren, worauf der Beklagte nicht weiterspielte. Bei der Klage auf Rückzahlung der 1000 Mark handelt es sich nicht um eine Spielschuld (§ 762), sondern um 2 Darlehn von je 500 Mark, die zu dem Zwecke gegeben waren, um dem Beklagten das Weiterspielen zu ermöglichen. Derartige Darlehn sind nur dann nichtig, wenn sie nach besonderen, erschwerenden Umständen des Falls gegen die guten Sitten verstoßen (RG. 67 S. 361, 70 S. 2). Solche Umstände liegen hier nicht darin, daß der Kläger durch sein Angebot ermöglicht hat, das Spiel fortzusetzen, und daß der Beklagte überhaupt nicht in die Lage kam, über die geliehenen Beträge zu verfügen, da der Kläger sie in die Bank einlegte. Alles dies ergab sich ohne weiteres daraus, daß es sich um Darlehn lediglich zum Weiterspielen handelte.

Unrichtig ist, daß der Kläger durch sein Angebot und Zureden den Beklagten dazu bestimmt oder dazu veranlaßt hat, nicht aus dem Spiel auszuscheiden. Die Veranlassung zu den Darlehn gab vielmehr die Erklärung des Beklagten, daß er kein Geld mehr habe; damit hat er nicht ausgedrückt, daß er nicht weiter spielen wolle, sondern daß er es nicht könne. Der Kläger ist durch sein Angebot lediglich einem allerdings nicht ausgesprochenen Wunsche des Beklagten nachgekommen. Daß der Kläger schon bei der Verauslagung der 1000 Mark die Absicht gehabt habe, für den Fall des Verlustes der Bank weiter zu spielen und einen möglichst großen Teil des durch den Verlust des Beklagten vermehrten Spielgeldes zu gewinnen, ist möglich. Erwiesen ist jedoch nur, daß die Parteien bei Verauslagung der 1000 Mark infolge ihrer gleich hohen Beteiligung an der Bank sich als Gegenspieler nicht gegenüber standen, und daß der Kläger als Zusammenspieler mit dem Beklagten die Absicht und den Wunsch gehabt hat, selbst das verlorene Geld wiederzugewinnen und dem Beklagten durch die Hingabe der Darlehn gleichfalls dazu Gelegenheit zu geben.

Es war ferner zu prüfen, ob in Rücksicht auf die §§ 285, 360 Nr. 14 StrGB. in der 1918 geltenden Fassung die Darlehn gegen die guten Sitten verstießen. Die Frage ist zu verneinen. Ob Beklagter gegen § 285 verstoßen hat, kann dahingestellt bleiben. Jedenfalls ist kein Grund für die Annahme vorhanden, daß die Darlehn gegeben worden sind, um die Gestattung oder Verheimlichung des Glücksspiels herbeizuführen oder den Beklagten in seiner

Eigenschaft als Wirt zur Fortsetzung dieser Gestattung oder Verheimlichung zu bewegen. Der Tatbestand des ehemaligen § 360 Nr. 14 liegt überhaupt nicht vor. Das Bankhalten ist für sich noch kein „Glücksspiel". Durch § 360[14] sollte derjenige betroffen werden, wer ein Glücksspiel als Leiter oder Unternehmer in der Weise betreibt, daß die Beteiligung daran einer unbestimmten Anzahl von Personen gewährt wird. Hier liegt aber nichts weiter vor, als daß mehrere Personen sich in einer Wirtschaft zu einem Glücksspiel zusammen gefunden haben, bei welchem die Bank unter den Mitspielern umgegangen ist (RG. Rechtspr. in Straff. 2 S. 360). Das Gesetz gegen das Glücksspiel vom 23. Dezember 1914 (RGBl. S. 2145) hat keine rückwirkende Kraft. Schm.

u) **Fallen öffentlichrechtliche Einreden unter § 768[1]?**

Kammergericht, 7. ZS. Urteil v. 12. Dezember 1919.

Die Kläger haben sich für eine Hypothekenforderung selbstschuldnerisch verbürgt. Das Amtsgericht hat die Fälligkeit der Hypothek bis 1. Oktober 1919 hinausgeschoben und damit die Möglichkeit eines gerichtlichen Vorgehens nicht nur gegen den Eigentümer, sondern auch gegen die Bürgen zeitweilig ausgeschaltet (§ 768 S. 1). Allerdings ist die Frage, ob die öffentlichrechtliche Stundung der VO. vom 8. Juli 1916 auch zugunsten der Bürgen wirkt, nicht unbestritten. Sie ist aber mit dem hiesigen 22. ZS. (D.JZ. 1918 S. 129) zu bejahen, da, wie die alleinige Ausnahme in Satz 2 erkennen läßt, Satz 1 sich auf alle Einreden beziehen soll, die der Hauptschuldner, gleichviel aus welchem Grunde, der Forderung entgegensetzen kann. Insbesondere schlägt auch der Gesichtspunkt nicht durch, daß es sich um eine öffentlichrechtliche außergewöhnliche Maßnahme handle; denn auch die Verjährung beruht auf öffentlichrechtlichen, nämlich rechtspolizeilichen und wirtschaftlichen Erwägungen. L. n

v) **Bereicherung[1]: α) Begleichung der Zechschuld eines Minderjährigen mit entwendetem Gelde.**

OLG. Hamburg, 6. ZS. Urteil v. 24. Januar 1920.

Der minderjährige Carl R., der in der Gastwirtschaft des Beklagten größere Zechen gemacht hatte, hat später auf diese Schuld 950 Mark bezahlt, die er durch widerrechtliche Abhebung auf ein Sparkassenbuch der Klägerin erlangte. Um die Rückforderung dieses Betrags auf § 826 stützen zu können, würde der Nachweis allein, daß der Beklagte durch die in Kenntnis der Minderjährigkeit des Carl bewirkte entgeltliche Verabfolgung von Getränken oder durch die Entgegennahme des Entgelts die guten Sitten verletzt habe, nicht genügen; es müßte vielmehr weiter hinzukommen, daß Beklagter jene Handlungen mit dem Bewußtsein, wenn auch nur im Sinne des Eventualdolus, vorgenommen habe, daß die Klägerin dadurch geschädigt werden könne.

[1] Beim Kettenhandel ist nach § 817 S. 2 die Rückforderung des bezahlten Kaufpreises ausgeschlossen, weil nicht bloß der Verkäufer, sondern auch der Käufer gegen ein gesetzliches Verbot verstoßen hat (OLG. Stuttgart, 3. ZS. Urteil v. 30. März 1920).

Eine Behauptung, daß der Beklagte bei Eingehung des Kaufvertrags oder auch nur bei der Zahlung Kenntnis davon, die Bezahlung erfolge auf Kosten der Klägerin, gehabt oder angenommen habe, das Geld rühre aus anderen als den eigenen Mitteln des Carl her, hat die Klägerin selbst nicht aufgestellt.

Ebensowenig ist der § 812 anwendbar. Allerdings sind die zwischen dem Beklagten und Carl R. über die Verabfolgung von Getränken abgeschlossenen Verträge, deren Wirksamkeit gemäß § 108 zunächst in der Schwebe war, infolge der Verweigerung der Genehmigung des gesetzlichen Vertreters unwirksam geworden, so daß der Beklagte das an ihn zur Erfüllung dieser Verträge Geleistete ohne Rechtsgrund erlangt hat. Die Tatsache der Gegenleistung gleichwertiger Waren stände dem Herausgabeanspruche nicht entgegen, da die Waren im voraus auf Kredit verabfolgt waren und dem Beklagten wegen Nichtigkeit dieses Kreditkaufs ein Anspruch zurzeit der Zahlung überhaupt nicht zustand, so daß er durch deren Entgegennahme bereichert wurde, der § 818[3] daher keine Anwendung findet. Allein es fehlt an der Unmittelbarkeit der Beziehung zwischen der Bereicherung des Beklagten und der Schädigung der Klägerin. Der Schaden der letzteren ist nicht etwa erst dadurch, daß der Beklagte in den Besitz des ihr wirtschaftlich entfremdeten Geldes gelangte, sondern bereits dadurch eingetreten, daß die Sparkasse dem das Sparkassenbuch vorlegenden R. den Betrag ausgezahlt hat. Von einer Identität des den Verlust der Klägerin und den Gewinn des Beklagten vermittelnden Umstandes, wie sie der § 812 nach seinem Wortlaut „auf Kosten" verlangt, kann also hier nicht die Rede sein. Der Ausnahmefall des § 816, wo sich der Anspruch auch bei Fehlen der unmittelbaren Beziehung gegen einen Dritten richtet, liegt hier nicht vor, da der Beklagte nicht durch eine unentgeltliche Verfügung in den Besitz des Geldes gelangte. M. M.

β) Erstattung der Armenunterstützung nach § 68 Pr. AusfG. zum UnterstWG.

OLG. Breslau, 1. ZS. Urteil v. 29. März 1920.

Die 1912 in der Provinzialheilanstalt verstorbene Mutter und Erblasserin des Beklagten ist dort seit 1898 für Rechnung des Landarmenverbandes verpflegt worden. Von den hierdurch entstandenen Kosten hat diesem der Kläger als unterstützungspflichtiger Ortsarmenverband 3369 Mark ersetzt, wozu letzterem der Kreis $^2/_3$ mit 2246 Mark als Beihilfe gewährt hat. Die Klage auf Erstattung dieser 2246 Mark ist unbegründet. Bis zum Gesetz über die außerordentliche Armenlast vom 11. Juli 1891, das sowohl den § 31a als auch § 68[2] in das AusfG. zum UnterstWG. eingefügt hat, konnte eine im Wege der Armenpflege unterstützte Person auf Erstattung der ihr gewährten Unterstützung nur nach den Vorschriften des bürgerlichen Rechts belangt werden. Die Rechtsprechung im Gebiete des ALR. erkannte den Armenverbänden gegen den zahlungsfähigen Unterstützten einen Erstattungsanspruch aus dem Gesichtspunkte der nützlichen Verwendung zu, während in den übrigen Landesteilen nur eine bei Gewährung der Unterstützung nicht unterstützungsbedürftige Person wegen ungerechtfertigter Bereicherung zur Erstattung der Unterstützung angehalten werden konnte (RG. 75 S. 89). Bei der Beratung jenes Gesetzentwurfs ging man davon aus, daß ohne eine Änderung des § 68 AusfG. die Erstattung der nach § 31a von den Kreisen zu gewährenden Beihilfen nicht von den Unterstützten werde verlangt werden können, da die Kreise keine Armenverbände seien. Infolgedessen regte der Abg. von Tzschoppe an, in das AusfG. aufzunehmen: „Der gerichtliche Anspruch auf Erstattung verausgabter Unterstützungskosten, sowie der Antrag auf Heranziehung der Angehörigen (§ 65) steht auch den Kreisen im Fall der §§ 31, 31a und 31b bezüglich der von ihnen zu tragenden außerordentlichen Armenlast zu" (StenBer. des AbgH. 1890/91 Bd. 2 S. 553). Diese Anregung hat dazu geführt, daß die Kommission dem erwähnten § 68 zu dem jetzigen Abs. 2 hinzufügte (aO. AnlageBd. 3 Nr. 351). Dabei ist weder dort noch in der Vollversammlung der Gedanke laut geworden, daß zur Geltendmachung des den Kreisen im Falle § 31a gewährten Erstattungsanspruchs auch die Ortsarmenverbände berechtigt sein sollten. Zwar wird durch § 68^2 deren rechtliche Stellung gegenüber dem Unterstützten insofern berührt, als ihr Erstattungsanspruch seine rechtliche Grundlage nun nicht mehr im bürgerlichen Rechte, sondern im § 68^2 hat (RG. 75 S. 89). Über das von ihnen selbst aus eigenen Mitteln geleistete geht jedoch ihr Anspruch nicht hinaus. Die Erstattung der von den Kreisen gewährten Beihilfen können nur die Kreise fordern. Die im § 68^2 enthaltenen Worte „der Erstattungsanspruch . . . steht . . . auch den Kreisen . . . zu" bedeuten nicht, daß hinsichtlich dieses Anspruchs ein Gesamtgläubigerverhältnis zwischen den Kreisen und den Ortsarmenverbänden besteht, sondern wollen nur besagen, daß die zum Zweck der außerordentlichen Armenpflege gemachten Aufwendungen von den Kreisen ebenso zurückgefordert werden können wie von den Ortsarmenverbänden.

Schn.

w) **Haftung für die zur Dienstleistung zugewiesenen Kriegsgefangenen.**[1]

OLG. München, 3. ZS. Urteil v. 23. Dezember 1919.

Im März 1918 war in dem Wald der Kläger ein Brand dadurch ausgebrochen, daß der dem Beklagten als Dienstknecht gegen Bezahlung zugewiesene russische Kriegsgefangene X. während der Arbeit eine Zigarette angezündet und das Zündholz brennend weggeworfen hat. Die Klage auf Ersatz des Holzverlustes ist unbegründet. Eine Haftung des Beklagten kann auf § 823^2 nicht gestützt werden, das in Frage kommende Verbot von Geschenken an Kriegsgefangene bildet kein Schutzgesetz; dieses erfordert, daß es dem Schutze des einzelnen im Gegensatz zur Gesamtheit dienen soll, es muß bezwecken, gerade dem einzelnen einen Rechtsschutz zu gewähren, und es muß

[1] Die Begünstigung, die in dem Aufbewahren des gestohlenen Gutes zu finden ist (StrGB. § 257^1), fällt ebenso wie die Hehlerei als selbständige Straftat nicht unter BGB. § 830; ihre Schadensfolge ist daher besonders zu ermitteln (OLG. Kiel, 1. ZS. Urteil v. 13. Nov. 1919; SchlHA. 1920 S. 41).

derjenige, dessen Schutz das Gesetz anstrebt, der Beschädigte sein. Durch das Verbot von Schenkungen an Kriegsgefangene sollte in keiner Weise das Eigentum Dritter geschützt, eine Gefährdung dieser infolge der Schenkung hintangehalten werden. An eine dahingehende Zweckbestimmung ist sicherlich bei Erlaß des Verbots nicht gedacht worden (RGKomm. § 823[14]). Ebenso ist die Haftung aus § 831 zu verneinen, weil X. als vom Beklagten zu einer Verrichtung Bestellter den Klägern den Schaden nicht in Ausführung dieser Verrichtung — der Feldbestellung — sondern lediglich bei Gelegenheit derselben zugefügt hat. Das Zigarettenrauchen und das Wegwerfen des Zündholzes hing nicht mit der dem X. vom Beklagten übertragenen Arbeit zusammen (aO. § 831[3]). Überdies stand dem Beklagten die Auswahl des zur Verrichtung Bestellten nicht in der Weise offen, daß ihm ein Verschulden in der Auswahl dieses Bestellten zur Last gelegt werden kann; X. wurde ihm von der zuständigen Stelle zugewiesen, ohne daß ihm darauf ein Einfluß zustand. Die Ausführung der Verrichtung hat der Beklagte nicht im Sinne des § 821 zu leiten gehabt. Lediglich aus dem Gesichtspunkt der Sorgfaltsverletzung durch Unterlassung allgemeiner Einzelvorschriften über das Verhalten beim Rauchen während der Feldarbeit dem X. gegenüber oder durch Vernachlässigung genügender Beaufsichtigung im allgemeinen, besonders bezüglich des Rauchens bei der Feldarbeit, könnte der Klaganspruch nach § 823[1] gerechtfertigt sein (JW. 1914 S. 1678). Es kann aber doch von dem Beklagten als Ökonomen nicht verlangt werden, daß er für den einen Kriegsgefangenen ausführliche Vorschriften darüber erlassen sollte, wie sich dieser beim Rauchen auf dem Felde zu verhalten habe, insbesondere nicht, daß er ihm eine besondere Anweisung erteilte, die selbstverständliche Handlung zu unterlassen, im Walde noch ein brennendes Zündholz wegzuwerfen. Der Beklagte durfte damit rechnen, daß X. als erwachsener Mensch soviel Einsicht besitze, die Gefährlichkeit einer derartigen Handlungsweise zu erkennen, ohne daß er ihm hierüber Belehrungen oder Vorhalt zu machen brauchte. — Ebensowenig kann dem Beklagten Sorgfaltsverletzung deshalb vorgeworfen werden, daß er dem X. bei der Feldarbeit nicht noch eine besondere Aufsichtsperson mitgegeben hat. Es ist selbstredend ausgeschlossen, daß der Ökonom, der der Arbeitskraft eines Kriegsgefangenen bedurfte, nicht für diesen eine weitere Kraft zur Aufsicht annehmen konnte, noch daß er selbst in Person immer diesen Kriegsgefangenen bei der Arbeit überwachen mußte. Es ist deshalb gleichgültig, ob der Praktikant B. geeignet war, den X. zu beaufsichtigen und ob er ihn zu diesem Zweck begleitet oder lediglich mit X. gemeinsam gearbeitet hat. Die militärische Dienstanweisung über die Beaufsichtigung der Kriegsgefangenen begründete für den Beklagten keine Erweiterung seiner allgemeinen Beaufsichtigungspflicht seiner Arbeiter, zu denen in diesem Sinne auch der Kriegsgefangene X. zu zählen ist. Sie bezieht sich lediglich auf die Verhütung der Flucht der Gefangenen und die Einhaltung der militärischen Zucht und Ordnung. H. n.

13. Zivilprozeß.

a) Zuständigkeit des Mieteinigungsamts.[1] Aussetzung nach § 148.

Kammergericht. 2. ZS. Beschluß v. 31. Oktober 1919.

Der klagenden Mieterin haben die Beklagten am 1. Juni 1919 die Räume gekündigt, weil die jetzige Teuerung eine Fortsetzung des Vertrags unmöglich mache. Die Klägerin beantragt die Feststellung, daß diese Kündigung rechtsunwirksam sei und ihr Mietsverhältnis nicht vor 1922 ende. Das LG. hat auf den Antrag der Vermieter, die das MEA. angerufen und eine einstweilige Anordnung der Kündigungszulässigkeit erreicht haben, das Verfahren bis zur Entscheidung des Amts ausgesetzt. Die Beschwerde ist begründet. Das MEA. ist zwar eine Verwaltungsbehörde, es hat aber nur in beschränktem Maße ein Rechtsverhältnis festzustellen, von dem die Entscheidung des gegenwärtigen Rechtsstreits abhängt. Die Mieterin, die Klägerin, hat es nicht angerufen. Auf Anrufen des Vermieters aber kann es nach § 2 Nr. 2 VO. v. 23. Sept. 1918/22. Juni 1919 nur den mit einem neuen Mieter abgeschlossenen Mietsvertrag rückwirkend aufheben. Um einen solchen Fall handelt es sich hier nicht. Ebensowenig um den Fall des § 3 das. Der § 6 endlich läßt eine Anordnung der Landesbehörde dahin zu, daß die Vermieter ein Mietverhältnis wirksam nur mit vorheriger Zustimmung des MEA. kündigen können. Für Berlin ist diese Anordnung getroffen und damit ist für die Wirksamkeit einer Kündigung ein weiteres Erfordernis geschaffen: das MEA. muß der Kündigung zustimmen. Diese Zustimmung allein machte sie aber nicht wirksam, wenn sie sonst nach den gesetzlichen oder vertraglichen Bestimmungen unzulässig ist. Darüber, ob das der Fall ist, hat nach wie vor das ordentliche Gericht ausschließlich zu entscheiden. Es kann nicht eine den gesetzlichen oder vertraglichen Bestimmungen entsprechende Kündigung für wirksam erklären, den Mieter nicht zur Räumung verurteilen, solange nicht das MEA. der Kündigung zugestimmt hat. Es kann und muß sie aber ohne Rücksicht darauf, ob das Amt ihr zugestimmt hat, für unwirksam und das Mietsverhältnis für fortbestehend erklären, wenn die Kündigung durch die gesetzlichen (vertraglichen) Bestimmungen ausgeschlossen ist. Die nach § 7 S. 2 VO. vom MEA. erlassene einstweilige Anordnung, daß vorläufig der Kündigung zugestimmt wird, schützt die Beklagten davor, daß das Gericht dem Klagantrage schon deshalb entspricht, weil die Zustimmung des Amts fehle, hindert aber ebensowenig, wie eine etwa erfolgende endgültige Zustimmung die Feststellung, daß die Kündigung nach den gesetzlichen (vertrag-

[1] Das MEA. ist nicht befugt, in einem auf bestimmte Zeit (Ende 1921) abgeschlossenen Mietvertrag einzugreifen; hat es gleichwohl den Mietzins erhöht, so ist die Feststellungsklage, daß der Vermieter nicht berechtigt ist, diese Erhöhung während der Mietdauer zu verlangen, begründet (OLG. Karlsruhe, 1. ZS. Urteil v. 4. Febr. 1920; BadRspr. S. 50). Ebensowenig kann es durch seine Entscheidung, das alte Mietverhältnis sei fortzusetzen, zwischen den Parteien einen Mietvertrag schaffen, wenn ein solcher vorher nicht bestand (Urteil des 4. ZS. v. 27. Febr. 1920; aO. S. 52). Vgl. oben S. 313.

lichen) Bestimmungen überhaupt nicht zulässig war. Darum erscheint hier die Aussetzung nach § 148 ZPO. nicht zweckmäßig.

Nähme das MEA. eine weitergehende Zuständigkeit für den vorliegenden Fall an, so würde die Voraussetzung des § 4 VO. über die Kompetenzkonflikte vom 1. August 1879 gegeben sein. Entschiede es in einer dem ordentlichen Gerichte widersprechenden Weise, so bliebe ohne die Erhebung des Konflikts nach EG. zum GVG. § 17 Nr. 4 doch die Entscheidung des Gerichts maßgebend. Fr.

b) **Streitgegenstand: α) einer einstw. Verfügung auf Entfernung eines Baggers.**

OLG. Hamburg, 3. ZS. Beschluß v. 5. November 1919.

Nach der beantragten einstw. Verfügung hat die Antragsgegnerin zu dulden, daß der auf ihrer Werft im Bau befindliche Saugbagger von seiner Liegestelle in Danzig nach einem anderen deutschen Hafen überführt wird. Es ist dadurch über den Besitz des Baggers nicht endgültig entschieden worden. Es kann deshalb nicht gemäß § 6 der Streitwert ohne weiteres dem Wert des Baggers gleichgesetzt werden. Entscheidend ist vielmehr das Interesse des Antragstellers, das nach § 3 zu schätzen ist. Dabei ist zu berücksichtigen, daß der Antragsteller infolge der von ihm geleisteten Ratenzahlungen von zusammen 303550 Mark bereits einen Anspruch auf Überlassung des Baggers erworben hat, der durch den auf diesen zu befürchtenden Zugriff des Vielverbands vereitelt werden würde, daß aber andererseits der Antragsteller sich selbst für verpflichtet ansieht und bereit ist, mit Rücksicht auf die erhebliche Verteuerung der Baukosten über die bereits gezahlten Beträge hinaus für die Überlassung des Baggers in seinem jetzigen Zustand noch eine Entschädigungssumme zu zahlen, wenn auch deren Betrag noch streitig ist. Unstreitig auch dem Betrage nach ist lediglich der Verlust, der den Antragsteller in Höhe der bereits gezahlten Beträge treffen würde, wenn der Bagger in Danzig verblieben und der Antragsgegnerin infolge der Beschlagnahme die spätere Lieferung des Dampfers unmöglich gemacht worden wäre. In dieser Summe erschöpft sich daher das nachweisliche Interesse des Antragstellers an der beantragten Verfügung, deren Wert daher in Anlehnung an diesen Betrag auf 300000 Mark festzusetzen war.

Die Beschwerdekosten wären, da der Beschwerdeführer teils obgesiegt hat, teils unterlegen ist, nach § 92 zu verteilen gewesen, wenn überhaupt ein kostenpflichtiger Gegner vorhanden wäre. Als solcher kann jedoch für die Beschwerde des Anwalts aus § 12 GebO. die Antragsgegnerin nicht gelten (RG. 12 S. 362; JW. 1894 S. 454). Die Kostenentscheidung hatte deshalb zu unterbleiben; maßgebend ist lediglich § 89 GKG. M. M.

β) **der Beendigung einer Verwaltungsbefugnis.**

OLG. Rostock, 1. ZS. Beschluß v. 12. Januar 1920.

Der Kläger hat unter der Behauptung, daß die Voraussetzung, unter der er nach dem Testamente der Witwe B. den ihm zugefallenen Nachlaß selbst verwalten darf, eingetreten ist, d. h. daß er seine Neigung zum Trinken aufgegeben hat, Herausgabe des Nachlasses und Rechnungslegung vom Testamentsvollstrecker gefordert. Trotz dieses Antrages ist aber im Grunde nicht das vom Kläger ererbte Vermögen Gegenstand des Streits, sondern lediglich die Frage, ob die Verwaltungsbefugnis des Verwalters beendigt ist. Der Streitwert ist daher nicht nach § 6 zu bestimmen, sondern gemäß § 3 frei zu schätzen u. z. nach dem Interesse des Klägers auf 5000 Mark. Dr. Br.

γ) **einer Anfechtung außerhalb des Konkurses.**

OLG. Hamburg, 6. ZS. Beschluß vom 31. Mai 1919.

Bei Klagen wegen Anfechtung außerhalb des Konkursverfahrens richtet sich der Streitwert nach dem Betrage der Forderung, für die der Anfechtungskläger Befriedigung aus dem weggegebenen Gegenstand sucht, oder, wenn dieser einen geringeren Wert hat, nach diesem (RG. 7 S. 394). Vorliegend entscheidet der Wert des Geschäftsanteils an einer GmbH., der vom Schuldner X. in anfechtbarer Weise dem Beklagten abgetreten sein soll. Der Wert bestimmt sich aber natürlich nicht nach dem Nennbetrage, sondern nach dem objektiven Werte, also nach dem bei einem Verkaufe des Geschäftsanteils voraussichtlich erzielbaren Preise, den der Sachverständige auf 2500 Mark geschätzt hat. Demgegenüber kommt nicht in Betracht, daß der Kläger im Rechtsstreite, als es sich darum handelte, die Anfechtbarkeit zu beweisen, den Streitwert auf 10000 Mark angegeben hat. Nicht das vermeintliche, sondern das wirkliche Interesse einer Partei am Streitgegenstande entscheidet. Parteiangaben, die, wenn nicht bestimmte Geldsummen eingeklagt werden, nach § 253 ja auch in jeder Klagschrift enthalten sein sollen, geben einen Anhalt für den Streitwert des Gegenstands, sind aber nicht schlechthin maßgebend und können jederzeit von der Partei berichtigt werden. Um eine nach Klagerhebung eingetretene Wertänderung, wie das LG. meint, handelte es sich hier nicht. M. M.

Dazu: OLG. Jena, 2. ZS. Beschluß v. 13. Februar 1920.

Nach § 6 wird der Streitwert durch den Wert der Sache, wenn deren Besitz streitig ist, bestimmt. Dementsprechend entscheidet der Wert der Sache auch bei einer Klage, bei der wie hier das Eigentum den Streit bildet. Nur in den vom Konkursverwalter geführten Anfechtungsprozessen ist der § 6 nicht anwendbar, weil sie immer nur die Beseitigung der für die Konkursmasse aus der angefochtenen Handlung entstandenen Nachteile bezweckten und die in diesen Grenzen beanspruchte Rückgewähr dem Prozesse nicht den Charakter eines Rechtsstreits über den Besitz der Sache schlechthin aufprägt. Nur das wird in den von der Beschwerde angezogenen Entscheidungen ausgeführt. Um einen Anfechtungsprozeß handelt es sich aber hier nicht. M. l.

δ) **Anwendung des § 4 bei Klagen aus § 1042.**

Kammergericht, 2. ZS. Beschluß v. 2. März 1920.

Mit der nach § 12 RAGebO. zulässigen Beschwerde wird die Heraufsetzung des vom LG. auf 60000 Mark angenommenen Streitwerts beantragt, da bei Klagen auf die Zulässigkeit der Zwangsvollstreckung aus einem

Schiedsspruch (§ 1042) der Betrag des Anspruchs einschließlich der Zinsen maßgebend sei. Dieser von Willenbücher und für den ähnlich liegenden Fall des § 722 auch von Stein (4 III) vertretenen Ansicht kann nicht beigepflichtet werden. Nach dem gemäß § 9 GKG. anzuwendenden § 4 ZPO. bleiben Zinsen unberücksichtigt, wenn sie als Nebenforderungen geltend gemacht werden. Anders liegt die Sache, wenn Hauptsumme und Zinsen nicht den unmittelbaren Gegenstand des Streits, sondern nur den Berechnungsmaßstab für einen einheitlichen Gesamtanspruch bilden (vgl. Stein aO.). Das ist aber hier nicht der Fall. Wenn auch das schiedsrichterliche und das Verfahren über den Erlaß des Vollstreckungsurteils keinen einheitlichen Prozeß darstellen, so führt doch das erstere allein den Kläger, soweit der Beklagte nicht freiwillig zahlt, nicht zum Ziele, nämlich zur Verwirklichung seines Anspruchs; er ist vielmehr genötigt, auf Erlaß des Vollstreckungsurteils zu klagen, wenn er in den Besitz eines vollstreckbaren Titels kommen will. Der Anspruch des Klägers bleibt also auch in diesem Verfahren derselbe, auch hier bildet die Hauptforderung nebst Zinsen, soweit sie im Schiedsspruch zuerkannt ist, noch den unmittelbaren Gegenstand des Streits, wenn auch eine sachliche Nachprüfung des Schiedsspruchs nicht mehr zulässig ist. Auch für dieses Verfahren aus § 1042 ist daher § 4 anzuwenden. Fr.

ε) **Streitwert bei Klage auf Auflassung eines Grundstücks. Ist der Wert des mitverkauften Zubehörs dem Grundstückswerte hinzuzurechnen?**

OLG. Breslau, 3. ZS. Beschluß v. 17. Januar 1920.

Maßgebend für den Steitwert ist der Wert des Grundstücks, dessen Auflassung der Kläger verlangt (§ 6). Der Wert des mitverkauften Inventars, der im Kaufvertrage mit 8000 Mark angegeben ist, wäre dem Wert des Grundstücks nur dann hinzuzurechnen, wenn die Voraussetzung des § 926 BGB. vorläge, also wenn erst mit dem Übergang des Grundstückeigentums auch das Eigentum am Inventar überginge. Da aber unstreitig das Grundstück mit dem Inventar schon vor Erhebung der Klage übergeben worden ist, so ist anzunehmen, daß das Eigentum am Inventar schon mit der Übergabe auf den Kläger gemäß § 92 BGB. übergegangen ist, weil nach der Sachlage unterstellt werden muß, daß Käufer und Verkäufer über den Übergang des Eigentums am Inventar einig waren. Hiernach verlangt der Kläger mit Recht die Herabsetzung des vom LG. unter Hinzurechnung des Inventars auf 50500 Mark festgesetzten Streitwerts um 8000 Mark. S.e.

ζ) **bei Klagen auf Erteilung der Auflassung § 6 ZPO.**

OLG. Königsberg, 2. ZS. Beschluß v. 20. Mai 1920.

Beantragt war die Auflassung eines Gutes an den klagenden Käufer. Das LG. hat den Streitwert auf 78000 Mark festgesetzt, weil nur der Betrag in Frage komme, den der Käufer zu zahlen habe oder der ihm gestundet werde, nicht aber die Beträge, die als Schulden mitübernommen würden. Diese Auffassung ist rechtsirrig. Das Gesetz setzt als selbstverständlich voraus, daß der Wert der Sache bei allen Klagen entscheidet, bei denen das Eigentum oder der Besitz den Streitgegenstand bildet. Dahin gehört die Klage auf Erteilung der Auflassung. Die Annahme des LG., daß bei Berechnung des Streitwerts gemäß § 6 ZPO. bei solchen Klagen von dem Werte des Pfandgrundstücks die vorhergehenden Pfandforderungen abzuziehen seien, findet im Gesetz keine Stütze. Vielmehr spricht der gesamte Inhalt des § 6 gegen eine derartige Einschränkung, die eine Berücksichtigung des in Aussicht stehenden wirtschaftlichen oder materiellen Erfolges bedeuten würde. Wäre nämlich diese Rücksichtnahme vom Gesetzgeber gewollt, so müßte sie nicht nur beim Gegenstande des Pfandrechts eintreten, sondern auch dann, wenn Streitgegenstand der Besitz einer Sache, das Interesse an deren Erlangung aber durch Belastung gemindert ist, und ebenso müßten bei einer Forderung die zu deren Befriedigung vorhandenen Mittel in Betracht gezogen werden. Zu einer derartigen Abweichung und Schätzung ermächtigt aber § 6 nicht. Sein Zweck ist vielmehr, von dem freien Ermessen des § 3 wenigstens insofern eine Abweichung festzustellen, als durch ihn (ebenso wie durch die §§ 7, 8, 9 für die Wertschätzung in einzelnen besonderen Fällen) dem Richter bestimmte leitende Grundsätze an die Hand gegeben werden. Dazu kommt, daß der Abzug vorhergehender Pfandeinträge keineswegs in allen Fällen so einfach zu berechnen war wie hier. Man denke nur an Hypotheken, die nicht oder nur teilweise valutiert sind oder einer Eintragung nicht bedürfen. Solche Weitläufigkeiten kann aber das Gesetz nicht gewollt haben, auch nicht, daß vorhergehende dingliche Rechte abzurechnen seien, je nachdem sie leicht durchzuführen ist oder nicht (vgl. RG. 22 S. 388; JW. 1896 S. 281; Recht 4, 152). Die Beschwerde ist daher begründet, und der Wert war nach dem Beschwerdeantrag auf 160000 Mark festzusetzen. H.g.

η) **Bestehen der Pacht. Schätzung nach § 8 ZPO.?**

OLG. Braunschweig, 1. ZS. Beschluß v. 21. Februar 1919.

Das LG. hat den Streitwert nach § 8 auf 1365 Mark festgesetzt. Der Beschwerdeführer (Anwalt) veranschlagt den Wert des erhobenen Feststellungsanspruchs auf 300 Mark, daneben sei der Herausgabeanspruch nach dem Wert des beanspruchten Grundstücks gemäß § 6 auf 3200 Mark zu bestimmen. Allein in der Klage sind neben der Behauptung des Eigentums der Kläger an jenem Grundstück nur Ausführungen enthalten, daß der Beklagte sich ein Besitzrecht auf Grund eines vom 1. Oktober 1912 bis 1927 laufenden Pachtvertrags zuschreibe, daß dieses Pachtverhältnis aber zum 1. Oktober 1914 erloschen sei. Damit haben die Kläger den Streit über Bestehen oder Dauer dieses Verhältnisses von vornherein als die Hauptsache der Entscheidung unterbreitet; der im Eingang des § 8 erwähnte Fall ist also gegeben und danach der Klagantrag 2 auf Herausgabe des Grundstücks zu bewerten. Daß daneben noch in Klagantrag 1 eine besondere Feststellung hinsichtlich des Pachtverhältnisses verlangt wird, vermag an jener Beurteilung nichts zu ändern (RG. 33 S. 1). Seit dieser Entscheidung ist aber für Fälle der fraglichen Art infolge der Novelle vom 17. Mai 1898 nicht mehr der

§ 8 ZPO., sondern der § 9 GKG. maßgebend. Danach hätte das LG. zunächst den einjährigen Pachtzins von 105 Mark zugrunde legen und daneben das Feststellungsinteresse schätzen müssen. Da der Beschwerdeführer selbst dieses nur auf 300 Mark schätzt, so hat das LG. einen weit höheren Betrag festgesetzt, als hätte angenommen werden dürfen. Der Beschwerdeführer hat daher keinen Grund zur Beschwerde. W.n.

ϑ) **Wohnungsrecht in Übertragsverträgen.**

OLG. Hamm, 2. ZS. Beschluß v. 27. Februar 1920.

Gegenstand des Rechtsstreits war das für die Beklagte im Übertragsvertrage festgelegte unentgeltliche Wohnungsrecht, dessen Beendigung das Räumungsbegehren des Klägers erstrebte. Dieses Recht ist nicht auf wiederkehrende, d. h. in Zwischenräumen eintretende Nutzungen gerichtet, vielmehr ein Recht auf fortlaufende Nutzung. Sein Wert ist daher nicht nach § 9 zu berechnen, sondern gemäß § 3 nach freiem Ermessen zu bestimmen (JW. 1899 S. 1[1]). Es ist nicht erkennbar, daß das LG. dabei zum Nachteil des Klägers fehlgegriffen hat, indem es — bei einem Lebensalter der Beklagten von 47 Jahren und einem jährlichen Nutzungswerte der Wohnung von mindestens 150 Mark (Angabe der Beklagten) oder höchstens 200 Mark (Angabe des Klägers selber) — den Wert auf 1200 bis 1600 Mark festsetzte. Der § 9a DGKG. stellt eine Sondervorschrift dar, die hier nicht entsprechend anwendbar ist. N.t.

c) **Gerichtsstand:** α) **Welches Berliner Gericht ist zuständig, wenn Berlin als Erfüllungsort bestimmt ist?**[1]

Kammergericht, 7. ZS. Urteil v. 30. März 1920.

Die Klägerin, die ihren Sitz in Berlin Wallstraße hat, klagt in Berlin beim LG. I den Kaufpreis für Waren ein. Aus dem Bestätigungsschreiben, wonach „Erfüllungsort für die Lieferung und Zahlung Berlin" ist, ergibt sich ohne weiteres, daß für die Klage auf Erfüllung des Kaufvertrags jedenfalls eines der Berliner Landgerichte zuständig ist (§ 29). Weiter war aber der Wille der Parteien dahin gerichtet, daß die beiderseitigen Verpflichtungen, sowohl was die Lieferung, als auch was die Zahlung angeht, an demselben Orte zu erfüllen sind. Da sich nun aber der Sitz der klagenden Firma im Bezirke des LG. I befindet, so wäre dieses Gericht für die Klage auf Lieferung zuständig (RG. 67 S. 191; Rsp. 20 S. 287). Dasselbe Gericht muß daher für die Klage des Verkäufers auf Zahlung zuständig sein. L.n.

β) **für Abnahme der gekauften Ware.**

OLG. Hamburg, 5. ZS. Urteil v. 14. April 1919.

Die Abnahme der Ware ist regelmäßig eine Nebenverpflichtung des Käufers. Wird dieser auf Zahlung des Kaufpreises und Abnahme der Ware verklagt, so mag richtig sein, daß der Gerichtsstand da begründet ist, wo zu

[1] Erfüllungsort für die Zahlung der Grundstücksmiete: OLG. Dresden, 1. ZS. Urteil v. 5. Juni 1919 (Annalen 40 S. 154; JW. 1919 S. 939); vgl. Rsp. 10 S. 166, 11 S. 307, 19 S. 52; Niendorff Mietr. 10 S. 183/4.

zahlen ist, und daß die Abnahmeverpflichtung regelmäßig nicht weiter beachtlich ist (vgl. RG. 56 S. 138). Allein hier ist lediglich auf Abnahme der Ware geklagt. Auf die Beweggründe, weshalb dies geschieht, kann es nicht ankommen; es genügt die Tatsache, daß allein dieser Umstand geltend gemacht ist, es kann also auch nur darauf ankommen, wo diese allein streitige Verpflichtung zu erfüllen ist. In dieser Beziehung bedarf es nicht des Beweises, daß der Beklagte die Ware in Bremen abzunehmen habe. Durch die Entscheidung darüber würde schon über den Klaganspruch selbst teilweise erkannt werden, während hier nur über die Vorfrage der Zuständigkeit zu entscheiden ist. Bei solcher Sachlage genügt, wenn der Kläger schlüssig behauptet, daß die Abnahme in Bremen zu erfolgen habe. Zur Begründung des Gerichtsstandes des § 29 genügt freilich nicht, wenn der Kläger die Erfüllung an einem bestimmten Orte verlangt (RG. 49 S. 72), vielmehr richtet sich nach dem materiellen Recht, wo die den Gegenstand der Klage bildende Verpflichtung zu erfüllen ist. Aber hier ist schon in der Klage behauptet, es sei vereinbart, daß in Bremen vom Lager des Klägers abgenommen werden solle. Dies muß für die Zuständigkeitsfrage als richtig unterstellt werden. M. M.

Dazu: OLG. Dresden, 4. ZS. Urteil v. 29. April 1919.

Gegenstand des Rechtsstreits ist nicht die — in Chemnitz zu erfüllende — Pflicht des Klägers, die verkaufte Ware zu übergeben, sondern die Verpflichtung der Beklagten, die Ware als Käufer abzunehmen. Der Leistungsort dafür bestimmt sich nach § 269 BGB. Auch für den Versendungskauf, der hier vorliegt, gilt nichts anderes, die Ware ist am Bestimmungsort, also am Ort der Handelsniederlassung der Beklagten abzunehmen (RG. 49 S. 72, Rsp. 2 S. 250). Eine abweichende Vereinbarung, daß ab Fabrik des Klägers abzunehmen sei, ist nicht getroffen worden, insbesondere geht dies nicht aus den Bestätigungsbriefen hervor. Die Festsetzung „zum Preise von 4 Mark ab Fabrik, Lieferung bis Ende dieses Jahres" weist unverkennbar darauf hin, daß sich die Worte „ab Fabrik" nur auf die Preisbestimmung beziehen, nicht aber den Leistungsort der Abnahmepflicht ändern sollten... —e—

γ) **für die Klage auf Wandlung und Schadensersatz.**

OLG. Hamburg, 6. ZS. Urteil v. 8. November 1919.

Ob die Zuständigkeit nach § 29 begründet ist, hängt von der rechtlichen Natur des Klaganspruchs ab und diese ist nach dem gesamten Klaginhalt zu ermitteln. Darum ist nicht entscheidend, daß in der Klagschrift selbst die Klage als eine „Wandlungsklage" bezeichnet ist. Tatsächlich sind mit der Klage wegen Mangelhaftigkeit der gelieferten Ware a) Rückzahlung des Kaufpreises, b) Vergütung entgangenen Gewinns, c) Freihaltung von den Ansprüchen des Abkäufers und d) Rücknahme der Ware verlangt. Allerdings wäre der hiesige Gerichtsstand begründet, wenn lediglich auf Rückzahlung des Kaufpreises gegen Rückgabe der hier lagernden Ware geklagt worden wäre. Unbedenklich hätten damit auch solche Nebenforderungen verfolgt werden können wie Fracht-, Versicherungs- und Lagerkosten, die von dem Hauptanspruch abhängig sind. Um solche Nebenforderungen handelt es sich bei den Klaganspüchen zu b und c aber nicht. Beide sind Ersatzansprüche, deren Berechtigung noch nicht ohne weiteres dadurch gegeben wäre, daß sich der Anspruch auf Rückzahlung des Kaufpreises gegen Rückgabe der Ware als begründet erweist. Der Sachverhalt ist somit derselbe wie in RG. 52 S. 54. Es handelt sich nicht um die eine Folge der Vertragsaufhebung, die Rückforderung des gezahlten Kaufpreises, sondern um die Verbindung mehrerer verschiedenartiger Rechtsfolgen aus der einheitlichen Grundlage der mangelhaften Vertragserfüllung. Die vier Klaganspüche sind in einheitlicher Verbindung geltend gemacht und sind sämtlich Ansprüche wegen mangelhafter Vertragserfüllung. Zu erfüllen hatte aber die Beklagte in Altona, nicht in Hamburg. Die Zuständigkeit des hiesigen LG. ist daher nicht begründet. Sie ist auch nicht dadurch geschaffen, daß Kläger in dieser Instanz die Klaganträge zu b und c fallen gelassen hat; denn dadurch ist an dem ursprünglichen Charakter der Klage nichts geändert... M. M.

δ) **für Klagen „aus" unerlaubten Handlungen.**[1]

OLG. Jena, 2. ZS. Urteil v. 30. Januar 1920.

Nach dem Klagevortrage hatte die Beklagte eine Bandsäge gegen Ratenzahlungen unter Eigentumsvorbehalt verkauft und für den Fall, daß der Kläger mit einer Rate in Verzug komme, bedungen, entweder die gesamte Restschuld für fällig zu erklären, oder aber vom Vertrag zurückzutreten und den Kaufgegenstand ohne Kündigung und Klagerhebung wegzunehmen. Da der Kläger nicht zahlte, ließ Beklagte auf Grund eines von ihr erwirkten vollstreckbaren Titels die Maschine 1914 wegen 560 Mark pfänden; auch für andere Gläubiger wurde die Maschine gepfändet. Nachdem bei Ausbruch des Krieges der Kläger einberufen war, erschienen im September 1914 Monteure der Beklagten, brachen die Maschine ab und verbrachten sie nach Liegnitz, wo sie weiter verkauft wurde. Der Kläger verlangt nunmehr Ersatz seines Schadens von 5000 Mark und macht dazu geltend: Auf Grund des ihr zustehenden Wahlrechts habe sich die Beklagte dafür entschieden, den gesamten Kaufpreis zu fordern; danach habe sie das Recht verloren, die Maschine zurückzufordern. Sie habe das Eigentum daran aufgegeben und sie auf Grund des Schuldtitels pfänden lassen. Sie habe nicht zur Selbsthilfe greifen dürfen, auch dann nicht, wenn eine Vereinbarung über Wiederabholung der Maschine als getroffen anzusehen sein sollte. Sie habe die Maschine versteigern lassen müssen, dann wäre ihm Gelegenheit geboten gewesen, seine Rechte zu wahren. Die Verklagte habe sich sogar gemäß § 289 StGB. strafbar gemacht. Sie müsse, da sie sich der Maschine entäußert habe, den Wert ersetzen. Dieser betrage 6000 Mark; davon kürze er seine Schuld mit rund 1000 Mark. Die Beklagte hält das Gericht nicht für zuständig. Allein zur

[1] § 32 gilt nur für Klagen, die in der unerlaubten Handlung ihren Grund haben; diese muß, wenn nicht den alleinigen, so doch den hauptsächlichen Klagegrund bilden (RG. 4. ZS. 27. Nov. 1919; HansGZ. 1920 S. 128).

Begründung der Zuständigkeit nach § 32 genügt die Anführung solcher Tatsachen, die sich im Bezirk des angerufenen Gerichts abgespielt haben, und die unerlaubte Handlungen sein können. Das ist hier der Fall. Eines weiteren Eingehens auf den Klaggrund bedarf es nicht. Aus dem Vorbringen des Klägers geht zweifelsfrei hervor, daß er die Klage auf unerlaubte Handlung und nur auf solche stützt. Was er über das Vertragsverhältnis mit der Beklagten anführt, dient nur dazu, um im Zusammenhang mit den weiter vorgebrachten Tatsachen ihr Verhalten als unerlaubte Handlung zu kennzeichnen. Zu einer besonderen Hervorhebung in der Urteilsformel, daß die Rüge der Unzuständigkeit des Gerichts, insoweit die Klage auf unerlaubte Handlung gestützt war, zurückgewiesen werde, bestand danach keine Veranlassung. Die Urteilsformel findet auch im Tatbestand und in den Gründen ihre Erläuterung. Würde der Kläger im Verfahren die Klage wirklich noch auf das Vertragsverhältnis stützen, könnte sich Beklagte mit den ihr nach der Prozeßordnung zur Verfügung stehenden Mitteln schützen. Es trifft auch nicht zu, daß eine auf unerlaubte Handlung gegründete Klage völlig aussichtslos wäre. Auf eine Beurteilung der Rechtslage ist nicht näher einzugehen, soviel aber kann gesagt werden, daß die rechtliche Würdigung, die der Kläger den Klagetatsachen gibt, an sich möglich ist. Das genügt jedenfalls, um die örtliche Zuständigkeit zu begründen. Das nähere gehört zur Prüfung des Anspruchs. M. l.

d) **Widerklage bei gesetzwidriger Zustellung der Klage.**

OLG. Hamburg, 5. ZS. Urteil v. 2. Mai 1919.

Der Zahlungsbefehl, der die Klage vertritt, ist der Mutter des Beklagten in deren hiesiger Wohnung übergeben worden. Damals war aber Beklagter bereits eingezogen und gehörte dem aktiven Heere als Landsturmmann in einem auswärtigen Standort an. Gemäß § 172 hätte daher die Zustellung an den Chef der zunächst vorgesetzten Kommandobehörde erfolgen müssen. Jedenfalls war die Ersatzzustellung nach § 181 unwirksam, einerlei, ob Beklagter den Zahlungsbefehl erhalten hat oder nicht. Beklagter hat den Mangel sofort gerügt. Er hätte nur geheilt werden können, wenn die Zustellung des Zahlungsbefehls in gültiger Weise wiederholt worden wäre. Die Erhebung der Widerklage ist ohne Bedeutung, weil Beklagter seine Rüge ausdrücklich aufrechterhalten hat.

Die Widerklage setzt allerdings nach § 33 die Erhebung einer Klage voraus. Es kann zweifelhaft sein, ob diese Voraussetzung gegeben ist, wenn die Klage nicht ordnungsmäßig zugestellt ist. Mit Stein § 33 III 1 nimmt indessen das Gericht an, daß in solchen Fällen doch eine formelle Rechtshängigkeit vorliegt, welche für die Widerklage genügt. M. M.

e) **Altrechtliche Gewerkschaft. Eintragung einer Sicherungshypothek.**

Kammergericht, 1. ZS. Beschluß v. 10. Juli 1919.

Der Beschwerdeführer A. hat gegen die 1843 mit 122 Kuxen gegründete Gewerkschaft Gl. ein Urteil auf Zahlung von 15000 Mark erwirkt und die Eintragung einer Sicherungshypothek beantragt. Diese wurde auf den der

Gewerkschaft gehörigen 37 Kuxen eingetragen, der weitergehende Antrag dagegen zurückgewiesen, weil die übrigen Kuxe im Eigentum einzelner Gewerke ständen, die weder im Urteil selbst, noch in der Vollstreckungsklausel benannt seien (KGJ. 12 S. 83). Die Ausführungen dieses Beschlusses gelten jedoch nicht für das jetzige Recht. Nach allgemeiner Ansicht finden die durch die Novelle vom 17. Mai 1898 eingefügten, auf nicht rechtsfähige Vereine bezüglichen §§ 50², 735 auch auf Gewerkschaften alten Rechts Anwendung.... Hier ist das Urteil gemäß § 50² gegen die Gewerkschaft ergangen. Da das Bergwerk den Hauptbestandteil des Zweckvermögens der Gewerkschaft bildet, so ist nach § 866 die Eintragung einer Sicherungshypothek zulässig. Diese könnte an sich entweder in dem Unterabschnitt IV des Titels, der für die auf dem ganzen Bergwerk haftenden dinglichen Rechte bestimmt ist (§ 25 Nr. 2 AVf. v. 20. Nov. 1899) oder, da auch die im Grundbuch eingetragenen Kuxe in ihrer Gesamtheit das Bergwerk bilden, auf den Kuxen eingetragen werden (§ 864²). Die erstere Möglichkeit scheidet aber hier aus, solange die inzwischen eingetragene Sicherungshypothek auf den für die Gewerkschaft selbst eingetragenen Kuxen besteht, da sonst das Bergwerk hinsichtlich dieser Kuxe mit derselben Forderung doppelt belastet wäre. Bei der Eintragung auf den Kuxen allein handelt es sich um eine gesonderte Belastung der den Gewerken zustehenden Miteigentumsanteile; durch sie würde also eine Gesamthypothek entstehen (RGKomm. BGB. § 1132¹). Die Voraussetzungen des § 867² liegen jedoch nicht vor, so daß eine Verteilung der Forderung auf die Anteile der einzelnen Gewerke nicht erforderlich ist. Dem § 40 GrBO. ist genügt. Mag die Hypothek auf dem Bergwerk oder auf den Kuxen eingetragen werden, in jedem Falle sind die von der Eintragung betroffenen Berechtigten die Gewerke als die Träger des Zweckvermögens; sie sind aber, soweit nicht die auf die Gewerkschaft umgeschriebenen Kuxe in Betracht kommen, im Grundbuch eingetragen. Damit erledigt sich zugleich der jetzt gemäß § 14 GrBO. gestellte Antrag auf Eigentumseintragung der Gewerkschaft, der übrigens auch als neuer Antrag im Beschwerdeverfahren unzulässig wäre. Abgesehen davon könnte aber nach vorstehenden Erörterungen die Gewerkschaft nicht als Eigentümerin eingetragen werden (§ 229 Bergges.; Klostermann S. 299², 645; Müller-Erzbach S. 284; Güthe 2 S. 1428¹²; Turnau-Förster 2 S. 535; KGJ. 12 S. 83. A. A. Westhoff 341; Brassert § 227⁴; Schlüter-Hause § 226 V 4). Daher war die Sache an das Grundbuchamt zurückzuverweisen.

Soweit dem Antrage bereits stattgegeben ist, ergibt sich noch ein von Amtswegen zu berücksichtigendes Bedenken. Auf Anregung des Oberbergamts hat das Grundbuchamt am 1. Okt. 1912 im Wege der Grundbuchberichtigung von Amtswegen in Anwendung der §§ 131³, 234 BergG. die Gewerkschaft als Eigentümerin der kaduzierten Kuxe des X. eingetragen. Dies entsprach nicht den gesetzlichen Vorschriften. Ebenso wie die altrechtliche Gewerkschaft nicht als Eigentümerin des Bergwerks eingetragen werden kann, kann sie auch nicht als Eigentümerin von Bergwerksanteilen eingetragen werden.

Allerdings nimmt der die altrechtliche Gewerkschaft behandelnde § 234 auf § 131 Bezug; dabei kann es sich aber, da § 131 die Gewerkschaft neuen Rechts betrifft, nur um eine entsprechende Anwendung handeln, die der Verschiedenartigkeit der beiden Gewerkschaftsformen Rechnung trägt. Demgemäß spricht auch § 234 nur von einer Zuschreibung des unverkäuflichen Anteils im Hypothekenbuche, soweit dessen Einrichtung dies gestattet. Hiernach hätte nur eine Eintragung derjenigen Gewerke, die am 1. Okt. 1912 die Gewerkschaft bildeten, in Betracht kommen können. Solange aber die Kuxe unter diese Gewerke nicht dem § 131³ BergG. entsprechend verteilt sind, muß die Eintragung unterbleiben. Die Eintragung der Gewerkschaft selbst stellt sich in jedem Fall als inhaltlich unzulässig dar, so daß ihre Löschung von Amtswegen (§ 54 GrBO.) zu erwägen ist. Falls dies etwa, was zu prüfen bleibt, auch auf die Sicherungshypothek zutrifft, stünde der neuen Eintragung der Hypothek auf diesen Anteilen allerdings der § 40 GrBO. entgegen, so daß sie dann nur auf den anderen Anteilen erfolgen könnte. M.

f) **Kein eigenes Prozeßführungsrecht zugunsten eines anderen ohne Rechtsübertragung.**

OLG. Stuttgart, 3. ZS. Beschluß v. 25. November 1919.

Der Vater des Klägers trieb 1913 in Gesellschaft mit den beiden Beklagten einen Obsthandel. Erben des Vaters wurden die Witwe und sechs Kinder; die Witwe hat an den Erbteilen der Kinder die lebenslängliche Verwaltung und Nutznießung. Der Kläger verlangte Rechnungslegung über den Obsthandel. Die Beklagten legten die Rechnung vor der Verhandlung. Das LG. legte die Kosten den Beklagten auf. Ihre Beschwerde ist begründet. Der Kläger hatte nach dem Zeugnis seiner Mutter die Sache, als Klage notwendig wurde, mit ihrem Einverständnis und ohne Abtretung der Forderung in die Hand genommen und in eigenem Namen geklagt; wenn aber auf Grund der Klage abgerechnet und von den Beklagten etwas bezahlt würde, sollte das Geld der Erbengemeinschaft zufließen. Allein die Spaltung eines klagbaren Rechts in der Weise, daß dem einen der sachliche Anspruch, dem andern dessen prozessuale Geltendmachung zustehen soll, kann als unnatürlich, die Interessen des Schuldners schädigend und dem Gefüge des Zivilprozesses zuwiderlaufend höchstens dann zugelassen werden, wenn ein besonderes Rechtsschutzbedürfnis der zur Prozeßführung in eigenem Namen Ermächtigten besteht, wie z. B. beim Verkäufer eines Grundstücks für die Grundbuchberichtigung betreffs Löschung einer nicht bestehenden Belastung (Stein, Vorbem. zu § 50 N. 19). Ein solcher Fall liegt hier nicht vor. S.

g) α) **Haupt- oder Nebenintervention. Natur der zur Abwendung der Vollstreckung hinterlegten Sicherheit.**

OLG. Königsberg, 2. ZS. Urteil v. 4. März 1920.

S. hatte sein Gut dem Kläger verpachtet und dabei das gesamte Inventar käuflich unter Eigentumsvorbehalt überlassen. Mehrere Inventarstücke ließ der Kläger zu X. schaffen, wo sie auf Grund eines Arrestbefehls des Beklagten B. wegen dessen Forderung an S. gepfändet wurden. Der Kläger hatte auf Unzulässigkeitserklärung der Pfändung geklagt, später jedoch, als er die Einstellung der Vollstreckung gegen Sicherheitsleistung erwirkte, hat er nur noch Auszahlung der hinterlegten Summe beantragt. Nachdem dem Beklagten sein Bruder Karl, dem S. alle Ansprüche abgetreten hatte, die ihm gegen den Kläger aus dem Pachtvertrage und aus der Fortschaffung von Inventar zustanden, zunächst als Neben-, später als Hauptintervenient beigetreten war, haben beide widerklagend Auszahlung der hinterlegten Summe an sie verlangt, sind aber abgewiesen worden. Gründe:

Zwar ist der Bruder des B. diesem formgerecht zunächst als Nebenintervenient beigetreten; allein sein prozessuales Begehren war von vornherein damit unvereinbar. Denn als Nebenintervenient kann einer Partei beitreten, wer ein rechtliches Interesse an dem Obsiegen dieser Partei hat. Seine Stellung im Prozeß ist alsdann auf die Unterstützung seiner Partei beschränkt. Diese Beschränkung auf die Förderung eines fremden Rechtsschutzbegehrens kennzeichnet das Wesen der Nebenintervention. Daher kann dem Wesen nach zwar Nebenintervenient sein, wem es gelungen ist, ohne jenes rechtliche Interesse in eine Gehilfenstellung zu einer Partei zu gelangen, nie aber, wer unter äußerlichem Anschluß an eine Partei nicht mittelbar deren Sieg, sondern unmittelbar Rechtsschutz für sich begehrt, besonders eine Entscheidung über eigene Rechtsbeziehungen erstrebt; ein solcher Antrag müßte zurückgewiesen werden (RG. 17 S. 34, 68 S. 14). Karl macht hier sein eigenes Recht geltend; er behauptet, S. habe an ihn und den Beklagten seine Ansprüche auf Auszahlung des hinterlegten Betrags abgetreten. Der Beklagte hat dabei erklärt, er sei, soweit er aus eignen besonderen Rechten einen Anspruch habe, mit der Auszahlung des halben Betrags an Karl einverstanden. Es wird also eine Leistung an Karl auf Grund eines ihm selbst zustehenden Rechtes verlangt, somit unmittelbarer Rechtsschutz für ihn nachgesucht. Man kann dagegen nicht einwenden, die Hauptpartei klage mit auf die Leistung des Nebenintervenienten, dieser unterstütze also lediglich diesen Antrag seiner Partei. Gewiß wäre eine solche Sachlage möglich, aber dann müßte die Hauptpartei aus eigenem Recht auf Leistung an den Nebenintervenienten klagen (etwa im Falle des § 328, 335 BGB.) oder für die Klage auf Leistung an ihn sonst sachlich legitimiert sein. Daß Karl selbst seine Stellung nicht als die eines Nebenintervenienten aufgefaßt hat, ergibt sich daraus, daß er in der mündlichen Verhandlung als „Hauptintervenient“ aufgetreten ist. Allein nach § 67, 65 beruht das Wesen der Hauptintervention darin, daß gegen beide Parteien eine neue Klage angestrengt wird; denn erst bei dieser treten ihre besonderen Merkmale — der Gerichtsstand beim Gericht des Vorprozesses (§ 64) und dessen Aussetzung (§ 65) — in die Erscheinung. Es entsteht ein vollständig neuer Prozeß, in dem der Hauptintervenient Kläger, die Parteien des Vorprozesses aber die Beklagten sind. Beide Prozesse können freilich nach § 147 verbunden werden, das ändert aber nichts daran, daß es ursprünglich zwei verschiedene Prozesse waren. Hier beansprucht Karl zwar den Gegenstand der Widerklage teilweise für sich, er hat jedoch nicht gegen beide Parteien geklagt, sondern ist dem Beklagten beigetreten und begehrt Rechtsschutz lediglich gegen den Kläger. Er kann also unter keinen Umständen Hauptintervenient sein, selbst wenn man versuchen wollte, zwei Klageakte und Prozesse und eine stillschweigende Prozeßverbindung anzunehmen. Karl kann daher weder Neben- noch Hauptintervenient sein; er tritt vielmehr vollständig als Partei auf und ist als neue Partei, als Streitgenosse des Beklagten und Widerklägers in den Prozeß eingetreten und zwar im Einverständnis mit den Parteien.

Die Klage ist als Widerspruchsklage erhoben, später ist dann der Klagantrag geändert und geht auf Freigabe der hinterlegten Summe. Damit ist jedoch das Wesen der ursprünglichen Klage nicht geändert. Auch jetzt will der Kläger einen Ausspruch über die Unzulässigkeit der Pfändung erzielen; denn auf diese gründet sich sein Anspruch. Dennoch sind beide Ansprüche nicht identisch. Der Kläger geht anscheinend von der Annahme aus, daß die Sicherheit anstelle der freigegebenen Pfandsachen in die Pfandverstrickung getreten sei. Allein hinterlegt ist zur Sicherheitsleistung, um die im Einstellungsbeschluß von ihr abhängig gemachte Aufhebung der Pfändung zu erwirken. Es handelt sich also um eine prozessuale Sicherheit, die lediglich die gewöhnlichen Wirkungen der Sicherheitsleistung hat, nämlich gemäß § 232 BGB. ein Pfandrecht zur Entstehung bringt, das die Gläubiger vor dem Schaden sichern soll, daß sie sich bei unbegründeter Klage nicht mehr aus den Pfandsachen befriedigen könnten.... Th.

β) Einfluß des Konkurses des Nebenintervenienten.

OLG. Hamburg, 3. ZS. Urteil v. 14. Oktober 1919.

Gegen das Urteil des LG. hat nur die der Beklagten beigetretene Nebenintervenientin N. Berufung eingelegt. Über ihr Vermögen ist demnächst Konkurs eröffnet worden. Der Kläger hat die Beklagte zur Verhandlung geladen und, da weder sie noch N. vertreten waren, Versäumnisurteil beantragt. Zunächst war zu prüfen, ob der Konkurs der N. das Verfahren unterbrochen hat. Hierüber sind die Ansichten im Schrifttum geteilt.... Der — nicht streitgenössische — Nebenintervenient ist nach seiner Stellung im Verfahren lediglich Gehilfe der Partei, der er beigetreten ist. Einreden aus der eigenen Person sind ihm versagt. Alle Prozeßhandlungen, die er vornimmt, besonders die Einlegung von Rechtsmitteln, geschehen zwar kraft eigenen Rechts, aber für die von ihm unterstützte Partei. Danach kann man ihn nicht selbst als Partei ansprechen, sondern nur als Gehilfen der unterstützten Partei, und lediglich im Hinblick hierauf ist er, solange nicht die Unzulässigkeit seines Beitritts rechtskräftig ausgesprochen ist, nach § 71¹ im Hauptverfahren zuzuziehen. Ist sonach für ein Versäumnisverfahren an sich Raum, so mußte gleichwohl der Antrag auf Versäumnisurteil zurückgewiesen werden, weil zwar die Beklagte, nicht aber nach § 71³ die Nebenintervenientin geladen ist. M. M.

h) **Genügt im Falle des § 89 die Beibringung der Vollmacht nach Ablauf der Frist, aber vor Erlaß des Urteils?**

OLG. Celle, 2. ZS. Beschluß v. 25. September 1919.

Dem als Prozeßbevollmächtigten des Klägers aufgetretenen Rechtsanwalt S. war zur Beibringung der Vollmacht Frist bis zur mündlichen Verhandlung am 4. Juli 1919 gesetzt. Da die Vollmacht nicht vorgelegt und der Kläger im Termin unvertreten war, beantragte die Beklagte Versäumnisurteil und Belastung des S. mit den Kosten. Nachdem S. am 5. Juli die Vollmacht eingereicht hatte, erging im Verkündungstermin ein Urteil, das die Klage abwies und dem S. diejenigen Kosten auferlegte, die durch seine Zulassung der Beklagten erwachsen waren. Die Beschwerde des S. über seine Verurteilung ist zulässig (RG. 53 S. 65) und auch begründet. Die Mehrzahl der bekannten Kommentare erkennt fast durchweg an, daß der Ablauf der Frist nicht entscheidet, vielmehr auch die spätere Beibringung der Vollmacht wirksam ist; jedoch soll der Schluß der Verhandlung der Zeitpunkt sein, in welchem die Vollmacht vorliegen muß. Skonietzki-Gelpcke nehmen dagegen an, daß es nur darauf ankommt, daß zurzeit des Erlasses des Urteils die Vollmacht beigebracht ist. Dieser Meinung ist beizutreten. Der Wortlaut des § 89 S. 3 spricht anscheinend dafür. Hier heißt es, daß der Vertreter zum Kostenersatz zu verurteilen ist, wenn die Genehmigung der Prozeßführung des Vertreters zu der Zeit, zu der das Endurteil erlassen wird, nicht beigebracht ist. Dieser Zeitpunkt ist also nach dem Gesetz entscheidend. An seine Stelle den Zeitpunkt des Schlusses der mündlichen Verhandlung zu setzen, dafür ist kein durchschlagender Grund ersichtlich. Der Vollmachtspunkt wird von Amtswegen geprüft, einer Verhandlung darüber bedarf es nicht. Will man dies nicht annehmen, so könnte das höchstens dazu führen, die Verhandlung noch einmal zu eröffnen. Eine Außerachtlassung des Vorliegens der Vollmacht bei Erlaß des Urteils ist aber nicht zulässig. Wenn Seuffert für die Maßgeblichkeit des Zeitpunkts der letzten Verhandlung auf § 231 verweist, so ist das nicht zutreffend. Denn danach sollen zwar die gesetzlichen Folgen der Versäumnis einer Frist — soweit nicht ein Antrag erforderlich, was hier nicht der Fall ist — von selbst eintreten, aber es ist eben nicht vorgeschrieben, daß die gesetzliche Folge einer nach § 89 bestimmten Frist in der Ausschließung mit der Beibringung der Vollmacht bestehe (RG. 14 S. 433). Übrigens würde Seufferts Begründung nicht die von ihr gezogene Folge rechtfertigen, daß das Ende der Schlußverhandlung maßgebend sei, sondern dazu führen, den Ablauf der Frist als maßgebend anzusehen, was das RG. aO. ebenfalls abgelehnt hat. Die hier vertretene Ansicht dient auch gerechter Entscheidung, da ein Urteil, daß trotz Vorliegens der Vollmacht den Vertreter als vollmachtlosen Vertreter zur Tragung der Kosten verurteilt, der Sachlage nicht entspricht und ein ungesundes Ergebnis aus formalen Erwägungen schafft. L. dt.

i) α) **Kostenurteil ohne Prüfung der Erstattungsfähigkeit?**

a) Verneint vom OLG. Jena, 2. ZS. Beschluß v. 19. Dezember 1919.

Nach Zustellung der Klage zahlte der Beklagte Hauptgeld, Zinsen und die erstattungsfähigen Kosten an den Anwalt des Klägers, der darauf noch die Kosten eines Verkehrsanwalts und die Gebühr aus § 87 GebO. verlangte. Das LG. hat den Antrag, den Beklagten zu den Kosten zu verurteilen, kostenpflichtig zurückgewiesen. Die Beschwerde ist unbegründet. Der Beklagte konnte nicht mehr in die Kosten verurteilt werden, wenn er sie schon bezahlt hatte. Deshalb war es nötig zu prüfen, ob er auch die 124 Mark für den Verkehrsanwalt zu erstatten hat. Das aber war zu verneinen. . . . Ob er die Gebühr aus § 87 GebO. zu erstatten hat, kann dahinstehen; diese Kosten gehören überhaupt nicht zu den Kosten des Rechtsstreits. Über sie war daher auch nicht zu erkennen.

Der Beklagte hat zwar seine Kostenpflicht an sich anerkannt. Er hat aber, wie seine Erklärungen deutlich erkennen ließen, nicht anerkennen wollen und anerkannt, mehr an Kosten zu tragen oder erstatten zu müssen, als was er bereits gezahlt hatte. Er konnte deshalb auch nicht etwa auf Grund seines Anerkenntnisses noch zu Kosten verurteilt werden, wenn er keine solchen mehr schuldete. Die 3 Mark für Briefe hat er allerdings erst im Termine gezahlt. Indes sie waren ihm in der ihm zugegangenen Rechnung gar nicht mit abgefordert worden, und außerdem hat der Kläger, auch nachdem er sie empfangen hatte, keineswegs erklärt, nunmehr befriedigt zu sein, sondern nach wie vor an seiner unberechtigten Mehrforderung festgehalten M. I.

b) Bejaht vom OLG. Nürnberg, 2. ZS. v. 24. Januar 1920.

Im Laufe des Rechtsstreits teilte der Kläger mit, die Beklagte habe die Hauptsache samt Zinsen und einen Kostenteilbetrag bezahlt, aber die Bezahlung von 48 Mark weiterer Kosten verweigert, die durch die Zuziehung auswärtiger Anwälte erwachsen waren. Sein Antrag, der Beklagten die Kosten des Rechtsstreits aufzuerlegen, wurde zurückgewiesen, weil der noch ungedeckte Kostenbetrag als überflüssig nicht erstattungsfähig sei, dem Kläger daher ein weiteres Rechtsschutzbedürfnis fehle. . . . Allein der Kostenanspruch ist bedingt bereits mit dem Prozeßbeginn für den Kläger entstanden; dieser hat nach § 91 ein Recht auf Entscheidung hierüber, zumal im Fall seines Obsiegens. Die Beklagte kann sich nicht darauf berufen, daß sie die Kosten schon bezahlt habe und daß deshalb ein Anspruch hierüber nicht mehr veranlaßt sei; denn auch nach Zahlung aller Kosten hat die Kostenentscheidung noch insofern Bedeutung, als erst die rechtskräftige Feststellung der Kostenpflicht die Möglichkeit einer Anfechtung der geleisteten Zahlungen endgültig ausschließt (Förster-Kann § 271 N. 5 b). Dazu kommt, daß das Festsetzungsverfahren durch §§ 103 ff. besonders geregelt und zunächst dem Gerichtsschreiber zugewiesen ist, der nach dem unbezifferten Kostenausspruch des Gerichts den Betrag der zu erstattenden Kosten selbständig festzusetzen hat. Würde das Gericht schon bei seiner Entscheidung über die Kostenpflicht zugleich über die Erstattungsfähigkeit einzelner Posten mitentscheiden, so würde dadurch die Entscheidung des zunächst zuständigen Gerichtsschreibers ausgeschaltet und damit im einzelnen Fall auch die Beschwerde gegen die Gerichtsentscheidung unmöglich gemacht werden können, da ihre Zulässigkeit von einer streitigen Kostenhöhe über 50 Mark abhängt, sobald es sich um die Anfechtung des reinen Kostenurteils des Gerichts handelt, während der über die Erinnerungen gegen die Festsetzung des Gerichtsschreibers entscheidende Gerichtsbeschluß unbeschränkt anfechtbar ist (§§ 99³, 104, 568)....

Da der Anspruch der Klägerin auf Kostenentscheidung nach § 91 sich nicht auf den streitigen Posten von 48 Mark beschränkte, sondern die auf mehr als 50 Mark zu wertende allgemeine Kostenpflicht umfaßte, ist die Zulässigkeit der Beschwerde des Klägers gegen die — gleichviel, ob Beschluß oder Urteil genannte — Kostenentscheidung des LG. auch hinsichtlich der Höhe der Kosten nicht zu bezweifeln. B. r.

β) **Kosten eines Anwaltsschreibens aus § 326 BGB.**

OLG. Hamburg, 3. ZS. Urteil v. 30. März 1920.

Beklagte hat im Februar 1919 Ware verkauft, aber trotz Mahnung nicht geliefert. Der Kläger hat durch seinen Anwalt ihr am 26. Februar gemäß § 326 BGB. eine Frist fruchtlos gesetzt und fordert Schadensersatz wegen Nichterfüllung sowie die 71 Mark Kosten jenes Schreibens, die er seinem Anwalt zu zahlen gehabt habe. Das LG. hat diesen Teil des Klaganspruchs abgewiesen. Die Berufung ist unbegründet. Fristsetzungsschreiben nach § 326 BGB. bezwecken zwar zunächst, auf die Erfüllung einer aus gegenseitigem Vertrage geschuldeten Leistung hinzuwirken, dienen aber im weiteren der Vorbereitung von Schadensansprüchen wegen Nichterfüllung, die sonst regelmäßig nicht geltend gemacht werden können. Insofern bereitete das hier streitige Schreiben den gegenwärtigen Rechtsstreit vor. Über die dadurch entstandenen Kosten ist, falls es zur Klage kommt, im Kostenfestsetzungsverfahren zu entscheiden. Andernfalls können die Aufwendungen als Verzugsschaden nach § 286 BGB. geltend gemacht werden (vgl. den gleich zu behandelnden Fall bloßer Mahnschreiben: HansGZ. 1904 S. 264). M. M.

γ) **Umfang der Zeitversäumnis des Obsiegenden, der sich selbst vertritt.**

OLG. Kiel, 2. ZS. Beschluß v. 25. November 1919.

In dem Rechtsstreite, der vor dem Amtsgericht K. schwebte, ist die Beklagte zur Zahlung von 40 Mark und in die Kosten verurteilt worden. Der Kläger, der nicht durch einen Anwalt vertreten war und die Termine persönlich wahrgenommen hat, hat dafür Versäumniskosten von 95 Mark berechnet. Der Gerichtsschreiber hat sie unter Billigung des Amtsgerichts auf 20 Mark herabgesetzt, die auch bei der Zuziehung eines Anwalts an Gebühren entstanden wären. Das LG. hält zwar den Kläger für berechtigt, Ersatz für die Versäumniskosten der zehn Termine zu beanspruchen, doch könne er für jede der in Frage kommenden 56 Stunden nur 1,50 Mark, zusammen 84 Mark ansetzen. Die weitere Beschwerde des Beklagten ist unbegründet.

Allerdings kann dem LG. nicht darin beigetreten werden, daß einer Partei, die wie hier das Recht hat, sich selbst zu vertreten, nicht die Pflicht obliege, zur Kostenersparnis einen Anwalt mit der Führung des Prozesses zu beauftragen, und daß der Kläger aus dem Grunde die Erstattung der ihm aus der eigenen Wahrnehmung der Termine erwachsenen Kosten beanspruchen könne. Denn die dadurch etwa entstehenden unverhältnismäßig höheren Kosten können nicht als zur zweckentsprechenden Rechtsverfolgung aufgewandte notwendige Kosten gelten, wenn sie in dem Zeitpunkt, in dem die Handlung vorzunehmen war, nach den Anschauungen des prozessualen Rechtsverkehrs nicht aufzuwenden waren. Zutreffend sind aber der Beklagten die Versäumniskosten in Höhe von 84 Mark deshalb auferlegt, weil der Kläger im Anfang des Rechtsstreites gar nicht habe übersehen können, ob die Vertretung durch einen Anwalt billiger werden würde. Es handelt sich um eine tatsächlich und rechtlich ganz einfache Sache, die bei einem normalen Prozeßverlauf in wenigen Terminen hätte erledigt werden können. Der Kläger konnte nicht voraussehen, daß es in fünf der abgehaltenen zehn Termine überhaupt nicht zur Verhandlnng kommen werde, und daß seine Versäumniskosten die Kosten eines Anwalts wesentlich übersteigen würden. Er konnte deshalb nach der Art seines Klageverlangens nicht annehmen, daß eine eigene Führung des Prozesses nicht zweckentsprechend sein und unnötige Kosten fordern werde. B. p.

b) **Erstattung der Anwalts-Teuerungszuschläge.**

OLG. Jena, 2. ZS. Beschluß v. 9. April 1920.

Es kann nicht wohl bestritten werden, daß der Gesetzgeber bei § 94 GebO. nicht an eine Ringbildung der Anwälte gedacht hat, wie sie hier vorliegt. Vielmehr hatte er nur den Fall im Auge, daß einzelne Anwälte aus besonderen in ihrer Person oder auch in der Sache Gründen sich eine erhöhte Vergütung zusichern ließen. Er konnte bei dem damaligen Stand der Verhältnisse davon ausgehen, daß eine Partei, wenn ein einzelner Anwalt die Übernahme des Auftrags für die gesetzliche Vergütung ablehnen sollte, im allgemeinen einen andern finden würde, der geneigt war, für die gesetzlichen Gebühren zu arbeiten. Nach der neuerlichen Entwicklung ist es dagegen in der hier fr. Zeit für eine Partei nicht leicht gewesen, ohne Zusicherung von Zuschlägen einen Anwalt zu finden. Dann aber stand es ihr offen, die Beiordnung eines Anwalts nach § 33 RAO. zu beantragen. Daß dieser Weg dann grundsätzlich verschlossen wäre, wenn die Beauftragung eines freigewählten Anwalts an der Weigerung der Partei scheitert, die ortsüblichen Gebührenzuschläge zu zahlen, wird zwar behauptet, aber ohne Grund. Schon der Wortlaut des § 33 schließt eine solche Einschränkung aus. Das Gesetz würde sich selbst widersprechen, wenn es auf der einen Seite Taxen aufstellt und damit die darin bestimmten Beträge als angemessene Vergütung festlegt und auf der andern Seite dem Anwalt nicht zumuten wollte, für diese Vergütung zu arbeiten. Auch würden berechtigte Belange der Partei nicht beeinträchtigt, wenn sie auf die Vertretung durch einen nach § 33 beigeordneten Anwalt angewiesen ist. Wenn das Gesetz voraussetzt, daß sogar der der armen Partei beigeordnete Anwalt ihre Rechte mit aller pflichtmäßigen Sorgfalt wahrnimmt, so muß das erst recht von einem Anwalt vorausgesetzt werden, der für seine Tätigkeit die gesetzlichen Gebühren erhält. Wenn die Partei außergewöhnliche, überobligationsmäßige Leistungen ihres Anwalts wünscht und diese nur gegen Bezahlung einer Sondervergütung erreichen kann, so ist es durchaus nicht unbillig, wenn sie diesen Zuschlag aus eigenen Mitteln bezahlt, ohne Ersatz dafür von der Gegenpartei zu erhalten. Ein allgemeines Mißtrauen gegenüber jedem zwangsweise beigeordneten Anwalt — wie es JW. 1920 S. 62 angenommen wird — ist jedenfalls nicht berechtigt. Dazu kommt, daß auch sonst Parteien vielfach nicht in der Lage sind, einen Anwalt frei wählen zu können, so an Gerichten, wo nur ein einziger Anwalt zugelassen ist oder wenn der zweite Anwalt schon von der Gegenpartei beauftragt ist; auch hier wird ein persönliches Mißtrauen in die Tüchtigkeit oder Sorgfalt des gerade zur Verfügung stehenden Anwalts nicht berücksichtigt und kann dieses persönliche Gefühl nicht zu einer Belastung der Gegenpartei mit besonderen Kosten führen. Wenn aO. weiter gesagt wird, es könne der Partei nicht zugemutet werden, als Bittsteller von Anwalt zu Anwalt zu laufen, so wird der Antrag aus § 33 schon genügend durch den bloßen Hinweis auf den — übrigens wohl meist schon gerichtsbekannten — Beschluß des örtlichen Anwaltsvereins gestützt. Zwar wird es vielen Parteien peinlich sein, den Weg des § 33 zu beschreiten. Es wäre aber unbillig, ihnen diese Unannehmlichkeit auf Kosten des Gegners zu sparen.

Gegen die Erstattbarkeit der Teuerungszuschläge im Anwaltsprozeß haben sich ebenfalls ausgesprochen der hiesige 1. ZS. am 7. Januar und 4. Februar 1920, OLG. Dresden (JW. 1920 S. 60), OLG. Darmstadt daselbst, KG. 16 ZS. am 7. Februar 1920 (KGBl. S. 31).[1] M. l.

e) **Erstattung der Kosten zweier Anwälte.**

Kammergericht, 21. ZS. Beschluß v. 11. Juli 1919.

Der Gläubiger kann sich zum Mahngesuch eines Anwalts bedienen, auch wenn die Sache noch so einfach liegt. Er darf damit auch einen Anwalt, der nicht bei dem für den Rechtsstreit zuständigen LG. zugelassen ist, betrauen, wenn er nach Lage der Sache annehmen konnte, daß der Schuldner keinen Widerspruch erheben werde. Erhebt der Schuldner gleichwohl Widerspruch und nötigt den Gläubiger, einem andern, bei dem zuständigen LG. zugelassenen Anwalt den weiteren Betrieb zu übertragen, so treffen auch die Kosten beider Anwälte ihn; denn er selbst, nicht der Gläubiger, hat sie durch den unbe-

[1] Ebenso KG. 7. ZS. am 9. April 1920; OLG. Hamburg am 8. und 14. April, aA. am 20. April 1920 (HansGZ. S. 117); OLG. Düsseldorf, 5. ZS. am 30. Januar und 4. ZS. am 22. April 1920, aA. der 8. ZS. am 31. März 1920; OLG. Breslau, ZS. 6a am 31. März 1920 (2 w 37), OLG. München, 1. ZS. am 27. Febr. 1920 (Besch. 79); OLG. Stuttgart, 1. ZS. am 5. März 1920; OLG. Nürnberg, 2. ZS. am 19. Jan. 1920 (Besch. 12).

gründeten Widerspruch veranlaßt (§ 91²). Es ist in diesem Falle auch ohne Bedeutung, ob der Gläubiger nach § 697 ein Gesuch um Verweisung für den Fall des Widerspruchs gestellt hat. Der Entscheidung des hiesigen 6. ZS. (D. JZ. 1919 S. 514) kann deshalb nicht beigetreten werden.

Hier mußte die Klägerin aber annehmen, daß der Beklagte Widerspruch erheben werde, denn er hatte bereits in dem vorangegangenen Briefwechsel geltend gemacht, daß die Klägerin, die Bezahlung der von ihr gelieferten elektrischen Kraft verlangte, für die bei der Lieferung eingetretenen Störungen ersatzpflichtig sei, wie sie dies auch im Rechtsstreit aufrecht erhalten hat. Dies erwies sich auch nicht ohne weiteres als grundlos, vielmehr war eine Beweisaufnahme sowohl im ersten wie im zweiten Rechtsgang erforderlich. Wenn der Beklagte schließlich auch unterlegen ist, so mußte die Klägerin nach der Sachlage doch davon ausgehen, daß der Beklagte sie auf den Zahlungsbefehl hin nicht befriedigen werde. Daher war es nicht zweckentsprechend, daß sie, die in Spandau ihren Sitz hat, einen dortigen Anwalt mit der Erwirkung des Zahlungsbefehls betraute und nicht sofort einen beim LG. zugelassenen Anwalt, zumal ihr als einem großen kaufmännisch geleiteten Unternehmen und bei der kurzen Entfernung ihrer Niederlassung vom Orte des Prozeßgerichts dies überaus leicht war. Dr. P.

Dazu: OLG. München, 1. ZS. Beschluß v. 29. September 1919.

W. war um die Jahreswende 1918/19 in Ausübung privater und beruflicher Tätigkeit beschränkt, wie sich aus der nach § 1910 BGB. erfolgten Bestellung eines Pflegers für die Besorgung seiner Rechtsgeschäfte ergibt.

Der von ihm vertretenen Partei konnte vernünftigerweise nicht zugemutet werden, die Führung ihres Rechtsstreites dem W. zu belassen; es bestand für sie die Notwendigkeit der Bestellung eines anderen Anwaltes. Ob diese Bestellung neben dem bisherigen Anwalt oder statt desselben erfolgt, ist gleichgültig. Die Partei hatte kein Mittel, die Mandatsniederlegung des W. und deren Anzeige bei Gericht und Gegner herbeizuführen. Gleichgültig ist auch, ob W. einen anderen Anwalt als seinen Vertreter mit der Fortführung der Berufsgeschäfte betraut hat oder nicht, da er nicht imstande war, dessen Tätigkeit zu leiten und zu überwachen, eine Wahrnehmung seiner vertragsmäßigen Pflichten also nicht mehr in Betracht kam. Die Kosten für den neuen Prozeßbevollmächtigten sind sohin notwendig. H. n.

ζ) **Erstattung der Vergleichsgebühr des Verkehrsanwalts?**

OLG. Stuttgart, 3. ZS. Beschluß v. 15. November 1919.

Wenn der Verkehrsanwalt des Klägers bei dem von den Parteien abgeschlossenen Vergleich mitgewirkt und dadurch eine Gebühr im Sinne des § 13 Nr. 3 GebO. verdient hat, so ist diese nicht erstattungsfähig. § 44 das. schlägt nicht ein. Der Anspruch würde auf § 48 das. beruhen; diesfalls kommt aber angesichts der Tatsache, daß der Prozeßbevollmächtigte des Klägers mit Recht die Vergleichsgebühr beansprucht hat, § 91² ZPO. in Betracht, wonach die Kosten mehrerer Anwälte nur in den dort bezeichneten Fällen, von denen hier keiner zutrifft, zu erstatten sind. Daß eine über die Tätigkeit des § 44 GebO. hinausgehende Mitwirkung des Verkehrsanwalts beim Vergleichschlusse notwendig war, ist nicht ersichtlich. S.

η) **§ 92 bei Verurteilung Zugumzug?**

OLG. Cassel, 2. ZS. Urteil v. 4. Juni 1920.

Der Beklagte ist zur Herausgabe des Pferdes nicht, wie die Kläger auch noch nach der Beweisaufnahme über die Berechtigung des Zurückbehaltungsrechtes (§ 273² BGB.) in der Schlußverhandlung beantragt haben, unbedingt, sondern nur Zugumzug gegen Zahlung von 2000 Mark verurteilt. Daß insoweit der Kläger tatsächlich unterlag, ist daraus ersichtlich, daß der Verwendungsanspruch vom Kläger bestritten wurde und darüber erst nach Beweiserhebung entschieden werden konnte; daß aber auch durch die Zuerkennung eines Teiles der Futter- und Pflegekosten sich der mit der Klage angestrebte wirtschaftliche Vorteil ganz erheblich herabmindert. Unstreitig beträgt der Wert des Pferdes 6500 Mark. Statt mit diesen in Gestalt des Pferdes angestrebten 6500 Mark obzusiegen, unterliegt der Kläger in Höhe der für Verwendungen des Beklagten zu zahlenden 2000 Mark und siegt nur in Höhe von 4500 Mark ob. H.

ϑ) **Kostenfestsetzung aus reinen Kostenurteilen.**

OLG. Nürnberg, FerienZS. Beschluß v. 12. September 1919.

Im Einklang mit der nicht bloß vereinzelt vertretenen Anschauung erachtet auch der Senat das nach § 99³ anfechtbare reine Kostenurteil für einen zur Vollstreckung geeigneten Titel nach § 794 Nr. 3, auch wenn es nicht rechtskräftig oder für vorläufig vollstreckbar erklärt ist. Gegenüber der Sondervorschrift des § 794 Nr. 3, wonach die Vollstreckung auch aus „Entscheidungen" zulässig ist, gegen die die Beschwerde stattfindet, hat die allgemeine für sonstige Endurteile gültige Bestimmung der §§ 704, 705 zurückzutreten, wonach die Rechtskraft oder die Erklärung über die Vollstreckbarkeit Voraussetzung der Vollstreckung sein soll. Belanglos ist auch, daß ein reines Kostenurteil — ebenso wie jeder sonstige Urteilsausspruch im Kostenpunkte — nicht unmittelbar, sondern erst vermittelst des Festsetzungsbeschlusses zur Vollstreckung geeignet ist; nach §§ 99³, 794 Nr. 3 ist das Kostenurteil an sich jedenfalls ein vollstreckbarer Titel im Sinne der §§ 103 ff. (Stein, § 99 V 3, § 794 V, Rsp. 17 S. 125). B.r.

ι) **aus Beschlüssen über Zurückweisung von Vertretern.**

OLG. Breslau, 7. ZS. Beschluß v. 16. April 1920.

Der Kläger hat die Ehelichkeit des Beklagten angefochten. In der Klageschrift ist als dessen Pfleger der Gastwirt B. bezeichnet und diesem ist auch die Klage zugestellt worden. Demnächst berichtigte der Kläger die Klage dahin, daß der Pfleger des Beklagten der Kaufmann S. sei, dem ebenfalls die Klage zugestellt wurde. Im Termine erschienen der Prozeßbevollmächtigte des Klägers und der Prozeßbevollmächtigte des Beklagten „und zwar sowohl mit Vollmacht für B. wie für S." Der Kläger stellte den Klagantrag, der

Beklagte den Antrag auf Klagabweisung. Außerdem beantragte der Kläger, „den Rechtsanwalt K., soweit er für B. auftritt, zurückzuweisen". Wie sich der Beklagte zu diesem Antrage verhalten hat, ist nicht ersichtlich gemacht. Das Gericht hat darauf den Beschluß erlassen: „B. wird als Vertreter des Beklagten zurückgewiesen. Die durch seine Teilnahme am Rechtsstreit verursachten Kosten werden dem Kläger auferlegt." Auf Grund dieses Beschlusses, für den er noch ein Rechtskraftzeugnis erwirkte, hat der Beklagte die Festsetzung der Prozeß-, Verhandlungs- und Festsetzungsgebühr nebst Pauschsatz beantragt und erwirkt. Auf Erinnerung hat das LG. die Verhandlungsgebühr abgesetzt. Mit der Beschwerde verlangt der Kläger weitere Absetzung von 25,40 Mark Gebühr und 7,70 Mark Pauschsatz, da der Kläger nur $^{3}/_{10}$ einer vollen Gebühr nach §§ 43, 76 GebO. verlangen könne. Die Beschwerde ist im Ergebnisse gerechtfertigt.

Ob die Entscheidung, auf die sich das Gesuch gründet, durch Beschluß und nicht vielmehr durch Urteil zu erlassen war und ob der Beschluß der Rechtskraft fähig ist, ist hier nicht zu erörtern, weil dem Kläger nun einmal die Kosten durch Beschluß auferlegt sind und mit dieser Tatsache zu rechnen ist. Jedenfalls aber ist dieser Beschluß keine zulässige Grundlage für eine Kostenfestsetzung. Nach § 103 könnte der Beschluß nur vom Gesichtspunkte des § 794[1] Nr. 3 in Betracht kommen, wonach die Vollstreckung aus Entscheidungen stattfindet, gegen die die Beschwerde (§ 567) gegeben ist. Die ZPO. enthält keine besondere Vorschrift, daß die Zurückweisung eines gesetzlichen Vertreters angefochten werden könnte. Es handelt sich auch nicht um eine Entscheidung, durch die ein das Verfahren betreffendes Gesuch zurückgewiesen wäre, denn es ist nicht ersichtlich, daß etwa B. seine Zulassung nachgesucht hätte, vielmehr ist anzunehmen, daß er selbst seiner Zuziehung als gesetzlicher Vertreter des Beklagten widersprochen hat. Einen anderen Standpunkt hat auch der Prozeßbevollmächtigte des Beklagten nicht eingenommen. Wäre aber ein das Verfahren betreffendes Gesuch zurückgewiesen worden, so hätte die Entscheidung eine vorgängige mündliche Verhandlung erfordert, da es sich um eine Prozeßvoraussetzung handelt, über deren Vorhandensein nach mündlicher Verhandlung zu entscheiden ist. Das folgt einmal aus dem § 56, weil das Gericht den Mangel der Legitimation eines gesetzlichen Vertreters von Amtswegen berücksichtigen muß und die Berücksichtigung durch Zurückweisung eines nicht legitimierten gesetzlichen Vertreters in der mündlichen Verhandlung nur nach mündlicher Verhandlung erfolgen kann; anderseits aus den §§ 274 Nr. 7, 275 ZPO., wonach über den vom Gegner gerügten Legitimationsmangel eines gesetzlichen Vertreters nur nach mündlicher Verhandlung entschieden werden kann.

Würde man aber den Beschluß als Titel für die Kostenfestsetzung anerkennen, dann wäre die Beschwerde von einem andern Gesichtspunkt aus gerechtfertigt. Der Beschluß ist eine Entscheidung über das Verhältnis der Parteien zueinander hinsichtlich der durch die Zuziehung des B. entstandenen

Kosten. Obsiegender Teil hinsichtlich der Kosten ist der Beklagte. Er könnte nur die Kosten erstattet verlangen, die ihm entstanden sind. Berechnet werden nur die Kosten seines Prozeßbevollmächtigten. Dem Beklagten sind aber dadurch, daß er in dem Prozesse nicht von vornherein durch den richtigen gesetzlichen Vertreter vertreten war, keine besonderen Kosten seines Prozeßbevollmächtigten entstanden. Dieser hat gegen den Beklagten auf Grund der Bevollmächtigung durch den richtigen, gesetzlichen Vertreter die berechnete Prozeß- und Verhandlungsgebühr nebst Pauschsätzen zu verlangen, kann sie aber nur einmal beanspruchen (§ 25 GebO.). Daß er vorher schon durch einen falschen gesetzlichen Vertreter des Beklagten mit der Vertretung des letzteren bevollmächtigt war, gibt ihm also kein Recht, noch weitere Gebühren und Pauschsätze zu fordern. Die zur Festsetzung berechneten Kosten sind demnach dem Beklagten durch die Zuziehung des B. gar nicht erwachsen. E.d.

κ) **Anwaltszwang für die Beschwerde.**[1]

OLG. Nürnberg, FerienZS. Beschluß v. 8. September 1919.

Das Festsetzungsverfahren vor dem Gerichtsschreiber ist zwar vom Anwaltszwange befreit, dagegen unterliegt diesem die Beschwerde gegen den über die Erinnerungen entscheidenden Beschluß des LG. Eine der Ausnahmen des § 569² Satz 2 liegt hier nicht vor; nachdem das Amtsgericht den Rechtsstreit an das LG. nach § 506 verwiesen hatte, handelt es sich nicht mehr um einen Rechtsstreit, der im Sinne des § 569 bei einem Amtsgericht anhängig war (RG. 35 S. 384), den jetzt angefochtenen Beschluß hat das LG. erlassen, bei dem der Rechtsstreit seit dem Verweisungsbeschluß endgültig anhängig war und blieb. B.r.

k) **§ 109, wenn bereits auf Rückgabe geklagt ist.**

Kammergericht, 7. ZS. Beschluß v. 23. Januar 1920.

Die im Arrestbeschluß angeordnete Sicherheit hat der Antragsteller geleistet und sodann den Anspruch auf ihre Rückgabe an X. abgetreten. Er ist damit aus dem Kreise der an der Schuldverbindlichkeit Beteiligten völlig ausgeschieden und daher nicht berechtigt, jenen Anspruch geltend zu machen, sei es auch nur zu dem Zweck, um die Rückgabe an X. zu erwirken. Überdies hat X. auf Einwilligung in die Rückgabe gegen die Arrestbeklagten geklagt. Bei dieser Sachlage fehlt es für den nach § 109 gestellten Antrag an jedem Rechtsschutzinteresse, zumal auch § 109 eine Klage auf Rückerlangung der Sicherheit vorsieht, eine solche aber schon erhoben ist. L.n.

l) **Armenrecht: α) nach Erlaß eines bedingten Urteils.**[2]

[1] Im Festsetzungsverfahren muß die Beschwerdeschrift, die wie hier bei dem LG. eingereicht wird, von einem dort zugelassenen Anwalt unterzeichnet sein, selbst wenn für das Verfahren an sich kein Anwaltszwang gilt (OLG. Rostock, 1. ZS. Beschluß v. 7. Nov. 1919). Br.

[2] Vgl. die AVf. v. 26. Juni 1920 betr. die im § 118² vorgesehenen Zeugnisse (Pr. JMBl. S. 358). — Keine Bewilligung des Armenrechts an einen Kläger, dem die Forderung nur zur Einklagung abgetreten wurde (OLG. Dresden, 4. ZS. Beschluß v. 8. Mai 1919; Ann. 40 S. 160).

OLG. Hamm, 2. ZS. Beschluß v. 25. Juni 1920.

Der in der Rechtsprechung feststehende Satz, daß das Armenrecht nur so lange bewilligt werden kann, als die Instanz nicht durch Urteil erledigt ist, weil nur solange vor einer „beabsichtigten" Rechtsverfolgung oder -verteidigung gesprochen werden kann (RG. 2 S. 378), kann keine Anwendung finden, wenn ein gemäß § 460 oder § 475 erlassenes, noch nicht rechtskräftiges bedingtes Endurteil vorliegt, die Instanz somit noch nicht erledigt ist. N.t.

β) **Beschwerde des Armen= (Not=) Anwalts gegen seine Bestellung.**

OLG. Kiel, 2. ZS. Beschluß v. 24. Juni 1919.

Nach § 36² RAO. ist zwar gegen die die Auswahl des Armenanwalts betreffende Verfügung des Vorsitzenden die Beschwerde gegeben. Indessen kann diese nicht damit begründet werden, daß der Beschwerdeführer außer der Reihe ausgewählt worden sei. Die Aufstellung einer bestimmten Reihenfolge, nach der die Auswahl zu erfolgen pflegt, ist eine innere Angelegenheit des Gerichts, auf seine Innehaltung steht dem Anwalt ein Anspruch nicht zu; vielmehr unterliegt die Auswahl dem pflichtgemäßen Ermessen des Gerichtsvorsitzenden. Dafür, daß der Beschwerdeführer etwa in letzter Zeit besonders häufig als Armenanwalt beigeordnet, oder daß ihm die jetzige Beiordnung aus einem anderen Grunde Anlaß zur Beschwerde gibt, ist nichts vorgebracht worden. In eine Prüfung einzutreten, ob die beabsichtigte Rechtsverteidigung aussichtslos sei, ist das Beschwerdegericht nicht in der Lage, da der beigeordnete Anwalt die Vertretung nicht wegen Aussichtslosigkeit ablehnen darf. B.p.

Dazu: OLG. Nürnberg, 2. ZS. Beschluß v. 15. November 1919.

Das LG. hat der Klägerin, die einen zu ihrer Vertretung gegen die gesetzliche Vergütung geneigten Anwalt nicht zu finden vermag, einen Anwalt nach § 33 RAO. beigeordnet und zugleich, anstelle des an sich hierfür zuständigen Vorsitzenden, den Beschwerdeführer als den beizuordnenden Anwalt nach § 36¹ das. ausgewählt. Dieser fühlt sich dadurch wegen finanzieller Schädigung beschwert, da die Klägerin die Zahlung der Gebührenerhöhung — vorbehaltlich ihrer Rückforderung und Einklagung von der Beklagten — nur zu übernehmen brauche und damit einen zur Vertretung ihrer Rechte bereiten Anwalt zu finden in der Lage sei, sohin die Voraussetzungen des § 33 RAO. nicht gegeben seien. Die Beschwerde richtet sich somit nicht gegen die Auswahl des Anwalts, sondern gegen die Beiordnung an sich. In dieser Richtung steht aber weder der Partei noch ihrem Anwalt ein Beschwerderecht zu, es kann eine Beschwerde nicht damit begründet werden, daß die Voraussetzungen des § 33 RAO. nicht vorlägen. Hat das zuständige Prozeßgericht antragsgemäß im Rahmen des § 33, wie es hier geschehen ist, die Beiordnung beschlossen, so ist der rechtsgültig beigeordnete Anwalt regelmäßig und mangels persönlicher Entschuldigungsgründe verpflichtet, der Beiordnung Folge zu leisten. Er befindet sich in dieser Beziehung in der gleichen rechtlichen Lage wie der Armenanwalt nach § 115 Nr. 3 ZPO. und § 34 RAO. (Rsp. 17 S. 130). B.r.

γ) **Erstattung der Barauslagen des Armenanwalts.**

Kammergericht, 2. ZS. Beschluß v. 28. Mai 1920.

Wie bereits der Beschluß vom 27. Februar 1920 (2 w 497) ausgesprochen hat[1], setzt die Erstattung der Barauslagen des Armenanwalts voraus, daß ein ersatzpflichtiger Gegner vorhanden ist. Das ergibt sich daraus, daß nach Art. II Ges. über die Teuerungszuschläge die Auslagen des Armenanwalts aus der Staatskasse zu ersetzen sind, falls sie nicht von einem ersatzpflichtigen Gegner beigetrieben werden können; denn hiernach muß es zunächst feststehen, ob der Gegner überhaupt erstattungspflichtig ist. Das folgt auch aus der Anführung der §§ 124, 788 ZPO. Der § 124 setzt voraus, daß der Gegner in die Kosten verurteilt ist, der § 788, daß der Klaganspruch bereits vollstreckbar ist. Aus dem Hinweis auf diese beiden Paragraphen ist zu schließen, daß ihre Voraussetzungen auch für die Erstattungspflicht des Staates gemäß Art. II aO. gelten sollen. Hieran wird auch durch den Hinweis des Beschwerdeführers, daß ihm solchenfalls seine Auslagen vielleicht erst nach langer Zeit und möglicherweise sogar nie ersetzt werden würden, nichts geändert. Der Art. II ist eine Sondervorschrift. Auch würde eine ausdehnende Auslegung auf Kosten des Staates gehen. Er ist deshalb nicht über seinen Wortlaut hinaus auszudehnen.

Außerdem fehlt es an einem dem Art. II entsprechenden Antrag, da die ziffernmäßige Angabe der Auslagen fehlt. Der festsetzende Beamte darf über den Antrag nicht hinausgehen. Er hat das Verlangen des Antragstellers nachzuprüfen, nicht aber danach zu forschen, was der Antragsteller vielleicht verlangen könnte. Fr.

δ) **Erstattung der Pauschsätze. Beifügung von Belägen?**

Kammergericht, 8. ZS. Beschluß v. 12. Mai 1920.

Nach Art. II Ges. v. 18. Dezember 1919 erhält der Armenanwalt seine Auslagen nach Maßgabe der GebO. aus der Staatskasse ersetzt. Nach Art. 76 GebO. erhält aber der Rechtsanwalt für die Herstellung des Schreibwerks sowie zum Ersatz der Postgebühren Pauschsätze. Daraus folgt, daß die im Art. II weiter vorgeschriebene Beifügung von Belägen für die einzelnen Ansätze, soweit es sich um Schreibwerk und Postgebühren innerhalb des Rahmens einer gebührenpflichtigen Tätigkeit handelt, nur insoweit erforderlich ist, als der Gerichtsschreiber aus den Gerichtsakten nicht ersehen kann, daß die gebührenpflichtigen Akte, für die die Pauschsätze berechnet werden, entstanden sind. In diesem Fall ist lediglich das Entstehen dieser Akte, aber nicht das einzelner Auslagen nachzuweisen. Aus der vorgeschriebenen Beifügung von Belägen kann schon deshalb der Wegfall der Pauschsätze nicht gefolgert werden, weil noch andere Auslagen als erstattungspflichtig in Betracht kommen, die außerhalb des Rahmens einer gebührenpflichtigen Tätigkeit fallen und deshalb besonders glaubhaft gemacht werden müssen. Auch sind die Pauschsätze zur

[1] In diesem Falle waren im Prozeßvergleiche die Kosten gegeneinander aufgehoben, so daß ein ersatzpflichtiger Gegner fehlte.

Vereinfachung des Geschäftsbetriebs im Kostenfestsetzungsverfahren eingeführt. Es fehlt an einem Anlaß, anzunehmen, daß das Gesetz von 1919 von diesem Grundsatz abweichen wollte. Dazu kommt, daß bei der Beratung des Gesetzes der Reichsjustizminister erklärt hat: „Unter den Auslagen sind, wie ich der Deutlichkeit halber hinzufügen will, diejenigen Beträge zu verstehen, die als Pauschsätze nach der GebO. zu verlangen sind.“ In derselben Sitzung hat dann der Abg. Lattmann auf die Anfrage, ob in den zu erstattenden Auslagen nur die baren Einzelausgaben oder auch die Pauschsätze mitenthalten sind, die Antwort erhalten, durch die nach seiner weiteren Ausführung das Bedenken, das in einzelnen Kreisen der Anwaltschaft gegen den Wortlaut des Gesetzes vorhanden war, beseitigt worden ist. Daraus muß ohne weiteres geschlossen werden, daß die Zustimmung sich auf die weitergehende Auslegung bezog. B.

ε) **Erstattung von Reisekosten aus § 18 RAO.**

OLG. Jena, 2. ZS. Beschluß v. 7. Mai 1920.

Der Beschwerdeführer A. in C., der beim LG. in Meiningen zugelassen ist, war der Beklagten als Armenanwalt bestellt und hat als solcher zwei Verhandlungstermine vor jenem LG. wahrgenommen. Nachdem rechtskräftig die Kosten gegeneinander aufgehoben worden, hat A. seine Reisekosten zu den Terminen aus der Staatskasse erfolglos beansprucht. Seine Beschwerde, die sich irrig als „sofortige“ bezeichnet, ist nach Art. II² Ges. vom 18. Dezember 1919 mit § 4³ GKG. zulässig und auch begründet.

Das LG. legt den Art. II S. 1 dahin aus, daß die Staatskasse nur solche Auslagen ersetze, die an sich erstattungsfähig seien, und schließt deshalb unter Verweisung auf § 18⁵ RAO. die Reisekosten der nicht am Gerichtssitz wohnenden Anwälte aus. Diese rein sprachliche Auslegung ist schon als solche nicht zwingend. Sie legt den Ton auf „beigetrieben“ und folgert, dann allerdings mit einem Schein von Recht, daß eine Beitreibung vom Gegner nur dann in Frage komme, wenn der Gegner erstattungspflichtig sei. Die Anführung des § 124 ZPO. im Art. II Satz 1 zeigt aber, daß das „beitreiben“ hier in demselben Sinne gebraucht sein soll, den es in § 124 hat. Dort bedeutet es aber nicht im besonderen die zwangsweise Verwirklichung, sondern ganz allgemein die Geltendmachung des Kostenanspruchs. So verstanden, könnte der streitige Nebensatz „falls sie nicht“ rein sprachlich sogar umgekehrt besagen, daß die Staatskasse gerade für diejenigen Auslagen hafte, die der Gegner nicht zu erstatten braucht, also namentlich für Reisekosten nach § 18⁵ RAO. Der angeführte Satz 1 darf aber nicht allein sprachlich, sondern muß nach seinem gesetzgeberischen Zweck ausgelegt werden. Dieser ergibt sich aus der Begründung (Nr. 1458 der Aktenstücke der Nationalversammlung 1919 S. 1385). Man erkannte an, daß es eine drückende Last für den Armenanwalt sei, daß er nicht nur seine Arbeitskraft unentgeltlich zur Verfügung zu stellen hat, sondern auch gezwungen war, bare Auslagen zu machen. Ersatz dafür zu verlangen, war ihm zwar im beschränkten Maße möglich, nämlich dann, wenn ein ersatzpflichtiger Gegner da war, und soweit, als dieser zahlungsfähig war. Im übrigen aber hatte er die Auslagen endgültig zu tragen, abgesehen von dem praktisch nahezu bedeutungslosen Fall des § 125 ZPO. Indem man die weitergehenden Wünsche der Anwaltschaft späterer Regelung vorbehielt, wollte man wenigstens in diesem Punkte sofort Abhilfe schaffen und einen Ersatz aus der Staatskasse gewähren. Diese sollte also in allen denjenigen Fällen eintreten, in denen nach geltendem Recht Auslagen des Anwalts, zu denen er durch seine Beiordnung als Armenanwalt gezwungen war, mangels einer Möglichkeit, sie im Wege des § 124 ZPO. von einem ersatzpflichtigen Gegner hereinzubekommen, endgültig ihm zur Last fielen. Danach aber muß die Staatskasse auch für die hier streitigen Reisekosten aufkommen. Wenn das Gericht einen nicht am Gerichtssitze wohnenden Anwalt zum Armenanwalt bestellt, so zwingt es ihn, zu den Terminen Reisen zu unternehmen und Auslagen dafür zu machen. Diese Auslagen dürfen nach dem Grundgedanken des Art. II[1] ebensowenig endgültig zu Lasten des Anwalts bleiben, wie seine Auslagen für Schreibarbeiten, Postgebühren. § 18[5] RAO. bleibt dabei völlig außer Betracht. Auch er beschränkt nicht etwa die Ansprüche des Anwalts; die Partei, die einen außerhalb des Gerichtssitzes wohnenden Anwalt beauftragt, ist ihm trotz § 18[5] zur Zahlung von Reisekosten verpflichtet. Nur der ersatzpflichtige Gegner soll mit den Mehrkosten, also namentlich den Reisekosten, verschont werden. Nicht zu verkennen ist, daß der Vorsitzende des Gerichts, bei dem auswärtige Anwälte zugelassen sind, namentlich wenn es eine größere Zahl ist, bei der Auswahl von Armenanwälten in eine gewisse Schwierigkeit kommt, insofern als sich das Interesse der Staatskasse einerseits, und das der am Gerichtssitz wohnenden Anwälte und der am Wohnsitz auswärtiger Anwälte oder in dessen Nähe wohnenden Parteien anderseits gegenüberstehen. Die Rücksicht auf die Staatskasse kann aber jedenfalls nicht dazu führen, entgegen dem Sinn des Art. II[1] notwendige Reisekosten des einer armen Partei beigeordneten auswärtigen Rechtsanwalts unersetzt zu lassen. . . . M. l.

ζ) **Entziehung des Armenrechts nach beendeter Instanz.**

OLG. Hamburg, 1. ZS. Beschluß v. 4. Februar 1920.

Nachdem der Kläger Berufung eingelegt hatte, hat der erstinstanzliche Anwalt des Beklagten beantragt, dem Beklagten das Armenrecht für 1. Instanz nachträglich zu entziehen, weil der Beklagte zur Bestreitung der Prozeßkosten imstande sei. Dem konnte keine Statt gegeben werden. Wenn diejenige Instanz beendet ist, für welche das Armenrecht erteilt war, so kann, falls die Partei nicht oder nicht mehr dürftig erscheint, lediglich gemäß §§ 125, 126 ZPO. ein Beschluß erwirkt werden, in welchem eine Verpflichtung zur Nachzahlung angeordnet wird. Hierfür aber wäre hier nicht das Berufungsgericht, sondern das Landgericht zuständig. M. M.

m) **Zustellung nach §§ 173 oder 183? § 280 bei unwirksamer Klagezustellung.**[1]

[1] Dadurch, daß eine Partei für die Zeit ihrer vorübergehenden Abwesenheit bei

Kammergericht, 9. ZS. Urteil v. 4. Dezember 1919.

1. Die Zulässigkeit des Einspruchs unterlag, nachdem das Amtsgericht sie bejaht hatte, der Prüfung zwar nicht des LG. (§ 700 aE.), wohl aber des Berufungsgerichts. Im Gegensatz zu § 505² ist in § 700 die Anfechtung des Beschlusses des Amtsgerichts nicht ausgeschlossen, so daß dieser gemäß § 512 zusammen mit dem Urteil des LG. angefochten werden kann. Der Schlußsatz des § 700 bezweckt lediglich, eine doppelte Erörterung und Entscheidung jener Frage in demselben Rechtszuge als überflüssig zu vermeiden (vgl. Stein § 508⁴ und die amtliche Begründung dazu 1909 S. 38).

2. Die Kläger haben die Vollstreckungsbefehle an den — im aktiven Heeresdienste befindlichen — Beklagten selbst zuzustellen versucht. Zum Kreise der „Zustellungsempfänger", die also das zuzustellende Schriftstück nach dem Zustellungsauftrag erhalten sollen, weil sie selbst die Beteiligten oder ihnen wenigstens vom Gesetz von vornherein, unabhängig davon, ob der Vertretene angetroffen wird, zur Entgegennahme der Zustellung ermächtigt sind (Stein § 171 I), gehören neben der Partei selbst u. a. auch ihr Prokurist. Soll an diesen nach § 173 zugestellt werden, so muß er schon vom Auftraggeber in der Anschrift benannt sein. Hier kann dahingestellt bleiben, ob der Vater der Kläger Prokurist des Beklagten war. Nach § 173 ist jedenfalls nicht zugestellt worden. Die Anschriften der Urkunden lauteten: „An das Baugeschäft Tr." und der Postbote hat als Grund für die Übergabe an den Vater der Kläger beurkundet: „da ich den Empfänger selbst nicht angetroffen habe". Es ist also an eine Ersatzperson nach § 183 zugestellt, nämlich an den im Geschäftsraum des Beklagten anwesenden Gewerbegehilfen. Wenn der Postbote hierbei den Angetroffenen als Prokuristen bezeichnete, so kam darin nicht zum Ausdruck, daß er ihn nicht als Gewerbegehilfen ansehe und daher nicht nach § 183 verfahre, vielmehr eigenmächtig ohne entsprechende Mitteilung des Auftraggebers die Person des Zustellungsempfängers gemäß § 173 selbst auswähle, sondern er hat nur die besondere Art des ihm gegenübertretenden Gewerbegehilfen näher angegeben. § 173 ZPO. scheidet also aus. Auch könnte die prozeßrechtliche Vertretungsmacht, die er begründet, nicht den Umfang der ihr zugrunde liegenden Vertretungsbefugnis des bürgerlichen Rechts überschreiten, letztere aber wäre hier nach § 181 BGB. zu verneinen, der auf die Vor- und Entgegennahme prozeßrechtlicher Handlungen entsprechend anzuwenden ist. Daran ändert nichts die Ermächtigung, die der Vater der Kläger gerade für die Annahme von Zustellungen im allgemeinen erhalten hatte, und auch nichts der § 50¹ HGB. (vgl. Staub, Exk. zu § 58¹¹ HGB.).

Auf die sonach aus § 183 zu beurteilende Zustellung findet der § 185 Anwendung. Es kann dahingestellt bleiben, ob der gesetzliche Vertreter des

---

der zuständigen Postanstalt die Nachsendung aller gewöhnlichen und eingeschriebenen Briefe an ihren zeitweiligen Aufenthaltsort beantragt hat, wird die Zustellung eines Urteils durch Niederlegung bei der Postanstalt des auf dem Briefumschlag als Bestimmungsort bezeichneten Wohnorts nicht ausgeschlossen (Pr. OVG., 4. S. Urteil v. 23. Mai 1918; Entsch. 74 S. 466).

Gegners dem Gegner selbst gleichzustellen ist. Jedenfalls ist diesem gleichzustellen, wer selbst unmittelbar an dem Rechtsstreite sachlich beteiligt ist wie zB. im Falle RG. 35 S. 429 die mit dem Gegner in Gütergemeinschaft lebende Frau. Hier ist der Vater der Kläger vermöge seines Nießbrauchs und Verwaltungsrechts an dem von ihnen geführten Rechtsstreit unmittelbar beteiligt. Der bei der Zustellung begangene Verstoß ist weder nach § 295, noch, da es sich hier nicht um eine Ladung handelt, nach § 187 geheilt; es ist daher unerheblich, wann Beklagter die „zugestellten" Schriftstücke tatsächlich erhielt.

3. Auch die Zahlungsbefehle sind dem Vater der Kläger in der angegebenen Weise, also nicht wirksam zugestellt worden, so daß ein (nicht geheilter) wesentlicher Mangel der die Klage ersetzenden Einleitung des Verfahrens vorliegt. Die Kläger sind daher abzuweisen. Das gilt auch, soweit Feststellung des Nichtbestehens der streitigen Gegenforderung beantragt ist. Diese Klagerweiterung war an sich nach § 280 zulässig und konnte nach § 281 durch Vortrag in der mündlichen Verhandlung erfolgen. Voraussetzung war aber, daß schon ordnungsmäßig Klage erhoben worden war und deshalb ohnehin zur Entscheidung auf diese wegen deren Abhängigkeit vom Bestehen jenes Rechtsverhältnisses auch der Zwischenstreit über das letztere entschieden werden muß; nur deshalb und nur in diesem Fall ist die Zwischenfeststellungsklage bezüglich des „bedingenden" Rechtsverhältnisses unabhängig von der sonst nach § 256 geltenden Voraussetzung zugelassen. Wenn der Beklagte die Abweisung des Feststellungsbegehrens beantragt hat, so lag darin noch keine sachliche Einlassung auf den Zwischenstreit; sein Antrag war auch hier in erster Linie unzweideutig auf das Fehlen der Prozeßvoraussetzungen gestützt. Der Verfahrensverstoß ist also auch nicht in diesem beschränkten Umfange geheilt worden. § 500 ist nicht anwendbar, da die Parteien nicht, wie er voraussetzt, im Einverständnis miteinander vor Gericht zur sachlichen Austragung des Rechtsstreites erschienen sind, der Beklagte sich vielmehr auf diesen nur so weit eingelassen hat, als er mußte K. e.

n) α) **Nachholung der Klagezustellung. Erfüllungsort.**

OLG. Hamburg, 5. ZS. Urteil v. 12. November 1919.

1. Die Klage ist vor dem ersten Verhandlungstermin nicht zugestellt worden. Dieser Mangel konnte aber, solange er nicht gerügt war, durch nachträgliche Zustellung eines allen Erfordernissen einer Klage entsprechenden Schriftsatzes geheilt werden (Stein § 253 IV 2). Den Erfordernissen der Ladung wurde dabei genügt, wenn gleichzeitig mit der Klage ein Schriftsatz zugestellt wurde, der eine Aufforderung des Gegners zum Erscheinen in dem Termine enthielt, den der Vorsitzende in dem bereits — wenigstens formell — anhängigen Rechtsstreit anberaumt hatte (RG. 44 S. 353). Dementsprechend ist der Kläger Ende 1918 vorgegangen. Die Bemängelung, daß die Ladung nicht die beglaubigte Abschrift der Terminsverfügung des Vorsitzenden enthalte, sondern nur die Mitteilung, daß Termin auf 19. Januar 1919 &c anberaumt sei, ist nicht begründet. Das RG. hat freilich ausgesprochen, nur

„diejenige Ladung ist vollständig und richtig, die die Terminsbestimmung in der in § 156 vorgeschriebenen Form enthalte" (JW. 1884 S. 211, ähnlich 1901 S. 750). Dem kann sich der Senat, wenigstens für den Fall, daß zu einem verkündeten Termin geladen werden soll und eine beglaubigte Abschrift der Verhandlung zugestellt werden müßte, nicht anschließen. Vielmehr hält es dann für genügend, wenn die Partei den bereits verkündeten Termin in ihre Ladung aufnimmt und auf ihre Verantwortung für dessen Richtigkeit ladet (Skonietzki-Gelpcke § 216[1]; aA.: Stein § 216[1,3]).

2. Für die Zuständigkeit kommt Hamburg als Erfüllungsort derjenigen Verpflichtung in Betracht, deren Bestehen der Kläger verneint wissen will. Der Schadensanspruch wegen Nichterfüllung ist dort zu tilgen, wo die ursprüngliche Verpflichtung zu erfüllen war. Der Ort ist Hamburg, sowohl nach der Natur der ursprünglichen Verpflichtung (Werkvertrag), wie als Sitz des Klägers. Daß er durch die Klausel: „Die Ware ist an uns (Beklagte) auf unseren Fabrikhof und frei zu liefern" mehr übernommen habe, als die Versendung auf eigene Kosten, hat das LG. mit Recht verneint. Der Umstand, daß die Klausel nicht lautet frei Fabrikhof, sondern frei und Fabrikhof, ist ohne Bedeutung. Aber selbst, wenn der Kläger auch die Versendungsgefahr übernommen hätte, würde dadurch der Erfüllungsort nicht ohne weiteres geändert. M. M.

β) **Bestimmung des Schwurtermins ohne Prüfung der Rechtskraft.**[1]
OLG. Braunschweig, 1. ZS. Beschluß v. 17. Februar 1919.

Der Vorsitzende des LG. hat das Ansuchen des Klägers um Ansetzung des Schwurtermins bis zum Nachweis der Rechtskraft des bedingten Urteils abgelehnt. Die Beschwerde ist begründet. Die Herbeiführung des Schwurtermins nicht durch Ladung der Parteien, sondern auf Anregung einer Partei von Amtswegen ist zwar nicht unzulässig. Der Richter ist in solchem Fall aber nicht verpflichtet, eher amtlich tätig zu werden, als ihm die Rechtskraft des bedingten Endurteils nachgewiesen ist (OLG. Dresden im ZivArch. 69 S. 453; RG. 13 S. 427); denn eine möglicherweise zwecklose Maßnahme (§ 460[2]) kann ihm nicht zugemutet werden. Wird dagegen wie hier im Parteibetrieb — die regelmäßige, von den meisten für allein zulässig befundene Art und Weise — die Läuterung des Urteils erstrebt, so hat gemäß § 216 der Vorsitzende das die Ladung enthaltende Schriftstück der Partei mit der Terminsbestimmung zu versehen. Die ihm dabei obliegende Prüfung hat sich darauf, ob das Schriftstück die erforderlichen Merkmale einer Ladungsschrift enthält und der Parteibetrieb für das zivilprozessuale Verfahren zulässig ist, zu beschränken, sich aber nicht auf den sachlichen Inhalt, in Fällen vorliegender Art also nicht darauf zu erstrecken, ob die Voraussetzung des § 460[2] erfüllt sei. Nach dem Grundsatze der Mündlichkeit ist insoweit die Prüfung vielmehr dem Prozeßgerichte vorbehalten (Hahn Mat. 1 S. 235; Stein, Seuffert, Petersen zu § 216; Planck Lehrb. § 72 S. 423, § 93 S. 801). W. n.

[1] Sind die Prozeßakten vernichtet, so ist vor deren Wiederherstellung die Anberaumung des Termins zwecklos, weil eine sachgemäße Bearbeitung des Prozesses nicht möglich ist (OLG. Kiel, 1. ZS. Beschluß v. 28. Febr. 1919; SchlHA. S. 102).

o) Anwendung des § 231 im Falle des § 942.

Kammergericht, 2. ZS. Beschluß v. 9. Dezember 1919.

Nach § 942 hat das Amtsgericht am 2. Mai einstweilig verfügt, daß die Antragsgegner Sachen an einen Gerichtsvollzieher zur Verwahrung herausgeben sollten, und bestimmte eine Frist von zwei Wochen zur Ladung der Gegner vor das Gericht der Hauptsache. Am 6. Mai reichte demgemäß der Antragsteller die Ladung bei dem für die Hauptsache zuständigen LG. ein. Dies ließ sich zunächst die amtsgerichtlichen Akten kommen und bestimmte den Termin erst am 17. Mai, worauf die Ladung am 24. Mai zugestellt wurde. Am 27. Mai beantragten die Gegner die Aufhebung der Verfügung wegen fruchtlosen Fristablaufs; das Amtsgericht wies sie jedoch zurück, weil die Ladung noch vorher erfolgt sei. Vor dem LG. erklärten die Parteien die Hauptsache für erledigt. Das LG. legte dem Antragsteller die Kosten auf, weil hier der § 231 keine Anwendung finde, wo über den Antrag nicht mündlich verhandelt werde. Allein der vierte Titel des zweiten Abschnitts einschließlich des § 231 regelt die Folgen der Versäumung einer Prozeßhandlung für alle Fälle, mag eine mündliche Verhandlung erforderlich sein und stattfinden oder nicht. Der § 231² besagt nicht, daß bei dem Erfordernis eines auf die Verwirklichung des Rechtsnachteils gerichteten Antrags die Nachholung der versäumten Prozeßhandlung nur in den Fällen zulässig ist, in denen mündlich über den Antrag verhandelt wird, sondern es heißt: die Nachholung ist in allen Fällen so lange zulässig, als der Antrag nicht gestellt ist; wird aber über den Antrag verhandelt, so ist die Nachholung sogar bis zum Schlusse dieser Verhandlung zulässig, wiewohl die Anträge an ihrem Beginne zu stellen sind. Die Ladung konnte daher hier auch nach Ablauf der Frist bis zur Stellung des Aufhebungsantrags nachgeholt werden. Der Beschluß des Amtsgerichts war also gerechtfertigt. Solange die Gegner ihn nicht erfolgreich angefochten haben, steht zwischen den Parteien fest, daß die Verfügung nicht aufgehoben ist, sondern fortbesteht. Auf Grund dieser Sachlage hat das Gericht der Hauptsache nach der Ladung darüber zu entscheiden, ob die Verfügung rechtmäßig erlassen war. Das Verfahren des LG. leidet hiernach an einem wesentlichen Mangel (§ 539).... Fr.

p) Wiedereinsetzung bei Verschulden von Anwaltsgehilfen.[1]

OLG. Dresden, 5. ZS. Urteil v. 24. April 1919.

Die unmittelbare Ursache der Versäumung der Berufungsfrist war die Nichtabsendung des die Einlegung der Berufung nachsuchenden Briefes vom 3. Februar 1919. Diese Unterlassung beruht auf einem Verschulden der Maschinenschreiberin, die das ihr zuvor diktierte und vom erstinstanzlichen

[1] Die verkehrserforderliche Sorgfalt ist außerachtgelassen, wenn die eine Notfrist wahrende Schrift nicht „eingeschrieben" abgeschickt wird und verloren geht (OLG. München, 2. ZS. Beschluß v. 30. Januar 1920). Vgl. Rsp. 17 S. 140. — Versäumung der Notfrist während des Bremer Abwehrausstandes: OLG. Hamburg, 5. ZS. Urteil v. 19. Januar 1920 in HansRZ. Aprilheft.

Prozeßvertreter G. unterzeichnete Schreiben entgegen der ihr erteilten Anweisung nicht abgesendet hat... G. hätte, da es sich um die Einhaltung einer Notfrist und um die Wahrung sehr bedeutsamer Rechte seiner Partei handelte, zur Betätigung der gebotenen äußersten Sorgfalt den Auftrag zur Absendung jenes Briefes nicht geben dürfen, ohne die Kontrolle der Ausführung dieses Auftrags durch die Anordnung der Wiedervorlegung der Akten mit dem Vermerke der Absendung des Briefes oder in einer anderen ihm genehmen Form, wie die Eintragung in ein selbst geführtes Tagebuch oder besondere Anweisung an den Bureauvorsteher (Warn. 7 Nr. 212) sicherzustellen. Daß dies, wie die Beklagten an der Hand der Entscheidung des preuß. OberVerwG. vom 26. April 1917 (KGBl. S. 64) ausführen, untunlich gewesen sei, ist zu verneinen. Denn, wenn auch die Anforderung an den Anwalt, daß er die Arbeit seiner Hilfskräfte in allen Einzelheiten überwache, eine Überspannung auch der äußersten von ihm zu erwartenden Sorgfalt bedeuten würde, so ist doch eine solche Überwachung insoweit geboten, als Unkenntnis oder Pflichtvernachlässigung der Hilfskräfte die Rechte der Prozeßpartei gefährden können. Daß aber G. besondere Anordnungen getroffen habe, wird nicht behauptet. Vielmehr ist anzunehmen, daß hier das Fehlen der Kontrolle der auch sonst in der Kanzlei üblichen Geschäftsführung entsprach. Deshalb ist auch nicht anzuerkennen, daß die Versäumung der Berufungsfrist ursächlich auf den Krieg zurückzuführen sei. Zwar entbehrten die untergeordneten Hilfskräfte der Kanzlei infolge der Einziehung des geschulten Personals der Zuverlässigkeit des letzteren und der Übung sowie Erfahrung im Dienste. Dem G. stand aber jedenfalls noch sein Kanzleivorstand, von dem Gleiches nicht behauptet wird, zur Seite, und gerade die ihm bekannte geringere Zuverlässigkeit der untergeordneten Hilfskräfte mußte ihn veranlassen, die sonst von ihm nicht für erforderlich erachtete Kontrolle für wichtige Fälle der vorliegenden Art einzurichten, jedenfalls die Wahrung einer Notfrist nicht von der geringeren oder größeren Zuverlässigkeit einer Maschinenschreiberin abhängig zu machen. —e—

q) *α*) **Fortsetzung des Prozeßkostenstreits zwischen Nachlaßverwalter und Erben nach Aufhebung der Verwaltung.**

OLG. Stuttgart, 1. ZS. Beschluß v. 7. Mai 1920.

Auf Antrag des Nachlaßgläubigers O. wurde 1919 die Verwaltung des Nachlasses der X. angeordnet. Der Nachlaßverwalter klagte gegen die Erben der X. auf Auskunft und Zahlung von 544 Mark. Als hiernach die Nachlaßverwaltung aufgehoben wurde, beantragte der Kläger, die Beklagten in die Kosten zu verurteilen. Die Beklagten erklärten, daß sie als die Erben die Klage zurücknehmen. Mit Recht hat das LG. die Kostenentscheidung davon abhängig gemacht, wer unterlegen wäre, wenn in der Hauptsache zu entscheiden gewesen wäre. Der Nachlaßverwalter ist weder gesetzlicher Vertreter der Erben noch der Nachlaßgläubiger nach der Erbschaft, sondern Organ für die Durchführung der Zwecke der Verwaltung mit eigener Parteistellung.

Durch die Aufhebung der Verwaltung wird diese beendigt und die Erben erlangen wieder freies Verfügungsrecht über den Nachlaß, der ihnen auszuantworten ist (§ 1986 BGB.). Ein Rechtsstreit des Verwalters geht grundsätzlich in der Lage, in der er sich befindet, auf die Erben über. Dies würde, wenn die Klage gegen die Erben gerichtet war, mangels einander gegenüberstehender Prozeßparteien das Ende des Rechtsstreits bedeuten. Die Beschwerdeführer wollen diese Folgerung ziehen und den bisherigen Nachlaßverwalter wegen der ihm etwa zu erstattenden Prozeßkosten auf den Weg besonderer Klage gegen die Erben, im übrigen aber den Nachlaßgläubiger O auf einen Kostenersatzprozeß gegen die Beklagten verweisen. Indessen dar nicht ohne Not angenommen werden, daß eine solche Häufung von Klagen im Sinn des Gesetzes liege. In welchem Umfang der Verwalter sich vom Nachlaßgläubiger Vorschuß geben ließ, ist hier nicht entscheidend. Das LG. hat mit Recht (unter Hinweisung auf Rsp. 19 S. 230) ausgeführt, daß der Verwalter die laufenden Geschäfte trotz der Beendigung der Verwaltung vollends zum Abschluß bringen muß, und daß dazu die Erwirkung eines Kostenurteils in seinem Rechtsstreit mit den Erben gehört. Der Streit zur Hauptsache ist gegenstandslos geworden; dagegen darf der Streit über die Prozeßkosten noch im anhängigen Rechtsstreit ausgetragen werden; insoweit verfolgt der Verwalter, der von Anfang an selbst Prozeßpartei war, einen eigenen, durch die Aufhebung der Verwaltung für ihn nicht hinfällig gewordenen Anspruch. S.

β) **Aufnahme des nach Zustellung des Urteils auf Antrag ausgesetzten Verfahrens. Beginn der Rechtsmittelfrist.**[1]

OLG. Dresden, 1. ZS. Beschluß v. 2. Juni 1919.

Nachdem der Kläger das Urteil des LG. am 14. Juli 1914 zugestellt hatte, hat das LG. auf Antrag des Beklagten, der zum Heeresdienst eingezogen worden war, das Verfahren nach § 247 ausgesetzt. Am 5. Februar 1919 hat der Kläger dem Beklagten die Erklärung, „daß er das Verfahren wieder aufnehme, nachdem der Beklagte aus dem Heeresdienst entlassen sei", und außerdem nochmals das Urteil zugestellt. Die hierauf von ihm beantragte Erteilung des Rechtskraftzeugnisses wurde abgelehnt. Die Beschwerde hierüber ist unbegründet. Nach § 247 kann das Gericht „auch von Amtswegen" die Aussetzung anordnen. Die Einfügung des „auch" führt zu der Auslegung, daß in erster Linie die behinderte Partei das Recht haben soll, von sich aus die Aussetzung zu beantragen. Eine solche Aussetzung liegt hier

[1] Ebenso OLG. Dresden, 8. ZS. Beschluß v. 1. Juli 1919 (Ann. 40 S. 148). Das Recht des Prozeßgerichts, das Verfahren von Amtswegen auszusetzen, schließt die Befugnis in sich, über das Vorhandensein der Voraussetzungen für die Aussetzung Beweis zu erheben (Beschluß des 4. ZS. v. 2. Mai 1919, aO. 145). — Hatte ein Ausländer hier geklagt, so sind die Prozeßhandlungen, die während der Aussetzung des Verfahrens (V. v. 7. August 1914) vorgenommen sind, nach Wegfall des Verbots (1. Dez. 1919) im Falle Rügeverzichts der Parteien wirksam geworden, weil kein öffentliches Interesse daran besteht, daß die in der Vergangenheit liegenden Prozeßhandlungen unwirksam bleiben und wiederholt werden, obwohl die Parteien dies nicht verlangen (OLG. Kiel, 2. ZS. Urteil v. 10. Febr. 1920; SchlHA. S. 87).

vor. Hieraus und weil der Parteiprozeß ein Amtsverfahren nicht kennt, erhellt zunächst, daß das Gericht nicht befugt ist, den Rechtsstreit von Amtswegen wieder in Lauf zu setzen. Nur durch einen Willensakt der Partei kann es geschehen und zwar durch die „Aufnahme des Verfahrens". Diese kann aber nur von der Partei erklärt werden, in deren Interesse die Aussetzung erfolgt war. Die Gegenpartei, der die Aussetzung — wennschon nach Prüfung ihrer Berechtigung — aufgezwungen worden war, kann nicht das Verfahren „aufnehmen", sondern nur, wenn die behindert gewesene Partei die Aufnahme verzögert, sie dazu laden. Kommt es in der Verhandlung zum Streite darüber, ob die Aussetzungsgründe weggefallen sind, so hat das Gericht durch Zwischenurteil nach § 303 zu entscheiden. Bleibt aber die geladene Person aus, so kann die Aufnahme durch Versäumniszwischenurteil für bewirkt erklärt werden (RG. 58 S. 202, 68 S. 391). Hiernach konnte weder der Kläger durch Zustellung einer Aufnahmeerklärung noch das Gericht durch eine Aufhebung des Aussetzungsbeschlusses das stillstehende Verfahren wieder in Lauf setzen. Da die Aussetzung noch nicht beendet ist, hat die Rechtsmittelfrist nach § 249[1] überhaupt noch nicht zu laufen begonnen. —e—

r) α) **Feststellungsinteresse nach § 256 ZPO.**

OLG. Düsseldorf, 4. ZS. Beschluß v. 13. Oktober 1919.

Ein rechtliches Interesse des klagenden Mieters an einer alsbaldigen richterlichen Feststellung der Ungültigkeit der Kündigung könnte nur dann angenommen werden, wenn das zur Entscheidung über die Wirksamkeit einer Kündigung angerufene Mieteinigungsamt die Entscheidung ablehnen müßte, so lange Zweifel beständen, ob die Kündigung nach BGB. rechtsgültig ist oder nicht. Dieser Standpunkt ist aber unhaltbar (JW. 1919 S. 99—101); das MEA. kann die Entscheidung nicht ablehnen. Es braucht sich mit der Rechtsgültigkeit einer Kündigung nicht zu befassen, wenn es diese aus Billigkeitsgründen für unwirksam erklären will. Es darf aber nur rechtsgültige Kündigungen für wirksam erklären und muß daher, wenn die Rechtsgültigkeit streitig wird, diese Frage untersuchen und nötigenfalls Beweis darüber aufnehmen, wenn es aus Billigkeitsgründen die Kündigung für wirksam erklären will. Bis das Amt entschieden hat, besteht daher kein Interesse des Mieters an der Feststellung durch richterliche Entscheidung. Ob ein solches Interesse später entstehen kann, wenn das Amt eine Kündigung für wirksam erklärt hat, die der Mieter für rechtsungültig hält, bedarf hier keiner Entscheidung. [Vgl. oben S. 313, 350.] Dr. Jn.

β) **Leistungs- oder Feststellungsklage in den Fällen der §§ 257—259?**

Kammergericht, 7. ZS. Urteil v. 6. Mai 1919.

Nach dem Vertrage der Parteien hat der Kläger das Haus des Beklagten von 1918—1923 zu verwalten und erhält dafür eine vierteljährliche „Prämie" von 306 Mark. Er beantragt die Feststellung, daß die Beklagten verpflichtet sind, ihm die Prämie mit vierteljährlich 306 Mark für die Zeit vom 1. Okt. 1918 bis Ende 1923 zu zahlen. Die Beklagten machen geltend, daß nach § 257—259 die Leistungsklage zulässig gewesen wäre. Allein im Vertrage ist die Prämie ausdrücklich als „Entschädigung", dh. als Gegenleistung für die Verwaltungstätigkeit bezeichnet, wie das auch dem Sinne und der Bedeutung des Vertrags entspricht. Die geltend gemachte Forderung ist also von einer Gegenleistung abhängig und fällt nicht unter § 257. Daß aber auch § 258 nur anwendbar ist, wenn die wiederkehrenden Leistungen nicht von einer Gegenleistung abhängig sind, wird allgemein angenommen (RG. 61 S. 333). Im § 259 ist freilich nach seiner allgemeinen Fassung, abweichend von den §§ 257, 258, die für Einklagung jedes künftigen Anspruchs, ohne die dort bestimmte Beschränkung auf einseitige Leistungen, für zulässig erklärt (RG. 61 S. 337). Voraussetzung ist jedoch, daß den Umständen nach die Besorgnis gerechtfertigt ist, der Schuldner werde sich der rechtzeitigen Leistung entziehen. Diese Besorgnis erscheint aber nicht schon dann begründet, wenn wie hier der Schuldner nur die Haftungsübernahme und damit seine Verbindlichkeit bestritten hat (Gruchot 47 S. 1092); denn es ist anzunehmen, daß er, wenn seine Verpflichtung durch Richterspruch festgestellt wird, sie auch erfüllen werde.

Vor allem aber kommt in Betracht — das gilt sowohl für die §§ 257, 258 wie für den § 259 —, daß, sofern es sich um künftige Leistungen handelt, der Gläubiger das Wahlrecht zwischen der Feststellungs- und der Leistungsklage hat, weil der sonst entgegenstehende Grundsatz, daß die erstere wegfällt, wenn die letztere möglich ist, nicht gilt, wenn es sich um künftige Leistung handelt (Rsp. 3 S. 135, Stein § 259 II). L.n.

s) **Rücknahme der Klage:** *α*) **wegen Vergleichs.**

OLG. München, 1. ZS. Urteil v. 17. Dezember 1919.

Gegen das bedingte Endurteil, das dem Kläger mehrere Eide auferlegte, legten die Beklagten Berufung ein, zogen diese aber „wegen außergerichtlicher, vergleichsweiser Erledigung" zurück. Im Termin erging auf Antrag des allein erschienenen Klägers Versäumnisurteil dahin, daß die Beklagten die Kosten der Berufung zu tragen haben. Mittels Einspruchs beantragten sie, die Hauptsache für erledigt zu erklären, die Kosten gegeneinander aufzuheben und die Kosten des Einspruchs dem Kläger zu überbürden, weil nach dem Vergleich jeder Teil seine Kosten zu tragen habe und dies auch für die Berufungskosten gelte. Allein die Berufung ist bedingungslos zurückgezogen worden; die Worte „wegen vergleichsweiser Erledigung" enthalten nur die Angabe des Beweggrundes. Die Rücknahmeerklärung ist wegen Irrtums nicht angefochten und konnte — abgesehen von ihrer Zulässigkeit — schon deshalb nicht angefochten werden, weil die Beklagten daran festhalten, daß der Vergleich zustande gekommen sei und sich auch auf die Kosten beider Instanzen erstrecke. Hienach, sind aber die im § 515³ an die Berufungsrücknahme geknüpften Folgen, besonders die Tragung der Kostenpflicht kraft Gesetzes eingetreten und waren auf Antrag auszusprechen ohne Rücksicht darauf, ob der behauptete Vergleich vom Kläger bestritten wurde (RG. 68 S. 166). Die Entscheidung hätte daher ebenso ausfallen müssen, wenn die Beklagten im Termine vertreten gewesen wären und dem Antrage mit den jetzt vorgebrachten Gründen widersprochen hätten. H. n.

β) **durch einen gemeinschaftlichen Schriftsatz beider Anwälte.**

OLG. Hamm, 2. ZS. Urteil v. 9. Januar 1920.

Die Berufung ist zulässig. Der Ausspruch des LG., die Klage werde für zurückgenommen erklärt, ist nicht das Ergebnis übereinstimmender Parteierklärungen, sondern die Entscheidung des Streites darüber, ob durch die zu den Akten gebrachten Rücknahmeerklärung die Hauptsache erledigt sei. Es liegt daher eine Entscheidung in der Hauptsache vor, so daß für § 99³ kein Raum ist.

Die Prozeßvertreter der Kläger schrieben an die Vertreter des Beklagten: „Wir übersenden Ihnen anliegende Klagerücknahme mit der Bitte um Unterzeichnung und Einreichung." Die Anlage lautet: „Die Parteien haben sich verglichen; die Kosten trägt der Beklagte. In Ausführung des Vergleichs nehmen wir die Klage zurück." Neben der Unterschrift der Prozeßvertreter der Kläger steht unter dem von diesen hergestellten Vordruck „Einverstanden" die Unterschrift der Vertreter des Beklagten. Von diesen ist dann das Schriftstück, entsprechend der Anschrift und dem von der Gegenseite gestellten Ersuchen, dem Prozeßgerichte eingereicht. In diesem Vorgang ist eine wirksame Klagerücknahme zu sehen. Im Anwaltsprozesse genügt die Einreichung eines gemeinschaftlichen die Rücknahmeerklärung enthaltenden Schriftsatzes bei Gericht den nach §§ 271, 198 zu stellenden Anforderungen. Dadurch, daß die Anwälte der Kläger den Vertretern des Beklagten die Rücknahmeerklärung zugehen ließen mit der Bitte, sie mit ihrer Einverständniserklärung zu versehen und dem Gerichte einzureichen, verzichteten sie — nicht ausdrücklich, aber schlüssig — auf die Förmlichkeiten der Zustellung von Anwalt zu Anwalt (§ 198). Ein derartiger Verzicht ist hier, wo es sich nicht um eine der Wahrung einer Notfrist dienende Zustellung handelt, unbedenklich zuzulassen (§ 295). Vgl. RG. 56 S. 29; übereinstimmend: Stein, Förster-Kann, Skonietzki-Gelpcke zu § 271, sowie die Übung der Gerichte. N. t.

t) **Berichtigung der Vollstreckbarkeit aus §§ 710, 713.**

OLG. Hamm, 9. ZS. Beschluß v. 24. Oktober 1919.

Das LG. hatte angeordnet: „Das Urteil ist vorläufig vollstreckbar gegen Sicherheit von 36244 Mark. Dem Beklagten wird nachgelassen, die Vollstreckung durch Sicherheitsleistung abzuwenden." Auf den Antrag des Klägers, den zweiten Satz als versehentlich hinzugesetzt zu streichen, hat es diesen Satz dahin gefaßt: „Dem Beklagten wird nachgelassen, die Vollstreckung durch Sicherheitsleistung abzuwenden, sofern nicht der Kläger Sicherheit in Höhe des beizutreibenden Betrags leistet." Die Beschwerde des Beklagten ist unbegründet.

Die Ansichten darüber, wie zu entscheiden ist, wenn die Vollstreckbarkeit des Urteils nach § 710 nur gegen Sicherheitsleistung des Gläubigers erfolgt und der Schuldner den Antrag aus § 713² stellt, sind geteilt (Stein § 713 II). Das LG. hat zwar in den Gründen nur auf § 710 Bezug genommen, nach der Fassung der Urteilsformel war es aber zweifellos von vornherein der Ansicht, daß beide Vorbehalte in die Urteilsformel aufzunehmen seien. Ist aber aus der Formel das wirklich Gewollte zu entnehmen, so liegt nur ein Mangel in der Erklärung, nicht in der Bildung des Entscheidungswillens vor. Das LG. konnte daher die mangelhafte Formel, die den Gerichtsvollzieher nicht erkennen ließ, was er tun sollte, nachdem beide Parteien Sicherheit geleistet hatten, nach § 319 berichtigen. Für § 321 wäre nur dann Raum gewesen, wenn ein anhängig gewordener Anspruch in Wirklichkeit nicht Gegenstand der Entscheidung geworden, sondern vom Gericht unbeachtet gelassen worden wäre (RG. 55 S. 281). Der Auffassung des RG. (Gruchot 46 S. 146) liegt ein anderer Sachverhalt zugrunde. Dort enthielten die Gründe nichts Weiteres als ein Zitat des § 713 und deshalb blieb es völlig ungewiß, ob das Gericht den Inhalt des Berichtigungsbeschlusses schon bei Erlaß des Urteils gewollt und sich damals nur im Ausdruck vergriffen habe. Dr. H.sch.

u) **Fassung des Beweisbeschlusses. Rechtshilfe.**

Kammergericht, 1. ZS. Beschluß v. 17. Juni 1920.

Nach der Rechtsprechung des KG. begründen Mängel des Beweisbeschlusses als solche nicht die Ablehnung eines die Beweisaufnahme betreffenden Rechtshilfeersuchens. Wohl aber ergibt sich aus dessen Zweck, daß darin die vorzunehmenden Handlungen mit solcher Bestimmtheit bezeichnet werden müssen, daß es sachgemäß erledigt werden kann. Diesem Erfordernis ist hier nicht genügt. Das Ersuchen geht auf Vernehmung einer Zeugin gemäß dem Beweisbeschluß. Nach diesem soll die Zeugin über die Darstellung des Klägers in dem Schriftsatze vom 6. Februar unter Vorhalt von näher bezeichneten Behauptungen der Beklagten in deren Schriftsätzen vom 4. März und 9. Mai vernommen werden. Der den Hauptgegenstand der Vernehmung bildende, 4 Seiten lange Schriftsatz des Klägers enthält aber nicht nur streitige Behauptungen, sondern auch die Anführung unstreitiger Tatsachen sowie Ausführungen und er erwähnt auch Vorgänge, die offensichtlich nicht Gegenstand der Wahrnehmung der Zeugin gewesen sind. Aus dem Schriftsatz selbst ist nicht ersichtlich, über welche Teile desselben die Zeugin vernommen werden soll. Unter diesen Umständen entspricht die allgemeine Bezugnahme auf den Schriftsatz nicht den an die Bestimmtheit eines Ersuchens zu stellenden Anforderungen. Bei dem ersuchten Gericht können begründete Zweifel entstehen, welche Teile des Schriftsatzes für die Vernehmung in Betracht kommen (vgl. JW. 1899 S. 826¹; Rsp. 28 S. 325, 35 S. 85). Gr.

v) α) **Änderung von § 323 durch Nov. v. 13. August 1919.**

OLG. Hamburg, 6. ZS. Urteil v. 17. Januar 1920.

Mit Recht hat das LG. die Klägerin insoweit abgewiesen, als sie für die Zeit vom 1. Oktober 1918 bis 1. August 1919 Erhöhung des gewährten

Unterhalts von monatlich 80 Mark auf 175 Mark verlangt. Für die Zeit vor 1. August 1919 ist für den Unterhalt der gerichtliche Vergleich vom November 1917 maßgeblich. Seine Änderung ist erst durch die Novelle vom 13. August 1919 möglich geworden, die aber erst in Kraft trat, als jener Vergleich bereits völlig abgelaufen und erledigt war. Eine Abänderung könnte daher nur in Frage kommen, wenn der Novelle rückwirkende Kraft auch auf bereits erledigte Vergleiche beizumessen wäre. Bei der Beratung in der Nationalversammlung hat allerdings allseitiges Einverständnis über die rückwirkende Kraft bestanden (StenBer. S. 1552), dies aber nur in dem seiner Natur als prozessualer Rechtsnorm entsprechenden Sinn, daß es nicht nur die nach seinem Inkrafttreten abgeschlossenen Vergleiche, sondern auch die schon vorher abgeschlossenen Vergleiche von seinem Inkrafttreten ab für die fernere Dauer ihrer Wirksamkeit ergreife.... Von einer Rückwirkung im eigentlichen, nämlich in dem Sinne, daß das Gesetz nach rückwärts hin auch die schon vorher geschlossenen und völlig erledigten Vergleiche ergreifen solle, ist überhaupt nicht gesprochen worden. Eine so weitgehende Rückwirkung würde nicht nur der erforderlichen Begrenzung entbehren, sondern wäre auch schlechterdings mit der Fassung der Novelle selbst unvereinbar, die für entsprechend anwendbar nicht nur die drei ersten, sondern auch den 4. Absatz des § 323 erklärt. Dieser schreibt ausdrücklich vor, daß die Abänderung des Urteils, also hier des Vergleichs, nur für die Zeit nach Erhebung der Klage erfolgen dürfe. Da aber solche Klage für Vergleiche erst mit der Novelle zulässig geworden ist, so ergibt sich ohne weiteres, daß eine Änderung von Vergleichen für die vor dem Inkrafttreten des Gesetzes liegende Zeit ihrer Wirksamkeit, geschweige denn für bereits vorher völlig erledigte Vergleiche, nicht verlangt werden kann. M. M.

β) **keine Anwendung auf privatschriftliche Vergleiche.**

OLG. Kassel, 2. ZS. Beschluß v. 16. Januar 1920.

Wie das RG. zutreffend ausgeführt hat, ist der Vorbehalt gleichbleibender Verhältnisse grundsätzlich dem Vertragsrechte des BGB. fremd. Das Ges. v. 13. August 1919 führt also eine Ausnahme ein; seine Ausdehnung auf die darin nicht angeführten privatschriftlichen Vergleiche ist deshalb unzulässig. Die Novelle beschränkt die Zulässigkeit einer Klage im Sinne des § 323[1.2] ausdrücklich auf wiederkehrende Leistungen, schließt also, entsprechend dem bisherigen § 323 zB. Verträge über einmalige Abfindungen, wie sie besonders bei den Unterhaltsansprüchen unehelicher Kinder häufig vorkommen, von ihrem Geltungsbereich aus. Auch das spricht gegen eine ausdehnende Anwendung der Vorschrift auf Privatvergleiche. Würde man übrigens mit dem RG. (63 S. 119) den § 323 als eine materiell-rechtliche und nicht (mit Förster-Kann N. 3, Stein N. II 2) als prozessuale Rechtsnorm ansehen, so wäre auch eine rückwirkende Anwendung auf den bereits 1893 geschlossenen Vergleich unzulässig. Diese Rechtsfrage braucht hier aber nicht entschieden zu werden. H.

γ) **auch nicht auf einstw. Verfügungen.**

Kammergericht, 9. ZS. Beschluß v. 25. September 1919.

Die dem Antragsgegner durch einstw. Verfügung auferlegte Unterhaltsrente für Frau und Kinder kann nicht durch eine neue einstw. Verfügung herabgesetzt werden, weil der § 323 darauf nicht entsprechend anwendbar ist. Vielmehr kann nach §§ 927, 936 bei Vorliegen veränderter Umstände die Aufhebung der Verfügung beantragt werden und hat die Entscheidung durch Endurteil des Gerichts, das die Verfügung angeordnet hat und, wenn die Hauptsache anhängig ist, des Gerichts der Hauptsache zu erfolgen. Vor dieses Gericht muß also der Antragsteller, wenn er den Antrag aus § 927 stellen will, laden (Stein zu § 323). Schm.

w) **Zeugnisverweigerungsrecht**[1]: α) **Vertretereigenschaft.**

OLG. Hamm, 9. ZS. Beschluß v. 24. Oktober 1919.

Die Streitfrage, ob unter „Vertreter" des § 385 Nr. 4 nur der Vertreter im Rechtssinn oder auch der nur tatsächliche Vertreter zu verstehen ist (Stein N. 16), kann dahingestellt bleiben, da in einem Falle wie dem vorliegenden, in welchem ein Dritter in Gegenwart der Partei spricht und verhandelt, ohne daß die Partei widerspricht, eine Vertretung im Rechtssinne vorliegt. Das RG. (JW. 1911 S. 489[15]) meint zwar, daß auch in diesem Falle nur eine Unterstützungsperson oder nur ein Werkzeug der Partei, eine statt ihrer in ihrer Gegenwart sprechende Person vorhanden sei, auf die der § 385 Nr. 4 nicht angewendet wird. Allein auch in solchem Falle handelt aber der Dritte im Namen der Partei und in der Absicht, ihn zu vertreten, und geht über den Rahmen einer rein tatsächlichen Vertretung etwa eines Arbeiters oder Lehrlings hinaus, dem der Arbeitgeber oder Geschäftsführer irgendeine Verrichtung übertragen hat (Gruchot 48 S. 1104). Wenn der Zeuge deshalb in Gegenwart des Beklagten mit dem Kläger gesprochen und verhandelt hat, während der Beklagte hierzu geschwiegen hat, so liegt eine „Vertretung" vor. Dr. H.sch.

β) **eines Bankbeamten über gewährten Bankkredit.**

OLG. Dresden, 4. ZS. Beschluß v. 19. September 1919.

Der Zeuge soll über Bauvorschüsse Auskunft geben, die er als Leiter der Darlehnsbank dem Ehemann der Beklagten 1914 gewährt hat. Ein Geschäftsmann, der Bankkredit in Anspruch nimmt, erwartet im Interesse seiner Kreditwürdigkeit, die durch das Bekanntwerden seiner Schulden benachteiligt werden kann, von dem Leiter und den Angestellten seiner Bank Stillschweigen gegen jedermann über die Einzelheiten seines Kreditverhältnisses und vertraut daher auf die Verschwiegenheit seines Geldgebers, wie auch dieser weiß. Dadurch erwächst diesem nach Treu und Glauben die Pflicht

[1] Das Verfahren über die Zeugnisverweigerung auf Grund des § 40 Pr. EinkStG. v. 19. Juni 1906 ist kein Zwischenstreit der §§ 386 ff. ZPO.; daher sind, wenn sie als gerechtfertigt anerkannt wird, die Kosten nicht dem Fiskus aufzuerlegen (OLG. Kiel, 1. ZS. Beschluß v. 15. April 1920; SchlHA. S. 157).

zur Geheimhaltung der Einzelheiten des bestehenden Vertragsverhältnisses mit dem Bankkunden als Teil der durch diese Rechtsbeziehungen begründeten Vertragspflichten (§ 242 BGB.), und was er innerhalb seines Gewerbebetriebs über dieses Kreditverhältnis erfährt, ist ihm von seinem Kunden mit der Maßgabe anvertraut, seine Kenntnis davon unbefugten Dritten gegenüber nicht zu offenbaren und zu verwerten. Unerheblich ist, daß die Vorgänge mehrere Jahre zurückliegen. Es kommt auch nicht darauf an, ob das Bekanntwerden der Tatsachen dem Bankkunden nach Lage der Sache annehmbar unschädlich ist. Entscheidend ist allein, ob der Zeuge die zu bezeugenden Tatsachen mit der aus seinem Gewerbebetriebe sich ergebenden Pflicht zur Geheimhaltung erfahren hat. Das ist hier der Fall. —e—

γ) **eines Mannes über vorehelichen Geschlechtsverkehr.**

OLG. Stuttgart, 1. ZS. Beschluß v. 11. September 1919.

Der außereheliche Geschlechtsverkehr Unverheirateter gereicht nach den Anschauungen weiter Kreise, besonders derjenigen, denen der Zeuge angehört — von besonderen Umständen abgesehen —, dem männlichen Teil nicht zur Unehre (vgl. KG. in KGBl. 1893 S. 76; Hamburg Rsp. 15 S. 138; Warn. 5 Nr. 280). Die für solchen Verkehr benannten Zeugen verweigern denn auch selten das Zeugnis und die Einräumung eines solchen Verkehrs tut ihnen in der öffentlichen Meinung keinen Abbruch; sie pflegen auch nicht (wie sonst in den Fällen des § 384 Nr. 2 üblich) belehrt zu werden, daß sie das Zeugnis verweigern dürfen. Ob eine zur Unehre gereichende Tatsache vorliegt, bestimmt sich nach den allgemeinen Volksanschauungen und denen des Standes, dem der Zeuge angehört (Skonietzki-Gelpcke § 384[6], abweichend OLG. Darmstadt Rsp. 23 S. 181). Besondere Umstände, die hier eine abweichende Auffassung rechtfertigen würden, liegen nicht vor: daß der Zeuge jetzt (seit 1919) verheiratet ist, ist unerheblich; daß er schon zu der Zeit, für die sein Zeugnis in Betracht kommt, mit seiner jetzigen Frau „ein Verhältnis gehabt" habe, hat er — obwohl die Klägerin diese Behauptung bestritten hat — nicht glaubhaft gemacht und erscheint deshalb unerheblich, weil über die Art und Intimität dieses angeblichen Verhältnisses nichts gesagt ist. S.

x) **Beweissicherung:** α) **nach Erlaß eines Beweisbeschlusses.**

OLG. Stuttgart, 1. ZS. Beschluß v. 18. November 1919.

Die von der Beklagten zur Sicherung des Beweises beantragte Vernehmung eines Sachverständigen darüber, ob das Paraffin den zugesicherten Schmelzpunkt aufweise, ist durch den im anhängigen Rechtsstreit ergangenen Beweisbeschluß vom 8. November angeordnet worden. Daß hier statt des von der Beklagten bezeichneten Sachverständigen ein anderer ernannt ist, erscheint unwesentlich. Damit ist dem Beweissicherungsantrag der Beklagten sachlich entsprochen und dieser Antrag daher, als gegenstandslos geworden, erledigt. Wenn in der Rechtslehre zum Teil (vgl. Stein § 488 IV) angenommen wird, der Anordnung des beantragten Beweiseinzugs stehe der Umstand nicht entgegen, „daß im anhängigen Prozeß schon ein Beweisbeschluß ergangen ist", so mag dies für den Fall richtig sein, daß der Beweisbeschluß nicht sachlich dem Beweissicherungsantrag entspricht; im entgegengesetzten Fall aber hätte es augenscheinlich keinen Sinn und Zweck, neben dem Beweisbeschlusse noch einen dem Sicherungsantrag entsprechenden Beschluß zu erlassen. S.

β) **Unterbrechung oder Aussetzung des Verfahrens?**

OLG. Stuttgart, 1. ZS. Beschluß v. 16. Mai 1919.

Die Beweissicherung ist ein Eilverfahren, das verhindern soll, daß dem Antragsteller infolge Verzugs Beweismittel verloren gehen. Es widerspräche diesem Zwecke, wenn der Tod des Antragsgegners, der Wegfall seines gesetzlichen Vertreters einen Stillstand des Eilverfahrens herbeiführte. Der bei solchem Stillstand zu besorgende Verlust des Beweismittels wiegt schwerer als der Nachteil, den der Fortgang des Verfahrens für den Gegner oder seinen Erben möglicherweise hat. Denn das Verfahren als solches führt — anders als das vom Beschwerdeführer vergleichsweise herangezogene Arrestverfahren — zu keiner Entscheidung; es besteht vielmehr lediglich in der Tatsachenvermittlung durch Einnahme eines Augenscheins und durch Vernehmung von Zeugen und Sachverständigen; hierbei aber können die Rechte des Gegners oder seiner Erben, wenn ein Prozeßbevollmächtigter aufgestellt ist, durch diesen (vgl. § 86), andernfalls durch einen in (entsprechender) Anwendung des § 494² zu bestellenden Vertreter wahrgenommen werden. Eine vernünftige Auslegung des Gesetzes muß sonach dazu führen, daß eine Unterbrechung oder Aussetzung des Beweissicherungsverfahrens aus Gründen, die in der Person des Antragsgegners oder seines Vertreters liegen, nicht eintritt. S.

γ) **Verweisung des Rechtsstreits im Falle des § 942 ans LG.[1] Gilt § 505 im Verfügungsverfahren? Bindung des Gerichts.**

α) OLG. München, 1. ZS. Urteil v. 21. Januar 1920.

A. hat beim Amtsgerichte M. aus § 942 eine einstw. Verfügung gegen den Artisten F. und Selma M. beantragt. In der mündlichen Verhandlung wurde dieser Antrag wiederholt, dessen Abweisung die Gegner verlangten; auf Antrag des A. erklärte sich das Amtsgericht für sachlich unzuständig und verwies den Rechtsstreit an das LG. M. Vor diesem Gerichte bestritten die Gegner dessen örtliche Zuständigkeit und beantragten die Abweisung des Antrags. A. gab hierbei zu, daß die Gegner nur zu vorübergehendem Aufenthalte in M. gewesen seien und M. verlassen hätten. Darauf hat das LG. den Antrag zurückgewiesen, weil der behauptete Wohnsitz der Gegner in M. nicht nachgewiesen sei, sie auch dort kein Vermögen besäßen. Die Berufung ist begründet.

1. A. hatte sich mit seinem Antrag unter ausdrücklicher Berufung auf § 942 und unter Behauptung des Vorliegens eines dringlichen Falles an das Amtsgericht gewendet, in dessen Bezirke sich angeblich der Streitgegenstand befand. Das Amtsgericht befand sich daher, als die Parteien vor ihm mündlich

[1] Hat das Amtsgericht den Rechtsstreit nach § 697 Abs. 2 an das vorgesetzte LG. verwiesen, so kann vor diesem der Beklagte noch die örtliche Unzuständigkeit einwenden (KG., 7. ZS. Urteil v. 8. Juli 1919).

verhandelten, in demjenigen Verfahren, in welchem — unter Bestimmung einer Frist zur Ladung der Gegner vor das Gericht der Hauptsache — die Verfügung wegen Dringlichkeit vorläufig erlassen werden konnte. Es hatte aber nicht in dem für einstw. Verfügungen im allgemeinen vorgesehenem Verfahren als Gericht erster Instanz nach § 539, 940, 943, 936, 937 zu entscheiden. Ob es, da es sich um ein vorläufiges Verfahren nach § 942 handelte, befugt war, den Rechtsfall gemäß § 505 an ein anderes Gericht zu verweisen, kann dahingestellt bleiben; denn noch in der mündlichen Verhandlung trat A. aus dem besonderen Verfahren, das für Fälle des § 942 vorgeschrieben ist, in das regelmäßige für die Erlassung einstw. Verfügungen geltende Verfahren über, indem er die Entscheidung nicht mehr des für dringende Fälle berufenen Amtsgerichtes, sondern des Gerichts der Hauptsache verlangte. Nur in diesem Sinne kann der Antrag auf Verweisung an das LG. verstanden werden, da nach § 942 nur die Entscheidung eines Amtsgerichts, niemals aber die eines LG. in Frage kommen könnte. Das Amtsgericht hat infolgedessen den Verweisungsbeschluß nicht als das nach § 942 berufene Gericht, sondern als ein nach § 937 angerufenes nicht zuständiges Gericht erlassen; das Gegenteil wird nicht dadurch ersichtlich gemacht, daß es seiner Regelung der Zuständigkeit zwar keine Gründe beigab, aber den für die Zuständigkeitsfrage völlig belanglosen § 942 anführte. Ob der tatsächlich erfolgte Übergang vom Verfahren nach § 942 in das allgemeine Verfügungsverfahren zulässig war oder nicht, ob er sich mit Zustimmung der Gegner vollzog, kann unerörtert bleiben, da ein etwa darin liegender Mangel nur als Verletzung einer das Verfahren oder die Form einer Prozeßhandlung betreffenden Vorschrift anzusehen wäre. Diesen Mangel hätten Beklagte in der nächsten Verhandlung rügen müssen; sie haben aber damals das Verfahren nicht beanstandet (§ 295).

2. Auch im Verfügungsverfahren kann das Gericht nach mündlicher Verhandlung seine Zuständigkeit verneinen und nach § 505 den Rechtsstreit an das zuständige Gericht verweisen. Der Umstand, daß der § 505 hierfür einen Antrag des Klägers voraussetzt, es aber in jenem Verfahren nur einen Antragsteller gibt, ist hier nicht entscheidend; es ist § 505 eben, wenn er nicht wörtlich angewendet werden kann, entsprechend anzuwenden. Dafür spricht vor allem der Zweck der Vorschrift, welche Streitigkeiten über die Zuständigkeit abschneiden und möglichst schneller Entscheidung zuführen will; das Erfordernis hierzu besteht aber bei der einstw. Verfügung in verstärktem Maße; es wäre widersinnig, die schnelle Regelung der Zuständigkeit nach § 505 gerade für das Verfügungsverfahren, das eine Beschleunigung der Entscheidung bezweckt, auszuschließen.

3. Zur Verweisung ist das Amtsgericht nach § 505 nur befugt, wenn es selbst für den Rechtsstreit nicht zuständig ist und in der Lage ist, das zuständige Gericht — in Übereinstimmung mit dem klägerischen Antrage — zu bestimmen. Dazu ist erforderlich und genügend, daß es nach seiner freien Überzeugung die tatsächlichen und nach seiner Rechtsauffassung die

rechtlichen Voraussetzungen der Zuständigkeit für gegeben erachtet. Läßt sich nur die sachliche, nicht aber die örtliche Zuständigkeit feststellen oder umgekehrt, so kann die Verweisung nicht erfolgen. Das Amtsgericht M. hat in seinem Beschlusse festgestellt, daß ihm die sachliche Zuständigkeit fehle; es war damit, soweit die Feststellung seiner Unzuständigkeit in Frage kommt, einer Prüfung überhoben, ob es örtlich zuständig sei. Dagegen mußte es, soweit es die Zuständigkeit eines anderen Gerichtes feststellen wollte und feststellt, dessen Zuständigkeit in örtlicher und sachlicher Hinsicht prüfen; es durfte sich, da die Zuständigkeit eines Gerichts nur dann für einen Rechtsstreit vorliegt, wenn es örtlich und sachlich zuständig ist, nicht auf die Prüfung der Zuständigkeit nach der örtlichen oder sachlichen Seite hin beschränken; es muß vielmehr vorausgesetzt werden, daß es der ihm obliegenden Prüfungspflicht genügt hat. Der Beschluß enthält zwar keine Begründung; daraus kann aber nicht gefolgert werden, daß die Zuständigkeit des LG. nicht nach beiden Richtungen hin geprüft worden ist. Vielmehr ergibt die Tatsache, daß das Amtsgericht seine sachliche Zuständigkeit verneint, die Bejahung der sachlichen Zuständigkeit des LG.; ferner ergibt die Verweisung an das bestimmt bezeichnete LG. M. — also die Abstandnahme von der Verweisung an ein örtlich nicht bestimmtes LG. oder von einer Verweisung an ein LG. überhaupt — genügenden Grund dafür, daß das Amtsgericht gerade das bezeichnete LG. als örtlich zuständig erachtet. Zu der Annahme, daß der Rechtsstreit deshalb an das LG. M. verwiesen wurde, weil das Amtsgericht die sachliche Zuständigkeit eines LG. als gegeben annahm und im Zweifel über die örtliche Zuständigkeit gerade an das ihm übergeordnete LG. den Rechtsstreit verwies, fehlt jeder vernünftige Grund. Es könnte aber nur, wenn feststeht, daß das Amtsgericht die Zuständigkeit nur hinsichtlich ihrer sachlichen Seite geprüft hätte, nach Hellwig (System 1 S. 135, Recht 1913 S. 399) dem Verweisungsbeschlusse die bindende Kraft, soweit eine Prüfung und Feststellung nicht erfolgte, abgesprochen werden. Aus der eingetretenen Rechtsanhängigkeit des Streites beim LG. M. und der bindenden Kraft des Verweisungsbeschlusses folgt, daß dieses Gericht seine Zuständigkeit nicht noch einmal prüfen durfte. H.n.

β) **Kostenentscheidung des zuständigen Gerichts.**

OLG. Hamburg, 6. ZS. Beschluß v. 15. Januar 1920.

Das LG. Hamburg hat dem Kläger, weil er vor einem unzuständigen Gericht seine Klage erhoben hat, die Kosten des Rechtsstreits auferlegt. Allein nachdem am 5. Mai 1919 der Beklagte die Hauptsumme bezahlt hatte, bildeten im ersten Verhandlungstermin den Streitgegenstand außer den 270 Mark Zinsen die bis dahin entstandenen Kosten. Den Streit darum, welche Partei diese Zinsen und Kosten zu tragen habe, hat das LG. Berlin wegen eigener Unzuständigkeit an das LG. Hamburg verwiesen. Hierüber hatte dieses sein Urteil zu fällen, als ob der Streit darüber von Anfang an bei ihm geschwebt hätte. Ob der Kläger zunächst einen prozessualen Fehler gemacht hat, kann dabei keine Rolle spielen. Der § 505 will gerade, daß die Unzuständigkeit des ursprünglich angegangenen Gerichts nicht zur Abweisung der Klage und damit zum Unterliegen des Klägers führen, sondern daß trotz des prozessualen Fehlers die Sache vom zuständigen Gericht nach den sonst in Betracht kommenden, insbesondere sachlichen Gesichtspunkten zu Ende geführt werden soll. Nach § 505³ wird dem prozessual richtigeren Standpunkt des Beklagten nur insofern Rechnung getragen, als ihm auf keinen Fall mehr Kosten auferlegt werden sollen, als wenn der Kläger von vornherein richtig geklagt hätte. Das LG. hätte also prüfen müssen, welche Partei sachlich im Rechte war, ob also der Befristungseinwand des Beklagten zu Recht erhoben ist. . . . M. M.

γ) **Gebührenpflicht der Verweisungsbeschlüsse nach §§ 505/6, 697, 700.**

OLG. Stuttgart, 1. ZS. Beschluß v. 16. Januar 1920.

. . . Die neuere Praxis, soweit sie, von RG. 30 S. 330 abweichend, die Verweisungsbeschlüsse nach §§ 505, 506, 697, 700 als gebührenfrei behandelt, beruht in der Hauptsache teils auf der Anschauung, daß sie bloße prozeß- oder sachleitende Verfügungen darstellen, teils auf der Erwägung, daß ihre Besteuerung mit dem Zweck der Neufassung, das Verfahren zu vereinfachen und zu beschleunigen, nicht mehr vereinbar sei. Beides trifft nicht zu. Wenngleich jetzt in allen angeführten Fällen die Verweisung durch Beschluß ausgesprochen wird, so ist doch damit gegenüber den Fällen, in denen früher ein Urteil zu erlassen war, nur die Form, nicht der Inhalt der Entscheidung geändert. Inhaltlich gibt die Verweisung in allen angeführten Fällen immer zugleich eine sachliche Entscheidung über die Unzuständigkeit des Amtsgerichts. Gleichgültig ist, ob im einzelnen Fall ohne mündliche Verhandlung (§ 697²) oder nach solcher entschieden werden kann und wird, ferner ob im Einzelfall die Entscheidung eine zweifelhafte Zuständigkeitsfrage regelt oder einen Ausspruch über die klar liegende Unzuständigkeit enthält. Mit der Annahme einer bloß prozeß(sach)leitenden Verfügung steht auch nicht im Einklang, daß die Verweisungsbeschlüsse unabänderlich sind. Dem GKG. selbst ist aus dem Zusammenhalt von § 47 Nr. 3 u. 1 einerseits, § 26 Nr. 1 u. 2 anderseits zu entnehmen, daß es Entscheidungen von der Art der amtsgerichtlichen Verweisungsbeschlüsse nicht als bloß prozeß(sach)leitende Verfügungen, sondern als sachliche Entscheidungen ansieht. Diese aber sind nach der allgemeinen Regel des § 18 Nr. 3 GKG. gebührenpflichtig. Für die Frage, ob jene Beschlüsse etwa kraft besonderer gesetzlicher Ausnahmevorschrift gebührenfrei sind, könnte nur § 47 Nr. 3 GKG. in Betracht kommen. Aber ein solcher Fall ist nicht gegeben und eine entsprechende Anwendung von Nr. 3 erscheint nicht angängig, da die dort vorgesehenen Zuständigkeitsentscheidungen auf wesentlich anderer Grundlage beruhen. Bloße Billigkeitsrücksichten, die übrigens nur in einzelnen besonderen Fällen zuträfen, reichen nicht aus, um entgegen den Vorschriften von der Erhebung einer Gebühr abzusehen. Der Zweck der neuen Gesetzesfassung (§§ 505, 506, 697, 700 ZPO.), das Verfahren zu vereinfachen und zu beschleunigen, wird dadurch, daß für die Verweisungsbeschlüsse Gebühren angesetzt werden, nicht gefährdet, zumal diese wegen §§ 30, 28 GKG. nur dann praktisch werden, wenn es nicht zu einer sachlichen Entscheidung des Gerichts kommt, an das der Rechtsstreit verwiesen wurde. Es handelt sich daher nur noch darum, ob die grundsätzlich nach § 18 Nr. 3 GKG. zu erhebende Gebühr durch § 26 Nr. 1 oder 2 auf $^5/_{10}$ ermäßigt ist. Die unmittelbare Anwendung dieser Vorschriften ist ausgeschlossen. Die Verweisungsbeschlüsse nach §§ 505, 506, 697, 700 sind ihrem Wesen nach keine Entscheidungen über prozeßhindernde Einreden nach § 274; auch ergehen sie nicht von Amtswegen, wie § 26 Nr. 2 GKG. voraussetzt. Aber der gesetzgeberische Grund für die geringere Besteuerung der in § 26 GKG. aufgeführten „Akte", nämlich, daß es sich nicht um die Verhandlung und Entscheidung über den erhobenen Anspruch selbst, sondern um Nebenstreitpunkte handelt, trifft auch auf die genannten Verweisungsbeschlüsse zu; daher ist es gerechtfertigt, für sie in entsprechender Anwendung von § 26 Nr. 1 u. 2 GKG. nur die halbe Entscheidungsgebühr zu erheben, — vorbehaltlich des mit §§ 505^3 S. 1 (506^2, 697, 700) ZPO. zusammenhängenden Gebührenwegfalls nach §§ 30, 28 GKG. S.

z) **Rechtsmittel:** *α*) **Telegraphische Einlegung.**

OLG. Hamburg, 5. ZS. Urteil v. 12. November 1919.

Die Ausfertigung eines Telegramms, wie solches hier vorliegt, ist als ein vom Aufgeber selbst durch Benutzung von Naturkräften und Menschen als Werkzeugen geschriebenes und unterschriebenes Schriftstück anzusehen. Diese vom RG. in Strafsachen ständig festgehaltene Ansicht teilen auch für den Zivilprozeß: Stein (§ 207 IV) und Seuffert (§ 340 N. 1 b); dem entspricht auch die Praxis der Gerichte (vgl. auch RG. 44 S. 369). Diese Auffassung führt dazu, daß es auf die handschriftliche Originalniederschrift des Telegrammtextes durch den Absender am Aufgabeort überhaupt nicht ankommt. Eine solche Niederschrift brauchte überhaupt nicht vorzuliegen, insofern mündliche Aufgabe des Telegramms oder Aufgabe durch Fernsprecher am Aufgabeort möglich, letzteres auch tatsächlich vielfach gebräuchlich ist. Maßgebend ist lediglich, daß Inhalt und Unterschrift der Ausfertigung der Bestimmungsstation dem Willen der durch die Unterschrift als Absender gekennzeichneten Person entspricht. Dies wird hier nicht bestritten. Weiteres ist nicht erforderlich, besonders nicht, daß der Prozeßbevollmächtigte das Telegramm in Bremen selbst aufgegeben und den Text selbst geschrieben und unterschrieben hat. . . . M. M.

β) **Unterzeichnung einer „Abschrift" der Berufungsschrift.**

OLG. München, 4. ZS. Urteil v. 10. Juli 1919.

Der Kläger begehrt die Bezahlung des Restsaldos auf Grund Abrechnung aus einem Gesellschaftsvertrage. Das LG. erkannte nach dem Klagantrag. Der Beklagte legte Berufung ein. Der Antrag des Klägers, sie als unzulässig zurückzuweisen, da sie von keinem beim Berufungsgericht zugelassenen Anwalt unterzeichnet sei, ist unbegründet. Berufung wird durch Einreichung der Berufungsschrift bei dem Berufungsgericht eingelegt. Die Urschrift muß von einem beim Berufungsgericht zugelassenen Anwalte unterzeichnet sein und bleibt bei den Gerichtsakten. Die hier vorliegende Berufungsschrift, auf der sich die Terminsbestimmung befindet, trägt die Unterschrift des zweitinstanzlichen Prozeßbevollmächtigten des Beklagten und ohne Belang ist es, wenn sie den Vermerk hat „Abschrift" und wenn vor der Unterschrift die Worte „beglaubigt" sich befinden. Sie muß als Urschrift der Berufungseinlegung erachtet werden und wurde auch vom Gericht als solche behandelt (RG. 46 S. 357). Hieran wird auch nichts geändert, wenn mit dieser Berufungsschrift eine weitere gleichlautende, aber vom Vertreter nicht unterzeichnete Berufung schriftlich in Einlauf gelangte, die dem Gegner zugestellt wurde (§ 520). W.

γ) **Ist, wenn nur ein Teilurteil angefochten ist, bei Nichtigkeit des maßgebenden Vertrags über sämtliche Klagansprüche zu entscheiden?**

OLG. Stettin, 2. ZS. Urteil v. 13. Januar 1919.

Aus der Nichtigkeit des Maklervertrags ergibt sich ohne weiteres die Hinfälligkeit der vom Kläger geltend gemachten Ansprüche. Das LG. hat freilich nur ein Teilurteil über den ersten Teil des Hauptantrags der Klage, die Rechnungslegung als solche erlassen, während es die im früheren Versäumnisurteile zugleich ausgesprochene Herauszahlung der Rechnungssumme unberührt ließ, obwohl es hierüber nicht schon im Versäumnisverfahren mitentscheiden durfte (RG. 84 S. 370). Da aber (vgl. Skonietzki-Gelpcke, ZPO. § 254[7]) die Abweisung des Rechnungslegungsanspruchs dem davon abhängigen Leistungsanspruche von selbst den Boden entzieht, war unter Aufhebung des Versäumnisurteils überhaupt der ganze Hauptantrag in seinen beiden Teilen abzuweisen; ferner war hier auch über den Hilfsantrag der Klage bereits mitzuerkennen, der wieder den gleichen Leistungsanspruch aus demselben Klagegrunde unmittelbar betrifft. Bei Abweisung der Klage überhaupt war dann schließlich auch über die Kostenpflicht mitzubefinden, obschon das angefochtene Urteil auch in dieser Hinsicht nichts bestimmt hat und von seinem Standpunkt aus nicht bestimmen konnte (vgl. Rsp. 61 S. 258). Dr. M.

δ) **Kann auch ohne Anschlußberufung ein Eid über widerlegte rc. Tatsachen beseitigt werden?**

OLG. Kassel, 2. ZS. Urteil v. 23. Januar 1920.

1. In den §§ 450, 446, 447 ist die Auferlegung eines Eides über unerhebliche, bewiesene oder widerlegte Tatsacheu deutlich als unzulässig bezeichnet und jede Parteiverfügung darüber ausgeschlossen. Diese Vorschriften sind zwingender Natur; deshalb ist jeder den §§ 450, 446/7 oder dem daraus herzuleitenden Grundsatze widersprechende Parteiantrag — wie ein gegen andere von Amtswegen anzuwendende Vorschriften verstoßender Antrag — unbeachtlich, so daß insoweit auch § 536 eingeschränkt ist. — Verstärkt wird diese Ansicht, wenn man die Natur und die Tragweite der Verhandlungs-

maxime einerseits, des Rechtsinstituts des Eides, besonders die den Grund der §§ 450, 446/7 bildende Unverletzlichkeit des Eides anderseits gegeneinander abwägt. Die Verhandlungsmaxime gilt in der ZPO. nur da, wo das öffentliche Interesse nicht entgegensteht, und der Gesetzgeber hat sie aus diesem — auch hier zutreffenden — Grunde durch eine große Anzahl von sonstigen positiven Ausnahmen durchbrochen. Von der Unzulässigkeit der Auferlegung von Eiden des fraglichen Inhalts dagegen ist nirgends eine positive Ausnahme gestattet. Mißt man vollends beide Rechtsinstitute nicht nur in ihrer Bedeutung innerhalb des Rahmens der ZPO., sondern darüber hinaus gegeneinander ab, wie sie sich in die gesamte Rechtsordnung einfügen, so kann das erheblich schwerere Gewicht der Vorschriften über den Eid nicht zweifelhaft sein, da auf der Heiligkeit und Unverletzlichkeit des Eides nicht nur der Zivil- und Strafprozeß, sondern die gesamte Rechts- und Staatsordnung (Soldaten-, Staatsdiener-, Verfassungseid rc) aufgebaut und die Verletzung der Eidespflicht mit den schwersten Strafen bedroht ist.

Die hier vertretene Ansicht teilen im Ergebnis Wach, ihr Begründer (Gruchot 37 S. 465); Stein (II 2 § 536); Skonietzki-Gelpcke (§ 536[4]); Schmidt (Lehrbuch § 125 III); sowie OLG. Hamburg (Seuff. 62 S. 244). Das RG. hat sich auf denselben Boden, ohne jedoch die hier ausgesprochene weitere Folgerung zu ziehen, in RG. 15 S. 208 und vor allem 22 S. 3 gestellt. . . .

2. In fast allen seinen zahlreichen Entscheidungen zu dieser Frage hat das RG. den Satz aufgestellt: „Die ZPO. habe eine allgemeine Befugnis, ungesetzliche oder unnötige Eidesauflagen ohne Parteiantrag zu beseitigen, nicht erteilt. Eine Beseitigung sei ohne Antrag nur so weit zulässig, als sie nicht zum Nachteile der die Berufung verfolgenden Partei gereiche." Hierzu gelangt es auf Grund einer Auslegung des § 536, die diesen allein ohne Vergleichung mit den oben erörterten Vorschriften über den Eid berücksichtigt. In allen Entscheidungen führt es zur Begründung seiner Ansicht nur aus: a) sie ergebe sich aus einer Bemerkung der Motive zu § 536; b) dieser sei als Verbot der reformatio in pejus zwingender Natur (so besonders in JW. 1907 S. 747[20]). Allein die Motive können Beachtung dann nicht beanspruchen, wenn ihr Inhalt dem Gesetze selbst widerspricht. Daß ihr Inhalt hier in das Gesetz selbst nicht übergegangen ist, und daß der Zusammenhang des in seiner Einheit zu erfassenden Gesetzes notwendig zu der hier vertretenen Auffassung führt, hat Wach (aO. S. 477) nachgewiesen. Dem Satze b aber steht der andere unstreitige Satz gegenüber, daß auch, worauf das RG. nicht eingeht, die Vorschriften über die ausnahmslose Unzulässigkeit einer Eidesauferlegung über unerhebliche, bewiesene oder widerlegte Tatsachen zwingender Natur und jeder Parteiverfügung entzogen sind (§ 450 mit §§ 446/7, vgl. auch §§ 463, 2, 580[1], 581 einerseits, §§ 470, 471, 477 anderseits). Das RG. setzt denn auch den von ihm als zwingend bezeichneten § 536 bei Unzulässigkeit des Rechtsweges unbedenklich außer Anwendung. Ferner sieht es, obwohl § 536 zur Änderung das Formalergebnis eines schriftlichen, ver-

lesenen Antrags fordert, von diesem Erfordernis überall da ab, wo die Beseitigung des Eides nicht zum Nachteile des Berufungsklägers gereicht. ß.

ε) **Beschwerde gegen Vertagung des Eidestermins.**

OLG. Hamburg, 6. ZS. Beschluß v. 3. Juni 1919.

Das LG. hat durch Beschluß dem Beklagten einen Eid auferlegt und zu dessen Leistung auf den 20. Mai Termin anberaumt. In diesem, in welchem der Beklagte nicht persönlich erschienen war und nach dem Protokoll die Parteivertreter streitig verhandelten, ist auf Antrag des Vertreters des Beklagten und unter Widerspruch des Gegners neuer Termin zur Eidesleistung festgesetzt worden. Die Beschwerde des Klägers hierüber ist unzulässig, da es sich hier um eine prozeßleitende Verfügung handelt, über deren selbständige Anfechtbarkeit keine besondere Bestimmung getroffen ist. Sonst können derartige Verfügungen lediglich zusammen mit dem Endurteil, soweit dieses anfechtbar ist, angefochten werden. Im übrigen ergibt das Protokoll vom 20. Mai auch gar nicht, daß der Kläger überhaupt den nach § 465 vorgeschriebenen Antrag, den Eid als verweigert anzusehen, gestellt hat. M. M.

ζ) **Keine Anschließung an die sofortige Beschwerde.**

OLG. Dresden, 3. ZS. Beschluß v. 22. Januar 1919.

Durch die nach dem Ablaufe der Notfrist beim zuständigen LG. eingegangene Eingabe vom 7. Januar 1919 hat der Beklagte erklärt, daß er sich der sofortigen Beschwerde anschließe, die der Kläger durch Schriftsatz vom 23. Dezember 1918 gegen das Urteil des LG. vom 26. November 1918 erhoben hatte und die durch den am 8. Januar 1919 zugestellten Beschluß des Beschwerdegerichts vom 3. desselben Monats als unbegründet zurückgewiesen worden ist. Solche Anschließung an die Beschwerde des Gegners, die nur für den hier vorliegenden Fall der sofortigen Beschwerde überhaupt in Frage kommen kann, wird von der Rechtslehre und Rechtsprechung überwiegend, aber keineswegs einhellig (Schultzenstein in BuschsZ. 24, 481; Stein-Gaupp [10] Bd. 2 S. 144; Seuffert [11] Bd. 2 S. 124; Struckmann-Koch [9] S. 574; Sydow-Busch [14] S. 643; Freudenthal [3] S. 526; Rsp. 7, 295 [Bay. Ob. LG.]) als zulässig anerkannt. Das Beschwerdegericht vermag diese Auffassung nicht zu teilen, sondern erachtet mit der Minderheit (Kleinfeller, Lehrbuch S. 538; Skonietzki-Gelpcke S. 1525; Petersen-Anger [5] Bd. 2 S. 105; Recht 1904, 255 Nr. 1205 [OLG. Braunschweig]; Rsp. 27, 47 [OLG. Marienwerder]) jede Anschließung an die sofortige Beschwerde des Gegners für unstatthaft.

Wenn die durch die §§ 521, 556 für die Berufung und die Revision gesetzte Ausnahme von der allgemeinen und an sich selbstverständlichen Regel, daß ein an eine Notfrist gebundenes Rechtsmittel eben nur innerhalb dieser Notfrist wirksam eingelegt werden kann, auf die sofortige Beschwerde hätte erstreckt werden sollen, so hätte es sehr nahe gelegen, das in derselben Weise wie dort ausdrücklich auszusprechen, zumal eine andere Ausnahme von derselben Regel durch § 577² S. 3 besonders bestimmt wird. Zwingend kann jedoch daraus allein, daß dies nicht geschehen ist, die Unzulässigkeit nicht gefolgert werden. Eine entsprechende Anwendung der §§ 521, 556 wäre wegen des Ausnahmecharakters jener Vorschriften noch nicht unbedingt ausgeschlossen, wofern sie durch die Gleichheit des Grundes und der Verhältnisse geboten erschiene. Der gesetzgeberische Grund aber, der für die Einführung der Anschlußberufung (revision) maßgebend war, läßt sich hier gleichermaßen geltend machen. Anderseits ist die Beschwerde, die weder ganz noch teilweise den umstrittenen Anspruch selber, sondern bloß einen mehr oder minder mit ihm zusammenhängenden und häufig unbedeutenden einzelnen Streitpunkt zum Gegenstande hat, infolge ihrer einseitigen Natur von der Berufung (Revision) dem Wesen nach so verschieden, daß schon deshalb die entsprechende Anwendung bedenklich fällt. Geradezu unvereinbar mit ihr erweist sich jedoch die Art und Weise, wie das Beschwerde v e r f a h r e n gestaltet ist. In dem schriftlichen Beschlußverfahren, das nach § 573 die Regel bildet, fehlt es durchaus an einem dem Schlusse der Berufungsverhandlung (§ 521[1]) oder dem Ablaufe der Begründungsfrist (§§ 556[1], 554[2]) zu vergleichenden Verfahrensabschnitte, bis zu dem die Anschließung „entsprechend" zugelassen werden könnte. Diese so lange zuzulassen, als das Gericht nicht über die Beschwerde entschieden hat, verbietet sich als praktisch undurchführbar, weil der innere Vorgang der Beschlußfassung, die ebendeshalb das Beschwerdegericht noch nicht endgültig bindet, zunächst nach außen hin nicht in Erscheinung tritt; eine Ausdehnung der Zulassungsfrist bis zur Zustellung der Entscheidung dagegen widerspräche dem jeder Anschließung zugrunde liegenden Zweckgedanken, die beiden Rechtsmittel der gleichzeitigen richterlichen Entscheidung zuzuführen. Für beide Fälle wäre überdies die Rechtzeitigkeit der Anschließung, soweit diese erst am Tage der Beschlußfassung oder der Zustellung bewirkt worden wäre, nur festzustellen, wenn das Beschwerdegericht den Zeitpunkt der Beschlußfassung, das Zustellungsorgan den Zeitpunkt der Zustellung und das Gericht, von dem die angefochtene Entscheidung ergangen ist, den Eingang der Anschließungserklärung auch nach Stunde und Minute genau beurkundet hätte, was im allgemeinen nicht zu geschehen pflegt. Dafür ist auch der vorliegende Fall ein Beispiel, wo die Beschwerdeentscheidung an demselben Tage zugestellt worden ist, an dem die Anschließungserklärung beim LG. eingegangen ist; nähere Zeitangaben sind aus den Urkunden nicht zu ersehen, und nachträgliche Ermittelungen hierüber führen erfahrungsgemäß nur selten zum Ziele. Soweit mündliche Verhandlung stattfindet, bestehen die dargelegten Bedenken allerdings nicht; wie bei der Berufung könnte sich der Gegner bis zum Vortragsschlusse dem Rechtsmittel anschließen. Das rechtfertigt aber nicht, die Zulässigkeit der Anschließung für diesen Fall anzuerkennen. Eine teilweise und tatsächlich ausnahmsweise Zulassung der Anschließung, die im Einzelfalle von der Anordnung der mündlichen Verhandlung und damit von dem Ermessen des Beschwerdegerichts abhängen würde, hat das Gesetz ganz gewiß nicht gewollt; es hat vielmehr offensichtlich, weil das Beschwerdeverfahren als Ganzes zu der Anschließung nicht paßt, mit Vorbedacht davon abgesehen, sie zu verstatten. —e—

14. Zivilprozeß.

a) Streitwert der Räumungsklage.

α) OLG. Braunschweig, 1. ZS. Beschluß v. 3. Juni 1920.

Der Kläger hatte auf Räumung einer für 450 Mark jährlich vermieteten Wohnung zum 1. Oktober 1919 mit der Behauptung geklagt, daß Beklagter der am 1. April zum 1. Oktober 1919 erfolgten Kündigung zugestimmt habe. Der Rechtsstreit ist im zweiten Rechtszuge dahin verglichen, daß Beklagter am 1. April 1920 auszieht und für das letzte Halbjahr 400 Mark zahlt, der Kläger aber die Prozeßkosten trägt. Hiernächst hat das LG. den Streitwert auf 450 Mark festgesetzt. Die Beschwerde wegen Herabsetzung des Streitwerts ist nicht begründet. Die Parteien wohnen in L. Nachdem für diese Gemeinde auf Grund der MietschutzV. vom 23. September 1918 das Staatsministerium durch Verfügung vom 4. Oktober 1918 u. a. angeordnet hat, daß die Vermieter von Wohnräumen ein Mietverhältnis rechtswirksam nur mit vorheriger Zustimmung des zuständigen Mieteinigungsamts kündigen können, läßt in Fällen der vorliegenden Art der Streitwert sich nicht nach § 8 ZPO. oder § 9 GKG. bemessen, da bei der völligen Ungewißheit dieser Zustimmung die Dauer der streitigen Mietzeit nicht bestimmbar ist. Es bleibt daher nur übrig, die Bewertung gemäß § 3 ZPO. vorzunehmen, und dabei vornehmlich das Interesse des Klägers an der geforderten Räumung zu berücksichtigen. Hier bieten der Vorteil, den der Kläger durch den Vergleich erlangt, und das Opfer, zu dem er sich dabei verstanden hat, einen geeigneten Anhalt für die Schätzung und läßt die vom LG. angenommene Summe für angemessen erscheinen. W. n.

β) OLG. Rostock, 2. ZS. Beschluß v. 29. November 1919.

Der Beklagte hat von dem Kläger eine Wohnung zu jährlich 850 Mark gemietet: jeder Teil darf zum 1. April oder 1. Oktober unter Einhaltung einer vierteljährigen Frist kündigen. Der Kläger hat im April 1919 auf Räumung der Wohnung zum 1. Mai 1919 geklagt. Der Streitwert ist mit Recht gemäß § 9a Abs. 1 GKG. auf den einjährigen Zins festgesetzt. Denn da der Kläger das Mietverhältnis nach § 6 der V. vom 23. September 1918 zum Schutze der Mieter nur mit vorheriger Zustimmung des Mieteinigungsamts kündigen konnte, diese Zustimmung aber nicht beigebracht hat, so wurde durch die in der Klage liegende Kündigung das Mietverhältnis nicht, wie der Kläger meint, jedenfalls zum 1. Oktober 1919 beendigt, es lief vielmehr, wenn die Klage keinen Erfolg hatte, auf unbestimmte Zeit weiter. Bei dieser Lage der Sache ist anzunehmen, daß die Dauer des Mietverhältnisses in dem vorliegenden Rechtsstreit für einen längeren als einjährigen Zeitraum streitig war. J. n.

b) Erfüllungsort für Entrichtung einer Vertragstrafe.

OLG. Rostock, 2. ZS. Urteil v. 11. Februar 1920.

Durch notariellen Vertrag vom 1. September 1919 hat der in Berlin wohnhafte Beklagte vom Kläger dessen Büdnerei bei Rostock gekauft. Der § 7 lautet: „Dieser Vertrag wird unter der Bedingung geschlossen, daß die Kämmerei Rostock dem neuen Erwerber ihre Genehmigung erteilt. Der Käufer hat sich um die Erwirkung der Anerkennung in jeder Weise zu bemühen. Sollte er nach dieser Richtung hin nicht genügende Sorgfalt verwenden, so hat er dem Verkäufer eine Strafe von 3000 Mark zu zahlen." Nachdem die Anerkennung versagt worden, hat der Kläger bei dem hiesigen LG. auf die Zahlung der Vertragstrafe geklagt. Der Beklagte, der bereits seinerseits vor dem LG. Berlin auf Feststellung geklagt hatte, daß der Kläger kein Recht auf die Strafe habe, hat Rechtshängigkeit und Unzuständigkeit eingewendet. Das LG. hat, ohne auf die erste Einrede sachlich einzugehen, wegen Unzuständigkeit abgewiesen. Auch in dieser Instanz bedarf es keines Eingehens auf die Frage der Reihenfolge der Prüfung und die Einrede der Rechtshängigkeit. Denn der Kläger, der allein Berufung eingelegt hat, ist, wenn es bei der Abweisung wegen Unzuständigkeit verbleibt, nicht dadurch beschwert, daß die Rechtshängigkeit ungeprüft geblieben ist. Wenn aber die Einrede der Unzuständigkeit unbegründet wäre, mußte gemäß § 53² das Berufungsgericht die Rechtshängigkeit ohnehin erledigen.

Für die Zuständigkeit kommt nur der besondere Gerichtsstand des § 29 in Betracht. Das LG. hält ihn nicht für gegeben, weil für die Vertragstrafe der Erfüllungsort der Hauptverpflichtung maßgebend, diese aber die Zahlung des Kaufpreises durch den Beklagten sei. Dieser Begründung ist nicht beizutreten.

Hätte man davon auszugehen, daß die Verpflichtung zur Zahlung einer Vertragstrafe eine Geldschuld ist, so hätte der Schuldner sie nach § 289 BGB. an seinem Wohnsitze zu erfüllen. Folgt man aber der Rechtsprechung des RG., daß jene Verpflichtung sich als eine Nebenverpflichtung darstellt, deren Erfüllungsort der der Hauptverpflichtung ist, so muß entscheidend sein, die durch die Strafe gesicherte Hauptverpflichtung. Hier ist das nur die Verpflichtung des Käufers, sich um die Erwirkung der Anerkennung der hiesigen Kämmerei in jeder Weise zu bemühen. Sie stellt sich auch nicht etwa als eine Nebenverpflichtung zur Zahlung des Kaufpreises dar — ganz abgesehen davon, daß die Strafe überhaupt nicht zu ihrer Sicherung dient. Die Verpflichtung, sich um die Anerkennung zu bemühen, ist eine völlig selbständige, denn erst mit der Anerkennung wäre der durch sie bedingte Vertrag wirksam geworden, und damit wäre die Verpflichtung zur Zahlung des Kaufpreises überhaupt erst wirksam entstanden, während die Verpflichtung des Käufers, sich um die Anerkennung zu bemühen, von vornherein als unbedingte durch den Vertrag begründet war: die Strafe für ihre Nichterfüllung verfiel gerade nur dann, wenn die Verpflichtung zur Zahlung des Kaufpreises überhaupt nicht entstand.

Der Leistungsort für die Verpflichtung des Käufers, sich um die Erteilung der Anerkennung zu bemühen, war nach der Regel des § 289 BGB.

am Wohnsitze des Schuldners, wenn ein anderer Ort für die Leistung nicht aus den Umständen zu entnehmen war. Das LG. bemerkt, daß die Verpflichtung ihrer Natur nach in Rostock zu erfüllen gewesen sei. Allein daraus, daß die Behörde, die die Genehmigung zu erteilen hatte, ihren Sitz in Rostock hat, folgt noch nicht, daß die Bemühungen des Käufers in Rostock zu erfolgen hatten. Schriftliche Bemühungen konnte er von seinem Wohnsitze aus anstellen; dadurch, daß die Schriftstücke zu übersenden waren, wurde Rostock noch nicht Leistungsort. Eine Verpflichtung zu persönlichen Bemühungen des Käufers bei der Behörde in Rostock ist aus dem Vertrage nicht zu entnehmen, wenn dieser auch sagt, daß der Käufer sich in jeder Weise zu bemühen habe. J.n.

c) **Kostenerstattung. Reisekosten nach § 18^5 RAO.**

OLG. Braunschweig, 2. ZS. Beschluß v. 4. Mai 1920.

In dem Scheidungsstreite waren beide Parteien durch nicht am Sitze des Prozeßgerichts, sondern in S. ansässige Prozeßbevollmächtigte vertreten, die die Verhandlungen vor dem Prozeßgerichte persönlich geführt und die vor dem Amtsgericht S. stattgefundenen 7 Beweisaufnahmetermine selbst wahrgenommen haben. Die obsiegende Beklagte hat die Reisekosten ihres Prozeßbevollmächtigten zu den 5 Verhandlungsterminen mit je 52 Mark = zusammen 260 Mark angesetzt, die als nicht erstattungsfähig gestrichen wurden. Die Beschwerde hierüber ist begründet.

Nach § 18^5 RAO. sind Reisekosten des auswärtigen Prozeßbevollmächtigten an den Sitz des Prozeßgerichts zur Wahrnehmung der vor diesem stattfindenden Termine an sich nicht erstattungsfähig (RG. 13 S. 313; Stein § 91 IX 2). Doch ist der Erstattungsanspruch auf solche Kosten insoweit, als durch deren Aufwendung ein anderer, zur Erstattung geeigneter Kostenaufwand erspart wurde, zu erstrecken und nur der Überschuß jener besonderen Kosten über den ersparten Betrag von der Erstattung ausgeschlossen (RG. 14 S. 378; Annalen 21 S. 552). Regelmäßig ist der Partei das Recht zuzusprechen, einen am Gerichtssitze wohnhaften Anwalt zum Prozeßbevollmächtigten zu bestellen (JW. 1904 S. 113) und es kann nicht verlangt werden, daß sie von vornherein besonders darauf bedacht sein müsse, durch umsichtiges Handeln die Kosten zu vermindern (JW. 1893 S. 468; Seuff. 65 S. 38). Jenes Recht hier der Beklagten zu versagen, besteht kein Anlaß. Da die Sachlage keineswegs ganz einfacher Natur war, die Beklagte aber nach Herkunft und sozialer Stellung als unfähig anzusehen ist, ihren Prozeßbevollmächtigten auf schriftlichem Wege ordnungsmäßig zu instruieren, sie auch durch stets neues Vorbringen des Klägers in eine immer schwierigere Verteidigungsstellung gedrängt war und erst im späteren Laufe des Prozesses zum Widerklageangriff übergegangen ist, waren bei Annahme eines hiesigen Prozeßbevollmächtigten für sie mindestens 5 Reisen zu dessen Instruktion für die 5 Schriftsätze erforderlich, deren Betrag mit je 20 Mark keinesfalls zu hoch bemessen ist. Damit sind schon 100 Mark durch Annahme eines Anwalts in S. erspart worden. Nun hat dieser gleichzeitig die 7 Beweisaufnahmetermine in S. wahrgenommen und es fragt sich, ob dadurch weitere Kosten für den Kläger erspart worden sind. Das hat schon das LG. in Höhe von 91 Mark insofern bejaht, als es die Vertretung der Beklagten in jenen 7 Terminen durch einen in S. ansässigen Anwalt für eine notwendige Prozeßhandlung erachtet und die dadurch erwachsenen Kosten als erstattungsfähig nach § 45 GebO. bezeichnet. Allein davon ist zunächst nur so viel richtig, daß die Partei sich in Beweisaufnahmeterminen auch vor einem ersuchten Richter ohne Rücksicht darauf, ob es sich um eine einfache oder um eine verwickelte Sache handelt, und ohne Rücksicht auf den Umfang der Beweisaufnahme wie auf die Höhe des Streitwertes durch einen Anwalt vertreten lassen darf (§ 357 ZPO.; RG. 51 S. 11; Rsp. 13 S. 100 [Karlsruhe], 19 S. 68 [München]), so daß die Zuziehung eines Anwalts überhaupt im Sinne des § 91 ZPO. als notwendig anzuerkennen ist. Zu prüfen bleibt aber stets die Angemessenheit des dadurch aufgewendeten Kostenbetrags, und seine Erstattungsfähigkeit ist zu verneinen, soweit die Aufwendung im Sinne des § 91 ZPO. nicht notwendig war. Nun ist zwar in RG. 51 S. 11 nicht ausgesprochen, daß die Reisekosten des Prozeßbevollmächtigten, der auswärtige Beweisaufnahmetermine für seine Partei wahrnimmt, unbedingt und unter allen Umständen erstattungsfähig seien und ein unbedingtes Recht der Partei, jene Termine stets durch ihren Prozeßbevollmächtigten wahrnehmen zu lassen, ist nicht anzuerkennen (Rsp. 37 S. 104). Allein es ist doch davon auszugehen, daß dieser regelmäßig auf Grund seiner persönlichen Fühlungnahme mit der Partei auch allein den Sach- und Streitstoff derart beherrscht, daß bei allen wichtigen und nicht ganz einfachen Beweisfragen, die für den Ausgang des Prozesses erheblich sein können, seine persönliche Anwesenheit vor einem mit dem Streitstoff nicht genau vertrauten ersuchten Richter für die Aufklärung des Sachverhalts und für die Wahrnehmung der Parteibelänge zweckmäßig erscheint, daß also seine Reisekosten regelmäßig zu erstatten sind, sofern nicht besondere Gründe vorliegen, die ausnahmsweise die Zuziehung eines anderen Anwalts erfordern (vgl. Cassel in ZZP. 36 S. 342). Das letztere ist anzunehmen, wenn die zweckentsprechende Rechtsverfolgung durch einen Substituten in gleich gedeihlicher Weise unter Ersparung von Mehrkosten gewahrt werden kann (Rsp. 13 S. 100; 19 S. 68) oder wenn der Kostenaufwand des Prozeßbevollmächtigten im auffälligen Mißverhältnisse zur Bedeutung der Streitsache und zum Rechtsverfolgungsinteresse der Partei stände (vgl. Walter-Joachim S. 448[26]). Letzteres muß hier, wo es sich um den Bestand der Ehe und die familien- und vermögensrechtlichen Folgen ihrer etwaigen Scheidung (§§ 1578 ff., 1635 ff. BGB.) handelte, bei einem einzelnen Reisekostenbetrage von 52 Mark nach einem zum LGBezirke gehörigen Amtsgericht verneint werden. Aber auch wenn man das erstere bejahen wollte, so konnte die Beklagte bei Erlaß des ersten Beweisbeschlusses gar nicht voraussehen, daß noch mehrere nachfolgen und daß nacheinander noch 4 Zeugen einzeln in 4 besonderen Terminen vor dem Amtsgericht vernommen werden würden, ebensowenig bei Erlaß des nächsten Beschlusses. Sie hätte nur folgerichtig gehandelt und im beiderseitigen Parteiinteresse, wenn sie ihren hiesigen Prozeßbevollmächtigten veranlaßt hätte, die beiden ersten Termine in S. persönlich wahrzunehmen, da hierdurch nur jeweils 52 Mark Kosten entstanden wären gegenüber 91 Mark Kosten eines Substituten in S. Möchte dann auch infolge des Vorbringens des Klägers und der von ihm angegebenen Beweismittel mit weiteren Terminen in S. schon zu rechnen gewesen sein und sich dafür die Bestellung eines dortigen Terminsanwalts als gleich zweckmäßig und billiger empfohlen haben, so wären doch für die beiden ersten dortigen Termine je 52 Mark zweckentsprechend aufgewendet gewesen. Auch dieser Betrag ist daher erspart worden dadurch, daß die Beklagte von vornherein einen Anwalt in S. zum Prozeßbevollmächtigten bestellt hat. Hat sie hiernach mehr erspart, als durch die angesetzten Reisekosten ihres Anwalts erwachsen ist, so sind diese erstattungsfähig. . . . W. n.

d) **Anfechtung eines Prozeßvergleichs im anhängigen Rechtsstreite.**

OLG. Braunschweig, 1. ZS. Urteil v. 9. April 1920.

Wird die Wirksamkeit eines Prozeßvergleichs in Frage gestellt, so ist äußerst streitig, ob die Verhandlung und Entscheidung hierüber in demselben Prozesse zu erfolgen habe. Der Senat ist aus praktischen Erwägungen (vgl. RG. 78 S. 286) der Ansicht, daß es jedenfalls dann, wenn der Fall tatsächlich oder rechtlich so einfach liegt, daß über die Wirksamkeit des Vergleichs ohne weiteres entschieden werden kann, der Anstellung eines besonderen Prozesses nicht bedarf. Hier behauptet der Beklagte, er habe bei Abgabe seiner dem Vergleich zustimmenden Erklärung über die Höhe der Zinssumme, zu deren Zahlung er durch das ein Jahr vorher ergangene Teilurteil vom 14. Februar 1919 verurteilt war, und damit über das, was er insgesamt zu zahlen hatte, geirrt. Es handelt sich danach um einen Irrtum bei der Kalkulation, also um Vorgedanken des Beklagten, die ihn angeblich zum Abschluß des Vergleichs bewogen haben, die aber nicht dem Gegner erkennbar zum Gegenstande der Verhandlungen gemacht sind. Der Irrtum betrifft also lediglich einen außerhalb des Rahmens der rechtsgeschäftlichen Erklärungen liegenden Umstand und ist im Interesse der Sicherheit des rechtsgeschäftlichen Verkehrs als unwesentlich und unbeachtlich anzusehen. W. n.

e) **Ehesachen. Zuständigkeit gegen Tschecho-Slowaken.**

α) Kammergericht, 9. ZS. Beschluß v. 22. Januar 1920.

Die beantragte einstw. Verfügung aus § 627 kann mangels Zuständigkeit der deutschen Gerichte für die Scheidungsklage nicht erlassen werden. Der Gegner ist Tschecho-Slowake und die Antragstellerin teilt die Staatsangehörigkeit ihres Mannes; beide sind also Ausländer. Die Scheidungsklage kann daher nach § 606[4] nur erhoben werden, wenn das deutsche Gericht auch nach den Gesetzen des Staats zuständig ist, dem der Mann angehört. Das tschecho-slowakische Gesetz vom 22. Mai 1919 (Prager Archiv für Gesetzgebung Nr. 21) läßt zwar eine Klage auf Trennung der Ehe, auch dem Bande nach, wegen

Ehebruchs zu, regelt aber im § 20 Nr. 3 nur die Zuständigkeit der tschecho-slowakischen Gerichte, besonders für den Fall, daß die beklagte Partei keinen allgemeinen Gerichtsstand innerhalb der Tschecho-Slowakei hat, trifft aber für den Fall, daß beide Parteien auswärts wohnen, keine Bestimmung (aO. S. 496 IV). Nach dem hilfsweise anwendbaren Allg. BGB. ist aber eine Klage auf Scheidung der Ehe dem Bande nach wegen Ehebruchs überhaupt nicht zulässig. Dem Haager Abkommen zur Regelung der Ehescheidung (RGBl. 1904 S. 231), das im Art. 5 auch das Gericht des Wohnsitzes der Ehegatten für die Scheidungsklage für zuständig erklärt, ist weder Österreich noch die Tschecho-Slowakei beigetreten, und in Art. 287 des Vertrags über den Friedensschluß vom 16. Juli 1919 (RGBl. S. 1097) ist nicht das vorgedachte Abkommen, sondern nur das über den Zivilprozeß vom 17. Juli 1906 zur Geltung gebracht. Die Anträge der Antragstellerin, ihr für die Dauer des Scheidungsprozesses das Getrenntleben zu gestatten, die Sorge für die Person des Kindes zu übertragen, sowie für es eine Unterhaltsrente zu gewähren, waren daher abzuweisen.[1]

Die Verfügung ist aber, ganz abgesehen von dem § 627, aus § 940 zulässig, soweit die Antragstellerin zur Regelung ihres Unterhaltsanspruchs für sich selbst eine Unterhaltsrente begehrt. Sie hat glaubhaft gemacht, daß ihr Mann Ehebruch getrieben und sich dadurch eine ansteckende Geschlechtskrankheit zugezogen hat. Nach dem insoweit auch noch in der Tschecho-Slowakei geltenden Allg. BGB. kann in solchen Fällen die Frau Unterhalt in Geld außerhalb der Ehewohnung verlangen (Schey[20], Allg. BGB. N. 5[2] zu § 92). Schm.

β) OLG. Augsburg, 2. ZS. Urteil v. 26. Februar 1920.

Bei Erlassung des angefochtenen Urteils waren der Kläger und die Beklagte, da sie in B. (Mähren) das Heimatrecht haben, österr. Staatsangehörige. Mit Recht wurde auf Grund des österr. Rechtes die Scheidungsklage des katholischen Klägers als unzulässig abgewiesen. Seitdem ist Mähren von Österreich getrennt und ein Bestandteil der tschecho-slowakischen Republik geworden. Damit ist auch der Kläger, wie aus seinem Reisepaß hervorgeht, nicht mehr österr. Staatsbürger, sondern Angehöriger jener Republik geworden; das gleiche gilt auch für die Beklagte. Da der Kläger von Beginn der Ehe bis jetzt seinen Wohnsitz und damit seinen allgemeinen Gerichtsstand hier hat, ist nach § 606[1] RZPO. nach deutschem Recht die Zuständigkeit der hiesigen Gerichte gegeben. Bei Ausländereigenschaft der beiden Ehegatten aber erfordert § 606[4], daß das inländische Gericht auch nach den Gesetzen des Staates zuständig ist, dem der Mann angehört und zwar genügt, wenn diese Voraussetzung bei der Schlußverhandlung erfüllt ist. Die tschecho-

[1] OLG. Dresden, 4. ZS. Beschluß v. 13. Juli 1920 hält die deutschen Gerichte für Scheidungsklagen von Tschechoslowaken nicht für zuständig, weil nach der Auskunft des Justizmin. in Prag v. 13. Dez. 1919 dort auswärtige Urteile über Personalverhältnisse und namentlich über die Ehe tschechoslowakischer Staatsbürger nicht anerkannt werden (JW. S. 716[12]).

slowakische Republik hat nun am 22. Mai 1919 ein Gesetz über die Ehereform erlassen, das in § 13² bestimmt, daß in Ehetrennungsprozessen nach den Vorschriften zu handeln ist, die für die Untersuchung und Beurteilung der Ungültigkeit einer Ehe gelten. Solche Vorschriften sind in jenem Gesetz selbst nicht enthalten, es ist daher, wie sich aus dem Verhältnis des Gesetzes zu dem sonstigen österr. Recht ergibt, die österr. Jurisdiktionsnorm vom 1. August 1895 anzuwenden. Ihr § 76 verweist Scheidungsklagen vor das Gericht, in dessen Sprengel die Ehegatten ihren letzten gemeinsamen Wohnsitz hatten. Ist im Inland (Österreich) für solche Klagen weder ein allgemeiner noch ein besonderer Gerichtsstand begründet, so sind nach § 100 die Scheidungsklagen bei dem allgemeinen Gerichtsstand des Klägers anzubringen. Es unterliegt daher keinem Bedenken, für den hier wohnhaften Kläger auch nach ausländischem Recht die Zuständigkeit der hiesigen Gerichte zu bejahen.

In sachlicher Hinsicht ist für die Scheidung Art. 17¹·⁴ EG. zum BGB. maßgebend. Am 3. Juli 1914, als die Klage erhoben wurde, war der Kläger noch Angehöriger des österr. Staates, weil B. seine Heimat ist. Dieser Teil Österreichs ist inzwischen infolge der politischen Veränderungen in der tschechoslowakischen Republik aufgegangen. Nicht der Kläger ist es, der nun eine andere Staatsangehörigkeit wegen Wechsels der Heimat oder aus sonstigen persönlichen Gründen erworben hat, sondern der Staatenteil, dem er damals angehörte, hat eine staatsrechtliche Wandelung erfahren. Die Gesetze dieses Staatenteils sind also nach Art. 17 maßgebend, wobei es wort- und sinngemäß nicht auf die Gesetze ankommt, die damals in dem Staatenteil geherrscht haben, sondern auf die, die bei Erlassuug des Urteils in diesem Gebiete gelten.

In tatsächlicher Beziehung steht fest, daß die Beklagte seit 1914 mit S. Ehebruch getrieben hat. Es ist daher nach deutschem Recht (§ 1565, 1570ff. BGB.) das Scheidungsbegehren des Klägers begründet. Nach § 13a des EhereformGes. kann auf Trennung jeder Ehe, wenn der andere Ehegatte einen Ehebruch begangen hat, geklagt werden, nach § 23 auch dann, wenn der Grund, der nach diesem Gesetz ein Trennungsgrund ist, unter der Geltung des früheren Rechtes hervorgekommen ist. Es ist also im Gegensatz zu dem übrigens in § 25 ausdrücklich aufgehobenen § 111 Allg. BGB. auch für Katholiken die Scheidung gestattet. Die Ehe der Parteien war sohin zu scheiden und nach § 1574 BGB. die Beklagte an der Scheidung für schuldig zu erklären. W. r.

f) **Aussöhnung der Parteien in der Berufungsinstanz.**[1]

[1]) Dadurch, daß die Parteien sich ausgesöhnt und Klage und Widerklage zurückgenommen haben, ist das auf Scheidung beruhende erste Urteil noch nicht beseitigt; es muß vielmehr ausdrücklich durch Urteil aufgehoben werden, da es sonst infolge der in der Klagerücknahme liegenden Zurücknahme des Rechtsmittels die Rechtskraft erlangen könnte (Urteil desselben ZS. v. 10. Dez. 1919). — Hat das LG. die Ehe, deren Scheidung aus § 1568 BGB. beantragt war, statt dessen aus § 1565 geschieden, sind also nicht wie in RG. 96 S. 222 mehrere Scheidungsgründe nebeneinander, sondern nur einer geltend gemacht, so steht beiden Teilen die Berufung zu (Urteil desselben ZS. v. 17. April 1920; SchlHA. S. 182).

OLG. Kiel, 3. ZS. Urteil v. 15. November 1919.

Das LG. hat auf die Klage der Frau und die Widerklage geschieden. Hiergegen hat die Klägerin Berufung eingelegt und beantragt, unter Aufhebung des ersten Urteils Klage und Widerklage für erledigt zu erklären, weil sich inzwischen die Parteien ausgesöhnt hätten und wieder zusammenlebten. Im Termin hat die allein erschienene Klägerin ihre Klage zurückgenommen und Abweisung der Widerklage durch Versäumnisurteil beantragt. Diesem Antrage war stattzugeben.

Nachdem die Klage zurückgenommen worden, war sie nach § 271¹, der in Ehesachen auch für die Berufungsinstanz gilt (Rsp. 23 S. 166), beseitigt und nur noch über die Widerklage zu entscheiden. Diese konnte aber gemäß dem mündlich gestellten Antrage durch Versäumnisurteil nach § 542 abgewiesen werden, weil sich die Parteien nach dem Vortrage der Klägerin inzwischen versöhnt haben und Beklagter dadurch, daß er mit ihr wieder zusammengezogen ist, zu erkennen gegeben hat, daß er ihr die Eheverfehlungen, auf die er seine Widerklage gestützt hatte, im Sinne des § 1570 BGB. verziehen hat. Dem Versäumnisurteile steht auch nicht der § 618⁵ entgegen, weil die Klägerin nur noch die Entscheidung auf die Widerklage des Beklagten mit dem Rechtsmittel anficht (vgl. Rsp. 23 S. 198). Im übrigen brauchte der abgeänderte Antrag dem Beklagten nicht zugestellt zu werden, da er nur eine rechtlich genauere, nicht tatsächlich verschiedene Fassung des im Schriftsatze angekündigten Antrags enthält. SchlHA.

g) **Einstweilige Regelung nach § 627.**[1]

α) OLG. Braunschweig, 1. ZS. Urteil v. 2. Juli 1920.

Beim Streite getrennt und im Scheidungsprozesse lebender Ehegatten über den die Prozeßdauer umfassenden Verbleib gemeinsamer ehelicher Kinder ermöglicht § 627 eine den jeweiligen tatsächlichen Verhältnissen angepaßte Regelung (JW. 46 S. 903), die sich unter Ausschluß der Rechtsfrage, besonders des § 1634 Schlußsatz BGB. (vgl. Rsp. 10 S. 290) vor allem und an erster Stelle von der Rücksicht auf das Wohl der Kinder leiten lassen muß (RG. 63 S. 238). Die Voraussetzung solcher generellen und prinzipiellen Regelung (RG. 69 S. 94; OLG. Jena Seuff 65 S. 191) ist hier gegeben. Auch sachlich ist dem LG. beizutreten. Es handelt sich um einen 10jährigen Knaben, für dessen leibliches Wohl zunächst die mütterliche Fürsorge unbedingt geeigneter erscheint, als die des Vaters. Dazu kommt, daß das Kind hier bei der Mutter in der Familienwohnung der Parteien unter gewohnten und vertrauten Verhältnissen lebt, auch der ständigen Leitung, Aufsicht, Fürsorge und Wartung der Mutter untersteht und namentlich in etwaigen Krankheits-

[1] Nach § 627 kann der Mann auch die Herausgabe des Hausrats verlangen, der für die bei ihm befindlichen Kinder unentbehrlich ist; diese Verfügung bildet einen Bestandteil der Unterhaltsregelung nach § 1612¹ BGB. (OLG. Zweibrücken, 6. März 1920). — Da § 1361 BGB. eine Holschuld begründet, sind die Kosten der Abholung der Sachen keine erstattungsfähigen Vollstreckungskosten (KG., 14. ZS. Beschluß v. 5. Juni 1920; JW. S. 713).

fällen deren Hand schwerer missen kann als die des Vaters. Dieser hat keinen eigenen Hausstand, er wohnt in einem Fremdenheim und ist beruflich als Lehrer dort beschäftigt, müßte das Kind also im wesentlichen, abgesehen von Erziehung und Unterricht, der Hand fremder Leute überlassen. Das ist zweifellos weder für das leibliche noch für das seelische Wohl des Kindes zuträglich und bietet keinesfalls die Gewähr, wie sie in der mütterlichen Fürsorge liegt... Was aber den Unterricht des Knaben anlangt, so ist ein regel- und planmäßiger Schulunterricht einem durch den Vater zu erteilenden Privatunterricht selbst dann vorzuziehen, wenn der Knabe bisher nur Privatunterricht genossen hat und noch nicht voll in den Rahmen einer Bürgerschule paßt. Ist es aber richtig, daß der Knabe jetzt hier die Schule besucht und sich durchaus wohl dabei befindet, so erscheint es um so bedenklicher, wieder einen Wechsel in diesem Erziehungsfaktor eintreten zu lassen. W. n.

β) OLG. Breslau, 1. ZS. Urteil v. 18. März 1920.

Gemäß § 627 kann während eines Scheidungsprozesses auf Antrag eines der Ehegatten das Getrenntleben auch dann gestattet werden, wenn zwar das Verhalten des andern Gatten nicht das Recht begründet, die Herstellung der ehelichen Gemeinschaft nach § 1363² BGB. zu verweigern, aber sonstige Gründe das Getrenntleben nötig erscheinen lassen (RG. 46 S. 384). Hier würde es für die Antragstellerin eine unbillige Härte bedeuten, wenn sie, nachdem ihr Mann ein die Scheidung aussprechendes Urteil erstritten hat, genötigt würde, in seine Wohnung zurückzukehren, um dort den ihr bis zur Rechtskraft des Urteils gebührenden Unterhalt durch Naturalleistung von ihm zu empfangen. Es erscheint daher gerechtfertigt, durch einstw. Verfügung die gegenseitige Unterhaltspflicht der Ehegatten dahin zu ordnen, daß der Mann vom Tage der Verkündung des Scheidungsurteils ab der Frau, solange sie während der Dauer des Rechtsstreits von ihm getrennt lebt, den Unterhalt durch Entrichtung einer Geldrente zu gewähren hat.

Für ihre Höhe kommt in Betracht, daß die Antragstellerin nach § 1611² BGB. nur den notdürftigen Unterhalt verlangen kann, denn sie hat sich, wie durch das Scheidungsurteil glaubhaft gemacht ist, Verfehlungen gegen ihren Mann zuschulden kommen lassen, die diesen nach § 2335 BGB. zur Entziehung des Pflichtteils berechtigen. Ferner war sie 1919 als Küchenfrau gegen Entgelt beschäftigt. Daß sie diese Stellung noch jetzt innehabe, ist allerdings nicht behauptet. Immerhin ist aber ihre Erwerbsfähigkeit glaubhaft gemacht, und daher darf angenommen werden, daß sie, wenn sie einen monatlichen Beitrag von 60 Mark erhält, ihren notdürftigen Unterhalt auch bei der gegenwärtig herrschenden Teuerung bestreiten kann. Schn.

γ) OLG. Rostock, 1. ZS. Beschluß v. 20. Januar 1920.

Mit ihrem Antrage aus § 627 hat die Beklagte das Getrenntleben, die Überlassung des Kindes und eine Rente von monatlich 200 Mark begehrt. Wegen dieses letzten Teilanspruchs war der Streitwert nach § 9a Abs. 3 GKG. auf 12mal 200 = 2400 Mark festzusetzen. Die bei Soergel (1911

Nr. 5, 1917 Nr. 6 zu § 9a) angeführten Entscheidungen beziehen sich auf den Fall des Abs. 2, nach welchem dann, wenn der tatsächlich geforderte Gesamtbetrag geringer ist als das Fünffache eines Jahresbetrags, der geringere Betrag zugrunde gelegt werden soll. Diese Bestimmung gilt aber nicht für den Fall des Abs. 3. Bei der Stellung des Antrags, für die Dauer des Hauptprozesses eine Unterhaltsrente festzusetzen, wird nie mit voller Sicherheit gesagt werden können, wie lange der Rechtsstreit voraussichtlich dauern werde. Deshalb ist die erste Norm gegeben, daß in solchen Fällen der Streitwert nach dem einjährigen Betrage der geforderten Rente zu bestimmen sei, und es ist nicht anzunehmen, daß nach dem Willen des Gesetzes sich dieser Wert je nach dem weiteren tatsächlichen Verlaufe der Sache nachträglich ändern solle. Die Ausführungen des OLG. Hamm (Rsp. 31 S. 203), die den Streitwert für die Berufungsinstanz behandeln, sind nicht geeignet, eine abweichende Entscheidung zu begründen. J. n.

h) **Entmündigung:** α) **Vernehmung durch Ersuchen.**[1]

Kammergericht, 1. ZS. Beschluß v. 26. Februar 1920.

Der wegen Geisteskrankheit entmündigte A. hat die Wiederaufhebung seiner Entmündigung bei dem hierfür zuständigen Amtsgericht K. beantragt. Dieses hat gemäß §§ 676, 654 in Aussicht genommen, als Sachverständigen den in B. wohnenden Dr. L. zu vernehmen. L. hat dem Gericht angezeigt, daß er krankheitshalber nicht in der Lage sei, zu seiner Vernehmung nach K. zu fahren. Das Amtsgericht K. hat darauf das Amtsgericht B. ersucht, den Entmündigten unter Zuziehung des L. gemäß §§ 676, 654 zu vernehmen. Das Ersuchen wurde abgelehnt. Das Amtsgericht K. hat darauf Entscheidung des Kammergerichts beantragt.

Das Gesetz geht allerdings davon aus, daß in der Regel derjenige Richter über die Entmündigung und über deren Wiederaufhebung entscheiden soll, der den zu Entmündigenden oder den Entmündigten vor Augen gehabt und selbst vernommen hat. Vom Standpunkte des Gesetzes ist es ein Mißstand, wenn diese Vernehmung durch einen ersuchten Richter erfolgt, und der entscheidende Richter sich seine Überzeugung auf Grund eines farblosen Protokolls bilden muß (Stein § 650 I). Anderseits ist eine derartige Vernehmung durch den ersuchten Richter nicht verboten (§§ 654^2, 676^3). Es fragt sich daher nur, ob dem ersuchten Amtsgericht B. die örtliche Zuständigkeit für die vorzunehmende Handluug mangelt (§ 159 GVG.). Diese Frage ist zu verneinen. Das ersuchende Gericht kann den zuzuziehenden Sachverständigen bestimmen; die von ihm getroffene Auswahl hat das um die Vernehmung des Sachverständigen ersuchte Gericht nicht nachzuprüfen. Hier wohnt L. im Bezirke des ersuchten Gerichts; dieses ist daher zu seiner Vernehmung örtlich zuständig. Damit ist seine Zuständigkeit auch zur Vernehmung des Entmündigten gemäß §§ 676, 654 gegeben, da diese Vernehmung unter Zuziehung des Sachverständigen erfolgen soll, somit eine einheitliche

[1] Vgl. dagegen Bay. ObLG. (Rsp. 17 S. 42).

Amtshandlung in Frage kommt. Die Zweckmäßigkeit des Ersuchens hat das ersuchte Gericht nicht nachzuprüfen. Gr.

β) **Zulässigkeit der Beschwerde nach § 656.**

OLG. Braunschweig, FerienZS. Beschluß v. 8. September 1919.

Auf Antrag der Beschwerdeführerin, Tochter des zu Entmündigenden M., hat das Amtsgericht gemäß § 653 ein Ermittlungsverfahren eingeleitet, Zeugen und Sachverständige vernommen und dadurch sowie durch die Antragstellerin die Anregung erhalten, von der von Amts wegen zu beschließenden Maßregel des § 656 Gebrauch zu machen. Es ist darauf eingegangen und hat die Unterbringung des M. in eine Heilanstalt auf 6 Wochen zur Feststellung des Geisteszustandes angeordnet. Auf Beschwerde ist dieser Beschluß wieder aufgehoben. Die weitere Beschwerde ist unzulässig. Das vom Antragsgegner gegen den amtsgerichtlichen Beschluß aus § 654 hergeleitete formelle Bedenken hat das LG. mit Recht zurückgewiesen. Die Begründung (Hahn Mat. 8 S. 129) ergibt, daß die Verhängung der Maßregel des § 656 von der Beobachtung des § 654 nicht abhängig sein soll. Im übrigen würdigt das LG. nur die bisherigen Beweisergebnisse und gelangt dazu, daß noch die Erhebung der weiter angebotenen Beweise nötig sei. Ein Rechtsirrtum ist in diesen Ausführungen nicht zu finden; sie bewegen sich lediglich in dem Rahmen des freien Ermessens, gegen dessen ordnungsmäßige Ausübung keine Beschwerde gegeben ist (RG. 54 S. 349). So wenig daher gegen einen Beschluß des Amtsgerichts, der eine Anregung zur Anordnung der Maßregel des § 656 zurückgewiesen hätte, die Beschwerde zulässig wäre, so wenig kann dies der Fall sein, wenn eine solche Entscheidung erst in der Beschwerdeinstanz getroffen ist (Stein N. V², Seuffert N. 3, 6 zu § 656). W. n.

γ) **Bedeutung und Tragweite des § 658² ZPO.**

OLG. Dresden, 6. ZS. Beschluß vom 22. Februar 1919.

Daß den Antragsteller die Kosten des Verfahrens auf den Entmündigungsantrag treffen, hat das Amtsgericht rechtskräftig ausgesprochen. Dabei hat es zwischen gerichtlichen und außergerichtlichen Kosten nicht unterschieden und die dem § 658 entsprechende Wortfassung gewählt. Um so sicherer ist erkennbar, daß es alle Kosten, die der § 658 dem Antragsteller zu Last zu legen gestattete, diesem hat auferlegen wollen. Hierzu gehören nach der vorherrschenden Rechtsansicht auch die außergerichtlichen Kosten dessen, der entmündigt werden sollte (D. JZ. 22 S. 149, Ann. 33 S. 435; Stein § 658 I). Nun hat der Antrag zwar nur ein Vorverfahren herbeigeführt, insofern das Amtsgericht vor der Einleitung des förmlichen oder Hauptverfahrens die Beibringung eines ärztlichen Zeugnisses erfolglos aufgegeben hatte. Aber sachlich ändert dies an Bedeutung der amtsgerichtlichen Kostenentscheidung nichts. Auch wurde die Antragsgegnerin von dem Schweben des Antrags dadurch unterrichtet, daß sie vor dem Amtsgericht eine längere Aussprache darüber mit dem Antragsteller hatte. Sie nahm hierauf Veranlassung, einen Rechtsanwalt als Beistand zuzuziehen. Hierin betätigte sie sich als am Verfahren Beteiligte, wie sie es infolge des auf ihre Entmündigung wegen Geisteskrankheit gerichteten Antrags von dessen Stellung an war... Ann.

i) α) **Einstellung der Vollstreckung. Beschwerde.**

OLG. Braunschweig, 2. ZS. Beschluß v. 1. Dezember 1919.

Der Beklagte hat bei Einlegung der Berufung beantragt, die Vollstreckung einstweilen einzustellen. Das LG. hat nicht nur diesem Antrage entsprochen, sondern auch angeordnet, daß die erfolgten Vollstreckungsmaßregeln aufzuheben seien, sofern Beklagter eine Sicherheit von 2500 Mark leistet. Dadurch hat es aber gegen § 308[1] verstoßen, der auf Beschlüsse der vorliegenden Art entsprechend anzuwenden ist (Stein § 329 I 1). Die Beschwerde des Klägers ist demnach insoweit statthaft. Sofern es sich übrigens bei der Anordnung etwa um ein mit dem wirklichen Willen des LG. nicht in Einklang stehendes Versehen handelt, hätte es solches berichtigen können: der § 319 ist unbedenklich auf Beschlüsse anzuwenden und selbst nach Einlegung der sofortigen Beschwerde durch § 557[3] nicht ausgeschlossen (Stein § 329 II[3]). W.n.

Dazu: OLG. Rostock, 1. ZS. Beschluß v. 25. September 1919.

Allerdings findet die Beschwerde dann statt, wenn die Einstellung deshalb abgelehnt wird, weil die Voraussetzungen des § 707 (719) nicht vorhanden seien. Hier hat aber das LG. sachlich entschieden; denn es lehnte die beantragte Einstellung gegen Sicherheitsleistung ab, indem es das ihm zustehende freie Ermessen walten ließ, und es hat den Antrag auf Einstellung ohne Sicherheitsleistung zurückgewiesen, weil nicht glaubhaft gemacht sei, daß die Vollstreckung einen nicht zu ersetzenden Nachteil bringen würde. Auch letzteres ist eine Sachentscheidung (Rsp. 18 S. 391). Die am 15. September eingereichte eidesstattliche Versicherung hat das LG. in dem bereits vom 14. September datierten Beschlusse nicht berücksichtigt. Es hätte sie als erneuten Antrag auf Einstellung ohne Sicherheitsleistung ansehen können (Stein a. O.). Daraus, daß es dies nicht getan hat, kann indessen der Beklagte keinen Beschwerdegrund entnehmen, sondern nur einen Anlaß, die Einstellung ohne Sicherheitsleistung nochmals ausdrücklich zu beantragen. J.n.

β) **Anrechnung einer vom Kläger aus § 710 geleisteten Sicherheit auf eine von ihm nach § 713[2] zu leistende.**

OLG. Breslau, 5. ZS. Urteil v. 25. Februar 1920.

Der Kläger hat aus dem ersten Urteil nach geleisteter Sicherheit 15670 Mark beigetrieben. Auf die Berufung der Beklagten ist gemäß § 539 ZPO. die Sache zurückverwiesen. Der Kläger ist vorläufig vollstreckbar zur Rückzahlung der beigetriebenen Summe verurteilt (§ 717), ihm aber nachgelassen, durch Sicherheitsleistung von 16 300 Mark die Vollstreckung abzuwenden. Hierbei war von einer Anordnung abzusehen, daß die aus § 710 bereits geleistete Sicherheit auf die gegenwärtig nach § 713[2] auferlegte Sicherheit anzurechnen sei (Rsp. 21 S. 104). Denn die aus § 717 ergehende Entscheidung ist ein neues selbständiges Urteil. Die im ersten Rechtszuge geleistete Sicherheit haftet überdies für jeden Schaden, der dem Beklagten durch die Vollstreckung entstanden ist. Der Umfang dieses Schadens entzieht sich aber gegenwärtig einer Beurteilung. S. e.

k) **Klage Dritter auf Einwilligung des Ehemannes nach § 1395 BGB.**
OLG. Bamberg, 1. ZS. Urteil vom 4. Juni 1920.

Die Witwe D. hatte ihren Neffen, den Kläger, und ihre Schwägerin zu Erben ernannt und bestimmt, daß der Neffe ihr Anwesen erhalten soll. Nach dem Tode der D. starb noch die Schwägerin und wurde von mehreren Erben, darunter der Frau des Beklagten, beerbt. Als das Anwesen, als dessen Eigentümer alle Erben in Erbengemeinschaft eingetragen sind, auf den Kläger übertragen werden sollte, stimmte dem, gleich den anderen Erben, auch die Ehefrau des Beklagten zu; letzterer versagte jedoch dazu seine Einwilligung. Die Klage auf deren Erteilung ist begründet. Mit dem Tode der D. erwarben deren Erben den Nachlaß gemäß § 1942 BGB. in Erbengemeinschaft zur gesamten Hand. Gegenstand des Erwerbes jedes einzelnen Miterben, also auch der Frau des Beklagten, war nicht etwa ein Teil an jeder einzelnen Nachlaßsache, sondern ein Anteil an der Gemeinschaft. Aber auch dieser Anteil ist ein Vermögensrecht und hat die Natur von eingebrachtem Gut. Setzen sich nun die Erben auseinander, so geben sie diese ihre Rechte auf; jeder einzelne von ihnen verfügt also über ein eingebrachtes Gut. Nach § 1395 BGB. bedarf daher auch die Frau des Beklagten der Einwilligung ihres Mannes dazu, daß sie der Übertragung des Grundbesitzes der D. auf den damit allein bedachten Kläger zustimmte (s. auch Rsp. 8 S. 332.).

Das LG. meint nun aber, daß nur die Frau gegen ihren Mann ein klagbares Recht auf Erteilung seiner Einwilligung habe, nicht aber ein Dritter.... Danach wäre es Sache der Frau, diese Einwilligung herbeizuführen, nötigenfalls zu erzwingen, sei es durch Klage, sei es unter Anrufung des VormGerichts entsprechend dem § 1402 BGB. Ob letzterer Weg, der nur für die Erlangung der Zustimmung des Mannes in „persönlichen" Angelegenheiten der Frau vorgesehen ist, auch für die „vermögensrechtlichen" des § 1395 überhaupt gangbar wäre, erscheint zweifelhaft. Auf jeden Fall würde der Frau zugemutet, gegen ihren Mann in einer Weise vorzugehen, die den häuslichen Frieden dauernd zu gefährden geeignet wäre. Dieses Weges bedarf es aber auch gar nicht, denn es ist nicht einzusehen, warum nicht in entsprechender Anwendung des § 739 ZPO. der Kläger unmittelbar den Beklagten auf Erteilung seiner Einwilligung sollte verklagen können (vgl. Hellwig, Lehrb. 1 § 50 II 1). Die Frau ist auf Grund des Testaments verpflichtet, über ihren Anteil zugunsten des Klägers durch Zustimmung zu dessen Übereignung zu verfügen. Diese Verfügung ist sonach eine der Frau obliegende Leistung, die ihr eingebrachtes Gut betrifft. Verweigert sie nun diese Leistung, so ist der Kläger berechtigt, die Frau auf Leistung, gleichzeitig aber auch ihren Mann selbst auf Duldung der Vollstreckung über eingebrachtes Gut zu verklagen. Da die Frau zur Leistung bereit ist, so bedarf es der

Klage gegen sie nicht. Das hindert aber den Kläger nicht, nunmehr deren Mann allein zu verklagen; denn die Klage des § 739 kann sowohl gegen die Frau, als gegen deren Mann getrennt erhoben und durchgeführt werden (RG. 59 S. 234). M. r.

l) **Zulassung der Vollstreckung gegen Kriegsteilnehmer.**[1]

OLG. Hamburg, 6. ZS. Beschluß v. 17. April 1920.

Da das Amtsgericht die Vollstreckung hinsichtlich aller rückständigen Alimente für zulässig erklärt hat, das LG. aber auf Beschwerde des Schuldners nur hinsichtlich der seit 2. Februar 1920 fällig gewordenen Beträge, so ist die weitere Beschwerde der Gläubigerin gemäß § 568 zulässig. Sie ist auch zu einem Teile begründet. Denn da die Gläubigerin seit Anfang 1919 keine Kriegsunterstützung bezieht, während der Schuldner seit Beendigung des Krieges sein Geschäft wieder betreibt, hätte er ihr mindestens seit Anfang 1919 die ihr rechtskräftig zugesprochenen Alimente zahlen müssen. Daß er sich dieser Verpflichtung entzogen hat, ist auch dadurch, daß er nach der Heimkehr sein Geschäft hat neu aufbauen müssen, nicht hinreichend entschuldigt. Es erscheint daher nach den Umständen des Falles offenbar unbillig, für die seit Anfang 1919 aufgelaufenen Alimente die Bewilligung der Vollstreckung zu versagen (§ 2 der V. vom 17. Juni 1919, RGBl. S. 521). Anders liegt die Sache, soweit die bis 1919 fällig gewordenen Unterhaltsraten in Frage kommen. Denn während des Krieges hat die Gläubigerin Kriegsunterstützung erhalten und der Schuldner, da er eingezogen war, sein Geschäft nicht ordentlich betreiben können. Es würde eine Härte für ihn bedeuten, wenn er jetzt für die ganze Kriegszeit die Alimente nachbezahlen sollte.

Der Wert des Streitgegenstandes ist nach § 3 der Verordnung vom 14. Dezember 1918 (RGBl. 1918 S. 1427) nach freiem Ermessen, jedoch höchstens auf den zwanzigsten Teil des Wertes des zur Vollstreckung stehenden Anspruchs festzusetzen. Hiernach erscheint eine Festsetzung von 60 bis 120 Mark angemessen. M. M.

m) **Kosten des Verwaltungszwangsverfahrens.**

Kammergericht, 2. ZS. Urteil v. 23. April 1920.

Soweit der Kläger die Erstattung der Kosten der im Verwaltungszwangsverfahren erfolgten Beitreibung begehrt, ist der Rechtsweg unzulässig. Denn nach § 2² V. vom 15. November 1899 ist wegen vermeintlicher Mängel des Verfahrens nur die Beschwerde an die vorgesetzte Dienstbehörde des Beamten, dessen Verfahren angefochten wird, zulässig und die unberechtigte Einziehung von Beitreibungskosten gehört zu den Mängeln des Verfahrens. Auch der Kompetenzgerichtshof hat die Unzulässigkeit der gerichtlichen Entscheidung in dieser Beziehung angenommen (Stoelzel, Rsp. Nr. 2073/8). Fr.

---

[1] Die durch die V. v. 17. Juni 1919 erforderte Bewilligung des Vollstreckungsgerichts kann ebenso wie die in § 750 festgestellten Voraussetzungen nachgeholt werden (OLG. Karlsruhe, 1. ZS. Beschluß v. 29. Januar 1920; BadRpr. S. 15). A. A KG., 8. ZS. am 24. März 1919 (JW. S. 513) u. Zülzer (das. 990).

n) **Anwendung des § 767: α) bei Arrest ꝛc.**

OLG. München, 2. ZS. Beschluß v. 9. April 1920.

Die Antragstellerin hat gegen ihren Mann eine einstw. Verfügung, wonach ihr Mann zur Durchführung des Scheidungsprozesses einen Kostenvorschuß von 400 Mark zu bezahlen hat, erwirkt und durch Pfändung vollstrecken lassen. Der Mann hat Widerspruch erhoben, weil die Antragstellerin die Mietzinsen der zu ihrem Eingebrachten gehörigen 2 Häuser mit 750 Mark unberechtigt vereinnahmt und er sofort nach Zustellung der Verfügung gegen die Kostenvorschußforderung mit seinem Anspruch auf Rückerstattung jener Mieten aufgerechnet habe. Den Antrag des Mannes, die Vollstreckung hinsichtlich des Kostenvorschusses einzustellen, hat das LG. zurückgewiesen, da der Schuldner mit Einwendungen, die den Anspruch selbst betreffen, „ausschließlich auf den Weg des § 927 angewiesen ist". Diese Annahme ist jedoch nicht gerechtfertigt . .

Für sie wird zunächst vorgebracht, daß eine einstw. Verfügung keinen „Anspruch" im Sinne des § 767 „feststelle". Dieser Grund berücksichtigt jedoch zu einseitig den Wortlaut des § 767; es wird übersehen, daß durch § 795 die Vollstreckungsgegenklage auch gegenüber Schuldtiteln gegeben ist, bei denen von der „Feststellung" eines Anspruchs nicht die Rede sein kann besonders gegenüber Urkunden, die über einen Anspruch „errichtet" sind und die Zahlung einer bestimmten Geldsumme „zum Gegenstand haben". Hieraus ist zu entnehmen, welche Bedeutung der Wortfassung auch des § 767 beizumessen ist. Es wird auch nicht in Betracht gezogen, daß es einstw. Verfügungen gibt, durch welche tatsächlich ein Anspruch in einer Weise geschaffen wird, „daß durch ihren Vollzug ein der Anspruchserfüllung gleichkommender Zustand herbeigeführt wird"; es ist dies gerade bei Verfügungen gemäß §§ 627, 940 der Fall, durch die der Gegner zur Zahlung bestimmter Geldbeträge zum Unterhalt der Antragstellerin und eines ziffermäßig festgesetzten Kostenvorschusses angehalten wird, ein Gesichtspunkt, der namentlich in Rsp. 26 S. 381 sehr zutreffend hervorgehoben ist.

Aber auch der zweite Grund, daß die vorläufige Einstellung dem Sinne und Zwecke der Verfügung widerspreche, ist nicht stichhaltig; er mag vielfach zutreffen, grundsätzliche Gültigkeit kann er indes nicht beanspruchen; es machen besonders wieder die Verfügungen nach §§ 627, 940 eine Ausnahme, „bei denen im Wege vorweggenommener Vollstreckung dem Antragsteller vorweg volle Befriedigung gewährt wird". Es ist nicht einzusehen, warum es gegen den Zweck einer solchen auf Zahlung einer bestimmten Geldsumme gerichteten Verfügung verstoßen soll, ihren Vollzug in einem Fall einzustellen, in welchem der Antragsteller etwa durch freiwillige Befriedigung das erhalten hat, was ihm die Verfügung verschaffen sollte oder in dem hier zu entscheidenden Fall, in welchem die Antragstellerin bereits 750 Mark aus den dem Gegner zukommenden Mitteln sich zu verschaffen gewußt hat, wozu sie, wenn die Vollstreckung nicht eingestellt wird, noch die durch die Verfügung „festgestellten"

400 Mark beitreiben würde. Dem Zwecke der einstweiligen Verfügung wird schon dadurch hinreichend Rechnung getragen, daß es in § 769 in das Ermessen des Prozeßgerichtes gestellt ist, ob es die Einstellung der Vollstreckung anordnen soll, so daß in allen Fällen, in denen sie sich mit dem Inhalt der Verfügung oder der Sachlage nicht verträgt, sie pflichtgemäß versagt werden kann. Im übrigen ist dieser zweite Grund schon wegen der positiven Vorschrift der §§ 928, 936 hinfällig, der ebenso, wie § 795 gegenüber den Vollstreckungstiteln aus § 794, gegenüber der Vollziehung von Arresten ꝛc die Anwendung der allgemeinen Bestimmungen über die Zwangsvollstreckung ausdrücklich anordnet. Es ist nicht gerechtfertigt, wenn vielfach (zB. Stein, Seuffert) bei den Schuldtiteln des § 794 die Vollstreckungsgegenklage aus § 767 zugelassen, dagegen trotz der positiven Vorschrift des Gesetzes, das für die §§ 767, 769 keine Ausnahme macht, bei Arresten ꝛc zum Teil ohne jede Begründung Einwendungen, die den materiellen Anspruch betreffen, in das Widerspruchsverfahren nach § 924 oder gar in jenes nach § 927 verwiesen wird, womit vielfach, wie gegenwärtiger Fall zeigt, für den Gegner nichts zu erreichen sein wird. Es hat deshalb das RG. (JW. 1902 S. 23) mit Recht zur Begründung seiner Entscheidung, daß „auch wo es sich um zwangsweise Durchführung einer einstw. Verfügung handelt, §§ 767, 769 zur Anwendung komme", sich einfach auf §§ 928, 936 berufen. Der Einwand des Gegners ist nun sachlich nichts anderes als die hiernach zulässige Vollstreckungsgegenklage. Der Einwand ist erst nach Zustellung der Verfügung entstanden (§§ 387, 389 BGB.). Das angegangene Gericht ist zuständig. Auch ist die erbetene Einstellung geboten.... H. n.

β) **bei Urteilen auf Vorlegung von Bilanzen.**

Kammergericht, FerienZS. Beschluß v. 22. Juli 1919.

Die beklagte GmbH. ist 1918 rechtskräftig verurteilt worden, ihre Bilanzen für die Geschäftsjahre 1916 u. 1917 dem Kläger vorzulegen. Dieser hat nunmehr beantragt: gemäß § 888 eine Geldstrafe festzusetzen. Die Beklagte wendet ein, sie habe ihm am 7. April 1919 die Bilanzen vorgelegt, die durch die Gesellschafterversammlung vom 20. Januar 1919 genehmigt worden seien. Der Kläger hat erwidert, daß diese Versammlung, zu der er nicht eingeladen sei, obwohl er einen Geschäftsanteil von 50000 Mark habe, keine wirksamen Beschlüsse habe fassen können. Das LG. hat den Antrag zurückgewiesen. Allein der Einwand der Beklagten, sie habe den Urteilsanspruch durch Vorlegung von Bilanzen erfüllt, ist eine Einwendung, die den durch das Urteil festgestellten Anspruch selbst betrifft; sie ist mithin im Vollstreckungsverfahren unbeachtlich. Die Vollstreckung muß, wenn der Gläubiger darauf besteht, so lange fortgesetzt werden, bis der Schuldner ein Urteil erwirkt, das die Vollstreckung für unzulässig erklärt, oder bis er eine Einstellung der Vollstreckung nach § 769 nachweist. Für die gegenteilige Meinung ergibt sich aus den §§ 888 ff. nichts. Auch die Rechtsprechung läßt sich dafür nicht verwerten. Das OLG. München (Rsp. 29 S. 253) führt aus, daß der

Schuldner den Einwand der Erfüllung nach § 767 geltend zu machen habe. Wenn das RG. (JW. 1915 S. 235) eine Strafandrohung zur Erzwingung vollständiger Rechnungslegung zuläßt und damit die Erörterung der Erfüllung im Falle der Rechnungslegung im Vollstreckungsverfahren gestattet, so kann dahingestellt bleiben, ob diese Auffassung auch auf die Vervollständigung einer Bilanz auszudehnen ist. Denn hier handelt es sich nicht darum, ob in die Bilanz noch weitere Posten aufzunehmen sind, sondern ob die Bilanzen durch die Gesellschafterversammlung vom 20. Januar 1919 wirksam genehmigt sind. Dieser Streit kann aber nicht im Vollstreckungsverfahren ausgetragen werden. K. ff.

o) **Widerspruchsklage: α) des Abzahlungsverkäufers, der die vom Gläubiger angebotene Zahlung ablehnt.**[1]

OLG. Stuttgart, 1. ZS. Urteil v. 21. Juni 1918.

Die auf Antrag der Beklagten bei ihrem Schuldner X. gepfändeten Möbel hat der Kläger auf Abzahlung verkauft und auf den Kaufpreis noch 550 Mark zu fordern, die die Beklagte zur Zahlung anbot. Auf Weisung des X. hat jedoch der Kläger dieses Angebot abgelehnt und Widerspruchsklage erhoben. Diese ist unbegründet. Allerdings stand es im Belieben des Klägers, ob er die Zahlung der 550 Mark annehmen oder wegen des Widerspruchs seines Schuldners ablehnen wollte. Durch die Ablehnung übte er nur das Recht des § 267 BGB. aus. Dagegen erscheint es mißbräuchlich, daß er nunmehr Rechtsschutz für sein Eigentum an den Pfandstücken begehrt, sonach, da er es zu keinem andern Zweck als zur Sicherung des Kaufpreises sich vorbehalten hat, Rechtsschutz für diese Forderung verlangt, deren Befriedigung er durch die Ablehnung der angebotenen Zahlung selbst vereitelt hat, ohne besondere Gründe dafür geltend machen zu können, daß er an dem Fortbestehen seiner Forderung gegen X. ein größeres Interesse gehabt hätte, als an deren Befriedigung. Hiernach war die Klage wegen mangelnden Rechtsschutzinteresses von Haus aus unbegründet. Auch ein schutzwürdiges Interesse seines Käufers, das der Kläger als Verkäufer zu wahren Veranlassung gehabt hätte, ist nicht anzuerkennen. Denn es ist nicht einzusehen, warum der Käufer, der mit Abzahlungen im Rückstand ist, gegen Pfändungen besser geschützt sein soll, als der Käufer, der seinen Verbindlichkeiten nachgekommen und damit Eigentümer der gekauften Sachen geworden ist.... S.

β) **Besitz als ein die Veräußerung hinderndes Recht.**

OLG. Königsberg, 2. ZS. Urteil v. 4. März 1920.

Der Kläger ist auf Grund des mit S. geschlossenen Pachtvertrags und des Inventarkaufs in den Besitz der gepfändeten Sachen gelangt. Er hat den Besitz nicht dadurch verloren, daß er die Sachen nach A. schaffen ließ,

[1] Läßt ein Gläubiger des Vermögensübergebers (BGB. § 419) aus dem gegen diesen erwirkten Schuldtitel Fahrnisse des übergebenen Vermögens pfänden, so ist der Übernehmer zur Klage aus § 771 nicht berechtigt, es kann ihm vielmehr entgegengehalten werden, daß er schuldrechtlich die Vollstreckung in die ihm übereigneten Gegenstände dulden müsse; vgl. JW. 1912 S. 347, Warn. 5 Nr. 158 (OLG. Karlsruhe, 1. ZS. Urteil v. 9. April 1919). Sch.

um sie dort zu verkaufen; ebensowenig durch die Unterstellung bei S., da sie nur ganz vorübergehend war und die Wartung und Beaufsichtigung des Viehs durch die eigenen Leute erfolgte. Der Besitz genießt Schutz gegenüber jedem, der ohne den Willen des Besitzers in ihn eingreift, es sei denn, daß er dem Eingreifenden gegenüber fehlerhaft ist (BGB. § 858). Die Ansicht der Beklagten, daß den Schutz des § 771 nur der genieße, der dem Eigentümer gegenüber ein Recht zum Besitz habe, ist nicht zutreffend. Denn auch der Eigentümer muß den Besitz beachten, falls nicht ihm gegenüber der Besitzer fehlerhaft besitzt; man würde also an seinem Vermögen dem Gläubiger mehr Rechte einräumen, wollte man den bloßen Besitz nach § 771 nicht schützen, während doch gerade der Grundgedanke des § 771 der ist, dem Gläubiger nicht mehr Rechte am Vermögen des Schuldners zu geben als diesem selbst zustehen (Stein § 771 II 1b; RG. 34 S. 425, 38 S. 399). Aber selbst wenn man den bloßen Besitz nicht für ein die Veräußerung hinderndes Recht ansieht, ist die Klage begründet. § 771 will verhüten, daß sich der Gläubiger aus anderen Gegenständen befriedigt als solchen, die dem freien Vermögen des Schuldners angehören. Rechte Dritter, die entweder die Zugehörigkeit der Pfandstücke zum Schuldnervermögen ganz ausschließen, wie das Eigentum, oder die vor der Pfändung erworben sind, sollen nicht geschädigt werden. Wie sich aus der Fassung „ein die Veräußerung hinderndes Recht" ergibt, soll dabei das Kennzeichen das sein, ob der Schuldner selbst imstande wäre, durch eine ordnungsmäßige Veräußerung in das Recht des Dritten einzugreifen. Der Grundgedanke ist offenbar der, daß, wer den Schuldner hindern kann, den Gegenstand zu veräußern, es auch dem Gläubiger gegenüber tun kann. Es wird daher auf das Verhältnis des Dritten zum Schuldner ankommen, soweit man nicht schon die äußere Erscheinungsform des Rechts, wie oben beim Besitz geschehen, schützen will. Hier besitzt der Kläger die Sachen auf Grund des Kaufvertrags, er ist also dem Schuldner S. gegenüber zum Besitz berechtigt und hat überdies ein Anwartschaftsrecht darauf, die Sachen durch Bezahlung des Kaufpreises — bis zu der der Verkäufer sich das Eigentum vorbehalten hatte — als Eigentum zu erwerben, ein Recht, das vererblich und veräußerlich ist. Er ist in der Lage, eine Veräußerung durch S., die nur nach § 931 BGB. erfolgen könnte, praktisch dadurch zu entwerten, daß er dem Erwerber die Einreden aus seinem Besitzrecht gemäß § 986² BGB. entgegensetzt. Sein Anwartschaftsrecht ist ferner besonders durch § 161 BGB. gegen Veräußerung geschützt; jede Veräußerung wäre unwirksam, sobald er den Kaufpreis vollständig bezahlt. Er besitzt also in seinem Besitz und in seinem Anwartschaftsrecht ein die Veräußerung hinderndes Recht. Th.

γ) **Einstellung der Teilungsversteigerung (ZVG. § 180) durch einstweilige Anordnung oder Verfügung?** [1]

[1] Der Pfändungsgläubiger kann die gemäß § 771³, 769² zur Aufhebung der Pfändung bestellte Sicherheit nur in dem Umfange beanspruchen, in welchem ihm die Verwertung der

Kammergericht, 14. ZS. Urteil v. 23. März 1920.

1911 haben der Antragsteller 2, der Antragsgegner 1 und der 1918 verstorbene und vom Antragsgegner 2 beerbte A. eine Gesellschaft des bürgerlichen Rechts zum Erwerbe, zur Verwaltung und Veräußerung des Grundstückes Nr. 9 gebildet und sind nach dessen Erwerb als Gesellschaft in das Grundbuch eingetragen worden. Am 30. März 1912 haben sie mit dem Antragsteller 1 ein notarielles Abkommen geschlossen, in welchem A. seine Ansprüche aus dem Gesellschaftsvertrag ihm abtrat und die beiden anderen Gesellschafter ihr Einverständnis erklärten, daß er anstelle des A. in die Gesellschaft eintrete. Eine Berichtigung des Grundbuchs ist nicht herbeigeführt. 1919 wurde auf Antrag der Gegner, die die Gesellschaft durch den Tod des A. für aufgelöst halten, die Zwangsversteigerung des Grundstücks zur Aufhebung der Gemeinschaft angeordnet. Dies erachten die Antragsteller für unzulässig, da durch das Abkommen von 1912 der Antragsteller 1 anstelle des A. Gesellschafter geworden sei. Sie haben die Einstellung der Zwangsversteigerung gemäß § 769 ZPO., hilfsweise durch einstw. Verfügung beantragt. Das LG. hat letztere erlassen und auf Widerspruch bestätigt. Die Berufung ist begründet. . . . Indem die Antragsteller als Teilhaber der nach ihrer Ansicht noch bestehenden Gesellschaft der Zwangsversteigerung widersprechen, machen sie ein der Versteigerung entgegenstehendes Recht geltend, auf das sich die in § 37 Nr. 5 ZVG. vorgeschriebene Aufforderung bezieht. Da dieses Recht, weil das Abkommen von 1912 zu einer Berichtigung des Grundbuchs nicht geführt hat, aus diesem nicht ersichtlich ist, ist § 28 ZVG. nicht anwendbar, vielmehr sind die Antragsteller auf die Widerspruchsklage des § 771 angewiesen. Diese wird nicht dadurch ausgeschaltet, daß es sich um eine Teilungsversteigerung handelt; denn auf sie finden nach § 180 ZVG. die Vorschriften der Abschnitte 1, 2 des ZVG. entsprechende Anwendung. Es ist daher nicht gerechtfertigt, die jene Versteigerung hindernden Rechte Dritter prozeßrechtlich andern als den für die Versteigerung durch Zwangsvollstreckung anerkannten Regeln zu unterwerfen (Jaeckel-Güthe § 181[4], Niedner § 180[2], Wolff § 180[1] ZVG.). Stellt sich aber die Klage, durch die die Antragsteller ihr Recht zu verfolgen haben, als eine Widerspruchsklage dar, so ist auf entsprechenden Antrag nur die Einstellungsanordnung des Prozeßgerichts gemäß §§ 771[3], 769 gegeben. Die Schaffung dieses besonderen, von der einstw. Verfügung sich nach Voraussetzungen, Inhalt und Wirkung scharf unterscheidenden Rechtsbehelfs schließt den Erlaß einer demselben Zweck dienenden einstw. Verfügung aus (Stein vor § 704 VI 5, Falkmann Zwangsv. S. 338). Das LG. hat nunmehr zu dem in erster Linie beantragten Erlaß einer Anordnung nach § 769 Stellung zu nehmen. L. b.

p) **Anwendung des § 785 im Falle des § 1990 BGB.?**

OLG. Rostock, 1. ZS. Beschluß v. 12. Januar 1920.

Pfandstücke bei Durchführung der Zwangsvollstreckung Befriedigung verschafft hätte (OLG. Stettin, 1. ZS. Urteil v. 27. Okt. 1917). Vgl. RG. 86 S. 89, Stein § 769.

Der Gläubiger hat einen Vollstreckungstitel gegen den verstorbenen A. Auf Antrag der Witwe A. als Alleinerbin hat das Amtsgericht den Nachlaßkonkurs eröffnet, ihn aber wegen Mangels an Masse wieder eingestellt. Der Gläubiger hat gegen die Witwe als Rechtsnachfolgerin ihres Mannes Vollstreckungsklausel erwirkt und nach fruchtloser Vollstreckung sie zum Offenbarungseide gemäß § 807 geladen. Sie hat sich, da sie nicht persönlich hafte, nur zur Leistung eines Eides über den Bestand des Nachlasses bereit erklärt. Das Amtsgericht hat den Widerspruch für berechtigt erklärt, das LG. dagegen ihn verworfen. Die weitere Beschwerde ist begründet. Es liegt der Fall des § 1990 BGB. vor, wonach die Befriedigung eines Nachlaßgläubigers insoweit verweigert werden darf, als der Nachlaß nicht ausreicht. Aus diesem Verweigerungsrecht folgt weiter das Recht des Erben, dem Gläubiger die Inanspruchnahme des eigenen Vermögens zu verwehren. Die Verpflichtung des Erben beschränkt sich darauf, den Nachlaß herauszugeben zur Befriedigung des Gläubigers im Wege der Zwangsvollstreckung. Wenn auch in diesem Falle der Erbe die Beschränkung seiner Haftung nur dann geltend zu machen berechtigt ist, wenn ihm diese Beschränkung besonders vorbehalten ist, so steht doch fest, daß dem im § 780 ZPO. allein erwähnten Vorbehalt im Urteil selbst der Fall gleichsteht, wo wie hier erst nachträglich die Klausel gegen den Erben des im Urteil bezeichneten Schuldners erteilt ist. Diese Grundsätze hat auch das LG. nicht verkannt. Es glaubt aber auf Grund der formalen Vorschriften der ZPO. im gegenwärtigen Stande des Verfahrens den Widerspruch der Erbin nicht berücksichtigen zu können. Diese Bedenken sind zwar an sich begründet. Nach § 785 ZPO. sind die Einwendungen, die der Erbe aus seiner Haftungsbeschränkung im Vollstreckungsverfahren und also auch aus Anlaß des von ihm geforderten Offenbarungseides gegen den Anspruch des Gläubigers erhebt, im Wege der §§ 767, 769, 770 geltend zu machen (Rsp. 11 S. 99, 108; 19 S. 4; 35 S. 177). Indessen ist hier doch die Sachlage besonders geartet. Bei dem Vollstreckungsgericht ist auch der wegen Mangels an Masse eingestellte Nachlaßkonkurs anhängig gewesen, ihm ist also bekannt, daß die Voraussetzungen des § 1990 BGB. vorliegen. Es weiß daher, daß die Erbin mit Recht den Zugriff des Gläubigers in das eigene Vermögen abwehrt und daß der Gläubiger von ihr mit Unrecht die Offenbarung ihres eigenen gesamten Vermögens verlangt. Gegenüber diesem offenkundig rechtswidrigen Begehren wäre es ein nicht zu rechtfertigender Formalismus, wenn das Gericht die Erbin auf den Weg der Vollstreckungsgegenklage verweisen und, falls sie nicht rechtzeitig die Einstellung der Vollstreckung gemäß § 769 erwirkt, gegen sie den bereits vom Gläubiger beantragten Haftbefehl zur Erzwingung eines sachlich nicht berechtigten Offenbarungseides erlassen wollte. Die formale Vorschrift über das Verfahren findet ihre Schranke in der gerichtskundigen Unbegründetheit des Verlangens des Gläubigers. J.n.

q) **Auflage oder Entscheidung?**

OLG. Hamburg, 6. ZS. Beschluß v. 26. Februar 1920.

Die Auflage des Amtsgerichts, nach der der Beschwerdeführer vorgängig glaubhaft zu machen hat, daß der Schuldner unpfändbar sei, stellt sich nicht als eine „Entscheidung" des § 793 dar, enthält auch noch keine, sei es auch nur zeitweise, Zurückweisung eines das Verfahren betreffenden Gesuches (§ 567), sondern bereitet die erst in Zukunft zu treffende Entscheidung lediglich vor; sie hat nur die Bedeutung einer prozeßleitenden Verfügung. Der Gläubiger wird durch die Erklärung, daß er eine anderweitige Glaubhaftmachung nicht beibringen könne oder wolle, unter Aufrechterhaltung seines Antrags die der sofortigen Beschwerde unterliegende Entscheidung des Amtsgerichts herbeiführen müssen. Da seine Beschwerde sonach mit Recht für unzulässig erklärt ist, bedarf es keines Eingehens darauf, ob nicht die Rechtsauffassung des Amtsgerichts auch materiell nach dem Pfandprotokoll als gerechtfertigt anzusehen wäre (Stein § 807 II 4a S. 4). M. M.

r) **Persönliche Fortsetzung der Erwerbstätigkeit (§ 811 Nr. 5).**

α) OLG. München, 3. ZS. Beschluß v. 4. Dezember 1919.

Der Schuldner ist Pferdedresseur; er hat Pferde einzufahren und einzureiten. Er erhält eine Entlohnung, wenn die Pferde als gut eingefahren und eingeritten verkauft werden. Zum Einfahren bedarf er des gepfändeten Wagens. Der Schuldner zieht somit aus einer persönlichen Leistung seinen Erwerb. Hierbei ist nicht von Belang, ob er die Entlohnung sofort oder später, unbedingt oder im Falle des Verkaufs der Pferde erhält. Der Wagen ist dem Schuldner als einziges ihm zur Verfügung stehendes Fahrzeug zur persönlichen Fortsetzung seiner Erwerbstätigkeit unentbehrlich. H. n.

β) OLG. Frankfurt, 2. ZS. Beschluß v. 12. Dezember 1919.

Der Gläubiger hat beim Beschwerdeführer eine Kraftdroschke im Wert von 15000 Mark gepfändet. Das Amtsgericht hat der Erinnerung aus § 811 Nr. 5 stattgegeben. Das LG. hält eine Kraftdroschke, auch wenn sie vom Fuhrherrn persönlich gefahren wird, im Hinblick auf § 811 Nr. 5 für pfändbar, weil die persönliche Tätigkeit hinter der sachlichen Ausnutzung des angelegten Kapitals zurücktrete. Diese Ansicht entspricht dem Gesetz und der Rechtsprechung (vgl. auch KGBl. 1912 S. 5; Rsp. 29 S. 241). U. r.

s) **Hat der Gerichtsvollzieher die Parteien von der Versteigerung besonders zu benachrichtigen?**

OLG. München, 1. ZS. Urteil v. 11. Juni 1919.

Das Gesetz gibt weder dem Schuldner noch dem Gläubiger einen Anspruch auf Benachrichtigung von der Versteigerung. Zwar macht § 112³ der Geschäftsanweisung vom 28. April 1900 dem Gerichtsvollzieher zur Pflicht, wenn der Versteigerungstermin nicht sogleich bei der Pfändung angesetzt wird, „tunlichst dafür zu sorgen", daß der Schuldner sowie der Gläubiger von der Zeit und dem Orte der Versteigerung Kenntnis erhalten. Aber schon dieser Wortlaut und der Zusatz „die Benachrichtigung kann durch einen gewöhnlichen Brief erfolgen" zeigen, daß der Gerichtsvollzieher nicht auf jede nur erdenkliche Weise für eine Benachrichtigung zu sorgen hat, sondern daß es genügt, wenn er die Schritte tut, die gewöhnlich zum Ziele führen. Hiernach bemißt sich auch die Sorgfalt, mit der er festzustellen hat, wer als Gläubiger zu benachrichtigen ist, für wen die zu versteigernden Sachen gepfändet sind. Hier hat der Gerichtsvollzieher es in dieser Hinsicht bei der Pfändung von Ende 1912 nicht an der nötigen Sorgfalt fehlen lassen.... Aber selbst wenn man die behauptete Pflichtverletzung bejahen wollte, könnte sie nicht als Ursache eines Vermögensschadens des Klägers angesehen werden. Denn dessen Prozeßbevollmächtigter X. hat von der bevorstehenden Versteigerung auf eine nicht aufgeklärte Weise spätestens eine halbe Stunde vorher Kenntnis gehabt und sich mit ihr einverstanden erklärt. Er hat die Frage des Gerichtsvollziehers, ob er der Abhaltung der Versteigerung widerspreche, verneint und erklärt, er verlange nur, daß der Erlös für seinen Auftraggeber hinterlegt werde. Das Gericht ist überzeugt, daß er das nicht deshalb getan hat, weil ihm der Zeitraum von 1/2 Stunde zu kurz erschien, um eine Einstellung der Vollstreckung zu erwirken; denn nach der Frage des Gerichtsvollziehers durfte er damit rechnen, daß dieser bei einer bejahenden Antwort nicht ohne weiteres mit der Versteigerung begonnen, sondern sich voraussichtlich erst mit seinem Auftraggeber D. ins Benehmen gesetzt hätte; bei der großen Menge der zu versteigernden Sachen und der sich hieraus ergebenden Dauer der Versteigerung hätte ein Versuch, die Hinausschiebung der Versteigerung zu erwirken, immer noch Sinn und Zweck gehabt. Er wäre ohne Zweifel auch unternommen worden, wenn sich X. einen Erfolg davon hätte versprechen können. Allein der Kläger war aus Mangel an Mitteln nicht in der Lage, bei der Versteigerung mitzubieten und deren Ergebnis zu seinen Gunsten zu beeinflussen oder sie durch Abfindung des D. zu verhindern. H. n.

t) **Bedeutung der Erklärung des § 840 Nr. 1.**

Kammergericht, 7. ZS. Urteil v. 24. Oktober 1919.

Das Schreiben des Beklagten stellt nicht die nach § 840 bei Zustellung des Pfändungsbeschlusses abzugebende Erklärung dar, ist vielmehr bereits die Antwort auf die Zustellung der Pfändungsankündigung. Die Entscheidungen (RG. 29 S. 338, 41 S. 420) können daher hier nicht herangezogen werden. Die Bedeutung des Anerkenntnisses im Rahmen des § 840 ist eben die, daß sich der Drittschuldner bindet, keinerlei Einwendungen geltend zu machen. Hier hat aber der Beklagte auf die Pfändungsankündigung nur mitgeteilt, das Kapital könne vom Kläger gegen Quittung bei ihm in Empfang genommen werden. L. n.

u) **Pfändung von Beihilfen und Zulagen eines Beamten zugunsten seines ehelichen Kindes.**

OLG. Stuttgart, 2. ZS. Beschluß v. 4. März 1920.

Auf Antrag des Pflegers des minderjährigen Sohnes des Schuldners beschloß das Amtsgericht, daß wegen der auf 11. November 1919 verfallenen Unterhaltungsrente von 360 Mark der dem Schuldner gegen den württ. Fiskus zustehende Dienstlohnanspruch einschließlich Zulagen nach § 1 VO. über Lohnpfändung vom 25. Juni 1919 [vgl. dazu Ges. v. 10. August 1920, RGBl. 15 S. 2] gepfändet werde. Mit Unrecht hat das LG. die Pfändung für unzulässig erklärt. Es handelt sich um den Gehalt eines Beamten im Sinn des § 850 Nr. 8. Nach Abs. 4 S. 1 war es deshalb nicht zutreffend, daß das Amtsgericht die Pfändung nach dem angeführten § 1 beschränkte, jedoch muß es dabei verbleiben, weil sich keine Partei hierüber beschwerte.

Streit herrscht nur darüber, ob sich der Schuldner die Pfändung der Zulagen gefallen lassen muß. Er bezieht nämlich eine tägliche Teuerungszulage von 8 Mark, eine jährliche Kinderzulage von 360 Mark und ein tägliches Kleidergeld von 1 Mark. Letzteres ist jedenfalls nicht pfändbar, weil es unter den Dienstaufwand des § 850[5] fällt. Bezüglich der Teuerungs- und der Kinderzulage beruft sich der Schuldner vergeblich auf § 1 der Bek. vom 2. Mai 1918 (RGBl. S. 382). Wenn auch das Pfändungsverbot dieses § 1 ganz allgemein lautet und dritten Gläubigern gegenüber streng anzuwenden ist, so widerspricht es doch dem Sinn und dem Zweck der Bek., sie auch zum Nachteil derjenigen Pfändungsgläubiger anzuwenden, zu deren Gunsten die Beihilfen und Zulagen bewilligt werden. Die Teuerungszulage wurde dem Schuldner nicht bloß wegen seiner eigenen Person, sondern auch zur Aufrechterhaltung einer standesgemäßen Lebenshaltung der Familie einschließlich der von ihm zu unterhaltenden ehelichen Kinder bewilligt und die Kinderzulage wird ihm vollends unmittelbar im Hinblick auf den Pfändungsgläubiger gewährt. S.

v) **Pfändung des Anteils an einer Gemeinschaft und des Anspruchs auf ihre Aufhebung.**

Kammergericht, 1. ZS. Beschluß v. 24. Oktober 1918.

Miteigentümer des Grundstücks sind A. zu $^5/_8$ und seine sechs Kinder zu je $^1/_{16}$. Der Beschwerdeführer hat wegen einer vollstreckbaren Forderung gegen A. „den Anteil des Schuldners an der zwischen diesem und seinen Kindern bestehenden Gemeinschaft, insbesondere dessen Anspruch auf Auseinandersetzung“ pfänden und sich überweisen lassen. Sein Antrag, dies im Grundbuche zu vermerken, wurde zurückgewiesen. Die weitere Beschwerde ist schon deshalb begründet, weil das LG. es an tatsächlichen Feststellungen hat fehlen lassen und sich auf zwei lediglich Rechtsausführungen enthaltende Sätze beschränkt. Bei der anderweiten Entscheidung wird zu erwägen sein: Die Zulässigkeit der Pfändung wird zu verneinen sein, soweit es sich um den Anteil des Schuldners an der Gemeinschaft handelt, weil in den Bruchteil eines Grundstücks nach §§ 864[2], 866[1] ZPO. ausschließlich durch Eintragung einer Sicherungshypothek, durch Zwangsversteigerung (-verwaltung) vollstreckt werden darf, aber nicht nach § 857 (Stein ZPO. § 857 III, Jäckel-Güthe ZVG. § 161[7]). Allerdings geht § 751 von der Zulässigkeit der Pfändung des Anteils aus. Dabei kann aber mit Rücksicht auf §§ 864, 866 an eine Gemeinschaft an Grundstücken nicht gedacht worden sein. RG. 90 S. 232

besagt nichts Gegenteiliges; es behandelt die Frage, ob das Pfandrecht an dem Anteil eines Miterben am ungeteilten Nachlaß auf ein Nachlaßgrundstück eingetragen werden kann, und geht davon aus, daß an jenem Anteil ein Pfandrecht gemäß §§ 1273/4 BGB. wirksam bestellt werden kann. Das ist richtig und ebenso ergibt sich die Zulässigkeit der Pfändung des Anteils eines Miterben am Nachlaß aus § 859² ZPO., auch wenn zum Nachlaß ein Grundstück gehört. Aber diesem Pfandrecht unterliegt nicht der einzelne Nachlaßgegenstand, sondern das Recht des Miterben an dem Nachlaß als einem Inbegriff von Rechten und Pflichten (RG. 84 S. 396, 90 S. 235), während hier eine Gemeinschaft lediglich insofern besteht, als der Schuldner und seine Kinder Miteigentümer des Grundstücks sind. Daher würde die Pfändung des Anteils des Schuldners an dieser Gemeinschaft nichts anderes als die Pfändung des ihm am Grundstück zustehenden Bruchteilseigentums als solchen bedeuten, in den Bruchteil eines Grundstücks kann aber nur auf den für die Vollstreckung ins unbewegliche Vermögen vorgeschriebenen Wegen vollstreckt werden. Allerdings entstehen aus der Gemeinschaft für die Teilhaber gegenseitige Rechte und Pflichten; insbesondere kann jeder Teilhaber von den andern beanspruchen, daß sie ihn zur Teilnahme an Besitz, Gebrauch und Nutzungen zulassen (§§ 743/4, 748); auch kann er die Aufhebung der Gemeinschaft verlangen (§§ 749ff.). Da diese schuldrechtlichen Ansprüche nach allgemeinen Grundsätzen pfändbar sind, so fragt sich, ob die Pfändung des Anteils an einer Gemeinschaft nicht in dem Sinn aufgefaßt werden kann, daß als ihr Gegenstand die gesamten auf der Gemeinschaft beruhenden Ansprüche des Schuldners gegen die anderen Teilnehmer anzusehen sind, soweit sie überhaupt der Vollstreckung unterliegen. Für den vorliegenden Fall wird das vielleicht dahingestellt bleiben können. Denn da die Pfändung eingetragen werden soll, darf ihre Tragweite nicht zweifelhaft bleiben, weil der Pfändungsbeschluß sonst als Grundlage für die Eintragung nicht geeignet ist. Das muß um so mehr verlangt werden, als das Pfandrecht an nicht dinglichen Rechten regelmäßig nicht eintragungsfähig ist.

Ausdrücklich gepfändet ist ferner der Anspruch auf Auseinandersetzung, dh. auf Aufhebung der Gemeinschaft; er hat einen Vermögenswert und kann, wie fast allgemein anerkannt wird, selbständig ohne das Anteilsrecht abgetreten werden (ZPO. § 851). Der Gläubiger kann dann nach §§ 180ff. ZVG. das ganze Grundstück zur Zwangsversteigerung bringen. Das geht aus § 181² hervor, wonach Antragsteller auch sein kann, wer das Recht des Eigentümers auf Aufhebung der Gemeinschaft ausübt, wobei jedenfalls auch an den Gläubiger gedacht ist, der jenes Recht gepfändet hat; das wird auch fast allgemein anerkannt. Im Anschluß daran erhebt sich aber die weitere Frage, ob diese Pfändung eingetragen werden darf. Das wird das LG. näher zu prüfen haben, falls auch eine solche Eintragung begehrt und dieser Antrag unabhängig vom sonstigen weitergehenden Eintragungsverlangen verfolgt wird.... M.

w) **Pfändung des Anteils eines Miterben. Gegen die Klage des § 879 keine Widerklage zur Durchsetzung der eigenen Forderung.**[1]

OLG. Kiel, 2. ZS. Urteil v. 4. November 1919.

Zugunsten der Erben und zweier Nachlaßgläubiger des Franz S. wurden 6000 Mark hinterlegt, von denen später ³/₄ zur Auszahlung gelangten. Die jetzt noch hinterlegten 1500 Mark stehen unstreitig dem Georg S. als Miterben seines Vaters zu und sind von beiden Parteien gepfändet worden. Im Teilungsplane sind sie der Beklagten zugesprochen worden, hiergegen hat der Kläger im Verteilungstermin Widerspruch erhoben, den er mit der jetzigen Klage verfolgt. Er stützt sich auf den Pfändungsbeschluß vom 12. Juni 1913, der im ersten Teile den Anspruch des Georg S. gegen den Fiskus auf Auszahlung von 1500 Mark gepfändet hat. Ein solcher Anspruch bestand jedoch zurzeit der Pfändung nicht. Da damals der Nachlaß noch ungeteilt war, stand die Forderung der Erbengemeinschaft zur gesamten Hand zu; der Schuldner hatte als Miterbe nicht einmal ein bedingtes Recht an ihr. Die Pfändung ist auch nicht nachträglich dadurch, daß der vierte Teil der hinterlegten 6000 Mark dem Georg S. bei der Erbauseinandersetzung zugesprochen worden ist, wirksam geworden, denn sie ergreift die Forderung in dem Bestande, den diese zurzeit der Pfändung hat. Besteht die Forderung nicht, so ist die Pfändung hinfällig. Wenn der Schuldner sie später erwirbt, bedarf es einer neuen Pfändung.

Die im zweiten Teile des Beschlusses ausgesprochene Pfändung des Anspruchs des Georg S. gegen die dort genannten Drittschuldner auf Einwilligung in die Auskehrung des vierten Teils der hinterlegten 6000 Mark vermag das Recht des Klägers ebenfalls nicht zu begründen. Unter den Drittschuldnern befinden sich allerdings die anderen 6 Miterben des Schuldners. Gegen diese hatte der Schuldner indessen damals nur einen Auseinandersetzungsanspruch; erst nach der Teilung konnte er Auszahlung des sich für ihn ergebenden Guthabens verlangen. Als Anspruch auf Auseinandersetzung kann der gepfändete Anspruch aber schon deshalb nicht ausgelegt werden, weil aus dem Beschluß in keiner Weise ersichtlich ist, daß er gegen die zu a—f bezeichneten Drittschuldner in ihrer Eigenschaft als Miterben des Franz S. gerichtet ist, zumal unter g und h auch 2 Nachlaßgläubiger des Franz S. als Drittschuldner erwähnt sind. Es ist also ein Anspruch gepfändet, der dem Georg nicht nur gegen seine Miterben, sondern — einheitlich — gegen alle diejenigen zustehen sollte, zu deren Gunsten seinerzeit hinterlegt war. Im übrigen ist der Auseinandersetzungsanspruch überhaupt nicht selbständig pfändbar, da er nur ein Bestandteil der sich aus dem Anteil des Miterben ergebenden Rechte ist. Ebensowenig ist vor erfolgter Teilung der Anspruch auf Auszahlung des Auseinandersetzungsguthabens pfändbar, denn er kann

[1] Im Verteilungsverfahren kann die Unwirksamkeit einer Pfändung nur durch Widerspruch und Klage (§§ 876/8) verfolgt werden (OLG. Dresden, 6. ZS. Beschluß v. 16. Febr. 1919; Ann. 40 S. 137).

nicht mit dinglicher Wirkung übertragen werden (RG. 60 S. 126); pfändbar war allein der Anteil des Georg am väterlichen Nachlasse (§ 859²). Dieser kann aber nicht als gepfändet angesehen werden. Freilich hat der Pfändungsbeschluß nicht gerade den Wortlaut des Gesetzes „Anteil an dem Nachlasse" anzuwenden, es kann unter Umständen genügen, wenn der Gegenstand der Pfändung mit den Worten bezeichnet wird wie: „Das Erbrecht", „der Erbteil", „das Recht auf Teilung", „das Recht auf Auseinandersetzung" oder „auf Herausgabe des Erbteils" oder „Forderungen am Nachlasse". Immer muß jedoch aus dem Beschlusse hervorgehen, daß es sich um eine Pfändung gemäß § 859² handelt. Hier ergibt aber der Beschluß in keiner Weise, daß der gepfändete Anspruch — auch nur, soweit er gegen die zu a—f bezeichneten Personen gerichtet ist — ein Ausfluß des Miterbenrechts des Schuldners an dem Nachlasse seines Vaters sein soll. . . .

Die Klage war demnach abzuweisen, gleichviel ob die Beklagte ihrerseits ein gültiges Pfandrecht erworben hat; denn es handelt sich lediglich um eine Rangstreitigkeit zwischen 2 Gläubigern, die dem Schuldner nicht zugute kommt. Gemäß § 880 war auszusprechen, daß die hinterlegte Summe an die Beklagte auszuzahlen ist. Diese erreicht also mit ihrem Klagabweisungsantrag schon dasselbe, was sie mit ihrer Widerklage erstrebt. Das ist bei der Eigenart der Klage aus § 878 notwendig der Fall. Eine wirkliche Widerklage liegt demnach nicht vor, da der Anspruch der Beklagten sich nur als eine Verneinung des gegnerischen Antrages darstellt, aber kein neues Rechtsschutzgesuch enthält. Die Widerklage ist daher als unzulässig zurückzuweisen. SchlHA.

x) **Pfändung landwirtschaftlichen Zubehörs (Zuchtfohlen).**

OLG. Stettin, 1. ZS. Urteil v. 24. Mai 1918.

Der § 865 setzt nicht voraus, daß das Zubehör für die Bewirtschaftung *nötig* ist; auch das dazu nicht erforderliche, das überzählige Vieh, darf nicht gepfändet werden, sofern es nur als *Zubehör* des Grundstücks, auf dem es sich befindet, anzusehen ist. Als Zubehör wären hier die Fohlen gemäß BGB. §§ 97, 98 anzusehen, wenn sie zurzeit der Pfändung „zum Wirtschaftsbetriebe bestimmt waren". Entscheidend kommt es dafür nur auf den Willen des Bestimmenden, nicht etwa darauf an, ob die Stücke für die Hauptsache, das Gut, geeignet oder gar notwendig waren (Warn. 2 Nr. 175; JW. 1909 S. 70²). Zum Wirtschaftsbetriebe eines Landgutes können sowohl Ackerbau und Forstwirtschaft, wie auch *Viehzucht* gehören, letztere soweit das Vieh im wesentlichen seine Nahrung aus dem Gute erhält; zum Wirtschaftsbetriebe bestimmt sind nicht nur die Arbeitstiere, sondern auch die zum Zwecke der Viehzucht gehaltenen und daraus gewonnenen Tiere, auch wenn sie zum Verkaufe bestimmt sind (vgl. RGKomm. § 98¹³, auch Rsp. 3 S. 235). Hier hatte der Eigentümer das Gut, zu dem gegen 800 Morgen Wiesen und Koppeln gehörten, zu einem Pferdezuchtgut eingerichtet; die Fohlen, die er aufzog, auch mitunter ankaufte, wurden aus den Erzeugnissen des Gutes unterhalten und sollten teils als Zugtiere auf dem Gute Verwendung finden, teils veräußert werden. Er betrieb also die Aufzucht von Pferden auf seinem Gute, das sich dazu wegen des Umfanges der zu ihm gehörigen Wiesen und Koppeln besonders eignete, und nach seinem Willen dienten die Tiere dem von ihm eingerichteten Wirtschaftsbetriebe. Dr. M.

y) α) **Vollstreckungszwang bei Werklieferungsverträgen?**

OLG. Stuttgart, 3. ZS. Beschluß v. 11. Mai 1920.

Die Beklagte ist verurteilt, dem Kläger näher bezeichnete Möbel nach Zeichnung zu bestimmten Preisen zu liefern. Der Antrag, die Beklagte zur Lieferung der Möbel durch Geldstrafen bis 1500 Mark oder durch Haft anzuhalten, ist nicht begründet. Nach § 887³ ist der mittelbare Zwang, der für die Durchführung der auf die Vornahme von Handlungen lautenden Schuldtitel gegeben ist, bei der Vollstreckung zur Herausgabe oder Leistung von Sachen ausgeschlossen. In diesem Falle gibt es einen unmittelbaren Vollstreckungszwang; soweit jedoch die §§ 883—885 ausgeschlossen sind, hat der Gläubiger nur die Klage auf das Interesse gemäß § 893 (vgl. RG. 58 S. 160). Der § 887³ besagt allgemein, daß der Schuldner zur Lieferung von Sachen, sei es nach Anschaffung oder nach Herstellung, nicht durch Zwangsmaßregeln, wie sie der § 888 enthält, genötigt werden solle. Dabei wird nicht zwischen vertretbaren und unvertretbaren Sachen unterschieden (Petersen-Anger § 884² gegen Stein § 883 I). Gegenstand der Verurteilung ist hier die Lieferung von Sachen, nicht die Herstellung eines Werks i. S. des § 631 BGB. Nach der Fassung des Urteils bleibt es der Beklagten offen, die Möbel entweder herzustellen oder von anderer Seite zu beziehen. Es handelt sich also um einen Werklieferungsvertrag des § 651 BGB. oder, wenn die Beklagte die Möbel von einer anderen Fabrik sich verschaffen sollte, um einen Kauf. In beiden Fällen besteht die gleiche Verpflichtung der Beklagten, dem Kläger Besitz und Eigentum an den Sachen zu verschaffen. In dieser weitergehenden Verpflichtung liegt der Unterschied des Werklieferungsvertrags vom Werkvertrag. Dies gilt auch, wenn es sich um die Lieferung vertretbarer Sachen handelt. Der Fabrikant, der die Ware aus eigenen Stoffen herstellt, verwendet seine Arbeit zunächst für sich, bis er die fertige Sache gegen den vereinbarten Preis absetzt (Prot. der 2. Komm. 2 S. 340). Es fehlt also an der Voraussetzung der §§ 887 ff., besonders des § 888. S.

β) **Einwendungen gegen die Strafandrohung.**

OLG. Augsburg, 1. ZS. Beschluß v. 4. Juni 1919.

Der Beschwerdeführer ist rechtskräftig verurteilt, Auskunft über den Bestand des Nachlasses seiner Mutter zu geben und ein Verzeichnis dieses Bestandes vorzulegen. Auf Antrag der Kläger erließ das LG. gegen ihn einen Strafandrohungsbeschluß. Seine Beschwerde ist unbegründet. Er bringt vor, er habe dem Urteil schon vor der Zwangsandrohung genügt. Allein der Streit hierüber ist nicht durch Beschwerde im Vollstreckungsverfahren, sondern durch Klage nach § 767 auszutragen. Dasselbe gilt für die Behauptung des Schuldners, nach Zustellung des Antrags der Kläger, also ebenfalls vor dem Zwange des angefochtenen Beschlusses ein Verzeichnis des Nachlasses vorgelegt zu haben. P.n.

z) **§ 890:** *α*) **Natur der Strafe. Strafaufschub.**

OLG. München, FerienZS. Beschluß v. 16. August 1919.

Es ist zweifelhaft, ob die nach § 890 festgesetzte Haftstrafe ausschließlich als Sühne für begangenes Unrecht anzusehen ist, wie die Kriminalstrafen, oder ob sie sich — wenigstens gleichzeitig — als zivilprozessuales Zwangsmittel darstellt. Bei der ersten Annahme würde sich Zuständigkeit und Verfahren für Zwangsvollstreckung, Strafaufschub und Begnadigung nach den für die Kriminalsachen bestehenden Vorschriften richten (so Falkmann S. 957[21]). Werden aber diese Vorschriften wegen ihres gemischen Charakters nicht für anwendbar erachtet (vgl. Rsp. 39 S. 88), so sind die §§ 904 ff., wie besonders ein Vergleich des § 890 S. 2 mit § 913 ergibt, jedenfalls nicht unmittelbar anwendbar. In der Bayer. Gefängnispraxis wird eine solche Haft — im Gegensatz zu den nach §§ 380, 390[1] gegen Zeugen festgesetzten Strafen — als Zivilhaft behandelt. Dem Charakter der nach § 890 festgesetzten Strafen als Rechtsstrafen wird — entsprechend der gemeinen Meinung — dadurch Rechnung getragen, daß sie von Amtswegen vollstreckt werden, ihrem Charakter als zivilprozessuales Zwangsmittel dadurch, daß der Auftrag zum Vollzuge nicht durch den Staatsanwalt, sondern durch das Prozeßgericht erteilt wird. Nach dieser Praxis kann dieses das mit der Vollstreckung befaßte Gericht auch als zuständig zur Vorbescheidung eines Strafaufschubsgesuches erachtet werden. Gegen einen ablehnenden Beschluß steht dem Verurteilten wohl die einfache Beschwerde gemäß § 567[1] zu. Aber auch wenn man das Prozeßgericht als Vollstreckungsgericht im Sinne der ZPO. und ein Gesuch um Aufschub der Vollstreckung als Antrag über die Art der Zwangsvollstreckung nach § 766 erachten würde, wäre die Beschwerde als sofortige nach § 793 nicht zu beanstanden. H.n.

β) **Vergleich während des Straffestsetzungsverfahrens.**

OLG. Breslau, 3. ZS. Beschluß v. 19. Juni 1920.

Das LG. hat auf Antrag der klagenden Schützengilde gegen den Beklagten eine Geldstrafe festgesetzt, weil er dem durch die einstw. Verfügung erlassenen Verbot zuwidergehandelt habe und die von ihm zur Rechtfertigung vorgetragenen Angaben, weil nicht bewiesen, für unbeachtlich angesehen. Letztere Bemerkung erweckt den Anschein, als ob das LG. die für den Zivilprozeß bestehende Verpflichtung einer Partei zum Beweise ihrer Behauptungen in gleichem Umfang auch auf das Verfahren aus § 890 angewendet wissen wolle. Das wäre unrichtig. Denn die in § 890 angedrohte Strafe ist kein reines zivilprozessuales Zwangsmittel, sondern auch wirkliche Strafe als Sühne für begangenes Unrecht. Auf ihre Festsetzung sind daher, wenigstens in gewissem Grade, strafrechtliche Grundsätze anzuwenden; die Strafe darf also nur verhängt werden, wenn nicht nur objektiv eine Zuwiderhandlung gegen das Verbot, sondern auch subjektiv ein dem Täter anzurechnendes Verschulden nachgewiesen ist (RG. 36 S. 418; Stein § 890 II 3; Falkmann Zwangsv. S. 954; Hein S. 542). Es bedarf jedoch keiner weiteren Klärung des Sachverhalts, weil inzwischen die Parteien den Streit durch einen Vergleich beigelegt haben, wonach die Klägerin gegen eine Abstandssumme auf die Benutzung des Schützenhauses, solange dieses im Eigentum des X. steht, und ferner auf die Rechte aus der einstw. Verfügung vom 21. Februar 1920 verzichtet, sich auch verpflichtet hat, die Vollstreckung der festgesetzten Strafe nicht zu beantragen. Letztere Verpflichtung wäre zwar insofern ohne praktische Bedeutung, als die festgesetzte Strafe von Amtswegen zu vollstrecken ist (Stein § 890, III 3). Sie enthält aber gleichzeitig die Verpflichtung zur Zurücknahme des nach § 890 zur Festsetzung der Strafe erforderlichen Antrags. Diese — zulässige (Stein aO. III 1) — Zurücknahme hat die Klägerin ausreichend auch dadurch erklärt, daß sie nach Mitteilung der Beschwerde und des Vergleichs zunächst die Aussetzung der Entscheidung bis zur Zahlung der Abfindung beantragt und demnächst, gemeinsam mit dem Beschwerdeführer den Eintritt der Rechtswirksamkeit des Vergleichs angezeigt hat. Es fehlt also hiernach gegenwärtig an einer formellen Voraussetzung für die Festsetzung der Strafe.

Abgesehen hiervon ist aber auch die Möglichkeit einer solchen dadurch beseitigt, daß durch den Vergleich die Rechte der Klägerin, zu deren Schutze die Verfügung erlassen war, aufgehoben, oder doch wenigstens für absehbare Zeit außer Kraft gesetzt worden sind. Ein rechtliches Interesse der Klägerin an dem Vollzuge dieser Verfügung besteht überhaupt nicht mehr. Hat auch die Strafe des § 890 die Bedeutung einer wirklichen Strafe im Rechtssinn, so folgt daraus doch nicht, daß sie den auf Grund der öffentlichen Strafgewalt des Staates zu verhängenden kriminellen Strafen völlig gleichzustellen ist. Vielmehr handelt es sich um ein Verfahren im Rahmen des Zivilprozeßrechts, das nur dem privaten Interesse des Gläubigers zu dienen bestimmt ist und lediglich zum Schutze dieser Privatrechte strafende Maßnahmen gegenüber dem widerstrebenden Schuldner vorsieht. Daher mag es zu weit gehen, wenn eine Bestrafung des Schuldners aus § 890 allgemein für solche Fälle abgelehnt wird, in denen einmalige Handlungen entgegen dem erlassenen Verbote vorgenommen worden sind, ein Zwang zur Verhütung weiterer Zuwiderhandlungen nicht in Frage kommt (so Rsp. 33 S. 127 — dagegen 17 S. 343, 29 S. 256). Jedenfalls erscheint eine Straffestsetzung dann nicht mehr als zulässig, wenn der Gläubiger selbst zu erkennen gegeben hat, daß ein schutzwürdiges Interesse auf seiner Seite nicht mehr besteht. Der Beschluß des LG. war daher aufzuheben. S. e.

γ) **Bestrafung des gesetzlichen Vertreters.**

OLG. Kassel, 2. ZS. Beschluß vom 26. September 1919.

Das Amtsgericht hatte die minderjährigen Kinder M. — gesetzlich vertreten durch ihren Vater Georg M. — rechtskräftig verurteilt, bei Meidung einer Geldstrafe sich jeder Störung des Grundstückseigentums des Beschwerdeführers A., besonders durch Fahren, zu enthalten. Auf Antrag des A., den Georg M., der trotzdem über jenes Grundstück gefahren ist, dieserhalb in Strafe zu nehmen, hat das Amtsgericht gegen die minderjährigen Schuldner eine Geldstrafe von je 50 Mark festgesetzt. Die weitere Beschwerde ist begründet. Die Strafandrohung richtet sich gegen die minderjährigen M., vertreten durch ihren gesetzlichen Vertreter. Dieser ist zwar nicht selbst Partei, hat aber dem Prozeßgegner und dem Gerichte gegenüber die Befugnisse und Pflichten der Partei, soweit nicht das Gesetz etwas anderes bestimmt (Stein § 51 IV 1, RG. 66 S. 242). Das im Urteil ausgesprochene Verbot richtet sich auch gegen ihn, so daß er sich selbst strafbar macht, wenn er schuldhaft dem Verbot zuwiderhandelt (Stein § 890 V). Daß er vorliegend neben seiner Stellung als gesetzlicher Vertreter seinen Kindern gegenüber als Nutznießer des Kindsvermögens eine besondere Stellung einnimmt, kann dabei keinen Unterschied begründen. Denn er ist für seine Person nicht berechtigt, Nutznießung und gesetzliche Vertretung derart zu trennen, daß er in Fällen vorliegender Art eine besondere Behandlung verlangen könnte, je nachdem er als Vertreter oder als Nutznießer gehandelt haben will. Einen dahingehenden Unterschied hat denn Georg M. auch gar nicht geltend gemacht, obwohl der Antrag allein auf seine Bestrafung abzielt und er sich gemäß § 891 auf diesen Antrag erklärt hat. Das LG. hat daher die Bestrafung der Minderjährigen mit Recht aufgehoben, weil der Gläubiger sie überhaupt nicht beantragt hatte. Dieser kann auch nicht den ursprünglichen Antrag jetzt durch Einbeziehung eines anderen Gegners derart ändern, daß sich die Entscheidung des Amtsgerichts deshalb aufrecht erhalten ließe; dies ginge über den Rahmen des § 268 hinaus (Förster-Kann § 570[2]; a. O. Stein § 570).

Dagegen ist die beantragte Bestrafung des Georg M. statthaft, wenn er für seine Person dem Verbot schuldhaft zuwidergehandelt hat. Die Strafandrohung richtet sich gegen ihn als gesetzlichen Vertreter ebenso gut wie gegen seine Kinder. Mit der Verkündung des Urteils vom 1. März 1919, das die Berufung gegen das amtsgerichtliche Urteil zurückwies, wurde auch letzteres rechtskräftig und vollstreckbar. Es ist auch nicht behauptet oder anzunehmen, daß das Berufungsurteil am 15. März 1919 noch nicht dem Georg M. bekannt gewesen sei. Wenn er trotzdem an diesem Tage das Verbot übertrat, so handelte er schuldhaft. Seine Einwendung, daß ihm über Grundstück des A. ein Notweg eingeräumt werden müßte, hat bereits das Amtsgericht zurückgewiesen. H.

δ) **Anwendung des § 890 bei Pflichten zu dauernden Handlungen.**[1]

[1] Obige Entscheidung kann nicht gebilligt werden. Die §§ 887/8 regeln die Vollstreckung von Handlungen, ohne zu unterscheiden, ob eine Verpflichtung zu einer einzelnen oder zu dauernden Handlungen in Frage steht. Ist deshalb eine „Handlung" zu vollstrecken, so muß der Richter die §§ 887/8 anwenden, auch wenn sie nach seiner Ansicht nicht zum Ziele führen können. Er überschritte die Grenzen der Richtergewalt, wollte er aus diesem Grunde die für Unterlassungen gegebene Vollstreckung anwenden, ganz abgesehen davon, daß auch für § 890 die Beitreibbarkeit der Strafe nach Erlöschen des Schuldverhältnisses streitig ist. D. H.

Kammergericht, 8. ZS. Beschluß vom 17. September 1919.

Der Antragsteller, der in dem mit Sammelheizung versehenen Hause des B. zur Miete wohnt, hat eine einstw. Verfügung des Amtsgerichts dahin erwirkt, daß B. entweder in jener Wohnung oder im Heizungskeller oder sonstwie Einrichtungen zu treffen hat, durch die die Mieträume vom 1. Oktober bis 1. April eines jeden Jahres auf 17° C. erwärmt werden, und daß die Höhe der für jede Zuwiderhandlung festzusetzenden Strafe vorbehalten bleibt. Demnächst hat das Amtsgericht auf Antrag wegen Zuwiderhandlung gegen das Gebot eine Strafe von 250 Mark festgesetzt. Das LG. hat dagegen den Antrag am 11. April zurückgewiesen, weil jetzt die Heizperiode schon abgelaufen sei und deshalb jetzt die Heizung nach § 888 nicht mehr erzwungen werden könne. Die weitere Beschwerde ist begründet.

... Die Frage, auf welche Weise die Pflicht zur Besorgung der Sammelheizung erzwungen werden kann, ist bestritten. Ausgeschlossen ist zunächst die Anwendung des § 887, weil es sich um eine nicht vertretbare Handlung handelt ... Aber auch § 888 führt nicht zum Ziele; denn danach wird nicht die geschehene Zuwiderhandlung gegen die Leistungspflicht bestraft, sondern die künftige Leistung erzwungen; und die Strafe wird dann nicht vollstreckt, wenn die Handlung vorher vorgenommen worden ist. Nur auf die Erzwingung einzelner Handlungen, bei denen es wenig verschlägt, ob sie früher oder später vorgenommen werden, paßt diese Vorschrift; sie reicht dagegen nicht aus, wenn Handlungen erzwungen werden sollen, die zu einer bestimmten Zeit vorgenommen werden müssen und die nicht nachgeholt werden können; dies gilt besonders für Dauerpflichten und für solche Pflichten, die sich fortgesetzt wiederholen, wie die zur Heizung, und die deshalb der Dauerverpflichtung gleichgestellt werden können. Hat der Vermieter während einer Reihe von Tagen der Heizungspflicht zuwidergehandelt, so kann für diese abgelaufenen Tage die Heizung nach § 888 nicht mehr erzwungen werden; der § 888 bietet also kein geeignetes Mittel, um den Vermieter zur Erfüllung seiner Verpflichtung anzuhalten. Aber auch die künftige Erfüllung wird nach § 888 nur unvollkommen erlangt werden können; denn ist auf den Antrag der Beschluß ergangen, durch den der Vermieter durch Strafe zur Heizung angehalten wird, so kann er dieser Bestrafung entgehen, wenn er beweist, daß er nunmehr die Heizung ordnungsmäßig in Gang gesetzt hat; das wird er wiederholen können, auch wenn er inzwischen immer wieder die Heizungspflicht vernachlässigt hat. Ein geeignetes Mittel, um den Schuldner zur Erfüllung derartiger Dauerpflichten anzuhalten, bietet deshalb nur der § 890, d. h. die Androhung einer Strafe für den Fall der Zuwiderhandlung und die demnächstige Vollstreckung der Strafe bei schuldhafter Pflichtverletzung. Der § 890 setzt nach seinem Wortlaut allerdings eine Pflicht zur Unterlassung (Duldung) voraus, während bei der Heizung eine Pflicht zu einer Handlung vorliegt. Wenn indessen das Gesetz auf die Unterlassungspflichten nicht den § 888 anwendet, sondern die besondere Regelung des § 890 für nötig erachtet, so beruht dies darauf, daß die Unterlassungspflichten Dauerpflichten sind, deren einmal geschehene Verletzung nachträglich nicht wieder beseitigt werden kann, und bei denen deshalb eine nachträgliche Erfüllung nicht möglich ist (vgl. Hahn Mat. S. 467). Dieser Grund, der in gleicher Weise bei dauernden Handlungen gilt, läßt es angebracht und zulässig erscheinen, auf deren Erzwingung den § 890 entsprechend anzuwenden. Wenn das Gesetz in den §§ 887, 888, 890 verschiedene Maßnahmen gewährt, so beruht dies darauf, daß es zwar den Schuldner nicht unnötig belästigen, anderseits aber die zur Erfüllung der einzelnen Pflicht geeigneten Mittel dem Gläubiger zur Verfügung stellen will. Da sich der § 888 als kein geeignetes Mittel darstellt, entspricht es dem Zwecke des Gesetzes, die entsprechende Anwendung des § 890 zuzulassen. Die Bestrafung nach § 890 setzt allerdings die schuldhafte Zuwiderhandlung voraus; denn bezweckt die Strafandrohung den entgegenstehenden Willen des Schuldners zu brechen, so hat sie keinen Sinn, wenn sein Wille überhaupt nicht genügt, um der ihm obliegenden Verpflichtung nachzukommen. Das LG. wird dies noch zu erörtern haben. Dabei kommt es nicht darauf an, ob B. schon vor dem Erlaß der Verfügung geeignete Maßnahmen hätte treffen können und sie schuldhaft unterlassen hat. In diesem Falle besteht zwar seine Heizungspflicht weiter, aber der Mieter ist dann auf einen Schadensanspruch angewiesen und kann die Pflicht nicht gemäß § 890 erzwingen, da die Strafandrohung keinen Sinn hätte . . . B.

15. Zivilprozeß.

a) Erfüllungsort: α) für zahnärztliche Vergütung.

OLG. München, 2. ZS. Urteil v. 11. Juni 1920.

Der Beklagte (Österreicher) hat zurzeit der Behandlung im Auslande gewohnt und ist jeweils zur Inanspruchnahme des klagenden Zahnarztes nach München gefahren. Danach ist ohne weiteres klar, daß der Kläger, der offensichtlich das besondere Vertrauen des Beklagten besaß, nicht daran denken konnte, für den Fall eines Streites, besonders über die Gegenleistung, sich auf das Recht des Ausländers verweisen zu lassen. Auch der Beklagte mußte billigerweise annehmen, daß hierfür nach den erwähnten Umständen nur deutsches Recht in Betracht komme. Es kann dabei dahingestellt bleiben, ob die Behandlung des Beklagten auch noch in die Monate nach dem Kriegsbeginn fiel; dies wäre nur ein weiterer schwerwiegender Punkt für die obige Annahme. Beklagter, der nach Herkunft, Stand und gesellschaftlicher Stellung Anspruch darauf hat, als billig und gerecht denkender Mann beurteilt zu werden, konnte aber auch ohne dies nicht annehmen, und dem Kläger nicht zumuten, bei der gegebenen Sachlage sich irgendwie fremdem Rechte zu unterwerfen.

Aus den nämlichen Grundsätzen ist aber auch die Überzeugung begründet, daß die Parteien als Leistungsort für die Verpflichtung des Beklagten den Wohnsitz des Klägers bestimmen wollten (§ 269 BGB.). Legte der Beklagte so offensichtlich Wert darauf, gerade vom Kläger behandelt zu werden, so durfte und mußte der Kläger dann billigerweise erwarten, daß Beklagter auch hier am Ort der Leistung den Lohn für die Leistung begleichen wolle. Der Kläger war berechtigt, diese Entlohnung nach der jeweiligen Dienstleistung zu fordern (§ 614 BGB.). Wenn er dies aus Rücksichtnahme auf die Persönlichkeit des Beklagten unterließ und nicht auf sofortiger Zahlung bestand, so brauchte er doch nicht anzunehmen, daß ihm dies im Rechtsstreit durch Vorschützung der Unzuständigkeitseinrede und durch den Hinweis darauf entgolten werde, daß er dem Ausländer an seinen ausländischen Gerichtshof zu folgen habe, wenn er endlich nach Jahren die Entlohnung für die geleisteten, seinerzeit so sehr begehrten Dienste verlangt. H. n.

β) **Rückgabe von „Leihgebinden". Leihe oder Miete?**

OLG. Stuttgart, 3. ZS. Urteil v. 27. April 1920.

Auf der Rechnung über die dem Beklagten gelieferten 8 Fässer Kognak steht der Maschinenschriftvermerk: „Fässer frei zurück", ferner der Vordruck: „Oben bezeichnete Leihgebinde erbitten uns frei und wohlbeschaffen in drei Monaten zurück oder um Vergütung des hierfür berechneten Betrags." Die Klägerin hat bei dem LG. ihres Wohnsitzes auf Rückgabe von zwei dieser Fässer geklagt. Die Zuständigkeit dieses Gerichts ist begründet, wenn ein Leihevertrag über die Fässer abgeschlossen worden ist; denn dann stellt sich die Rückgabe als eine am Wohnsitz des Gläubigers zu erfüllende Bringschuld dar (RGKomm. BGB. § 604[1]). Wenn der Verkäufer im Zusammenhang mit dem Vertrage die Versendung der Ware übernimmt und zu diesem Zweck eigene Aufbewahrungs- und Transportmittel wie Säcke, Fässer usw. verwendet, so kann es sich fragen, ob hier überhaupt ein selbständiger Vertrag neben dem Kauf abgeschlossen wird. Geschieht dies nicht, liegt hier nur eine Nebenleistung vor (so Seuff. 66 S. 130), so wäre auch die Rückgabe solcher Gegenstände eine Nebenleistung, die dort zu erfüllen ist, wo die Hauptverpflichtung zu erfüllen ist, also am Wohnorte des Käufers.

Nimmt man aber an, daß hier ein „gemischter Vertrag" vorliegt (wofür die gleichzeitige Überlassung der Fässer zu Ab- oder Umfüllungszwecken an den Käufer auf mehrere Monate sprechen könnte), so könnte hier nicht, wie das LG. annimmt, die Vertragsform der Leihe Anwendung finden (Höniger, Die gemischten Verträge, S. 133). Unerheblich ist, daß die Rechnung die Fässer als „Leihgebinde" bezeichnet. Daraus, daß dem Beklagten für die Verwendung der Fässer kein besonderes Entgelt berechnet ist, folgt noch nicht, daß der Gebrauch unentgeltlich überlassen ist. Wie (mit allgemein kaufmännischen Grundsätzen) anzunehmen ist, wird die Vergütung hierfür in den Kaufpreis eingerechnet (Düringer, HGB. 3 S. 41). Die Annahme eines Leihevertrags würde, worauf Höniger aO. im einzelnen mit Recht hinweist, zu unhaltbaren Ergebnissen führen. Nach § 599 BGB. hätte der Verkäufer nur für grobe Fahrlässigkeit zu haften, und nach § 600 einen Schaden, der durch mangelhafte Beschaffenheit der Fässer entsteht, nur dann zu ersetzen, wenn er den Mangel arglistig verschwiegen hat. Damit würde man aber dem Willen der Parteien und dem Vertragszwecke nicht gerecht; es entspricht dies auch keineswegs der Verkehrsauffassung. Daß der Käufer die Gefahr der Rücksendung der Fässer zu tragen hätte, ist ebenfalls nicht anzunehmen (so Düringer S. 43; aA. Staub, Exkurs zu § 382[122]). Dies war auch nicht die Auffassung der Klägerin, denn sonst hätte sie wohl dem Vermerk: „Fässer frei zurück“, hinzugefügt, daß diese Rücksendung auf Gefahr des Beklagten gehe. Auch der Vordruck besagt nichts Weiteres; der Ausdruck „wohlbeschaffen“ weist nur auf die Verpflichtung des Beklagten hin, mit den Fässern schonend umzugehen. Es läßt sich daher die Gebrauchsüberlassung nur als Miete behandeln; Erfüllungsort für die Rückgabe der Fässer ist daher der Wohnungsort des Beklagten. S.

γ) **für den Kauf auszurodender Baumstümpfe.**

OLG. Kiel, 1. ZS. Urteil v. 22. April 1920.

Der Kläger hat Schadensersatz wegen Nichterfüllung eines Kaufvertrags über die noch im Boden befindlichen Stubben einer abgeholzten Waldfläche A. bei dem LG. über A. geklagt, weil die Beklagte ihm verboten habe, mit den notwendigen Arbeiten zu beginnen. Das LG. hat die Einrede der Unzuständigkeit verworfen, weil die streitige Verpflichtung der Beklagten in A. zu erfüllen gewesen wäre. Dies ist zutreffend. Der Gerichtsstand für den Schadensanspruch wegen Nichterfüllung ist dort begründet, wo die streitige Verpflichtung, also die Verpflichtung der Beklagten aus dem Kaufe zu erfüllen ist. Nach § 269 BGB. hat der Schuldner nur an seinem Wohnort zu erfüllen, wenn nicht aus der Natur des Schuldverhältnisses etwas anderes zu entnehmen ist. Das ist hier der Fall. Mit Unrecht macht die Beklagte geltend, daß es sich für sie nur um die Zurücknahme des Verbotes und eine Anweisung an ihren Betriebsleiter, die Arbeiten des Klägers nicht zu hindern, handeln könne und daß diese Erklärungen auch an ihrem Sitze (Hamburg) abgegeben werden könnten. Denn wenn auch mit Rücksicht auf die vereinbarte eigene Herausarbeitung und Wegnahme der Stubben durch den Käufer eine eigentliche Übergabe der verkauften Stubben nicht in Betracht kommen kann, so hat doch die Beklagte dem Kläger das Gelände, auf dem sich die Stubben befinden, zur Verfügung zu stellen. Diese Verpflichtung wie auch die weitere negative Verpflichtung, den Kläger in der Vornahme der erforderlichen Arbeiten nicht zu hindern, lassen sich nach der Natur der zu beschaffenden Leistung nur an Ort und Stelle erfüllen. SchlHA.

b) **Armenrecht. Voraussetzungen. Teilweise Bewilligung.**[1]

OLG. Braunschweig, 2. ZS. Beschluß v. 27. Mai 1920.

Das LG. hat dem Beklagten das Armenrecht versagt, weil er nicht in solchen Vermögensverhältnissen lebe, wie das Gesetz sie voraussetze. Der

[1] Die Gegenseitigkeit des Armenrechts ist im tschechoslowakischen Freistaat nicht anerkannt (OLG. Dresden, 4. ZS. Beschluß v. 13. Juli 1920); es schweben jedoch Verhandlungen (prJMBl. 1920 S. 549). — Vgl. die bayBek. über Armenrechtsgesuche v. 13. Febr. 1920 (bayJMBl. S. 28).

Armenschein vom 26. Februar 1920 besagt, daß Beklagter wöchentlich 120 Mark verdient, an direkten Steuern jährlich 72 Mark zu entrichten und 100 Mark Schulden hat. Seiner Frau, der Klägerin, ist durch einstw. Verfügung gestattet, während des Scheidungsprozesses getrennt vom Beklagten zu leben und diesem aufgegeben, ihr zum Unterhalt für sie und die beiden Kinder vierteljährlich 300 Mark und 182 Mark Kostenvorschuß zu zahlen. Nun ist zwar bei ihm am 2. Februar 1920 wegen der ersten Vierteljahrsrente und des Vorschusses erfolglos gepfändet; gleichwohl sind beide Posten hier nicht außer Ansatz zu lassen, weil sie aus dem Wochenverdienste des Beklagten durch Pfändung voraussichtlich gedeckt werden können. Dabei ist jedoch zu beachten, daß im Scheidungsprozesse die Unterhaltspflicht der Ehegatten nur gegenüber den gemeinschaftlichen Kindern einstweilig geregelt werden kann (§ 627[1]), daß aber die hier berücksichtigten Kinder nur Kinder der Klägerin sind.... Beklagter wird daher in der Lage sein, durch Widerspruch gegen die Verfügung eine Herabsetzung der Rente zu betreiben. Um wieviel sie zu ermäßigen sein würde, läßt sich zZ. nicht ermessen. Immerhin mag unterstellt werden, daß die der Klägerin lediglich für ihren Unterhalt zu zahlende Rente auf 160 Mark für das Vierteljahr zu bestimmen sein würde...

Bei Versagung des Armenrechts erwachsen mutmaßlich dem Beklagten bei Annahme eines Streitwerts von 2000 Mark etwa 300 Mark Prozeßkosten. Diese wird er von einem Einkommen von 5240 Mark ohne Beeinträchtigung des notwendigen Unterhalts bestreiten können. Er selbst will sich damit bescheiden, daß ihm das Armenrecht für einen Bruchteil der Kosten versagt wird; eine solche Beschränkung ist jedoch nach Art. III Ges. vom 18. Dezember 1919 (RGBl. S. 2114) nur zulässig in vermögensrechtlichen Streitigkeiten; hier muß dem Beklagten das Armenrecht völlig versagt werden. Ob er auch noch die Kosten eines gegen die einstw. Verfügung vom 14. Januar etwa zu erhebenden Widerspruchs bestreiten kann, kommt erst in Frage, wenn er für das selbständige Widerspruchsverfahren das Armenrecht nachsuchen sollte; einer etwaigen Bewilligung für dieses Verfahren wird durch die jetzige Versagung nicht vorgegriffen.
W. n.

c) Beschwerde gegen die Anordnungen des § 157.[1]

[1] Wenn der § 157 die Anfechtung der „Anordnungen" des Abs. 1, 2 nicht zuläßt, so ist damit die Beschwerde verboten, wenn das Amtsgericht die Voraussetzungen des Abs. 1 oder 2 für vorliegend annimmt. Die Richtigkeit dieser Annahme hat das Beschwerdegericht nicht nachzuprüfen, denn dies setzt eine zulässige Beschwerde voraus und führt im Ergebnisse zu einer „Anfechtung", die das Gesetz nicht gestattet. Um so weniger darf es dann, wenn es die Annahme des Amtsgerichts durchweg billigt, die Beschwerde zulassen. Durch die vom Gesetz vorgeschriebene Entscheidung schafft es keinen neuen Beschwerdegrund; sonst hätte es der zurückgewiesene Vertreter des Beklagten stets in der Hand, durch Einlegung der Beschwerde und der weiteren Beschwerde die Sache zu verschleppen, was doch der § 157 verhindern will. Auch im Falle des § 567[2] prüft das RG. nicht, ob eine ordnungsmäßige „Entscheidung" des OLG. vorliegt; der Beschwerdeführer wird vielmehr vom Vorsitzenden auf den § 569[3] verwiesen. Der Beschluß (JW. 1897 S. 458[4]) steht nicht entgegen, denn dort hatte das Amtsgericht die Anordnung abgelehnt und erst das LG., also ein unzuständiges Gericht, sie erlassen. D. H.

Kammergericht, 8. ZS. Beschluß v. 17. Dezember 1919.

Das Amtsgericht hat dem Nebenintervenienten, dem der Kläger die Klagforderung abgetreten, gemäß § 157² S. 2 den Vortrag untersagt. Nach § 157³ findet eine Anfechtung der Anordnung nicht statt, doch muß die Beschwerde zugelassen werden, wenn die Voraussetzungen des Abs. 1 (2) überhaupt nicht gegeben sind. Von dieser Ansicht ist auch das LG. ausgegangen. Es hat die Beschwerde als statthaft angenommen, weil der Nebenintervenient behauptet, er gehöre als solcher nicht zu den Parteien, sie aber als unbegründet angesehen, weil er tatsächlich im Sinne des § 157² als Partei gelten müsse. Für die Zulässigkeit der Beschwerde kommt es aber nicht auf die Behauptung des Beschwerdeführers, sondern darauf an, wie es tatsächlich ist. Deshalb laufen die Ausführungen des LG. darauf hinaus, daß es die Beschwerde als unzulässig verwirft. Dann ist aber ein neuer Beschwerdegrund i. S. des § 568² gegeben. Auch sonstige Bedenken gegen die Zulässigkeit der weiteren Beschwerde bestehen nicht. Dagegen kann diese keinen Erfolg haben. Allerdings ist der Nebenintervenient an sich nicht eigentlich Partei, sondern ein am Rechtsstreit beteiligter Dritter. Aber in § 157 ist „Partei" in einem weiteren Sinne zu verstehen, in welchem das Wort zB. auch in § 137 gebraucht wird, so daß auch der Nebenintervenient unter den Begriff fällt. Weiter ist mit dem LG. anzunehmen, daß er sich die Klageforderung abtreten ließ, um seine Zurückweisung nach § 157² zu vermeiden. V.

d) **Genügt die Zustellung einer von der Partei abgekürzten Urteilsausfertigung?**

α) Verneint von OLG. Bamberg, 1. ZS. Beschluß v. 8. April 1920.

Der Gerichtsschreiber hatte auf Antrag eine vollständige, Tatbestand und Gründe mitenthaltende Urteilsausfertigung dem Anwalt der Beklagten erteilt; dieser hat jedoch dem Gegner eine verkürzte Abschrift zugestellt... Durch eine solche Zustellung wird allerdings die Rechtsmittelfrist in Lauf gesetzt und wird die Zwangsvollstreckung gemäß § 750¹ zulässig. Der Gesetzgeber hat offensichtlich diese Anordnung getroffen, um die Gerichte während der Kriegszeit und bis auf weiteres vom Schreibwerk zu entlasten. Es handelt sich jedoch um eine Ausnahme von der in § 170 angeordneten regelmäßigen Zustellung; Ausnahmen sind aber streng auszulegen. Danach hat der Gerichtsschreiber allein zu entscheiden, ob eine abgekürzte oder vollständige Ausfertigung zu erteilen ist. Unzulässig ist aber mangels einer dahingehenden Gesetzesvorschrift, daß der Anwalt auf Grund eines vollständigen Urteils selbst zur Zustellung abgekürzte Urteile herstellt; die Zustellung eines derartig hergestellten Urteils ist unwirksam (Rsp. 39 S. 49; vgl. JW. 1913 S. 285; BayZ. 1912 S. 481; 1915 S. 318⁴⁴).... M. r.

β) bejaht vom OLG. Hamburg, FerienZS. Beschluß v. 9. August 1920.

Die Zustellung einer abgekürzten Ausfertigung steht der Zustellung des vollständigen Urteils gleich. Hieraus wird mit Recht gefolgert, daß das Vorhandensein von Tatbestand und Gründen in der zugestellten Abschrift nicht mehr als wesentlicher Bestandteil der Abschrift anzusehen ist; vielmehr genügt, daß der wesentliche Inhalt der Urschrift sich aus der zugestellten Abschrift ergibt. Demnach kann es keinen Unterschied machen, ob die Abschrift einer vom Gerichtsschreiber erteilten abgekürzten Ausfertigung oder eine unter Weglassung von Tatbestand und Gründen von der Partei angefertigte Abschrift einer vollständigen Urteilsausfertigung zugestellt wird (vgl. OLG. Dresden JW. 1918 S. 106). M. M.

e) **Zwangsvollstreckung in Grundstücke:** *α*) **ZwVG. § 18 gilt auch bei der Teilungsversteigerung.**[1] **Beschwerde.**

OLG. Dresden, 6. ZS. Beschluß v. 5. Juli 1919.

Die Beschwerdeführer hatten die Teilungsversteigerung der von ihnen und ihren sechs Geschwistern ererbten zwei Grundstücke beantragt. Das Amtsgericht ordnete sie in zwei verschiedenen Verfahren an. Die darauf von den Miterben beantragte Verbindung der beiden Verfahren lehnte es ab, weil die Voraussetzungen des § 18 nicht gegeben seien. Die sofortige Beschwerde der Miterben hat das LG. mit Recht gemäß § 95 zugelassen, weil es sich bei der Verbindung der Zwangsversteigerung mehrerer Grundstücke zu einem einheitlichen Verfahren um eine besonders geartete Anordnung des Verfahrens handelt (vgl. Güthe ZwVG. § 18³; Kretzschmar ZwVG. S. 239). Mit Recht hat es auch dem Beschwerdeantrage stattgegeben. Denn die Voraussetzungen für die Verbindung sind dadurch gegeben, daß die Zwangsversteigerung auf Grund des gemeinschaftlichen Eigentums der Antragsteller und somit wegen eines an jedem der Grundstücke bestehenden Rechtes betrieben wird. Die Zweckmäßigkeit der Verbindung aber ergibt sich daraus, daß die Grundstücke räumlich aneinander grenzen und bei ihrer Lage zu den sie umschließenden Straßen durch die Vereinigung in einer Hand ganz offensichtlich an Wert gewinnen. Das Interesse der Beschwerdeführer ist ausreichend dadurch gewahrt, daß die Grundstücke auch einzeln auszubieten sind und daß der Zuschlag auf Grund des Gesamtausgebots nur erteilt werden darf, wenn das dabei erzielte Meistgebot höher ist als das Gesamtergebnis der Einzelausgebote (§ 63). Ann.

β) **Ausschluß von Zubehörstücken. „Tatsächliches Zubehör".**

OLG. Kassel, 2. ZS. Urteil v. 5. Dezember 1919.

1. Das LG. nimmt hier eine Einigung der Beteiligten über den Ausschluß des Fohlens von der Zwangsversteigerung als vorliegend an. Allein für solche stillschweigenden, aus der Niederschrift nicht ersichtlichen Einigungen läßt das nach außen hin absolute Klarheit verlangende und strengen Formen mit Notwendigkeit unterworfene Zwangsversteigerungsverfahren keinen

[1] Bei dieser gilt auch der § 97 des pr. Ges. v. 13. Juli 1883 (jetzt § 97 ZwVG.); deshalb verliert durch den Zuschlag der Fiskus das Eigentum an einem Trennstück, das versehentlich dem versteigerten Grundstücke zugeschrieben worden ist (OLG. Posen, 2. ZS. Urteil v. 27. Mai 1919). — Der Zwangsverwalter ist nicht Vertreter des Eigentümers und kann deshalb auch nicht an dessen Stelle zu einem Anliegerbeitrage herangezogen werden (Pr. OVG., 4. S. Urteil v. 10. Okt. 1919; Entsch. 74 S. 95).

Raum. Insbesondere hinsichtlich des Versteigerungsrichters kommen die allgemeinen Grundsätze über die Form richterlicher Willenstätigung zur Anwendung, und danach ist es die Beschlußform, in der er seinen Willen, daß einzelne Stücke von der Versteigerung ausgeschlossen sein sollen, erklärt (RG. 70 S. 402). Hier ist zudem in der Niederschrift ausdrücklich vermerkt, daß die Versteigerung unter den gesetzlichen Bedingungen vorgenommen werde. Dazu gehört auch der § 66² und der darin angezogene § 37 Nr. 5 ZwVG. Nach diesem § 37 Nr. 5 hat aber jeder, der ein der Versteigerung entgegenstehendes Recht hat, vor dem Zuschlag die Aufhebung (Einstellung) des Verfahrens durch das für die Versteigerung zuständige „Vollstreckungsgericht" des § 1, dh. durch den Versteigerungsrichter, nicht etwa bloß durch den Prozeßrichter herbeizuführen. Ein solcher das Fohlen von der Versteigerung ausschließender Beschluß ist nicht erlassen worden.

2. Der vom RG. unter der Herrschaft des preuß. Rechts aus den Bedürfnissen des praktischen Lebens heraus eingeführte Begriff des „tatsächlichen Zubehörs" ist auch für das heute geltende Recht als aufrechterhalten anzusehen. Dieser Begriff trägt in so hohem Maße zur Sicherheit des Rechtsverkehrs bei, daß er für das Rechtsleben heute genau so unentbehrlich ist wie früher. Er steht auch im Einklang mit den Vorschriften des BGB. Denn es ist in jedem Einzelfalle zu prüfen, ob die in §§ 97, 98 aufgestellten Tatbestandsmerkmale des Zubehörs vorhanden sind. Dagegen braucht nicht geprüft zu werden, ob die Sache nur vorübergehend für den wirtschaftlichen Zweck einer anderen benutzt wird. Daß insoweit der § 55² ZwVG. den § 97 BGB. einschränkt, rechtfertigt sich aus den eigenartigen Bedürfnissen des Versteigerungsverfahrens und dem ihnen Rechnung tragenden besonderen Zwecke des § 55². Der Bieter soll sich nämlich auf das, was wahrnehmbar ist, verlassen können und nicht genötigt sein, hinter die tatsächlich bestehenden und wahrnehmbaren Umstände zurückzugreifen. Dieser Zweck hat im Gesetze selbst Ausdruck gefunden, er ist zwischen den Zeilen des klaren Inhalts des § 55² deutlich zu lesen, ohne daß man sich erst auf die sich auch in diesem Sinne aussprechenden Bemerkungen der 2. Komm. (Bem. III) hierüber belehren zu lassen brauchte (vgl. Jäckel ZwVG.⁵ § 55 III 1a; Seuff. 64 S. 303, 68 S. 479).... H.

γ) **Maßnahmen bei Verlegung des Terminzimmers.**

OLG. Hamm, 7. ZS. Beschluß v. 8. Januar 1920.

Der Versteigerungstermin hatte im Zimmer Nr. 56, in das die Beteiligten geladen waren, begonnen. Nachdem einige Gebote abgegeben waren, erklärte der Richter, zur Abgabe weiterer Gebote sei eine Stunde Zeit, den Anwesenden stehe es frei, zu bleiben oder sich zu entfernen, inzwischen solle eine andere Versteigerungssache begonnen werden. Daraufhin entfernten sich die Beteiligten. Als dann die folgende Sache begonnen wurde und der Saal die zahlreich erschienenen Bietelustigen nicht faßte, erklärte der Richter, die Verhandlung solle in dem etwa 10 m entfernt liegenden Saal Nr. 46 stattfinden. In seinem Auftrage rief der Gerichtsschreiber die neue Sache auf und gab gleichzeitig auf dem Flur bekannt, daß auch in der hier fraglichen Sache der Termin später auf Zimmer 46 fortgesetzt werde. Eine weitere Bekanntmachung der Verlegung ist nicht erfolgt, besonders nicht vor Verkündung des Schlusses der Versteigerung. Bei dieser Sachlage verstieß die Verlegung des Termins gegen § 37 Nr. 2, der gemäß §§ 43^2, 83 Nr. 1, 100 ZwVG. zur Aufhebung des Zuschlagsbeschlusses führen muß. Die Erfordernisse des § 37 sind sämtlich wesentlich. Hier war als Terminort das Zimmer 56 angegeben. Wenn der Termin dann in einem anderen Zimmer abgehalten wurde, ohne daß die unbedingt gebotenen Vorsichtsmaßregeln getroffen wurden, so liegt, darüber sind sich die Kommentare und die Rechtsprechung einig, eine unrichtige Ortsangabe vor. Das Maß der erforderlichen Vorsicht bestimmt sich nach dem Zweck des § 37 Nr. 2, der verhindern will, daß Kaufliebhaber oder Beteiligte den Termin nicht wahrnehmen oder verfehlen. Hier ist der betreibende Gläubiger F. infolge des Zimmerwechsels an der weiteren Teilnahme an dem Versteigerungstermin verhindert worden. Ein Verschulden seinerseits ist dabei nicht zutage getreten. Damit steht aber, da auch von einem Zufalle keine Rede sein kann, fest, daß das Gericht die erforderlichen Maßregeln nicht getroffen hat. Daß die beiden Zimmer nur wenige Meter voneinander entfernt waren, ist nicht erheblich. Die Anführung in Rsp. 25 S. 262, daß das Gebäude des Amtsgerichts Berlin-Mitte notorisch Korridorlängen von mehreren km habe, ist nicht der springende Punkt der Entscheidung. Maßgebend ist vielmehr nur die Gefahr der Verhinderung von Beteiligten oder Bietern. Wie diese Gefahr zu bannen ist, muß nach Lage des einzelnen Falles beurteilt werden. Vorliegend ist jedenfalls nicht das Notwendige geschehen. Die vom Richter veranlaßten Verkündigungen haben es nicht abgewendet, daß sich F. ohne eigenes Verschulden zu spät im Versteigerungstermin wieder einfand. Es war wohl nicht gerade erforderlich, einen Gerichtsdiener ständig vor dem Zimmer 56 auf Wache zu stellen; vielmehr hätte zB. die Anheftung eines in die Augen fallenden Zettels an der Tür des Zimmers genügt, um den Zimmerwechsel ausreichend kundzutun. Dr. D.

δ) **Verzicht des Gläubigers. Kosten einer erledigten Beschwerde.**

OLG. Braunschweig, 2. ZS. Beschluß v. 9. Dezember 1919.

Die weitere Beschwerde des Gläubigers gegen den Beschluß des LG. vom 5. Nov. 1919 ist nach §§ 568^2 ZPO., 97 ZwVG. an sich zulässig und auch begründet. Dem Antrage des Gläubigers entsprechend, hat das Amtsgericht im Wege einstweiliger Verfügung die Zwangsverwaltung angeordnet, die dann am 26. Juni 1919 in das Grundbuch eingetragen ist. Durch Schriftsatz vom 1., eingegangen am 2. Nov., hat Gläubiger auf die Rechte aus dieser Verfügung verzichtet und die Aufhebung der Zwangsverwaltung bewilligt, hat also seinen Antrag auf Zwangsverwaltung insoweit zurückgenommen. Mit dem 2. Nov. ist die Zurücknahme jenes Antrags wirksam geworden, nicht erst durch den Aufhebungsbeschluß, den das Amtsgericht danach am 14. Nov. erlassen hat; dieser hat nur deklaratorische Bedeutung (Jäckel § 29[3], Fischer-Schäfer § 29[2]). Vorher hatte das Amtsgericht den Antrag des Schuldners, die Zwangsverwaltung aufzuheben, zurückgewiesen. Die dagegen am 22. Oktober eingelegte Beschwerde ist mithin bei Erlaß des angefochtenen Beschlusses in der Hauptsache schon erledigt gewesen. Das ist dem LG. allerdings nicht bekannt gewesen; aber der Schuldner hätte es ihm mitteilen können und müssen. Schon am 3. Nov. ist ihm die Zurücknahme des Antrags mitgeteilt. Er wäre verpflichtet gewesen, danach seine Beschwerde auf die Kosten zu beschränken (Rsp. 29 S. 87). Der § 99[1] ZPO. hätte nicht im Wege gestanden (Stein § 99[15]) Das LG. hätte dann die Sache für erledigt erklären müssen und nur noch die Kostenfrage zu prüfen gehabt (Stein § 91[29], Seuff. 73 S. 135). Der Schuldner hat indessen seine Beschwerde auch in der Hauptsache aufrecht erhalten; dadurch war diese unbegründet geworden (Stein § 575[7]). Infolge davon war sie, einerlei, ob sie anfänglich begründet gewesen ist oder nicht, unter Belastung des Schuldners mit den Kosten zurückzuweisen (Stein § 575 II[4], III § 91[17], RG. LeipzZ. 17 S. 1251, Rsp. aO.). Diese Folge ist nunmehr unter Aufhebung des angefochtenen Beschlusses auszusprechen. Allerdings hat Gläubiger nur beantragt, die Hauptsache für erledigt zu erklären, und es mag ihm zugegeben werden, daß darin ein Antrag auf Sachentscheidung nicht liegt (Stein § 99 V 1, Rsp. 29 S. 88). Indessen kommt einmal der § 308 ZPO. nicht zur Anwendung, weil das Gericht auch ohne Antrag verpflichtet ist, einer Partei dasjenige zu versagen, worauf sie keinen Rechtsanspruch hat (Stein § 308 I 3), und ferner ist die aufrecht erhaltene und vom LG. für begründet erklärte Beschwerde des Schuldners noch durch Sachentscheidung zu beseitigen (Stein § 575[12]). Dem Wiederaufleben des Beschlusses des Amtsgerichts steht hinsichtlich der Hauptsache die tatsächliche Erledigung entgegen. W. n.

f) **Arrest:** *α*) **in beschlagnahmtes Vermögen.**

OLG. Rostock, 1. ZS. Urteil v. 11. März 1920.

Wie gerichtskundig, ist das Vermögen des Beklagten wegen Verdachts der Steuerflucht beschlagnahmt, nachdem bereits erhebliche Vermögensbestandteile vorher in das Ausland verschoben worden. Hierdurch ist auch die Besorgnis begründet, der Schuldner werde durch weitere Beiseiteschaffungen die Vollstreckung des vom Kläger erstrebten Urteils vereiteln. Sie wird nicht dadurch beseitigt, daß zurzeit bereits im staatlichen Interesse das inländische Vermögen des Schuldners beschlagnahmt ist. Denn diese Beschlagnahme kann jederzeit aufgehoben werden, und gerichtskundig ist, daß gerade in dieser Beziehung Verhandlungen zwischen dem Arrestschuldner und den zuständigen Behörden angebahnt sind. Sodann ist zweifelhaft, ob alle inländischen Vermögenswerte tatsächlich von dem Güterpfleger erfaßt sind, der zB. erklärt hat, daß er im Einverständnis mit der Staatsbehörde auf die Verwaltung der F.-Werke GmbH., die noch jetzt mit dem Schuldner in engster Verbindung stehen, keinen Einfluß mehr ausüben wolle. Auch die Bedenken, ob neben der Beschlagnahme noch ein Arrest zugunsten eines Gläubigers stattfinden könne, sind nicht berechtigt (vgl. oben S. 267).... Denn der Güterpfleger hat Widerspruch gegen den Arrestbefehl erhoben, und gegen ihn als den gesetzlichen Vertreter des Schuldners in Ansehung des beschlagnahmten Vermögens ist das angefochtene Urteil erlassen. Dr. Br.

β) Klagänderung in der Berufungsinstanz in Arrestsachen.

Kammergericht, 8. ZS. Urteil v. 8. Mai 1920.

Wenn sich jetzt der Antragsteller auf die Abtretung der Ansprüche des X. stützt, so steht dieser neuen Begründung der Antragsbefugnis der Einwand der Klagänderung entgegen. Der Ansicht Steins (§ 920 I), daß die Vorschriften über Klagänderung auf das Arrestverfahren auch nicht entsprechende Anwendung finden, kann in dieser allgemeinen Fassung nicht beigetreten werden. Allerdings ist der § 920 nur eine Sollvorschrift, so daß die den Arrestgrund bildenden Tatsachen noch bis zur Schlußverhandlung ergänzt und erweitert werden können (RG. 5 S. 364); auch ist solche Ergänzung noch in zweiter Instanz zulässig (Seuff. 47 Nr. 175). Dies entspricht dem Wesen des Arrestverfahrens, das eine besondere Beschleunigung verlangt, so daß dem Antragsteller nicht stets möglich sein wird, sogleich das gesamte den Arrestgrund bildende Material dem Richter zu unterbreiten. Anders liegt aber der Fall bei dem Arrestanspruch. Richtig ist, daß § 920 die Bezeichnung des Anspruchs im Arrestgesuche nur instruktionsweise vorschreibt und damit für den ersten Rechtsgang die Vorschriften über Klagänderung auch für den Arrestanspruch außer Kraft setzt. Allein durch § 920 sollte nicht auch der § 527 außer Kraft gesetzt sein. § 527 geht davon aus, daß der Kläger in erster Instanz hinreichend Zeit gehabt hat, sein Material zu sammeln. Bezüglich des Arrestanspruchs muß dies aber auch für das Arrestverfahren gelten. Dieses hat nicht den Zweck, unsicheren Ansprüchen, über deren Umfang und Begründung sich der Antragsteller selbst noch nicht klar ist, Sicherung zu verschaffen. Vielmehr liegt es gerade im Wesen dieser Rechtsbehelfe, nur Ansprüche, die von vornherein einleuchtend erscheinen, gegen böswillige oder in besonderen Umständen liegende Gefährdung zu sichern. Es erscheint deshalb erforderlich, um einen Mißbrauch dieser Rechtsbehelfe zur Sicherung unklarer und unsicherer Ansprüche zu verhüten und um zu verhindern, daß völlig neue Ansprüche in der zweiten Instanz auftauchen und daß bezüglich dieser dem Gegner eine Instanz entzogen wird, den § 527 für den Arrestanspruch aufrecht zu erhalten. B.

γ) Folgen des Verzichts auf einen Arrestanspruch.[1]

OLG. Hamburg, 6. ZS. Urteil v. 9. Oktober 1919.

Die Grundsätze des § 306 über den Verzicht auf den Klaganspruch und

[1] Dagegen führt das OLG. Rostock, 1. ZS. im Urteil v. 11. März 1920 aus: An sich war nach den Parteiangaben der Arrest in der ursprünglich bewilligten Höhe begründet und hätte daher auch in dieser Höhe aufrecht erhalten werden müssen; daß der Gläubiger freiwillig einen Teil dieses Anspruchs fallen läßt, ohne durch einen rechtlichen Grund hierzu genötigt zu sein, kann eine Verpflichtung zur Tragung eines Teiles der Kosten nicht begründen. Dr. Br.

dessen Rechtsfolgen (Abweisung mit dem Anspruch) müssen entsprechend auf das Arrestverfahren Anwendung finden. Die Beweggründe, aus denen der Arrestkläger auf den Arrest in Höhe von 2000 Mark verzichtet hat, sind für die prozessualen Folgen dieses Verzichts gleichgültig. Daher hat das LG. den Arrestbefehl mit Recht in jener Höhe aufgehoben. Diese Aufhebung entspricht der Abweisung des Klägers mit diesem Teile seines Arrestanspruchs. Er ist also insoweit im Arrestverfahren als unterlegen zu erachten und mit Kosten zu belasten. M. M.

δ) **Hauptklage (§ 926) gegenüber Verfügungen des § 627.**

Kammergericht, 20. ZS. Urteil v. 16. Dezember 1919.

Zwischen den Parteien schwebt die vom Manne erhobene Scheidungsklage. Nach Anberaumung des Sühnetermins dazu hat die Frau eine einstw. Verfügung auf Getrenntleben während des Scheidungsprozesses, Zahlung von monatlich 200 Mark Unterhalt und eines Kostenvorschusses erwirkt. Auf den Widerspruch des Mannes hat das LG. am 2. April die Verfügung bestätigt. Vor der Rechtskraft dieses Urteils hat es auf Antrag des Mannes am 27. Mai angeordnet, daß die Frau binnen 1 Monat die Klage in der Hauptsache zu erheben habe. In dieser Frist hat sie darauf im Scheidungsprozeß die Widerklage auf Scheidung erhoben. Das LG. hat jedoch, weil sie nicht auf Unterhalt geklagt hat, die einstw. Verfügung aufgehoben. Die Berufung ist begründet.

Werden einstw. Verfügungen außerhalb des Rahmens des § 627 erlassen, so müssen sie gemäß § 940 mit dem Gegenstande des Hauptstreits dahin unmittelbar sachlich zusammenhängen, daß sie jenen Hauptanspruch zu sichern bestimmt sind (JW. 1901 S. 306[10], 1905 S. 645[14]). Ergeht deshalb in einem anderen Ehestreit, als ihn § 627[1] vorsieht, eine Verfügung auf Unterhalt, so gilt als Hauptstreit nur der Anspruch aus BGB. §§ 1360/1. Nur auf ihn darf sich deshalb die Klage des Antragstellers richten, der gemäß § 926 zur Klagerhebung veranlaßt wird (Skonietzki § 627[23]). Anders, wenn wie hier im Scheidungsprozeß eine einstw. Verfügung besonders auf Unterhaltsgewährung aus § 627 ergeht. Kraft dieser besonderen Vorschrift gilt hier der die Scheidung betreffende Rechtsstreit für die im Abs. 1 das. bezeichneten Verfügungen als Hauptsache (aO. Anm. 1). Allerdings hat das KG. (Rsp. 17 S. 347) unter Hinweis auf RG. 47 S. 379 ausgeführt, daß für die innerhalb des Eheprozesses erlassenen einstw. Verfügungen der Ehestreit, soweit die Regelung des Unterhalts in Frage komme, nur im formellen Sinne die Hauptsache bilde, dh. nur hinsichtlich der Zulässigkeit der Verfügung und des Gerichtsstandes aus § 937 und daß in § 926 der Begriff der Hauptsache materiell zu nehmen sei. Allein für eine solche Unterscheidung bietet die jetzige Fassung des § 627 keinen Raum. § 627 hat durch die Novelle von 1898 anstelle ihres früheren lediglich prozessualen und verweisenden Inhalts gerade seine jetzige Fassung erhalten, in der er zugleich die materiellrechtliche Zulässigkeit der Verfügungen in Ehesachen regelt.

Auch RG. 47 S. 379 spricht sich nicht so aus, wie das KG. in Rsp. 17 S. 347. Dort ist lediglich die Frage entschieden, ob während des Scheidungsprozesses der Unterhaltsanspruch nur durch einstw. Verfügung oder auch im Wege der Klage geltend gemacht werden könne. Übrigens stellt das Urteil (Rsp. 1 S. 153), auf das Rsp. 17 S. 347 verweist, den § 627 gerade in Gegensatz zu den §§ 935, 940 und hebt hervor, daß es deshalb der besonderen Bestimmung des § 627 bedurft habe. Ist aber der Scheidungsprozeß die Hauptsache, dann ist für § 926 überhaupt kein Raum, sobald die Scheidungsklage erhoben ist. Dann hat (Rsp. 29 S. 147) der Gegner nur die Mittel aus §§ 924, 927. Demgemäß haben auch andere OLGerichte für den § 28 RAGebO. ausgesprochen, daß für § 627 der Scheidungsprozeß als Hauptsache in Frage komme (Rsp. 31 S. 77, 37 S. 228). Allerdings gelten nach § 627⁴ an sich auch die §§ 936—944 und damit auch § 926, auf den durch § 936 verwiesen wird. Dieser § 926 kann aber auch an sich bei einer Maßnahme aus § 627 Platz greifen, nämlich dann, wenn zwar die Verfügung nach Anberaumung des Sühnetermins erwirkt ist, aber vor Erhebung der Scheidungsklage, und dann der Antragsteller diese nicht erhebt (Skonietzki § 627²²).

Greift aber § 926 nicht Platz, dann ist auch das die Verfügung bestätigende Endurteil (§ 925) kein bloßes Vorbehaltsurteil, das auch nach Rechtskraft noch durch die Maßnahme des § 926 beseitigt werden kann. Es bleibt vielmehr, wie es war, dauernd rechtskräftig. Deshalb kann auch hier nicht materiell auf das Urteil vom 2. April eingegangen werden. Br.

ε) **Zeitpunkt der Sicherheitsleistung, von der die Anordnung des Arrestbefehls abhängt. Nachholung.**

Kammergericht, 7. ZS. Urteil v. 27. Januar 1920.

Die Anordnung der einstw. Verfügung ist hier von der Hinterlegung einer Sicherheit von 1000 Mark abhängig gemacht worden; solange diese nicht geleistet ist, besteht deshalb die Verfügung nicht als Grundlage der Vollstreckungshandlung. Die ein Verbot enthaltende Verfügnng kann somit nicht wirksam durch Zustellung vollstreckt werden, wenn nicht binnen Monatsfrist nach ihrer Verkündung oder Zustellung die Sicherheit geleistet und der urkundliche Nachweis der Leistung zugestellt ist (§§ 929², 751²). Da die Sicherheit hier nicht rechtzeitig geleistet ist, so besteht die Verfügung nicht zu Recht (Rsp. 23 S. 231).

Die Sicherheitsleistung und deren Nachweis können aber auch nicht nachgeholt werden. Der Beschluß (Rsp. 19 S. 37) betrifft einen andren Fall. Dort war die Aufhebung einer erlassenen einstw. Verfügung davon abhängig gemacht, daß der Antragsteller nicht binnen einer durch den Richter bestimmten Frist Sicherheit leistete; die nachträgliche Leistung dieser Sicherheit ist nach § 231² für zulässig und wirksam erachtet worden. Hier mußte jedoch der Nachweis, binnen der in § 929² bestimmten gesetzlichen Monatsfrist zugestellt werden; sonst konnte die Verfügung nicht mehr wirksam vollzogen werden. L.n.

g) **Einstweilige Verfügung:** *α*) **Verfahren.**[1]

OLG. Braunschweig, 2. ZS. Beschluß v. 17. März 1920.

Der Kläger, der als Anerbe das Alleineigentum des nachgelassenen Anbauerwesens beansprucht, hat erfolglos beantragt, durch einstw. Verfügung ihm die Bewirtschaftung des Anbauerwesens zu übertragen. Die Beschwerde bemängelt das vom LG. eingeschlagene Verfahren.

1. Die Rüge, daß die Einholung einer Auskunft des Gemeindevorstehers von Amtswegen gegen das Gesetz verstoße, erscheint an sich begründet. Der den Prozeß beherrschende Grundsatz des Parteibetriebes verbietet ein Einschreiten des Richters von Amtswegen überall da, wo das Gesetz nicht Ausnahmen zuläßt. Insbesondere liegt die Beweisführung und die Bezeichnung der Beweismittel, deren sie sich bedienen wollen, den Parteien ob (Stein § 282 I 1, III 2 vor § 128) und für die §§ 916—945 gilt insoweit nichts Besonderes (§§ 920², 936). Von den zugelassenen Ausnahmen könnte hier allein § 144 in Betracht kommen, der dem Gerichte die Anordnung der Begutachtung durch Sachverständige ohne Parteiantrag freistellt. Allein die Fragen, die hier an den Gemeindevorsteher gerichtet wurden, sind nicht lediglich solche, welche sich auf die Begutachtung durch einen Sachverständigen beziehen, sofern das Gericht überhaupt den Gemeindevorsteher als Sachverständigen hat zuziehen wollen. Möglicherweise kann man sagen, daß durch dessen unzulässige Anhörung der Antragsteller deshalb nicht beschwert ist, weil auch der Gegner eine inhaltlich fast gleichlautende Erklärung des Gemeindevorstehers beigebracht hat.

2. Freilich hält der Antragsteller die Mitteilung des Antrags an den Gegner zur Äußerung ebenfalls für ungesetzlich. An sich ist das Gericht jedoch befugt, dem Gegner Gelegenheit zur schriftlichen Äußerung zu geben (Stein § 922 I; Petersen § 937²). Aber nach § 937² ist regelmäßig mündlich zu verhandeln, und davon nur in dringenden Fällen dh. dann abzusehen, wenn dadurch der Zweck der Verfügung gefährdet würde. Die Dringlichkeit in diesem Sinne ist nicht festgestellt und der Sachlage nicht zu entnehmen. Wegen dieses Mangels soll die Sache zurückverwiesen werden (JW. 1895 S. 454), doch ist in letzter Zeit die Praxis milder geworden und die Feststellung der Dringlichkeit nicht immer verlangt (KG. bei Sörgel 1917 S. 411, Kassel 1913 S. 631⁵).

3. Trotz dieser erheblichen Bedenken ist von der Anordnung der mündlichen Verhandlung Abstand genommen, weil in sachlicher Beziehung die angefochtene Entscheidung richtig erscheint. Lediglich aus formellen Gründen ein Verfahren wiederholen zu lassen, erscheint bei der gegenwärtigen Belastung der Gerichte nicht angemessen. W.n.

β) **Gericht der Hauptsache in der Berufungsinstanz.**

[1] Nicht bloß die in Urteilsform, sondern auch die im Wege des Beschlusses ergehenden einstw. Verfügungen müssen eine Kostenentscheidung enthalten (OLG. Hamm, 2. ZS. Urteil v. 1. Juni 1920). Vgl. dagegen Rsp. 39 S. 45; Wurzer (Gruchot 64 S. 321).

OLG. Breslau, 3. ZS. Urteil v. 28. Februar 1920.

Die Parteien waren miteinander verheiratet. Während ihrer Ehe hat die Klägerin die Hälfte ihres Bauernguts dem Beklagten schenkungsweise aufgelassen, diese Schenkung jedoch nach rechtskräftiger Scheidung der Ehe am 9. Juni 1917 wegen Undanks widerrufen und auf Rückauflassung und Räumung geklagt. Der Beklagte will sich am 21. August 1917 dahin verglichen haben, daß er der Klägerin ihre Grundstückshälfte gegen einzutragende 75000 Mark abkaufte; es sei dann zur Ausführung des Vergleichs ein notarieller Kaufvertrag abgeschlossen worden. Widerklagend beantragte er Auflassung gegen Eintragung der Kaufgelderhypothek. Nachdem die Sache auf Revision an das Berufungsgericht zurückverwiesen war und die Parteien erneut verhandelt hatten, beantragte die Klägerin, durch einstw. Verfügung dem Beklagten aufzugeben, ihr 4% Zinsen von 75000 Mark seit 21. Aug. 1917 zu zahlen. Da nämlich der Beklagte allein das ganze Gut nutze, sie deshalb keine Mittel zu ihrem Unterhalte habe, sei angesichts der langen Dauer des Rechtsstreits eine Regelung des einstw. Zustands angezeigt. Freilich könne sie von ihrem Rechtsstandpunkt aus nicht Zinsen der 75000 Mark Kaufpreisforderung verlangen, aber der Beklagte werde nicht geschädigt, wenn er ihr denjenigen Betrag zahle, zu dessen Leistung er von seinem Rechtsstandpunkt aus verpflichtet sei. Der Antrag ist jedoch unbegründet.

Der § 937 erfordert nicht die Rechtshängigkeit der Hauptsache; nach § 943 gilt aber das Berufungsgericht als Gericht der Hauptsache im Sinne des § 937 nur dann, wenn diese in der Berufungsinstanz anhängig ist. Hauptsache im Verhältnis zur einstw. Verfügung ist im Falle des § 940, der mangels Geltendmachung einer Besorgnis aus § 935 hier allein in Frage kommt, das Verfahren über das zu regelnde Rechtsverhältnis. Das Rechtsverhältnis, über das die Parteien hier streiten, ist nicht Eigentum oder Besitz des Gutes, sondern der schuldverbindliche Anspruch der Klägerin auf Herausgabe und auf Rechnungslegung aus den §§ 531, 812, 1421 BGB. und der schuldverbindliche Anspruch des Widerklägers auf die Erfüllung des Kaufvertrags. Zwar können auch Schuldverhältnisse unter § 940 fallen, wenn ihnen eine gewisse Dauer eignet, aber nicht dann, wenn der Anspruch auf eine einmalige Leistung gerichtet ist. Nur in ersterem Falle kann das Schuldverhältnis selbst als ein „Zustand" aufgefaßt werden. Die Ungewißheit der Prozeßparteien darüber, ob das behauptete Schuldverhältnis bestehe, ob also der Beklagte gehalten sein werde, die geltend gemachte Forderung zu erfüllen, bildet keinen „einstweiligen Zustand" im Sinne des § 940. Auch daraus, daß die Parteien miteinander verheiratet gewesen sind, läßt sich ein solches Rechtsverhältnis nicht folgern. Der gesetzliche Güterstand ist mit der Rechtskraft des Scheidungsurteils beendigt und die Frau hat nach § 1421 BGB. nur den schuldverbindlichen Anspruch auf einmalige Leistungen, Herausgabe und Rechnungslegung.

Für die Klägerin ist im Grundbuch das Miteigentum des Gutes zur Hälfte eingetragen; das Eigentum steht also den Parteien gemeinschaftlich nach Bruchteilen zu. Nach § 743 BGB. gebührt jedem Teilhaber für die Dauer der Gemeinschaft ein seinem Anteil entsprechender Bruchteil der Früchte. Wenn der Rechtsstreit der Parteien dieses dauernde Rechtsverhältnis dinglicher Natur beträfe, könnte § 940 in Frage kommen. Da aber eine solche Hauptsache in der Berufungsinstanz nicht anhängig ist, ist das Berufungsgericht nach § 943 nicht zuständig, die Beteiligung der Klägerin an den Früchten des Guts für die Dauer des Rechtsstreits einstweilig zu regeln. Unterhaltsansprüche sind nicht Gegenstand des Rechtsstreits.... S.e.

γ) **zum Zwecke der Vollstreckung.**[1]

Kammergericht, 7. ZS. Beschluß v. 27. Oktober 1919.

Die einstw. Verfügung darf die Grenzen nicht überschreiten, die sich aus der Natur der Anordnung als einer einstweiligen und aus dem Inhalt des zu sichernden Rechtsverhältnisses ergeben. Sie darf daher weder die Entscheidung über das zu sichernde Recht vorwegnehmen, noch als antizipierte Vollstreckung dessen endgültige Vollziehung enthalten (Stein § 938 I; JW. 1908 S. 434[10]). Dem steht nicht entgegen, daß bei fortlaufenden Bezügen die vorläufige Verurteilung zu Abschlagszahlungen da angeordnet werden kann, wo das Ausbleiben der Leistungen wesentliche Nachteile in bezug auf ein dauerndes Rechtsverhältnis, wie bei Unterhaltsbezügen, Gehältern rc, herbeiführen würde. Demgemäß kann die Eintragung der Auflösung der offenen HG., sowie die Eintragung des Antragstellers als alleinigen Inhabers der Firma nicht durch einstw. Verfügung angeordnet werden. Hieran wird auch dadurch nichts geändert, daß nach § 16 HGB. die Verpflichtung zur Mitwirkung bei einer Anmeldung zum Handelsregister durch eine rechtskräftige oder vollstreckbare Entscheidung des Prozeßgerichts festgestellt werden kann. Allerdings umfaßt der Begriff der „Entscheidung" auch einstw. Verfügungen (Staub-Könige HGB. § 16[2]), aber die Eintragung ins Handelsregister darf, wenn sie durch einstw. Verfügung angeordnet werden soll, keinen endgültigen Charakter haben, wie das hier der Fall wäre. L.n.

Dazu: OLG. Kassel, 2. ZS. Urteil v. 11. Juli 1919.

Stein (§ 938 I 2) steht mit seiner Ansicht, daß nur Maßregeln angeordnet werden dürfen, die die Zwangsvollstreckung sichern, fast völlig vereinsamt da. Diese Auslegung erfordert auch weder das Gesetz noch steht sie mit den Bedürfnissen des praktischen Lebens in Einklang (RG. 9 S. 335). Zunächst bestimmt das Gericht nach freiem Ermessen, welche Anordnungen zur Erreichung des Zwecks der Sicherung erforderlich sind; es sind aber zahlreiche Fälle denkbar, in denen die Umstände verlangen, daß mit den äußersten Vollstreckungsmitteln vorgegangen und daß zum Zwecke der Sicherung der Gläubiger einstweilen befriedigt werden muß. Ferner ist in § 940 das Erfordernis der Sicherung ganz fallen gelassen und als Zweck der Verfügung nur Regelung eines einstweiligen Zustandes genannt. So-

[1] Die Herausgabe von Sachen ist anzuordnen, die der Antragsteller bestellt und bezahlt hat und die für ihn schwer entbehrlich sind (OLG. Königsberg, 4. ZS. Beschluß v. 1. Juli 1920).

wohl nach § 936 mit § 938 als auch nach § 940 ist die Anordnung der Räumung an sich grundsätzlich für zulässig zu erachten. h.

δ) **gegen einen am Rechtsstreit nicht beteiligten Dritten.**

OLG. Rostock, 1. ZS. Urteil v. 16. Februar 1920.

Auf Antrag des A. wegen seiner Forderung an F. hat das LG. den F.Werken GmbH. die Herausgabe eines dort erbauten Flugzeuges durch einstw. Verfügung verboten. Diese richtet sich mithin nicht gegen den Antragsgegner, sondern gegen ein anderes Rechtssubjekt, das an dem Rechtsstreit der Parteien überhaupt nicht beteiligt ist. Wenn an sich nach § 938 das Gericht nach freiem Ermessen das zur Erreichung des Zweckes Erforderliche bestimmt, so sind doch Anordnungen, die sich unmittelbar gegen unbeteiligte Dritte richten, unzulässig (Rsp. 11 S. 118; Stein § 938 I 3). Das LG. meint aber, daß das Verbot sich nur scheinbar an einen Unbeteiligten richte, in Wirklichkeit sei es gegen den Schuldner erlassen, der als einziger Gesellschafter und alleiniger Geschäftsführer mit der Gesellschaft wirtschaftlich identisch sei. Das ist schon insoweit bedenklich, als F. schon am 1. August 1919 alle seine Geschäftsanteile an die Bank zu Amsterdam notariell verkauft hatte. Das LG. mißt allerdings dem Verkaufe nur obligatorische Wirkung bei, weil die Anteile damit noch nicht abgetreten seien. Allein besondere Ausdrucksformen der Abtretungserklärung sind nicht erforderlich. Es bestimmt sich lediglich nach allgemeinen Auslegungsregeln, ob der kundgegebene Wille bereits die Abtretung und deren Annahme enthält, oder ob zunächst nur eine Verpflichtung zur Abtretung begründet werden soll. Hier beurkundet der Notar, daß sämtliche Anteile verkauft und der Kaufpreis dafür bezahlt sei. Ganz offenbar sehen die Parteien den Vertrag als beiderseitig erfüllt an; der Kaufpreis ist bezahlt, die Abtretung geschehen; für eine noch vorzunehmende Übertragung läßt der Inhalt der Urkunde auch nicht den mindesten Anhalt erkennen (vgl. Staub-Hachenburg § 15[36]). Nun ist zwar satzungsmäßig zum Übergang der Geschäftsanteile noch die — anscheinend nicht erteilte — Genehmigung der Gesellschaft erforderlich. Immerhin ist es nicht gerechtfertigt, die geschehene Abtretung als rechtlich bedeutungslos hinzustellen und F. materiell als den alleinigen Berechtigten an der GmbH. anzusehen. Das Recht der Bank ist voll wirksam, sobald die Genehmigung nachgeholt wird.

Der Standpunkt des LG. ist aber auch grundsätzlich nicht zu billigen. Das Gesetz stellt die GmbH. als selbständiges Rechtssubjekt, als juristische Person hin. Das Wegfallen aller Gesellschafter bis auf einen bildet keinen Auflösungsgrund; das Gesellschaftsvermögen geht nicht auf den einzigen Gesellschafter über; sein persönliches Vermögen und das der Gesellschaft sind rechtlich geschieden und bestehen selbständig nebeneinander. Überdies durfte zur Sicherung des Geldanspruchs nicht eine einstw. Verfügung, sondern nur der Arrest erlassen werden.... Dr. Br.

ε) **gegen Anordnungen der Verwaltungsbehörden.**

OLG. Darmstadt, 1. ZS. Beschluß v. 14. Mai 1920.

Das Kreiswohnungsamt hat auf Grund der §§ 4, 5 der BRV. vom 23. September 1918 über Maßnahmen gegen Wohnungsmangel und der §§ 1, 2 der hess. Bek. vom 12. Mai 1919 Wohnräume in einem der Nutznießung des Antragstellers A. unterliegenden Hause beschlagnahmt und einem Wohnungsuchenden zur Benutzung überwiesen, auch zwangsweise Räumung angedroht. A., der wegen Beeinträchtigung seines dinglichen Rechts, gestützt auf §§ 1065, 1004 BGB. gegen den Kreis geklagt hat, beantragt, ihm durch einstw. Verfügung jeden Eingriff in das Nießbrauchsrecht und die Durchführung der Beschlagnahme zu verbieten. Allein der Rechtsweg ist, wie das LG. mit Recht annimmt, unzulässig. Es ist im allgemeinen davon auszugehen, daß es dafür auf den Inhalt der Klage und nicht auf die Verteidigung des Beklagten ankommt. Hier gehören aber die Störungen, gegen die sich die Klage richtet, nicht zum Klagegrunde. Nun ist klar, daß die Anordnung des Kreisamtes, die der Kläger als unstatthaften Eingriff in sein Recht bekämpft, auf öffentlich-rechtlicher Grundlage beruht. Die Nachprüfung der Frage, ob die Verwaltungsbehörde die Verfügung mit Recht erlassen hat, liegt den Gerichten nicht ob, ebensowenig die Entscheidung darüber, ob mit Rücksicht auf den Inhalt der Reichsverfassung die angeführten Bekanntmachungen als rechtsgültig zu erachten sind. Die Zuständigkeit der Gerichte ist in ihnen auch nicht vorgesehen. Auch wenn man ihnen die Rechtsgültigkeit absprechen wollte, so würde es sich doch nicht um einen rein privaten, sondern um einen öffentlich-rechtlichen Eingriff handeln. Die Klage hat hiernach keine privatrechtliche, sondern eine öffentlich-rechtliche Grundlage. Es liegt also keine bürgerliche Rechtsstreitigkeit im Sinne des § 13 GVG. vor (Rsp. 40 S. 162). W.r.

Dazu: Kammergericht, 2. ZS. Beschluß v. 9. April 1920.

In den rechtlich gleichliegenden Sachen 2 W 258/20 und 26 W 544/20 hat das KG. festgestellt, daß gegenüber Maßnahmen, die auf Grund der VO. vom 23. September 1918 und 22. Juni 1919 Art. II getroffen werden, die Gerichte einstw. Verfügungen zu erlassen nicht befugt sind, in 2 W 258/20 auch, daß durch solche Maßnahmen so lange, als das Einigungsamt nicht eine der in der VO. §§ 4, 5 vorgesehenen Bestimmungen getroffen hat, ein bürgerliches Rechtsverhältnis zwischen dem Wohnungsinhaber und der Gemeinde gar nicht besteht. Die VO. vom 23. September 1918, die auf dem Ges. vom 4. August 1918 beruht, ist selbst ein Reichsgesetz. Die Art. 115, 153 der Reichsverf. vom 11. August 1919 lassen ausdrücklich Ausnahmen von ihrem Grundsatze zu, die auf einem Gesetze beruhen. Einem Gesetz, das eine solche Ausnahme enthält, steht also die Verfassung nicht entgegen, es ist daher nicht durch Art. 178[2] Satz 1 der Verf. aufgehoben. Darum besteht die VO. vom 23. September 1918 noch zu Recht. Nach ihr kann die Landeszentralbehörde zur Beseitigung des Wohnungsmangels die Gemeindebehörde, dh. das Amt, das Organ der Gemeindeverwaltung, nicht die Gemeinde selbst, die öffentlich-rechtliche Körperschaft (vgl. LGO. § 5), zu den in den §§ 2 bis 5 bezeichneten, nach § 9 mit Zustimmung des Reichskanzlers (vgl. jetzt: Ges.

vom 4. März 1919 § 5, Verf. § 56) auch noch zu anderen Maßnahmen ermächtigen. Außerhalb des Gebiets der Armenpflege (ALR. II § 1; Preuß. AusfG. zum UnterstWohnsitzG. vom 8. März 1871, 11. Juli 1891 und 23. Juli 1912 §§ 1, 2) ist die Beschaffung von Obdach für die in ihrem Bezirke befindlichen Personen keine gesetzliche Pflicht der Gemeinden, sondern in Notfällen Sache der Polizei (ALR. II 17 § 10). Mit der in §§ 1, 9 BO. vom 23. September 1918 vorgesehenen Ermächtigung wird daher eine polizeiliche Aufgabe der Gemeindebehörde zugewiesen. Diese ist nicht die Ortspolizeibehörde (KreisO. vom 19. März 1881 § 59) und wird es nicht durch die Ermächtigung zu den Wohnungsnotmaßnahmen. Ihre polizeilichen Verfügungen, die die auf Grund der Ermächtigung getroffenen Anordnungen nach dem Dargelegten sind, können daher nicht mit den Rechtsmitteln der §§ 127, 128 LVG. angefochten werden; die entsprechende Anwendung dieser Vorschriften ist nicht, wie im Preuß. Wohnungsgesetz vom 28. März 1918 Art. 6 § 3 (GS. S. 23), angeordnet. In den Fällen der BO. vom 23. September 1918 gilt daher das Ges. vom 11. Mai 1842, das den Rechtsweg ausschließt, soweit es sich nicht um die Frage handelt, ob der von der Polizei in Anspruch Genommene von der Leistung auf Grund einer besonderen gesetzlichen Bestimmung oder eines besonderen, gerade der Polizei gegenüber begründeten Rechtstitels befreit ist. Um diese Fragen handelt es sich aber hier nicht. Für den Unterlassungsanspruch, den der Kläger gegen die Gemeinde erhebt, nachdem die Gemeindebehörde einige Zimmer seiner Wohnung beschlagnahmt und die Räumung verlangt hat, ist danach der Rechtsweg ausgeschlossen, damit aber auch die Befugnis der ordentlichen Gerichte, durch einstw. Verfügungen die Ausführung der von der Gemeindebehörde erlassenen polizeilichen Verfügung zu hindern. Fr.

ζ) **Begriff des „streitigen Rechtsverhältnisses".**

OLG. Augsburg, 1. ZS. Beschluß v. 20. Januar 1919.

Der Beschwerdeführer, der unter Eigentumsvorbehalt sein Papiergeschäft um 7750 Mark bei 1200 Mark Anzahlung verkauft hatte, hat jetzt den Rest eingeklagt, worauf der Beklagte widerklagend den Vertrag wegen Betrugs anfocht. Nunmehr beantragt der Kläger eine einstw. Verfügung, die jede Verfügung über das Warenlager dem Beklagten verbiete, da es dessen einzigen Vermögensgegenstand bilde und in kurzer Zeit nichts mehr vorhanden sein werde, wenn er mit den Verkäufen fortfahre. Das LG. hat den Antrag abgewiesen; denn er wolle für den Fall, daß die Widerklage durchdringe, Sicherung dafür, daß Beklagter noch in der Lage sei, das Warenlager zurückzugeben oder Ersatz zu leisten; der § 940 setze aber voraus, daß der Kläger den zu sichernden Anspruch tatsächlich erhebe; Kläger habe dies jedoch nicht getan, er wolle nicht den Kaufvertrag rückgängig machen und bestreite, daß dem Beklagten ein Recht hierauf zustehe. Ein „streitiges Rechtsverhältnis" wäre nur dann gegeben, wenn jede Partei das Lager für sich beanspruche. Die Beschwerde ist begründet. Das LG. faßt den Begriff eines „streitigen

Rechtsverhältnisses" zu eng auf; seine Rechtsausführungen finden weder im Wortlaute noch im Sinn und in der Zweckbestimmung des § 940 eine Grundlage. Es genügt im Sinn dieses § 940, daß überhaupt ein Rechtsverhältnis streitig ist; gleichgültig ist, ob es schon einen Anspruch erzeugt hat (Stein § 940 II). Hier ist das Rechtsverhältnis hinsichtlich der Verfügungsgewalt über das Lager streitig. Pr.

η) **Ladung zur Verhandlung über die Rechtmäßigkeit.**

OLG. Bamberg, 1. ZS. Beschluß v. 10. Februar 1920.

Auf Antrag des A. ordnete das Amtsgericht durch einstw. Verfügung nach § 942 an, daß F. verschiedene Sachen herauszugeben habe, und bestimmte dabei eine Frist nach § 942[1]. Der Antragsteller klagte zur Hauptsache; zur Verhandlung nach § 942[1] wurde dagegen weder Termin bestimmt, noch geladen. Erst in einem späteren besonderen Schriftsatz lud A. zu ihr in den zur Verhandlung der Hauptsache bestimmten Termin. Mangels vorschriftsmäßiger Ladung hob das Amtsgericht die Verfügung auf; die Beschwerde hatte Erfolg. Die weitere Beschwerde ist begründet. Allerdings kann noch nach Ablauf der Frist zur Verhandlung gemäß § 942[1] vor das Gericht der Hauptsache geladen werden; nach § 231[2] genügt, wenn dies bis zum Schlusse der Verhandlung über den nach § 942[3] gestellten Antrag geschieht und nachgewiesen wird. Allein die Ladung muß den gesetzlichen Vorschriften entsprechen; dies trifft hier nicht zu. Mit Recht hat das LG. angenommen, daß in der Ladung zur Verhandlung über die Hauptsache keine Ladung zur Verhandlung über die einstw. Verfügung enthalten ist, mag auch diese und die nach § 942[1] gesteckte Frist in der Klageschrift erwähnt sein. Aber auch die Ladung im späteren Schriftsatz ist nicht, wie das LG. annimmt, wirksam. Nach §§ 214, 216 setzt sie voraus, daß vorher der Richter einen Termin festgesetzt hat; in der Ladung muß dieser Termin angegeben sein; eine Ladung ohne vorherige Terminbestimmung ist unwirksam (Stein § 214 I II; Skonietzki § 216[1]). Hier wurde die Ladung nicht zur Terminsbestimmung bei Gericht eingereicht und enthält infolgedessen keinen Termin zur Verhandlung über die Rechtmäßigkeit der Verfügung. Der Hinweis in der Ladung auf den Termin für die Klage ist ohne Bedeutung, da dieser Termin zur Verhandlung über die Hauptsache bestimmt war. Beide Verfahren sind auseinander zu halten. Der Mangel wurde nicht durch vorbehaltslose Einlassungen des Gegners geheilt. Erst noch später wurde vorschriftsmäßig zur Verhandlung über die einstw. Verfügung geladen. Diese Ladung ist aber verspätet. M. r.

h) *α*) **Schiedsrichter oder Gutachter im Falle des § 64 VVG.? Anwendung der §§ 1029, 1031 ZPO.**[1]

[1] Bei der in den Normativbestimmungen der Reichsstelle für Obst und Gemüse enthaltenen Schiedsgerichtsklausel für Streitigkeiten aus Gemüselieferungsverträgen handelt es sich nicht etwa um ein reichsgesetzlich bestelltes oder zugelassenes Schiedsgericht, sondern nur um ein von den Parteien vereinbartes; denn wenn diese auch bei derartigen Verträgen, um

Kammergericht, ZS. 1a. Beschluß v. 28. März 1919.

In den Fällen, in denen nach dem Versicherungsvertrage die Höhe des Schadens durch gerichtlich zu ernennende Sachverständige festgestellt werden soll (§ 642), handelt es sich nicht etwa um ein Schiedsverfahren (ZPO. §§ 1025 ff.); denn dieses hat die Aufgabe, die rechtlichen Beziehungen der Parteien festzustellen. Hier handelt es sich aber um die Feststellung, auf welchen Betrag die Höhe des vom Beschwerdeführer durch einen Diebstahl erlittenen Schadens zu bemessen ist. Der Dritte soll also nicht als Schiedsrichter einen Rechtsstreit entscheiden, sondern nur als Schiedsgutachter über einzelne für das Rechtsverhältnis der Parteien erhebliche Tatfragen einen Spruch abgeben, der für das Prozeßgericht maßgebend sein soll (RG. 87 S. 190). Somit liegt ein Schiedsgutachtervertrag vor, auf den sinngemäß die §§ 317 ff. BGB. anzuwenden sind (RG. 23. März 1909 bei Sörgel 127). Ein solcher Vertrag ist für die Parteien alsdann bindend geschlossen, wenn sie sich über die Person des Dritten oder den Weg, auf dem er zu bestimmen ist, geeinigt haben (JW. 1894 S. 229[9]). Hieraus ergibt sich, daß vorliegend eine Angelegenheit der freiwilligen Gerichtsbarkeit in Rede steht. Die Ernennung des Gutachters liegt auf keinem der in der ZPO. geregelten Gebiete, so daß auch die unmittelbare Anwendung des § 1045 ausgeschlossen ist (RG. 94 S. 172; KGJ. 43 S. 8; Jena ThürBl. 56 S. 23). Demzufolge richtet sich das Beschwerdeverfahren nicht nach §§ 567 ZPO., sondern nach den §§ 19 ff. FrGG. Das LG. hat ausgeführt, daß die Ernennung durch das Amtsgericht dann, wenn die Gesellschaft innerhalb der vertragsmäßigen Frist den Sachverständigen L. benannt habe, ausgeschlossen und dabei gleichgültig sei, daß sie nach Ablauf der Frist einen anderen angegeben habe, denn dadurch werde die Tatsache nicht beseitigt, daß sie innerhalb der Frist einen Sachverständigen benannt habe. Hiergegen macht der Beschwerdeführer geltend, daß die Frist nicht gewahrt werde, wenn zwar ein Name genannt werde, die Bereitwilligkeit seines Trägers zur Ausübung des Amts aber weder bestanden habe noch zurzeit vorliege. In dieser Hinsicht ist davon auszugehen, daß hinsichtlich der Zusammensetzung der Sachverständigenkommission freie Wahl der Parteien besteht mit der der Natur der Sache entsprechenden Einschränkung, daß die Benannten die vertragsmäßigen Eigenschaften besitzen, also zur Abgabe des Gutachtens geeignet sein müssen (Gerhard-Hagen S. 304). Die vorliegend wesentliche Frage aber, ob die Ernennung im Sinne der Versicherungsbedingungen nur dann wirksam ist, wenn der Benannte das Amt angenommen hat, konnte ohne Rechtsirrtum verneint werden. Ein solcher Gutachter ist jeder Partei gegenüber verpflichtet, das Amt vertragsmäßig durchzuführen und sich nicht der Mitwirkung ohne Grund zu entziehen (RG. 87

die Genehmigung zu erreichen, jene Bestimmungen einhalten mußten, so stand doch der Vertragschluß zu ihrer freien Wahl; schlossen sie also ab und kam es dann zu Streitigkeiten, so hatte über diese das Schiedsgericht gerade auf Grund der besonderen Einigung der Vertragsparteien zu entscheiden (OLG. Rostock, Beschluß v. 8. August 1919). J. n.

S. 194). Im übrigen bestehen für das Verfahren, wenn man von den sinngemäß anwendbaren §§ 317/8 absieht, keine gesetzlichen Vorschriften. Allein das Schiedsverfahren der ZPO. und das Verfahren gemäß § 64² VVG. sind trotz der gedachten Verschiedenheiten derart wesensgleich, daß die für das erstere gegebenen Bestimmungen, soweit diese nicht die Gerichtsbarkeit zum Gegenstande haben (§§ 1036 ZPO.), auf das letztere entsprechend anzuwenden sind. Hier sind nun die Bedingungen des Versicherungsscheins (§ 15²) den Bestimmungen des § 1029 ZPO. nachgebildet. Für diesen ist aber unbedenklich anzunehmen, daß jede Partei ihrer Verpflichtung durch einfache Namhaftmachung des von ihr gewählten Schiedsrichters genügt, gleichviel, ob dieser zur Übernahme des Amts bereit ist oder das Amt schon übernommen hat. Der § 1031 ZPO. enthält deshalb Vorschriften für den Fall, daß die Übernahme (Ausführung) verweigert wird; seine Grundsätze müssen auch auf das Verfahren nach § 64² sinngemäß angewendet werden. Allerdings braucht nach § 1030 ZPO. ein späterer einseitiger Widerruf der Ernennung regelmäßig vom Gegner nicht beachtet zu werden. Jedoch ist eine andere Beurteilung mit Rücksicht auf § 1031 dann geboten, wenn der Schiedsrichter seinerseits die Ausführung verweigert und darauf an seiner Stelle ein andrer ernannt wird (JW. 1895 S. 479¹¹). Auch diese Grundsätze sind auf das Schiedsgutachterverfahren sinngemäß anzuwenden. Übrigens kann der betreibende Teil seine Einwendungen gegen die Zusammensetzung der Kommission durch Anfechtung des Gutachtens selbst in dem anhängig gemachten Rechtsstreit vorbringen (vgl. RG. 45 S. 351). Demgemäß konnte das LG. ohne Rechtsirrtum als die Vertragsabsicht der Beteiligten annehmen, daß die Einhaltung der Frist nicht dadurch bedingt sei, daß der Benannte das Amt übernommen hat. . . . M.

β) **Bestimmung, daß eine Partei den Obmann ernennt.**

OLG. Rostock, 1. ZS. Beschluß v. 5. Februar 1920.

Nach § 46 des zwischen den Parteien geltenden Erbeinsetzungsvertrags werden Streitigkeiten über dessen Sinn durch ein Schiedsgericht entschieden, zu welchem jede der Parteien einen in Mecklenburg wohnhaften, der Rechte und der Sache kundigen Mann als Schiedsrichter und, wenn diese beiden sich nicht einigen können, die Antragstellerin einen den ersten Schiedsrichtern in den erwähnten Eigenschaften gleichkommenden Mann als Obmann bestellen sollen. Die Antragstellerin verlangt die Einsetzung eines solchen Schiedsgerichts. . . . Allerdings ist es ungewöhnlich und nicht ganz unbedenklich, wenn der Schiedsvertrag bei Uneinigkeit der zunächst bestellten Schiedsrichter die Ernennung eines Obmanns einer der streitenden Parteien allein überträgt. Dabei ist aber bestimmt, daß auch der Obmann ein des Rechts und der Sache kundiger Mann sein müsse und daß er, wenn nicht ein Richter oder ein Richterkollegium bestellt werden sollte, für sein Amt besonders beeidigt werden solle. Soweit eine solche Beeidigung nach den bestehenden Gesetzen nicht zu erreichen sein sollte, würde also der Obmann lediglich aus dem Kreise der öffentlich angestellten Richter entnommen werden können. Vor allen Dingen steht aber der Gegenpartei nach § 1032 das Recht der Ablehnung auch des Obmanns zu und zwar unter denselben Voraussetzungen, die zur Ablehnung eines Richters berechtigen. Über ein solches Ablehnungsgesuch haben dann die ordentlichen Gerichte zu entscheiden. Bei dieser Sachlage sind die gegenüber dem Schiedsvertrage bestehenden Bedenken doch nicht so weitgehend, daß man sagen könnte, die betr. Bestimmung sei mit dem Rechts- und Anstandsgefühl aller billig und gerecht denkenden Menschen unvereinbar. J. n.

γ) **Vollstreckungsurteil gegen einen Gesellschafter aus Schiedsspruch gegen die offene HG.**[1]

OLG. Hamburg, 3. ZS. Urteil v. 27. Mai 1919.

Der hier ansässige Beklagte war Teilhaber der in Texas ansässigen Firma H. & Co. Nachdem diese wegen Nichterfüllung eines Lieferungsvertrags durch das darin vorgesehene Schiedsgericht verurteilt worden, haben die Kläger gegen den Beklagten als Gesellschafter dasselbe Schiedsgericht angerufen, das ihn lediglich auf Grund des früheren Schiedsspruchs verurteilte. Die Klage auf Vollstreckungsurteil für den gegen den Beklagten persönlich erwirkten Schiedsspruch ist unbegründet.

... Unterstellt man, daß das in Texas geltende Recht in Ansehung des Streitfalls vom deutschen Recht nicht abweicht, so kann der § 128 HGB. der Klage nicht zur Stütze dienen; denn er besagt nur, daß die Gesellschafter für die Gesellschaftsschulden persönlich haften. Hier steht aber zunächst die Frage, ob der Beklagte sich als Gesellschafter bezüglich seiner persönlichen Haftung für eine Gesellschaftsschuld auch einem nicht von ihm, sondern von der Gesellschaft vereinbarten Schiedsverfahren zu unterwerfen hatte. Dafür fehlt es an jedem Rechtsgrund. Es ist zu unterscheiden zwischen der Vollstreckbarkeit eines Gesellschaftstitels gegen die einzelnen Gesellschafter, die trotz Mangels der juristischen Persönlichkeit der offenen HG. und trotz ihres Charakters einer Gesellschaft des bürgerlichen Rechts von § 129[4] HGB. verneint wird, und der materiellen Rechtskraft, die eben mangels der juristischen Persönlichkeit der offenen HG. und wegen ihres Wesens als einer Gesellschaft zur gesamten Hand ständig bejaht wird (RG. 49 Nr. 83; Staub HGB. § 124[25], § 128[5]).... M. M.

---

[1] Keine Einrede des Schiedsvertrags, wenn die Parteien über die Erfüllung des durch den Schiedsspruch rechtskräftig zugesprochenen Anspruchs streiten (OLG. Dresden, 1. ZS. Urteil v. 13. Dez. 1918; Ann. 40 S. 130). — Der Schiedsspruch ist nicht im Sinne des § 1039 niedergelegt, wenn er von den Schiedsrichtern dem unzuständigen Amtsgericht übersandt war und dieses ihn auf Ersuchen der Zivilkammer des zuständigen LG. letzterem übersendet; daß später die Schiedsrichter das Amtsgericht ersuchen, den Spruch dem LG. zuzusenden, ist unerheblich, wenn der Spruch mit den Prozeßakten inzwischen bei den Unruhen vernichtet worden ist (OLG. Kiel, 1. ZS. Urteil v. 25. März 1920; SchlHA. S. 135).

16. Gerichtskosten und Anwaltsgebühren.

a) Niederschlagung nach § 6. Gebühr des § 38 GKG.[1]

Kammergericht, 14. ZS. Beschluß v. 29. Sept. 1920.

Der Gerichtsschreiber hat nach dem Aktenvermerke am 29. September 1919 dem Kläger eine vollstreckbare Ausfertigung des Prozeßvergleichs erteilt und abgesandt. Der Anwalt des Klägers versicherte jedoch, diese Ausfertigung nicht erhalten zu haben, und bat um eine neue Ausfertigung. Auf die Verfügung des Vorsitzenden: „zu erteilen" sandte der Gerichtsschreiber eine zweite vollstreckbare Ausfertigung und berechnete für sie die Entscheidungsgebühr nach § 38 Nr. 3 GKG. nebst Pauschsatz. Auf Erinnerung wurden diese Kosten niedergeschlagen. Die Beschwerde der Staatskasse ist unbegründet.

Die Gebühr nach § 38 Nr. 3 wird erhoben für die Entscheidung, „über einen Antrag auf Erteilung einer weiteren vollstreckbaren Ausfertigung (§ 733 ZPO.)". Dieser § 733 setzt aber voraus, daß derselben Partei schon eine vollstreckbare Ausfertigung erteilt worden war. Das ist nur dann der Fall, wenn ihr die Urkunde zugegangen ist. Dies folgt aus einer entsprechenden Anwendung des § 329³ ZPO. auf die Verfügungen des Gerichtsschreibers, für die zwar die Zustellung nicht vorgeschrieben ist, die aber erst durch Zugehen an die Partei für sie wirksam werden. Hier ist aber glaubhaft gemacht, daß dem Kläger eine vollstreckbare Ausfertigung nicht zugegangen war. Sein Antrag auf Erteilung einer „neuen" Ausfertigung war also nicht auf Erteilung einer zweiten, sondern auf Erteilung der wiederholt herzustellenden ersten Ausfertigung gerichtet. Hierüber hatte nicht der Vorsitzende nach § 733, der auf diesen Fall keine Anwendung findet, sondern der Gerichtsschreiber nach § 734 ZPO. zu entscheiden; eine Gebühr nach § 38 Nr. 3 GKG. war hierfür nicht anzusetzen (§ 47 Nr. 15). Der Antrag des Klägers ist also unrichtig behandelt worden. Dies hat der Vorsitzende bewirkt, wenn seine Verfügung so zu verstehen ist, daß er nach § 733 die Erteilung einer weiteren Ausfertigung anordnen wollte. Wollte er dagegen bloß dem Gerichtsschreiber eröffnen, daß gegen Erteilung einer wiederholt herzustellenden ersten Ausfertigung nichts einzuwenden sei, dann ist die vom Gerichtsschreiber bewirkte Erteilung der zweiten Ausfertigung eine unrichtige Behandlung der Sache.[2] . . . Lhd.

[1] Obiger Beschluß widerspricht dem klaren Wortlaute des § 734 ZPO. Wenn danach der Gerichtsschreiber „vor der Aushändigung" dh. vor dem Ausderhandgeben auf der Urschrift zu vermerken hat, daß und zu welcher Zeit die Ausf. erteilt ist, so kann hierunter nur die „Erteilung" i. S. des § 725, also Unterstempelung und Vollziehung der Klausel fallen. Über die „Aushändigung" bestimmt der Antragsteller, folgerecht trägt er auch die Gefahr. Geht die Ausf. verloren, so kommt sie dadurch nicht aus der Welt, sie kann vielmehr noch gemißbraucht werden; daher ist der Schutz des Schuldners gemäß § 733³ durchaus angebracht; er würde aber bei einer „neuen" Ausf. fehlen. Auch ist dem Gerichtsschreiber nirgends die Prüfung der Bescheinigungen übertragen, hier müßte er aber prüfen, ob der Verlust der Sendung glaubhaft gemacht sei. Endlich beweist die Versicherung des Anwalts nur, daß ihm die Ausf. nicht zugegangen sei, daraus folgt aber nicht, daß sie nicht seinen Angestellten ausgehändigt und von ihnen zu anderen Akten gebracht sei. D. H.

[2] Vielfach wird der § 6 nur bei formell unrichtiger Behandlung für anwendbar er-

b) **„Zins" im Sinne des § 9a Abs. 1 GKG.**

OLG. Rostock, 1. ZS. Beschluß v. 8. Juli 1919.

Als „Zins" im Sinne des hier für die Wertfestsetzung maßgebenden § 9a Abs. 1 gilt nicht nur das, was der Pächter dem Verpächter an Pachtgeld bar zu bezahlen hat, sondern gelten auch die bestimmten, in jedem Pachtjahre sich wiederholenden Leistungen, die er ihm in anderen Werten zu machen hat, zB. Naturallieferungen; solche anderen Leistungen sind in Geld zu veranschlagen (Willenbücher[8] S. 170[68]; Rittmann[3] § 109 S. 226). Das RG. (JW. 1910 S. 291) stimmt mit dieser Auffassung überein; es führt aus, daß bei der Wertfestsetzung über ein streitiges Pacht- (Miet-) Verhältnis andere Faktoren als der Zins nicht zu berücksichtigen sind, und daß zum Zins die in einem Jagdpachtvertrag vereinbarte Erstattung des Wildschadens durch den Jagdpächter nicht gehört, weil sie nicht, wie der Zins, eine in jedem Pachtjahre sich wiederholende bestimmte Leistung des Pächters darstellt, es vielmehr ungewiß bleibt, ob überhaupt und zu welchem Betrage ein Wildschaden zu ersetzen ist. Hier liegt dem Beklagten als Fischereipächter während der Dauer des auf 4 Jahre abgeschlossenen Vertrags ob, ein Pachtgeld von 900 Mark jährlich zu zahlen und alle 14 Tage 20 Pfund Fische abzuliefern. Da der Wert dieser Fischlieferungen mindestens ebenso hoch zu veranschlagen ist, wie die bare Pacht von 900 Mark, war der Streitwert auf 1600 Mark festzusetzen. J.n.

c) **§ 10 bei jetziger Geldentwertung.**

α) Kammergericht, 20. ZS. Beschluß v. 24. Februar 1920.

Das LG. hat den Streitwert der von der Frau W. erhobenen Scheidungsklage auf 900 bis 1200 Mark festgesetzt. Nach der Bescheinigung der Fabrik ist der Mann W. dort mit einem Stundenlohn von 3,25 Mark bei wöchentlich 45 Lohnstunden beschäftigt, so daß er im Jahr etwa 7600 Mark verdient. Die Frau verdient wöchentlich 35 Mark, also im Jahr 1800 Mark. Das Gesamteinkommen beider Eheleute beträgt danach 9400 Mark. Kinder sind nicht vorhanden. Die Beschwerde des RA. H. verlangt Erhöhung des Streitwertes auf mindestens 2400 Mark. Er beruft sich auf die Praxis der Berliner Ehegerichte, wonach $^1/_3$ des Jahreseinkommens der Parteien als Streitwert einer Scheidungsklage angenommen wird, falls nicht besondere Umstände eine andere Festsetzung rechtfertigen. Eine solche Praxis besteht allerdings. Sie ist offenbar davon ausgegangen, daß der Betrag von 2000 Mark bei Scheidungen einem Einkommen der Eheleute von 6000 Mark entspreche und daß also bei höherem Einkommen $^1/_3$ als der dem Verhältnisse von 2000 zu 6000 entsprechende Betrag der Wertfestsetzung zugrunde zu legen sei. Unter den heutigen Teuerungsverhältnissen und der Entwertung des Geldes reicht aber ein Einkommen von 9400 Mark noch nicht aus, um

achtet. Allein „eine unrichtige Behandlung" kann (BayObLG. Samml. 11 S. 127) auch darin gefunden werden, daß das Gericht nicht die Befugnis des § 337 ZPO. in einem Fall, in welchem das angezeigt war, ausübt. Die hierdurch entstandene Gebühr kann also niedergeschlagen werden (KG., 20. ZS. Beschluß v. 8. Juni 1920; KGBl. S. 79).

als derartig auskömmlich betrachtet zu werden, daß davon der Normalsatz von 2000 Mark berechnet werden kann. Daher ist, wenn man einen Bruchteil des Jahreseinkommens als maßgebend erachtet, jetzt ein erheblich geringerer Bruchteil als $^1/_3$ zugrunde zu legen. Im übrigen sind die besonderen Verhältnisse des Falles ebenso wie früher zu beurteilen und ferner ist zu erwägen, ob nicht bei Ehescheidungen der Mindestbetrag des Streitwertes beträchtlich höher als der im § 10 zugelassene Mindestsatz von 200 Mark angenommen werden muß. Wollte man die bisherige Praxis unverändert beibehalten, so würden die Parteien auf den Weg des Armenrechts gedrängt werden. Unter Berücksichtigung dieser Umstände und der Lebensverhältnisse der Parteien erschien ein Streitwert von 1600 Mark angemessen. Dr. Sch.

β) OLG. Hamburg, 6. ZS. Beschluß v. 6. Nov. 1919.

Der Kläger verdient wöchentlich 105 Mark, davon braucht er zurzeit nur 8 Mark wöchentlich für seine Kinder abzugeben; das übrige kann er für seinen eigenen Unterhalt verwenden. Dann ist er aber auch imstande, die Kosten eines Scheidungsprozesses zu tragen. Der Streitwert wird gemäß § 10 GKG. bei einem Einkommen von jährlich etwa 5000 Mark auf nicht mehr als 650/900 Mark zu schätzen sein. Wenn früher die Praxis nach anderem Maßstab verfuhr, so läßt sich das bei der heutigen großen Entwertung des Geldes nicht aufrechterhalten. Bei einem jetzigen Einkommen von 5000 Mark ist in demselben Maße, wie früher bei einem Einkommen von 2500 bis 3000 Mark ein Heruntergehen unter die im § 10 gesetzte Norm von 2000 Mark gerechtfertigt. Andererseits sind die nach dem Streitwerte zu berechnenden Prozeßkosten der Höhe nach dieselben geblieben. Sie sind von einem der Summe nach höheren Einkommen leichter zu tragen. Bei einem Streitwerte von 650/900 Mark sind aber die Kosten eines Anwalts erheblich niedriger als 300 Mark. Ist es richtig, daß die Anwälte bei Ehestreitigkeiten von Arbeitern 300 Mark berechnen und kann der Kläger zu dem Satze, der der GebO. an sich entspricht, keinen Anwalt erhalten, so steht es ihm frei, nach § 33 RAO. die Bestellung eines Anwalts zu beantragen, dem er dann nur die gesetzlichen Gebühren zu zahlen braucht.

Dazu: OLG. Hamburg, 2. ZS. Beschluß v. 20. Dez. 1919.

Um bei der Wertbemessung in Ehesachen einigermaßen der herrschenden Geldentwertung gerecht zu werden, ist geboten, die hier früher gewöhnlich benutzten Summenmaße ungefähr zu verdoppeln, also jetzt bei Einkommen bis 3000 Mark den Streitwert nicht höher als auf 450 Mark, bei Einkommen bis 5000 Mark nicht höher als auf 650 Mark, bei Einkommen bis 7000 Mark nicht höher als auf 900 Mark zu bestimmen. M.M.

γ) OLG. Rostock, 1. ZS. Beschluß v. 3. Juni 1920.

Das LG. hat den Streitwert auf 1200/1600 Mark bemessen. Die Beschwerde erstrebt die Erhöhung auf den im § 10 als Regel angenommenen Wert von 2000 Mark mit Rücksicht auf die allgemeine Entwertung des Geldes. Allein, solange nicht mit Rücksicht auf den Tiefstand des deutschen

Geldes eine Neuregelung erfolgt, muß es bei der Festsetzung des § 10 verbleiben, wonach der Durchschnittswert 2000 Mark beträgt, unter besonderen Verhältnissen, wohin besonders auch die Bedürftigkeit der Parteien zu rechnen ist, aber unter diesen Betrag herabgesetzt werden kann. Wenn weiter auch die gegenwärtigen Erwerbsverhältnisse der Arbeiter die Annahme der Bedürftigkeit nicht im früheren Umfange zulassen, so sind doch keine tatsächlichen Anhaltspunkte vorgebracht, die gegenüber dem Inhalt des Armenscheins einen erheblichen Erwerb des Klägers dartun. Umgekehrt ist durch die Tatsache, daß dieser von 1915 bis 1918 zum Heere eingezogen gewesen ist, wahrscheinlich gemacht, daß sein Erwerb in bedeutendem Umfange für Neubeschaffung von Kleidung und andere Bedürfnisse in Anspruch genommen sein wird. Dr. Br.

d) **Keine Aussetzung der Streitwertsfestsetzung.**

OLG. München, 1. ZS. Beschluß v. 18. Oktober 1919.

Die Parteien haben regelmäßig ein Interesse daran, die Streitwertsfestsetzung schon vor dem Endurteil herbeizuführen und sind nach § 16 berechtigt, sie jederzeit zu beantragen. Daraus ergibt sich, daß auf einen derartigen Antrag auch eine Entscheidung ergehen muß und das Gericht sie nicht bis zum Urteil aufschieben oder sonst davon abhängig machen kann, daß das Verfahren bis zu einem gewissen Grade vorgeschritten sei. Dies gilt auch, wenn wie hier in der Klage die Höhe des beanspruchten Schmerzensgeldes in das Ermessen des Gerichtes gestellt ist (JW. 1905 S. 399[23]). Bestimmend für den Streitwert ist der Inhalt und der Zeitpunkt der Klage. Erforderlichenfalls kann das Gericht die Parteien veranlassen, nähere tatsächliche Angaben zu machen, und eine Abschätzung durch Sachverständige anordnen. H.n.

e) α) **Vergleich nach Erlaß eines Vorbehaltsurteils.**[1]

OLG. Stettin, 3. ZS. Beschluß v. 10. Dezember 1919.

Durch rechtskräftiges Berufungsurteil vom 9. Januar 1918 ist die Beklagte unter Vorbehalt der Entscheidung über ihre Gegenforderungen zur Zahlung von 11000 Mark verurteilt und die Mehrforderung von 7250 Mark abgewiesen worden. Im Nachverfahren über die Aufrechnung haben sich die Parteien dahin verglichen, daß der Kläger bar 3200 Mark erhielt und auf seine Forderung ferner die Gegenforderung der Beklagten von 6100 Mark verrechnete, während diese auf die weiteren, in Höhe von 3450 Mark streitigen Gegenforderungen verzichtete. In der Kostenrechnung zweiter Instanz sind jedoch die Gerichtsgebühren in voller Höhe angesetzt. Die Erinnerung hierüber ist insoweit unbegründet, als die Klage in Höhe von 7250 Mark abgewiesen worden ist. Denn dadurch war dieser Teil des Rechtsstreites

---

[1] Ebenso ist der § 6 VO. gegeben, wenn die Berufung gegen ein Zwischenurteil des § 304 ZPO. rechtskräftig zurückgewiesen wird und sich die Parteien darauf vergleichen (OLG. Rostock, 2. ZS. Beschluß v. 28. Febr. 1919). — Der § 6 ist nicht auf die nach seinem Inkrafttreten zu erhebenden Gerichtsgebühren zu beschränken, sondern erstreckt sich auf diejenigen, die in dem noch schwebenden Rechtsstreite bereits erhoben waren (KG., 9. ZS. Beschluß v. 22. Sept. 1919).

endgültig erledigt, auf ihn konnte sich der Vergleich nicht mehr erstrecken, wie er sich nach seinem klaren Wortlaut auch tatsächlich nicht auf ihn erstreckt hat. Insoweit fehlt es also an der Voraussetzung des § 6 der V. vom 20. Mai 1915 (vgl. auch Warn. Nr. 60). — Über den Restbetrag lag zwar ebenfalls schon eine formell rechtskräftige Entscheidung vor, sachlich aber war dieser Teil infolge des Vorbehalts noch nicht endgültig erledigt, sondern in der Instanz anhängig geblieben. Denn das Nachverfahren bildet besonders auch hinsichtlich der Gebührenrechnung lediglich eine Fortsetzung der Instanz (vgl. auch Stein ZPO. § 302[30]). Insoweit bestand also trotz des Urteils noch eine rechtliche Ungewißheit im Sinne des § 779 BGB., die vergleichsweise erledigt werden konnte und tatsächlich erst durch den Vergleich endgültig erledigt wurde (Warn. 10 Nr. 159). Dr. M.

β) **Begriff der „Erledigung" durch Vergleich.**

OLG. Hamburg, 1. ZS. Beschluß v. 24. Oktober 1919.

Es handelt sich um die Gebühren für die beiden Berufungen I 367/1914 und 371/1916. Die erste Berufung richtet sich gegen das die Klage abweisende Urteil des LG. und führte zu dem rechtskräftigen Urteil, das die Klage zu $^2/_3$ abwies, zu $^1/_3$ dem Grunde nach für berechtigt erklärte. — Die zweite Berufung richtete sich erfolglos gegen das Teilurteil des LG. vom 23. November 1916, das von dem noch im Streite befindlichen $^1/_3$ dem Kläger einen Teil zusprach. Nachdem schließlich das LG. über den Rest des Klaganspruchs und über die Kosten erkannt hatte, verglichen sich die Parteien vor Rechtskraft dieses Schlußurteils dahin, daß die Beklagte die gesamten Gerichtskosten übernimmt.

Durch diesen Vergleich „erledigt" ist nur derjenige Teil des Rechtsstreits, der noch nicht anderweit erledigt war. Erledigt waren aber erstens $^2/_3$ des Klaganspruchs durch die erste Berufung und zweitens derjenige Teil des Restes, der den Gegenstand der zweiten Berufung bildete. Die Gerichtsgebühren für die erste Berufung werden deshalb zu $^2/_3$ voll, zu $^1/_3$ halb, mithin zu $^5/_6$ in Rechnung zu stellen sein, die für die zweite Berufung sind mit Recht voll angesetzt. Die Pauschsätze sind ebenso zu behandeln wie die Gebühren. M. M.

γ) **Ermäßigung auch im Urkundenprozeß im Falle des § 33 GKG.**

OLG. Karlsruhe, FerienZS. Beschluß v. 7. August 1919.

Aus der Wortfassung des § 6 VO. ist nichts dafür zu entnehmen, ob er unter „Rechtsstreit" etwas anderes verstanden wissen will, als § 33 GKG. Das ist aber der Fall. Die Gebührenermäßigung des § 6 soll eine berechtigte „Förderung", ein besonderer „Antrieb für die Parteien sein, sich im Wege des Vergleichs zu verständigen". Dieser Zweck kann nur dann voll erreicht werden, wenn der „Anreiz" möglichst stark, die Gebührenermäßigung also denkbar weitgehend ist. Darum mußte der § 6 für das Gebiet seiner Anwendung die einengende, nur fiskalisch zu rechtfertigende Auslegung des Begriffes „Rechtsstreit" im § 33 GKG. ablehnen und zugunsten einer weitgehenderen Gebührenermäßigung den Urkundenprozeß und das nachfolgende ordentliche Verfahren in Übereinstimmung mit dem natürlichen Sprachgebrauch und dem § 600 ZPO. als einen einheitlichen „Rechtsstreit" betrachten, wobei das ordentliche Verfahren nur eine Fortsetzung des Urkundenprozesses bildet. Der § 6 spricht auch allgemein vom „Rechtsstreit", er hat offensichtlich an die seltenere Möglichkeit des Übergangs vom Urkundenprozeß in das ordentliche Verfahren und die kostenrechtliche Ausnahme des § 33 GKG. gar nicht gedacht. Gerade das spricht aber wiederum dafür, daß er unter „Rechtsstreit" den normalen weitergehenden Begriff verstanden und angewandt wissen will. Sch.

δ) **Ermäßigung der Mahngebühr im Falle des § 37³ GKG.**

OLG. Stuttgart, 1. ZS. Beschluß v. 28. November 1919.

Da nach § 37³ GKG. die Mahngebühr als erhoben anzurechnen ist, soweit die Kosten des Mahnverfahrens als Teil der Kosten des Rechtsstreits anzusehen sind (§ 698 ZPO.), so ist im letzten Falle die Mahngebühr an den Gebühren des Rechtsstreits abzuziehen, auch wenn diese nur in halber Höhe des Gebührensatzes erhoben werden. Allerdings erstreckt sich die Ermäßigung nach § 6 VO. auf alle Gerichtsgebühren; aber zu halbieren ist nicht die Gesamtsumme der Gebühren, sondern jede einzelne Gebühr. Im Falle des § 6 fällt die Hälfte der nach § 37¹ Nr. 1 und Abs. 3 GKG. erhobenen Mahngebühr schon auf Grund der VO. weg, während die andere Hälfte auf Grund des § 37³ GKG. anzurechnen ist. Bei 4709 Mark Streitwert darf also nicht gerechnet werden: Verhandlungs-, Beweis- und Entscheidungsgebühr 3 × 68 = 204 Mark; ab Mahngebühr 13,60 Mark; Rest 190,40 Mark; sondern: 3 × 34 = 102 Mark; ab halbe Mahngebühr mit 6,80 Mark nach § 6 VO. und die andere halbe Mahngebühr mit 6,80 Mark nach § 37³ GKG.; Rest 88,40 Mark. S.

f) **Begriff der „Verhandlung" des § 43 GKG.**

OLG. Dresden, 6. ZS. Beschluß v. 22. März 1919.

Im Offenbarungstermin hatte der allein erschienene Schuldner erklärt, daß seine Geschäftsbücher beschlagnahmt worden seien und daß er deshalb nicht imstande sei, ein vollständiges Vermögensverzeichnis einzureichen. Auf seinen im Anschluß hieran gestellten Antrag hatte das Amtsgericht vertagt und ihm aufgegeben, das Verzeichnis aufzustellen, so gut er dazu imstande sei. Hierin ist eine Verhandlung im Sinne des § 41¹ zu sehen. Denn ebensowenig wie eine sonstige gerichtliche Verhandlung erfordert die im Offenbarungstermin ein Verhandeln unter den Parteien, vielmehr genügt, daß eine der Parteien erschienen ist und sich zu der Angelegenheit erklärt. Ob durch § 47 Nr. 1. die Berechnung der in § 43¹ bestimmten Gebühr für den Fall ausgeschlossen wird, daß nur Vertagung beantragt worden ist, kann dahingestellt bleiben. Denn der Schuldner hat sich nicht auf einen solchen Antrag beschränkt, sondern hat geltend gemacht, daß er kein vollständiges Vermögensverzeichnis einreichen könne, damit aber seine Verpflichtung zur alsbaldigen Leistung des

Offenbarungseides bestritten. Dieses Vorbringen hat das Amtsgericht auch zum Gegenstand einer Bescheidung gemacht. Ann.

g) **Pauschsätze des § 80b.** *α*) **als Gebühren des § 98.**

OLG. Düsseldorf, 5. ZS. Beschluß v. 24. September 1919.

Der Umstand, daß die Pauschsätze im Abschnitt „Auslagen" stehen und daß sie anstelle früher einzeln berechneter, unter die Auslagen fallender Schreibgebühren getreten sind, könnte zwar die Ansicht unterstützen, daß sie zu den Auslagen zu rechnen seien. Dagegen spricht zunächst der Wortlaut: Nach § 80b beträgt nämlich der einzelne Pauschsatz 10 % der „zum Ansatz gelangenden Gebühr"; ist also von ihrer Höhe abhängig, und die Entstehung einer Gebühr ist deshalb die sachliche Voraussetzung für den Anspruch auf den Pauschsatz. — Ferner ist der Sinn des § 80b der, daß anstelle der Einzelberechnung der wirklichen Auslagen die Erhebung einer festen Summe treten soll, die den Charakter einer Gebühr trägt, weil sie nicht wie die Auslagen von der Höhe der wirklichen Leistungen der Gerichtskasse abhängt, sondern wie sonstige Gebühren von dem Maß der Tätigkeit des Gerichts unabhängig ist. Daß der Pauschsatz den Charakter einer Gebühr haben soll, ergibt sich auch daraus, daß neben ihm in gewissen Fällen, wie dies auch hier geschehen ist, noch besondere Schreibgebühren erhoben werden, die sich ganz als Auslagen darstellen, während daneben der Pauschsatz als Gebühr erhoben wird (vgl. JW. 1911 S. 526). Das RG. (75 S. 312) hat zwar ausgesprochen, daß die Pauschsätze des § 80b wie Auslagen zu behandeln seien; es hat sich aber in RG. (85 S. 361) für das Pr. GKG. auf den entgegengesetzten Standpunkt gestellt. Da die allgemeinen Bestimmungen über Pauschsätze im Deutschen und Pr. GKG. (§ 114) übereinstimmen und nur Einzelheiten verschieden geregelt sind, so kann die für das Pr. GKG. ausgesprochene Ansicht des RG. auch für das Deutsche GKG. angenommen werden. Übereinstimmend hiermit hat die AVf. vom 19. März 1919 (Pr. JMBl. S. 119) angeordnet, daß unter Gebühren der KassenO. auch die Pauschsätze für Auslagen fielen. Dr. J.

β) **bei Berechnung des Gebührenvorschusses.**

OLG. Celle, 2. ZS. Beschluß v. 30. Oktober 1919.

Die Kläger meinen, daß die Vorschußpflicht auf den Betrag einer Gebühr beschränkt sei, sich dagegen nicht auf den nebenher zu erhebenden Pauschsatz erstrecke. Der Gerichtsschreiber hat dagegen § 16 Pr. KassenO. angewendet, der die Erhebung des Vorschusses von Gebühr einschließlich Pauschsatz vorschreibt. Das steht mit dem Deutschen GKG. in Einklang. Es ist dies allerdings streitig, namentlich führt Rittmann aus, daß der Pauschsatz seinem Wesen nach nicht Gebühr, sondern Auslagenvergütung sei. Hierin stimmt mit ihm RG. (75 S. 311 und 78 S. 126) überein. Richtiger erscheint jedoch die Meinung Mügels (Pr. GKG. § 114[2]), daß die Pauschsätze nichts anderes sind als eine Erhöhung der Gebühren. Sie sind eingeführt, um der Staatskasse eine Deckung für Auslagen zu verschaffen, die bisher nicht zu erstatten waren. Sie werden aber nach wie vor nicht als bare Auslagen im Umfange ihrer tatsächlichen Aufwendung erhoben, sondern, wie das Gesetz sagt: zur Deckung der von den Parteien nicht zu ersetzenden baren Auslagen ohne Rücksicht darauf, ob sie entstehen und in welchem Umfange. Deshalb werden sie in der Form eines prozentualen Zuschlags zur Gebühr erhoben. Das hat aber nicht nur, wie RG. 75 S. 311 sagt, die Bedeutung eines rechnerischen Verfahrens, sondern zeigt gerade eine innere Verschiedenheit des Pauschsatzes von der Auslagenerhebung. Während bei dieser die einzelne tatsächlich entstandene bare Auslage zu erstatten ist, wird bei ersterem ein Zuschlag zur Gebühr in allen Fällen der Entstehung dieser Gebühr erhoben, und hierin besteht der Unterschied zwischen Gebühr und Auslagenersatz (Rausnitz DJZ. 12 S. 1523). Es gibt keine Gebühr ohne Pauschsatz, es gibt aber auch — im Gegensatz zu RG. 75 S. 311 — keinen Pauschsatz ohne Gebühr. Der Pauschsatz ist nichts weiter als eine Erhöhung der Gebühr, die zur Deckung der Staatskasse wegen der von den Parteien nicht zu ersetzenden Auslagen eingeführt ist. L. dt.

h) **Bei vergleichsweiser Kostenausgleichung hat der Gegner der Staatskasse, die dem Armenanwalt Barauslagen erstattet hat, nichts zu ersetzen.**[1]

OLG. München, 2. ZS. Beschluß v. 21. Januar 1920.

Die Parteien haben durch Vergleich die Kosten gegeneinander aufgehoben. Darauf hat der Gerichtsschreiber die dem Armenanwalt der Klägerin von der Staatskasse zu ersetzenden Auslagen auf 45 Mark festgesetzt und mit der Hälfte den Beklagten belastet. Dessen Beschwerde ist begründet. . . .

Von Übernahme der Kosten (§ 38) kann nur gesprochen werden, wenn eine Partei den Willen ausdrückt, Kosten gegenüber der Staatskasse zu tragen, die ihr ohne die Vereinbarung nicht zur Last fielen. Die vergleichsweise Vereinbarung der Kostenaufhebung will aber die Kostenfrage nur im Verhältnis der Parteien zueinander regeln und berührt nicht die Frage, wer nach §§ 86 bis 89 Kostenschuldner der Staatskasse sein soll. Dieser gegenüber eine weitergehende Haftung zu übernehmen, als das GKG. vorschreibt, hat im Vergleich keine Partei Anlaß. Auf Grund des § 92 S. 2 ZPO. ist eine Partei nach § 86 GKG. nur dann Schuldner der Staatskasse, wenn die Kosten in einer gerichtlichen Entscheidung gegeneinander aufgehoben sind. Die Vereinbarung der Kostenaufhebung hat allerdings auch den Sinn, daß jede Partei die Hälfte der Gerichtskosten zu tragen hat, aber nur im Verhältnis zwischen den Parteien, so daß die Partei, die als Kostenschuldner der Staatskasse mehr als die Hälfte bezahlt hat, von der anderen teilweisen Ersatz verlangen kann. Eine Übernahme der Kostenschuld gegenüber der Staatskasse liegt jedoch nicht vor.

Schuldnerin der Kosten ist also hier nur die im Armenrecht streitende Klägerin, die das Verfahren beantragt hat (§ 89). Der Gegner ist bei Er-

[1] Über die Erstattungspflicht der Staatskassen in solchem Falle, vgl. oben S. 363 γ.

ledigung des Rechtsstreits ohne Kostenurteil zur Zahlung von Gerichtskosten, von deren Berichtigung die arme Partei einstweilen befreit ist, nur insoweit heranzuziehen, als er eben nach dem GKG. Kostenschuldner ist (§ 123² ZPO.). Die nach Art. II¹ Ges. vom 18. Dezember 1919 dem Armenanwalt ersetzten Auslagen sind allerdings im Falle des § 125 ZPO. als Teil der angesetzten Gerichtskosten von der bisherigen armen Partei zu vergüten, können aber, da sie in Wahrheit doch Anwaltskosten sind, niemals von der Gegenpartei ersetzt verlangt werden, wenn der Vergleich Tragung der eigenen Anwaltskosten durch jede Partei vorsieht. Diese Entscheidung entspricht dem Rechtsgefühl sowie dem Sinn auch des Ges. vom 18. Dezember 1919. Dieses wollte dem Armenanwalt eine billige Entschädigung für seine Tätigkeit gewähren, aber, wie die Bezugnahme auf § 124 ZPO. zeigt, nicht auf Kosten des Gegners, der die Anwaltskosten der ärmeren Partei nach Maßgabe der Erledigung des Rechtsstreits im Kostenpunkt nicht zu tragen hat. In eine Vereinbarung, nach der jeder Teil seine eigenen Anwaltskosten zu tragen hat, konnte und wollte das Gesetz nicht eingreifen. H. n.

i) **Gebührenfreiheit der preuß. Universitäten?**

Kammergericht, 1. ZS. Beschluß v. 12. Dezember 1919.

I. In gerichtlicher Verhandlung nahm der Rektor der Universität Gr. die Auflassung eines Grundstücks entgegen; auf seinen Antrag wurde sodann die Eigentumsänderung eingetragen, wofür der Universität 80 Mark Gebühren berechnet wurden. Sie beansprucht zunächst Gebührenfreiheit nach § 38 Nr. 1 PrGKG. Allein sie ist nach § 2 ihrer Satzung eine selbständige Korporation und kann deshalb nicht mit dem Fiskus identifiziert werden; sie besteht vielmehr neben dem Fiskus.... Aus demselben Grund ist sie nicht als öffentliche Anstalt anzusehen, die für Rechnung des Staates verwaltet wird. Hierzu gehören vielmehr nur diejenigen Anstalten, deren Einnahmen unmittelbar zugunsten, deren Ausgaben unmittelbar zu Lasten des Staates gehen. Deshalb kommt nichts darauf an, ob der Staat die Kosten der Verwaltung trägt, sondern in welcher Weise er sie trägt, ob der Staat dadurch unmittelbar belastet wird und die Anstalt nur eine Zahlstelle des Fiskus ist, oder ob dieser der Anstalt die Mittel zu ihrem Betriebe zur Verfügung stellt und die Anstalt sie selbständig als juristische Person verwaltet. In einem Falle der letzteren Art ist es gleichgültig, ob die Einnahmen der Anstalt ganz oder teilweise aus der Staatskasse fließen, ob die Aufwendungen des Staates von den wechselnden Einnahmen oder Bedürfnissen der Anstalt abhängen, sowie ob der Staat ein Aufsichtsrecht über deren Vermögensverwaltung ausübt; ja es ist sehr wohl denkbar, daß bei einer Anstalt mit sonst eigener Vermögensverwaltung auch eine fiskalische Kasse geführt wird, in die bestimmte Einnahmen deshalb fließen, weil die Anstalt diese aus irgendeinem Grunde nicht für sich, sondern für den Staat ziehen muß. — Ebensowenig ist Beschwerdeführerin den für Rechnung des Staates verwalteten öffentlichen Anstalten gleichgestellt, dh. durch eine Verleihung der

Rechte des Fiskus (KGJ. 43 S. 320, 45 S. 338).... Eine solche Verleihung hat sie nicht angeben können. Daß ihr der § 8 Nr. 1 PrGKG. nicht zur Seite stehen kann, ergibt auch weiterhin der Umstand, daß den Universitäten durch Nr. 4 das., auf den sie sich nicht mehr berufen hat, eine beschränkte Gebührenfreiheit gewährt ist. Daß in Nr. 4 etwa nur diejenigen Anstalten, die nicht unter Nr. 1 fallen, genannt sein könnten, erscheint mit Rücksicht auf den Wortlaut ausgeschlossen.

Bereits bei der Revision des GKG., die zu dessen Fassung vom 9. Okt. 1899 führte, war das Bestreben, tunlichst Übereinstimmung in Ansehung der Gebühren- und der Stempelfreiheit herbeizuführen, maßgebend und deshalb sind zB. die dem § 5g und Abs. 2, 3 LStG. entsprechenden Nr. 6 und Abs. 2 bis 4 PrGKG. aufgenommen; bei der weiteren Revision 1910 ist dann der Abs. 6 entsprechend der neuen Fassung des LStG. gefaßt worden. Daraus ergibt sich, daß da, wo noch ein Unterschied in der Gebühren- und Stempelfreiheit geblieben ist, dies als ausdrücklich gewollt zu erachten ist. Nun stimmen § 5¹ᵇ LStG. und § 8 Nr. 1 GKG. wörtlich überein, sie bezeichnen also dieselben Rechtsobjekte. Daraus, daß im § 5¹ᵉ LStG. die Universitäten besonders erwähnt sind, folgt, daß diese unter den Anstalten des § 5¹ᵇ nicht gemeinsam sein können; deshalb fallen sie auch nicht unter § 8 Nr. 1 GKG. Ferner ergibt sich aus einem Vergleich zwischen § 5¹ᵉ LStG. mit § 8 Nr. 3, 4 GKG., daß den Schulen (im weitesten Sinne) in höherem Maße Steuerfreiheit, als Gebührenfreiheit gewährt worden ist. Nach § 5¹ᵉ genießen sämtliche öffentlichen Schulen und Universitäten Stempelfreiheit, nach § 8 Nr. 3 genießen schlechthin nur die öffentlichen Volksschulen Gebührenfreiheit, während alle öffentlichen gelehrten Anstalten und Schulen nach § 8 Nr. 4 nur eine beschränkte Gebührenfreiheit genießen.

II. Auch auf § 7 GKG. kann sich die Beschwerdeführerin nicht stützen.... Selbst wenn sie als eine „Verwaltungsbehörde" anzusehen wäre, läge kein „Ersuchen" i. S. des § 7 vor. Darunter ist ein Begehren der Verwaltungsbehörde zu verstehen, das allein auf ihrer Machtfülle beruht, dadurch das Fehlen einer anderen Voraussetzung für die Tätigkeit des Gerichts auszugleichen imstande ist und deshalb das Gericht zu der Tätigkeit zu bestimmen vermag, die es sonst nicht hätte ausüben dürfen. Ein Ersuchen muß stets in einer gesetzlichen Vorschrift, die eben dazu ermächtigt, seine Grundlage haben. Dies ist im § 7 deutlich dadurch ausgedrückt, daß dort von den auf Ersuchen auszuführenden Geschäften gesprochen wird. Die Macht zur Vertretung einer Korporation berechtigt nicht zur Stellung eines Ersuchens an eine Behörde, sondern nur zu Anträgen Namens dieser Korporation, also zu Anträgen, die auch jeder Bevollmächtigte des Privatrechts Namens des Vertretenen zu stellen berechtigt. Hier handelt es sich um eine Tätigkeit des Grundbuchamts. Es fragt sich also, ob ein „Ersuchen" um Eintragung in der GrBO. seine Grundlage gefunden. Nach dem allein in Betracht kommenden § 39 ist dies zu verneinen. Der § 39 erweitert den Kreis der nach

§ 13² zu einem Antrage Berechtigten, indem an ihre Stelle oder neben sie eine Behörde (vgl. die erschöpfende Aufzählung bei Güthe³ § 39 Nr. 6—42) tritt. Hier dagegen hat der Rektor der Universität kraft der ihm zukommenden Vertretungsmacht nur einen Antrag aus § 13 gestellt; zu jeder darüber hinausgehenden Einwirkung auf das Gericht durch Stellung eines Ersuchens fehlt ihm die gesetzliche Befugnis. M.

k) **„Beendigung" des Geschäfts i. S. des § 11 PrGKG.**

Kammergericht, ZS. 1a. Beschluß v. 5. Dezember 1919.

Der Notar, der am 15. Juni 1918 im Auftrage des Beschwerdeführers ein Grundstück versteigerte, hat hierfür außer Gebühren und Pauschsätzen noch die Kriegszuschläge nach § 1 des am 7. August in Kraft getretenen Ges. vom 6. Juli 1918 berechnet, obwohl er nach 7. August nur noch gebührenfreie Nebengeschäfte vorgenommen hat. Diese vom LG. geteilte Auffassung ist rechtsirrig. Nach § 6 aO. werden die Notariatsgebühren bei allen am 7. August 1918 noch nicht beendeten Geschäften erhöht. Der Begriff „Geschäft" und die Frage, wann es „beendet" ist, ist im Ges. nicht bestimmt, sondern aus den bisherigen Bestimmungen zu entnehmen, die lediglich in einer bestimmten Richtung abgeändert sind. Nun bestimmt der — auch für Notare (GebO. § 5) geltende — § 11 PrGKG., daß die Gerichtsgebühren bei Beendigung des Geschäfts fällig werden. Daraus folgt, daß unter Geschäft ein solches, für das Gebühren ausgeworfen sind, also jede Tätigkeit des Gerichts (Notars) zu verstehen ist, für das eine besondere Gebühr zu erheben ist. „Geschäft" bedeutet mithin hier „gebührenpflichtiger Akt", nicht etwa die gesamte, vom Gericht (Notar) auf Grund eines Auftrags zu entfaltende Tätigkeit. Diese ist unter Geschäft i. S. des § 12 GKG. zu verstehen, der für die hier zu beurteilende Frage bedeutungslos ist. Daß in 2 aufeinander folgenden Paragraphen das Wort „Geschäft" in verschiedener Bedeutung verwandt wird, kommt daher, daß § 11 darüber bestimmt, wann die Gebühr für ein Geschäft fällig ist, § 12 dagegen darüber, wie lange eine Nachforderung erfolgen darf. Deshalb spricht auch § 11 von der Beendigung des Geschäfts, dh. vor Entfaltung derjenigen Tätigkeit, die erforderlich ist, die Fälligkeit der Gebühr herbeizuführen, während § 12 von der endgültigen Erledigung des Geschäfts spricht, also derjenigen Tätigkeit, die den Auftrag in allen seinen Verzweigungen erfüllt (Mügel-Ehm § 12²). Daraus folgt aber wieder, daß die Beendigung i. S. des § 11 nicht davon abhängt, ob noch gebührenfreie Nebengeschäfte zu erledigen sind. Das Geschäft ist „beendet", wenn die Gebühr verdient ist; es ist i. S. des § 12 „endgültig erledigt", wenn auch keine gebührenfreien Nebengeschäfte zu erledigen sind....

Die Frage, welche Gebühren dem Notar bei Außerkrafttreten des Ges. vom 6. Juli 1918 (§ 6²) zustehen, ist von der hier erörterten Frage unabhängig. Sowohl Abs. 1 wie Abs. 2 enthalten Begünstigungen des Notars: Nach Abs. 1 erhält er die erhöhten Gebühren, auch wenn der Auftrag vor 7. August 1918 erteilt ist und seine Ausführung vor 7. August begonnen ist, schon soweit, als die gebührenpflichtigen Akte erst nach 7. August beendet werden; nach Abs. 2 erhält er beim Außerkrafttreten noch die erhöhten Gebühren, wenn der Auftrag schon erteilt war. M.

l) **Berechnung der Gerichtsgebühren bei Nichtvorlegung einer Veräußerungsurkunde.**

Kammergericht, ZS. 1a. Beschluß v. 6. Februar 1920.

Der Beschwerdeführer A. überreichte die notarialle Auflassungsverhandlung von 16. Oktober 1919, nach der das Eigentum am Grundstück Nr. 10 auf ihn übergehen sollte. In jener Verhandlung heißt es: „Der Auflassung liegt kein formell gültiger Kauf zugrunde; vielmehr hat die Eigentümerin notariell am 4. Oktober 1919 ein Angebot von 325000 Mark erklärt, das A. mündlich angenommen hat." Zugleich wurde die Quittung der Steuerstelle über hinterlegte 1400 Mark (4°/₀ des auf 360000 Mark angenommenen gemeinen Werts) überreicht. Nachdem die Eigentumsänderung eingetragen war, wurde die Gebühr dafür zunächst von 325000 Mark gemäß § 58¹ PrGKG. auf 358 Mark, demnächst nach dem gemeinen Wert von 360000 Mark auf 338 Mark berechnet. A. zahlte die nachgeforderten 24 Mark unter Vorbehalt. Erinnerung und Beschwerde wegen dieser 24 Mark blieben erfolglos. Die weitere Beschwerde ist begründet.

Da sämtliche mit dem Erwerb des Grundstücks zusammenhängende Vorfälle nach 1. Oktober 1919 fallen, war das GrunderwerbssteuerG. hier auch für die Gerichtsgebühren maßgebend, wenn auch nur in der Weise, daß es die Einwirkung der früheren, durch es ersetzten Rechtsnormen ausschloß. Die Bedeutung jenes Ges. für den vorliegenden Fall ergibt sich aus seiner Vergleichung mit den bisherigen Bestimmungen. Nach diesen . . . hatte die Nichtvorlegung einer das Veräußerungsgeschäft enthaltenden Urkunde nicht nur die Erhebung des Auflassungsstempels, sondern auch die Berechnung der Gebühren nach dem für jenen Stempel maßgebenden Werte zur Folge und schloß damit den § 21¹ PrGKG. aus. Daraus, daß nach § 6 LStG. der Stempel nach dem gemeinen Wert erhoben wurde, ergab sich die praktische Folge, daß grundsätzlich in jenen Fällen der Gerichtsschreiber die Eintragungsgebühren nach dem gemeinen Werte zu berechnen hatte. Das GrErwStG., das das RStempG. und die LStGesetze im Umfange des § 37² außer Kraft setzt, hat im § 5¹ die Steuerpflicht sowohl des dinglichen (früher Tarif 8) wie im Grundsatz auch des obligatorischen (früher Tarif 32) Veräußerungsgeschäfts beseitigt und im § 1 bestimmt, daß nur noch beim Übergange des Grundeigentums eine Steuer zu erheben sei, die gemäß § 11 nach dem gemeinen Werte zu berechnen ist. Die Tatsache allein, daß ein Auflassungsstempel, wie ihn § 19² PrGKG. erwähnt, nicht mehr erhoben wird, sondern in allen Fällen, gleichgültig ob eine Urkunde vorgelegt wird oder nicht, die Steuer des angef. § 1 zu erheben ist, würde an sich die früher aus der Erhebung jenes Stempels für den Gebührenansatz sich ergebenden Folgerungen nicht ausschließen, wenn es sich lediglich um eine Namensänderung der Versteuerung handelte. Dies ist aber nicht der Fall, da die Grunderwerbsteuer auch den Kaufstempel und die von den Gemeinden erhobenen Abgaben ersetzt, also ein andres Rechtsinstitut darstellt. — Dem § 19² GKG. kommt auch nicht die Bedeutung zu, daß, wenn der Stempel nach dem gemeinen Wert zu erheben ist, auch die Gebühren danach zu berechnen seien. Vielmehr bedeutet er nur, daß, wenn jener Stempel, für den der gemeine Wert maßgebend ist, erhoben wird, die Gebühren ebenfalls danach zu berechnen sind, daß tatsächlich in den Fällen, in denen der Stempel erhoben wurde, auch die Gebühren nach dem gemeinen Werte zu erheben waren, kann an der rechtlichen Bedeutung des § 19² GKG. nichts ändern (Mügel-Ehm § 19⁴·⁶). In der überwiegenden Zahl der Fälle war früher für die Wertberechnung sowohl des Stempels wie der Gerichtsgebühren der Kaufpreis maßgebend. Denn die Beteiligten pflegten den Vertrag gerichtlich (notariell) zu schließen und ihn bei der Auflassung vorzulegen. Für die Fälle, wo dies nicht geschah, sollte durch § 19² lediglich eine verschiedene Wertberechnung vermieden werden und wurde deshalb die für den Stempel erfolgte Wertberechnung auch für die Gebühren für maßgebend erklärt. Jetzt ist aber für die Steuer, falls der Kaufpreis nicht höher ist (§ 12¹), der gemeine Wert entscheidend. Die Vertragschließenden können also nicht mehr durch Vorlegung einer Urkunde den darin festgesetzten niedrigeren Kaufpreis für die Versteuerung verbindlich machen. Damit ist aber die tatsächliche Voraussetzung des § 19² GKG. fortgefallen. Ist jetzt trotz Abschlusses eines Kaufvertrags die Steuer nach dem gemeinen Wert zu erheben, so übt der Vertrag doch für die Gebühren die aus § 21 Halbsatz 2 GKG. sich ergebende Wirkung.

Deshalb war lediglich zu prüfen, ob zum Beweise des Kaufabschlusses die Vorlegung einer Urkunde erforderlich ist. Dies ist zu verneinen. Die durch § 37² Ges. v. 12. Sept. 1919 aufgehobene Tarifstelle 8³ galt nur für Stempel; für die Gerichtsgebühren als solche kommt es dagegen nach § 21 GKG. allein auf den Abschluß einen gültigen Vertrages an. Der hier angeblich geschlossene Vertrag ist nach § 313 S. 2 BGB. gültig geworden. Die nach § 58¹ geschuldeten Gebühren wurden nach § 11 GKG. bei Beendigung der Eintragung fällig; in diesem Augenblicke wäre aber auch der Kaufvertrag gültig geworden; es hätte sich dann also, als die Gebühren fällig wurden, um einen Verkauf der Sache gehandelt. Das LG. hat deshalb zu prüfen, ob ein Kaufvertrag vorliegt und der behauptete Kaufpreis tatsächlich und ernstlich vereinbart ist. M.

m) **Gegenstandswert der Beschwerde.**

Kammergericht, ZS. 1a. Beschluß v. 13. Februar 1920.

Am Schlusse der gerichtlichen Verhandlung, in der der Eigentümer A. sein Grundstück an den Beschwerdeführer aufließ, heißt es: „Den Erschienenen wurde eröffnet: falls nicht binnen zwei Monaten die Bescheinigung der Steuerstelle eingeht, wird der Eintragungsantrag kostenpflichtig zurückgewiesen". Die Beschwerde hiergegen wurde zurückgewiesen und der Wert des Beschwerdegegenstandes auf 500 Mark festgesetzt. Ende 1919 wurde die Bescheinigung der Steuerstelle beigebracht und sofort die Eigentumsänderung eingetragen. Die trotzdem eingelegte weitere Beschwerde hat der erste ZS. wegen Formmangels als unzulässig verworfen, insoweit der angefochtene Beschluß nicht die Wertfestsetzung betraf. Bezüglich dieser handelt es sich um eine erste Beschwerde, die keiner Form bedarf und nach § 27 PrGKG. zulässig ist. Das LG. hat offenbar den Beschwerdewert gemäß § 23 PrGKG. nach freiem Ermessen festgesetzt. Hierzu war kein Raum, da er nach § 19 festzusetzen war. Bei Beschwerden, die sich gegen eine ablehnende Verfügung richten, bemißt sich der Gegenstandswert nach dem Werte, der im Falle der Stattgebung des Antrages in erster Instanz für die Gebührenberechnung maßgebend gewesen sein würde (vgl. Mügel-Ehm § 108[32]). Der gleiche Grundsatz gilt auch für Zwischenverfügungen aus § 18 GrBO. (vgl. 1a X. 708/19). Um eine solche handelt es sich hier. Ihr Inhalt ist der, daß, falls die in ihr enthaltene Auflage erfüllt ist, dem Eintragungsantrage stattgegeben, andernfalls er abgelehnt werden sollte. Die Beschwerde wollte erreichen, daß dem Antrage schlechthin stattgegeben würde. Folglich ist der Gegenstandswert der Beschwerde gleich dem Wert, der für die Stattgebung des Antrages maßgebend gewesen wäre. Dieser ist nach § 19[1] der Grundstückswert (13000 Mark). Dabei kann vorliegend unerörtert bleiben, ob dieser nach dem Kaufpreis oder dem gemeinen Wert zu berechnen ist, da beide Beträge (12500 und 12300 Mark) in derselben Wertstufe liegen.[1] Sch. S.

n) **Erstreckt sich § 42 Pr.GKG. auf den Fall des § 313 BGB.?**

Kammergericht, ZS. 1a. Beschluß v. 17. Oktober 1919.

Zu Unrecht nimmt der Notar an, daß § 42 Pr.GKG. sich nicht auf den Fall des § 313 BGB. bezieht, dh. auf den Fall, daß, wie hier, das Rechtsgeschäft zu seiner Wirksamkeit der gerichtlichen (notariellen) Beurkundung bedarf. Gerade in solchem Falle haben die Beteiligten, wenn sie die „notarielle Beurkundung" wählen, die Wahl, ob sie den Vertragsinhalt vor dem Notar zu Protokoll erklären oder zur Vereinfachung zunächst einen privatschriftlichen Vertrag aufsetzen, und auf diese Erklärung vor dem Notar, der sie dem Protokoll als Anlage beizufügen hat, Bezug nehmen wollen. Denn über die nähere Form der notariellen Beurkundung sagt das BGB. nichts; sie ist im FrGG. geregelt und dessen § 176[2] läßt die genannte vereinfachte Form als Form der notariellen Beurkundung zu. Gerade aber für diese Beurkundung ist § 42 Pr.GKG. anwendbar, wie aus seinem ausdrücklichen Hinweis auf § 176[2] FrGG. zweifelsfrei erhellt. Ob die notarielle Beurkundung von den Parteien gewillkürt oder gesetzlich (z. B. § 313 BGB.)

[1] Für die Abtretung der Rechte aus Lebensversicherungsverträgen stellt der Rückkaufswert nur den geringsten Betrag dar; außerdem sind alle anderen Umstände des Falles zu berücksichtigen und dahin zu prüfen, ob ihnen eine den Wert der Rechte erhöhende Eigenschaft beigemessen werden kann; besonders ist auch die nähere oder entferntere Wahrscheinlichkeit des den Versicherer nach § 1 VVG. zur Bewirkung der Leistung verpflichtenden Eintrittes des Versicherungsfalles zu erörtern (KG., ZS. 1a. Beschluß v. 13. April 1917).

vorgeschrieben ist, macht keinen Unterschied. Der Notar kann sich auch nicht darauf berufen, daß das Rechtsgeschäft erst durch seine Protokollierung „zum Abschluß" gekommen ist; die hierauf bezügliche Erklärung im Protokoll ist daher bedeutungslos (Mügel § 42[2]). Selbst wenn der dem Protokoll beigefügte privatschriftliche Vertrag nicht den endgültig abgeschlossenen Vertragswillen ausgedrückt haben sollte, so würde dies dem § 42 nicht entgegenstehen. Denn „ergänzende und abändernde Erklärungen" unterliegen ebenfalls dem § 42 und darauf kommt nichts an, ob vorher der privatschriftliche Vertragswille abgeschlossen war. Nur wenn die notariell beurkundeten Zusatzerklärungen derart wesentlich sind, daß sie als die Hauptsache erscheinen, während die privatschriftliche Anlage im Verhältnis dazu nur Nebenpunkte regelt, hätte § 42 außer Anwendung zu bleiben. M.

o) **Gegenstandswert für die Gebühr aus § 49 Nr. 2 Pr. GKG.**

Kammergericht, ZS. 1a. Beschluß v. 12. Dezember 1919.

... Durch die Neufassung der NotGebO. von 1910 ist die dem Gericht und dem Notar zustehende Vergütung verschieden geregelt und letzterem eine höhere Gebühr zugebilligt (vgl. KGJ. 45 S. 369); mit Recht haben daher die Vorinstanzen die volle Gebühr aus § 49 Nr. 2 Pr.GKG. angesetzt. Dieser enthält aber nichts darüber, nach welchem Gegenstandswert die Gebühr zu berechnen ist.... Der § 81[7] bestimmt, nach welchem Wert die nach Abs. 2 mit Abs. 7 auch für das Gericht grundsätzlich nach § 49 Nr. 2 zu bemessende Gebühr anzusetzen ist. Die Ansicht, daß der § 49 Nr. 2 aus sich heraus auszulegen sei und **deshalb** die allgemeinen Vorschriften der §§ 19ff. Platz greifen müßten, während § 81 nur die Berechnung der Gebühr neben der Gebühr für das Zeugnis regelt (Z. Deutsche NotV. 1914 S. 641), übersieht, daß durch § 81[2] die Gebühr schon für den Fall, daß es sich um ein Nebengeschäft **handelt, ermäßigt ist**, daß aber im Pr. GKG. die Bestimmungen über den Wert grundsätzlich davon abhängig sind, ob es sich um ein Haupt- oder Nebengeschäft handelt. Je nach dem Umfang und der Bedeutung der Geschäfte kommen verschiedene Gebührensätze zur Anwendung, und diese stehen wiederum dem Gericht oder dem Notar ganz, zu einem mehrfachen oder zu einem Bruchteil zu, der Gegenstandswert bleibt aber immer derselbe. Dazu kommt, daß auch grundsätzlich, wie sich aus dem Hinweise des § 81[2] auf § 49 Nr. 2 ergibt, dem Gericht die Gebühr aus § 49 Nr. 2 zusteht, daß sich diese jedoch bei Nebengeschäften ermäßigt. Unrichtig ist noch die Annahme, daß es für den Wert einen Unterschied mache, ob die Gebühr des § 81[2] dem **Gericht** als Haupt- oder Nebengebühr zusteht. Steht ihm die Gebühr aus § 81[1] nicht zu, weil das Zeugnis von einem außerpreuß. Gericht zu erteilen ist oder weil das Verfahren nicht zur Erteilung des Zeugnisses führt, so wird die demnach allein zu erhebende Gebühr des § 81[2] zwar aus § 49 Nr. 2 nach dem vollen Satz des § 33 berechnet, der Wert ergibt sich aber auch für diesen Fall aus § 81[1], genau ebenso wie wenn es sich um ein Nebengeschäft aus § 81[2] gehandelt hätte.

Der § 81 enthält demnach, soweit es sich um den Wert handelt, allgemein verbindende Vorschriften für das Verfahren in den dort angegebenen Angelegenheiten.[1] M.

p) **Eintragung der Erben nach § 58 Nr. 1 oder Nr. 2?**

Kammergericht, 3S. 1a. Beschluß v. 2. Januar 1920.

Eingetragener Eigentümer des Grundstücks war seit 1906 Johann A., der mit seiner Frau in GG. lebt. 1918 wurde auf Grund des Testaments vom 2. April 1907 seine Witwe als befreite Vorerbin zum Anteil des Johann A. eingetragen. Hierfür berechnete der Gerichtsschreiber die volle Gebühr gemäß § 58 Nr. 1 Pr. GKG. nach dem Grundstückswert von 25000 Mark. Das LG. ordnete dagegen an, daß nur $^5/_{10}$ der vollen Gebühr zu erheben seien. Die weitere Beschwerde des Rechnungsrevisors ist begründet. Der hier maßgebende § 58 enthält in Nr. 1 die Regel, in Nr. 2 die Ausnahmen. Von den zahlreichen Fällen des § 58 Nr. 2 kann nur einer in Betracht kommen, nämlich, daß das Grundstück auf die Ehefrau umgeschrieben ist, weil es ihr bei der Auseinandersetzung einer aufgelösten GG. überwiesen ist. Voraussetzung ist dabei, daß eine Auseinandersetzung erfolgt, nachdem die GG. gemäß § 1466 ff. BGB. aufgelöst ist. Das LG. nimmt zu Unrecht eine solche zwischen den Eheleuten als vorliegend an. Sie hat aber zu Lebzeiten des Mannes nicht stattgefunden; nach seinem Tode kann sie nicht mehr stattgefunden haben, da war sie naturgemäß nur noch zwischen der Witwe und den Kindern möglich. Ob und in welcher Weise sie anderweitig stattgefunden hat, ist gleichgültig; denn sie war nicht kausal für die Umschreibung. Dies ergibt sich allein daraus, daß die Witwe als befreite Vorerbin, die Kinder als Nacherben eingetragen worden sind. Die Eigenschaft als Erbe (Vor- oder Nacherbe) kann man aber niemals auf Grund einer Auseinandersetzung erlangen. Die Umschreibung ist deshalb unzweifelhaft dem Wortlaut der Eintragung entsprechend allein auf Grund des Testaments erfolgt (vgl. Mügel-Ehm § 58[18]). Mithin war die volle Gebühr des § 57 Pr.GKG. nach § 58 Nr. 1 anzusetzen. — Der Ansicht des LG., daß der Gegenstandswert 25000 Mark, nicht etwa die Hälfte beträgt (vgl. KGJ. 27 B. 59, 38 B. 28) ist lediglich beizutreten. Dr. H.

q) **Gebühr für Zinserhöhung und Unterwerfungsklausel.**

Kammergericht, 3S. 1a. Beschluß v. 26. September 1919.

Auf Antrag des Beschwerdeführers wurden bei der auf seinem Grundstücke haftenden Teilhypothek Veränderungen eingetragen, für die eine Gebühr von 8,70 Mark gemäß §§ 60, 114 Pr. GKG. angesetzt wurde. Das LG. hat

[1] Die Gebühr aus § 92[1] wird nicht dadurch ausgeschlossen, daß das Vermögen des Mündels der Verwaltung des Vormundes entzogen war; weiter gehört zu dem „Vermögen" auch dasjenige, an dem dem Mündel zurzeit nur ein Nacherbenrecht zusteht, dessen Wert dem Werte des zur Vorerbschaft gehörigen Nachlasses gleichzusetzen ist. — Für die Gebühr des § 92[2] genügt, daß nach § 1840 BGB. der Vormund über seine Verwaltung Rechnung zu legen hat, dagegen ist unerheblich, ob er tatsächlich Verwaltungshandlungen ausgeübt und dem Gericht Rechnung gelegt hat (KG., 3S. 1a. Beschluß v. 4. Juli 1919).

die Gebühr auf 8,20 Mark herabgesetzt. Die weitere Beschwerde auf Absetzung fernerer 2,80 Mark ist unbegründet.

1. Während bisher die Zinsen $4^3/_8$ % betrugen, die sich im Verzugsfall auf 5 % erhöhen, beträgt nunmehr der Zinssatz $4^3/_4$ %, im Verzugsfalle $5^1/_4$ %. Die Vorinstanzen faßten dies kostenrechtlich als eine „Veränderung" i. S. des § 60 auf. Diese Auffassung wäre zweifellos richtig, wenn die Erhöhung nicht den Satz von 5 % überschritte. Die Eintragung des über 5 % hinausgehenden $^1/_4$ % ist kostenrechtlich als Belastung des Grundstücks i. S. des § 59 aufzufassen. Die Frage ist allerdings streitig (Mügel § 59[6]). Auszugehen ist davon, daß die §§ 59, 60 zwischen „Veränderungen" und „Belastungen" unterscheiden und daß eine Veränderung des eingetragenen Rechts auch sachenrechtlich nicht unter allen Umständen eine Veränderung bedeutet, sondern sich als Neubelastung darstellen kann. Wird das Hypothekenkapital erhöht, so kann diese Erhöhung nur als neue Hypothek nach den bisherigen Posten eingetragen werden; es liegt eine Neubelastung im sachen- wie im kostenrechtlichen Sinne vor. Für die Hypothekenzinsen folgt aus § 1119[1] BGB., daß eine mit weniger als 5 % verzinsliche Hypothek zugleich eine latente Belastung bis zur Grenze von 5 % bedeutet, dh. bis zu dieser Grenze die Wertstelle dem Gläubiger vorbehalten ist. Werden die Zinsen über 5 % erhöht, so erweitert sich das Hypothenrecht dergestalt, daß die über 5 % hinausgehenden Zinsen eine Belastung darstellen, die als Neubelastung hinter die gleich- und nachgeordneten Posten zurücktreten. Es wäre daher denkbar, daß, wie es wiederholt geschehen ist, der über 5 % hinausgehende Zinsbetrag als neue Hypothek in die Hauptspalte der Abt. III einzutragen ist, eine Ansicht, die allerdings daran scheitert, daß das vom Kapital abhängige Hypothekenzinsrecht — nicht kapitalisierte Zinsrückstände vgl. RJA. 10 S. 147 — nach § 1115 BGB. kein Gegenstand einer selbständigen Hypothek sein kann (KGJ. 26 S. 144, 290; RGKomm. § 1119[4]). Dieses sachenrechtliche Bedenken ändert aber nichts daran, daß da, wo, wie nach §§ 59, 60 zwischen Veränderung und Belastung zu unterscheiden ist, eine Zinserhöhung bis 5 % als Veränderung der Belastung, eine Erhöhung darüber hinaus als neue Belastung aufzufassen ist. Demgemäß ist die Erhöhung in Höhe von $^1/_4 = ^2/_8$ % als Belastung nach § 59 zu behandeln und dafür der Gebührensatz B des § 57 mit 4 Mark zu erheben, wozu der Pauschsatz mit 4,80 Mark tritt.

2. Die gleichzeitig mit der Eintragung einer Hypothek eingetragene Unterwerfungsklausel (ZPO. § 800) ist, da sie keine besondere Belastung ist und keine Änderung eines eingetragenen Rechts sein kann, ein gebührenfreies Nebengeschäft i. S. des § 59 Nr. 1. Diese Klausel war hier mit der Hypothek eingetragen worden. Die jetzt mit den Änderungen eingetragene weitere Klausel bezieht sich nur auf die neuen Eintragungen[1] und verhält sich zu

[1] Der erneuten Unterwerfung unter die Zwangsvollstreckung und auch der erneuten Eintragung der Klausel bedarf es, wenn die in der bisherigen vollstreckbaren Urkunde festgelegte Leistungspflicht des Schuldners durch eine spätere Urkunde abgeändert wird; zB. durch Festsetzung neuer Fälligkeitsbedingungen (KG. 11. Dez. 1919, 1 x 298). Vgl. Rsp. 39 S. 75.

den Abänderungen wie die frühere Klausel zur Ursprungseintragung, muß also gleichfalls gebührenfrei sein....

3. Der Vermerk, daß die über 5 % hinausgehenden Zinsen den gleich- und nachberechtigten Posten nachgehen, war zur ordnungsmäßigen Eintragung dieser Neubelastung von Amtswegen einzutragen (KGJ. 26 S. 140, 290; RJA. 3 S. 248; RGKomm. § 1119[4]). Da dieser Rangvermerk, ebenso wie bei der Begründung einer Hypothek, notwendiger Bestandteil des Eintragungsvermerks, keine Belastung und keine Veränderung ist, so ist er ein gebührenfreies Nebengeschäft des § 59 Nr. 1 Pr. GKG. M.

r) **Beweisgebühr und Verfügungsverfahren. GebO. § 13.**

OLG. Rostock, 1. ZS. Beschluß v. 2. Oktober 1919.

Das LG. hat die einstw. Verfügung des Amtsgerichts am 2. Oktober mit der Maßgabe bestätigt, daß der Antragsteller Sicherheit zu leisten habe. Da er diese nicht stellte, wurde auf Antrag jene Verfügung und jenes Urteil durch weiteres Urteil des LG. auf Kosten des Antragstellers aufgehoben. Die hiernach zu erstattenden Kosten hat der Gerichtsschreiber auf 376 Mark festgesetzt. Auf Erinnerung hat das LG. davon die Beweis- und die weitere Verhandlungsgebühr gestrichen, weil im Verfügungsverfahren ein nach § 359 ZPO. eingeleitetes besonderes Beweisaufnahmeverfahren nicht vorkomme. Allein auch die Glaubhaftmachung ist Beweisaufnahme, wie sich aus ZPO. § 294, wo die zulässigen Grenzen der Beweisaufnahme zur Glaubhaftmachung festgestellt werden, unzweifelhaft ergibt. Aus § 13 Nr. 4 GebO. folgt nur, daß die übliche Glaubhaftmachung durch Vorlegung schriftlicher eidesstattlicher Erklärungen die Beweisgebühr nicht begründet. Auf solche Vorlegung braucht sich aber die Beweisaufnahme bei einstw. Verfügungen nicht zu beschränken. Wird ein hierüber hinausgehender Beweis aufgenommen, so ist kein Grund ersichtlich, weshalb sie nicht bei der Kostenberechnung berücksichtigt werden müßte. Es unterliegt daher gar keinem Bedenken, daß im Verfahren über Arreste 2c die Gerichtsgebühren aus § 26 Nr. 9 GKO. mehrfach, besonders auch als Beweisgebühr, berechnet werden. Noch viel weniger kann dies hinsichtlich der Anwaltsgebühren bezweifelt werden, da § 28 GebO. das Verfahren über Arreste 2c „für die Berechnung der Gebühren" als besonderen Rechtsstreit ansieht, und nur vorschreibt, daß die hier erwachsenen Gebühren anzurechnen sind. Das Entstehen einer Anwaltsgebühr für Beweisaufnahme und weitere mündliche Verhandlung im Verfügungsverfahren ist also keineswegs ausgeschlossen (Rsp. 15 S. 187e). Auch tatsächlich ist hier ein Beweis aufgenommen worden. Denn das LG. hatte durch Beschluß die Einforderung von Untersuchungsakten der Staatsanwaltschaft angeordnet, diese Akten sind eingegangen und wie aus dem Urteile vom 2. Oktober hervorgeht, sind die Aussagen der in jenen Akten vernommenen Personen zum Gegenstand der Verhandlung gemacht worden. Nach feststehender Rechtsprechung gilt aber die Einforderung von Akten als Beweisanordnung dann, wenn sie nicht zu bloßer Information des Gerichts und der Parteien, sondern deshalb angeordnet ist, um den Inhalt der Akten zur Beweisführung (Glaubhaftmachung) über Parteibehauptungen heranzuziehen. Daß dies aber hier der Zweck des Beschlusses war, geht aus seinem Inhalt hervor: es wird ausdrücklich die Zustimmung der Staatsanwaltschaft dazu erbeten, daß die Akten den Parteivertretern zugänglich gemacht werden und über ihren Inhalt verhandelt wird. Die Akten sind dann auch tatsächlich in der angegebenen Weise benutzt worden und zwar handelte es sich nicht bloß um den Vortrag der in erster Instanz schon benutzten Beweismittel. J. n.

s) **Anwendung des § 28: α) auf Scheidung und Verfügung aus § 627 ZPO.**

OLG. Stuttgart, 3. ZS. Beschluß v. 2. März 1920.

Die Beklagte hat im Scheidungsstreit (Streitwert 1000 Mark) eine einstw. Verfügung auf Getrenntleben, Erziehung des Kindes, Zahlung eines Prozeßkostenvorschusses und des Unterhalts erwirkt. Der Gerichtsschreiber hat die im Verfügungsverfahren aus einem Streitwert von 900 und 1800 Mark festgesetzte Prozeß- und Verhandlungsgebühr von 39 Mark je zur Hälfte auf die beiden im Scheidungsstreit erwachsenen Gebühren von je 36 Mark angerechnet. Die Beschwerde ist unbegründet.

Die Tatsache, daß die Parteien im Ehestreit leben, kann das Bedürfnis begründen, daß die aus der Ehe sich ergebenden persönlichen und vermögensrechtlichen Beziehungen für die Dauer dieses Rechtsstreits einstweilen geregelt werden. Diesem Bedürfnis soll gemäß des § 627 ZPO. in dem dort bezeichneten Umfang entsprochen werden können. Aus dieser Zweckbestimmung der Verfügung und aus dem positiven Inhalt des § 627 folgt unumstößlich daß im Sinne des Gesetzes die Ehesache im Verhältnis zur Verfügung die Hauptsache ist. Ihr Gegenstand deckt sich allerdings nicht mit dem der Verfügung; aber dies ist auch nicht erforderlich; es genügt, daß ein einstweiliger Zustand „in bezug auf ein streitiges Rechtsverhältnis" geregelt wird, und diese Beziehung zwischen der Verfügung und der Ehesache ist vorhanden.[1] Soweit die Verfügung Zahlung eines Kostenvorschusses auferlegt, ist sie allerdings nicht aus § 627, sondern ausschließlich auf Grund des § 940 ZPO. erlassen (Stein vor § 606 IV A). Allein auch hier ist die Ehesache die Hauptsache; der Vorschuß soll gerade dazu dienen, der Partei die Durchführung der Hauptsache zu ermöglichen.... Diese Rechtsauffassung bringt allerdings mit sich, daß wie hier die Gebühren des Verfügungsverfahrens aufgezehrt werden können. Allein dies ist eben die Folge aus der Möglichkeit eines verschiedenen Streitwerts in beiden Verfahren und vermag die aus dem Gesetz zu ziehenden Folgerungen nicht zu beseitigen.

[1] An der wesentlichen Voraussetzung des § 28, daß es sich um Haupt- und Nebensache handelt, fehlt es dagegen, wenn die Kosten im Scheidungsprozesse des Klägers festgestellt sind, die von ihm herangezogenen einstw. Verfügungen aber zu einem von der Beklagten beabsichtigten Unterhaltsprozeß ergangen sind (OLG. Braunschweig, 1. ZS. Beschluß v. 9. Juli 1920). W. n.

Der hiesige 1. ZS. hat vielfach (JW. 1910 S. 924, WürttZ. 55 S. 338, W. 39/18) den § 28[1] dahin ausgelegt, daß der Anwalt nicht im Verfügungsverfahren an sich die volle Gebühr zu beanspruchen und hiervon die Hälfte auf Hauptsache anzurechnen habe, daß ihm vielmehr in der Hauptsache die volle Gebühr, im Verfügungsverfahren dagegen nur die halbe Gebühr zustehe. Allein bei dieser Berechnung hätte der Anwalt der Beklagten neben der vollen Prozeß- und Verhandlungsgebühr der Hauptsache mit zusammen 72,80 Mark noch die halbe Prozeß- und Verhandlungsgebühr im Verfügungsverfahren mit 78 Mark, also insgesamt 150,80 Mark, dh. weniger zu beanspruchen, als das LG. ihm zugebilligt hat. Die Beschwerdeführerin ist also insoweit nicht beschwert. S.

β) **wenn das Verfügungsverfahren dem Hauptprozeß nachfolgt.**

OLG. München, 3. ZS. Beschluß v. 18. November 1919.

Nach dem Wortlaut des § 28 muß sich der Anwalt die im Verfügungsverfahren erwachsenen Gebühren auf die ihm im Verfahren über die Hauptsache zustehenden Gebühren anrechnen. „Anrechnen" auf etwas kann nur darin bestehen, daß dieses Etwas um das Anzurechnende gemindert wird, nicht aber darin, daß das Anzurechende selbst in Höhe des Anrechnungsbetrages gemindert wird. „Anrechnen" ist nicht Verrechnen, noch weniger Zusammenrechnen. Eine Unterscheidung der im § 28 bestimmten Anrechnung für den Fall, daß die Verfügung dem Hauptsachprozeß nachfolgt im Gegensatz zu dem Regelfalle, daß sie diesem vorausgeht oder aus ihm gleichzeitig anhängig wird, ist im Gesetz nicht enthalten. Auf den Umfang der Tätigkeit des Anwalts in beiden Verfahren hat es auch nicht Rücksicht genommen, denn es billigt für beide die gleichhohen Gebührensätze zu. Ob im Einzelfall die Anwendung des Gesetzes ein nicht befriedigendes Ergebnis hat, muß außer Betracht bleiben; auch die etwaige gegenteilige Absicht des Gesetzgebers darf nicht zur Auslegung des Gesetzes gegen dessen klaren Wortsinn führen. H. n.

t) **Teuerungszuschläge, wenn das Kostenurteil aus § 271[3] ZPO. erst 1920 ergeht?**

OLG. Stettin, FerienZS. Beschluß v. 30. August 1920.

Der Kläger hat im Termine vom 18. Dezember 1919 die Klage zurückgenommen und dabei freiwillige Kostenzahlung versprochen. Erst am 21. Januar 1920 übersandte der Beklagte die Kostenrechnung, in der er die Gebühren nach den erhöhten Sätzen des Ges. vom 18. Dezember 1919 berechnet. Der Kläger zahlte nur die nach den früheren Sätzen zustehenden Gebühren und lehnte auch die Kosten des Zwischenanwaltes ab. Nunmehr erwirkte der Beklagte Kostenurteil und sodann einen seinem Antrag entsprechenden Festsetzungsbeschluß. Die Beschwerde hierüber ist begründet. Im Art. IV Ges. vom 18. Dez. 1919 ist der Begriff der Instanz im Sinne der GebO. und des GKG. zu verstehen und deshalb erst mit Zustellung des Schlußurteils beendet[1]; eine spätere Tätigkeit des Prozeßgerichts ist zwar

[1] So auch OLG. Hamburg am 30. März 1920 (VI 28); deshalb sind die Zuschläge

möglich, schiebt indes das Ende der Instanz nicht hinaus (RG. 68 S. 251). Das Urteil aus § 271[3] ZPO. hat nur feststellenden, nicht rechtsgestaltenden Charakter wie im § 91 ZPO., so daß die Erstattungspflicht auch ohne förmlichen Ausspruch besteht (Stein § 271 VI). Der Hauptstreit der Parteien ist also durch die Klagerücknahme im vollen Umfang erledigt; das Kostenurteil hat für ihn gar keine Bedeutung, sondern nur für das etwaige Feststellungsverfahren. Jenes kann daher so wenig, wie dieses die Beendigung der Instanz beeinflussen (vgl. RG. 28 S. 404) und hatte deshalb den Anspruch auf die Teuerungszuschläge nicht zur Folge. Die Kosten dieses Urteils sind nur dann zu erstatten, wenn der Kläger im übrigen mit schuldigen Kostenbeträgen noch im Rückstande war. Das war aber nicht der Fall. Denn Gebühren für den Zwischenanwalt hatte er nicht zu erstatten; denn der Beklagte war sehr wohl in der Lage, einem Anwalt am Sitze des Prozeßgerichts die nötige Unterweisung schriftlich zu erteilen, da es sich um einen ganz einfach liegenden Wandlungsprozeß handelte. Beklagter war also durch die Zahlung des Klägers wegen seiner rechtmäßigen Erstattungsansprüche bereits klaglos gestellt; das Urteil war daher nicht notwendig. D.

u) α) **Anrechnung der Mahngebühr. Anwaltswechsel.**

Kammergericht, 10. ZS. Beschluß v. 3. Juli 1920.

Der Kläger in H. hat durch seinen dortigen Anwalt A. einen Zahlungsbefehl über 16000 Mark beim hiesigen Amtsgericht erwirkt. Nach erhobenem Widerspruch wurde die Sache auf Antrag an das zuständige LG. verwiesen, das die Beklagte zu den Kosten verurteilte.... Der vom LG. angewandte § 38[2] GebO. kommt für die Kostenberechnung nicht in Betracht; die Mahngebühr ist vielmehr lediglich nach § 17 der VO. vom 9. September 1915/18. Mai 1916 zu berechnen. Diese VO. enthalten in ihren §§ 13—17 eine Ergänzung des 7. Buches der ZPO.; sie führen neue, besondere Bestimmungen für das Mahnverfahren ein und setzen den § 38[1] GebO. außer Anwendung, indem sie im § 17[2] bestimmen, daß die Mahngebühr auf die Prozeßgebühr für den nachfolgenden Rechtsstreit voll zur Anrechnung gelangt. Hieran ist durch die Aufhebung der §§ 1—12 VO., die sich auf das auch hinsichtlich der Gebührenberechnung (§ 12) besonders geregelte „notwendige" Mahnverfahren vor dem LG. bezogen haben, nichts geändert worden (vgl. auch Rsp. 35 S. 225). Es ist der Beklagten deshalb darin beizutreten, daß das LG. von seinem Standpunkt aus zur vollen Anrechnung der Mahngebühr hätte kommen müssen. Wenn dennoch die Beschwerde erfolglos bleibt, so beruht das dar-

verdient, wenn das Schlußurteil erst nach 1. Januar 1920 zugestellt wird (OLG. München, 3. ZS. am 10. Mai 1920), sollte es auch, wie bei Revisionsurteilen sofort mit der Verkündung rechtskräftig sein (OLG. Hamburg, 4. ZS. am 3. März 1920). Eine Fortdauer der „Instanz" über den Zeitpunkt der Zustellung (15. Dez. 1919) ist um so weniger anzunehmen, als sich die gebührenpflichtigen Akte sämtlich bis zu diesem Zeitpunkte vollzogen haben (OLG. Hamburg, 6. ZS. am 18. März 1920). — Dagegen bildet nach § 31 GebO. jede Vollstreckungsmaßregel eine besondere Instanz, die erst dann beginnt, wenn die Maßregel in Angriff genommen wird (OLG. Breslau, 7. ZS. Beschluß v. 19. Okt. 1920).

auf, daß gerade der Standpunkt des LG. nicht gebilligt werden kann. Das LG. hält nämlich die Hinzuziehung des Anwalts A. nicht für notwendig, weil der Gläubiger bereits bei seinem Mahngesuche berücksichtigen müsse, daß der Schuldner, wenn auch nur um die Zahlung hinauszuschieben, möglicherweise Widerspruch erheben werde. Dieser Auffassung, die im Einklang mit verschiedenen Entscheidungen (vgl. zB.: DJZ. 1919 S. 514, JW. 1920 S. 63) steht, muß aber abgelehnt werden, weil sie dem Zweck, den der Gesetzgeber mit der Einführung des Mahnverfahrens verfolgt hat, widerspricht...[1] H:schl.

β) **Verhältnis des § 38[2] zum § 44 GebO.**[2]

OLG. München, FerienZS Beschluß v. 29. Juli 1919.

Der RA. K. in A. hat den Gläubiger nur im Mahnverfahren vertreten. Der nachfolgende Rechtsstreit wurde bei dem zuständigen LG. geführt; es mußte deshalb ein Wechsel des Anwalts eintreten. K. war in ihm nur als Verkehrsanwalt, und zwar in nicht unerheblichem Maße tätig; dafür steht ihm die Gebühr des § 44 zu $^5/_{10}$ zu (Rsp. 27 S. 233). Hierauf braucht er sich die im Mahnverfahren angefallene Gebühr nicht anzurechnen. Die analoge Anwendung des § 38[2] ist nicht angängig. Es handelt sich bei dem Verkehrsanwalt um eine besondere Tätigkeit, die sich durch den ganzen Verlauf des Rechtsstreits hinzieht und mit der im Mahnverfahren erwachsenen Gebühr abgegolten sein kann (vgl. auch Rsp. 31 S. 244). H.n.

γ) **Verkehrsgebühr nach Verweisung der Sache (ZPO. § 505). Erstattung der Gebühr für den abgelehnten Vollstreckungsbefehl.**

OLG. Hamburg, 6. ZS. Beschluß v. 27. Januar 1920.

Der RA. A. war, nachdem das Amtsgericht sich für unzuständig erklärt und den Rechtsstreit an das LG., bei dem er nicht zugelassen war, verwiesen hatte, für die ihm aus der amtsgerichtlichen Vertretung nach § 13 Nr. 1 GebO. zustehende Prozeßgebühr infolge Erlöschens seiner Vollmacht und Beendigung der Instanz zu weiterer Tätigkeit nicht verpflichtet. Für den danach von ihm noch besorgten Verkehr des Klägers mit dem RA. M. kann er daher eine weitere Gebühr, und zwar nach § 44 verlangen. Das Wort „lediglich" daselbst bezweckt nur, die Verkehrstätigkeit von der umfassenderen Tätigkeit des Prozeßbevollmächtigten abzugrenzen. Es besagt nicht, daß die Verkehsgebühr nur dann gefordert werden könne, wenn sich die Tätigkeit des Anwalts allein auf solche Korrespondenz beschränke. Die Gebühr aus § 44 erwächst für die letztere Tätigkeit vielmehr auch dann, wenn daneben noch andere besonders zu vergütende Mühewaltung für den Auftraggeber ausgeübt

---

[1] Dagegen hält OLG. Braunschweig (Rsp. 35 S. 226 *β*) für bedeutungslos, daß ein anderer Anwalt im Mahnverfahren als im Hauptprozeß tätig ist, da das Gesetz in dieser Beziehung nicht unterscheidet.

[2] Die dem Anwalte des Klägers für den Zahlungsbefehl zustehende Gebühr ist auf die weiterhin für denselben Anwalt nach §§ 44, 45 festgesetzten Gebühren anzurechnen, da der Anwalt, der bereits im Mahnverfahren die Sachlage geprüft hat, dieselbe Mühe nicht noch einmal im ordentlichen Verfahren aufzuwenden hat (OLG. Oldenburg 28. Juli 1919; Seuff. 75 Nr. 44).

wird. Hier steht daher, da die etwaige Geringfügigkeit der Verkehrstätigkeit keine völlige Versagung der Gebühr rechtfertigt, der Anwendung des § 44 nichts entgegen. Zuzubilligen ist jedoch nur die halbe Gebühr. Der Grund, der in dem Sonderfalle des § 44 Satz 2 zur Herabminderung der Gebühr führt, ist hier, wenn es sich auch nicht um eine obere und untere Instanz, sondern um ein vor dem Amts- und LG. geteiltes Verfahren handelt, entsprechend anwendbar. Der Anwalt ist schon von seiner früheren Tätigkeit her mit der Sachlage vertraut und hat daher geringere Mühe, was ebenso, wie bei der Verschiedenheit der Instanzen, die Herabminderung der Gebühr rechtfertigt (Rsp. 19 S. 257, 21 S. 161, JW. 1899 S. 180[19]). Es ist daher außer der Gebühr des § 13 Nr. 1 nach § 44 eine halbe Gebühr einzustellen.

Dagegen ist die Gebühr von 18 Mark aus § 17 VO. vom 9. September 1915 für Erwirkung des Vollstreckungsbefehls mit Recht abgesetzt. Auch wenn sie grundsätzlich nicht von dem wirklichen Erlaß jenes Befehls abhängig ist, sondern schon für die auf diesen Erfolg gerichtete Tätgkeit des Anwalts verfällt, kann sie nicht zugebilligt werden, weil diese Maßnahme nicht zur zweckentsprechenden Rechtsverfolgung notwendig war. Der Beklagte hatte innerhalb der ihm hierfür gesetzten Frist, nämlich an ihrem letzten Tage, Widerspruch erhoben. Die Voraussetzung für einen Vollstreckungsbefehl, der fruchtlose Ablauf der Widerspruchsfrist, war nicht gegeben. Die insoweit bestehende subjektive Unkenntnis des Anwalts kann dieses Fehlen objektiver Notwendigkeit nicht ersetzen, da er sich hätte erkundigen müssen, ob die Widerspruchsfrist fruchtlos verstrichen war.[1] M. M.

v) **Umsatzsteuer**[2]: *α*) **als „Auslage" i. S. des § 76.**

---

[1] Dagegen führt das OLG. Breslau, 7. ZS. im Beschlusse v. 6. Januar 1920 aus: „Der Anwalt ist der Partei gegenüber verpflichtet, ihr schleunigst zum Rechte zu verhelfen; sobald die Widerspruchsfrist abgelaufen ist, ist es zweckmäßig und notwendig, den V.B. zu beantragen, es kann der Partei nicht zugemutet werden, eine unbestimmte Zeit verstreichen zu lassen, um abzuwarten, ob nicht etwa doch noch Widerspruch erhoben ist" (JW. 1920 S. 395). Ebenso OLG. Hamm, 6. ZS. am 8. Juli 1919 (aO. 398); desgl. Krämer das., der sogar dem Andersdenkenden „weitgehenden Mangel an Einsicht" vorwirft. Dabei ist jedoch das gesetzliche Recht des Schuldners, noch am letzten Tage der Frist Widerspruch zu erheben, gar nicht beachtet und nicht berücksichtigt, daß er durch die Ausübung dieses Rechts nicht wohl im Sinne des § 93 ZPO. den Antrag veranlaßt haben kann. Es bleibt also bei der Regel des § 91 ZPO., daß der Unterliegende die Kosten trägt, gleichviel, ob ihn ein Verschulden trifft oder nicht. Folgerecht hat der Richter bei Zurückweisung des Antrags auch die Kostenpflicht des Antragstellers auszusprechen. Die Unterlassung dieses Ausspruchs hat aber nicht die Folge, daß die unterliegende Partei zur obsiegenden wird. Dem Schuldner die Kosten eines unbegründeten Antrags des Gläubigers aufbürden zu wollen, widerspricht dem Rechtsgefühle. D. H.

[2] Für die Übergangsvorschrift des § 46 Ges. v. 24. Dez. 1919 ist nicht der Zeitpunkt maßgebend, in welchem dem Auftraggeber auf Grund des Festsetzungsverfahrens die Prozeßkosten vom Gegner erstattet werden, sondern der Zeitpunkt, in welchem der Anwalt seine Gebühren von seinem Auftraggeber gezahlt erhält; beide Zeitpunkte können in der Weise zusammenfallen, daß sich der Anwalt auftragsgemäß aus den festzusetzenden Kosten zu befriedigen hat; regelmäßig erhält jedoch der Anwalt von seinem Auftraggeber einen ausreichenden Vorschuß und wird dann nach Erlaß des Urteils durch Verrechnung des Vorschusses befriedigt KG., 10. ZS. Beschluß v. 10. Juli 1920). H.

Kammergericht, 2. ZS. Beschluß v. 21. September 1920.

Unter den vom Beklagten aus dem Prozeßvergleiche zu erstattenden Kosten ist auch die vom Prozeßbevollmächtigten der Kläger zu zahlende Umsatzsteuer mit Recht festgesetzt worden. Nach dem Ges. vom 24. Dezember 1919 unterliegen dieser Steuer Leistungen, die jemand innerhalb der von ihm selbständig ausgeübten beruflichen Tätigkeit entgeltlich ausführt. Dazu gehört auch die Anwaltstätigkeit. Bei Leistungen aus Verträgen, die nach 1. Januar 1920 geschlossen sind, ist der Steuerpflichtige nicht berechtigt, die Steuer dem Leistungsberechtigten neben dem Entgelt gesondert in Rechnung zu stellen, es sei denn, daß als Entgelt gesetzlich bemessene Gebühren angesetzt werden. Da der Anwalt gesetzlich bemessene Gebühren erhält, ist er berechtigt, die Erstattung der Umsatzsteuer von seinem Auftraggeber zu verlangen. Die der Partei dadurch entstandenen Kosten sind daher durch die Rechtsverfolgung notwendig entstanden.[1] Fr.

β) **Hat die Staatskasse sie dem Armenanwalt zu erstatten?**

a) Bejaht vom OLG. Breslau, 7. ZS. Beschluß v. 9. Juli 1920.

Ob die Pauschsätze (GebO. §§ 76ff.) der Umsatzsteuer unterliegen, ist streitig. Dagegen sprechen sich besonders aus Lang (JW. 1920 S. 75) und Weißbecker (LeipzZ. 1920 S. 289), weil die Pauschsätze nicht Entgelt für Leistungen, sondern Ersatz für Auslagen seien; dafür Marcuse (JW. 1920 S. 78), Hamburger (das. S. 123), ferner der Reichsfinanzmin. (Nachr. des Anwaltvereins 1920 S. 3) und dessen Vorschläge (das. S. 67), ebenso OLG. Celle vom 13. April 1920 (Büroblatt 1920 S. 101 [vgl. auch oben S. 447]). Allerdings finden sich die Pauschsätze in dem mit „Auslagen" überschriebenen 5. Abschnitte der GebO. Es handelt sich dabei aber nicht um reine Auslagen. Die Pauschsätze werden gewährt für Herstellung des Schreibwerkes sowie zum Ersatze der Postgebühren der Sendungen des Anwalts. Nach beiden Richtungen sind mit den eigentlichen Auslagen Mühewaltungen des Anwalts und seines Personals verknüpft, die im Interesse der vertretenen Partei aufgewendet werden, also Leistungen, für die durch die Pauschsätze gleichzeitig ein Entgelt gewährt wird. Demnach unterliegen die Pauschsätze nach §§ 1, 8 des Ges. vom 24. Dezember 1919 der Umsatzsteuer. Nach § 12 aO. kann der steuerpflichtige Anwalt die Steuer dem Leistungsberechtigten in Rechnung stellen. Leistungsberechtigt ist allerdings die vertretene Partei. Wenn aber der Partei das Armenrecht bewilligt und ein Anwalt ihr beigeordnet ist, dann tritt hinsichtlich der Auslagen der Staat an ihre Stelle, sofern sie nicht von einem ersatzpflichtigen Gegner beigetrieben werden können. So ist Art. II über Teuerungszuschläge vom 18. Dezember 1919 zu verstehen. Unzweifelhaft sind die Pauschsätze Ersatz für Auslagen im Sinne dieser Vor-

[1] Bei obiger Entscheidung ist nicht der Beschluß zur Sprache gekommen, wonach die Anwälte Aufträge nur noch bei Bewilligung eines Zuschlags von 50% zu den gesetzlich bestimmten Gebühren übernehmen. Sie stellen also dem Auftraggeber nicht mehr ein gesetzlich bestimmtes, sondern ein vereinbartes Entgelt in Rechnung, sind deshalb zur Abwälzung der Steuer nicht befugt; die Steuer ist daher nicht gemäß § 91 ZPO. zu ersetzen. Fr.

schrift, da sie die GebO. als solche behandelt. Mögen auch die Aufwendungen, für die die Pauschsätze gewährt werden, im Sinne des UmsatzStG. als Leistung zu bewerten sein, im Sinne der GebO. sind sie jedenfalls Auslagen. Die Umsatzsteuer von den Pauschsätzen ist aber auch wie eine Auslage im Sinne des angeführten Art. II zu behandeln, denn sie ist durch Aufwendungen des Anwalts für die arme Partei veranlaßt, die ihrerseits als Auslagen zu betrachten sind. Eine andere Auffassung würde dem Sinne und Zwecke des Art. II nicht gerecht werden; er will gerade den Anwalt davor schützen, daß ihm durch seine uneigennützige Tätigkeit für die arme Partei noch Kosten erwachsen.

Wenn schließlich nach Art. II die Auslagen „nach Maßgabe der GebO." zu ersetzen sind, dann kann das nur bedeuten, daß, soweit die GebO. einen Maßstab für die Festsetzung der Auslagen gewährt, dieser anzuwenden ist. Die GebO. regelt aber den Anspruch der Anwälte auf Ersatz von Auslagen nicht ausschließlich; sie setzt vielmehr voraus, daß der Anwalt als Beauftragter einen gesetzlichen Anspruch auf Ersatz seiner notwendigen Auslagen hat, und gibt nur besondere Vorschriften für einige Arten von Auslagen, die durch Schreibwerk, Postsendungen und Reisen veranlaßt werden. Die Fassung des Art. II gibt keinen Anhalt dafür, daß dem Anwalt überhaupt nur die letzterwähnten in der GebO. besonders geregelten Auslagen ersetzt werden sollten; vielmehr ist nach dem Zweck der Vorschrift anzunehmen, daß auch sie, wie die GebO. davon ausgeht, daß dem Anwalt alle notwendigen Auslagen ersetzt werden sollten, wobei für Schreibwerk, Postsendungen und Reisen die besonderen Vorschriften der GebO. zu beachten sind. E. d.

b) Verneint vom OLG. Bamberg, 1. ZS. Beschluß v. 8. April 1920.

Zu den „Auslagen" gehört nicht die Umsatzsteuer; denn der Anwalt zahlt sie nicht, um den Rechtsstreit zu fördern, für die Partei, sondern er hat sie im eigenen Namen erst nach seiner Leistung aus dem für diese empfangenen Entgelte zu entrichten. Es legt also nichts für die Partei aus, sondern er selbst ist mit dieser Steuer belastet. Daran ändert nichts, daß er die Abgabe abwälzen kann. Das ist die Regel im wirtschaftlichen Verkehr. Wenn der Anwalt die Steuer der Partei aufrechnet, so tut er das nicht nach der GebO., weil er die Steuer für die Partei ausgelegt hat, sondern um sie auf den abzuwälzen, von dem der besteuerte Umsatz herrührt. Der Leistungsberechtigte ist aber hier nicht die Staatskasse, sondern die Partei. Übernimmt ein Dritter Verbindlichkeiten, die an sich der leistungsberechtigten Partei obliegen, so hat er nur insoweit für sie einzustehen, als er sie übernahm. Die Umsatzsteuer bildet auch mit den Auslagen derart eine Einheit, daß sie darin enthalten und ohne weiteres vom Schuldner die Auslagen mit zu entrichten wäre; sie ist vielmehr nach Grund und Betrag ebenso selbständig wie die Gebühren. Der Dritte, der nur den Ersatz der Auslagen übernimmt, haftet für jene Steuer so wenig wie für die Gebühren. . . .[1] M.

[1] Auch bei dem KG. ist die Frage streitig; es bejaht der 6. ZS. 5. Juli 1920, ihm haben sich der 9. ZS. am 11. Nov. sowie 4 andere ZS. angeschlossen, dagegen verneinen der 16. ZS. 2. Juni 1920 und 4 andere Senate.

γ) **bei Anrechnung der Mahngebühr. Vereinbartes Entgelt.**

OLG. Darmstadt, 1. ZS. Beschluß v. 15. Oktober 1920.

1. Der Kläger will der im § 38 GebO., § 17² BO. vom 9. Sept. 1915 auf die Prozeßgebühr vorgeschriebenen Anrechnung der Mahngebühr keine Wirkung auf die Pauschsätze beimessen. Allein nicht entscheidend ist der Wortlaut, sondern der Sinn des § 76². Es kann nicht darauf ankommen, ob eine Gebühr einmal „angesetzt" worden ist, sondern darauf, ob sie der Anwalt wirklich zu beziehen hat, denn durch die Pauschalierung wollte man ihn für seine Auslagen dadurch abfinden, daß man ihm ein für allemal einen von seinen Gebühren zu berechnenden bestimmten Prozentsatz zusprach. Dabei ging man davon aus, daß man so im Durchschnitt aller Fälle das Richtige treffen werde. Es kann dabei nicht ins Gewicht fallen, ob die Auslagen im einzelnen Falle mehr oder weniger reichlich vergütet werden. Der Pauschsatz ist von der zu zahlenden Gebühr abhängig; ohne Gebühr gibt es keinen Pauschsatz. Fällt die Gebühr durch Aufrechnung weg, so fällt auch der Pauschsatz. Die Berufung auf das GKG. geht fehl, denn sein § 80 b deckt sich inhaltlich mit § 38 GebO. Die Vorschrift, daß für die Berechnung der Gerichtskosten das Mahnverfahren mit dem Rechtsstreit eine Instanz bildet, schließt die doppelte Erhebung des Pauschsatzes für die Gerichtskosten ebenso aus, wie dies durch § 38 GebO. für die Anwaltskosten ausgeschlossen ist. . . .

2. Aus § 12 UmsatzStG. folgt allerdings, daß die Vereinbarung einer Sondervergütung in diese die Umsatzsteuer eingerechnet ist und dem Auftraggeber nicht gesondert berechnet werden darf. Dagegen kann dem kostenpflichtigen Gegner gegenüber, dem nur die gesetzlichen Anwaltskosten angesetzt werden, die Umsatzsteuer wenigstens aus den gesetzlichen Kosten berechnet werden. Er hat die Kosten zu erstatten, die zur Rechtsverfolgung erforderlich sind. Sind höhere Kosten aufgewendet, so sind sie in der Höhe erstattungsfähig, in der sie erforderlich waren, also in Höhe der gesetzlichen Anwaltskosten einschließlich der hiervon berechneten Umsatzsteuer. Die Umsatzsteuer ist zu entrichten von dem Entgelt für die Leistung. Ein solches sind auch die Pauschsätze. W. r.

δ) **für durchgehende Posten.**[1] **Erstattung der Teuerungszulage.**

OLG. Augsburg, 2. ZS. Beschluß v. 15. Oktober 1920.

1. In Übereinstimmung mit der Erklärung, die der Regierungsvertreter im Ausschuß abgegeben hat (JW. 1920 S. 123), stellt auch der Senat fest, daß, wie die eigentlichen Anwaltsgebühren auch die Pauschsätze des § 76 GebO. der Umsatzsteuer unterliegen, daß dagegen die durchlaufenden Posten nicht in sie eingezogen werden. Dazu gehören solche Auslagen, die die Partei in derselben Höhe zu erstatten hat, wie sie der Anwalt seinerseits machte.

[1] Für den Antrag auf Erstattung seiner Auslagen darf der Anwalt keine Gebühr, wohl aber den Auslagenpauschsatz berechnen (OLG. Dresden JW. 1920 S. 912). Dagegen hält OLG. Düsseldorf (das. 913) mit Recht den § 103 ZPO. überhaupt nicht für anwendbar.

§ 8 mit § 1 Nr. 1 UmsatzStG. unterwirft der Steuer ganz allgemein das Entgelt für die steuerpflichtige Leistung, ohne zu unterscheiden, aus welchen Faktoren es sich zusammensetzt. Die Pauschsätze des § 76 gelten das gesamte Schreibwerk, soweit es zur Erledigung der in § 1 GebO. genannten Berufstätigkeit des Anwalts hergestellt wird, und zugleich die Postgebühren ab, soweit sie eigene Sendungen des Anwalts betreffen und innerhalb des Rahmens seiner gebührenpflichtigen Tätigkeit liegen. Ihr Ansatz setzt also voraus, daß eine Anwaltstätigkeit entwickelt ist, für die der Anwalt nach der GebO. eine Gebühr ansetzen darf; die Pauschsätze können grundsätzlich immer nur im Anschluß an eine Gebühr berechnet werden (Rsp. 39 S. 118). Ob sie entgegen RG. (78 S. 125; 75 S. 311) als Gebühren oder wenigstens als Gebührenanhänge zu beurteilen sind, braucht hier nicht erörtert zu werden. Jedenfalls fallen auch sie unter den vom UmsatzStG. aufgestellten Oberbegriff des „Entgeltes" für anwaltschaftliche Leistungen. Denn die Lieferung von Papier für das Schreibwerk, die Herstellung der für die vertretende und beratende Berufstätigkeit des Anwalts im Sinne des § 1 GebO. notwendigen Schriftstücke, die Verausgabung der Postgebühren auf die innerhalb seiner Berufstätigkeit erforderlichen eigenen Sendungen stellen zweifellos Leistungen dar, und die gesetzlich bemessenen Pauschsätze bilden gerade das Entgelt für alle Leistungen dieser Art. Nicht unter das UmsatzStG. fallen dagegen die Zustellungs-, die Nachnahmekosten und die Ganggebühren der Partei. Denn jene Kosten gehören zu den durchlaufenden Posten, die der steuerpflichtige Anwalt für seine Auftraggeber vereinnahmt und verausgabt. Sie sind zwar im Verhältnis zum unterlegenen Gegner erstattungsfähig, bilden aber ebensowenig wie die Ganggebühren, mit denen eine Entschädigung der Partei für Reise und Aufenthaltskosten, sowie für Zeitversäumnis geltend gemacht wird, ein Entgelt für eine Tätigkeit des Anwaltes. Der weitgehenden Auslegung des § 107 Nr. 2 der AusfBest. zum UmsatzStG. vom 12. Juni 1920, der zu den umsatzsteuerpflichtigen Entgelten neben den gesetzlich und und vertraglich vereinbarten Gebühren mit Einschluß der Pauschgebühren auch die Unkosten, besonders die Aufwandsentschädigungen rechnet, kann nicht beigetreten werden.

2. Die Absetzung des 50%igen Teuerungszuschlages war nicht gerechtfertigt (vgl. OLG. Hamburg und Köln LZ. 1920 S. 725/6)[1]. W.r.

w) **Verteilung der Pauschsätze nach § 76⁴ GebO.**

OLG. Hamburg, 1. ZS. Beschluß v. Mai 1919.

Auch im Falle des § 76⁴ dürfen nach Abs. 3 höchstens 90 Mark Pauschgebühr in einer Instanz zugebilligt werden. Da dieser Betrag aber dem Kläger bereits durch den Beschluß des Gerichtsschreibers zu Erstattung auferlegt war, so können die jetzt streitigen 20 Mark ihm nicht gleichfalls zur Last gelegt werden. M. M.

[1] Abweichend entscheiden die Senate des KG., das OLG. Rostock 11. August 1920 und Darmstadt 14. August 1920. Vgl. oben S. 356.

x) **Auslagen der Sachverständigen. Umsatzsteuer.**

Kammergericht, 6. ZS. Beschluß v. 4. Oktober 1920.

... Auch der Bücherrevisor fällt unter die Ausnahme des § 12 UmsStG. Die Ansicht des LG., daß er als Sachverständiger keine vertragliche Leistung, sondern eine öffentliche Pflicht erfülle, trifft nicht zu; er handelt vielmehr bei Erstattung des Gutachtens in Ausübung seiner Berufstätigkeit. Daher darf er grundsätzlich die gleiche Vergütung beanspruchen, wie wenn die Leistung außerhalb des gerichtlichen Verfahrens Privaten gemacht wird.... Allerdings kommt zwischen ihm und dem Gericht kein Dienstvertrag zustande, aber doch ein vertragsähnliches Verhältnis, das ihm einen Anspruch auf die gesetzlichen oder vereinbarten Gebühren und die notwendigen Auslagen sichert. Nach seinem Grundgedanken umfaßt aber der § 12 Leistungen nicht bloß aus eigentlichen Verträgen, sondern auch vertragsähnlichen Verhältnissen.... Z.

17. Bürgerliches Recht.

a) **Keine Haftung der Zechen für „Kauendiebstähle“.**[1]

OLG. Hamm., 2. ZS. Urteil v. 29. Oktober 1920.

Dem Rechtsvorgänger des klagenden Bureauvorstehers, dem auf der beklagten Zeche beschäftigten Bergmann S., sind am 4. März 1919 die in der Waschkaue abgelegten Kleidungsstücke entwendet worden. Die Klage auf den Ersatz ihres Wertes von 648 Mark ist unbegründet. Während der § 701 dem Gastwirt die Haftung für den Verlust der eingebrachten Sachen des Reisenden als Regel auflegt, gibt es beim Dienstvertrage nur Schutzvorschriften im Interesse des Lebens und der Gesundheit des Arbeiters (§ 618), ohne eine Haftung des Arbeitgebers für eingebrachte Arbeiterkleidung auszusprechen; ebenso die GewO. (§ 120a) und die für den Betrieb der Beklagten geltende BergPV. vom 1. Januar 1911. Dagegen hat die Verkehrsnotwendigkeit dazu geführt, daß der Arbeitgeber auch in kleineren gewerblichen Betrieben eine Kleiderfürsorge tatsächlich ausübt. Besonders ist dies im Bergwerksbetrieb überall der Fall; es gibt keine Mannschaftskaue, in der nicht von der Zeche hergestellte und unterhaltene Einrichtungen zur Aufnahme der abgelegten Arbeiterkleidung beständen, weil es keinen Bergmann gibt, der nicht vor dem Einfahren die auf dem Wege zur Zeche benutzte Straßenkleidung ablegte und gegen die Gruben(Arbeits)kleidung umtauschte. Die Annahme, daß dadurch ein Verwahrungsvertrag abgeschlossen werde mit der Folge, daß im Zweifel die Zeche die Unmöglichkeit der Rückgabe zu vertreten habe (§ 282), ist abzulehnen. Die Zeche überläßt lediglich die Benutzung der Kaue und der zur Aufnahme der Kleider dienenden Aufzugvorrichtung, ohne daß aber ihr die Kleider „übergeben“ würden; sie prüft nicht, welche Gegenstände der einzelne ablegt und nimmt sie nicht in Besitz; der Bergmann bleibt

[1] d. h. Entwendungen von Kleidungsstücken der Bergleute aus den von den Zechenverwaltungen in Verbindung mit den Schachteinfahrten hergerichteten, zum Umkleiden und Baden der Arbeiter bestimmten Räumen.

Besitzer der in der Kaue zurückgelassenen Sachen, auch wenn er durch seine Beschäftigung im Betriebe zeitweilig an der Einwirkung auf sie behindert ist; die Zeche übernimmt es nicht, die Gegenstände „aufzubewahren" und sie tritt zu ihnen auch nicht in eine solche körperliche Beziehung, daß sie als ihr „Verwahrer" zu bezeichnen wäre.

Anderseits geht es nicht an, jede rechtliche Verpflichtung der Zeche zu verneinen. Vielmehr ist anzunehmen, daß ihr eine gewisse Fürsorge- und Überwachungspflicht hinsichtlich der Sachen obliegt als unentgeltliche, neben den Pflichten aus dem Dienstvertrag bestehende Nebenleistung, zu der sie kraft einer stillschweigend mit dem Arbeiter getroffenen Vereinbarung rechtlich verpflichtet ist (§ 241). Zum Beweis einer solchen dienen nicht nur mündliche oder schriftliche Erklärungen der Beteiligten, vielmehr auch ihr in die äußere Erscheinung tretendes Verhalten und es ist zulässig, aus diesem Verhalten bei Würdigung der Umstände (vgl. § 157) zurückzuschließen auf das, was die Beteiligten übereinstimmend wollen. Die Tatsache des allgemeinen Bestehens der durch das Gesetz oder ausdrückliche Abrede nicht geforderten Einrichtung und die Tatsache ihrer in fortdauernder gleichmäßiger Übung erfolgenden Benutzung rechtfertigt den Schluß, daß die Zechen mit dieser Einrichtung und der Gewährung ihres Gebrauchs nicht etwa den Arbeitern einen Gefälligkeitsdienst erweisen wollen. Es handelt sich dabei vielmehr um eine durch die Verkehrsnotwendigkeit gebotene Leistung der Zechen, die, wie nicht zu bezweifeln, die Belegschaft als ihr Recht beansprucht. Wer sich der schutzbedürftigen Forderung eines andern anpaßt und fortgesetzt stillschweigend fügt, würde wider die Verkehrsmoral verstoßen, wenn er seine Leistung als rechtlich nicht geschuldet und in seinem freien Belieben stehend hinstellen wollte. Eine erschöpfende Festlegung des näheren Inhalts der Überwachungspflicht der Zechen ist hier nicht am Platze. Allgemein ist zu sagen, daß ihnen die Sorge für die fortdauernde sachgemäße Benutzbarkeit der zur Aufnahme der Kleidung bestimmten Vorrichtungen zufällt. Dazu wird u. a. gehören, daß die Ketten der Aufzüge stark und haltbar hergestellt sind und unterhalten werden, daß die Brettschrauben der Verschlußvorrichtungen instand gehalten und gelockerte Schrauben wieder gehörig befestigt, sowie fehlende Schrauben ersetzt werden; daß das Vorhängeschloß, sofern die Zeche es selber liefert und nicht die Anschaffung dem Arbeiter überläßt, zweckdienlich beschaffen und nicht mühelos mit Nachschlüsseln zu öffnen ist. Die Zechen werden auch, entsprechend der allgemeinen Übung, die Kauen während der Zeit, in der der Arbeiter im Betrieb beschäftigt oder zu Hause ist, gehörig unter Verschluß und Aufsicht zu halten und sie nur zum Schichtwechsel zu öffnen haben.

Die meisten Kauendiebstähle werden während des Schichtwechsels durch Kameraden des Bestohlenen begangen. Druchweg lehnen die Zechen die Haftung ab mit der Begründung, daß sie außerstande seien, solche Diebstähle zu verhüten. Allein es handelt sich um eine aus dem tatsächlichen Verhalten der Beteiligten zu folgernde Vereinbarung. Der Verpflichtungswille der Zechen besteht aber nur in dem Umfang, als er durch die erkennbar vorliegenden Tatsachen erklärt ist. Daraus ergibt sich, daß die Zechen für Verlust oder Beschädigung nur innerhalb des Rahmens der bestehenden Einrichtung gewährleisten. Sie haben demnach nur für diejenige Sicherheit einzustehen, die nach der ganzen Art der Anlage billigerweise erwartet werden darf. Bei der Erfüllung dieser Verpflichtung haben sie nach § 276 Fahrlässigkeit zu vertreten. Der Beschädigte hat die Beweislast dafür, daß die Zeche die Verkehrssorgfalt außer Acht gelassen und dadurch den Schaden verursacht hat (RG. 66 S. 291). Daneben hat auch der Arbeiter selber auf die Sicherung seines Eigentums bedacht zu sein (§ 254). Namentlich wird er, nachdem er die Kleider in die Höhe gezogen, die den unteren Teil der Aufzugsschnur bildende Kette gegen die Gefahr des Abstreifens von den Schnurstiften dadurch zu schützen haben, daß er ein genügend sicheres Schloß um die Kette legt, den Schloßbügel durch die Öse des Schnurstifts oder durch den an der Kette vorhandenen Ring oder durch die Maschen der Kette steckt, das Schloß abzieht (abschließt) und den Schlüssel an sich nimmt. Die häufig beobachtete Tatsache, daß der Bergmann seine Aufzugvorrichtung ungesichert läßt, indem er überhaupt kein Schloß anwendet oder das angelegte Schloß nicht abschließt, wird in der Regel als grober Verstoß gegen die Verkehrssorgfalt zu gelten haben.

Hier hat der Kläger nähere Angaben darüber, wann und wie der Diebstahl ausgeführt wurde, nicht machen können. Es ist außer Streit, daß die Kleiderablage die allgemein gebräuchliche ist und daß die Beklagte die Kaue unter Verschluß und Aufsicht gehalten und nur für den Schichtwechsel wieder geöffnet hat. Der Kläger erblickt das Verschulden der Beklagten darin, daß sie unterlassen habe, die vom Gutachter V. vorgeschlagenen Sicherungsmaßnahmen zu treffen. V. nimmt an, daß die Zechen einen besseren Schutz der Kleiderablagen durch gewisse ohne erhebliche Kosten herstellbare Änderungen schaffen können. Als solche bezeichnet er: 1. die Vergitterung der Schnurgestelle und die Anstellung einer Aufsichtsperson, die innerhalb des Gitters sich aufhält und für den sich ausweisenden Mann den Kleideraufzug herunterläßt und demnächst wieder hochzieht; 2. die Verriegelung der Aufzüge in der Art, daß die Riegel von einer Zentralstelle aus für den durch seine Marke sich ausweisenden Mann geöffnet werden. Allein die Nichtbeachtung dieser Vorschläge stellt nicht schlechthin ein Verschulden der Beklagten dar. Daß eine Einrichtung ihre Mängel hat und durch eine vollkommenere ersetzt werden kann, macht ihr Bestehenlassen nicht unter allen Umständen zu einer schuldhaften Handlung („Recht" 1910 Nr. 2167, 1912 Nr. 376, 1914 Nr. 2240). Das wird besonders dann zu gelten haben, wenn der bestehende Zustand jahrelang unbeanstandet ertragen ist. Grundsätzlich ist auch hinsichtlich der Zechenkauen daran festzuhalten, daß die Unterlassung nur dann schuldhaft ist, wenn die Änderung geeignet ist, Kauendiebstähle wesentlich zu erschweren und ihre Einführung im Rahmen der bestehenden Einrichtung bleibt, so daß das Verlangen der Neuerung nicht unbillig erscheint. In dieser Beziehung schließt sich das Gericht den Ausführungen des Bergrats M. an. Die Absperrung der Schnurgestelle würde erfordern, daß statt eines oder einiger Kauenwärter, die jetzt während des Schichtwechsels die Aufsicht führen, deren eine solche Zahl hauptamtlich angestellt werden müßte, daß die Kosten außerordentlich hoch sein und den Betrieb außergewöhnlich belasten würden. Zudem würde die Prüfung der Ausweismarken, deren Fälschung nicht schwer und bei heutigen Zuständen nicht ungewöhnlich ist, keine zuverlässige Gewähr dafür bieten, daß nicht ein Unbefugter Zugang zu einem Aufzuge erhielte. Wie die Verriegelung der Schnurgestelle und deren Öffnung von einer Zentralstelle aus in ihrer tatsächlichen Durchführung gedacht ist, ist aus dem Gutachten nicht zu entnehmen. Eine gleichzeitige Entriegelung aller vorhandenen Aufzüge wäre, soweit erkennbar, eine die Sicherheit der Kleidungsstücke geradezu gefährdende Maßnahme. Jedenfalls erhellt nicht, daß die Einrichtung einen zuverlässigen Schutz gegen Diebstahl schaffen würde....

Was den dritten Vorschlag des V. angeht, so haben neuere Zechen vielfach die Aufzugvorrichtung — statt mit einem Haken — mit einer vier Haken haltenden, aus Eisenblech gefertigten Schale in der Größe eines kleinen Tellers ausgestattet, in der der Bergmann auch seine Waschseife unterbringt. Sollten die Vorrichtungen in der Kaue der Beklagten nur einen Haken haben, so wäre doch der Arbeiter nicht genötigt, für die Badezeit die abgelegte unsaubere Gruben- oder Arbeitskleidung über den Straßenanzug und die reine Leibwäsche zu hängen, da, wie auch M. zutreffend annimmt, er es in der Hand hat, die Grubenkleidung zu einem Bündel zusammen zu schnüren und dieses unterhalb der Straßenkleider aufzuhängen. Schließlich liegt auch keinerlei Anhalt dafür vor, daß das Fehlen eines zweiten Hakens hier für den Schaden des S. ursächlich geworden wäre. N.t.

b) **§ 1779² S. 2 gilt trotz Art. 136 Reichsverf. fort.**[1]

Kammergericht, ZS. 1a. Beschluß v. 21. November 1919.

Der der jüdischen Religion angehörende Berufsvormund ist am 12. August 1919 auf Vorschlag des hiesigen VormAmts zum Vormund für im christlichen Glaubensbekenntnisse zu erziehende Kinder bestellt worden. Demnächst hat das Amtsgericht ihn auf Grund des § 1779² S. 2 unter Billigung des LG. entlassen. Die weitere Beschwerde hat im Hinblick auf Art. 136[1] vorgebracht, daß die Führung einer Vormundschaft staatsbürgerliche Pflicht sei. Gewiß gehört zu den aus der Staatsangehörigkeit fließenden Pflichten, nach den Gesetzen persönliche Dienste für den Staat und die

[1] Nach der in Preußen geltenden staatsrechtlichen Auffassung gehören zu den Evangelischen nicht nur die Angehörigen der evang. Landeskirche selbst, sondern auch die Mitglieder aller Religionsgesellschaften, die sich zu den Grundsätzen der deutschen Reformation bekennen (Pr. OVG. 54 S. 415), also auch die separierten Altlutheraner (KG., ZS. 1a. Beschluß v. 10. Okt. 1919 x 577).

Gemeinde zu leisten (Art. 133) und die Übernahme der Vormundschaft ist für jeden dazu Ausgewählten eine öffentliche Verpflichtung (§ 1785 BGB.). Allein die Ausübung der Religionsfreiheit, d. h. der Bekenntnis-, Kultus- und religiösen Vereinigungsfreiheit (Giese, Reichsverf. S. 346 II 3) kommt hier nicht in Frage. — Zu Art. 136² hat das LG. bemerkt, daß dort dasselbe ausgesprochen werde, was bereits der Art. 12 PrVerf. bestimme.... Die wichtigsten bürgerlichen Rechte sind die Ansprüche auf bestimmte staatliche Leistungen und die Grund- und Freiheitsrechte (vgl. Art. 109ff). Als die wichtigsten staatsbürgerlichen Rechte kommen das Wahl- und Stimmrecht und das Recht auf Ehrenämter in Betracht. Doch besteht auf Bestellung zum Vormund selbst für die Verwandten des Mündels auch gegenüber § 1779² S. 2 BGB. kein allgemeiner Anspruch. Nur gewissen Personen, nämlich den Großeltern, verleiht § 1776 Nr. 3, 4 ein solches Recht. Die Zulassung zu einem öffentlichen Amt kommt vorliegend nicht in Betracht. Zwar spricht das BGB. wiederholt (z. B. §§ 1885/6, 1890) von dem Amt des Vormunds; doch erschöpft sich der Inhalt der vormundschaftlichen Tätigkeit in der Sorge für die Person und das Vermögen (§ 1793), während man unter einem öffentlichen Amt einen bestimmt abgegrenzten Inbegriff staatlicher oder kommunaler Geschäfte u. z. öffentlicher, also solcher versteht, bei denen wesentlich die Staatshoheit maßgebend ist.

Zu Art. 136³ hält das LG. die Voraussetzungen des Satzes 2 insoweit für erfüllt, als das Recht und die Pflicht zur Übernahme einer Vormundschaft nach § 1779 von der Konfession beeinflußt würden und es sich darum handle, den Kindern eine ihrem Bekenntnis entsprechende Erziehung zu verschaffen. Die erste Bemerkung ist allerdings rechtlich bedenklich; allein die Entscheidung beruht nicht auf ihr, weil das LG. rechtlich bedenkenfrei angenommen hat, daß es darauf ankomme, den Mündeln eine ihrem Bekenntnis entsprechende Erziehung zu gewährleisten. Denn im Falle der Auswahl und Bestellung eines Vormunds hängt das Recht der Mündel auf Berücksichtigung ihres Bekenntnisses von der Feststellung der Religion des Vormunds ab. Diese Auffassung hat bei der Beratung in der Nationalversammlung ihre Bestätigung gefunden. In der Sitzung v. 17 Juli 1919 hat der Berichterstatter gesagt: „Hier ist ein gewisses beschränktes Fragerecht unzweifelhaft; es kann praktisch werden in Vormundschaftssachen, in der Frage der Beschulung der Kinder...." Die jetzige Fassung, „soweit davon Rechte und Pflichten abhängen", deckt die mannigfaltigen Tatbestände nur dann, wenn dieser Satz im weiteren Sinn ausgelegt wird. Das ist sowohl von Vertretern der Regierung wie von Abgeordneten einstimmig anerkannt worden.

Wegen der Auslegung und Bedeutung des § 1779² S. 1, 2 BGB. kann auf den Beschluß (Rsp. 26 S. 106 verwiesen werden, an dem bei erneuter Prüfung unbedenklich festzuhalten ist.... M.

Sachverzeichnis.

Nachträge und Berichtigungen.

38 S. 216. Abgeändert am 14. April 1920; es kommt vielmehr darauf an, ob das Faß in gutem und für die Bahnfahrt genügend widerstandsfähigen Zustande war und ob es ordnungsmäßig verladen und befestigt war (SchlHA. S. 131).

39 „ 132. Vgl. RG. 99 S. 132.

„ „ 216[1]. AA. Urteil v. 24. April 1920 (aO. S. 65).

40 „ 36 Z. 8 v. o. statt „Güthe Vorm." l. „Güthe GrBO.[8] S. 587 N. 6".

„ „ 104. Revision ist am 8. Juli 1920 zurückgewiesen.

„ „ 116. Vgl. jetzt RG. 99 S. 82.

„ „ 221δ. Das OLG. Hamburg führt in dem Urteil des 5. ZS. v. 27. Sept. 1920 aus: Der Begriff „Kostbarkeit" kann nicht beliebig von der Bahnverwaltung eingeschränkt werden, da dies dem § 471 HGB. zuwiderläuft; deshalb fallen Zigaretten, von denen je 1000 auf 1 kg gehen, auch bei hohem Preise (260 Mark für 1000) nicht darunter.

„ „ 255b. Revision zurückgewiesen (RG. 100 S. 1).

„ „ 362. Auch das OLG. Rostock hält im Beschlusse des 1. ZS. v. 1. Juli 1920 die Beschwerde des Anwalts über seine Beiordnung nicht für zulässig.

„ „ 382. Dagegen hält der Beschluß des OLG. Rostock v. 13. April 1920 auf die Verweisung aus § 697 ZPO. den § 26 GKG. nicht für anwendbar.

„ „ 423d. Dagegen hat das OLG. Hamburg am 11. Sept. 1920 (Z. II 91) verneint.

„ „ 424 Z. 6 v. u. statt „§ 97" l. „§ 90 ZwVG."

„ „ 464β. Auch das OLG. Hamburg hat am 2. und 13. Juli 1920 (Bf II 138/19; Z. V 74/20) und am 17. Sept. 1920 (Z. I 100) die Frage bejaht.

„ „ 465 Z. 8 v. u. statt „auch" l. „nicht".

„ „ 466δ. Nunmehr hat auch der einzige Senat des OLG. Hamburg, der bisher die Teuerungszuschläge für erstattbar hielt, diese Ansicht aufgegeben (Beschluß v. 8. Juli 1920); sie wird also im ganzen Reiche nur noch von 3 oder 4 Senaten vertreten, obwohl sie auch mit der Entstehungsgeschichte des § 94 unvereinbar ist.

Kolibri 360 GmbH
Ferdinand-Jühlke-Straße 7
99095 Erfurt, Deutschland
produktsicherheit@kolibri360.de